경험과 사례로 풀어낸
성공하는 애자일

SUCCEEDING WITH AGILE

SUCCEEDING WITH AGILE: SOFTWARE DEVELOPMENT USING SCRUM
by Mike Cohn

Authorized translation from the English language edition, entitled SUCCEEDING WITH AGILE: SOFTWARE DEVELOPMENT USING SCRUM, 1st Edition, 9780321579362 by COHN, MIKE, published by Pearson Education, Inc, publishing as Addison-Wesley Professional, Copyright ⓒ 2010 Mike Cohn

All rights reserved. No part of this book may be reproduced or transmitted in any form or by any means, electronic or mechanical, including photocopying, recording or by any information storage retrieval system, without permission from Pearson Education, Inc. KOREAN language edition published by INSIGHT PRESS, Copyright ⓒ 2012.

경험과 사례로 풀어낸 성공하는 애자일

초판 1쇄 발행 2012년 3월 29일 **지은이** 마이크 콘 **옮긴이** 황상철, 최효근, 이기영 **펴낸이** 한기성 **펴낸곳** 인사이트 **본문디자인** 윤영준 **표지출력** 경운출력 **본문출력** 현문인쇄 **종이** 세종페이퍼 **인쇄** 현문인쇄 **제본** 자현제책 **등록번호** 제10-2313호 **등록일자** 2002년 2월 19일 **주소** 서울시 마포구 서교동 469-9번지 석우빌딩 3층 **전화** 02-322-5143 **팩스** 02-3143-5579 **블로그** http://blog.insightbook.co.kr **이메일** insight@insightbook.co.kr **ISBN** 978-89-6626-026-3 책값은 뒤표지에 있습니다. 잘못 만들어진 책은 바꾸어 드립니다. 이 책의 정오표는 http://insightbook.springnote.com/pages/10855062에서 확인하실 수 있습니다. 이 도서의 국립중앙도서관 출판시도서목록(CIP)은 e-CIP홈페이지(http://www.nl.go.kr/ecip)와 국가자료공동목록시스템(http://www.nl.go.kr/kolisnet)에서 이용하실 수 있습니다.(CIP제어번호: CIP2012001281)

경험과 사례로 풀어낸
성공하는 애자일

SUCCEEDING WITH AGILE

마이크 콘 지음 | 황상철·최효근·이기영 옮김

나를 깨우쳐준 로라, 사반나
그리고 딜레이니에게 이 책을 바친다.

차례

옮긴이의 글	xii
추천의 글	xv
이 책을 먼저 본 분들의 찬사	xvii
감사의 글	xxii
들어가는 글	xxvi

1부 시작하기

1장	**왜 애자일하게 되기 힘든 걸까(하지만 그럴만한 가치는 있다)**	**2**
	왜 변화는 어려운가	4
	노력할만한 가치가 있는 이유	11
	다음 장에서는	20
	더 읽어볼 것들	21
2장	**스크럼 도입하기(ADAPT)**	**23**
	인식하기(Awareness)	26
	갈망하기(Desire)	30
	역량 강화(Ability)	36
	장려하기(Promotion)	39
	확산하기(Transfer)	44
	이 모든 것을 모아 보기	48
	더 읽어볼 것들	49

3장 스크럼 도입 패턴   50
- 작게 시작할 것인가 한 번에 모두 참여할 것인가   50
- 애자일 도입을 공개하느냐 숨기느냐   55
- 스크럼 확산에 대한 패턴   59
- 새로운 기술적 실천법 소개하기   65
- 마지막 고려사항 한 가지   67
- 더 읽어볼 것들   69

4장 기민함을 위해 이터레이션 수행하기   71
- 개선 백로그   73
- 엔터프라이즈 스크럼 도입을 위한 커뮤니티   74
- 개선 커뮤니티   82
- 한 가지 크기가 모두에게 맞는 것은 아니다   92
- 앞으로 전진하기   93
- 더 읽어볼 것들   94

5장 첫 번째 프로젝트   96
- 파일럿 프로젝트 선택하기   96
- 파일럿 시작에 적당한 시기 선정   100
- 파일럿 팀 선택하기   102
- 기대치를 정하고 관리하기   105
- 단지 파일럿일 뿐이다   110
- 더 읽어볼 것들   111

2부 개인

6장 저항 극복하기   114
- 저항 예상하기   115
- 변화에 대한 커뮤니케이션(전달)   119
- 개인적인 저항은 왜, 어떻게 발생하는가?   122
- 유익한 붉은 깃발과 같은 저항   135
- 더 읽어볼 것들   136

7장 새로운 역할   138

    스크럼 마스터의 역할   138
    제품 책임자   148
    새로운 역할과 기존 책임들   160
    더 읽어볼 것들   160

8장 역할 변경   162

    분석가   163
    프로젝트 관리자(PM)   165
    아키텍트   169
    특정 역할에 대한 역할 관리자   171
    개발자   174
    DB 관리자   175
    테스터   176
    사용자경험(UX) 디자이너   180
    세 가지 공통 주제   182
    더 읽어볼 것들   183

9장 기술적인 실천법   186

    기술 우수성의 추구   187
    계획적이고 창발적인 설계   200
    기술적인 실천법의 개선은 필수적이다   206
    더 읽어볼 것들   207

3부 팀

10장 팀 구조   212

    '피자 두 판짜리 팀' 운영하기   213
    기능 팀에 대한 편애   219
    자기 조직적이 아무렇게나 결정하는 것을 의미하지 않는다   226
    한 프로젝트에 인력 투입하기   229
    좋은 팀 구조를 위한 가이드라인   236

한걸음 나아가기	238
더 읽어볼 것들	239

11장 팀워크   240

팀 전체의 책임으로 받아들이기	241
필요할 때만 전문가에게 의지하라	244
항상 점진적으로 일하라	246
팀 학습의 촉진	249
헌신적인 태도로 협력하도록 격려하라	258
이제 모두가 함께	261
더 읽어볼 것들	262

12장 자기 조직적인 팀 이끌기   264

자기 조직화에 영향 주기	265
발전하도록 영향주기	274
피자를 사기 전에 리더십부터 발휘하자	281
더 읽어볼 것들	282

13장 제품 백로그   284

문서에서 토론으로 전환하기	285
발전적으로 요구사항 정의하기	292
상세화하지 않고 시작하면서 배우기	302
제품 백로그 DEEP하게 만들기	306
대화를 잊지 말자	307
더 읽어볼 것들	307

14장 스프린트   309

스프린트마다 동작하는 소프트웨어 선날하기	310
매 스프린트마다 무언가 가치 있는 것 전달하기	316
이번 스프린트에서 다음 준비하기	320
스프린트 처음부터 끝까지 함께 일하기	324
시간관리를 규칙적이고 엄격하게 하라	333
목표를 변경하지 마라	337
피드백을 얻고, 배우고, 적응하라	341

더 읽어볼 것들	342
15장 계획	**344**
점진적으로 정제되는 계획	345
계획을 지키기 위해 초과근무를 하지 마라	347
가능하면 범위 변경을 선호하라	354
약속으로부터 추정 분리하기	359
요약	369
더 읽어볼 것들	370
16장 품질	**371**
테스트를 프로세스에 통합하라	372
다른 수준에서 자동화하기	376
인수 테스트 주도 개발	383
기술적인 부채 청산하기	388
품질은 팀의 노력이다	391
더 읽어볼 것들	391

4부 조직

17장 대규모 스크럼	**394**
대규모 제품 책임자	395
대규모 제품 백로그	397
사전에 의존성을 관리하라	402
팀 간 작업 조정하기	409
대규모 스프린트 계획 회의	415
실행 공동체를 구축하라	419
스크럼은 대규모로 적용할 수 있다	424
더 읽어볼 것들	425
18장 분산 팀	**427**
어떻게 여러 개 팀으로 분산시킬지 결정하라	428
일관성 만들기	431

얼굴 맞대고 함께 모이기	442
커뮤니케이션하는 방법 바꾸기	448
회의	451
주의 깊게 진행하기	465
더 읽어볼 것들	466

19장 다른 방식과 스크럼을 같이 사용하기 — 468

스크럼과 순차적 개발 혼합하기	469
통제	474
준수	477
계속 이어서	484
더 읽어볼 것들	484

20장 인사, 총무, PMO — 486

인사	487
설비	495
프로젝트관리 사무국(PMO)	505
요점	509
더 읽어볼 것들	510

5부 다음 단계

21장 얼마나 멀리 왔는지 돌아보기 — 514

측정의 목적	514
일반적인 목적의 애자일 평가	515
자체 평가 만들기	523
스크럼 팀을 위한 균형성과 기록표	525
정말로 신경 쓸 필요가 있을까?	530
더 읽어볼 것들	531

22장 아직 끝난 것이 아니다 — 534

참고문헌	536
찾아보기	550

옮긴이의 글

미국 솔트레이크 시티에 있는 작은 스키 리조트에서 몇 명의 구루^{guru}들이 이름 붙인 애자일이 이제는 소프트웨어 개발의 커다란 흐름이 되고 있습니다. 소프트웨어 공학의 역사와 비교하면 10년 남짓의 짧은 기간입니다만 그동안 애자일에 대한 책이 많이 출간되었습니다. 이 책들은 후배 애자일러들에게 선배들의 지식과 경험 그 자체였습니다.

『사용자 스토리』『불확실성과 화해하는 프로젝트 추정과 계획』등 마이크 콘의 전작들은 이미 애자일 실천법에 대한 교과서가 됐습니다. 그 책들과 비교하자면『경험과 사례로 풀어낸 성공하는 애자일$^{Succeeding\ with\ Agile}$』은 성격이 조금 다르다고 해야 할 것 같습니다.

초보자가 아닌 경험자를 위한 책입니다. 애자일을 이미 알고 있고 경험해 본 사람들에게 저자의 지식과 경험을 전달하기 위한 책입니다. 책 서두에서 그는 이렇게 말합니다. "일일 스크럼이 무엇인지 궁금하면 다른 책을 보세요."

내용을 보더라도 흥미로운 주제를 많이 담고 있습니다.

첫째, 스크럼 도입에 대한 모델을 들 수 있습니다. 스크럼을 도입하는 과정에서 어떤 단계를 거치게 되는지 설명하는 ADAPT 모델입니다. 이 모델을 통해 현재 어느 정도 단계에 와 있는지 확인하고 단계에 따라 이 책을 어떻게 사용하면 되는지 쉽게 판단할 수 있습니다.

둘째, 애자일을 도입하다 부딪히는 문제들에 대한 해결책을 제공합니다. 'OOO 실천법은 이렇게 도입하세요'와 같은 교과서적인 정답이 아니라 다양한 현실적인 대안을 제시하고 독자가 선택하도록 하고 있습니다.

셋째, 다양한 사례를 들고 있습니다. 책을 쓰면서 저자는 동일한 이름의 사이트를 통해 수많은 사람들의 경험을 수집했습니다. 자신의 경험과 더불어 이들의 이야기는 애자일 실천법을 둘러싼 논의에 논거를 제공해 줄 뿐만 아니라 독자들에게 최고의 간접 경험을 선사할 것입니다.

현실과 이론 사이에는 많은 차이가 있습니다. 현장에서 애자일을 적용하는 실천가들에게 필요한 것은 어려움과 난관에 빠졌을 때 쓸 수 있는 도구입니다. 이 책에서는 현재 자신이 처한 상황에 맞춰 바로 실행해 볼 수 있는 기법과 팁을 자세히 소개하고 있습니다.

전통적인 프로젝트 관리만을 고집하던 PMI에서 애자일 관련 자격증[Cert]을 공식 자격으로 인정하고 있으며, 많은 회사가 애자일을 자신들의 강점으로 내세우고 있습니다. 국내에서도 애자일은 자연스러운 주제로 자리 잡았습니다. 하지만 현실의 문제는 여전히 복잡하고 애자일 도입은 쉽지 않아서 유용하다고 생각했던 애자일의 가치가 누군가에게는 독이 될 수도 있습니다. 이 책은 더 잘하고 싶은 현장의 애자일러들에게 명쾌한 조언을 해주는 좋은 선물이 될 것이라 확신합니다.

— 옮긴이 일동

마지막 번역을 이렇게 좋은 책으로 마무리할 수 있어서 행운이라 생각합니다. 주말마다 모여서 리뷰하느라 고생한 효근이와 기영이, 오역과 어색한 문장을 하나하나 잡아서 책의 완성도 높여준 김강석 편집자님과 인사이트 한기성 사장님께 감사의 인사를 전합니다. 저와 함께 살아가는 국내 많은 애자일러들에게 이 책이 조금이나 도움이 되기를 바랍니다.

— 황상철

좋은 책을 너무 오랫동안 잡고 있었던 것 같아 죄송한 마음이 앞섭니다. 좋은 책을 번역할 수 있는 기회를 주신 존경하는 선배이자 멘토이신 황상철 수석님과 인사이트 출판사, 지금은 새로운 공부로 정신이 없을 최효근 선배님께 감사드립니다. 또 퇴근 후와 주말에 번역을 한다며 제대로 놀아주지 못한 아들 서준이와 아내 나경이에게 사랑한다는 말 전하고 싶습니다.

— 이기영

함께 번역 작업을 하느라 주말마다 고생하신 황상철 수석님, 기영 씨, 이런 훌륭한 책을 번역할 기회를 주신 인사이트 출판사에게 감사드립니다. 번역이란 기회를 통해 존경하고 함께 하면 즐거운 사람들과 아끼고 좋아하는 애자일이란 주제를 마음껏 나눌 수 있어서 행복한 시간이었습니다. 번역과 씨름하며 서툰 신혼생활에 많은 시간 함께하지 못했던 아내 준희에게도 사랑한다는 말을 전합니다.

– 최효근

추천의 글

사람들은 소프트웨어 프로젝트를 여행에 비유하곤 한다. 하지만 미지의 세계로 향하는 여행이어서 일반적인 여행과 똑같지는 않을 것이다. 후원자의 자금 지원으로 시작해서, 용감한 선원을 소집하고, 유용할 거라 생각되는 방향으로 향하게 된다. 남은 것은 장기간의 방랑^{Odyssey}이다. 로터스의 열매를 먹고 모든 괴로움을 잊은 사람, 키클롭스(시실리에 살았던 애꾸눈의 거인), 키르케(마술로 오디세우스의 부하들을 돼지로 둔갑시켰다는 마녀), 사이렌(반은 여자이고 반은 새인 요정으로서 아름다운 노랫소리로 지나가는 뱃사공을 꾀어 죽였다고 함), 스킬라(큰 바위에 사는 머리가 여섯, 발이 열두 개인 여자 괴물), 칼립소(오디세우스를 오기기아 섬에 머물게 한 요정) 등. 마치 우리는 용감한 오디세우스의 파란만장한 이야기를 따라가는 듯하다. 우리의 성공과 실패는 오로지 신의 은총이나 분노에 좌우된다. 이 얼마나 놀랄 만큼 낭만적이고, 또 얼마나 완벽하게 바보 같은 일인가.

프로젝트에 대한 비유 중 이보다 더 나은 비유가 있다면 그건 아마도 탐험^{expedition}이 아닐까. 프로젝트에는 목표나 짧은 목표 리스트가 있을 것이다. 어쩌면 검증된 지도도 몇 개 있겠지만 여전히 막연한 것들일 것이다. 아니면 그곳에 도달한 적이 있는 사람들이 돌아와 전하는 이야기로부터 조언을 얻을 수 있거나 그들의 여행일지를 가지고 있을 수 있다. 우리는 문밖을 나가지는 않더라도 미지의 세계에 직면하게 된다. 다른 한편으로 커다란 의문을 갖게 되는데, 이런 의문은 커다란 위험으로 다가오게 된다. 하지만 원정이 성공하면 충분한 보상을 받을 수 있기에 기꺼이 위험을 감수한다. 기술이 있지만 거기에는 불확실성도 같이 존재한다.

그런 불확실성을 어떻게 헤쳐나갈 수 있을까? 약 300여 년 전, 캐나다 허드슨 베이 컴퍼니^{Hudson's Bay Company}의 요크 공장에서의 일을 되짚어 보자. 그 당시 허드슨 베이 컴퍼니 본사에서의 일이다. 허드슨 베이 컴퍼니의 주요 사업은 허드슨 베이에서 출발하는 모피 상인들에게 탐험에 필요한 모든 물품을 공급하는 일이었다. 모피 상인들은 이곳을 탐험의 기점으로 삼아 위대한 항로를 발전시켰으며 이를 '허드슨 베이 시작'The Hudson Bay Start이라고 불렀다. 모피 상인들은 허드슨 베이 컴퍼니에서 한 번에 필요한 것을 모두 구매했지만 캠프는 허드슨 베이에서 1~2마일 정도 떨어진 곳에 정했다. 왜 그랬을까? 짐을 꾸리는 일을 확신할 수 없었던 것이다. 그들은 마을로 돌아가는 한 시간이 안 되는 거리에 캠프를 차림으로써 혹시 잊은 것은 없는지 발견하고 싶어했다. 여러분이 뛰어난 프로젝트 구성원이 된다면 물품 구매에 많은 시간을 들이는 전문 모피 상인들을 다른 곳에서도 보게 될 거다. 그들은 그런 준비 과정 덕분에 탐험에서 살아남았을 것이다.

지금 이런 이야기를 하는 이유는 무엇일까? 마이크 콘은 이 책을 통해서 애자일 개발을 위한 '허드슨 베이 시작'을 제시하고 있다. 갖은 역경을 겪어온 숙련된 모피 사냥꾼이 탐험을 시작하는 여러분에게 탐험에 필요한 체크리스트를 주고 있다. 이 책을 읽으면서 지금까지 생각하지 못했던 여러 가지 이슈들을 알게 되고, 마이크가 직면했던 그런 이슈를 해결하는 데 도움이 되는 조언을 배우게 될 것이다. 더불어 팀 내에서 새로운 역할을 확립하는 데도 도움을 얻을 수 있을 것이다.

팀에서 이 책을 읽은 유일한 사람이 되지 마라. 자기 조직적인 팀에서는 누구라도 아무 때나 탐험대의 리더가 될 수 있다. 보장하건대, 이 책은 흥미 있는 토론을 많이 이끌어 낼 것이다.

약간 걱정스러워서 마이크에게 독자를 위해서 어떤 내용을 전달할지 고민하지 말고 가능한 그대로 보여주고 결정은 독자가 하도록 하라고 조언을 했었다. 다행히 마이크는 책 중간에 개인, 팀, 조직의 이슈에 대해 여러분 스스로의 선택이 필요하다고 강조하고 있다.

이 책이 이야기하는 것은 어떻게 한 개의 프로젝트를 성공시킬 수 있을까가 아니라 조직 전체에 기민함agility을 전달할 것인가이다. 허드슨 베이란 말에서 추측할 수 있듯이 이것은 탐험가로서 위대한 여정에 대한 이야기다.

만약 여러분이 경험 있는 탐험대 리더여서 마이크에 대해 의심이 든다면, 마이크의 회사가 마운틴 고트 소프트웨어Moutain Goat Software이니 걱정하지 마라.

팀 리스터
애틀란틱 시스템 길드 주식회사 대표, 뉴욕시

이 책을 먼저 본 분들의 찬사

애자일 프로세스의 메커니즘을 이해하는 것만으로는 충분하지 않다. 마이크 콘은 애자일 프로세스를 도입하고 적용하려는 개인이나 팀의 구체적인 도전에 도움이 되는 깊이 있고 탁월한 조언들을 집대성했다. 이 책은 애자일 팀에게 최고의 안내서가 될 것이다.

  콜린 버드Colin Bird, EMC 컨설팅, 애자일 부문 글로벌 팀장

매우 다양한 조직에서 애자일 방법을 도입했던 마이크 콘의 경험은 실천적인 접근법과 가치 있는 통찰력으로 더욱 빛을 발한다. 여러분이 정말로 애자일 방법을 계속 사용하고 싶다면 읽어야 할 책이 바로 이 책이다.

  제프 호니어스Jeff Honious, 리드 엘스비이어Reed Elsevier 혁신부문 부사장

마이크 콘이 또 한 건 해치웠다. 이 책은 그의 경험뿐만 아니라 지금까지 축적한 우리 모두의 경험을 기초로 하고 있다. 그는 프로젝트가 처음 시작할 때부터 제 궤도에 오르기까지 개인, 팀, 기업에 필요한 조언들을 제시한다. 애자일 도입이 어느 단계에 와 있더라도 이 책은 분명 여러분에게 큰 의미가 될 것이다!

  론 제프리스Ron Jeffreis, www.XProgramming.com

만약 애자일 소프트웨어 개발을 시작하고 싶거나 다음 단계로 넘어가고 싶다면 이 책이 바로 여러분을 위한 것이다. 이 책은 애자일 프로젝트가 확산되어 갈 때 나타나는 이슈, 훌륭한 해결책, 도움이 되는 가이드라인을 담고 있다. 우리는

FDA(미국 식품의약국) 규제를 받는 부서가 있는 대규모 조직에 애자일을 소개할 때 이 책을 가이드라인으로 폭넓게 사용하였다.

  크리스트 브리엔즈$^{Christ\ Vriens}$, 필립 리서치의 MiPlaza 부서장

애자일을 적용할 때마다 항상 실패를 겪었다면 이 책이 그 징크스를 깨줄 것이다. 마이크 콘은 여러분 조직이 활력 있고 혁신적이며 경쟁에서 성공하도록 가장 믿을 수 있고 센스 있는 가이드를 제시한다.

  스티브 그린$^{Steve\ Greene}$, 세일즈포스닷컴$^{www.salesforce.com}$, 프로그램 관리와 애자일 개발 수석 관리자.

마이크 콘은 여러분의 소프트웨어 조직을 바꾸는 데 훌륭한 조언자다. 이 책은 마이크가 더 애자일하게 되고 싶은 회사들과 여러 해에 걸쳐 함께 일하며 배운 모든 것이 녹아 있다. 애자일로 전환을 생각하고 있는가? 그렇다면 이 책을 집어라.

  크리스토퍼 프라이$^{Christopher\ Fry}$, 세일즈포스닷컴$^{www.salesforce.com}$, 개발 플랫폼 부사장

이제 막 스크럼을 시작했거나 약간의 스크럼 경험을 가지고 있는가? 마이크 콘은 이 책에서 지속적인 개선을 향한 여러분의 탐험에 길잡이가 될 풍부한 정보를 제공한다. 반대 의견에 대처하는 방법과 생각을 바로 실천할 수 있는 '지금 시도해 볼 것들' 등 매일 실행해 볼 수 있는 충고들이 책 전반에 걸쳐 담겨 있다. 이 책에서 추천하는 다양한 읽을 거리들도 여러분이 이 책을 지녀야 하는 이유가 될 것이다.

  니키 롬$^{Nikki\ Rohm}$, 일렉트로닉 아트$^{Electronic\ Arts}$, 프로젝트와 리소스 관리 스튜디오 감독

스크럼으로 소프트웨어 개발 프로세스를 개선하고자 하는 여러분의 시도는 그 첫 단계에서부터 어려움을 겪게 되고 이후 모든 단계마다 새로운 도전이 나타난다. 마이크 콘은 이 책에서 다른 조직들이 어떻게 스크럼의 길을 걸어왔고 그것을 성공적으로 도입한 그들에게서 배울 점은 무엇인지, 끊임없이 개선하고 가치를 전달하는 그 길 위에 어떻게 하면 여러분 조직을 올려놓을 수 있는지 보여준다.

  요하네스 브로드윌$^{Johanes\ Brodwall}$, 스테리아 노르웨이, 수석 과학자

마이크 콘의 새 책 리뷰를 시작하면서부터 나는 이 책을 여기저기 추천하기 시작했다. 누군가 애자일 개발의 난감한 문제에 대해 물어볼 때면 마이크 책 내용 중 한 부분이 떠오르곤 했기 때문이다. 이 책이 마침내 출간되어서 더 이상 이런 말을 하지 않게 되어서 너무 기쁘다. "마이크 콘의 역작인 새 책이 출간되면 이 문제에 대해 이야기해보죠." 이제 이렇게 말해야겠다. 마이크의 책이 나왔어요. 어서 지르세요!

린다 라이징[Linda Rising], 매리 린맨스[Mary Lynn Manns]와 『Fearless Change: Patterns for Introducing New Ideas』 공동 저술

책 제목이 모든 걸 말해준다. 이 책은 애자일 소프트웨어 개발을 성공으로 이끄는 데 필요한 놀라운 영감과 실용적인 가이드를 제공한다. 만약 애자일 책 한 권을 읽는다면, 이 책을 읽어라. 당장 내 모든 고객에게 한 권씩 주고 싶은 책이다!

헨릭 크니버그[Henrik Kniberg], 애자일 코치, 애자일 연합 위원회[Agile Alliance Board] 구성원, 『Scrum and XP from the trenches』(『스크럼과 XP 인사이트』)의 저자

마이크 콘은 이론적인 지식과 실천적인 테크닉을 멋지게 조화시켰다. 이 책은 그가 쓴 또 하나의 위대한 애자일 서적이 될 것이다. 이 책은 여러분의 팀, 부서, 조직에서 애자일을 성공적으로 도입하는 데 큰 도움이 될 것이다.

맷 트루소[Matt Truxaw], 카이저 퍼머넌트[Kaiser Permanente] IT, 애플리케이션 출시 매니저, 공인 스크럼 마스터

마이크 콘의 새로운 책은 기업들이 스크럼으로 전환하는 데 필요한 확실한 가이드다. 책의 내용은 실천적일 뿐만 아니라 쉽게 접근할 수 있도록 구성되어 있다. 책을 사고, 읽고, 적용해 보라!

로만 피츨러[Roman Pichler], 『Agile Product Management with Scrum』의 저자

이 책은 펼치는 즉시 실용성과 깊은 영감 그리고 읽는 재미를 쏟아낸다. 책은 소프트웨어 산업에서 일어나는 사례, 예시와 탁월한 아이디어를 잘 조합하고 있어서 회사 차원에서 새로운 애자일 프로세스를 적용하려는 사람들부터 단일 프로젝트

를 진행하는 팀의 일하는 방법을 개선하고자 하는 개발자들까지 다양한 독자들에게 어필할 것이다.

　　앤드류 스텔만^{Andrew Stellman}, 개발자, 프로젝트 매니저, 『Head First PMP』『Beautiful Teams』『Applied Software Project Management』의 저자

애자일 방법론을 적용하는 것은 규모가 작은 회사에서 경험 없이 웹 애플리케이션을 만드는 것처럼 어려운 일이다. 게다가 기업 자체를 애자일로 전환하는 것은 또 다른 문제로 봐야 한다. 이 책은 우리가 직면하게 되는 도전이 무엇인지 생생하게 담았다. 영감을 줄 뿐만 아니라 그보다 더 중요한 실천적인 접근방법을 제공하고 있다.

　　마이클 울린^{Michael Wollin}, CNN, 방송 제작 시스템, 수석 개발 관리자

마이크 콘은 스크럼의 적용뿐만 아니라 여러분의 조직 전체를 애자일 커뮤니티로 바꾸기 위한 가이드라인을 이 환상적인 책에 모았다. 나는 이미 이 책에 들어있는 다양한 추천방법을 실천해봤으며 조직 내 스크럼 지원에 긍정적인 영향을 주는 것을 확인했다.

　　제임스 티스차트^{James Tischart}, Mx Logic 사 제품 출시부문 부사장, CSM^{Certified Scrum Master}, CSP^{Certified Scrum Professional}, CTFL^{Certified Test Foundation Level}

이 책을 위해 마이크 콘은 본인이 프로젝트, 팀, 조직에서 배운 애자일 경험뿐만 아니라 수많은 다른 이들의 경험을 수집하고 분류했다. 저자는 스크럼을 도입하고, 적용하고, 확산할 때 유용한 것과 그렇지 못한 것이 무엇인지에 대한 유용한 데이터와 연구, 현실적인 사례 그리고 값을 매길 수 없는 통찰을 제시한다. 이 책에서 가장 마음에 드는 부분은 마이크가 몇 가지 다른 방식의 대안을 제시하고 상황에 따라 무엇이 가장 알맞는 방법인지 혜안을 제공하는 부분이다.

　　브래드 에플턴^{Brad Appleton}, 포춘 신징 100대 통신 회사 애자일 사내 긴실딘드

마이크 콘의 책은 팀과 조직구성원들이 협업, 커뮤니케이션, 품질, 팀 생산성 향상을 위해 애쓰다 발생하는 다양한 질문과 이슈에 대한 대답을 줄 거라 믿는다.

특히 "지속적인 개선을 위한 여정에 끝은 없다"라는 마이크의 이야기에 동의하고 공감한다. 이 일은 분명 어렵고 인내가 필요하다. 그래서 좋은 사람들과 잘 짜인 팀워크가 요구된다. 『Agile Estimation and Planning』(『불확실성과 화해하는 프로젝트 추정과 계획』)에서처럼 이 책도 조직 내 필독서로 지정할 계획이다.

　　스캇 스펜서Scott Spencer, 퍼스트 아메리칸 코어로직First American CoreLogic, 엔지니어링 파트 부사장.

마이크 콘이 또 해냈다. 애자일 소프트웨어 개발을 광범위하게 연구한 이 책은 성공의 열쇠가 되는 수많은 기법과 방법론을 제공한다. 애자일을 시작하려는 사람들과 소프트웨어 개발 프로세스를 개선하려는 사람들에게 이 책을 강력하게 추천한다.

　　베노잇 호울Benoit Houle, 바이오웨어BioWare, 일렉트로닉 아트 디비전 수석 개발 관리자

마이크 콘의 새로운 책이 소프트웨어 프로젝트를 스크럼으로 수행하는 방법의 지침서가 될 것이라는 사실은 의심할 여지가 없다. 이 책은 여러분의 모든 문제를 단순하게 한 가지 방법으로 해결하려는 함정에 빠지지 않도록 신중하고 정성스레 쓰였다. 주로 다루는 내용은 스크럼이지만 그밖의 다양한 테크닉도 담아냄으로써 전체적으로 완벽한 안내서를 만들어냈다. 책은 단순한 맹신이나 단 한 번의 경험에 의해 급조되지 않았다. 책의 예제들은 설득력 있는 주제를 다루고 있는데, 이는 마이크의 다양한 경험이 뒷받침해준다.

　　필립 쿠르첸Philippe Kruchten, 브리티시 콜럼비아 대학, 소프트웨어 엔지니어링 교수

이 책은 조직을 애자일하게 바꾸는 방법에 대한 유용한 조언을 담고 있다. 분산 팀이나 대난위 조직에 속해 있는 사람들에게 애자일을 대규모로 적용해야 하는 애자일 코치와 변화담당자들이 이러한 현실적인 도전에 직면했을 때 유익하게 사용할 수 있는 실용적인 안내서라고 할 수 있다. 산업 현장에서 직면했던 상황을 이야기로 담아내고 조사를 통해 수집한 데이터와 영감을 책으로 엮어내는 마이크 콘의 방식이 너무 좋다. 각 장을 읽을 때마다 새로운 사실을 배운 것 같다. 여러분도 분명 그럴 것이다.

　　레이첼 데이비스Rachel Davies, 『Agile Coaching』의 저자

감사의 글

저는 공식 리뷰어들에게 엄청난 신세를 졌습니다. 브레드 어플턴, 요하네스 브로드웰, 레이첼 데이비스, 론 제프리스, 브라이언 매릭, 린다 라이징 등. 그들은 여러 차례 전체 원고를 읽고 논평해주었습니다. 헤아릴 수 없이 귀중한 이들의 의견 덕분에 이 책을 개선할 수 있었습니다. 또한 토드 골딩, 캐니 루빈, 레베게 트레이저 그리고 목차를 의논하느라 많은 시간을 함께 보낸 내 아내 로라에게 특별한 감사를 드립니다. 목차에 대한 논의는 영원히 끝나지 않을 줄 알았습니다.

레베카 트레이저에게는 뭐라고 말해도 감사의 마음을 다 전할 수 없을 것 같습니다. 레베카는 편집자, 조언자, 사운딩 보드(반응 테스트 대상자)로서 경이로울 정도로 대단한 일을 해냈습니다. 애자일 연합과 스크럼 연합의 전 편집자로서, 애자일 세계에서는 가장 훌륭한 독자이며 세상에서는 가장 훌륭한 편집자라고 생각합니다. 그녀는 늦은 저녁시간 광고에 나오는 베지-오-메틱[1]보다 이 책을 더 얇게 썰고, 쪼개는 기적을 낳았습니다. 그녀가 참여하면서 이 책은 정말 좋아졌습니다.

와우, 팀 리스터의 서문은 정말 엄청난 영광입니다. 팀을 안 지 몇 년 되지 않아서 그에게 서문을 써줄 수 있는지 이메일을 통해 물어봤습니다. 메일을 보냈을 때 그가 휴가 중이서 일주일 후에 답장을 받을 수 있었습니다. 답장의 첫 두 줄 만을 휴대전화로 확인했습니다. 이메일 전체를 확인하기 위해 편지함을 두들길 때는 마치 대학교 입학허가서를 받을 때처럼 긴장했습니다. 좋은 소식일까? 나쁜 소식일까? "예스"라는 대답을 읽을 때는 황홀함을 느꼈고 정말 좋은 내용이 많은 서문을 읽을 때는 두 배로 황홀했습니다. 감사 드립니다, 팀.

---

[1] 옮긴이 Veg-O-Matic: 야채를 식칼로 썰 필요가 없이 여기에 야채를 올려놓고 찍어 누르기만 하면 채처럼 썰려서 나오는 편리한 제품

내 비서, 제니퍼 라이는 이 프로젝트를 진행하는 데 귀중한 도움을 주었습니다. 참고서적을 찾고, 허락을 구하고, 내 연구를 정리했습니다. 그녀의 헌신, 전문성 그리고 일에 대한 일관된 철저함에 놀랐습니다. 그녀에게 비서로서 더 이상 바랄 것이 없습니다.

지난 2년 동안, 이 책의 웹사이트 www.SucceedingWithAgile.com에서 여러 장을 게시했는데 많은 사람들이 그 장들을 다운로드해서 검토하고, 의견을 주었습니다. 저에겐 엄청난 행운이었습니다.

사이트에 게시된 장의 초안을 읽고 이 책에 담을 수 있게 자신들의 일화를 사이트에 올린 모든 이에게 감사 드립니다.

프리쵸프 알스베데, 피터 알프빈, 올 앤더선, 자슈어 볼터, 머케일 보먼, 로언 버닝, 버터 스카치, 빌 캠벨, 먼-와이 청, 스콧 콜린스, 제이 코니, 존 코넬, 리사 크리스핀, 알란 데일리, 켄 디롱, 스콧 던컨, 시그프리드 더시, 마이크 드와이어, 파블로 로드리게스 파살, 애비 픽트너, 힐렐 글레이저, 카렌 그리브즈, 재닛 그레고리, 라다 그라임즈, 가이어 헤덴마크, 프레드릭 헤드먼, 벤 호간, 맷 홈스, 수 홀스터드, 버노잇 호울, 에릭 지미닉, 퀸 존스, 마르탱 컨즈, 제프 랑게, 폴 리어, 로얼 린드스트럼, 캐서런 루이스, 룬 마이, 아르템 마첸코, 켄트 맥도널드, 수전 매킨토시, 얼리셔 머클레인, 울라 메르츠, 랠프 마이너, 브라이언 루이스 빠데, 트론드 페더선, 데이비드 피터선, 로만 피컬러, 월터 라이즈, 애덤 라저스, 러네이 로젠달, 케니 루빈, 마이크 러셀, 마이컬 사호타, 조지 슐리츠, 로리 셔버링, 래피 시모니언, 제이미 티스차트, 라이언 툰, 맷 트루소, J. F. 언슨, 스리니바스 바드리, 슈테판 밴 덴 우드, 바스 보드, 빌 웨이크, 대뉼 월트, 트론드 윙거드, 러디거 볼프, 엘리자베스 우드워드, 닉 시디스, 알리시아 야닉, 앤드 마우리시오 저모러.

이 책을 위해 멋진 삽화를 그려준 제프 샤이츠에게 감사합니다. 내가 처음 제프를 소개 받았을 때, 그가 바로 내가 바라는 완벽주의자라는 이야기를 들었습니다. 물론 그의 그림이 보여주듯 그는 완벽주의자입니다.

『Keys to Great Writing』의 저자 스티븐 와일버즈는 초반에 편집에 대한 충고를 해주었습니다. 그의 제안과 격려에 감사 드립니다.

항상 그렇듯이, 피어슨 직원들과의 작업은 멋진 경험이었습니다. 특히 크리스 구지코우스키는 초반에 내가 마감일을 지키지 못하겠다고 했을 때 엄청난 인내심을 보여주었습니다.

크리스 잔은 내가 말하고 싶은 것을 구성하는 초창기 동안 훌륭한 가이드라인을 제공했습니다.

제이크 맥팔랜드는 책의 내부 디자인을 맡아서 이 일을 멋지게 마무리했습니다. 인디자인^{InDesign} 툴에 관한 끝없는 질문 공세에도 엄청난 인내심을 보여준 제이크에게 정말 감사합니다.

레이너 크로벅은 프로젝트 기간 동안 정말 많은 도움을 주었는데, 특히 거의 끝나갈 막바지에는 정말 정신없이 미친듯 서둘렀습니다. 조바나 산-니콜라스 셜리는 이 책의 프로젝트 편집자로서 정말 환상적이었습니다. 그녀는 모든 것을 매끄럽게 이끌었고, 프로젝트 마지막 몇 달 간 함께한 우리들 각자를 배려했습니다. 시도 때도 없는 나의 이메일에 적극적으로 답해준 그녀에게 감사 드립니다.

산 디 필립스는 최종본을 위해 최고 수준의(최고 수준이 맞나요?) 작업을 해주었습니다.

정확한 수준으로 원고를 검토하고 마지막까지 조심스럽게 사소한 오류까지도 찾아내면서 글에 정말 광택을 내준 것에 감사합니다.

커버 디자이너 알란 클레멘츠에게도 감사의 인사를 전해야겠네요. 정말 아름다운 커버 아닌가요? 책의 표지로 그 책을 판단할 수 있을까요? 이미 내게 표지가 맘에 든다고 이야기 해준 사람들처럼 많은 사람들이 맘에 들었으면 합니다. 리사 스텀프는 직접 기막히고 멋지게 색인 작업을 해냈습니다. 철저하고 세심하게 색인 작업을 해주었습니다. 마지막 교정 작업은 카렌 질이 맡았는데 사소한 불일치나 문제점들도 전부 찾아낼 정도로 환상적이었습니다. 범피 디자인의 킴 스콧은 최종 페이지 구성을 담당했습니다. 마감 일정을 맞출 수 있도록 마지막에 합류해준 것에 대해 감사 드립니다.

또한 에디슨위슬리에서 나의 서명 시리즈$^{Mike Cohn Signature Book}$를 편집할 수 있게 해준 크리스 구지코우스키와 앤드 카렌 게트먼에게 감사의 말씀을 드리고 싶습니다. 나는 아직도 1985년 캘리포니아 주 밴 로몬드 숲 속에 위치한 캔 커플란의 집에서 『C Primer Plus』를 읽던 일을 생생하게 기억합니다. 그 책은 스티븐 프라타가 썼지만 미첼 웨이트 시리즈 중 하나였습니다. 그때 나는 시리즈 편집자가 무엇을 하는지 모르고 있었지만 중요하고 멋진 일이라고 생각했습니다. 지금 나는 시리즈 편집자가 무엇을 하는지 알게 되었습니다. 그들이 나를 신뢰한다는 사실이 믿을 수 없을 정도로 영광스럽습니다.

또 이 시리즈인 책을 이미 썼거나 쓰고 있는 리사 애드킨즈, 리사 크리스핀, 재닛 그레고리, 클린턴 키스, 로만 피컬러, 앤드 케니 루빈에게도 감사의 말씀을 드립니다. 우리는 애자일이나 집필 혹은 핵심 포인트를 어떻게 확실히 잡을 것인가 등에 대해 많은 토론을 진행했습니다. 이런 토론 덕분에, 이들 모두가 이 책 개선에 참여했다고 말할 수 있습니다.

특히 나의 모든 고객과 내 수업에 참석했던 모든 사람에게 감사 드립니다. 나는 책상머리에 앉아 나만의 엄청난 생각을 해내거나 대단한 아이디어를 내놓을 정도로 똑똑하지 않습니다. 내가 알고 있는 모든 것은 팀과 일하면서 보고 배운 것이거나 수업에 참석한 사람들과 이야기한 것에서 나왔습니다. 그들이 아니었다면 이 책은 아마 4페이지 정도였을 것입니다. 감사 드립니다.

켄 슈와버, 제프 서덜런드, 마이크 비델, 제프 머케너, 마틴 디보즈 그리고 스크럼 초창기에 함께 했던 사람들에게 감사 드립니다. 스크럼에 관한 글을 쓰고, 초기 컨퍼런스에서 스크럼을 소개하고, 스크럼에 관해 이야기했던 그들이 없었다면, 오늘날과 같은 스크럼은 없었을 것입니다. 스크럼을 단순한 프레임워크 이상으로 만드는 어려운 길을 걸어오는 동안, 스크럼을 더 잘할 수 있도록 노력해온 스크럼 커뮤니티의 모든 스크럼 트레이너와 코치 들에게도 감사 드립니다. 그들과 함께 했던 대화의 많은 부분이 그들이 생각하는 것 이상으로 나에게 여러 가지 방면에 영향을 끼쳤습니다.

내가 이 책을 집필할 수 있도록 배려하고 희생해준 가족에 크게 감사 드립니다. 로라보다 더 멋지고 사랑스러운 아내는 얻을 수 없을 것입니다. 내 딸 사반나와 딜레이니는 내 현실에서 완벽하고 소중한 공주님들입니다. 그들과 함께한 모든 순간을 소중하게 간직할 것 입니다. 그리고 이 책을 마무리하면서, 그동안 충분히 하지 못했던 모든 것을 위해 더 많은 시간을 보낼 것을 그들에게 약속합니다. 이제 내가 얼마나 많이 그들을 사랑하는지 알려 줄 차례입니다.

들어가는 글

이 책은 스크럼이나 애자일 초보자를 위한 책이 아니다. 초보자를 위한 것이라면 이미 책이나 강좌가 많이 있고 웹사이트에서도 찾을 수 있다. 만약 여러분이 스크럼 왕초보라면 다른 책으로 시작하라고 권하고 싶다. 그렇다고 이 책이 순수주의를 추구하는 것은 아니다. 애자일이나 스크럼의 진정한 방식에 대해 논의하는 사이트는 많이 찾을 수 있다. 이 책은 실용주의자를 위해 쓰였다.

이미 스크럼을 사용하기 시작해서 문제에 부딪힌 사람들이나 아직 스크럼을 시작하지 않았지만 무엇을 원하는지 아는 사람들. 이런 사람들이 소멸$^{\text{burn down}}$ 차트 그리기나 일일 스크럼에서 각자가 답해야 하는 세 가지 질문이 어떤 것인지 다시 읽을 필요는 없다. 이들에게 필요한 건 더 어려운 질문이다. 즉 스크럼을 어떻게 소개하고 확산시킬 것인가, 프로젝트 초반 설계 단계에서 사람들이 큰 그림을 그릴 수 있도록 어떻게 이끌 것인가, 매 스프린트가 끝날 때 동작하는 소프트웨어를 전달하려면 어떻게 해야 하는가, 관리자는 무엇을 해야 하는가, 등등. 이런 논란이 익숙하게 느껴진다면 여러분은 이 책을 읽어도 좋다.

이런 질문에 답하기 위해 과거 15년 넘게 스크럼과 함께 했던 나의 경험을 이 책에서 그리고 있다. 특히 지난 4년 간의 경험이 매우 유용했다. 지난 4년 동안 고객들과 하루를 보내고 나면 매일 저녁 호텔방에 돌아와서 그들이 직면한 문제들, 물었던 질문들, 내가 해준 조언을 기록했다. 그런 다음 나중에 다시 방문하거나 아니면 이메일을 보내서 내가 했던 조언이 문제를 해결하는 데 도움이 됐는지 확인했다.

질문, 문제, 조언을 수집하면서 이들 간에 어떤 공통된 테마가 있다는 것을 알게 됐다. 어떤 장애물은 특정 고객이나 팀에게만 완전히 국한된 것이었지만 어떤 것들은 여러 팀과 조직에 걸쳐 반복적으로 나타나는 아주 일반적인 것이었다.

이런 종합적인 문제들과 이를 극복하는데 도움이 된 나의 조언들이 이 책의 근간이 되었다. 이런 조언은 두 가지 형태로 책에 들어 있다. 첫 번째는 대부분 장에 있는 '지금 시도해볼 것들'이라는 부분이다. 이 부분은 특정 상황에서 아주 도움이 되었거나 자주 사용했던 것들을 다시 정리한 것이다. 두 번째는 각 장에서 '반대 의견'이라고 붙여진 부분이다. 이 부분은 내가 일하면서 서로 의견이 달랐을 때 진행했던 대화를 다시 구성한 것이다. 이 '반대 의견'이라고 붙여진 부분을 읽을 때는 동료들의 목소리라고 들으려 노력하는 게 좋다. 여러분도 이 같은 반대 의견을 만난 적이 있는지 궁금하다. 이 부분에서는 내가 그런 상황을 어떻게 극복했는지 알 수 있을 것이다.

여러분에 대한 또 다른 가정

여러분이 스크럼의 기본적인 내용에 대해 알고 있고 조직에 스크럼을 소개하거나 조직이 스크럼에 익숙해지도록 하려 한다는 것을 넘어서, 여러분이 조직 내에 어떤 영향을 미칠 수 있다고 가정하겠다. 그렇다고 이 책이 상위 매니저, 부사장, CEO를 위해 쓰였다는 말은 아니다. 내가 생각하는 영향력의 유형은 명함에 적혀 있는 직함이 아니라 개인적 성향이나 동료들 간의 신뢰로부터 생겨난다. 물론 멋진 직함이 도움이 되기도 한다. 그러나 앞으로 보겠지만 성공적인 스크럼을 위해서 필요한 영향력은 흔히 회사 내 오피니언 리더에게서 나온다.

이 책의 구성

4년 전 이 책을 시작할 때 부제가 '시작하기'와 '익숙해지기'였다. 이 두 가지 주제는 정말 많은 도움이 되었다. 개인적인 일화와 조언 들을 수집하면서 스크럼에서는 '시작하기'와 '익숙해지기'가 같다는 걸 깨달았다. 시작하게 만들 때와 익숙해지도록 만들 때 다른 기법을 사용하는 게 아니었다.

1부는 '시작하기'에 대한 것이다. 여기서는 작은 규모로 시작하든지 아니면 한 번에 모든 사람을 변화시키려 하든지 상관없이 유용한 조언들이 담겨 있다. 역량을 갖추기 위해 바꿔야 하는 새로운 프로세스를 사람들이 이해할 수 있도록 도와주려면 어떻게 해야 하는지, 첫 번째 프로젝트나 팀을 어떻게 선정해야 하는지. 여러분들은 이 방법들을 '시작하기'에서뿐만 아니라 '익숙해지기'에서도 적용할 수 있다. 이 중에는 4장 「기민함을 위해 이터레이션 수행하기」에 나오는 개선 커뮤니티와 개선 백로그가 있다.

2부에서는 '개인'에 대해 이야기를 한다. 개인의 변화는 스크럼을 도입하는 과정의 일부로 볼 수 있다. 6장 「저항 극복하기」에서는 개인 간에 나타날 수 있는 저항의 유형에 대해 다룬다. 여기서는 사람들이 왜 저항하는지, 이 저항을 극복하기 위해 어떻게 하는 것이 도움이 되는지에 대한 생각과 조언을 제공한다. 7장, 8장은 스크럼 프로젝트에 나타날 수 있는 새로운 역할에 대해 설명한다. 프로그래머, 테스터, 프로젝트 관리자와 같은 기존 역할들은 바뀌어야 한다. 9장 「기술적인 실천법」은 '지속적인 통합' '짝 프로그래밍' '테스트 주도 개발'과 같은 몇 가지 기술적인 실천법에 대해 다룬다. 이 기법들 중에는 사용해야 하는 것도 있고 실험적으로 시도해 봐야 하는 것들도 있는데, 이런 노력은 개개인이 매일매일 해야 하는 작업의 많은 부분을 바꿔줄 것이다.

3부에서는 '개인'에서 '팀'으로 그 영역을 넓혔다. 먼저 스크럼의 이점을 최대한 얻기 위해서 팀 구조를 어떻게 가져 가야 하는지 알아본다. 다음으로 11장 「팀워크」에서는 스크럼 프로젝트 팀워크의 본질에 대해 다룬다. 12장 「자기 조직적인 팀 이끌기」에서는 자기 조직적인 팀을 이끈다는 게 무슨 의미인지 알아볼 것이다. 스크럼 마스터, 기능 관리자, 다른 리더들이 팀을 '자기 조직적인 팀'으로 만들기 위해 무엇을 해야 하는지에 대한 상세한 조언을 제공한다. 3부의 13장~15장에서는 스프린트, 계획, 품질에 대해 알아본다.

4부는 우리의 관심사를 좀 더 넓은 영역인 '조직'으로 확대해 본다. 17장 「대규모 스크럼」에서는 큰 조직 내 여러 팀이 같이 진행하는 프로젝트에서 대규모로 스크럼을 적용하는 데 필요한 것이 무엇인지 살펴볼 것이다. 18장 「분산 팀」에서는 분산 팀에서 추가로 생길 수 있는 복잡한 사항을 고려해 본다. 그리고 나서 19장 「다른 방식과 스크럼을 같이 사용하기」에서는 프로젝트에서 스크럼과 순차적 프로세스를 같이 사용할 때나 법 제도나 정부 요구사항이 있을 때, 어떻게 해야 하는지 논의한다. IV부는 20장 「인사, 총무, PMO」로 끝이 나는데 주로 조직의 인적 자원, 설비, 프로젝트 관리 사무국이 스크럼에 미치는 영향 중에 특별히 고려해야 하는 사항에 대해 집중적으로 다룬다.

5부는 두 개 장으로 구성되어 있다. 21장 「얼마나 멀리 왔는지 돌아보기」는 애자일 조직으로 얼마나 바뀌었는지 측정하는 다양한 방법들이 요약되어 있다. 22장 「아직 끝난 것이 아니다」는 애자일한 조직이 되기 위해서 끊임없이 개선해야 한다는 사실을 상기시키며 책을 마무리한다. 오늘 얼마나 잘하고 있느냐는 중요하지 않다. 다음 달에는 더 잘해야 애자일이다.

몇 가지 용어에 대한 기준

대부분의 경우, 스크럼에 대한 글을 쓰는 것은 말로 하는 것보다 어렵다. 상황을 한 문장으로 서술했을 때 그 문장을 잘못 이해하기 쉽다. 이런 문제를 피하기 위해 나만의 특정 용어를 사용해 조심스럽고 정확하게 다루려 노력했다. 예를 들어 개발자라는 단어를 사용했는데, 이 말은 프로젝트에서 개발 쪽에서 일하는 사람을 모두 가리킨다. 프로그래머, 테스터, 분석가, 사용자경험 디자이너, 데이터베이스 관리자 등. 팀이라는 단어에는 약간의 차이가 있다. 당연히 개발자는 포함한다. 하지만 스크럼 마스터와 제품 담당자도 포함해야 할까?

당연하게도 이런 문제는 상황에 따라 달라진다. 의미를 명확하게 하고 싶을 때는 개발자, 제품담당자, 스크럼 마스터 모두를 포함한다는 의미로 전체 팀$^{whole\ team}$이라는 단어를 사용했다. 그러나 전체 팀이라는 용어를 맹신하면 책의 가독성이 떨어지게 된다. 그냥 팀이라는 용어를 사용했어도 문맥상 어떤 그룹을 가리키는지 명확하게 알 수 있을 것이다.

스크럼과 애자일 팀을 가리킬 때도 전체 팀이 아닌 그냥 팀이라는 의미로 이 용어를 사용했다. 다양한 경우에 맞춰서 순차적, 전통적, 심지어 비 애자일이라는 용어를 사용했는데 각각은 약간씩 의미상 차이를 갖고 있어서 적절히 사용했다.

이 책을 사용하는 방법

많은 책들이 이와 비슷한 제복을 사용한다. 하지만 보통 '이 잭을 읽는 방법'으로 많이 쓴다. 이 책을 읽는 가장 좋은 방법은 이 책을 사용하는 것이다. 단순히 읽어보기만 하지 말아라. '지금 시도해 볼 것들'을 만나면 그런 사항 중 몇 개는 적용해 보자. 아니면 적어놨다가 다음 회고 때나 계획 미팅 때 써보길 추천한다.

이 책을 순서대로 읽을 필요는 없다. 사실 모든 장을 읽어야 하는 것도 아니다. 조직이 스크럼에 익숙해지고 싶어하는데 계획 때도 심각한 문제가 없고 분산 팀도 없다면 그와 관련된 장은 넘어가라. 그러나 모든 사람들이 적어도 앞쪽의 4개 장은 순서대로 읽어보길 권장한다. 이 부분에는 반드시 지켜야만 하는 기본적인 내용이 들어있다.

4장에는 개선 커뮤니티와 개선 백로그에 대한 아이디어를 소개하고 있다. 개선 커뮤니티라는 건 특정 영역을 개선하고자 하는 열정을 가진 개인들이 모이는 것이다. 제품 백로그에 대해 열정을 가진 세 명이 모범 사례$^{best\ practice}$를 수집하고 조언을 팀 간에 공유하고자 할 때 하나의 개선 커뮤니티가 만들어진다. 또 다른 개선 커뮤니티는 어떻게 하면 애플리케이션을 더 잘 테스트 할 수 있을지 관심을 갖는 많은 사람들에 의해 생겨난다. 개선 백로그란 개선 커뮤니티가 더 나은 조직을 만들기 위해 할 일을 우선순위에 따라 정리한 목록을 가리킨다.

내가 바라는 것 하나는 개선 커뮤니티가 자신들의 개선 백로그를 만들기 위해 이 책을 사용하는 것이다. 이 개선 커뮤니티는 변화를 위한 노력에 활력을 불어넣고 가이드를 제공한다. 사실 많은 소제목들은 개선 백로그에 항목으로 올라가야 하는 내용으로 되어 있다. 예를 들어 13장에 나오는 '문서에서 토론으로 전환하기'라든가 14장의 '이번 스프린트에서 다음 준비하기', 16장의 '다른 레벨에서 자동화하기'와 같은 것들이다.

오랫동안 스크럼 트레이너이자 컨설턴트로 일하면서 수백 개의 팀이나 조직들과 같이 일해왔다. 그리고 나서 모든 조직에서 스크럼은 성공할 수 있다고 믿게 됐다. 어떤 팀들은 다른 팀에 비해 더 어려운 시간을 겪을 수 있다. 어떤 팀은 융통성 없는 조직문화 때문에 무모한 도전을 할 수도 있다. 또 어떤 팀은 곤경에 빠질 수도 있고, 개인적 손실이라는 어렵고 완고한 상황에 빠질 수도 있다. 운이 좋은 팀은 리더가 지지를 할 수도, 열정을 가진 직원들이 동참할 수도 있을 것이다. 이들 조직에게 공통적으로 필요한 것은 실용적이고 검증된 조언이라고 생각한다. 이를 제공하고 싶어서 이 책을 썼다.

1부

시작하기

변하고자 하는 의지가
회사의 일부를 잠시 동안
완전히 혼란에 빠뜨린다 해도
그게 바로 경쟁력이다.

잭 웰치

1장

왜 애자일하게 되기 힘든 걸까
(하지만 그럴만한 가치는 있다)

많은 소프트웨어 개발 조직은 애자일하게 되고 싶어한다. 누가 그들을 비난할 수 있을까? 성공적인 애자일 팀은 고객이 원하는 것보다 더 높은 품질의 제품을 기존 팀보다 적은 비용으로 더 빨리 만들어 낸다. 그렇다면 누가 더 애자일스러워지는 걸 원치 않겠는가? 단순하게 생각해도 좋아 보인다. 그렇지 않은가? 아주 날씬해지고 충실하고 기민하게 되는데 누가 마다하겠는가? 유행이나 추세를 넘어 스크럼과 같은 프로세스를 진지하게 도입하여 애자일하게 된 조직은 큰 이익을 얻을 수 있다.

비용은 감소하면서 생산성은 크게 높아진다. 아주 빨리 시장에 제품을 내놓기 때문에 고객 만족도도 크게 높아진다. 개발 프로세스에서 더 높은 가시성을 경험하면서 더 정확한 예측이 가능해진다. 이런 사실 덕분에 관리를 벗어난다거나 영원히 끝날 것 같지 않은 프로젝트는 과거의 유물이 된다.

스크럼을 도입하여 이런 이점을 깨닫게 된 회사 중 하나가 세일즈포스닷컴 Salesforce.com이다. 1999년 샌프란시스코 어느 아파트에서 시작한 세일즈포스닷컴은 닷컴 신화의 마지막 성공 신화가 되었다. 2006년 매출액이 4억 5천만 불을 넘었고 직원수가 2,000명으로 성장한 세일즈포스닷컴은 릴리스 주기를 연간 4번에서 1번으로 줄여야 했다는 사실에 주목하자. 고객은 감소했고 필요한 기능이 완료되기를 너무 오래 기다려야 했다. 회사는 스크럼을 도입하기로 결정했다. 도입 첫해 세일즈포스닷컴은 추가 기능의 94%를 릴리스 했고, 개발자마다 기능을 38% 더 출시했으며, 전년 대비 고객에게 500%나 더 많은 가치를 제공했다.(Greene & Fry 2008) 바로 다음 해에는 매출이 두 배로 증가하면서 10억불을 넘어섰다. 이런 결과에 비춰보면 많은 조직이 스크럼을 도입하고 있는 것은 놀랄 일이 아니다. 꼭 도입이 아니어도 시도하고 있다고 볼 수 있다.

'시도했다'라고 표현한 것은 스크럼이나 다른 애자일 기법을 도입하는 것이 어렵기 때문이다. 많은 회사들이 예상했던 것보다 훨씬 어렵다고 한다. 애자일이 주는 모든 보상을 얻기 위해서는 변해야 하는데 여기까지 도달하기가 어렵다. 개발자뿐만 아니라 조직의 나머지 부분도 변해야 한다. 변화에 관한 실천법은 같아도 변화에 대한 마음가짐은 각자 매우 다르다. 이 책의 목적은 잘 도입하는 방법뿐만 아니라 장기간에 걸쳐 성공하는 방법을 보여주는 것이다.

막을 수도 있었을 것처럼 보이는 애자일 도입 실패 사례를 직접 본 적이 몇 번 있다. 첫 번째는 변화를 위한 노력의 대가로 수백만 달러를 지불한 어느 회사의 경우다. 경영진은 외부에서 트레이너와 코치를 데려오고 다섯 명을 채용하여 새로운 스크럼 팀들이 조언을 받을 수 있는 '애자일 사무국$^{Agile Office}$'을 꾸렸다. 이 회사가 실패한 이유는 스크럼을 개발 조직에만 도입했기 때문이다. 경영진은 도입 초기에 개발자만 가르치고 교육시키면 충분하다는 생각이었다. 영업 조직, 마케팅 그룹, 재무 부서들에는 스크럼을 어떻게 도입할지 고려하지도 않았던 것이다. 이 부서들이 변하지 않으면 조직의 특성 때문에 처음 시작했던 상태로 회사는 되돌아간다.

조셉은 완전히 다른 이유로 자신의 회사에 스크럼을 소개하는데 실패했다. 새롭게 승진하여 처음 프로젝트 관리자가 된 조셉은 스크럼에 즉시 매료되었다. 스크럼은 그의 관리 스타일에 딱 맞았던 것이다. 조셉은 새로운 프로젝트에 스크럼을 도입했는데 팀원들 모두 지난달까지 그의 동료였기 때문에 설득하기 쉬웠다. 프로젝트는 크게 성공했고 팀은 포상을 받았으며 조셉은 더 큰 프로젝트를 맡는 기회를 얻었다. 조셉은 새로운 프로젝트 팀에 스크럼을 소개했고 팀원 대부분은 새로운 방식을 기꺼이 받아들였다. 스크럼을 이용한 프로젝트 작업이 잘 진행되고 있음에도 기능 관리자 몇 명은 스크럼이 자신들이 일하는 데 무슨 의미가 있는지 모르겠다고 보고했다. 조셉의 운이 다한 것이다. 품질과 데이터베이스 개발을 담당하는 기능 관리자들이 하나같이 반대하고 나섰고 엔지니어링 쪽 부사장에게 찾아가 스크럼이 회사의 복잡하고 중요한 프로젝트를 수행하기에 적합하지 않다고 주장했다.

캐롤린의 경우는 조금 낫다. 대용량 데이터 관리 회사의 개발 쪽 부사장이었는데 조직 내 개발자가 200명이 넘었다. 한 프로젝트에서 스크럼의 이점을 본 후,

흥분해서 사업부 전체로 스크럼 도입을 확산했다. 모든 직원들은 교육과 코칭을 받아야 했다. 몇 달이 지나고 모든 팀원들은 매 2주 스프린트마다 동작하는 소프트웨어를 만들어 냈다. 이는 굉장한 발전이었다. 그렇지만 일 년 뒤 내가 이 회사를 방문했을 때 직원들은 그 이상의 무언가를 이루지 못하고 있었다. 확언컨대 팀은 높은 품질의 소프트웨어를 만들어 내고 있었고 스크럼을 처음 시작했을 때보다 더 빠르게 제품을 만들고 있었다. 그러나 그녀의 회사가 이루어 낸 것은 일부일 뿐이었다. 캐롤린의 회사는 계속해서 개선해 나가야 한다는 스크럼의 원칙을 잊어버렸다. 놀랍지 않은가? 이런 실패들은 스크럼 도입을 잘 진행하는 중에 나타난다. 아무리 의도가 좋아도 꾸준히 지속하지 않으면 실패한다. 그렇지만 너무 걱정하지는 마라. 스크럼 도입이 어려운 일일지라도 제대로 접근하면 확실히 가능한 일이다. 이번 장에서는 왜 애자일 개발 프로세스를 도입하는 게 어려운지 살펴볼 것이다. 특히 스크럼이 왜 더 어려운 이유까지도.

언급했던 회사들의 몇 가지 도전에 대해 상세히 알아봤다. 도전에 따른 노력의 가치도 중요하지만 더 중요한 것은 조직이 애자일하게 되어 얻게 되는 이익이다.

왜 변화는 어려운가

변화는 모두 어렵다. 회사의 의료서비스 계획에 약간의 변화가 생겼을 뿐인데 직원들 사이에서 난리가 난 것을 본 적이 있다. 변화가 많으면 고통이 될 수도 있다. 스크럼을 도입할 때 일어나는 사건 중 확실한 것은 다른 어떤 변화보다 더 어렵다는 것이다. 다음과 같은 사항들이 나타난다.

- 성공적인 변화는 전적으로 상향식이나 하향식으로 이루어지는 게 아니다.
- 최종 상태를 예측할 수 없다.
- 스크럼은 구석구석 스며든다.
- 스크럼은 극적으로 다르다.
- 변화는 이전에 진행된 것보다 더 빨리 다가온다.
- 모범 사례는 위험하다.

성공적인 변화는 전적으로 상향식이나 하향식으로 이루어지는 게 아니다

성공적인 조직 변화는 전적으로 상향식이나 하향식이 될 수가 없다. 하향식 변화에서는 강력한 리더가 미래에 대한 비전을 공유하고 조직은 그 비전에 따라 리더를 따르게 된다. 스티브 잡스와 같은 카리스마 있고 존경받는 강력한 리더가 애플 직원들에게 컴퓨터 하드웨어와 소프트웨어를 넘어서 디지털 음악까지 장악할 수 있다고 말하는 걸 상상해 보라. 그의 명성과 스타일이 회사에 새로운 방향을 가리켰을지 모르겠지만 혼자서 그런 놀랄만한 진보를 이룬 건 아니었을 것이다. 변화 관리 전문가 존 코터는 다음과 같이 이 의견에 동의했다.

> 군주 같은 CEO라 하더라도 혼자서는 올바른 비전을 세울 수도, 수많은 사람과 커뮤케이션할 수도, 모든 중요한 장애물을 제거할 수도, 단기간 성공을 만들어 낼 수도, 12개나 되는 프로젝트 변화를 이끌고 관리할 수도, 조직의 문화를 새로운 접근방식으로 깊이 있게 이끌 수도 없습니다. (Kotter 1996, 51~52)[1]

이와 대조적으로 상향식 변화는 팀이나 개인이 변화가 필요하다고 결정하고 이를 위한 작업들을 준비한다. '나중에 용서를 구하라'는 자세로 상향식 변화에 들어가는 팀이 있을 수 있고, 자신들이 규칙을 깨뜨렸다는 것을 과시하는 팀이 있을 수도 있다. 하지만 여전히 가능한 조직의 규정을 지키면서 변화를 시도하는 팀도 있을 수 있다.

가장 성공적인 변화, 특히 스크럼 같은 애자일 프로세스에 의한 변화는 하향식과 상향식을 같이 진행해야 가능하다.

『Fearless Change』를 쓴 매리 린 맨스 Mary Lynn Manns와 린다 라이징 Linda Rising은 다음과 같이 이 의견에 동의했다. "경영층의 적절한 방향 제시를 통해 상향식으로 도입되는 형태 즉 고위층과 아래 각 계층에서 일어나는 형태가 최고의 변화라고 믿는다."(2004, 07)

---

[1] 옮긴이 괄호 안의 내용은 '1996년에 발간된 John Kotter의 저서 『Leading change』의 51~52쪽을 참조하라'라는 의미이다. 도서 관련 정보는 이 책의 「참조 문헌」에서 볼 수 있다. 이 책의 인용 끝에 붙은 괄호의 내용은 이런 의미임을 밝혀둔다.

조직이 고위층의 지원 없이 스크럼을 도입하려 하면 하위층에서는 극복하기 어려운 저항에 부딪힐 수 있다. 이런 상황은 보통 새로운 프로세스인 스크럼을 처음 도입했던 팀이 외부에 영향을 주기 시작했을 때 나타난다. 이렇게 되면 중간 경영층은 자신들의 부서를 지키기 위해 스크럼이 만들어내는 변화를 비판하기 시작한다. 고위층의 지원은 이런 장애물과 반대를 제거하기 위해 필요하다.

마찬가지로 하위층의 참여가 없다면 애자일 도입은 문이 열린 멕시코 레스토랑에서 선풍기 밑에 앉아 있는 거나 진배없다. 한 무더기의 뜨거운 바람이 위에서 아래로 내려올 뿐이다. 이런 일이 일어나면 개인들은 무엇인가 해야 한다고 들었을 때 저항하게 된다. 스크럼이 조직에 잘 도입되려면 팀원 개개인이 참여하여 도입 시 발생하는 이슈를 찾아야 한다. 이를 위해서 상향식 참여는 반드시 필요하다. 성공적인 스크럼 도입의 핵심은 상향식과 하향식 변화를 조합하는 것이다.

최종 상태를 예측할 수 없다

익스트림 프로그래밍을 다루는 책을 읽어 보고 이 방법이 회사에 적절하다고 결정했을 수도 있다. 아니면 공인 스크럼 마스터 교육을 받고 나서 스크럼이 좋다고 생각했을 수도 있다. 그도 아니면 다른 애자일 프로세스 책을 읽고 나서 이 방법이 조직에 딱 맞다고 느꼈을 수도 있다. 그러나 아마 십중팔구 여러분 생각은 틀렸다.

이런 방법을 처음 만든 사람이 서술해 놓은 이런 프로세스 중에 여러분 조직에 딱 들어맞는 것은 하나도 없다. 아마도 가장 좋은 시작은 여러분 조직, 개인, 산업의 고유 환경에 정확히 맞아 들어가도록 프로세스를 테일러링 하는 것이 아닐까 한다. 앨리스터 코오번^{Alistair Cockburn}은 "자신들에 맞게 프로세스를 변경하거나 개인화하는 기회가 있었느냐가 팀이 프로세스를 도입하는 데 중요한 성공 요소가 된다. 팀과 '자신들만의' 프로세스를 연결하는 것은 창조 작업과 같다"라고 말하면서 이 의견에 동의했다.[2]

여러분 자신에게 '스크럼을 하는 것'이 어떤 의미가 있는지 명확한 비전을 갖고 있다면, 이 비전을 다른 사람과 공유해서 정확히 같은 비전을 갖도록 해야 한다. 하지만 조직이라면 '마지막'에 대한 정의가 조금 다를 수 있다. 사실 스크럼 도

---

[2] 이러한 코오번의 말을 비롯하여 참조 문헌에 나오지 않는 인용 문장은 화자와 나의 개인적인 커뮤니케이션에 기반한 것임을 밝혀둔다.

입의 끝을 정의한다는 게 맞지 않다. 지속적인 개선이라 부르는 작업에 끝이 있을 수 없다.

이런 사실은 스크럼 도입을 원하는 조직에게 문제가 될 수 있다. 보통의 변화는 차이점을 분석해서 그 차이를 메우면 끝난다. 스크럼 도입 이후의 최종 결과를 예상할 수가 없다면 지금 상태와 스크럼 도입 후 최종 결과 사이에 벌어지는 간극을 모두 알 수는 없을 것이다. 그러므로 간극을 분석하면서 변화하려는 접근방식은 잘 통하지 않을 것이다. 할 수 있는 최선은 지금 상태와 개선된 상태, 중간 상태 간의 차이를 확인하는 것이다.

이 작은 차이를 확인한다 하더라도 어떻게 끝을 내는가에 대한 문제는 여전히 남는다. 애자일하게 되는 과정에서 무수히 필요한 작은 변화에 사람들이 어떻게 반응할지 정확히 예측하는 것은 어렵다. 아니 불가능할지도 모른다. 팀워크 전문가 크리스토퍼 에이버리Christopher Avery는 조직을 살아 있는 시스템으로 봤다.

> 살아 있는 시스템을 직접 통제할 수 없다. 단지 건드려보고 반응을 보기 위해 기다린다…… 우리가 바라는 변화된 조직을 만드는 모든 힘들을 알 수는 없다. 그래서 영향을 미칠만한 어떤 힘을 가지고 다양한 방식의 실험을 통해 시스템을 움직여본다. 그런 다음 어떤 일이 벌어지는지 살펴야 한다.(2005, 22~23)

그래서 스크럼 도입은 전에 읽었던 기존의 변화관리 책(Carr, Hard, Trahant 1996, 144~145)3에 나오는 것처럼 'AS IS'와 'TO BE' 간에 차이를 메우기 위한 완전한 변화 프로세스나 전략적인 계획 같은 것이 될 수 없다. 그런 계획을 세우려면 두 가지 불가능한 난관을 넘어야 한다. 첫째는 정확히 끝내고 싶은 곳이 어디인지를 아는 것이고, 둘째는 그곳까지 도달하려면 어떤 단계를 거쳐야 하는지 정확히 아는 것이다.

> **함께보기**
> 4장 「기민함을 위해 이터레이션 수행하기」는 스크럼을 도입할 때 추천할 만한 전체적인 프로세스를 서술하고 있다.

이런 불가능한 것들을 극복할 수 없기 때문에 우리가 할 수 있는 최선은 '실행해 보고 관찰하는 것이다.'(Avery, 2005, 23) 조금만 해보고, 의도했던 결과에 근접하는지 살펴보고 향상되면, 좀 더 해본다. 이런 식으로 조직을 찔러보는 것과 재촉하는 것을 무작위로 해선 안 된다. 경험과 지혜와 직관을 바탕으로 조심스럽게 선택해야 스크럼 적용에 성공할 수 있다.

---

3 옮긴이 이 책은 Carr, David K./ Kelvin, Hard J./ Trahant, William가 쓴 『Managing the Change Process』이다.

스크럼은 구석구석 스며든다

변화가 고립되거나 사람들이 수행하는 모든 작업에 영향을 미치지 않을 때, 조직에 변화를 소개하는 것은 비교적 수월하다. 애자일 프로세스를 따르지 않는 조직이 애플리케이션을 회사 웹서버에 배포하기 전에 운영 방안 검토를 반드시 진행하기로 결정하였다고 생각해 보자. 이 부분은 상대적으로 고립된 변화다. 분명히 새로운 절차를 싫어해서 불평하는 개발자가 생겨날 것이고 어쩌면 크게 불만을 토로할지도 모른다. 결국 적용되었다 하더라도 그 변화는 미미하여 다른 곳으로 퍼져나가지 않는다. 그래서 심지어 이런 변화를 싫어하는 사람은 대부분의 작업을 변경하지 않고 그대로 진행할 수도 있다.

이제 개발자가 스크럼을 도입한 경우를 생각해 보자. 이 개발자는 주어진 스프린트가 끝날 때마다 어떤 기능을 완료하기 위해 매번 약간의 작업을 더 해야 한다. 새로운 부분을 코딩할 때마다 자동화된 테스트를 작성해야 할 수도 있다. 짧은 주기로 테스팅과 코딩을 번갈아 수행할 수도 있는데 이를 테스트 주도 개발이라 부른다. 그리고 이 모든 작업을 헤드폰을 벗고 짝 프로그래밍으로 해야 할 수도 있다. 이런 것들이 근본적인 변화다.

이런 변화는 하루 혹은 한 주에 몇 시간만 하고 제쳐 놓을 수가 없다. 코드 검사는 가능할 수도 있지만, 이런 형태의 근본적인 변화는 개발자가 수행하는 모든 작업에 스며들기 때문에 어렵다. 영향도 크기 때문에 저항도 더 커진다.

스크럼 도입 역시 두 번째 방법처럼 모든 곳에 스며든다. 애자일하게 되는 것은 소프트웨어 개발 부서 이외의 조직에도 영향을 미치게 된다. 운영 방안 검토를 도입하는 것은 재무, 영업과 같은 부서에 거의 영향이 없다. 그러나 스크럼 도입은 이들 부서에도 영향을 미친다. 재무 그룹은 스크럼 프로젝트가 진행되면서 쓰는 비용이나 예산 확보에 대한 회사 정책을 받아들여야 한다. 영업 부서는 일정과 업무 범위를 어떻게 변경해야 하는지 고려하고 싶을 것이고 계약 구조도 변경해야 할지 모른다. 스크럼으로 넘어가면서 더 많은 그룹이 영향을 받게 되고, 더 많은 저항과 더 많은 오해가 생길 수 있다. 나쁜 변화보다도 이런 사건들이 스크럼 도입을 더 어렵게 만든다.

함께보기
회계, 운영, 인사와 같은 다른 그룹에 끼치는 스크럼 영향은 20장 「인사, 총무, PMO」에서 다룬다.

스크럼은 극적으로 달라진다

스크럼을 도입하면서 생겨난 변화는 모든 개발 팀원에게 스며드는 것뿐만 아니라 과거 교육했던 많은 것들과 충돌할 수 있다. 예를 들어 많은 테스터들은 스펙에 따라서 테스트하는 게 자신들의 일이라고 배웠다. 프로그래머들은 코딩을 시작하기 전에 문제를 깊이 있게 분석하고 완벽한 해결책을 설계해야 한다고 배웠다. 하지만 스크럼 프로젝트에서 테스터와 프로그래머는 이런 행동을 배울 필요가 없다. 테스터는 테스트 역시 사용자 요구에 맞춰 진행해야 한다고 배운다. 프로그래머도 코딩하기 전에 완전히 심사숙고한 후에 설계하는 것이 항상 필요한 건 아니라고 배운다. 때로는 안 하는 게 더 나을 수도 있다. Hacker Chick Blog[4]로 자신의 생각을 공유하는 아비 피치너(Abby Fichtner)는 이를 프로그래머들에게 가르치는 게 얼마나 어려운지 이렇게 표현했다.

> 창발적인 설계에 익숙해지는 것은 해킹을 하는 것처럼 느껴지기 때문에 어렵습니다. 그리고 만일 자신이 썩 괜찮은 개발자이고 항상 설계에 대해 충분히 고민하는데 자부심을 느끼고 있다면, 그동안 해온 모든 것들은 반대가 되니까 "싫다"고 말할 수 있습니다. 자신이 잘해왔다고 여겼던 모든 설계가, 갑자기 실력 없는 개발자가 작업한 것, 쓸데없는 것들과 똑같아지게 됩니다.

스크럼 도입은 배운 것, 경험한 것에 반하는 익숙하지 않은 방식으로 일하라고 사람들에게 요청하는 것이어서, 완강히 저항하는 경우가 아니라도 이런 변화에 망설이게 된다.

> **함께보기**
> 새로운 설계와 테스트 주도 개발은 9장 「기술적인 실천법」에서 다룬다.

회사에서 신망 있는 선임 프로그래머 테리의 경우를 예로 들어보자. 테리는 테스트 주도 개발에 관한 실습 교육을 종일 받고 나서, 이 기법이 주는 이점에 대해 확신을 갖게 되었다. 열정을 갖게 된 테리는 사무실에 복귀한 후 과도한 사전 설계를 그만두고 테스트 주도 개발을 이용해서 새로운 방식의 설계를 시작했다.

하지만 생각했던 것만큼 잘 되지 않았다. 그는 내게 진행이 잘 안 되는 상황을 메일로 보내줬다.

---

4 옮긴이 The Hacker Chick Blog, http://www.thehackerchickblog.com/

프로그래머에게 테스트 주도 개발은 시도하는 것조차 제가 생각했던 것보다 더 어렵습니다. 오랫동안 써왔던 과도한 사전 설계를 버리고 새로운 방식에 익숙해지려 노력했지만 불행하게도 실패했습니다. 몇 달 후에 다른 개발자에게도 테스트를 먼저 작성할 것을 권했지만 좋은 생각이라 여기는 것은 저뿐이었습니다. 그 개발자들은 여전히 과도한 초기 설계 단계를 포기하지 못했습니다. 저도 그런 시간을 줄이는데 일 년이 더 걸렸으며 지금도 여전히 조금 줄어들었을 뿐입니다.

변화는 이전에 진행된 것보다 더 빨리 다가온다

1970년대를 돌아보면 앨빈 토플러는 '미래의 충격'이라는 용어를 만들었는데, 이 말은 사람들이 '너무 짧은 기간에 너무 많은 변화'를 겪게 되면 혼란이 온다는 의미로 해석할 수 있다.[1970, 4] 그렇기 때문에 변화에 대한 역량은 사람이든 조직이든 한계를 갖고 있다. 사람들에게 한 번에 너무 많은 변화를 요구하면 과도한 스트레스와 미래의 충격에서 말한 혼란 등에 의해 아예 진행이 되지 않을 수 있다. 많은 조직의 직원들은 수년 동안 미래의 충격에 의해 고통 받아왔다. 팀은 더 적은 사람들로 더 많은 일을 해야 한다. 아웃소싱과 분산 팀은 이제 흔한 일이 되었다. 이런 변화는 애플리케이션이 클라이언트/서버 모델에서 웹으로 다시 서비스로 이동하면서 일어났다. 이런 사실에 더해 새로운 언어와 새로운 툴, 새로운 플랫폼이 등장하면서 기술 자체가 끊임없는 발전을 계속하고 있다. 미래의 충격은 지금도 계속되고 있다. 스크럼 도입이 사람들에게 미래의 충격에 버금가는 변화를 강요한다는 게 놀랄 일은 아니다. 스크럼 도입에 따라 스크럼의 본성이 구석구석 스며들고, 사람들이 인터랙티브하게 작업하면서 발생할 근본적인 변화는 미래에 대한 충격을 격발시킬만한 큰 위험 요소가 된다.

모범 사례는 위험하다

대부분 조직 변화는 이런 식이다. 누군가 어떤 일을 제대로 해냈거나 잘하게 되면 이를 모범 사례로 만들고 이를 다른 사람들과 공유한다. 모범 사례를 모으고 재사용하는 작업은 변화를 이끌어내는 데 많은 도움이 된다. 예를 들어 새로운 유형의 제품을 고객에게 판매하려는 조직이 있다면 잠재 고객의 불만을 극복할 수 있는 모범 사례를 찾아야 한다. 그러나 스크럼을 도입할 때는 모범 사례가 오히려 위험

요소가 될 수 있다. 바위가 굴러 떨어질 때 울리는 사이렌처럼 모범 사례는 계속해서 개선을 위해 노력해야 한다는 스크럼의 본질을 흐릴 수가 있다. 도요다 생산 시스템을 창안한 오노 다이치는 이렇게 썼다. "표준 작업이라 부를 수 있는 작업이 있다. 하지만 이 표준도 계속 변해야 한다. 표준을 최고라고 생각하는 순간 모든 것이 끝이다." 오노는 또 이렇게 이야기 한다. "만일 어떤 것을 최고의 방법이라고 확정해 버리면 카이젠改善, 즉 지속적으로 조금씩 향상시키는 것은 사라져 버릴 것이다."(1982)

팀원들은 일하면서 알게 된 새로운 좋은 방법을 다른 사람과 항상 공유해야 하지만, 그런 것들을 모범 사례로 명문화 하는 것은 경계해야 한다.

모범 사례가 쓸모 없는 것이 되어 버린 예를 들어보자. 어떤 회사에서 일일 스크럼은 반드시 10시 이전에 진행해야 한다고 결정했다. 나는 이 규칙이 불필요한 강요라는 걸 알았다. 무슨 목적으로 이런 걸 강요했는지 도대체 확신이 가지 않았다. 결국 이 규칙은 직원들이 '스크럼은 아주 작은 단위의 조직관리일 뿐이다'는 생각을 갖게 만들었다.

> **지금 시도해 볼 것들**
>
> 현재 스크럼 도입 상황을 생각해 보자. 이제 막 시작했는가, 한창 도입 중인가, 도입 막바지라서 박차를 가하고 있는가? 어느 위치에 있든지 간에 성공의 다음 단계로 나아가는데 주요 방해물이 무엇인지 확인해 보라.

노력할만한 가치가 있는 이유

스크럼 도입이 특히 어려운 그 모든 이유에도 불구하고 도입을 추진했던 회사들의 이해관계자들은 자신들이 해온 작업에 행복해 한다. 이해관계자들이 만족해 하는 이유 한 가지는 스크럼 같은 애자일 프로세스를 이용하면 제품 출시 시기를 맞출 수 있다는 것이다.

애자일 팀의 높은 생산성이 제품을 좀 더 빨리 출시할 수 있게 해주고, 애자일 프로젝트에서는 더 높은 품질을 얻게 해준다. 직원들은 품질을 높여야 한다는 부담에서 벗어날 수 있고 고객에게 더 빨리 제품을 전달할 수 있어서 업무 만족도도 올라간다. 더 많은 직원들이 높은 업무 만족도를 느끼게 되면 생산성은 더 높아지고, 지속적 개선이라는 선순환이 이루어지게 된다.

이 장의 나머지 부분에서 이런 주장을 더 깊이 살펴본다. 각 내용을 뒷받침하는 증거를 들어보자. 이런 증거들은 일화적인 것으로 내 경험에서 나온 것이다. 고객과 동료로부터 얻은 경험, 잡지나 컨퍼런스에서 발표했던 경험 등. 그렇지만 다음에 언급하고 있는 출처에서 구한 데이터가 이런 증거를 추가로 뒷받침 해준다.

- 7500개의 주요한 기존 방식 개발 프로젝트와 26개 애자일 프로젝트를 엄격히 비교한 기본 데이터베이스. 이 연구는 15년 넘게 프로젝트에서 생산성, 품질, 다른 지표를 수집해온 QSMA의 관리 파트너 마이클 마^{Machael Mah}에 의해 진행됐다. 마가 연구한 애자일 프로젝트는 60명에서 1,000명까지 다양하다.^(Mah 2008)
- 데이비드 리코 박사가 종합한 연구 조사와 그의 다양한 학술, 연구 논문. 그는 애자일 프로젝트에 대해 발표된 51개의 연구 자료를 조사했다.⁽²⁰⁰⁸⁾
- 애자일 벤더, 버전원^{VersionOne}은 3,000명 이상을 대상으로 온라인 설문을 진행했고⁽²⁰⁰⁸⁾, 스캇 앰블러는 인기 개발자 잡지, 닥터 도브스 저널^{Dr. Dobb's Jour-nal, DDJ}에서는 642명을 대상으로 또 다른 설문을 진행했다.^(Ambler 2008a) 각각의 조사는 2008년에 이루어졌다. 물론 이런 조사가 확정적이라고 할 수는 없다. 이 조사에 참여한 개인은 애자일에 호의적인 성향을 가졌다고 볼 수 있다. 이런 설문 결과는 결과만 보기보다는 대변하는 것이 무엇인지를 봐야 한다. 버전원과 DDJ의 설문에서 다음과 같은 내용을 참조할 수 있다.

이 내용들을 보면 사람들이 스크럼 같은 애자일 프로세스 도입에 어떤 가치를 두는지 알 수 있다.

- 더 높은 생산성과 더 낮은 비용
- 직원의 참여도와 업무 만족도를 향상시키는 것
- 시장에 제품을 더 빨리 내놓는 것

함께보기
이 장에 대한 데이터는 www.succeedingwithagile.com 에서 MS 파워포인트 파일과 애플 키노트 파일로 요약되어 있다.

- 높은 품질
- 이해관계자 만족도 높이기
- 그동안 일했던 방식이 더 이상 통하지 않는다.

더 높은 생산성과 더 낮은 비용

불행하게도 생산성을 측정하는 보편타당한 방식은 아직까지 없다. 마틴 파울러 Martin Fowler는 개발자의 생산성을 측정하는 것은 불가능하다고 말했다.(2003) 나도 파울러의 의견에는 동의하지만 생산성을 대신하거나 그에 근접할 수 있는 측정은 가능하다고 생각한다. 어떤 팀은 생산성을 나타내는 것으로 코드의 라인 수를 사용한다. 또 어떤 팀은 모든 기능이 같은 크기가 아니라는 사실은 무시한 채 단순하게 전달한 기능 수나 전달할 기능 점수Function Point5 개수를 대용물로 사용하기도 한다. 이런 대용물에 문제는 없을까? 물론 있다. 하지만 팀 간의 경쟁 때문에 라인수Line of Code나 중복 코드에 의한 기능 점수, 재사용의 이점 등을 속이지 않는다고 가정하면 생산성 측정을 위한 대용물로서 유용하다고 볼 수 있다.

많은 경우에, 특히 QSMA 연구와 같은 많은 데이터와 관련 있는 경우에는 합당한 가정이라는 생각이 든다. QSMA는 데이터베이스에 프로젝트의 생산성 지수를 계산했다. 이 지수는 노력, 일정, 기술적 어려움 등을 고려했고 팀 간 비교를 더 의미 있게 만들려 했다. 애자일 프로젝트와 전통적 프로젝트 간의 비교에서, 마Mar는 애자일 프로젝트가 16% 더 생산적이며, 이 추가분은 통계적으로 의미 있다는 사실을 밝혀냈다. 그림 1.1은 QSMA 데이터베이스에서의 평균 생산성과 표준편차와 애자일 프로젝트 간(점으로 표시)의 차이를 보여준다. 여러분이 볼 수 있는 것처럼, 대부분의 점은 업계 평균치를 웃돌며, 몇몇 프로젝트는 산업 평균보다 표준편차 이상의 높은 생산성을 보여준다.

QSMA 결과는 DDJ와 버전원 설문조사 결과로 확증을 얻을 수 있다. DDJ 설문조사 참여자 중 82%가 스크럼과 같은 애자일 기법을 썼을 때 이전보다 더 높은 생산성을 느꼈다고 대답했다. 단지 5%만이 생산성이 약간 낮거나 많이 낮은 것처럼 느꼈다고 대답했다. 버전원 응답자중 73%는 애자일이 생산성을 매우 향상시켰

---

5 옮긴이 기능 점수란 정보시스템이 사용자에게 제공하는 업무 기능을 나타내는 측정 단위를 말한다.

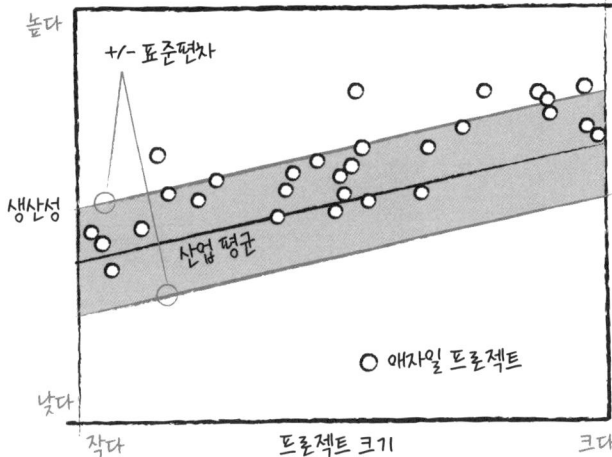

그림 1.1
애자일 팀은 산업 평균보다 훨씬 더 높은 생산성을 낸다. 출처: Mah 2008

거나(20%) 약간 향상시켰다고(50%) 했다.

사람들이 생산적이 되면 비용은 더 낮아지는 이유에 대해 생각해보자. 이런 측면에 대한 버전원과 DDJ 연구가 표 1.1에 나와 있다.[6] 2008년에 출간된 애자일 팀에 대한 데이비드 리코$^{David Rico}$의 설문조사도 표 1.2에 나와 있다. 리코는 평균적으로 생산성은 88% 증가하는 반면 비용은 26% 감소했다는 사실을 밝혀냈다. 이런 사실은 애자일 팀이 더 생산적이고 프로젝트 비용을 줄여준다는 명백한 증거가 된다.

고무적인 것은 이 숫자들이 애자일로 큰 이익을 본 특별한 경우만을 나타낸다는 사실이다. 즉 애자일 팀이 더 이상 필요하지 않은 기능은 만들지 않는다와 같은 경우는 반영되지 않았다. 순차적 개발 프로세스에 대한 공통적인 비판은 사용자가 더 이상 필요로 하지 않는 기능을 제공한다거나 소프트웨어를 적기에 출시하는가에 대한 것이다. 잦은 피드백, 시간이 정해진 스프린트, 매 스프린트마다 우선순위 조정하기 등으로 인해 스크럼 팀은 사용자가 원하는 특징에 더 집중해서 일하게 된다. 이를 생산성 측정에 포함시키면, 더 극적인 결과를 볼 수 있을 것이다.

---

[6] 버전원 조사는 응답자들에게 매우 개선, 개선, 이점 없음, 악화됨, 더 악화됨과 같은 개선 정도에 대해 물었다. DDJ 조사도 비슷했지만 더 높은, 어느 정도 높은, 변화 없음, 어느 정도 낮은, 더 낮음과 같은 기준을 사용했다. 가독성을 높이기 위해 이번 장의 모든 표는 버전원 조사의 표제를 이용했다.

개발 비용	DDJ	버전원
향상	32%	30%
매우 향상	5%	8%

표 1.1
많은 수의 응답자가 애자일이 개발 비용을 개선한다고 답했다. 출처: Mah 2008

분류	조금 개선	보통 개선	매우 개선
생산성	14%	88%	384%
비용	10%	26%	70%

표 1.2
생산성과 비용에 미치는 애자일의 영향. 출처: Rico 2008

직원 계약과 업무 만족도 향상

애자일 프로젝트에서 더 높은 생산성과 더 낮은 비용을 가능하게 하는 또 하나의 요소는 직원들이 업무를 더 즐기게 된다는 것이다. 세일즈포스닷컴에서 스크럼을 도입한 지 15개월이 지난 후 직원들을 대상으로 진행한 설문조사에서 회사에서 일하는 게 '좋다'나 '최고다'라고 대답한 응답자는 86%로 나왔다. 스크럼을 도입하기 전에는 동일한 응답이 겨우 40%였다. 더욱이 직원의 92%가 다른 사람들에게 애자일 방식을 추천하겠다고 응답했다. 이런 결과는 공통적이다. 나의 많은 고객들도 직원 설문조사에서 항상 유사한 결과를 얻었다. 버전원이 업계 전반에 걸쳐 진행한 설문조사에서는 74%로 나왔다(향상이 44%, 매우 향상이 30%).

직원들이 업무를 즐기는 이유는 애자일 프로세스가 강조하는 '지속 가능한 정도로 일하기 실천법' 때문이다. 캘거리 대학의 크리스 맨Chris Mann과 프랭크 마우어Frank Maurer는 애자일을 도입하기 전과 도입 후 첫해 동안 야근한 시간을 조사했다.(2005) 애자일 기법을 도입하기 전에는 팀원들의 19%가 평균적으로 야근을 했다. 하지만 애자일을 도입하고 나서는 야근시간이 7%로 거의 1/3 수준으로 떨어졌다. 더욱이 애자일 기법을 도입한 후에도 야근이 필요한 경우가 가끔 있었지만 필요한 양은 줄어들었다는 것이 애자일 도입 전과 후의 팀 표준편차에 의해 나타났다.

애자일 소프트웨어 아키텍트인 요하네스 브로드월Johannes Brodwall은 말한다. "애자일을 시작한 후에 야근은 매우 줄어든 것 같다. 특히 테스터에게 끼치는 영향이 컸다. 테스터의 작업은 극도로 몰리기 일쑤였는데 말이다." 야근 감소는 애자일 팀에서 일하는 사람들에게 더 높은 업무 만족도를 가져오는 하나의 요인일 뿐이다. 매일 작업을 조절할 수 있고, 작업 결과를 보는 것에 곧 익숙해지며, 동료들과 더 가깝게 일하게 되고, 좀 더 고객과 사용자가 원하는 제품을 만들게 되는 등의 다른 이점들이 많이 있다. 본인 업무에 더 행복을 느끼는 직원들은 더 많은 업무를 맡게 되고, 만족도가 더 높은 직원이 일하게 되면 조직에 더 많은 이익을 가져오게 된다.

적기 출시가 더 빨라진다

애자일 팀이 기존 팀보다 더 빨리 제품을 출시하는 경향이 있다. 버전원의 연구에 따르면 참여자의 64%가 적기 출시율이 향상되거나(41%) 매우 향상되었다(23%)고 응답했다. 7,500개의 전통적인 방식 프로젝트 데이터베이스와 26개 애자일 프로젝트를 비교한 QSMA 연구에 따르면 애자일 프로젝트가 시장에 제품을 출시하는 게 37% 빨랐다.(그림 1.2)

애자일 팀이 시장에 더 빨리 제품을 출시하는 데는 두 가지 이유가 있다. 첫째,

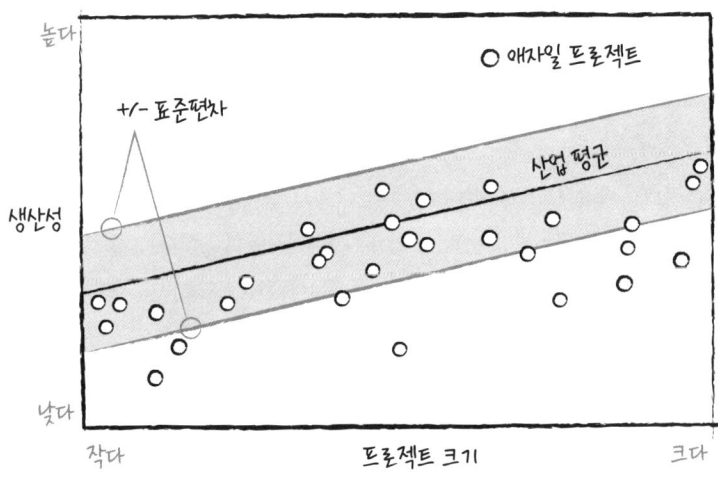

그림 1.2
애자일 프로젝트는 업계 평균과 비교했을 때 시장에 출시하는 게 37% 더 빠르다. 출처: Mah 2008

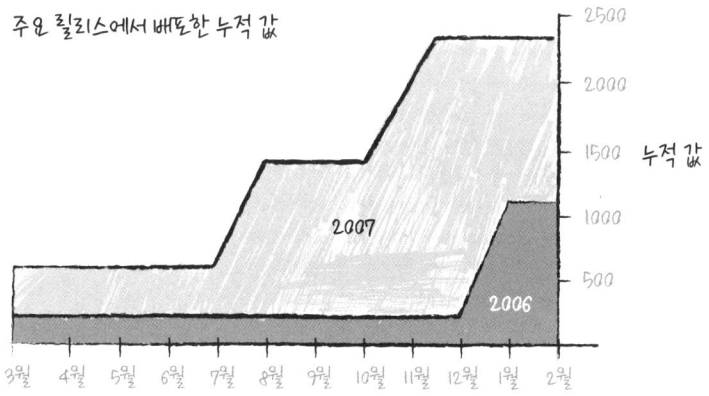

그림 1.3
2006년(스크럼 도입 전)과 2007년(스크럼 도입)에 세일즈포스닷컴이 고객에게 전달한 기능의 누적 가치

기능을 더 빨리 만들어 내는 애자일 팀의 높은 생산성이다. 둘째, 애자일 팀은 점진적으로 릴리스 한다. 이해관계자는 팀이 매 스프린트마다 가치 있는 기능을 만들어 낸다는 것을 깨닫게 되고, 모든 기능이 완성되어 한 번에 전달될 때까지 기다릴 필요가 없음을 알게 된다.

세일즈포스닷컴은 이런 부분에 주목했고 즉시 스크럼 도입을 추진했다.(Greene & Fry 2008) 그림 1.3은 2006년(스크럼 도입 전)부터 2007년(막 도입을 시작한 첫해)까지 출시한 기능의 누적치를 보여준다. 이 그림이 나타내는 지표는 간단하다. 전달한 기능 개수와 언제 전달했는가를 통해 스크럼을 도입한 첫해에 고객에게 추가로 제공한 가치를 확실히 보여주고 있다.

높은 품질

스크럼 팀에게 스크럼을 적용하기 전에 비해 팀을 더 생산적으로 만든 게 무엇이냐고 물어보면, 대부분은 계속해서 높은 품질의 결과물을 만들어낸 게 성공의 원인이라고 답할 것이다. 버그를 남기지 않기 위해 팀이 힘들 수 있지만 더 빨리 그리고 지속적으로 나아갈 수 있다. 지속 가능한 정도로 일하기가 실수를 막아주기 때문에 품질은 개선된다.

품질은 짝 프로그래밍, 리팩터링, 초기부터 자동화된 테스트 강조하기와 같은 많은 엔지니어링 실천법에 의해 개선된다.

데이비드 리코의 조사는 애자일 팀이 높은 품질의 제품을 만들어 낸다는 주장을 뒷받침해준다. 애자일 프로젝트에 대한 발표된 연구 51개를 조사하여 최소 10%가 향상되었고 평균 향상률이 63%가 된다는 걸 밝혀냈다. 리코의 조사는 품질을 측정하고 보고서를 작성할 수 있었던 내 고객의 경험과도 일치한다. 예를 들어, 이플랜서비스ePlanServices 사는 중간 크기 정도 회사에 퇴직 계획 서비스를 제공하는 회사다. 이 서비스는 광범위하고 강력한 웹 애플리케이션을 제공한다. 스크럼을 도입하고 첫 9개월 동안 매 1,000라인의 코드당 결함이 70% 감소했다.

버전원 조사도 스크럼과 같은 애자일 프로세스가 품질을 높인다는 주장을 뒷받침한다. 참여자의 68%가 애자일이 소프트웨어 품질을 향상시켰거나(44%) 매우 향상시켰다(24%)고 대답했다. 게다가 응답자 84%는 애자일이 소프트웨어 결함을 10% 이상 줄여주는 거 같다고 대답했으며, 25% 이상 줄여주는 거 같다고 대답한 사람은 30%였다. DDJ 조사 역시 유사한 결과를 보여주는데, 48%가 품질이 좋아졌다고 대답했고, 29%는 매우 좋아졌다고 했다.

이해관계자의 만족도 향상

애자일 프로세스의 이 모든 이점보다 더 놀라운 부분은 이해관계자들의 만족도가 개선된다는 것이다. DDJ 조사는 참여자의 78%가 이해관계자 만족도가 올라갔다고 대답했다. DDJ 조사에서 참여자의 78%가 애자일이 이해관계자 만족도를 약간 증가(47%)시켰거나 매우 증가(31%)시켰다고 생각한다, 라고 답했다.

애자일 프로세스 덕분에 이해관계자가 더 만족한다는 이유 중 하나는 애자일 실천법이 오늘날 빠르고, 경쟁적인 조직 문화에서 우선순위를 조정하는 방식과 잘 맞기 때문이다. 버전원 조사에서, 참여자의 92%가 애자일이 우선순위를 조정하는 관리방식을 향상시킨다고 답했다. 부가적으로 우선순위를 더 쉽게 바꿀 수 있게 되고, 애자일 프로젝트의 이해관계자는 변경에 따른 영향이 어떨지 알게 된다. 정유와 가스 업계의 작은 개발회사인 페트로슬루스PetroSleuth의 이해관계자는 다음과 같은 내용이 진실이라는 것을 깨달았다.

> 스크럼 프로세스는 일일 리뷰와 토론으로 더 많은 참여를 이끌어 내며, 어떤 변경이 있을지 조기에 알아차리고 대처할 수 있게 해줍니다.(Mann & Maurer 2005, 77)

버전원 조사에서는 이해관계자의 만족도를 이끌어 내는 부가적인 요인을 더 깊이 살펴봤다. 표 1.3은 설문조사에서 기술 그룹과 비즈니스 그룹 간에 화합이 더 나아지고, 프로젝트 위험을 줄여주고, 변경 우선순위 관리 능력이 나아지며, 프로젝트 가시성이 개선된다고 응답한 참여자 비율이 높다는 것을 보여준다. 세일즈포스닷컴의 수석 부사장 스티브 피셔와 그곳의 많은 애자일 팀의 이해관계자는 스크럼 도입이 "전체적인 가시성과 투명성을 가져옴으로써 믿을 수 없을 만큼 생산성이 향상되어…… 완벽한 성공을 가져왔다"고 말했다.(Greene 2008)

	향상	매우 향상
우선순위 변경관리 능력 향상	41%	51%
프로젝트 가시성 향상	42%	41%
IT 그룹과 비즈니스 그룹 간의 관계 개선	39%	27%
프로젝트 위험 감소	48%	17%

표 1.3
이해관계자가 애자일에 만족하는 몇 가지 이유

그동안 일했던 방식이 더 이상 통하지 않는다

현재 개발 프로세스로 더 이상 개발을 진행할 수 없다는 것이 스크럼으로 (개발 프로세스를) 바꿔야 하는 최종 이유가 된다. 과거에는 잘 통했던 프로세스가 잘 안되면, 대부분 더 많이 하려 든다. 이런 경우가 야후!다. 수석 제품 담당자 피터 디머 Peter Deemer는 변화의 필요성을 처음 깨달은 사람 중 하나였다.

> 원래 야후!는 스크럼 도입이 절박했습니다. 폭포수 방식이 통하지 않는다는 것이 명확했죠. 폭포수 방식으로 더 나아지기 위해서 더 많이 계획하고, 분석하고, 문서를 상세히 만들고, 더 많은 승인을 거쳤지만 나아지기보다 너 나빠졌습니다. (스크럼이 주는) 이점을 본 대부분의 팀은 스크럼을 도입하려 했고, 그 이점들은 거의 즉시 나타났습니다.

콘솔 기반의 비디오 게임 개발자이며 하이 문 스튜디오의 수석 기술 책임자인 클린턴 키스Clinton Keith도 비슷한 이야기를 했다.

투자 받은 스타트업 기업의 성공적인 프로젝트 매니저로서 모호한 새로운 프로젝트에 '폭포수 모델을 더 강력하게 적용'했었습니다. 하지만 그 결과는 우리가 원했던 것과 반대로 나타나서 프로젝트를 통제할 수 없게 되었습니다. 우리의 가정은 틀렸고 프로젝트를 어떻게 관리해야 하는지 다시 생각하게 되었습니다.

> **지금 시도해 볼 것들**
>
> · 지금까지 스크럼을 이용해서 얻게 된 이점을 구분하라.
> · 품질, 직원의 도덕성, 이해관계자들의 만족도 등과 같은 항목에 대한 지표가 아직 없다면, 관심 있는 몇 가지 요소를 선택하여 이전과 비교할 수 있게 기준선을 측정하라.
> · 초기에 기준선을 측정하고 적어도 3개월에서 6개월간은 스크럼을 사용해 보고, 얼마나 나아졌는지 알아보기 위해 다시 측정하라. '스크럼이 왜 가치가 있는가'에 대한 자신만의 도표를 만들어서 스크럼 도입을 막 시작한 다른 팀이나 시작은 했지만 유지하는 데 어려움을 겪고 있는 팀과 공유하라.

다음 장에서는

애자일하게 되는 것은 어렵다. 내가 목격했거나 참여했던 대다수 조직에서 조직을 변화시키려 했던 그 어떤 노력보다 더 힘들었다. 왜 그런지에 대한 몇 가지 이유를 들면서 이 장을 시작했다. 상향식과 하향식 변화가 동시에 필요하고, 우리가 바라는 최종 상태가 정확히 어떤 건지 알 수 없고, 스크럼에 의해 극적으로 퍼져나가는 변화, 이미 일어났던 모든 최상의 것들을 더 변화시켜야 하는 어려움, 스크럼 모범 사례들의 나열로 전락하는 것을 피하기 위해 필요한 것들.

여전히 책을 읽고 있다는 것은 아직 이런 도전을 포기하지 않았기 때문이라고 확신한다. 이런 도전을 극복한 조직들이 최고의 강점을 얻게 된다는 것은 다행스러운 일이다. 이런 이점은 생산적인 팀, 낮은 비용, 더 행복한 직원, 출시에 들어가는 시간 감소, 더 나은 품질, 이해관계자들의 만족도 향상을 들 수 있다.

다음 장에서는 변화가 필요하고 스크럼이 실제로 일을 진행하며 지속적으로 개선해 나가는 데 도움이 된다는 걸 믿게 된 여러분, 여러분 팀, 여러분 조직이 가야 하는 단계에 대해 더 상세하게 살펴볼 것이다.

더 읽어볼 것들

Ambler, Scott. 2008.
「Agile adoption rate survey」, February. http://www.ambysoft.com/surveys/agileFebruary2008.html.
2008년 2월에 진행된 설문조사 결과와 이 설문이 의미하는 것을 정리한 칼럼.

Greene, Steve, and Chris Fry. 2008.
「Year of living dangerously: How Salesforce.com delivered extraordinary results through a "big bang" enterprise agile revolution」. Session presented at Scrum Gathering, Stockholm.
그린과 프라이는 세일즈포스닷컴에서 스크럼 도입을 주도했다. 자신들이 어떻게 했고, 무엇을 배웠고, 다른 게 무엇인지를 재미있는 발표자료를 통해 사람들과 공유했다.

Mah, Michael. 2008.
「How agile projects measure up, and what this means to you」. Cutter Consortium Agile Product & Project Management Executive Report 9 (9).
이 보고서는 26개 애자일 프로젝트와 7,500개 이상의 선동적 프로젝트에서 측정한 생산성 데이터의 기준 데이터베이스에 대한 마의 비교이다.

Rico, David F. 2008.
「What is the ROI of agile vs. traditional methods? An analysis of extreme programming, test-driven development, pair programming, and Scrum (using

real options)」. A downloadable spreadsheet from David Rico's personal website. http:// davidfrico.com/agile-benefits.xls.

애자일 프로젝트에 대한 문헌들의 광범위한 조사로서 생산성, 비용, 품질, 일정, 고객 만족, ROI를 증진시키는 중요 요인들을 요약하고 있다.

VersionOne. 2008.

「The state of agile development: Third annual survey」. Posted as a downloadable PDF in the Library of White Papers on the Version One website. http://www.versionone.com/pdf/3rdAnnualStateOfAgile_FullDataReport.pdf

애자일 툴 개발사인 버전원은 매년 애자일 도입에 대한 폭넓은 설문조사를 수행하고 있다. 이 조사는 국제적으로 진행되어 애자일 실천법 사용에 대한 폭넓은 시각을 제공한다.

2장

스크럼 도입하기
(ADAPT)

로리 슈브링^{Lori Schubring}은 변화의 필요성을 처음 깨달았던 인물 중 한 명이었다. 대규모 생산 기업의 애플리케이션 개발 관리자였던 로리는 개발 프로세스에 대해 다음과 같은 사실을 깨달았다고 말했다. "프로세스가 너무 형식적이어서 비즈니스 유연성을 방해하고 있었어요. 이 때문에 프로젝트도 원하는 만큼 충분히 빨리 진행할 수가 없었습니다."(2006, 27) 변화의 필요성을 깨달은 로리는 반나절 동안 스크럼을 소개하는 무료 세미나를 듣게 됐다. 거기서 그녀가 본 것은 소프트웨어를 개발하는 더 나은 방법이었고, 조직을 도울 수 있을 것 같은 프레임워크였다. 그렇게 로리는 스크럼을 도입해야겠다는 갈망을 키워 나갔다. 다음으로 스크럼 마스터 교육을 받고, 애자일 컨퍼런스에 참여하고, 이미 스크럼을 도입한 회사를 방문하면서 스크럼을 도입할 수 있는 역량을 키워 갔다. 그런 다음 자신의 상관과 팀에 스크럼이 주는 이점을 설명하면서 스크럼 도입을 부추겼다. 끝으로 스크럼 팀에 내재된 몇 가지 원리를 회사 다른 곳에도 전파함으로써 조직 논리에 의해 팀이 처음 시작했을 당시로 되돌아가지 않게 했다.

로리의 이야기는 스크럼을 성공적이고 지속적으로 도입하기 위해 필요한 공통적인 액티비티가 무엇인지 보여준다.

- **인식하기**^{Awareness}_ 현재 프로세스가 납득할만한 결과를 주지 못한다.
- **갈망하기**^{Desire}_ 현재 문제를 해결하는 방법으로 스크럼을 도입하고자 한다.
- **역량 강화**^{Ability}_ 스크럼을 이용해 성공할 수 있어야 한다.
- **장려하기**^{Promotion}_ 경험을 공유하고 다른 사람들이 성공 사례를 보게 하여 스크럼 도입을 장려한다.

- **확산하기**^{Transfer}_ 회사 전체에 스크럼을 이용하는 의미를 전파한다.

이 살아 있는 액티비티들은 약자로 기억하면 편하다.^{ADAPT: Awareness, Desire, Ability, Promotion, Transfer} 이 액티비티들은 그림 2.1에서 요약하여 보여주고 있다.[1] 인식하기와 갈망하기와 역량 강화는 중첩되며, 장려하기와 확산하기는 이행을 위해 노력하는 과정 전체에 걸쳐 반복적으로 일어난다. 일단 이행이 끝나고 나면, 이 주기는 지속적인 향상을 이루며 계속된다.

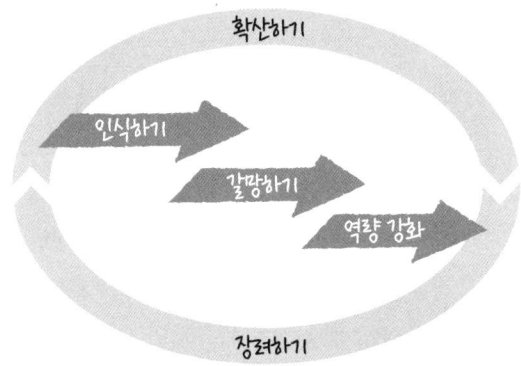

그림 2.1
스크럼 도입을 위한 5개 액티비티

스크럼을 성공적으로 도입하고 싶은 조직은 다양한 측면에서 이런 액티비티를 어떻게 적용할지 고민해야 한다.

- **조직 측면**_ 조직 전체적으로 이런 액티비티를 수행해야 한다. 소수의 그룹이 아무리 잘 알고 있더라도 조직 전체로 확산하려면 대다수가 비슷하게 인식하는 것이 중요하다. 지금 수준에서 ADAPT 모델을 생각해 보면, 회사가 스크럼 도입을 갈망하고 있거나 아니면 현재는 스크럼을 사용할 역량이 부족하다고 말할 수 있다.

---

1 ADPT의 다섯 개 액티비티는 일반적인 변화 모델인 ADKAR(Awareness, Desire, Knowledge, Ability, Reinforcement)에서 따왔다.(Hiatt 2006) 사실 나는 Knowledge와 Ability를 나눌 필요가 없다고 느꼈다. 소프트웨어 개발에서 능력 없는 지식은 무의미하다. 여기다가 ADKAR의 Reinforcement 단계를 성공적 이행에 대한 액티비티의 중요성을 강조하기 위해 ADAPT에서는 Promotion과 Transfer 단계로 나누었다.

- **개인 측면** _ 조직은 결국 개인으로 이루어지기 때문에, 차이가 있더라도 전반적 이행에 대한 개인의 발전이 중요함을 알아야 한다. 예를 들어 특정 개인은 이미 스크럼을 할 수 있는 역량을 갖고 있어서, 소프트웨어를 개발하는 새로운 방식에 대한 생각과 새로운 기술 들을 알고 있을 수 있다. 하지만 다른 동료들은 지금 방식이 잘 통하지 않는다는 것을 이제 막 느끼기 시작했을 수 있다.
- **팀 측면** _ 팀 차원에서 스크럼 도입을 개인이 이끌 수도 있고 방해할 수도 있다. 팀은 ADAPT 주기와 거의 같이 발전하는 경향이 있다. 같은 이유로 연구에 따르면 친구가 중요하게 여기면 개인도 더 중요하게 여기며, 팀 내 다른 사람들이 잘하면 여러분도 스크럼에 대해 더 갈망하게 될 수 있다.(Thaler & Sunstein 2009)
- **실천법 측면** _ 스크럼 도입의 일부로 볼 수 있는 각각의 새로운 기술 도입에 ADAPT 모델을 적용할 수 있다. 자동화된 단위 테스트를 통해 신뢰성 향상을 고려하는 것은 스크럼 팀에서 흔한 일이다. 먼저 팀과 팀원들이 현재 테스트 방식이 더 이상 통하지 않는다는 걸 인식해야 한다. 그런 다음 프로세스 초반에 더 많은 자동화된 테스트를 해야 한다고 갈망하게 되야 한다. 이렇게 되면 팀원 몇 명이 새로운 기술을 배우게 된다. 한 팀이 자동화된 테스트에 성공하면 다른 개발 팀도 이 성공에 자극을 받는다. 끝으로 자동화된 테스트를 다른 그룹에 확산하는 일이 새로운 실천법 도입을 방해하는 외부 압력에 의해 방해받지 않도록 한다.

현재 스크럼을 이용하고 있든 아니면 막 도입하기 시작했든 여러분에게 처음으로 필요한 것은 ADAPT를 개인, 팀, 조직 중 어디서부터 시작할지 결정하는 것이다. 만일 여러분이 팀에 테스트 주도 개발을 적용할 수 있는 역량을 갖추고 있고 스크럼 도입을 갈망하는 부서가 있다면 부서 내 성공을 좀 더 쉽게 이끌어 낼 수가 있다. 그러나 전반적인 조직은 변화가 필요하다는 사실을 막연하게 인지했을 뿐이다. 이번 장에서는 ADAPT 액티비티뿐만 아니라 조직 내 모든 계층의 사람들에게 인식하기, 갈망하기, 역량 강화, 장려하기, 확산하기를 이끌어 내는 도구들도 다루어 볼 것이다.

인식하기(Awareness)

변화는 상태가 더 이상 좋아지지 않을 거라는 사실을 인식하는 것에서 시작한다. 그러나 과거에 사용했던 방식이 더 이상 통하지 않는다는 사실을 인식하는 것은 매우 어렵다. 1990년 중반에 헬스케어 소프트웨어 회사에서 개발 담당자를 맡고 있던 시절 가장 인상적인 사례를 경험했다. 이 회사의 창립자는 단일 상품으로 대중들에게 어필하여 회사는 급격한 성장을 했지만, 미국 헬스케어 산업이 근본적으로 바뀌고 있어서 판매할 수 있는 기간이 일 년밖에 안 남았다고 판단했다. 회사 전체 모임에서, 창립자는 그림 2.2에 나와 있는 차트를 보여줬다.

대부분 직원들이 자신들의 성공에 기뻐하며 이 성공이 영원히 계속될 거라 여겼지만, 창립자는 '죽음의 계곡'이라 부르는 곳으로 빠져들고 있다는 사실을 깨달았다. 죽음의 계곡에서는 아직 개발을 시작하지 못한 상태여서 새 제품에 의한 매출이 생기기 전에 현 제품의 매출이 빠르게 감소한다.

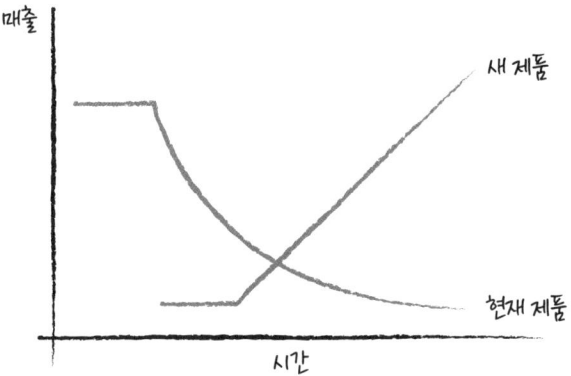

그림 2.2
'죽음의 계곡'은 새로운 제품이 출시되기 전에 현재 제품의 매출이 떨어지는 것을 보여준다.

우리 중 소수만이 창립자처럼 선견지명이 있었다. 처음 변화가 필요한 시점과 이를 인식하게 되는 시점 사이에는 항상 약간의 차이가 존재한다. 회사가 잘되고 있으면 이 차이는 아주 커진다. 변화가 필요하다는 것을 사람들이 인식하는 것이 왜 느린지 공통된 또 다른 이유는 다음과 같다.

- **전체 모습을 볼 수가 없다** _ 모든 사람들이 합의된 결과를 볼 수 없어서 스크럼을 도입하려 한다. 새로운 고객에 대한 판매가 떨어지고 있는 걸 아는 사람, 회사가 차지하고 있는 시장에 강력한 경쟁자가 나타날 것이라는 소문을 들은 사람, 추가 인력 없이 더 많은 일을 해야 하는 사람들만이 변화가 필요하다는 것을 분명하게 알고 있다.
- **눈앞의 사실이 맞다는 것을 알면서도 거부한다** _ 변해야 한다는 것을 명확히 알면서도 그 사실을 거부할 때가 있다. 한시적인 문제라고 생각하거나 앞으로 무슨 변화가 닥칠지 두렵기 때문이다. '깨뜨리지 않으면, 고칠 수 없다'는 마음가짐은 '완벽하지 않으면(결코 이룰 수 없겠지만), 계속해서 개선해야 한다'는 애자일적 사고를 통해 가질 수 있다.
- **개선을 위한 행동이 혼란스럽다** _ 매일 소나기 같은 액티비티를 겪는다. 회의가 열리고, 반복적인 상황 보고가 계속되고, 문서작업을 해야 하고, 코드를 확인한다. 개선하고자 하는 이 모든 행동이 혼란스러워지기 쉽다. 많은 일을 하게 되면, 그 모든 액티비티가 원하는 제품을 만드는 데 모두 기여하는 건 아니라는 사실을 인정하기 어렵게 된다.
- **자신들에 대한 찬사를 듣는다** _ 회사 뉴스레터는 미래가 낙관적이라고 예측하는 즐거운 기사로 가득 차 있다. 로비 유리관에는 이번 해 수상한 지난 제품의 트로피가 전시되어 있다. 복도는 기뻐하며 자축하는 소리로 가득하다. 그럼에도 고객은 물어본다. "최근에 나를 위해 무엇을 했나요?" 스스로를 응원하고 선전하는 목소리를 듣게 되면 자기만족에 빠진다. 물론 성공을 축하해야겠지만 이를 위해서는 항상 어려운 일이 따른다는 사실을 반드시 기억해야 한다.

인식하기를 발전시키는 도구

팀원들이 변화가 필요하다는 걸 깨닫게 되는 시기는 각자 다르다. 이를 빨리 깨닫는 사람이 다른 사람들도 같은 결론에 도달하도록 이끌어주게 된다. 이 절에서는 변화가 필요하다는 인식을 발전시키는 데 도움이 되는 도구들에 대해 살펴본다.

문제가 있다는 사실을 알려라 _ 스토리 기반 비디오 게임 개발을 선도하는 세계적인 기업 바이오웨어는, 400명 이상의 직원이 일하고 있으며, 매스 이펙트 $^{\text{Mass Effect}}$

제이드 엠파이어$^{Jade\ Empire}$, 드래곤 에이지$^{Drag\ Age}$, 구공화국의 기사단$^{Knights\ of\ the\ Old\ Republic}$, 네버 위터 나이츠$^{Neverwinter\ Nights}$, 발더스 게이트$^{Baldur's\ Gate}$ 같은 게임으로 잘 알려져 있다. 바이오웨어의 제품들은 성공적이었지만, 프로젝트 진행은 그리 효율적이지 못했다. 프로젝트는 야근, 커뮤니케이션 이슈, 예상 일정을 맞추지 못하는 등의 고질적인 문제로 어려움을 겪었다.

성공적인 제품으로 강력한 자취를 기록했기에, 프로젝트에 참여하는 사람들 스스로도 더 큰 성공을 거둘지 확신할 수 없었다. 다행스럽게도 프로듀서 트렌트 오스터가 게임을 개발하는 더 나은 방법에 대한 조사를 진행하면서 스크럼 도입을 이끌었고, 스크럼 경험을 가진 프로젝트 관리자도 몇 명 채용할 수 있었다. 그러나 초기부터 스크럼을 지지했던 주요 인물들도 다른 사람들이 개선이 필요하다는 사실을 깨닫도록 돕느라 많은 성과를 내지 못했다. 모든 프로젝트에서 공유해야 하는 목표를 알려야 했던 것이다.

> 더 낮은 비용에 고 품질의 게임을 개발하는 일이 게임만큼 즐거워야 한다.

이 목표가 훌륭한 데는 몇 가지 이유가 있다. 첫째, 논쟁하기 어렵다. 팀원들이 결과물인 게임을 하는 것만큼 밤새 일하는 게 즐거운지 논쟁한다는 것을 상상하기 어렵다. 둘째, 장황한 설교 주제는 아니지만 그렇다고 해결책을 제안하는 것도 아니다. 대신에 만약 바이오웨어의 선도적인 스크럼 옹호자들이 무턱대고 '고 품질의 게임'을 애자일 방식으로 개발하기로 했다면 어땠을지 생각해 보라. 이미 호의적이었던 사람을 제외하면 어느 누구에게도 변화가 필요하다는 확신을 주지 못했을 것이다. 『Managing Transitions』의 저자는 문제에 대한 특정 해결책이 아니라 문제를 알리는 것이 중요하다고 강조했다. (Bridges, 2003, 16)

지표를 이용하라 _ 전체적인 커뮤니케이션 전략의 일부로, 지표는 변화에 대한 주된 이유를 뒷받침한다. 회사가 직원들의 이직률, 업무 만족도 조사 결과, 종업원당 매출, 그 외 변화가 필요하다는 메시지가 담긴 단순한 지표들을 사용하는 것을 본 적이 있다.

새로운 사람들의 경험을 볼 수 있게 하라 _ 새로운 기법과 실천법에 대해 알 수 있도록 컨퍼런스 참가나 교육을 통해서 사람들을 고무시켜라. 아니면 사람들을 업계 제품 발표회에 보내라. 거기서 경쟁사 제품에는 어떤 것이 있는지 보게 하라. 아니면 팀원들과 고객 간에 미팅을 주선하라. 고객이 필요로 하는 특징이 무엇이고 일정은 어떤지 직접 들을 수 있다. 새로운 사람들과 생각을 얻기 위한 좋은 장기 전략은 새로운 사람들을 고용해서 다양성을 추구하는 것이다. 의도적으로 다른 배경을 가진 사람들을 채용하면 조직에 새로운 아이디어를 가져다 주는 것뿐만 아니라 조직의 미래를 위한 새로운 아이디어를 찾는 데도 도움이 된다.

> **함께보기**
> 3장 「스크럼 도입 패턴」에서 파일럿 프로젝트를 통해 시작할 때와 모든 사람들이 한 번에 진행할 때 장점을 비교해 본다. 5장 「첫 번째 프로젝트」에서는 첫 프로젝트나 파일럿 프로젝트를 어떻게 선정하는지 설명한다.

파일럿 프로젝트를 진행하라 _ 성공적인 파일럿 프로젝트는 더 나아질 수 있다는 것을 보여준다. 성공에 대해 논의하는 것은 어렵다. 변화가 필요하다는 것을 인식하지 못하는 사람이 다른 방식으로 매우 성공한 프로젝트를 보게 되면, 프로젝트 결과를 깎아내리든가 아니면 변화가 맞다는 것을 더 인식하게 된다.

변해야 하는 가장 중요한 이유에 주의를 집중시켜라 _ 만일 여러분 조직이 다른 조직과 비슷하다면, 왜 현재 개발 프로세스가 잘못되었는지 이유를 나타내는 긴 목록을 작성해야 한다. 제품이 사용자 기대에 미치지 못했거나 제품을 개발하는 데 너무 오래 걸렸거나, 품질이 낮거나, 개발자들의 의욕이 낮거나, 잔업이 지나치게 많거나, 일정을 예측할 수 없거나, 개발 비용이 너무 높거나 등등. 변화가 필요하다는 것을 다른 사람들이 알 수 있게 도와주기 위해서는 이런 지저분한 목록을 더 짧은 것으로 바꾸는 게 최선이다. 대부분의 문제를 야기하는 두세 가지 이유는 무엇일까? 이 이유만으로도 스크럼 도입을 정당화하기에 충분할 것이다. 모든 이유가 적힌 목록을 중요한 것 순으로 압축함으로써, 가장 주목할만한 이유에 더 이목을 집중시킬 수 있다.

내 고객 중에는 제품이 최고 수준이 아니라고 스크럼을 도입했던 고객이 있었다. 고객들이 제품을 계속 사용할지라도 충성도와 친숙도는 대부분 몇 년 못 간다. 이런 문제에 주목하기 위해 작년에 받은 것을 뺀 나머지 상장, 트로피, 산업표창들을 모두 치워버리라고 요구했다. 로비에 진열해 놓은 그 해의 히트상품이라는 예전 상패들을 치워버리면, 고객이 원했던 것 중 '최근에 했던 일'이 무엇인지 다시 확인하는 계기가 된다. 오랜 기억들이 사라지고 난 후라도, 로비에는 여전히 최근에 수상한 상패가 전시되어 있을 것이다. 직원들이 익숙해져 있는 것들과 대조적이어서 놀랍겠지만, 변하지 않으면 회사의 영광스런 날들이 과거가 된다는 걸 아는 데 도움이 된다.

갈망하기(Desire)

변화의 필요성을 인식하는 것을 넘어서, 변화에 대한 갈망을 가져야만 한다. 나는 다이어트를 위해서 야채를 더 먹어야 한다는 것을 알고 있다. 하지만 그런 변화를 아직 갈망하지 않고 있다. 갈망해야 한다는 것을 깨닫기까지, 다이어트는 전혀 진전이 없을 것이다. 스크럼 교육자이며 컨설턴트인 미첼 슬리거$^{\text{Michele Sliger}}$는 어느 회사 스크럼 교육에서 갈망이 부족하면 스크럼 도입이 지연된다고 설명했다. 교육이 끝난 몇 주 후 슬리거는 그 회사에 전화를 걸어 사람들이 어떻게 일하는지 보고 싶다고 했다.

> 이들은 회사의 정치적인 이유 때문에, 애자일이 그곳에 맞지 않는다고 생각했다. 그 그룹은 (단지 책이 아니라 경험 많은 애자일 컨설턴트로부터) 애자일을 배우기 위해 시간을 투자한 내가 아는 유일한 그룹으로서, 자신들의 문화와 정치성을 검토하고 이렇게 말했다. "안 될 거 같습니다." 그들이 실용적이었을까? 현실적이었을까? 아니면 두려웠을까? 비관적이었을까? 나는 모른다. 하지만 내가 같이 일했던 회사 중 그런 식으로 거절한 회사는 없었다. 아마도 무슨 이유가 있었을 것이다. 나는 진심으로 이들의 결정을 존중하며 이유가 무엇이든 간에, 시도할 마음이 없었다기보다는 준비가 부족했던 것으로 생각한다.

회사에 스크럼을 교육하는 사람을 데려오기 위해 비용을 썼기 때문, 적어도 몇몇 직원들은 다른 것이 필요하다는 걸 알았을 것이다. 그러나 슬리거의 이야기는 변화에 더 많은 노력을 들이기에 갈망이 불충분했다고 결론 내릴 수 있다.

현재 개발 프로세스가 제대로 돌아가지 않는다는 사실을 인식하더라도 다른 프로세스를 사용하려는 갈망 단계로 넘어가는 것은 많은 사람에게 어려운 일이다. 수년간 경험과 교육을 통해서 순차적 방식을 더 선호하게 되었고, 여기에 더해서 프로젝트의 특정 요인 때문에 불만족스러워도, 제대로 된 상사와 팀을 만들기 위해 열심히 노력해야 한다고 배워왔기 때문이다. 하지만 스크럼은 모든 것을 변화시킨다. 결국 보기에 단순한 일이더라도 때가 맞지 않으면 안 된다.

20년 전 내 친구 중 한 명이 존 D. 맥도널드가 쓴 트래비스 맥기Travis McGee 소설을 읽어보라고 추천한 적이 있다.[2] 어느 날 저녁 『The Girl in the Plain Brown Wapper』를 하나 사서 읽기 시작했다. 하지만 책이 너무 마음에 안 들어 반쯤 읽다가 그만두었다. 약 1년이 지난 뒤 책꽂이에서 그 책을 다시 발견했고 다시 한번 읽어 봤는데 이번에는 너무 마음에 들어서 McGee 시리즈 20권을 모두 읽었다. 처음 그 책을 읽을 때 내 마음속 무언가 잘못되어 있었다. 팀원들이 스크럼의 장점에 대한 메시지를 들을 때 똑같은 상황이었을 수 있다. 사람들에게 때가 맞지 않으면, 그들에게 확신을 줄 수가 없다. 다행인 것은 동일한 메시지를 동일한 방식으로 전달하더라도 시점이 다르면 사람들 생각이 인식 단계에서 갈망 단계로 옮겨갈 수 있다는 것이다.

갈망을 높이기 위한 도구

스크럼 도입에 대해 갈망의 수준을 높이는 것이 변해야 한다는 인식을 이끌어 내는 것보다 더 힘들 때가 자주 있다. 다행히 인식 단계에서 갈망 단계로 옮겨가게 만드는 도구가 많이 있다.

더 좋은 방법이 있다는 사실을 알려라 _ 일단 알게 되면, 스크럼을 도입하려는 조직이나 팀이 직면한 중요한 문제가 커뮤니케이션의 중심이 된다. 인식하는 단계에서 갈망이 늘어나는 단계로 전환되고 나면, 커뮤니케이션은 이 문제를 해결하기 위해 스크럼을 어떻게 적용할 것인가에 집중하게 된다.

하지만 현재 방식이 제대로 동작하지 않는다는 것과 스크럼이 도움이 된다는 것, 이 두 개의 메시지가 혼합되면 사람들은 말문을 닫아버리고 그 어떤 메시지에도 반응하지 않게 될 수도 있다. 반면 더 많은 직원이 변화의 필요성을 알게 되면

---

2 옮긴이 트래비스 맥기는 존 D 맥도널드가 쓴 소설의 캐릭터이다. 1964년에서 1984년까지 21권의 시리즈가 있다. (출처:위키피디아)

변화 담당자의 메시지는 선도적인 개념으로 바뀔 수 있다. 이번 장 시작할 때 등장했던 로리 슈브링 Lori Schubring은 「the contagious nature of desire(전염성이 강한 갈망의 본질)」이라는 제목으로 글을 썼다.

> 저는 애자일이 우리를 도울 수 있다는 확신을 갖고 있었습니다. 다같이 계획을 세우고, 관리자의 지지를 얻어서 사내 전도사가 되었죠. 강한 믿음이 있었기에 무시하는 사람에게는 거칠게 대했습니다. 이런 생각에 도전하는 사람이 있을 때면, 바로 그 사람의 도전에 응수해 나갔습니다. 저의 갈망은 사람들을 사로잡았고, 의지가 별로 없어 보이는 사람들도 따라오게 하였습니다. 몇몇 주요 인물이 관심을 갖게 되어 결국 스크럼의 가능성에 개방적이던 나머지 그룹들도 제대로 도울 수 있었습니다.

위급하다는 생각을 하게 만들어라 _ 갈망하게 만드는 방법 중 하나가 흥분하게 만드는 것이다. 위급하다는 생각이 들게 해서 현 상태가 오래가지 못한다는 사실을 다른 사람들이 명확하게 느끼도록 만들어라. 내가 야채를 더 많이 먹어야 한다는 사실을 알고 있었다는 걸 기억하는가? 만약 내 주치의가 내게 브로콜리, 아스파라거스, 콜리플라워와 같은 것들을 먹지 않으면 6개월 내에 죽는다고 말했다, 가정해 보라. 그 야채들을 좋아하려면 어떻게 해야 하는지 알아내려 했을 것이다.

여세를 몰아라 _ 마지못해 하는 사람들이나 스크럼에 반대하는 사람들에게 집중하기보다는, 이미 열정을 갖고 있는 사람들을 돕는 데 시간과 노력을 쏟아라. 할 수 있는 일과 없는 일에 대해 논쟁하기보다는 할 수 있는 일을 하라. 목표는 개별적인 성공이 다른 사람들을 이끌어서 멈추지 않고 여세를 몰아가는 것이다. 세일즈포스닷컴의 스티브 그린과 크리스 프라이는 자신들 회사의 성공적인 도입을 돌아보며, 다른 이들에게 "탁월한 성과를 내는 몇몇 팀에 집중하라"고 충고했다.[2008] 모든 팀에 걸쳐 고른 지원을 조금씩 하기보다는, 몇몇 초기 성공을 통해 스크럼 도입에 목마르게 하라. 그러면 다른 사람들도 갈망하게 될 것이다.

팀이 스크럼을 시험해 보게 하라 _ 팀원들이 추상적인 수준에서 스크럼에 대해 논쟁하게 두지 말고 빨리 짧게라도 직접 경험해 보게 하라. 그러고 나면 구체적인 사실에 대해 이야기하게 된다. 좋은 접근법은 시험 삼아 3개월간 적용해 보자는 데 동의를 얻어내는 것이다. 이 방법은 한두 번의 스프린트 후에 팀이 되돌아 볼 수 있는 충분한 기회를 주는데, 여전히 아주 불편하게 느낄 수 있다. 3개월이 끝났을 때 전체 팀이 회고를 통해서 좀 더 진행할지 여부를 다같이 결정하게 한다. 이 결정이 스크럼이냐 스크럼이 아니냐 일 필요는 없다. 만일 이 시험 적용이 결정적이지 못했거나 팀이 분열되었다면, 시험 적용을 몇 달 더 해보는 것도 또 다른 선택이 될 수 있다.

아니면 아마도 팀이 특정 실천법에 대한 준비가 부족했으니 잠시 연기하자고 하거나 반대로 스크럼을 계속 사용하자고 결정할 수도 있다.

인센티브를 조정하라(아니면 적어도 처벌 기준을 없애라) _ 스크럼 도입에 거스르게 일하는 조직에 많은 인센티브 프로그램, 금전적 보상 등이 있을 수 있다. 많은 조직들이 팀이나 부서에 많은 기여를 한 팀원에게 보상을 주는 보너스 프로그램을 갖고 있다. 그런 프로그램은 처음에는 도움이 되는 것처럼 보일지 모르지만, 스크럼 팀에게 바라는 팀워크 '우리 모두 다 같이 일한다'를 형성하는 데는 방해가 된다. 테스터들이 결함을 발견하여 버그 추적시스템에 등록한 결함 수를 기본으로 보너스를 받는다면 비슷한 이유로 효율 저하가 생길 수 있다.

어떤 회사에서 연간 평가방식을 개정하기 위해 일했던 적이 있었는데, 업무지식, 시간관리, 여러 우선순위를 조율하는 능력과 같은 개인별 평가 기준을 없애고, 다른 사람이 더 일을 잘하도록 만들었는지, 지식 공유에 기여했는지, 직급을 넘어 기꺼이 일을 했는지, 팀이 달성하려는 품질 목표에 부합했는지와 같이 팀 중심의 평가 기준으로 대체했다.

또 다른 회사에서 사전에 약속한 기능을 일정대로 출시한 팀에게 독특한 비금전적 보너스를 약속하는 제품 책임자와 기능 관리자를 본 적이 있다. 그들은 팀이 높은 품질을 유지하고 있다고 믿고 있었다. 그래서 나는 팀원들에게 품질 지표에 대해 물어봤다. 나는 그들이 품질을 희생해 가며 그런 보너스를 받는 걸 원하지 않았기 때문이다. 그들은 품질을 다음 릴리스 30일 이내에 보고된 결함 수를 가지고 측정하자고 제안했다. 목표는 더 작은 크기로 릴리스했던 이전 두 번의 릴리스 때보다 더 적은 수의 결함을 보고하는 것이었다. 4개월 뒤에 팀은 계획했던 일정에 맞춰 약속했던 것보다 약간 더 많은 기능을 전달했다. 한 달 후 품질을 측정했을 때, 팀원들은 보너스를 받았다. 4주 동안 자신들이 제품 책임자처럼 일하며 원하는 것은 무엇이든 할 수 있었다. 자신들을 괴롭히던 부분을 리팩터링할 수 있는 기회를 가졌다. 어떤 테스터는 새로운 테스팅 도구를 검토해 볼 시간도 가졌다. 두 명의 개발자는 애플리케이션 일부와 인터페이스하는 스크립트를 추가했다. 이런 유형의 보너스는 모두에게 도움이 되어 현금이나 금전적 보너스에 의해 발생할 수 있는 문제를 피할 수 있다.

두려움을 나타내는 부분에 집중하라 _ 두려움은 우리 행동에 어떤 영향을 끼칠까. 과거의 나쁜 경험 때문에, 제품 책임자는 원하는 결과를 만들어야 하는 개발 조직을 통제하지 못할까봐 두려워할지 모른다. 이런 부분 때문에 제품 책임자는 상세한 개발 프로세스, 초반에 요구사항 수집을 과도하게 하는 것을 선호하게 된다. 이렇게 되면 개발자가 마음껏 개발할 수가 없다. 반면, 경영진은 과도한 일정 지연을 두려워하게 된다. 이런 일련의 일들이 결과를 일찍 제공하는 개발 프로세스, 일정에 대한 정확한 예측을 선호하게 만든다.

관리자들은 거의 항상 약속한 일정에 제품을 받지 못한다고 알고 있다. 그래서 일정보다 빨리 개발하라고 팀을 재촉하고 일정을 지키라는 압력을 가해야 그렇지 않았을 때보다 더 빨리 일이 마무리되고 일정상 큰 차질을 막을 수 있다고 말한다. 아키텍트는 이런 부분에 뛰어나기 때문에 상세한 초반 시스템 디자인을 선호한다. 프로젝트 설계 단계가 없어지면, 다른 동료보다 자신이 더 뛰어나다는 걸 보일 수 없어 두려워할지 모른다. 두려움에 숨겨져 있는 개인들의 갈망에 대해 이야기해보면, 왜 두려움을 감추고 있는지 알 수 있는 기회가 된다.

함께 보기
많은 두려움은 폭포수 방식과 애자일 공포증 때문에 생긴다. 이런 내용은 6장 「저항 극복하기」에서 다루고 있다. 이 책 전반에 걸쳐 등장하는 반대 의견에서 다양한 공포를 설명하고 있다

사람들을 놓아 줘라 _ 사람늘은 과거에 일했던 방식으로 일할 수 있으면 새로운 미래를 갈망하지 않는다. 모든 변화는 손해를 끼칠 수 있고, 손해를 보게 되면 불행하다고 느낀다. 사람들이 슬퍼하도록 놔두어라. 논쟁하지 말고 잃어버렸다는 것을 받아들이고 경청하라. 손해라는 것은 개인적이고 주관적이다. 과도하게 서운해 하는 사람들에게 손해봤다고 느끼는 게 중요하지 않다고 납득시키려 하지 마라.

과거를 비판하지 마라 _ 변화에 대해 설명하고 용감하게 새로운 애자일 세상으로 가야 한다고 말하면서, 과거를 깎아내리거나 비판하지 마라. 어찌됐든지 지금까지 조직이 성공하는 데 도움을 준 개발 프로세스였다. 진심 어린 애정과 감사를 받을 자격이 있다. 완전히 나빴던 것은 아니다. 『Managing Transitions』의 저자인 윌리엄 브릿지스$^{William\ Bridges}$는 과거 노력한 덕분에 새로 시작할 수 있는 기반이 생겼다는 인과관계를 이렇게 설명한다.

> 과거보다 더 나은 미래를 향한 열정에 가득 차게 되면 많은 관리자들이 과거에 했던 것들을 경멸하거나 비웃게 됩니다. 사람은 자신에게 익숙한 것과 자기 자신을 동일시 하기 때문에 과거가 공격받을 때마다 자신의 가치도 같이 공격받는다고 느껴서 결국 변화에 대한 저항을 더 강하게 만들 수 있습니다. (2003, 34)

노력에 직원들을 참여시켜라 _ 이 단계에서는 가능한 많은 사람을 우리 편으로 끌어들여야 한다. 많은 사람에게 존경을 받으며 여론을 주도하는 사람을 목표로 하는 게 이상적이다. 여론을 주도하는 몇몇 사람이 열정을 갖게 되면, 조직 내 다른 사람들에게 급속히 퍼지게 된다. 바이오웨어의 스크럼 마스터인 베노잇 호울$^{Benoit\ Houle}$은 이를 직접 체험했다고 한다.

> 팀원들이 매우 존경하는 수석 프로그래머 중 한 명과 업무적으로 좋은 관계를 유지할 수 있었던 것은 아주 운이 좋았다고 생각합니다. 몇 번의 스프린트를 진행하는 동안에 그는 초반 파일럿 스크럼 팀의 스크럼 마스터였습니다. 프로세스에 대해 매우 흥미로워했고 스크럼과 익스트림 프로그래밍에 대한 많은 책을 구입했죠. 스크럼 마스터로서 훌륭하게 일을 해낸 덕분에 그의 열정이 사무실 곳곳에 퍼져나갔고 회의적이었던 사람들도 적극적으로 참여하기 시작했습니다.

직원들에게 무엇이 알고 싶은지 물어봐서, 스크럼을 적용하기 전에 경험해보고 알게 하라. 그러면 적용할 방법을 찾게 될 것이다.

> **함께 보기**
> 4장 「기민함을 위해 이터레이션 수행하기」에서 스크럼으로 이행할 때 직원 참여를 이끌어 내는 방법으로 개선 커뮤니티(improvement communities)를 이용하는 것에 대해 설명한다.

역량 강화(Ability)

애자일하게 되기 위한 역량이 없으면 팀이 인식하고 갈망한다고 해도 목표에 도달할 수가 없다. 1장 「왜 애자일하게 되기 힘든 걸까(하지만 그럴만한 가치는 있다)」에서 짧게 다뤄 본 대로, 스크럼으로 성공하려면 새로운 기술도 배워야 하지만 예전 것들도 버려야 한다. 스크럼 팀이 직면하게 되는 많은 것들 중에는 다음과 같은 것이 있을 수 있다.

- **새로운 기술을 익혀라** _ 스크럼이 처음인 개발자들에게서 기존 방식에는 익숙하지만 아직 애자일에는 익숙하지 못한 모습을 흔히 볼 수 있다. 이전에는 필요하지 않았던 기술을 개발해야만 한다. 그렇지 않으면 무시당할 수밖에 없다. 예를 들어 프로그래머는 시스템 설계를 어떻게 하는지 배워야 한다. 테스터는 문서에 너무 의지하지 않고 시스템을 테스트하는 방법을 배워야 할 수도 있다. 둘 다 보통 자동화된 테스트에 대한 새로운 방법을 배우기 위해 필요하다.

- **팀으로서 일하고 생각하는 것을 배워라** _ 우리 대다수는 가능한한 팀간 교류를 줄이면서 헤드폰을 끼고 조용한 작은 방에서 혼자 일하는 것을 몇 년 동안 즐겨왔다. "나는 내가 맡은 부분을 개발할 테니, 당신은 당신이 맡은 부분을 개발하세요. 통합할 때 문제가 생기면 만나서 이야기 하죠." 스크럼 팀은 나의 태스크, 너의 태스크를 따지지 않고 우리의 태스크로 생각할 때 힘을 받는다. 팀원의 사기를 높이고 팀을 뭉치게 해준다. 이렇게 일하는 방식은 많은 팀원이 새로 왔을 때 역할을 공유하려는 마음이 들게 해준다.

- **짧은 시간 내에 동작하는 소프트웨어를 만드는 법을 배워라** _ 시간이 제한되어 있어 짧고 집중적이어야 하는 스크럼의 스프린트는 이런 방식으로 일하는 게 처음인 대부분의 팀원들에게 커다란 도전이다. 스크럼 팀에서는 전문가인 팀원이 불필요한 수작업을 하지 않도록 다른 팀원이 돕게 된다. 매 스프린트가 끝날 때마다 동작하는 소프트웨어를 개발하는 것은 팀원들이 폭포수 모델에 있었던 수작업을 줄이고 서로 더 밀접하게 일하는 방식을 찾게 하는 도전이 된다.

역량 개발을 위한 도구

대부분의 조직에서 인식 단계나 갈망 단계에 이르는데 걸리는 기간보다 애자일하게 되기 위한 역량을 개발하는데 더 오랜 기간이 걸린다. 다행스럽게도 역량 개발에 좋은 도구들이 많이 나와 있다. 몇 가지를 아래 서술해 놓았다.

코칭하고 교육하라 _ 개발 측면에서도 스크럼과 기존 소프트웨어 개발은 매우 달라서 보통 해당 프로젝트를 코칭하거나 멘토링해야 한다. 스크럼의 성공적 도입을 이끌어낸 로리 슈브링은 이렇게 말했다. "우리가 애자일 도입을 성공할 수 있었던 것은 교육 과정으로 시작했기 때문입니다. 개인적으로 이 부분이 주효했다고 생각하는데 만일 우리가 제대로 이해하지 못했다면 열린 마음으로 받아들이지 못했을 겁니다." IBM의 애자일 도입 리더인 엘리자베스 우드워드 Elizabeth Woodward는 이렇게 덧붙였다.

> 첫 분기 동안 전 세계 모든 주요 사이트에서 인스트럭터 instructor가 이끄는 2일짜리 애자일 개발 교육을 진행하는 것으로 목표를 잡았습니다. 첫 삼분기 동안에 전 세계 4,400명이 넘은 소프트웨어 엔지니어를 가르칠 수 있었습니다. 사람들을 같은 공간에 있게 하면서 비전을 공유하고 위험 감지 능력을 키우는 데는 교육이 중요합니다. 우리는 애자일에 대해 잘못된 정보가 있다는 사실과 팀이 더 적극적으로 애자일을 받아들여야 한다는 점을 피력해야 할 필요성을 깨닫게 됐습니다.

약간의 초기 교육은 대부분의 회사에서 잘 이루어지는 것으로 보인다. 즉, 스크럼을 가까이 하고 싶은 마음이 들도록 하거나 주요 원칙을 이해하게 하는 것 말이다. 이런 일반적인 교육들은 보통 특정 기법을 가르치거나, 코칭을 하거나, 사이트에 테스트 주도 개발 전문가를 불러서 팀원들이 작성한 코드를 가지고 직접 실습을 해보는 것으로 진행된다.

스크럼 도입을 시작하고 얼마 지나지 않아서, 세일즈포스닷컴은 내게 30명이 넘는 스크럼 마스터들에 대한 사내 교육을 진행해 달라고 요청했다. 이들 중 몇 명은 프로젝트에서 그런 역할을 하는 것도 아니었다. 두 달 후에는 35명의 제품 책임자를 위한 이틀짜리 정식 교육을 진행해 달라고 요청했다. 이 기간 동안 팀원들과 같이 일하는 현장 코치도 추가로 외부에서 데려왔다. 초반에 교육과 코칭에 대한 강력한 지원이 있었음에도 불구하고 크리스 프라이와 스티브 그린은 "지나고 나서 보니 더 빨리 제품 책임자들을 교육시키고 더 집중했어야 했고 외부 코칭도 더 빨리 받았어야 했어요"라고 덧붙였다. 이들은 스크럼을 도입하려는 회사에 다음과 같은 충고를 했다. "전문가의 도움을 받으세요."[2008]

개인의 책임을 주지시켜라 _ 코칭, 교육과 더불어, 새로운 기술을 익힐 수 있도록 조직이 비용을 지불했기 때문에 직원들이 이를 적용할 책임이 있다는 것을 알도록 해야 한다.

정보를 공유하라 _ 애자일하게 되는 능력을 개발하는 동안, 팀원들은 새로운 정보와 도전에 뒤덮일 것이다. 이들에게 정보와 문제를 공유할 수 있는 기회를 제공하라. 이렇게 하는 방법 중 한 가지는 교차 수분$^{cross\text{-}pollinating}$ 팀이다. 즉 팀원들이 가끔 다른 팀의 일일 스크럼 미팅이나 스프린트 리뷰에 참석하도록 하는 것이다.

또 다른 방법은 부서 내 정보를 퍼뜨리기 위해 인트라넷, 위키, 기법에 대한 커뮤니티, 독서 그룹을 이용하게 만드는 것이다. 이 외에도 새로운 기술을 익힌 사람들에게 정보 공유차 다른 사람들을 교육하는 짧은 세션을 진행해 달라고 요청할 수도 있다. 만약 그룹이 너무 크면 하루짜리 애자일 컨퍼런스를 개최할 수도 있다. 이 방식이 캘리포니아 야후 본사가 진행했던 방식이다. 그 당시 야후에서 스크럼 코치를 했던 J. F. 언슨^{Unson}은 이 방식을 다음과 같이 설명했다.

> 야후에서 하루 종일 누구든지 와서 주제를 제안할 수 있는 사내 열린 공간 컨퍼런스$^{Open\ space\ conference,\ OST}$가 열렸던 적이 있습니다. 특히 대기업에서의 애자일 도입, 분산 팀에서의 애자일 등에 대해 토론하는 좋은 세션도 몇 개 있었습니다. 컨퍼런스 농안에 영국에서 온 사람들과 미리 예정된 미팅을 갖는 사람도 있었습니다. 이 방법은 사내에 커뮤니티를 형성하고 사람들이 스스로 해결책을 찾도록 하는 데 많은 도움이 됐습니다. 물론 충분한 참여가 이루어지도록 회사가 중요한 역할을 한 것도 큰 도움이 됐습니다.[2008]

IBM도 유사한 형태를 취하고 있었는데, 매년 전 세계 기술 리더와 관리자들이 본

> **함께 보기**
> 지식공동체에 대한 부분은 17장 「대규모 스크럼」에서 다룬다.

사 기술 인력들과 함께 2박3일간 미팅을 진행했다. 엘리자베스 우드워드는 애자일을 도입하는 전세계 IBM 직원들 대상으로 어떻게 몇 번의 소규모 컨퍼런스를 진행했는지 설명해줬다.

> 이 미팅들은 애자일에 집중되어 있어서, 애자일에 대한 발표, 교육, 경험 보고서, 커뮤니티 활동 세션으로 진행됐습니다. 업무에 대한 세션들이 특히 도움이 되었는데 분산 환경에서 스크럼 적용 같은 주제로 다양하고 경험 있는 사람들이 그룹을 이뤄 얼굴을 맞대고 논쟁과 토론을 벌였습니다.

합당한 목표를 설정하라 _ '당장 애자일하게 되어라' 같은 목표를 제시하면, 대부분 팀원들은 어떻게 시작해야 할지 몰라 움직이지 못한다. 성공적인 스크럼 이행을 위해서는 더 세분화해야 한다. 그래서 다음 스프린트에 스크럼 마스터는 "테스트 주도 개발을 시작합시다" 라는 식으로 팀에 요구하기보다는 "TDD로 한 개 기능만 개발해 봅시다"라고 이야기해야 한다. 조직도 비슷해서 진행을 빨리 하라고 압력을 가하는 것과 너무 많이 너무 빨리 진행하면서 생기는 위험 사이에 균형을 이루어야 한다. 팀을 고무시키기 위해서 현실적이고, 달성 가능한 목표를 선정하면, 어느 정도 큰 범위의 일을 착수하기 전에 사람들이 망설이는 것을 피할 수 있다.

일단 시작하라 _ 시작도 하기 전에 모든 답을 알기 위해서 기다리거나 망설이지 마라. 어떤 일을 하는 능력을 개발하는 최고의 방법은 일단 시작해 보는 것이다. 그린과 프라이는 이렇게 충고한다. "실험 해보고, 인내심을 갖고, 실수하도록 내버려 둬야 합니다."(2008)

장려하기(Promotion)

장려하기 단계에는 세 가지 목표가 있다. 첫째는 ADAPT 주기를 통해 다음 단계로 넘어가는 데 초석이 되게 하는 것이다. 현재 거둔 성공을 장려하게 되면 개선의 다음 단계를 인식하기 시작한다. 둘째 목표는 다른 팀이 이루어낸 좋은 성과를 퍼뜨려서 기존 팀에서 진행하는 애자일 도입에 힘을 실어주는 것이다. 마지막으로, 세 번째 목표는 스크럼 도입과 직접 관련 있는 그룹의 외부에 있는 사람들로부터 관심과 인식을 이끌어 내는 데 있다. 인사 팀, 영업 팀, 마케팅 팀, 운영 팀, 총무 팀 같은 많은 그룹들은 다른 부서 성공 사례에서 커다란 영향을 받게 된다. 또한 이행 단계에서 그런 그룹들이 개발 조직의 애자일적 사고를 방해하는 것은 아닌지 확인해야 한다.

스크럼을 장려한다고 하면서 마케팅 캠페인 같은 것에 노력을 기울이지 않도록 하라. 많은 직원들은 변화를 위한 수많은 이행 계획에 직면하게 되는데, 끝이 안 보이는 이런 새로운 시도에 사람들은 지치게 된다. 많은 조직원들이 이런 식으로 생각한다고 들었다. 이번 것이 싫으면 기다리면 된다. 그러면 곧 다른 것이 따라와서 대체할 것이다. "우리는 애자일하게 일한다"는 선언이 오히려 냉소적인 비판과 회의론을 불러일으킬 수 있다.

이런 회의론을 피하는 좋은 방법은 이행을 위한 노력에 이름을 붙이지 않는 것이다. "더 빨리, 더 빠르게, 더 싸게"와 "고객이 먼저다"라고 외치면서 '품질 2000'을 진행했던 팀에게 "스크럼을 도입하는 것을 자랑스러워 하라"고 캠페인을 벌여봐야 응답이 잘 오지 않는다. 조직 개발 전문가 글렌 알렌 메이어^{Glenn Allen-Meyer}는 조직 이름과 브랜드가 조직이 주로 하는 일이 무엇이라는 것을 알리는 일종의 마케팅이기 때문에 변화의 이행 계획이라고 말한다.

> 직장에 있는 사람들이 캠페인 같은 변화의 메시지들 듣게 되면, 동의해야 할지, 불평해야 할지, 아니면 떠나야 할지 알 수 없습니다. 변화가 주는 가치를 알지 못하면, 자신들의 업무를 지키기 위해 불평하게 되고, 실제 느끼는 것과 수용하는 것 사이의 간격은 마치 종파 분립처럼 직장과 자신을 분리시킬 수 있습니다.^(2000c, 24)

동료들이 스크럼 도입에 단순히 순응하는 게 아니라 동참하게 만드는 것이 성공적인 '장려하기'다. 알렌 메이어가 추천하는 것 중 하나가 이름을 붙이지 말고 변화 프로세스를 계속하라는 것이다.^(2000a) 이행에 대한 내 경험에 따르면 이런 일을 확인하기 위해 직접 관리하고, 참여하고, 그게 아니면 관찰하는 것이다.

이름이 없는 이행 프로세스가 주는 또 다른 장점은 이름을 부를 수 없어서 저항하기가 더 힘들다는 것이다. 대규모 상용 소프트웨어 개발 팀의 리더, 토마스는 이를 경험했다. 스크럼에 대한 초창기 책을 몇 권 읽은 후, 이 방법론이 자신이 하는 40명 규모의 프로젝트에 좋을 거라 생각했다. 어떤 교육이나 경험 있는 사람들의 참여 없이 팀에 스크럼을 소개했다.

직원들은 수용하는 편이어서 이 시도에 동의했다. 팀은 숨길 이유가 없었다고 여겨서 스크럼을 한다는 사실을 공공연하게 드러냈다. 하지만 불행하게도 이런 행동은 스크럼의 몇 가지 중요한 요소를 잘못 이해하여 나온 행동이었고 시도는 비참한 실패로 끝났다.

내가 토마스를 만났을 때, 그는 여전히 스크럼에 관심을 가지고 있었고 스크럼에 대한 자료를 읽으면서 더 많이 배우고 있었다. 프로젝트가 실패한 이후, 컨퍼런스에도 참여하고 2일짜리 교육도 받았다. 18개월이 지난 후 토마스는 다시 시도해 볼 준비가 됐다고 느꼈다. 그래서 스크럼을 다시 적용해 보기로 했다. 처음 시도는 실패했지만 팀원들은 다시 시도하면서 얻을 수 있는 이점이 무엇인지 희미하게나마 충분히 느꼈다. 하지만 안타깝게도 스크럼 고유의 용어들(스크럼 마스터, 스프린트, 제품 백로그, 일일 스크럼, 심지어 스크럼 자체)은 조직 내에서 나쁜 의미로 통했기 때문에 토마스는 상관에게 팀이 다시 스크럼을 이용하기 시작했다는 사실을 말할 수 없었다. 그 대신 상관에게 애자일[a agile]을 사용한다는 보고만했다. (대문자 A가 아니라 소문자 a를 사용했다는 것에 주목하라, 이는 제품명을 암시하는 것처럼 보인다.) 토마스와 그의 팀은 'agile' 버전을 적용하는데 성공했고, 이 과정에서 스크럼에 대한 용어는 사용되지 않았다.

스크럼을 장려하기 위한 도구

이름을 효과적으로 붙이자 아니면 티셔츠를 맞춰서 입자와 같은 제안은 변화를 이끌어내고 장려하는 좋은 방법이 아니다. 우리가 사용할 수 있는 몇 가지 도구에 대해 알아보자.

함께 보기
수정과 재배포가 자유로운 스크럼 소개자료를 www.mountaingoatsoftware.com/scrum-a-presentation에서 받을 수 있다.

성공 스토리를 떠들고 다녀라 _ ADAPT 주기의 '장려하기' 액티비티 중에 중요한 역할을 하는 것은 언제나 커뮤니케이션이다. 조직 내에 스크럼 초기 도입에 대한 성공을 알리는 것은 특히 중요하다. 성공적인 변화를 위해 어떤 노력을 했는지 알기 위해 매킨지에서 진행한 조사 보고서에는 문제를 해결하려고 노력하기보다는 직원들이 성공할 수 있도록 장려해야 한다고 강조한다.(2008) 장려하는 액티비티는 직원들이 의식하지 못했던 문제로부터 벗어나서 성공에 집중하도록 해준다.

> **함께 보기**
> 21장 「얼마나 멀리 왔는지 돌아보기」에서 몇 가지 지표를 설명한다.

성공적인 커뮤니케이션을 위한 가장 좋은 방법은 이미 스크럼을 도입해서 성공한 팀의 내부 경험 보고서를 발표하는 것이다. 이미 해본 사람으로부터 듣는 것만큼 가슴 설레는 일은 없다. 이런 경험 보고서를 발표할 때 일반적인 '스크럼 소개'를 곁들이면 스크럼에 친숙하지 않은 사람에게는 스크럼을 배우게 할 수 있고, 무엇인지 아는 사람에게는 이를 이용한 팀의 이야기를 전달할 수 있어 좋다. 팀이 지표 수집을 시작했다면, 발표에 포함시킬 수도 있다. 하지만 초기에는 스크럼 이용을 즐기는 사람은 얼마인지, 더 생산적이라고 느끼는 사람은 얼마나 되는지, 품질이 높아졌다고 생각하는 사람은 얼마나 되는지 정도를 보여주는 설문조사 정도일 것이다. 나중에 더 엄격한 지표를 추가할 수 있다.

다행스럽게도 스크럼 이행을 가속화하는 가장 좋은 방법은 여러분이 나서서 도입해야 한다고 떠들지 않는 것이다. 바이오웨어 스크럼 마스터 베노잇 호울은 이렇게 말했다. "가장 좋은 수단은 바이러스 마케팅 같은 입소문입니다. 애자일 팀에서 일했던 직원이 이런 식으로 프로세스를 칭찬한다고 생각해 보세요. 팀 소속감이 좋아졌어요. 뿐만 아니라 예측이 가능해지고, 낭비되는 노력과 힘든 시간이 줄어들었습니다. 다른 사람들이 이런 칭찬을 듣는다면 자신도 해보고 싶다는 느낌이 들 겁니다."

아메리칸 코어로직에 처음으로 애자일을 도입한 개발 관리자 맷 트루소[Matt Truxaw]도 비슷한 경험을 갖고 있다.

> 야근을 해야 하고 새로운 사람과 그룹이 참여해야 하는 혼란스러운 상황에서 애자일 프로세스를 적용해야 했습니다. 우리는 개발자들이 스스로 정해 놓은 한계점에서 시작했죠. 이에 대해 정기적으로 이야기하고 성공을 장려하다 보니 개발자들이 프로세스에 더 적극적이 됐습니다. 팀 내부적으로 양쪽 측면을 고려하기 위해 프로젝트 관리자 그룹에게 코칭과 가이드를 제공했더니, 대다수 팀원들로부터 합의를 얻어낼 수 있었습니다.

애자일 탐험대를 기획하라 _ 스크럼을 장려하는 방법 중 내가 가장 좋아하는 기법은 구글에서 배웠다. 애자일 팀에서 일하고 싶은데 기회를 잡지 못했지만 애자일에 관심이 많은 팀원을 애자일 탐험대에 참여시켜라. 직원들이 탐험을 시작한다는 의미는 애자일 팀에 몇 주 동안 합류하여 애자일이 무엇이고 어떻게 움직이는지 느끼는 것이다. 그렇게 하면 애자일을 단순히 책으로 읽는 게 아니라 실전에서 경험하게 된다. 나는 정말로 이 아이디어를 좋아하는데 이 방법은 500년 전 마키아벨리가 찾아낸 사실과도 일치한다. "사람들은 직접 경험해 보기 전에는 새로운 것을 진정으로 믿지 않는다."(2005, 22)

관심과 흥미를 이끌어 내라 _ 부끄러워하지 말고 주의를 끌어라. 사람들이 더 자주 스크럼에 대해 듣게 만들고(더 좋은 건 보고 경험하게 하는 것이고), 더 좋은 건 궁극적인 도입이 피할 수 없는 목표가 되게 하는 것이다. 부서에서 이행에 들어간 지 몇 달이 지난 후, 로리 슈브링은 소설 같은 방법으로 노력에 대한 주의를 이끌어 냈다.

> 우리는 사람들이 우리 부서에서 스크럼으로 무엇을 하는지 볼 수 있도록 할로윈에 여는 것과 같은 '오픈 하우스'를 개최했습니다. 스크럼을 주제로 낱말 맞추기 퍼즐을 만들고 상도 줬죠. 스크럼 보드, 소멸 차트, 제품 백로그, 스크럼 마스터와 같은 스크럼의 다른 면을 설명하는 포스터도 만들어서 붙였습니다. 상을 주고 음식과 음료 제공했는데 사내 정보 서비스 직원들이 음식 마련과 건물 장식을 도와주었습니다. 이 이벤트는 큰 성공을 거두었습니다.

『Fearless Change』의 저자 매리 린과 린다 라이징은 음식은 항상 좋은 아이디어라고 강조했다. 더 많은 참석자를 모을 수 있을 뿐만 아니라 더 좋은 분위기를 이끌어 낸다.(2004) 바이오웨어의 베노잇 호울은 미팅에 참석한 다양한 사람들을 고무시키기 위해서 스프린트 리뷰에 음식을 준비해 놓고, 이렇게 말했다. "성공을 이끌어내는 위대한 방법을 알려드립니다. 회사 내 관심 있는 사람은 누구나 참석할 수 있습니다." 호울 역시 팀룸을 성공적으로 사용했는데, 벽을 스프린트 작업을 상세화한 인덱스 카드로 가득 채워서 관심과 주의를 이끌어냈다.

우리의 작전회의실은 4×6 사이즈 카드, 팀 단위 사진으로 가득했고, 소멸 차트는 우리 팀의 진척 상황과 성취도를 아주 잘 나타내 주었습니다. 팀룸의 벽으로 부족해서 태스크 보드로 사용하기 위해 복도에 길게 코르크 보드를 붙여서 팀의 진척 상황과 성취도를 나타냈습니다.

확산하기(Transfer)

지노는 3년 동안 문자 그대로 수천 번 일일 스크럼에 참석하고, 500명 이상의 팀원이 참석하는 하루짜리 스크럼 입문 교육을 진행했다는 사실을 자랑스러워 했다. 이제 많은 개발 부서에서 스크럼을 이용한다. 지노가 개발 팀 관리자였을 때 회사에 스크럼을 도입하기 시작했다. 그가 맡은 팀이 초반에 이룬 성과 덕분에 스크럼 사무국Scrum Office이라 부르는 사내 새로운 그룹의 관리자로 승진했다. 스크럼 사무국은 도움을 요청하는 팀에 지원과 서비스를 제공했다. 기존 소프트웨어 개발 팀의 프로젝트 관리자 사무국PMO과 유사했다. 지노는 새로운 역할을 훌륭히 해 냈고 곧 사내 개발 조직의 반 이상이 어느 정도 애자일 방식으로 프로젝트를 진행하게 되었다. 이행이 완전히 진행되기 전에 지노는 회사를 옮겼다. 스크럼을 도입하여 대규모 어려운 도전을 진행하려는 회사에서 더 많은 일을 할 수 있는 좋은 위치를 제시하며 그를 스카웃했다.

이전 회사는 결국 스크럼 도입에 실패했다. 하지만 지노가 없어서는 아니다. 그, 어느 누구도 개발 외 조직에 스크럼을 확산시키려 하지 않았기 때문이다. 나는 스크럼을 로켓에 비유한다. 로켓은 엔진의 힘에 의해 전진한다. 그러나 중력에 의해 되돌아 온다. 만일 로켓이 충분한 분사력이 있으면 어느 정도 궤도에 도달하는 게 가능하다. 그러나 그렇지 못하면 원래 있던 지구로 되돌아 오게 된다. 스크럼이 내포하는 것들도 조직 내 다른 부분들로부터 충분히 지원을 받아야만 한다. 그래야 전사적인 이행이 조직 내 중력이 있더라도 되돌아가지 않는다.

지노는 프로그래머, 테스터, 프로젝트 관리자, 데이터베이스 개발자, 사용자 경험 설계자, 분석자 들에게서 스크럼에 대한 동의를 훌륭히 이끌어냈지만, 그 후 500명이나 되는 이들 중 누구도 인사 팀, 영업 팀, 마케팅 팀과 같은 다른 그룹 내 변화를 절대 이끌지 않았다. 개인별 보너스와 연 단위 평가 프로그램은 똑같이 남아 있었다. 영업하는 사람들은 고객이 원하는 추가사항에 대해 개발 팀과 그 어떤 상의도 없이 약속하는 일이 여전했다.

개발 팀이 애자일을 계속 유지하는 것은 불가능했다. 스크럼을 이용한 개발이 다른 부서로 확산되지 않으면, 조직 내 중력이 확산에 대한 노력을 방해하여 결국 그만두게 만든다. 이런 이유 때문에 조직 내 나머지 부서에서 스크럼을 사용해야 한다는 의미는 아니다. 조직 내 다른 사람들이 적어도 스크럼과 동조할 수 있어야 한다는 뜻이다.

조직 내 중력의 근원

이전 절에서 스크럼 도입 과정^{ADAPTing}에서 조직이 더 발전해 나가는 데 도움이 되는 도구들에 대해 설명했다. 애자일을 다른 부서로 전달하기 위한 단 하나의 도구는 그 부서와 커뮤니케이션하는 것이다. 그래서 도구 목록 대신 그 부서나 그룹이 수많은 조직 내 중력을 처리하느라 고생하고 있는 것은 아닌지 살펴봐야 한다. ADAPT 주기의 '확산하기' 단계에서 그런 그룹에 관심을 기울여야 한다. 그렇다고 그 그룹을 강하게 지지하는 그룹으로 바꿀 필요는 없다. 그보다는 그들에게 몇 가지 고유 원칙을 이해시키고 여러분 그룹과 그들간에 불화를 해소해 나갈 수 있어야 한다.

> **함께 보기**
> 제품 책임자라는 새로운 역할은 7장 「새로운 역할」에서 설명하고 있다. 테스터 역할이 바뀌는 것에 대해서는 8장 「역할 변경」에서 설명한다.

테스팅과 제품관리는 포함시키지 않았다는 데 주목하라. 이 그룹은 스크럼 효과를 전달하려는 그룹이기보다는 스크럼에 참여시키는 것이 중요한 그룹이다. 제품 책임자와 테스터가 스크럼에 참여하는 것은 중요하고 확산을 위해 꼭 필요하다.

> **함께 보기**
> 인사 그룹에 대한 스크럼 의미는 20장 「인사, 총무, PMO」에서 다룬다.

인사 조직 _ 스크럼을 이용하는 개발 조직과 인사 그룹은 여러 방식에서 마찰이 일어날 수 있다. 많은 조직이 스크럼의 성공적 도입과 반하는 인사관리 정책을 가지고 있다. 정기적인 평가 프로세스는 관리자가 직원들을 가장 잘한 사람부터 못한 사람까지 순위를 정하도록 하기 때문에 팀워크를 높이려는 노력에 방해가 된다. 팀워크를 무시하고 개인의 기여도에 높은 가치를 부여하는 평가 프로세스도 똑같은 해를 끼친다.

총무 _ 가구 정책에 대한 간섭도 공통적으로 나오는 이야기다.^(DeMarco & Lister 1999) 많은 팀들이 벽에 인덱스 카드, 소멸 차트, 진척 사항이나 작업에 대한 표시를 붙일 수 없다고 말한다. 몇 안 되는 팀만이 자신들의 공간을 마음대로 바꿀 수 있다. 그래서 많은 사람들이 이렇게 하는 최고의 방법은 주말에 작업 공간을 옮기든가 없애버리는 것이라고 생각한다. '허락을 얻기보다는 용서를 구하는 게 더 낫다'고 여기는 것이다. 바이오 웨어의 베노잇 호울은 총무 그룹에 스크럼의 의미를 성공적으로 전달했던 흥미로운 이야기를 들려준다.

> 함께 보기
> 총무 그룹에 대한 스크럼 의미는 20장에서 더 상세하게 다룰 것이다.

> 우리 총무 팀은 애자일 팀룸을 지원하기 위해 복도를 다시 설계하여 6~7명으로 구성된 개발 팀을 위해 더 큰 방을 만들어 줬습니다. 총무 팀에는 사람들 자리를 나타내는 웹 애플리케이션이 있어서 사내 시스템을 통해 쉽게 자리 이동을 요청할 수 있었습니다. 책상도 모두 똑같아서 우리가 옮겨야 하는 것은 컴퓨터와 액세서리뿐이었죠. 시간도 별로 안 걸리는 쉬운 일이었습니다.

마케팅 그룹 _ 많은 조직에서, 개발 그룹은 마케팅 그룹이 결정하여 요청하는 프로젝트 일정을 맞추지 못하는 바람에 욕을 먹는다. 특히 마케팅 그룹이 개발 그룹보다 더 힘이 센 조직에서 이런 일이 일어나는데, 그냥 원하는 일정을 받아 적어야만 한다. 마케팅 그룹에 스크럼 효과를 전달하는 핵심은 스크럼이 제공하는 투명성을 알려줘야 한다는 것이다.

대부분 마케팅 그룹은 개발 팀보다 우선하여 연간 계획을 확정하는 걸 좋아하지 않는다. 하지만 마케팅 그룹은 9개월 전에 광고 캠페인 일정을 잡아야 하는 일이 생긴다. 그러나 이들도 개발 팀처럼 변경이 적은 것을 선호한다. 지금 광고의 정확한 내용을 결정할 수 없다 해도, 출시일이 임박했을 때 광고 내용을 정확히 알려주는 것보다 진행할 광고에 대해 미리 결성해 주는 것을 선호한다. 스크럼 팀이 일정을 엄격하게 고수하는 방식과 일을 진행하면서 계획을 확정해 나가는 방식을 같이 사용하는 것이 마케팅 그룹에도 도움이 된다는 사실을 증명하고 알려야 한다.

재무 그룹 _ 재무 그룹도 두 가지 영역에서 스크럼 프로젝트와 관련이 있다. 첫째는 프로젝트 일정과 예산에 대한 예측이다. 개발 프로세스와 상관없이 냅킨에 쓰여진 새로운 제품 설명을 가지고 5% 이내에서 정확한 예측을 한다는 것은 불가능하다는 사실을 재무 그룹에게 이해시키는 것은 중요하다. 그런 비현실적인 요청은 보통 개발 팀이 잘못 예측하여 과거에 피해를 입었던 재무 그룹에 의해 생겨난다. 재무 그룹이 개발자들을 신뢰하고 자신감을 회복하기까지는 시간이 걸린다.

몇몇 스크럼 팀이 새로운 방식으로 성공을 보여주기 시작한 후에 재무 부서를 만나는 게 보통 도움이 된다. 그 미팅에서 과거 프로젝트 계획의 잘못을 설명해주고 스크럼도 정확한 일정 준수를 보장하지 못하지만 일정이 지연될 거 같으면 최대한 일찍 그런 사항을 알려줄 수 있다고 말해줘야 한다.

개발 팀과 재무 그룹 간에 관련 있는 두 번째 영역은 시간을 추적하거나 보고하는 것이다. 스크럼은 팀이 몇 시간 일했는지 추적하라고 하지 않지만, 재무 부서가 이 정보를 필요로 한다면 팀은 그렇게 해야 한다. 예를 들어 시간 단위로 고객에게 비용을 청구하도록 계약하는 개발회사가 바로 이런 경우다. 재무 부서가 프로젝트 비용을 수익으로 바꾸기 위해서 시간 단위 추적과 관련된 사항을 필요로 할 수 있다. 프로젝트에 투자되는 비용은 투자가 일어난 그달의 비용뿐만 아니라 프로젝트 전반에 걸쳐 발생하는 개발 비용과 관련 있다. 투자금에 대한 가이드라인은 나라마다 다르지만 이 많은 나라들이 지연에 대한 개념을 기본으로 하고 있으며, 기술적 실현 가능성이 보일 때까지 투자를 받을 수가 없다.

과거 개발 프로세스에서는 재무 부서에게 분석, 설계가 끝날 때까지는 기술적 실현 가능성을 확인할 수 없다고 말해야만 했다. 스크럼 프로젝트에서는 명확히 구분되는 분석과 설계가 없으니, 재무 그룹이 기술적으로 실현 가능한지 여부를 결정하기 어려울 수도 있다. 나는 이 사실에 대해 많은 재무 부서와 이야기를 나눴고, 대부분의 경우 몇 번의 스프린트가 지난 후에 기술적 실현 가능성을 확인할 수 있었다. 팀이 완성된 제품에 들어갈 기능 한 개를 소프트웨어로 만들게 되면 기술적으로 가능한 것으로 봐야 한다. 이 논리에 대한 반론도 이해는 간다. 하지만 전혀 코드를 작성하지 않고 분석과 설계만 끝낸 뒤에 기술적인 가능성 여부를 판단하는 것은 고려해 봐야 한다.

앞서 얘기한 부서들을 넘어서는 부분까지 스크럼의 의미를 전달해야 한다. 여러분은 조직에서 영향력을 가진 프로젝트 관리자 그룹, 영업 팀, 정보 공학, 운영,

하드웨어 개발 등의 다른 그룹과 일할 수 있다. 그들에게 스크럼의 의미를 전달하는 것은 장기적인 성공을 위해 중요하다.

> **지금 시도해 볼 것들**
>
> - 아주 자세하게 서술할 수 있는 ADAPT 액티비티를 식별해 보라. 팀, 부서, 조직에 이를 적용해 보라. 도입에 있어 다음 수준으로 넘어갈 수 있는 것 세 가지를 식별해 보라. 한 개만 선택해서 이를 실현하는 작업을 시작하라. 아니면 팀이 목록으로 정리해서 가능한 것부터 시작해 보라.
> - 벌써 스크럼 도입을 시작했다면, '장려하기'를 고려해 봐라. 초반에 거둔 성공을 장려할 수 있는 방법을 찾아내서 다른 사람들이 이 프로세스에 흥미를 갖게 하라.

이 모든 것을 모아 보기

스크럼처럼, 스크럼 도입^{ADAPTing}도 반복적이다. 조직 내 몇 명이 현재 일하는 방식이 더 이상 만족할 만한 결과를 만들지 못한다는 것을 인식하면서 시작된다.

이런 인식이 퍼지고 나면, 그 중 몇 명은 그런 상황을 개선하기 위해 스크럼을 시도해 보고 싶은 갈망이 생겨난다. 시행착오를 거치면서 조직 내 얼리어답터들은 스크럼을 성공적으로 도입할 수 있는 능력을 개발해 나간다. 작은 팀은 성공적으로 스크럼을 도입했지만 더 큰 조직에서는 도입을 제대로 못하는 새로운 상황도 벌어진다.

이들 초반 스크럼 팀은 스크럼을 이용하여 개선을 계속해 나가면서, 자신들의 성공을 장려하기 시작한다. 이런 일은 다른 팀의 진수와 섬심을 먹으면서 비공식적으로 일어나기도 하고 부서 대상 발표를 통해 공식적으로 일어나기도 한다. 이런 일들은 다른 팀이 인식하고, 갈망하고, 역량을 갖추는 과정을 시작할 수 있게 도와준다. 그리고 나면 곧 다른 팀들도 자신들의 성공 역시 장려하기 시작한다.

이 초반 성공이 모두 멋있어 보일것이다. 하지만 스크럼 도입이 전적으로 개발 조직 내에서만 이루어지는 무언가로 보이면 자칫 위험해질 수도 있다. 장기적인 성공을 위해서는 스크럼을 이용하는 의미를 영업, 마케팅, 운영, 인사, 총무와 같이 개발에 영향을 미치는 다른 부서에도 전달할 필요가 있다. 이들 그룹이 스크럼을 이용할 필요는 없다. 영업 팀이 소멸 그래프를 그리고 총무 팀이 일일 스크럼을 할 필요는 없다. 하지만 이들 그룹이 개발 그룹과 상호작용하는 정도가 적다 하더라도 중요하기 때문에 개발 그룹이 애자일하게 되는 데 영향을 미친다.

다음 장에서는 스크럼으로 이행할 때 따라할 수 있는 패턴 중 어떤 것을 선택할 수 있는지 살펴볼 것이다. 이행 노력을 시작할 때 얼마나 장려해야 하는지 작게 시작하는 게 좋은지 아니면 모두 한 번에 시작하는 게 좋은지 생각해 볼 것이다. 초기 프로젝트를 넘어서 스크럼을 전파하는 몇 가지 방법에 대해 토론해 볼 것이다. 이번 장에서 설명했던 ADAPT 프로세스를 이해했다면 앞으로 필요한 결정을 내리는 데 도움이 될 것이다.

더 읽어볼 것들

Derby, Esther. 2006.
「A manager's guide to supporting organizational change」. Crosstalk, January, 17~19.
이 기사에서 에스더 더비는 애자일 회고의 공동 저자 다이애나 라센과 변화의 시작을 지원하기 위해 관리자가 할 수 있는 10가지 통찰에 대해 설명한다. 이 통찰의 대부분은 인지하기와 갈망하기 단계에 집중되어 있다.

Hiatt, Jeffrey. 2006.
『ADKAR: A model for change in business, government and our community』. Prosci Research.
ADKAR은 Awareness, Desire, Knowledge, Ability, Reinforcement의 약어로서 개인과 조직 변화에 대한 일반적 모델이다. 이 모델은 ADAPT 모델을 만드는 데 영감을 주었다. 이 책은 인지하기, 갈망하기, 역량 강화하기에 대해 일반적이지만 뛰어난 충고를 제공한다.

3장

스크럼
도입 패턴

조직이 스크럼을 도입하는 방식은 다양하다. 다행히, 이미 스크럼을 도입한 회사들을 살펴보면서 어떻게 도입에 성공했는지 공통된 유형을 찾을 수 있었다. 이번 장에서는 네 가지 패턴이 적합한 경우와 각 패턴의 강점과 약점에 대해 살펴보겠다. 네 가지 패턴으로 스크럼을 도입하려 할 때 떠오를 수 있는 질문 몇 가지가 다음에 나와 있다.

- 한두 개 팀으로 시작해야 할까, 모든 팀을 동시에 바꿔야만 할까?
- (회사 내 다른 사람이 되었든 외부가 되었든) 의도를 드러내야 할까, 아니면 당장은 조용히 변화를 진행해야 할까?

이 두 가지 질문에 대한 가이드를 제공하는 것 외에, 초반 노력이 지난 후에 만나게 되는 스크럼 확산을 위한 세 가지 선택사항에 대해서도 알아볼 것이다. 끝으로 새로운 스크럼 팀이 애자일의 기술적 실천법을 얼마나 빨리 도입해야 하는지 생각해 보는 것으로 이 장을 마칠 것이다.

작게 시작할 것인가 한 번에 모두 참여할 것인가

진부하게 들릴 수 있지만 스크럼이나 애자일 프로세스 도입에 대해 오랫동안 회자된 충고는 파일럿 프로젝트로 시작해서, 이를 통해 배우고, 그런 다음 조직 내에 애자일을 확산하라는 것이다. 이 '작게 시작하기' 패턴은 보통 5~9명으로 구성된

한 개 내지 세 개 팀을 선정해서 성공하면 이 세 개 팀에서부터 스크럼을 확산하는 방식이다. 스크럼이 조직 내에 전파되면서, 새로운 팀은 이전에 진행했던 팀이 배웠던 교훈에서 도움을 받는다. 작게 시작하기 패턴은 조직 내 얼마나 많은 사람이 도입을 원하는지, 얼마나 빨리 도입하고 싶은지에 따라 많은 변형이 있을 수 있다. 조직 내 도입에 대한 위험 회피나 불확실성에 따라 다르게 적용하는 것이 가능하다. 예를 들어, 두 번째 팀이 시작하기도 전에 첫 번째 팀(들)이 프로젝트를 끝내는 경우도 생길 수도 있다.

어떤 조직은 첫 번째 팀의 1~2스프린트가 끝난 후에 두 번째 팀이 시작하여 중첩되도록 할 수도 있다. 작게 시작하기 패턴을 많이 사용하지만 모두 그런 것은 아니다. 예를 들어 세일즈포스닷컴은 반대 패턴을 따랐다.(Fry & Greene 2006)

세일즈포스닷컴의 크리스와 스티브가 하루 만에 35개 팀을 스크럼으로 바꿔놨다는 이야기를 2006년 10월 3일 전화로 들었던 기억이 난다. 그들은 내게 도움을 청했다. 하지만 처음 생각에 그들에게 필요한 건 스크럼 컨설턴트가 아니라 정신과 의사가 아닐까였다. 그들의 도전을 꺾고 싶지 않았기 때문에 도와주겠다고 하고, 랩탑 옆에 있던 프로이드 책을 하나 챙겨서 샌프란시스코에 있는 그들의 사무실로 향했다. 예상과는 다르게 내가 거기서 본 것은 갑작스런 변화로 혼란에 빠진 팀과 사람들이 아니었다. 하지만 광범위하고 재빠른 도입에 성공했더라도 도움이 필요한 부분은 몇 가지 있었다.

세일즈포스닷컴은 한 번에 도입하는 올인$^{\text{All-in}}$ 패턴을 추구했다. 사실 이 패턴은 갖고 있는 칩을 모두 베팅하는 포커 플레이어에서 따왔다. 세일즈포스닷컴의 문화는 강하게 몰아치고, 공격적이고, 성과 중심적이어서 호기심을 가지고 작게 시작하는 방식이 어울리지 않았다. 주요 임원진이 스크럼 도입을 제안하는 발표를 했을 때, 직원들은 확신을 얻었다. 한 개 팀이 스크럼을 도입하는 게 가치가 있다면, 모든 팀이 스크럼을 노입하는 것도 가치가 있다고 느꼈다. 그래서 그들은 한 번에 도입이라는 선택을 했다.

놀랍게도 한 번에 도입하기 패턴과 작게 시작하기 패턴은 조합이 가능하다. 증가 추세에 있는 방식은 보통 1~3개 팀이 파일럿 프로젝트를 하고 나서 즉시 한 번에 도입하는 형태이다. 이런 경우 파일럿은 조직이 스크럼에 대해 학습하고 조직 내에서 스크럼이 어떻게 작용하는지를 확인하려는 목적에서 보통 진행한다.

하지만 이런 시나리오상에서 더 중요한 목적은 파일럿이 스크럼에 대한 조직의 인식을 밝혀준다는 데 있다. 만약 200명 이상의 사람들에게 한 번에 모두 확산시키려 한다면, "이미 해봐서 설명하는 대로 진행하니까 잘되는데요"라고 말할 수 있는 팀 하나를 지정하는 게 아주 도움이 될 것이다.

작게 시작하기 패턴을 선호하는 이유
작게 시작했을 때 얻을 수 있는 장점이 몇 가지 있다.

- **작게 시작하면 비용이 적게 든다** _ 한 번에 도입하는 게 작게 시작하는 것보다 더 많은 비용이 드는 것은 확실하다. 아주 많은 사람들이 한꺼번에 새로운 작업 방식을 배워야 하고, 보통 외부 코치, 스크럼 마스터, 교육 전문가에 크게 의지하면서 진행하게 된다. 작게 시작해서 도입 속도를 늦추면 조직 내에 전문가를 키울 수 있어서 그들이 나중에 시작한 팀을 도울 수 있다. 작게 시작하기는 초반 실수가 조직 내 일부에만 영향을 미치기 때문에 비용을 절약할 수도 있다. 초기 애자일 전문가였던 톰 길$^{Tom\ Gilb}$은 이렇게 적었다. "무엇을 해야 할지 모르면, 대규모로 그 일을 하지 마라."
- **초반 성공을 거의 보장할 수 있다** _ 최초 프로젝트와 팀원을 조심스럽게 선택한다면, 첫 번째 스크럼 프로젝트의 성공은 거의 보장할 수 있다. 나는 그렇게 하지 않지만 이런 속임수도 고려해야 한다. 작게 시작하기에서 초기 프로젝트의 목표는 성공적인 스크럼 확산을 위한 지식을 만들어 내는 것이다. 쉽게 성공할 수 있는 프로젝트와 팀으로 시작하는 것도 그만한 가치가 있고 그런 경험에서 배우는 게 있다. 이에 더해서 초반 성공은 회의론자나 중립적인 사람들을 끌어들이는 데도 유용하다.
- **작게 시작하기는 한 번에 시작 했을 때의 큰 위험을 피하게 해준다** _ 한 번에 모두 바꾸는 것은 너무 위험하다. 작은 실수가 도입을 위한 전체적인 노력에 큰 영향을 미칠 수 있다. 아마도 한 번에 도입하는 방식에서 가장 심각한 위험은 두 번째 기회를 갖기 어렵다는 것이다. 전 조직이 도입을 시작하면, 저항이 늘어나는 실수를 하게 되고 그러면 새로 발견된 이슈를 어떻게 극복해야 하는지 알기 위해 스크럼 도입을 위한 사전 작업을 돌이켜야 할 수 있으며, 도입을 다시 시작하려 할

때 팀원들이 두 번째 기회를 주려 하지 않을 수 있다. 이 시점의 저항들은 보통 기존의 것을 확고히 해서 도입 노력을 실패로 만드는 것이다. 반대로 작게 시작하면 시작 당시 중요한 문제점을 발견할 수 있다. 현재 팀과 같은 크기로 다음 단계를 계속할 수 있어서 확산한다기보다 도입 프로세스를 효과적으로 다시 시작할 수 있다.

- **작게 시작하기가 스트레스를 덜 준다** _ 21세기 조직과 직원들은 항상 스트레스를 받는다. 전체 개발 조직에 스크럼을 도입한다고 발표하면, '낙타의 등을 무너뜨린 마지막 지푸라기'라는 속담[1]처럼 많은 측면에서 일상 작업에 영향을 미칠 수 있다. 작게 시작하면 얼리어답터가 코치와 친선대사 역할을 하여 도입에 대한 스트레스를 줄여줄 수 있다. 이들은 자신들의 성공 사례를 공유하고 다른 사람들이 직면하고 극복해야 하는 도전들에 대한 솔직한 토론을 통해서 다른 그룹에 도입을 권장한다.
- **작게 시작하기는 조직 개편이 필요 없다** _ 스크럼을 완전히 도입하려는 대부분의 조직에서는 결국 어느 정도 조직을 개편해야 한다. 이 작업도 어느 정도 스트레스를 주게 되고 개인적인 저항이 증가할 수 있다. 작게 시작하면 이상적으로는 스크럼이 주는 가치를 경험할 때까지 조직 개편을 미룰 수 있다.

한 번에 도입하기를 선호하는 이유

작게 시작하기를 선호하는 이유가 있는 것처럼, 한 번에 도입하기를 선호하는 이유도 있다.

- **한 번에 도입하면 저항을 줄일 수 있다** _ 작게 시작하기가 한 번에 도입하는 것보다 저항이 더 적은 경우도 있을 수 있지만, 파일럿이 지나면 전체적인 노력이 곧 사라질 거라고 희망하는 회의론자들은 항상 존재한다. 자신의 결심을 병사들에게 증명하기 위해서 베라 크루즈에서 자신의 배를 불태웠던 코르테즈Cortez[2]처럼 한

---

[1] 옮긴이 Straw that broke the camel's back이란 속담은 누구나 참는데 한계가 있다는 의미를 가진 아랍 속담이다.
[2] 옮긴이 에스파냐의 아즈텍 왕국 정복자, 쿠바에서 식민지 원정대에 근무하였으나 독자적으로 군사를 이끌고 유카탄 반도를 원정하였고 아즈텍 왕국을 점령하였다. 아즈텍에 에스파냐 식민지를 건설하고 총독을 지냈다. (출처: EnCyber 백과사전)

번에 도입하려는 조직은 다시 기존 프로세스로 돌아가지 않는다는 선언을 보여 줘야 한다. 이런 수준으로 변화에 대한 확신을 보여주는 것이 변화에 성공하는 데 도움이 된다.

- **스크럼 팀과 기존 팀이 같이 일하면서 일어나는 문제를 피하게 해준다** _ 한 번의 짧은 기간에 전사적으로 어떤 변화가 일어나면, 스크럼을 이용하는 팀과 그렇지 않은 팀 간에 위험이 생길 수 있다. 스크럼 팀이 기존 팀과의 작업을 조정하기 위한 시간이 필요하다는 것을 의미하며, 스크럼 팀은 계획 수립, 마감일, 커뮤니케이션과 같은 부분에서 기존 팀과 서로 다른 태도를 취하기 때문에 문제가 생길 수 있다. 이런 문제들은 전 조직이 동시에 스크럼을 도입해야 사라진다. 세일즈포스닷컴의 크리스 프라이와 스티브 그린은 이렇게 말했다. "빅뱅 확산이 성공하게 된 중요 요인은 조직 내 불일치를 피할 수 있었다는 것과 과단성 있는 조치가 필요하다는 것이었다. 모든 사람이 동시에 같은 일을 진행했다."(2007, 137)
- **한 번에 도입하면 더 빨리 끝낼 수 있다** _ 이 책에 깔려 있는 주요한 가정 한 가지는 조직이 애자일하게 되는 것은 '완료'가 없다는 것이다. 그래서 늘 개선이 필요하다. 직원들이 과거를 돌아보고 최악의 상황이 종결되는 것을 이행이라고 인식할 수 있는 시간이 반드시 필요하다. 한 번에 도입하는 조직은 이 지점에 빨리 다다를 수가 있다.

한 번에 도입하기와 작게 시작하기 간에 선택하기

이번 장을 시작할 때 언급했던 것처럼, 작게 시작하기는 대부분 애자일 저자들이 추천하고 애자일 도입에 가장 많이 사용되는 일반적인 접근방식이다. 이 방식이 가진 낮은 위험과 높은 성공요인을 조합하면 결함을 줄일 수 있다. 조직 내에 전면적 스크럼 도입을 못마땅해 하는 리더가 있다면 항상 작게 시작하기를 선택한다. 작은 범위라도 성공을 만들어 내면 이 회의론자들에게 확신을 심어주는 최고의 방법이 된다. 실패했을 때 많은 비용이 든다면 항상 작게 시작하라. 전환을 이끌어 내기 위한 실패 비용이 너무 많은 경우라면, 조직 전체로 봤을 때 최고의 방법은 아닐지라도 작게 시작하는 방식으로 진행하라.

여러분 조직이 스크럼의 장점을 긴급하게 필요로 한다면 작게 시작하기가 최선책은 될 수 없다. (그럼에도 작게 시작하기를 선택했다면, 범위를 빨리 키워라.) 작게 시작하기는 안전하지만 느리게 진행된다. 한 번에 도입하기는 제한된 경우에만 사용해야 한다. 만일 시간이 중요하다면 한 번에 도입하는 방식을 고려해 보라. 한 번에 도입하는 방식이 비용은 더 많은 들지 몰라도, 시간은 줄일 수 있다. 시간이 주요 관심사라면, 한 번에 도입하기가 최고의 해결책이 될 수 있다.

세일즈포스닷컴에서 진행한 한 번에 도입하기를 고려하고 있다면, 소수의 주요 인물과 이해관계자들에게 스크럼을 도입하겠다는 명확한 메시지를 보내라. 충분한 경험을 가진 스크럼 마스터가 각 팀을 지원할 수 없다면 한 번에 도입하는 것은 절대 안 된다. 스크럼 마스터가 내부 사람이냐 아니면 외부 사람이냐는 단기적으로 중요하지 않다. 그러나 결국에는 모든 스크럼 마스터가 내부 직원이길 바랄 것이라는 사실을 기억하라.

마지막으로 중요한 건 크기다. 만일 사람이 겨우 10명이라면, 한 번에 도입해야 한다. 그러나 400명 이상의 팀이라면, 한 번에 도입하는 것은 이론적으로 불가능하다. 어떤 방식의 스크럼 도입을 선택하든지 간에, 패턴 선택은 도입을 진행하는데 우선적으로 결정할 수많은 것 중 하나일 뿐이다. 다음으로 결정할 필요가 있는 사항이 도입을 공개하느냐 숨기느냐다.

애자일 도입을 공개하느냐 숨기느냐

애자일 도입을 공개하느냐 마느냐가 다음 선택사항이다. 애자일 도입을 공개적으로 드러내는 것도 하나의 선택사항이다. 이 방식은 팀이나 조직이 스크럼을 도입한다고 크게 팡파르를 울리는 것이다. 도입 범위와 중요도에 따라, 이런 선언은 구내식당에서 다른 팀에게 이야기하는 것이 될 수도 있고, 언론사에 정식으로 홍보하는 형태가 될 수도 있다. 공개 정도와 상관없이, 애자일 도입을 공개하고 나면, 팀은 다른 팀에게 애자일 도입을 위해 어떤 것을 하고 있는지 알리기 위한 노력을 해야 한다.

반대로 애자일 도입을 숨길 수도 있다. 도입을 숨기면, 프로젝트가 완료될 때까지 스크럼 팀원만이 이 사실을 아는 것이다. 고객 중에 숨겨서 도입하기를 진행하는 그룹이 있었다. 이 고객사를 처음 방문했을 때 이야기를 나눈 사람은 회사 내 프로젝트관리 부서 관리자인 사라였다. 그녀는 내게 스크럼 도입은 잘 진행되고 있다고 말했다. 본사에 있는 많은 개발자에게 2일짜리 교육을 진행한 후 도입은 바로 시작되었다. 사라는 200명 이상의 사내 개발자들에게 스크럼을 소개하기 위해 그녀가 잘 정리한 계획서 하나를 내게 보여주었다. 사라의 계획에 따르면 초기 파일럿 팀은 네 개였고, 각 팀마다 스크럼을 도입하는 이유는 달랐다. 한 팀은 그 당시 팀원에게 배정된 공간과 팀이 공유하던 공간이 너무 달라서 이를 재 배정받기 위해 기꺼이 도입을 선택했다. 또 다른 팀은 회사가 중요하게 생각해서 투자하는 새로운 기술을 처음 사용하는 팀이 되고 싶어서 선택했다. 다른 두 팀도 비슷한 좋은 이유를 가지고 파일럿을 선택했다. 사라의 계획은 이 팀들이 지닌 도입 노력 결과를 다른 팀들이 최대한 제대로 배울 수 있게 하는 아주 훌륭한 계획이었다.

나는 4개 팀이 어떻게 진행하고 있는지 직접 살펴보기 위해 사라의 사무실을 나왔다. 하지만 이상하게도 내가 본 것은 네 팀이 아니라 다섯 팀이었다. 다섯 번째 팀은 사라가 내게 이야기 했던 팀이 아니라는 것을 알게 되었고, 돌아가서 이 팀에 대해 좀 더 이야기를 나누었다. 나는 이 팀이 공식적으로 사라의 파일럿으로 허락을 받지 못한 팀이란 것을 알아냈다. 이 팀의 팀원들은 공식 파일럿 팀 중 하나가 진행하는 것을 보고 관심을 가졌고, 자신들이 본 것 중 마음에 든 것을 스스로 시도해 보기로 결정했다. 하지만 자신들이 진행해도 되는지 확신이 없어서 태스크 보드와 소멸 차트를 자기들 구역인 미로 안쪽 벽에 걸어 두었다. 그 건물에 익숙하지 않았던 내가 공식 파일럿 팀 중 하나를 찾다가 길을 잃어버리는 바람에 이 팀을 발견하게 된 것이었다. 이 팀은 숨어서 도입하고 있었던 것이다. 팀원들은 스크럼을 이용하고 있었지만 프로젝트가 완료될 때까지 자신들끼리만 이 액티비티들을 유지하고 있었다. 숨기는 것도 정도에 따라 다양할 수 있다. 자신들이 진행하는 것을 감추는 데 적극적인 팀이 있을 수 있고 단순히 변화를 공개하지 않는 팀도 있을 수 있다.

애자일 도입 공개를 선호하는 이유
애자일 도입을 공개하면 좋은 이유들이 많다. 그런 것들 중 몇 가지에 대해 알아보자.

- **모든 사람들이 여러분이 진행하는 것을 알게 되면, 그 일을 고수하려는 경향이 더 커진다** _ 습관을 가지려 하거나 버리려 할 때 하는 일반적인 충고가 친구에게 도움을 청하라는 것이다. 다이어트를 시작하거나, 금연을 하거나, 운동을 시작할 때 이런 변화에 대해 친구에게 말하는 것은 좋은 생각이다. 여러분 의도를 이미 말해 버렸기 때문에 성공에 대한 무언의 부담을 느끼게 되고 친구도 여러분을 지지하거나 북돋아 줄 수 있기 때문이다. 팀이 스크럼을 도입하는 데도 이런 사실은 변하지 않는다.

- **공개하면 도입에 대한 비전을 수립하게 된다** _ 공개적으로 의도하는 바를 선언하게 되면 목표에 대해 생각하고 토론하는 기회를 갖게 된다. 의도가 공개되고 나면, 팀원들은 팀 외부 사람들과 도입에 대해 이야기하는 것을 편안하게 느끼게 되어 성공과 실패를 공유할 수 있다. 도입 공개는 도입에 흥미를 갖고 있어서 참여하고 싶은 사람들에게는 충고를 해줄 수 있지만 반대하는 사람에게는 저항할 수 있는 기회가 된다. 두 그룹 모두 참여할 수 있는 기회가 되어, 전자 그룹은 장려해 나가고, 후자 그룹의 반대를 극복하는 기회가 된다.

- **공개로 진행하는 것이 여러분 의지에 확실한 선언이 된다** _ 몰래 도입하는 것은 약간 시시한 것처럼 인식될 수 있다. 팀이나 조직에 이런 식으로 말하는 것처럼 여겨질 수 있다. "이 방식을 믿는다. 하지만 진행하다가 잘 안되면 되돌아갈 기회를 남겨 둘 정도로 진행하겠다." 공개를 하면 되돌아 갈 수 있는 길은 없다. 도입을 시작하는 조직의 계획일 뿐 아니라 이를 성공시키려는 계획의 강력한 선언이 된다.

- **조직의 지원을 요청할 수 있다** _ 스크럼을 조용히 진행하게 되면 팀 외부에서의 지원은 제한받기 마련이다. 지원을 받기로 하든 하지 않든, 도입 진행 과정에서 많은 장애물을 만나게 된다. 은밀하게 도입했을 때의 이점이 무엇인지 확실히 하라.

- **목표를 설명하고 이를 달성하는 것이 더 강력한 메시지가 된다** _ 사실은 프로젝트 성공이 비밀리에 스크럼을 사용한 덕분이라고 프로젝트가 끝났을 때 말하는 것보다 초반에 이야기하는 게 회의론자들에게 더 효과적이다. 야구선수 베이브 루스의 가장 유명한 홈런은 1932년의 '예고 홈런'이었다. 투 스트라이크 투 볼 에서 루스는 가운데 펜스를 가리켰고 다음 번 공을 중앙 외야석으로 때려 넣었다. 무엇을 하겠다고 말하고 나서 그 일을 하는 것이 목표를 이루고 난 후에 목표를 이야기하는 것보다 더 강력하다.

숨겨서 도입하기를 선호하는 이유

숨겨서 도입하기가 음흉한 것처럼 보일지 모르지만 저 자세를 유지함으로써 얻을 수 있는 확실한 몇 가지 장점이 있다.

- **저항이 시작되기 전에 진행할 수 있는 기회를 갖게 된다** _ 도입을 공개하면 기초 작업에 저항하는 사람과 반대하는 사람이 생긴다. 무릇 변화를 막으려면 더 많은 지지를 얻기 전에 막아야 할 것이다. 그래서 도입을 선언한 직후 강하게 반발할 것이다.
- **숨겨서 도입하면 부가적인 압력을 받지 않아도 된다** _ 만약 스크럼 도입을 사내 뉴스레터나 인트라넷과 같은 곳에 공식적으로 발표하게 되면, 팀은 프로젝트와 스크럼 도입 두 가지 모두의 성공에 대해 큰 부담을 느끼게 된다. 팀 차원에서 보면 이런 부담을 느끼는 게 좋을 수도 있다. 그러나 프로젝트가 끝났을 때, 추가적인 부담을 느껴서 성공한 것인지 아니면 스크럼 때문에 성공한 것인지 알 수가 없다. 밥 스카츠^{Bob Schatz}와 아이브라힘 압델샤피^{Ibrahim Abdelshafi}는 프리마베라에서 스크럼을 성공적으로 도입했을 당시엔 프로세스에 커다란 변화가 있다는 걸 공개하지 않았다.

  > 하지 않은 중요한 일 중 하나가 새로운 프로세스를 사용하려 한다고 모든 사람에게 말하지 않은 것입니다. 사람들이 불안해 하길 원하지 않았습니다. 그래서 그들이 변화에 적응할 시간을 주고 싶었습니다. 그리고 새로운 프로세스를 발표하고 진행했을 때 얻게 되는 장점이라곤 비현실적인 기대를 빠르게 정착시키는 정도일 뿐입니다. ^(2005, 37~38)

- **여러분이 말하기 전에는 아무도 모른다** _ 숨겨서 진행하게 되면, 프로젝트가 다른 방향으로 흘러가기 전에 알아채서 프로젝트가 성공할 때까지 지나칠 수 있다. 그게 아니라 프로젝트가 실패하면 스크럼을 적용했던 방식을 수정해서, 다시 적용해보고, 그래서 잘 될 것 같은 분위기가 느껴지면 이 사실을 사람들에게 말해서 성공으로 이끌 수 있다.
- **스크럼을 하는지 아무도 모른다면, 그만두라고 말할 사람도 없다** _ 만일 관련자들만 알 수 있도록 조용히 시작하면, 그만두라고 말할 사람은 아무도 없다. 허락을 구

하는 것보다 용서를 구하는 게 더 쉽다는 전제하에 몰래 도입하기로 한 팀을 본적이 있다. 저항이 예상되는 그룹이 스크럼의 진가를 저울질하기 전에 확실한 이점을 증명하기 위해 스크럼을 몰래 도입하기로 결정한 개발 조직 부사장이나 프로젝트관리 부서를 만난 적도 있다.

애자일 도입을 공개하느냐 숨기느냐에 대한 선택

애자일을 공개적으로 도입하는 쪽이 몰래 도입하는 쪽보다 성공적인 도입을 더 즐기게 된다는 것을 알게 되었다. 스크럼에 자신이 있다면 항상 공개적 도입을 선택하고 도입을 선언한다. 마찬가지로 변화에 저항하는 직원들이 있을 거라 여겨지지만 이를 빨리 극복하고 싶을 때는 공개적 도입을 강력하게 고려해 봐라.

대조적으로 스크럼에 대한 모든 것이나 아니면 일부라도 실험해 보고 싶다면 더 조용한 접근을 선택하라. 예를 들어, 일일 미팅을 소개해 보고 싶다면 이 경우 일일 스크럼이라고 부르지 말고 어떻게 되는지 살펴봐라. 그런 다음 스프린트 단위로 일하는 것을 아이디어로 소개하라. 만약 이것도 잘 되면, 애자일이나 스크럼이라 부르기 시작하고 거기서 계속 진행해 나간다. 하나 더 추가한다면, 숨겨서 도입하는 방식은 "스크럼을 합니다"라고 할만한 정치적인 영향력이 없거나 너무 많은 저항이 예상될 때 선택할 수 있는 방식이기도 하다.

스크럼 확산에 대한 패턴

스크럼을 시작하는 것과 이를 조직 내에 확산하는 작업은 별개의 일로 봐야 한다. 한 번에 도입하기를 선택하지 않았다면, 처음 몇 개 팀의 성공을 바탕으로 다른 팀에 스크럼을 도입하도록 해야 할 필요가 있다. 초기 팀을 넘어 스크럼을 확산할 때 사용할 수 있는 세 가지 일반적인 패턴이 있다. 처음 두 개 패턴은 팀 참여에 관한 것으로 성공적으로 스크럼을 시작한 팀에 참여했던 팀원이 새로운 팀을 만들기 위한 팀원이 되는 것이다. 세 번째 패턴은 약간 다른 방식으로 내부 코치가 스크럼 확산에 참여하는 방식이다.

흩어져서 씨뿌리기

흩어져서 씨뿌리기Split and Seed 패턴은 보통 처음 스크럼을 도입했던 몇 개 팀이 적어도 몇 번의 스프린트를 경험한 후에 사용하는 패턴이다. 이 시점에서, 팀원들은 스크럼 팀이 어떻게 움직이는지 이해하기 시작한다. 확실하게 모든 것을 이해하지는 못해도 스프린트가 동작하는 소프트웨어로 끝나야 하고 팀원들이 같이 일을 잘해야만 한다는 것을 이해한다. 머지 않아 좋은 결과를 얻기 위해 먼 길을 가야겠지만 스크럼이 자연스럽게 느껴지기 시작할 것이다.

이 시점에서 팀을 분해하는 것이 내키지 않을 것이다.

흩어져서 씨뿌리기 패턴에서는 한가지 역할을 하던 스크럼 팀이 두 개로 나눠져서 원래 있던 팀의 절반이 새로운 팀의 근간이 된다. 그리고 나서 새로운 스크럼 팀에 새로운 사람들을 충원한다. 그림 3.1은 팀이 새로운 두 개 팀을 형성하는 걸 보여준다. 초기 팀이 크면 새로운 팀 4개를 만들 수도 있는데, 특히 초기 팀에 스크럼을 이미 경험했던 사람이 있거나, 스크럼이 자연스러운 멤버가 있으면 더욱 좋다.

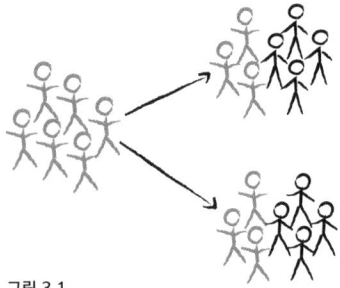

그림 3.1
흩어져서 씨뿌리기 패턴은 새로운 팀 2개를 만드는 것이다.

새로운 팀원은 새로 고용한 사람일 수도 있고 첫 번째 스크럼 프로젝트에서 옮겨온 기존 사람일 수도 있다. 흩어져서 씨뿌리기 패턴에 깔린 생각은 이렇다. 새로 만들어진 2세대 스크럼 팀은 경험 있는 팀원 덕분에 스크럼 운영 방식과 실전팁을 더 쉽게 배울 수 있다. 새로운 팀은 몇 번의 스프린트를 통해 하나의 팀으로서 스크럼을 느끼게 된다. 그런 다음 다시 기능 팀을 더 작은 팀으로 나누고 새로운 멤버를 충원한다. 스크럼을 완전히 소개할 때까지 이 과정을 반복한다. 큰 조직인 대기업에서 스크럼을 확산한다면, 각 세대별 팀이 모두 같은 횟수의 스프린트를 수행할 필요는 없다. 준비가 되면 팀을 나눌 수 있다.

성장시켜서 나누기

성장시켜서 나누기^{Grow and Split} 패턴은 흩어져서 씨뿌리기 패턴의 변형이다. 이 패턴은 그림 3.2에 나와 있는 것처럼 두 팀으로 나누어도 불편하지 않을 만큼 팀이 충분히 커질 때까지 팀원을 추가한다. 그러면 팀이 나누어져도 새로운 팀은 팀원이 5~9명인 바람직한 크기의 작은 팀이 될 수 있다. 이렇게 줄어든 크기로 새로운 팀이 한 개 스프린트를 진행하고 나면 다시 나누어도 괜찮을 크기가 될 때까지 각 팀에 새로운 팀원을 추가한다. 이 패턴을 전체 프로젝트나 조직에 도입이 완료될 때까지 반복한다.

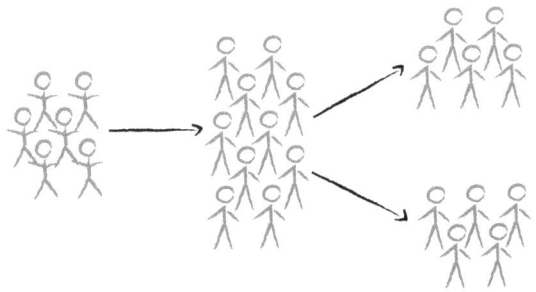

그림 3.2
성장시켜서 나누기 패턴은 두 개의 팀을 만들곤 한다.

내부 코칭

필립스 리서치의 스크럼 도입은 스크럼 확산의 세 번째 패턴인 '내부 코칭' 사례다. 필립스는 스크럼 도입을 진행하다가 문제에 부딪혔다. 다른 회사처럼, 필립스도 어떤 팀은 새로운 애자일 방식으로 두각을 나타냈지만 어떤 팀은 도입에 애를 먹고 있었다. 필립스의 크리스트 브라이언은 이 문제를 내부 코칭으로 해결했다. 잘하는 팀에서 애자일이 무엇인지 잘 이해하고 있는 사람을 한 명씩 선발해서 스크럼을 이용하고 있지만 이해가 부족해서 아직 진도가 나가지 못하는 다른 팀의 코치로 배정했다.

코치들에게는 스프린트 계획, 리뷰, 회고 미팅에 참석한다든가 매주 일일 스크럼에 참석한다든가, 매주 2시간은 팀을 멘토링하는 역할이 주어졌다. 코치들은 원 소속 팀에서 자신들이 맡고 있던 역할을 면제 받은 게 아니어서 그런 팀에 기여할 수 있는 시간이 많지 않다는 것을 모두 알고 있었다.

흩어져서 씨뿌리기를 선호하는 이유

흩어져서 씨뿌리기 패턴의 장점은 빠른 확산에서 나온다.

- **다른 방식보다 더 빨리 팀을 추가할 수 있다** _ 이상적으로 보면 새로운 팀에 이전 팀의 팀원이 적어도 2명이 된다. 이 말은 2번에서 3번의 스프린트 후에는 8명으로 구성된 팀이 2명 단위 4개 그룹으로 나뉘어져 두 번째 구성으로 새로운 팀을 만들 수 있다는 의미다. 그 4개 팀의 팀원이 8명이면 스크럼 팀원은 총 32명이 된다. 이 32명이 몇 번의 스프린트 후에 새로운 팀 16개를 시작하게 되고, 각 팀의 팀원이 8명이니 모두 100명 이상의 스크럼 경험자들이 5번에서 6번의 스프린트 후에 생겨난다.
- **각 팀에는 가이드를 할 수 있는 스크럼 경험자가 있다** _ 스크럼을 경험한 팀원 없이 진행해야 하는 것은 단지 첫 번째 팀뿐이다. 모든 후속 팀들은 내부 기준에 따라 적어도 스프린트를 몇 번 경험한 두 명(이상적으론 3명에서 4명)의 팀원이 참여한다. 이렇게 되면 새롭고 익숙하지 않은 것을 도입하느라 불편한 부분을 줄이는 데 도움이 된다.

성장시켜서 나누기를 선호하는 이유

성장시켜서 나누기 패턴이 흩어져서 씨뿌리기 패턴에 비해 확산 속도가 느리다는 단점이 있지만 명백한 장점이 몇 가지 있다.

- **기존 팀을 없애지 않아도 된다** _ 흩어져서 씨뿌리기 전략의 주요 문제점은 막 결성된 팀이 스크럼에 익숙해지자마자 새로운 팀을 만들기 위해 없애야 한다는 것이다. 좋은 팀을 나누는 일은 항상 신중하게 진행해야 한다. 이 패턴은 나누기 전에 이런 단점을 극복할 수 있다. 팀이 커져서 애자일 경험이 충분한 두 개 팀을 만들 수 있을 때까지 같이 일할 수 있기 때문이다.
- **팀원들은 스프린트 진행이 계속된다고 느낄 수 있다** _ 흩어져서 씨뿌리기 패턴을 이용하면 팀은 진정한 동료의식이 만들어지기도 전에 끊임없이 나눠지고 만들어진다. 성장시켜서 나누기 방식은 팀이 너무 커져서 팀원들이 더 이상 같이 지낼 수 없을 때 팀을 나누기 때문에 중간에 없어진다는 느낌이 적다.

내부 코칭을 선호하는 이유

내부 코칭은 보통 내가 선호하는 방식이다. 이 방식에 다음과 같은 강력한 이점이 있다는 것은 놀랄 일이 아니다.

- **잘 진행되는 팀은 나눌 필요가 없다** _ 앞서 언급한 패턴의 단점은 새로운 팀을 만들기 위해 기능 팀을 나눠야 한다는 것이다. 내부 코치를 이용하면 외부 사람(코치)이 팀에 가끔 참여한다는 부분을 제외하면 팀은 그대로 유지된다.
- **새로운 팀에 맞는 코치를 선택할 수 있다** _ 흩어져서 씨뿌리기 패턴과 같은 방식은 코칭을 위해 팀 전체를 사용하는 방식이다. 새로운 팀은 경험 있는 팀원에 의해 총체적인 코칭을 받는다. 이들 중에는 그런 역할이 좋을 수도 있지만 그렇지 않을 수도 있다. 내부 코칭은 코치에 적합한 사람을 각 팀에 맞게 배정할 수 있다.
- **코치들은 팀 간에 이동이 가능하다** _ 시간이 지나면 팀과 코치와의 관계가 진부해진다. 신선한 시각으로 봐야 개선을 위한 새로운 방식을 찾을 수 있어 도움이 된다. 내부 코치가 마치 벌처럼 팀과 팀을 오가게 되면 각 팀에 새로운 아이디어를 전달해 줄 수 있다.

자신만의 접근법 선택하기

스크럼을 확산하기 위해 세 가지 패턴 중 어떤 패턴을 사용할지 결정하는 요소가 두 가지 있다. 새로운 팀에 스크럼을 얼마나 빨리 확산해야 하는가? 새로운 팀을 지원할 수 있는 괜찮은 내부 코치가 있는가? 이 질문에 대한 답이 여러분 조직에 가장 적합한 패턴을 선택하는 데 도움이 되는 핵심요인이 될 것이다.

보통 사정이 급하면 흩어져서 씨뿌리기 패턴을 고려한다. 흩어져서 씨뿌리기 방식은 조직 내에 스크럼을 확산하는 가장 빠른 방식 중 하나다. 이 방식은 또 다른 방법으로 가속화 될 수 있다. 첫째, 팀을 이상적인 시기보다 더 빨리 나눌 수 있다. 둘째, 이상적인 팀 개수보다 더 많이 팀을 나눌 수 있다. 가령 2개 팀 대신 4개 팀으로 나누는 것이다. 이렇게 하면 몇몇 새로운 팀은 이전 팀에 비해 코치 수가 이상적인 숫자보다 적을 수 있다.

흩어져서 씨뿌리기를 사용한다 하더라도 기술과 도메인이 팀 간에 움직이는 사람을 지원할 수 있는지 여부를 주의 깊게 봐야 한다. 팀원들이 바뀌면 항상 나타나는 게 생산성 감소다. 이런 감소는 큰 프로젝트나 조직 내에 스크럼을 빨리 전파하느라 발생하는 손실로 봐야 한다. 그러나 어떤 경우에는 팀 간에 사람을 옮기는 게 실용적이지 않을 수 있다. 예를 들어, .NET 팀에 스크럼 경험이 단지 스프린트 세 번뿐인 자바 프로그래머가 가는 것은 좋은 생각이 아니다.

성장시켜서 나누기 패턴이 아마도 가장 자연스러운 접근이 될 수 있는데, 스크럼 확산을 돕기 위해 개입하는 사람이 없는데도 거울을 비춘 것처럼 확산이 일어난다. 대부분 조직에서는 사람들이 프로젝트를 옮겨 다니면서 좋은 실천법도 같이 움직인다. 성장시켜서 쪼개는 방식은 그냥 두면 오랜 시간에 걸쳐 자연스럽게 많이 확산되는 일을 좀 더 적극적으로 진행하는 방식일 뿐이다.

흩어져서 씨뿌리기 방식을 써야 할 정도로 긴급하지 않다면 성장시켜서 나누기를 고려하라. 성장시켜서 나누어진 팀이 흩어져서 씨뿌려진 팀보다 덜 공격적이고 위험도 적기 때문에 정말 긴급한 상황만 아니면 성장시켜서 나누기가 자주 사용된다. 또 어떤 이유로든 팀 크기가 커질 것 같으면 성장시켜서 나누기 패턴을 고려해 보라. 패턴 이름에서도 알 수 있듯이, 팀이 확장되고 있을 때는 성장시켜서 나누기 방식이 가장 적합하다.

내부 코칭은 직접 확산하려는 전략으로도 사용되지만, 다른 방식을 사용하면서 확산 속도를 높이고 싶을 때도 사용한다. 이 방식은 특정 조건을 만족할 때 잘 활용할 수가 있다.

- **그룹이 너무 커지면 좋은 실천법을 직접 확산하기 어려워진다** _ 이 패턴의 강점 중 하나는 코치가 이 팀에서 저 팀으로 이동할 수 있다는 것이다. 이를 통해 좋은 실천법이 확산된다. 단, 조직이 작으면 좋은 실천법 공유는 문제가 되지 않는다. 그래서 그런 경우에 이 방식은 필요 없다.
- **팀을 나누는 게 프로젝트를 위해 실용적이지 않다** _ 팀을 나누었을 때 어떤 문제가 생길 거 같아 염려된다면, 내부 코치가 좋은 해결책이 될 수 있다.
- **내부 코치가 충분하거나 외부의 도움을 받을 수 있다** _ 이상적인 코치란 스크럼을 제대로 이해하고 애자일이라는 용어를 듣기 전부터 몇 년은 기민한 방식으로 일을 해봤던 사람이다. 우선 이런 사람을 찾아내는 것은 어렵다. 단지 팀원이 경험 많다고 반드시 코치로 적합한 것은 아니다. 만약 좋은 코치가 충분하지 않다면, 먼

저 다른 패턴을 사용하는 것을 고려해 본다. 스프린트를 몇 번 진행하고 나서 팀이 충분해지면, 내부 코치가 씨를 뿌리는 방식을 추가로 시작할 수 있다. 코치를 나눌 수 있으면 코치가 여러 팀을 도울 수 있어서 더 많은 확산이 가능하다. 예산이 허락한다면, 내부 코치가 양성될 때까지 외부 컨설턴트를 데려올 수도 있다.

새로운 기술적 실천법 소개하기

변화를 이끌어가는 사람, 스크럼 마스터, 새로운 스크럼 팀원들은 새로운 기술적 실천법을 얼마나 빨리 도입해야 하는가라는 마지막 결정을 해야 한다. 한 가지 드는 생각이, 모든 것은 기술적 실천법과 같이 시작해야 한다는 것이다. 만약 팀이 단순한 설계, 자동화된 테스팅, 짝 프로그래밍, 리팩터링 같은 제대로 된 기술적 실천법을 사용하고 있다면, 기민함은 자연스럽게 얻을 수 있다.

또 다른 관점은 자신들 환경에 가장 잘 맞는 기술적 실천법을 발견할 수 있도록 충분한 시간을 주는 것이다. 스크럼 마스터, 관리자, 코치는 결국 팀에 다른 실천법을 적용하려고 쿡쿡 찔러댈 것이다. "더 자동화된 테스트가 있으면 어떻겠습니까?" 이런 식으로 스크럼 마스터가 물어본다. 그러나 어떤 압력도 없이 팀이 특정한 새로운 기술적 실천법을 시도하기까지는 오랜 시간이 필요하다.

이번에는 새로운 기술적 기법을 일찍 도입하라고 권장하는 것과 늦게 시작하는 것이 더 나은 선택이라고 하는 이유를 따져 보자.

일찍 시작하라고 하는 이유

새로운 기술적 실천법을 빨리 도입하라고 강조하는 아주 타당한 이유가 세 가지 있다.

- **매우 빠른 개선이 가능하다** _ 많은 기술적 실천법이 팀과 조직에 어느 정도 빠른 성공을 가져다 줄 수 있다. 예를 들어 짝 프로그래밍은 시스템의 더 많은 영역에 걸쳐 프로그래머들이 이해하도록 서로 훈련시키는 데 도움이 된다. 지속적인 빌드 프로세스를 소개하면 통합 혼란을 거의 0에 가깝게 줄일 수 있다. 다른 실

천법들은? 예를 들어 테스트 주도 개발은 가파른 학습곡선을 갖는다. 월이나 연 단위가 아닌 일이나 주 단위로 측정해 보아도 말이다.

- **새로운 기술적 실천법을 일찍 시도하지 않으면 앞으로 절대 시도하지 않을지 모른다** _ 많은 스크럼 팀이 스크럼을 최소한으로 도입하고 거기 멈춰서, 반복적이고 점진적인 새로운 방식을 통해 이미 충분히 개선했다는 결정을 내린다. 새로운 기술적 실천법이나 기존 방식의 개선을 고려하지 않거나 시도하지 않으면 팀이 그동안 진행했던 수많은 개선 활동은 멈추게 된다. 이런 팀은 설혹 애자일을 도입하지 않더라도 반복적으로 일하며 배워야 한다고 생각한다. 가브리엘 베네필드^{Gabrielle Benefield}는 야후에서 애자일 제품 개발에 대한 회사 책임자로 있을 때 비슷한 문제를 경험했다고 말했다.

> 야후 제품 개발 부서에서 장애요소로 크게 부각된 것들은 기술적 실천법이나 툴이 아니라 프로젝트와 팀에 대한 부분이었습니다. 이슈는 계획 수립, 프로젝트 관리, 릴리스 관리, 팀 간 상호작용에 집중되었습니다. 그래서 야후가 초기에 관심을 보였던 것은 스크럼 도입이었습니다. 뒤늦게 든 생각입니다만 애자일 엔지니어링 실천법 도입이 동시에 활발히 진행됐다면 이점이 늘어나지 않았을까 하는 생각이 듭니다.^(2008, 461)

- **프로젝트에서 가장 부담되는 이슈를 드러낼 수 있다** _ 팀에 기술적 실천법을 적용함으로써 낮은 품질, 과도한 엔지니어링 해결책, 납기 지연과 같은 전형적인 프로젝트 문제를 해결할 수 있다. 물론 이런 실천법으로 드러나지 않는 다른 문제가 있을 수도 있다. 예를 들어, 제품 책임자가 없는 프로젝트는 경험을 쌓는 게 늦어지거나 잘못된 의사결정을 내리게 된다. 이 문제는 새로운 기술적 실천법만으로 고쳐지지 않는다. 프로젝트 책임자가 여러 명 있는 프로젝트에서도 같은 문제가 있을 수 있다. 각자 중요하게 생각하는 목록이 있을 수도 있고 팀원 간 강한 개성 때문에 충돌이 생길 수도 있다. 여러분 프로젝트가 가진 가장 심각한 이슈를 한두 개 공통된 애자일 엔지니어링 실천법으로 드러낼 수 있다면, 그런 실천법들의 조기 도입을 고려해야 한다.

늦춰야 하는 이유

새로운 엔지니어링 실천법을 조기에 도입해야 하는 강력한 이유가 있는 것처럼 기다리는 게 더 낫다고 보는 이유도 있다.

- **어떤 실천법은 강한 저항을 받는다** _ 애자일 도입 중 가장 어려운 도전 중 하나가 기술적 실천법을 소개하는 것이다. 많은 사람들이 단순한 설계, 짝 프로그래밍, 테스트 주도 개발 같은 새로운 시도를 극단적으로 못마땅해 한다. 시작부터 팀에 새로운 실천법을 도입할 좋은 이유가 있어도, 저항이 커질 위험에 대비해서 기다려야 할 수도 있다.
- **팀원들이 벌써 지쳐 있을 수도 있다** _ 스크럼 팀이 일하는 기본 원리를 배우는 것도 많은 조직에게 도전이 된다. 어떤 팀에게는 새로운 기술적 실천법을 배우는 것 자체가 스트레스로 여겨져서 중간에 그만두거나 시도 자체를 안 할 수도 있다. 충분한 시간을 주고, 스프린트 내에 동작하는 소프트웨어를 전달해야 한다는 스프린트의 압박 때문에 새로운 기술적 실천법 도입의 필요성을 깨닫게 하는 것이 좋다.

마지막 고려사항 한 가지

이번 장에서는 스크럼을 도입하는 모든 조직이 직면하게 되는 두 가지 질문을 던졌다. 작게 시작할 것인가 아니면 모두가 한 번에 도입할 것인가? 애자일 도입을 공개적으로 진행할까 아니면 몰래 할까? 답은 둘 중에 하나여야 하는가? 대부분 조직에서는 작게 시작하기와 한 번에 도입하기 중에 적절한 중간 지점을 찾는다.

확산 패턴도 유사하다. 이 패턴들도 여러분 환경에 맞도록 필요한 것을 조합하거나 만들어 사용하게 된다. 예를 들어, 처음에는 나누어서 씨뿌리기로 시작했다가 시간이 지나 팀이 충분히 늘어나면, 확산 속도를 늦추고 팀이 나누어지기 전에 성장할 수 있게 해주고, 그러는 동안 내부 코치를 이용해서 학습을 높이는 데 주력할 수도 있다. 덧붙여서 어떤 패턴을 선택했는가와 상관없이 도입을 주도하는 리더는 팀원이 한 번에 얼마나 바뀌는지 아니면 팀이 전환되는지를 참여하는 사람들에게 알려 줘야 한다. 너무 많이 바꾸려 하면 팀의 질서가 무너지고 너무 적게 바꾸면 작은 변화가 계속되어 사람들을 지치게 만들 위험이 있다.

커터 컨소시엄의 수석 컨설턴트, 조슈아 케리예브스키Joshua Kerievsky는 모든 변화를 한 번에 진행해야 한다는 데 동의한다. 그는 '단편적 도입piecemeal transition'이라 부르는 것을 반대하는 이유를 이렇게 말했다.

· 변화 과정이 일정 기간 계속되는 게 더 괴롭다.
· 근본적인 문제를 드러내지 못한다.
· 완전한 도입을 이끌기 어렵다.
· 비즈니스 측면에서 이점을 얻기에는 변화가 너무 느리게 진행된다.
· 전문가 도움 없이 진행하면 쉽게 포기하게 되고 비용도 많이 든다.(2005)

케리예브스키가 몇 가지 좋은 점을 이야기했지만, 몇 가지는 애자일 도입을 한 번에 완료할 수 있다는 생각에서 나온 것들이다. 이와 반대로 스크럼 같은 애자일 도입은 지속적인 개선 과정이다. 사전에 정의된 최종 상태란 것이 없다. 그렇기 때문에 '완벽한 도입'이나 변화 과정이 너무 오래 걸린다고 이야기하는 것은 옳지 않다. 변화란 조직이 경험한 어떤 것이 아니라 지금 끊임없이 벌어지는 것을 말한다.

애자일 저널의 발행인 리즈 바넷Liz Barnett은 케리예브스키와 다른 견해를 보였다.

> 천천히 시작해야 합니다. 애자일 실천법에 관심 있는 대다수 회사들은 관리 측면에서 위험은 있지만 점진적 노입이 소프트웨어 개발 조직을 개선시키는 가장 실용적인 방법이라고 말합니다. 조직적, 기술적, 프로세스적 변화를 진행한 것처럼, 팀은 지속적으로 진행 상황을 재평가하고 가장 실용적인 다음 단계를 결정해야 합니다. 이렇게 하는 것이 애자일 하게 되는 애자일스러운 방법입니다.(2008)

『익스트림 프로그래밍』의 저자인 켄트 벡과 신시아 안드레스도 일하는 새로운 방식과 실천법의 필요성을 느끼고 한 번에 하나씩 개선해 나가야 한다는 의견에 동의한다.

한 번에 하나씩 바꿔 나가는 게 쉽습니다. 책에서 설명하는 내용만을 읽고 어떻게 할지 결정해서 넘어간다거나 모든 가치를 추구한다거나, 모든 실천법을 진행하거나 적용하는 것은 어려운 일입니다. XP에서 말하는 기술적 능력과 그 뒤에 숨겨진 태도를 배우는 데는 오랜 시간이 걸립니다. 한꺼번에 모든 걸 해낸다면 최상이지만, 이것도 시작점이 필요합니다.
(2004, 55)

스크럼 도입을 결심하고 변화를 상세화하는 것에 대해 이해하면서 가장 적합한 패턴을 결정했다면, 스크럼에 필요한 변경을 시작할 순간이 온 것이다. 벡과 안드레스가 잘 지적했듯이, 가장 좋은 방법은 반복적으로 진행하는 것이다. 다음 장에서는 스크럼을 도입하고 확산하고, 지속적인 개선을 가져오고, 조직 내 애자일에 대한 생각을 전달하기 위해 개선 공동체라고 부르는 실행 공동체와 함께 스크럼 프레임워크를 어떻게 이용하는지 알아볼 것이다.

더 읽어볼 것들

Beck, Kent, and Cynthia Andres. 2005.
「Getting started with XP:Toe dipping, racing dives, and cannonballs」. PDF file at Three Rivers Institute website. www.threeriversinstitute.org/Toe%20Dipping.pdf.
벡과 안드레스는 익스트림 프로그래밍을 도입하는 세 가지 방식을 수영장에 들어가는 유형에 빗대어 설명했다. 천천히 들어가려고 발만 담그는 것은 한 번에 한 가지 실천법을 적용하는 것을 의미한다. 캐논볼러^{cannonballer}는 큰 파문을 일으킨다. 빨리 도입할 수 있지만 이로 인해 생겨난 갑작스런 혼란을 처리해야 한다. 경험 있는 코치의 도움을 받아서 많은 변화를 빠르게 진행하는 것을 다이빙 경기에서 '캐논볼 보조'라 부르는 것에 비유해서 설명한다.

Benefield, Gabrielle. 2008.
「Rolling out agile in a large enterprise」. In Proceedings of the 41st Annual

Hawaii International Conference on System Sciences, 461~470. IEEE Computer Society.
이 논문은 야후에서 진행했던 대규모 스크럼 도입에 대해 상세하게 설명하고 있다. 잘된 것이 무엇이고 어떤 개선이 이루어졌는지 상세하게 설명하고 있다.

Elssamadisy, Amr. 2007.
『Patterns of agile practice adoption: The technical cluster』. C4Media.
이 책은 www.infoq.com에서 pdf로 받을 수 있다. 애자일 팀이 도입해야 하는 기술적 실천법을 주로 설명하고 있어서 이번 장에서 설명하고 있는 패턴을 보완해 줄 것이다.

Hodgetts, Paul. 2004.
「Refactoring the development process: Experiences with the incremental adoption of agile practices」. In Proceedings of the Agile Development Conference, 106~113. IEEE Computer Society.
이 논문은 스크럼 트레이너 폴 호게츠가 여러 팀에 애자일을 적용했던 경험을 요약한 것이다. 이 프로젝트에서 경험했던 것을 기반으로 점진적으로 애자일을 도입하는 것과 한 번에 도입하는 것 간에 장점과 단점을 비교했다.

Striebeck, Mark. 2006.
「Ssh! We are adding a process…」. InProceedings of the Agile 2006 conference, ed. Joseph Chao, Mike Cohn, Frank Maurer, Helen Sharp, and James Shore,185~193. IEEE Computer Society.
마크 스트리벡은 구글의 UI 애플리케이션 애드워즈[AdWords]에 애자일을 어떻게 소개했는지 설명하고 있다. 작게 시작하기와 몰래 도입하기를 조합하고, 거기에 점진적으로 새로운 실천법을 추가했다.

4장

기민함을 위해
이터레이션 수행하기

역사적으로 볼 때 조직에 변화가 필요하면, 변화 프로그램에 착수한다. 이런 변화는 보통 임원으로부터 지시가 내려오며 명확한 시작과 종료 시점이 있다. 이런 방식은 수년에 한 번씩 변화가 필요하던 시대에는 잘 들어맞았다. 크리스토퍼 에이버리Christopher Avery는 이렇게 썼다. "이 방식은 과거 1960년대부터 1970년대 사이에는 매우 성공적인 방식이었다. 하지만 글로벌 경쟁으로 인해 변화의 주기가 짧아진 1990년대 이후에는 잘 맞지 않는 실패한 모델이 되었다."[2005, 18] 계속해서 에이버리는 "변화가 너무 빠르고 맹렬해서 계획된 변화 프로그램이 잘 맞지 않으면 연속선상에서 일어나는 많은 작은 변화들을 소화할 수 있도록 우리 자신을 정비해야 한다"[20]라고 강조한다.

    스크럼을 막 시작했든 아니면 스크럼을 성숙시킬 준비가 되었든 간에 애자일 방식에 대한 노력을 기울여야 한다. 연속해서 작은 변화를 만들어 내는 반복적인 이행 절차를 따르는 것이 반복적인 개발 프로세스를 도입하는 논리적인 접근 방법이다. 이렇게 하다 보면 성공적이고 지속적인 이행이 가능하다. 스크럼이 지닌 반복적인 속성, 고정된 시간관리, 팀워크, 실행을 강조하는 특징들은 많은 프로젝트가 애자일하게 되고 점점 성장해 가는 데 잘 어울린다.

    2004년 샴록 식품의 리더는 업계 변화가 너무 빠르다는 것을 깨달았다. 미국의 10대 식품 공급업체 중 하나인 샴록은 지난 20년 동안 전형적인 하향식 전략 계획 수립을 고수해 왔다. 그래서 향후 5년간 계획을 수립하기 위해 해마다 몇 달을 소비했지만 잉크가 채 마르기도 전에 이 계획서는 쓸모가 없어졌다. 이 문제를 해결하기 위해 CEO 켄트 맥클랜드는 20년 된 회사의 예전 방식을 버리고 스크럼을 기반으로한 반복적인 전략 수립 과정을 적용하기 시작했다.

샴록의 프로세스는 분기별 전략을 스크럼 스프린트로 봤다. 팀원들은 분기마다 직접 만나서 이전 분기에 대한 계획 대비 성과를 평가했다. 구성원들은 지난 모임 이후에 회사 전략에 대해 배운 것 중 가장 중요한 것이 무엇인지 확인하기 위해 질문을 던졌고 앞으로 전략에 어떻게 적용할지를 제안하도록 요청받았다.

이 그룹은 다가올 시기를 위한 새로운 행동 계획action plan을 수립했다. 분기 단위 스크럼에 더해서 참여자들이 한걸음 물러나 회사의 전략적 가정들을 재고할 수 있도록 매년 3일 동안 모임을 가졌다.(McFarland 2008, 71)

이 스프린트에는 각 부서와 직무를 대표하는 45명의 관리자와 직원들이 참여했다. 매 분기 스프린트 시작 때마다 이 그룹은 회사가 개선해야 하는 주요 영역을 선택하고 이를 주제로 정했다. 샴록은 소프트웨어 개발이 아닌 조직 개선 활동에 스크럼을 적용했기 때문에, 주제는 전사적 비즈니스 목표를 나타냈다. 샴록 브랜드의 수익 증가, 버거킹과 같은 대형 고객에 대한 서비스 개선, 훌륭한 인재를 고용하고, 유지하고 발전시키는 역량을 예로 들 수 있다.

계획이 구체적이지 않고 실행적이지 않기 때문에 많은 회사들의 개선 시도는 실패한다. 스크럼을 사용하고 있었기에 샴록 직원들은 개선을 위한 주제를 식별하는 것 이상의 일을 할 수 있었다. 계획을 수립하는 사람들은 전략적 주제를 발전시키기 위해 구체적이고 측정할 수 있는 전략적 계획을 수립하고 우선순위를 정했다. 그리고 나서 상세한 실행 계획을 수립하고 90일 안에 달성할 수 있다고 생각하는 측정 가능한 결과물을 설정했다.(McFarland 2008, 71)

샴록 사의 이야기는 스크럼의 폭넓은 활용을 나타낼 뿐 아니라 조직 개선 활동을 관리하는 데 스크럼을 어떻게 사용하는지의 사례가 된다. 이번 장에서는 스크럼을 도입하기 위해 스크럼을 어떻게 사용하는지 살펴본 후 샴록 사의 개선 활동을 주도했던 45명처럼 긍정적 마인드를 가진 직원들의 모임을 구성하여 지속적으로 개선하는 것에 대해 살펴보겠다.

개선 백로그

스크럼 개발 프로젝트가 제품 백로그를 사용하듯이 조직에 스크럼을 적용하는 노력을 추적하려면 개선 백로그를 사용해야 한다. 개선 백로그에는 조직이 스크럼을 이용해 더 잘 할 수 있는 모든 항목들이 들어간다. IBM이 스크럼을 도입하기 시작했을 때, 개선 백로그에는 다음과 같은 항목들이 들어 있었다.

- 스크럼을 사용하는 팀을 늘려나간다.
- 테스트 자동화 도입을 늘려나간다.
- 각 팀이 지속적인 통합을 사용한다.
- 각 팀에 제품 책임자가 있어야 한다는 사실을 이해시킨다.
- 스크럼 도입 효과에 대한 측정 방안을 결정한다.
- 단위 테스트와 테스트 주도 개발의 사용을 증가시킨다.

표 4.1에 보는 것처럼 개선 백로그는 완료 항목과 불필요한 항목을 넣고 빼느라 자주 변한다. 2장 「스크럼 도입하기」에서 논의했던 많은 내용을 개선 백로그에서 볼 수 있다. 이제 막 스크럼을 시작했다면, 개선 백로그에는 인식하기와 갈망하기가 주로 들어간다. 이미 잘 진행되고 있다면, 스크럼을 잘하고, 성공을 이끌어 내거나 다른 그룹에 전파할 수 있는 능력을 개발하는 항목들이 들어간다. 유사하게 3장 「스크럼 도입 패턴」에서 설명한 것처럼 어떤 패턴을 사용하느냐에 따라 개선 백로그에 해당 항목을 만들게 된다.

 작은 부서나 단일 프로젝트에 대한 스크럼 도입은 개선 백로그 하나로 충분하다. 하지만 스크럼을 큰 사이트나 조직에 적용하려면 개선 백로그를 여러 개 사용해야 할 만큼 커지게 되며, 각각의 백로그는 특정 방식으로 조직을 개선하려는 열정을 가진 사람들의 모임에서 만들게 된다. 가령 스크럼 프로젝트에서 테스트 자동화를 잘하는 방법, 또 다른 개발에 대한 것, 위대한 스크럼 마스터가 되는 방법 등에 대한 모임과 관련된 개선 백로그를 예로 들 수 있다.

 추가로 대규모 도입이라면 조직 전체적인 도입을 진행하는 그룹이 관리하는 마스터 개선 백로그가 필요할 수도 있다. 다음 절에서는 이 그룹에 대해 알아보겠다.

항목	역할	비고
각 팀이 도움을 얻을 수 있는 (프로젝트 관리 사무실처럼) 스크럼 사무실을 만든다.		매월 진행하는 개발 회의에서 CTO인 짐이 여기에 대해 이야기할 것이다. 어떤 흥미로운 일이 있는지 살펴보자.
스크럼 마스터를 양성하기 위한 내부 프로그램을 정의한다.		내부 후보자를 어떻게 선발할 것인가? 그 사람들을 어떻게 양성할 것인가?
사내 스크럼 성공사례를 수집하고 전파한다.	SC	사반나가 여기에 관심을 보였다.
내부적으로 지속적인 교육 프로그램을 개발한다.		분기별 공개 모임을 고려한다. 한 시간의 점심 식사 모임을 위한 전문가를 찾아본다.
(테스트 우선은 아닐지라도) 자동화된 단위 테스트를 많이 하고, FitNesse를 사용하기 시작한다.		(모든 부서원들의 투표를 통해) 가장 많은 발전을 보인 스크럼 팀의 모든 팀원들은 다음 여름에 열리는 애자일 컨퍼런스에 참석할 수 있다.
초반 아키텍처가 얼마나 필요한지 결정하는 커뮤니티를 도와준다.	TG	토드가 자원자를 모집 중이지만 다음 분기까지 이에 대한 어떤 목표를 달성할 수 있다고 확신할 수 없다고 이야기한다.
2층 사무실을 재배치하여 설비로 인한 혼란을 해결한다.	JS	짐은 이를 위한 예산에 대해 관련 부서의 우르술라에게 이야기한다.
왜 스크럼을 적용하고 있는지를 알리는 문구 만들기. 짐이 매달 모임에서 이것에 대해 이야기 한다.	JS	다음 미팅은 3월 25일이다.

표 4.1
개선 백로그는 개발해야 하는 역량, 수행해야 하는 작업, 조직 내 이슈를 정리한 것이다.

엔터프라이즈 스크럼 도입을 위한 커뮤니티

스크럼에서는 스크럼을 소개하고 개선하려는 조직의 노력을 지원하고 장려하고 시작하는 작은 그룹을 엔터프라이즈 스크럼 도입을 위한 커뮤니티, ETC라고 부른다.[1] 이 커뮤니티는 조직의 성공에 대한 열정을 지닌 사람들이 변화를 이끌어 낼 수 있게 하고, 그런 성공이 더 많은 사람들에게 더 많은 열정을 불러 일으키는 문화와 환경을 조성하기 위해 존재한다. ETC는 조직에 변화를 제안할 뿐 아니라 변화를 만들어 가는 그룹을 지원하며 스크럼을 잘 하는 데 있어 문제점들을 제거하고, 변화에 대한 흥미와 열정을 북돋아주는 일을 한다.

ETC 구성원은 일반적으로 12명을 넘지 않으며 스크럼 도입에 관여하는 사람

---

[1] ETC는 켄 슈와버가 쓴 『엔터프라이즈 스크럼(The Enterprise in Scrum)』의 '엔터프라이즈 기업 이행 팀(Enterprise Transition Team)'에서 따왔다. (2007)

들 중 최상위층에 속한다. 회사가 전사적으로 스크럼을 도입하고 있다면, ETC에는 엔지니어링이나 개발 그룹에 더해 제품 생산, 마케팅, 영업, 인사 등 부서의 부서장들이 참여해야 한다. 스크럼을 부서별로 적용하기 위해 ETC에 품질, 개발, 아키텍처, 인터랙션 디자인, 데이터베이스 등의 조직장들과 엔지니어링의 부사장이 참여하기도 한다. 여기서 핵심은 ETC에 도입이 진행되는 수준에서 가장 상위층 사람들이 있어야 한다는 것이다.

스크럼이 대중적인 방법으로 회사에 소개되기도 한다. 한 팀이 스크럼을 시도하여 성공적으로 프로젝트를 완료하면 다른 팀도 흥미를 갖게 되는데, 그런 식으로 확산이 계속된다. 이런 상황이 되면 보통 스크럼을 먼저 경험한 사람들 중에 타 부서 지원이 가능한 사람들에 의해 ETC가 자발적으로 만들어진다.

어떤 시점이 되면 부서장의 도움이 필요한 상황이 발생하기 때문에 부서장도 ETC에 참여해야 한다. 그렇지 않고 전사적으로, 광범위하게 스크럼을 도입하기로 결정하면 보통 좀 더 조직적으로 ETC를 구성하게 된다.

ETC 사례로 미국의 농장조합 서비스를 들 수 있다. 이 서비스는 미국 중서부에서 농장을 경영하는 사람들에게 대출과 금융 서비스를 제공한다. 스크럼 도입의 일환으로 농장조합은 ACT$^{\text{Agile Champion Team}}$라고 부르는 ETC를 만들었다. ACT에 참여한 16명은 조직 내 역할과 팀이 허락하는 시간에 따라 6개월부터 24개월까지 여기에 참여했다. 농장조합 내 전환이 조직 내 모든 정보 서비스와 업무 부서에 영향을 미치면서 모든 관련 기능을 동등하게 대표할 수 있도록 ACT 구성원을 선출했다. 농장조합 ACT 구성원들은 격주마다 2시간 동안 모임을 가졌고, 때로는 더 오랜 시간 직접 만나 토론하기도 했다.

ACT에는 가끔 공식, 비공식 리더들이 참여하여 정보 서비스 부서와 업무 부서 간에 발생하는 이슈를 해결하기도 했다. ACT는 이해관계자의 프로젝트 참여 부족, 데드라인의 적절한 의미와 사용, 애자일이 무엇이고 애자일이 회사에 어떤 일을 할 수 있는지에 대한 경영진의 오해 같은 이슈들을 해결했다. 퀸 존스는 ACT에서 6달 동안 복무한 소프트웨어 개발자다. 그는 이렇게 말했다. "ACT에서 겪었던 최고의 일중 하나는 아주 넓은 공간에서 푹신한 갈색 베개에 기대어 질문하며 서로 지식을 나누는 모임이었습니다. 이 모임은 애자일의 근본적인 도전 과제를 밝혀내는 데 도움이 되었고, 그러고 나면 ACT가 이를 발표했습니다."

> **지금 시도해 볼 것들**
>
> - 30분에서 60분 정도 걸리는 회의를 소집해서 예비 개선 백로그를 작성해보라. 팀원들이나 관심 있는 사람들을 초대하거나 부서 전체를 초대할 수 있다. 개선하고 싶은 것을 브레인스토밍 한다. 그 중 한두 개의 항목을 추진할 수 있는 열정이 충분한지 물어보는 것으로 회의를 마치고, 이 항목들을 시작한다.

ETC 스프린트

ETC도 스크럼을 사용하기 때문에 스크럼 개발 팀과 똑같이 스프린트 진행 상태를 기록한다. 각 ETC 스프린트는 계획 미팅으로 시작해서 리뷰와 회고로 끝을 맺는다. 이런 미팅은 스크럼 개발 팀의 미팅과 똑같아서 종종 동일한 문제를 겪는다. 미국의 거대 금융기관 키코프[KeyCorp]사의 토마스 세퍼닉은 'Agile Enablement Team'이라고 부르는 ETC의 첫 번째 스프린트 리뷰에 참석했다. 그는 스크럼에 익숙하지 않은 많은 팀에서 공통으로 발생하는 실수가 이 팀에서는 어떻게 발생했는지 회고했는데, 진행 상황을 보여주기보다는 계획에 대해서만 이야기했다.

> 리더들이 일어나서 자신이 해결하기로 자원했던 장애요소를 제거할 계획만을 설명했기에 첫 번째 Agile Enablement [ETC] 스프린트 리뷰는 고통스러웠습니다. 메시지는 분명하고 계획은 훌륭했지만 중요한 것은 결과입니다. 그 시점부터 리뷰 회의는 변했고 결과에 초점을 맞췄습니다.(2007, 202)

어떤 ETC는 일일 스크럼을 진행한다. 일일 스크럼이 좋은 실천법이지만 스크럼 개발 팀이 하는 것과 똑같을 필요는 없다. ETC 구성원들의 작업이 개발 팀처럼 밀접하게 엮이지 않기 때문에, 일일 스크럼은 좋지만 그게 핵심은 아니다. 유사하게 ETC 구성원들이 전적으로 참여하는 경우는 거의 없다. 대부분 이미 자신의 업무를 가지고 있으며 많은 경우 현재 업무에 남아 있는 편이 더 도움이 된다. 예를 들어 개발 부서 관리자가 그 위치에 남아 있으면 ETC에 참여하기 위해서 개발 부서

관리자를 물러나는 것보다 더 많은 조직적인 장애요소를 제거할 수 있다.

ETC의 스프린트 기간은 구성원들에게 달려 있다. 하지만 내 경험에 의하면 2주 스프린트가 최적이다. 2주라는 기간은 켄 슈와버가 추천하는 스프린트 기간이기도 하다.(2007, 10) ETC의 구성원으로 IBM에서 대규모 애자일 도입을 이끌었던 엘리자베스 우드워드는 회사의 스프린트 기간에 대한 경험을 이렇게 설명했다.

우리는 2주짜리 스프린트와 4주짜리 스프린트를 모두 사용했습니다. 그리고 나서 2주짜리 스프린트가 훨씬 더 큰 성공을 가져온다는 것을 알게 됐습니다. 나는 그 이유가 밀어붙이고 진척을 보여주는 '전달 가능함'에 있다고 믿습니다. 사람들은 15분 내에 읽을 수 있는 이메일 메시지 같은 짧은 촉진제로 각 커뮤니티들의 노력을 사로잡았습니다.

스폰서와 제품 책임자

대부분 성공적인 스크럼 도입은 특정 스폰서가 시작하거나 주도하는데, 이런 스폰서는 대개 조직에서 도입의 성공을 책임지는 임원이다. 세일즈포스닷컴의 매우 성공적인 대규모 도입은 공동 설립자인 파커 해리스가 후원했다. 기술부문 부사장이었던 해리스는 세일즈포스닷컴의 개발 조직에서 일하는 모든 사람을 극적으로 변화시키기에 좋은 위치에 있었다.

도입 스폰서는 도입하려는 조직 수준과 맞아야 한다. 세일즈포스 닷컴은 기업 전반에 걸쳐 도입을 하려면 스폰서로 임원이 필요했다. 만약 부서 내 도입에 참여하고 있다면, 부서 수준의 리더가 적절하다.

스폰서는 ETC에 대한 제품 책임자 이기도 하다. 이 말은 스크럼에 약간이나마 직접적인 경험을 가진 사람이 ETC의 제품 책임자가 될 수 있음을 의미한다. 그것도 좋다. 모든 제품 책임자처럼 ETC 스폰서도 다른 ETC 구성원에게 도움을 청해서 역할을 채울 수 있다. ETC 최상위 멤버, 스폰서는 도입을 위한 커뮤니케이션에서 아주 중요한 역할을 하지만 비전을 혼자서 정할 필요는 없다.

프리마베라는 스크럼을 도입할 때 강한 스폰서의 중요성을 알고 있었다. 밥 슈와츠와 에이브라함 아브델사피는 그 당시 프리마베라의 기술 임원이었는데, 스폰서 시원의 중요성에 내해 이렇게 적었다.

애자일 도입이나 어떤 중요한 변화를 실현하기 위해서는 임원진의 적극적인 지원이 필요합니다. 안정될 때까지는 울퉁불퉁한 길을 운전하는 것과 같아서 임원진의 지원이 있어야 어떤 문제나 실패에도 불구하고 이를 지속해 나갈 수 있습니다.(2005, 38)

스폰서가 ETC에 참여하여 도입 노력에 동참한다는 사실을 보여주는 것은 중요하다. 좋은 스폰서는 도입을 시작하지 않고 스크럼에 대한 지원을 주장한다. 그러고 나서 도입을 위한 노력에서 자신은 빠진다. 만약 스폰서가 선언하지 않으면 다른 사람들도 진행하려 하지 않는다. 스크럼 코치이자 『Collaboration Explained』의 저자인 진 타바카Jean Tabaka는 스크럼 도입이 실패할 수 있는 가장 주요한 이유 중 하나로 스폰서의 수표책뿐인 지원checkbook-only commitment을 들었다. "애자일 도입은 애자일 팀에 어려운 변화를 이끌어 내고 성공을 거두기 위해 열정적으로 참여하는 스폰서를 필요로 한다."(2007)

스크럼을 도입하려는 리더로 ETC 구성원을 보는 게 맞지만, 이들이 가져야 하는 게 우리가 보통 생각하는 리더십은 아니다. 하버드 비즈니스 리뷰의 저자이며 국제적으로 존경받는 경영학 저자, 헨리 민츠버그Henry Mintzberg는 이런 유형의 리더가 필요하다고 설명했다.

공동체 정신Communityship은 참여하고 확산하는 것을 관리하기 위해 더 겸손한 유형의 리더십을 필요로 합니다. 공동체 리더는 다른 사람의 참여를 위해 개인적인 노력을 기울여야 어떤 사람이든지 모든 사람이 솔선수범하게 됩니다.(2009, 141; emphasis his)

민츠버그는 스크럼 도입과 같은 조직적 변화에 대해 이렇게 말했다. "이런 일을 진행하기 위해 조직 내 사람들을 격려하면서 적절한 때 개입할 수 있는 리더십이 필요하다."

ETC의 책임

ETC는 실무 그룹working group이지 지시만 내리는 운영위원회가 아니다. 스프린트를 계획할 때는 스프린트가 끝난 시점에서 ETC가 완료할 작업과 보여줄 것을 정한다. 그러나 ETC가 해야 하는 정말 중요한 일은 구체적인 어떤 일을 진행하는 게

> **반대 의견**
>
> "이행 프로젝트 스폰서가 도입한다고 선언했지만 그는 어떠한 회의에도 참여하지 않았어요. 자신의 시간을 투자하려 하지 않아요. 우리에게 필요한 것은 지원하였으나 자신의 시간은 주려하지 않는군요."
>
> 잘못된 스폰서를 가진 경우이다. 다른 면에서 존경을 받고 있어서 도입을 기꺼이 지원했다 하더라도, 성공적인 스크럼 도입을 위해서는 스폰서의 시간이 필요하다. 강력한 지원을 잃고 싶지 않겠지만 다른 스폰서를 찾아봐야 한다. 대안으로, 스폰서에게 약간의 시간이라도 내어 달라고 협상해볼 수도 있다. 그러면 ETC가 이 시간을 어떻게 사용할지 우선순위를 정한다. 미팅을 위해 쓸 수도 있고 아니면 다른 공개토론에서 도입에 대한 지원을 공개하는 데 쓸 수도 있다.

아니라 다른 사람들의 관심을 불러일으키는 일이다. ETC 구성원들이 너무 많은 일을 직접 진행하려 할 수 있다. 스크럼을 도입하고 애자일하게 되기 위한 대부분의 작업을 사내 다른 사람들에게 의지하는 것도 필요하다. 변화관리 전문가 에드윈 올슨^{Edwin Olson}과 글렌다 어양^{Glenda Eoyang}도 의견을 함께 했다.

> 리더의 역할은 자기 조직적인 시스템에서도 매우 중요합니다. 하지만 변화가 창의적이고 지속적이려면 조직 내 매우 다른 수준과 위치에서 일하는 많은 사람들과 어떻게 일하느냐에 달려 있습니다.^(2001, 5)

ETC가 스크럼 도입에 관한 에너지를 만들어 내는 일은 가장 중요한 업무로 봐야 한다. 물론 모든 사람이 변화에 흥분하는 건 아니지만 ETC는 스크럼을 성공적으로 도입하기 위해 일하는 사람들의 열정을 타오르게 만드는 것이 필요하다. ETC 구성원들은 변화를 일으키는 건설적인 대화에 참여하여 자신들의 열정을 보여줌으로써 이런 일을 하게 된다. 조직 내 다른 사람들이 열정을 갖게 만들어서 스크럼을 도입하는 데 필요한 지속적이고 창의적인 변화에 동참하게 하려면 다음과 같은 일을 해야 한다.

- **컨텍스트를 명확하게 하라** _ ETC는 조직의 애자일 미래에 대한 비전을 전달하는 것을 넘어, 직원들이 변화가 필요하다는 사실을 이해하고 변화에 대한 갈망을 갖도록 도와야 한다. 변화의 컨텍스트를 명확하게 함으로써 이런 일을 할 수 있다. (왜? 왜 지금인가? 왜 스크럼인가? ETC 구성원들은 이런 질문에 대한 답을 다른 사람에게 이해시키기 위해서 근속연수, 개인적인 신뢰 등을 이용하기도 한다.)
- **대화를 활성화시켜라** _ 많은 좋은 일들이 사람들이 대화할 때 생겨난다. 다양한 기술적 실천법의 장점에 대해 논쟁하고, 성공담을 공유하고, 실패 이유를 철저히 조사하고 아이디어를 내기 위해 토론하라.
- **자원을 제공하라** _ 스크럼 도입에는 시간, 노력, 돈이 들어간다. 예를 들어 좀 더 애자일해지려고 배우는 사람은 (복잡한 코드에 대해서 자동화된 단위 테스트를 어떻게 작성하는지 배우는 일 같은) 개발 프로젝트와 떨어져 있는 시간이 필요할 수 있다. ETC는 도입과 관련 있는 최상위 사람들로 구성되기 때문에 시간과 돈이 둘 다 가능한지 여부를 확신시켜줄 수 있는 위치이다.
- **적당한 목표를 선정하라** _ 명확하게 정의된 변화 노력과 진정한 변환 목표가 있다면 성공 확률이 10배로 높아진다.(McKinsey & Company 2008) ETC는 도입에 적절한 목표를 결정하고 이에 대한 커뮤니케이션을 책임지는데, 조직이 향상됨에 따라 기간을 변경할 수도 있다(해야만 할 수도 있다). ETC는 연간 릴리스에서 분기 릴리스로 하자, 릴리스 후 결함율을 50% 낮추자 등과 같이 목표를 확실하게 해야 한다.
- **모든 사람이 참여하게 하라** _ 스크럼은 긴 더듬이를 가지고 있어서 조직 내 많은 영역에 영향을 끼칠 수 있다. ETC는 전환 노력이 하나의 그룹에 편협하게 집중되지 않도록 확실히 해야 한다. 그룹 내에만 영향을 미치고 있다면, 참여도를 넓혀나가야 한다.

> **함께 보기**
> 진척 상황을 측정하기 위한 적절한 지표에 대한 조언은 21장 「얼마나 멀리 왔는지 돌아보기」에서 다룬다.

추가적인 역할

도입에 참여하는 사람들을 격려하는 것을 넘어서 ETC는 다음과 같은 추가적인 역할을 맡아야 한다.

- **사람들에게 발생할 이슈를 찾아내서 대책을 세워라** _ ETC는 스크럼이 가져올 변화를 위해 노력해야 하는 그룹이나 개인이 누구인지 알아내서 이들과 적극적으로

일해야 한다. ETC를 교차기능$^{cross-functional}$ 팀으로 구성하면 다양한 측면에서 문제를 바라볼 수 있어서 도움이 된다.

- **장애요소를 찾아내서 제거하라** _ ETC 구성원들은 스크럼 도입이나 개선을 위해 조직의 장애요소는 어떤 것이든 제거해야 하는 책임이 있다. 단순히 알고 있는 장애요소 제거를 넘어서 장애가 발생할 것을 예측해서 문제가 일어나기 전에 제거해야 한다.
- **실천법과 원칙에 동시에 집중하도록 장려하라** _ 스크럼 도입은 새로운 실천법을 통합하고 새로운 원칙의 가치를 아는 것과 관련 있다. 조직은 그 밑에 깔려 있는 원칙을 모르고 실천법을 도입할 수 없다. 같은 이유로 실천법 없이 원칙을 도입할 수 없다. 도입하면서 서로 균형이 맞아야 효과적인 ETC가 된다.

만약 하나가 다른 하나보다 더 빨리 도입된다면 ETC는 대화하고, 주의를 끌고, 자원을 다른 쪽에 집중시켜서 같이 가도록 만들 수 있다. 만약 ETC가 이런 작업을 잘 진행하면, 조직을 원하는 방향으로 움직여 나갈 수 있을 뿐만 아니라 조직 내 다른 사람들로부터 관심과 의욕을 불러 일으킬 수 있다. 그런 열정을 만들기 위해, 특정 방식(예를 들어 자동화된 테스팅을 도입한다든지)으로 조직을 개선하겠다는 공통된 관심사를 갖고 있는 개인들을 모아서, 관심 있는 분야를 개선하기 위한 커뮤니티를 만들고, 스프린트를 진행하게 해준다. 이런 커뮤니티를 개선 커뮤니티라고 부르며 다음에 다룰 주제이다.

반대 의견

"ETC를 만들기 위해 조직적인 후원을 받을 수 없어요. 그래도 스크럼을 도입할 수 있을까요?"
도입할 수 있다. 여러분이 영향을 줄 수 있는 것부터 시작하라. 여러분 팀이 스크럼을 도입하라. 만약 성공하면 사람들은 알아차리게 된다. 아마 다른 팀도 스크럼을 하고 싶어 조언을 부탁할 것이다. 아니면 관리자가 흥미를 가질 수도 있다. 사람들이 일단 흥미를 갖게 되면 비공식적으로 그냥 몇 명이 커뮤니티를 시작하라. 스크럼을 어떻게 진행할지 더 잘하려면 어떻게 할지 가끔 같이 모여서 이야기한다. 이런 풀뿌리 방식의 확산은 더 오래 걸리지만 실현하기는 쉽다.

> **지금 시도해 볼 것들**
>
> - 만약 ETC나 이와 동급의 그룹이 없다면, ETC가 될 수 있는 사람들을 몇 명 선출하라. 만약 여러분이 그중 한 명이라면, 이 그룹을 만들기 시작하라. 만약 그렇지 않다면 이런 그룹을 만드는 데 도움을 받을 수 있는 조직 내 다른 사람과 ETC와 개선 커뮤니티에 대한 생각을 공유하라.

개선 커뮤니티

개선 커뮤니티^{Improvement Community, IC}는 스크럼을 이용해서 조직을 개선하려는 사람들이 다같이 참여하는 그룹이다. ETC의 개선 백로그에 있는 항목들을 사람들이 알아채고 목표를 달성하기 위해서 다같이 일하고자 결심할 때 IC가 형성될 수 있다. 아니면 ETC는 아직 준비되지 않았지만 개선 기회에 대해 열정을 가진 사람들 때문이라도 IC가 만들어질 수 있다. 예를 들어 IBM은 5개의 IC가 있었는데, 각 IC는 테스트 자동화, 지속적인 통합, 테스트 주도 개발, 제품 책임자의 역할, 스크럼 자체에 대한 일반적인 사용법에 집중했다.

> **노트**
>
> 내가 언급한 기업 이행 커뮤니티와 개선 커뮤니티는 실천법 커뮤니티의 특별한 유형이다.^(Wenger, McDermott & Synder 2002) 실천법의 커뮤니티는 기술, 접근방식, 비전 같은 것들에 대해 열정과 헌신이 있기 때문에 같은 생각이나 기술을 가진 개인들이 자발적으로 모인 그룹을 말한다. 이 책을 통해서 다른 유형의 실천법 커뮤니티도 살펴볼 텐데 이런 것들은 17장 「대규모 스크럼」에서 설명한다.

조직 내 한 개의 ETC와 여러 개의 IC간의 관계를 그림으로 나타내면 그림 4.1과 같이 된다. ETC는 도입 프로세스를 안내하지만 지시하거나 관리하는 것은 아니다. ETC가 맡은 역할의 큰 부분은 조직이 제품을 개발하는 방법을 개선할 수 있도록 IC가 만들어지고 조직적으로 이를 해결할 수 있는 환경을 키워나가는 것이다.

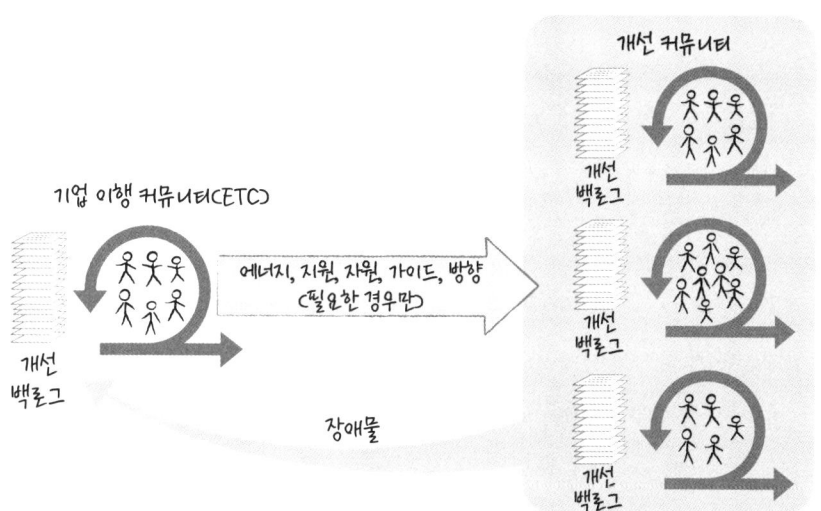

그림 4.1
기업 이행 커뮤니티는 스크럼 도입을 이끌어 나가지만 대부분의 작업은 여러 개선 커뮤니티에 의해 이루어진다.

이 방식은 도입에 참여하는 조직의 크기에 따라 커질 수도 있고 작아질 수도 있다. 소프트웨어 개발 부서가 30명이라면 ETC는 5명이면 된다. 부서의 개발자가 200명인 회사 전체 도입이라면 ETC는 10명 정도(개발 외부 그룹을 대표하는 사람까지 포함해서)면 되고 추가로 개선 커뮤니티는 아무 때나 쉽게 만들 수 있어서 필요에 따라 늘릴 수도 있다. 예를 들어 IBM은 몇몇 개선 커뮤니티에 참여한 사람이 800명을 넘었다. IC의 대다수 참여자들은 아주 약간의 시간만을 커뮤니티를 위해 사용했다. 토론 목록에 올라온 글을 읽고, 위키에 댓글을 추가하는 게 고작이었다. IC 구성원들이 커뮤니티를 위해 쓰는 시간은 각 개인, 이들의 상관 그리고 조직 문화에 따라 결정된다.

> **반대 의견**
>
> "스크럼 팀은 자기 조직적인 팀으로 알고 있어요. 그런데 ETC는 이 부분과 상충되는 것 아닌가요? 팀이 무엇을 개선할지 결정할 수 없잖아요."
>
> 자기 조직화는 개인들의 그룹이 맡고 있는 도전에 따라 생겨난다. 개발 프로젝트에서 회사가 팀에게 "이 소프트웨어가 더 빨리 실행되고 현재 버전보다 메모리를 더 적게 사용하면서 과거 완료했던 것보다 두 달 더 빨리 개발 합시다"라고 말했다면 각 개인은 이 목표를 달성하기 위해 스스로를 체계화해 나간다. ETC도 다르지 않다. ETC가 무엇을 개선해야 한다고 서술해야 하지만 어떤 식으로 개선할지는 서술할 필요가 없다. 어떻게 하느냐는 개선 커뮤니티나 스크럼 팀에게 달려있다.
>
> 추가로 ETC의 가장 큰 목표는 개선 커뮤니티가 자신들의 목표를 확인하고 자발적으로 이를 표출할 수 있는 환경을 만드는 것이라는 점을 명심해야 한다. 자기 조직화에 대해서는 12장 「자기 조직적인 팀 이끌기」에서 살펴 볼 것이다.

개선에 대한 촉매제

스크럼을 도입하고 스크럼에 익숙해지도록 만들기 위해 커뮤니티를 개선 촉매제로 사용할 수가 있다. 구글에는 'Grouplet'이라 부르는 개선 커뮤니티가 있다. 구글의 테스팅 Grouplet은 '개발자 테스팅 도입을 주도'하기 위해 만들어졌다.(Striebeck 2007). 바랫 메디라타$^{Bharat\ Mediratta}$가 이 커뮤니티를 설립했는데 커뮤니티의 활동에 대해 이렇게 서술했다.

> 우리는 브레인스토밍을 위해 사내 곳곳에서 일하는 엔지니어들과 2주마다 모임을 갖기 시작했습니다. 천천히 시간이 흘러감에 따라 활동적으로 바뀌기 시작했고, 실제 개선을 시작하기 위한 계획을 수립했습니다. 더 나은 도구를 만들기 시작했고 다른 기술 그룹과 형식에 구애받지 않고 이야기를 나눴습니다.(Mediratta 2007)

이 커뮤니티가 처음에는 브레인스토밍으로 시작했지만, 오래지 않아 스스로 실질적인 개선 계획을 세우는 형태로 발전했다는 사실에 주목하라. 개선 커뮤니티는 이렇게 움직인다. 이게 TF, 실행 그룹, 위원회 같이 사람들이 마음속에서 이미 비효과적일 것이라고 단정지을 만한 용어로 부르지 않는 이유다.

만일 구글 테스팅 Grouplet이 단지 개발자 테스팅의 장점에 대해 발표하는 곳이었다면, 아니 강력한 힘을 가진 부사장이 개발자 테스팅을 반드시 진행하라고 강제하는 쪽을 택했다면, 이런 노력은 결실을 맺지 못했을 것이다.

구글 테스팅 커뮤니티는 그렇게 하는 대신에 팀을 돕는 방향과 즉시 할 수 있는 방식을 찾았다. 메디라타는 커뮤니티가 도구를 개발하는 것 외에도 테스팅에 대한 구체적이고, 짧은 예제와 충고를 제공하는 고유한 방식을 발견했다고 회상했다.

> 어느 날 오랜 브레인스토밍 끝에 우리는 화장실 한쪽에 새롭고 재미있는 테스트 기법에 대해 설명하는 작은, 한 페이지짜리, 스토리를 붙이자는 아이디어를 이끌어 냈습니다. 이를 에피소드라고 불렀는데, 누군가 이를 '화장실에서의 테스팅'이라 불렀고 그 아이디어는 채택됐습니다.[2007]

가장 효과적인 커뮤니티는 경영진의 지시에 의해서가 아니라 회사 문화나 ETC에 의해서 커뮤니티가 자연스럽게 생길 수 있는 환경이 조성되었을 때 보통 생겨난다. 야후가 대규모 스크럼 확산을 진행할 때 코치였던 J.F. 언슨은 야후 지사 중 한 곳에서 어떤 일이 일어났는지 정확하게 말해줬다.

> 야후의 산타모니카 캠퍼스에서는 애자일 열성자[agilistas]들이 월례 스크럼 마스터 점심 모임을 열기 시작했습니다. 이는 스크럼이 조직 내에서 성장하기 시작하면서 유기적으로 일어난 것이지, 애자일 그룹[ETC]의 강요에 의한 것이 아니었습니다.[2008]

물론 모든 커뮤니티가 그런 유기적인 방법에 의해 생겨나는 것은 아니다. 특히 스크럼을 도입하는 초기 몇 주나 몇 달 동안 ETC는 목표를 지향하는 개선 커뮤니티가 만들어지도록 목적의 중요성을 강조하면서 권장해야 한다. 한편 특정 목표에 대해서는 커뮤니티를 만들도록 누군가에게 요청해야 할 때도 있다.

유효성에 대한 두 가지 지표

교수 제프리 골드스타인은 "변화는 강요할 필요가 없다. 단지 발표만 하면 된다"고 썼다.(1994, 32) ETC가 변화 발표를 얼마나 잘 하고 있는지 두 가지 방식으로 측정할 수가 있다.

1. ETC가 직접 요청하지 않았는데도 생겨난 개선 커뮤니티 개수
2. 전체 개선 커뮤니티에 비해 자연히 생겨난 커뮤니티 비율

만약 자연스럽게 형성된 커뮤니티 숫자가 높고 이들이 전체 커뮤니티에서 다수를 차지한다면 이는 스크럼에 대해 강한 관심을 갖고 있고 변화가 일어나고 있음을 의미한다. 만약 이런 지표가 증가하거나 높게 머무르면, 조직을 애자일하게 바꾸는 일이 잘 진행되고 있는 것이다. 물론 다른 지표도 살펴봐야 한다. 수많은 지표 중 단지 두 개일 뿐이다.

개선 커뮤니티 스프린트

IC가 스프린트를 잘 진행하는지 의심스러울 수 있다. ETC처럼 IC도 자신들에게 맞는 스프린트 기간을 선택할 수 있지만 권장 기간은 2주이다. 자발적으로 만들어진 IC는 보통 가장 열정적으로 개선을 위해 일하는 커뮤니티 구성원을 제품 책임자로 뽑게 된다. 한편으로 IC는 ETC가 정한 목표에 따라 형성되기 때문에 보통 ETC 구성원이 스프린트 계획에 대한 제품 책임자를 맡기도 한다.

그렇다고 개선 커뮤니티가 ETC를 위해 존재하는 것은 아니다. 제품이나 시스템을 만드는 스크럼 개발 팀이라는 고객을 위해 존재한다. ETC 구성원이 어떤 개선 커뮤니티에서 제품 책임자 역할을 맡아서 스프린트 리뷰 때 공식적인 제품 책임자 역할을 할지라도, 관심 있는 개발 팀원들 역시 활발하게 참여하길 기대해야 한다.

덧붙여서 현명한 ETC는 개선 커뮤니티가 목표를 달성하기 위한 폭넓은 공감대를 형성할 때 가장 좋은 결과를 얻을 수 있다는 사실을 알고 있다. 사실 IC는 ETC가 제시한 목표에 부응해서 만들어졌지만, 그런 이슈를 해결하려는 구성원들의 열정과 특정 방식으로 개선하고 싶은 조직 간에 균형을 유지하면서 작업의 우

무슨 일을 할 것인가	노트
스크럼 마스터에 적당한 후보자를 어떻게 찾을 것인가(이 프로그램에 참여할지 여부를 확인하는 일도 포함된다).	
내부 멘토링 프로그램을 수립한다.	
내부 정규교육을 몇 개 개발한다. 어떤 교육인가? 누가 가르칠 것인가? 교재를 만들 것인가 아니면 라이선스를 받을 것인가?	
내부적으로 가르칠 수 있는 교육은 어떤 것인지 결정한다.	
외부 코칭에 대한 내년도 예산을 신청한다. 얼마나 많은 날이 필요한가? 하루에 얼마의 비용이 예상되는가?	제임스는 세 명의 코치에게 이미 비용을 요청했다.
발표자를 데려오는 데 들어가는 비용을 지역 사용자 그룹과 분담할 수 있는지 확인한다.	사반나는 지역 스크럼 점심 미팅 그룹과 연고가 있다.

표 4.2
스크럼 마스터를 양성하는 내부 프로그램 수립에 대한 개선 커뮤니티 백로그

선순위를 결정하는 것은 IC가 한다는 것을 의미한다.

스프린트 계획 미팅 동안, 각각의 개선 커뮤니티가 스프린트 안에 완료할 것들을 한두 개 선정하게 된다. 만일 개선 커뮤니티가 ETC의 특정 목표에 부응해서 만들어졌다면, 스프린트 계획은 ETC가 가진 백로그에서 항목을 가져오는 것에서 시작해서 이 항목을 더 작은 항목으로 나누어 개선 커뮤니티의 개선 백로그에 집어넣는다. 이런 내용을 이해하는 가장 좋은 방법은 예제다.

표 4.1에 나와 있는 ETC 개선 백로그에 '스크럼 마스터를 양성하기 위한 내부 프로그램을 수립한다' 같은 항목이 들어있다. ETC가 개선 백로그에 이 항목을 추가한 지 한 달만에 개선 커뮤니티가 만들어졌고, 그런 프로그램을 만드는 게 가치가 있다는 것을 사내 다른 사람들에게 알렸다. 초기 커뮤니티 인원은 세 명이었지만 목표를 달성해 나가기에 충분했다. 첫 번째 스프린트 계획 미팅에서, ETC의 목표(스크럼 마스터를 양성하기 위한 내부 프로그램을 수립한다)에 대해 토론했고 이 목표를 달성하기 위해 무엇을 해야 할지에 대한 자신들의 개선 백로그를 만들었다. 이 백로그는 표 4.2에 나와 있다.

또 스프린트 계획 동안, 커뮤니티 구성원들은 표 4.2에 있는 몇 개 항목들을 가져와서 각 항목을 완료하기 위해 필요한 태스크를 식별했다. 예를 들어 표 4.2의 마지막 항목(외부 강사를 데려오는 비용을 분담하기 위해 지역 그룹과 같이 일한다)에 대해 커뮤니티는 다음과 같은 태스크를 도출했다.

- 지역 내 어떤 사용자 그룹이 있는지 웹을 통해 알아본다.
- 예산을 세운다.
- 이 그룹과 연고를 가진 사람이 있는지 알아보기 위해 내부 조직에 이메일을 보낸다.
- 어떤 커뮤니티이고 무슨 일을 하려는지 소개하는 전화통화를 준비한다.
- 전화를 건다. 다른 회사와 함께 발표자를 데려오는 데 필요한 비용을 분담한 적이 있는지 알아본다. 이런 일을 함께 진행할 사람이 누구인지 알아본다.
- 예산과 허가를 얻기 위해 수장과 만난다.

개발 팀의 스프린트 계획 미팅에서 하듯이 커뮤니티도 각 항목을 추정하고 스프린트 동안 이 태스크들을 완료할 수 있는지 결정했다. 2주 후 스프린트 리뷰에서, 이 팀은 제품 책임자인 ETC 구성원에게 지역 사용자 그룹의 명단과 일년에 두 번 이들과 같이 일하기 위한 계획, 유명한 발표자를 지역 내로 데려오기 위해 비용을 분담하기로 한 계획을 보여주었다.

> **지금 시도해 볼 것들**
>
> - 이번 장의 앞 절에서 살펴본 것들을 개선 백로그에 추가하라. 그 중 많은 항목들을 가능한 상세하게 작성하라.
> - 최근 스프린트 회고에 나왔던 것들을 살펴봐라. 이런 내용들이 개선 백로그 항목의 훌륭한 자료가 된다.

실용적이고 타당한 목표에 집중하라

개선 커뮤니티가 가장 큰 영향을 주려면, 커뮤니티 구성원들은 개발 팀이 스크럼을 이제 막 시작했거나 이용할 때 즉각적이고 실현 가능한 목표에 집중해야 한다. 이를 위한 가장 좋은 방법은 개선 커뮤니티 구성원들이 개발 팀원들과 개발 팀에게 중요한 뭔가를 가지고 같이 일하는 것이다. 이게 구글의 '테스트 외인부대[test mercenaries]'가 한 일이다.

테스트에 대한 열정과 경험을 가진 경험 많은 엔지니어들의 테스트 커뮤니티 구성원들을 테스트 외인부대라고 불렀다. 그들은 3개월 동안 자신들이 진행하는 프로젝트 외에 20%의 시간을 사용했다. 이 시간 동안 개발 팀을 직접 돕기 위해 테스트를 추가하고 코드를 리팩터링 했다. 이런 일이 아니었다면 테스트 용병들은 발표를 준비하거나 개발자 테스팅에 대한 중요성을 전파하는 데 시간을 보냈을 것이다.

그들 중 한 명이 내게 이렇게 말했다. "테스트에 대한 단순한 교육을 준비하는 것보다 개발 팀과 같이 일하면서 목표 달성에 훨씬 더 가까워졌어요." 테스트 용병들에게 도움을 받은 개발 팀은 더 나은 코드와 더 나은 테스트로 개발을 마칠 수 있었다. 이 역시 개발자 테스팅에 집중함으로써 얻게 된 또 하나의 장점으로 볼 수 있다. 이 일로 인해 용병들이 다른 팀으로 옮겨간 후에도 스크럼 개발 팀이 이런 노력을 계속하도록 동기를 불어넣었다는 게 놀랍다.

개발 팀에 실용적인 보조수단을 제공하는데 집중하게 되면 개선 커뮤니티 구성원들이 개발 팀에 설교만 하는 습관에 빠지지 않는 데도 도움이 된다. 스크럼을 도입할 때 흔히 볼 수 있는 문제가 얼리어답터들이 다른 모든 사람들을 바꾸고 싶어하는 호기심 어린 광신도가 되는 것이다. 광신도들은 스크럼에 대한 생각과 스크럼이 요구하는 변화에 익숙해지려면 사람들에게 시간이 필요하다는 사실을 자주 잊어버린다. 광신도들은 다른 사람들을 즉시 변화시키는 데 실패하면 저항에 의해 지연되고 있다고 생각한다. 다른 사람들에게 새로운 생각을 빨리 받아들이라고 열광적으로 강요하게 되면 장점보다는 단점을 일으키기 때문에, 개선 커뮤니티 구성원이 자신들의 역할을 이해하고 단순한 지식 전달보다는 서로 의논할 수 있게 되는 게 중요하다.(Allen-Meyer 2000c, 25)

개선 커뮤니티 구성원

조직 변화 전문가 글렌 알렌 메이어^{Glenn Allen-Meyer}는 변화는 이렇게 진행되어야 한다고 말한다. "다른 그 어떤 것보다 사람들이 변화를 기대해야만 한다."(2000b) 이런 이유 때문에 개선 기회에 대한 열정을 가진 사람에게 커뮤니티 참여를 권장하는 일이 중요하다. 예를 들어 회원 자격을 조직 내 가장 상급 직원들로 제한을 두어서는 안 된다. 개선 커뮤니티에 참여하는 사람들의 폭이 넓으면 참여하는 사람들보다 참여자들이 만들어내는 변화를 조직 내 모든 사람이 느낄 수 있어서 도움이 된다. 개선 커뮤니티에 참여하는 사람들의 숫자도 제한이 없어야 한다. 커뮤니티는 100명이 넘을 수도 있고, 개인별 참여 수준은 각자 맡은 일이 요구하는 것에 따라 올라갈 수도 내려갈 수도 있다.

커뮤니티에 참여하는 게 전적으로 그 일만 한다는 것을 의미하지 않는다. 정규 작업 외로 맡는 일이다. IBM의 개선 커뮤니티 리더는 주당 2시간을 쓰라고 권장하지만 더 빠른 진행을 위해서 자발적으로 더 많은 시간을 쏟는다. 참여자들의 관리자, 제품 책임자, 스크럼 마스터는 그렇게 할 수 있는 충분한 시간이 주어졌을 때 업무 변화에 대한 열정이 충분한지 확인해야 하는 책임이 있다. 구글은 각 구성원들에게 매주 20%를 관심 분야에 사용하라고 이야기함으로써 이를 달성했다. 예를 들어 새로운 제품 아이디어를 실험해 보거나 커뮤니티에 참여하기 위해 시간을 쓸 수 있다.

성공적으로 스크럼을 도입한 세일즈포스닷컴도 PTON이라는 유사한 혁신적인 방식을 가지고 있었다. PTON은 '근무시간을 사용하세요$^{paid\ time\ on}$'라는 의미인 pee-tee-on과 발음이 똑같다. 많은 회사에서 근무시간 외 시간을 사용하도록 하는 PTO$^{pee-tee-oh}$ 정책이 공통적이지만, 세일즈포스닷컴의 PTON 프로그램은 직원들 자신이 선택한 계획을 진행할 수 있도록 업무시간을 할애한다. 회사는 각 직원들이 매년 PTON을 위해 1주일을 쓰도록 했다. 세일즈포스닷컴 직원들은 PTON 시간에 커뮤니티를 시작하고, 새로운 제품 아이디어를 실험하거나 자신이 원하는 다른 일을 할 수 있다.

구글의 20% 전략과 세일즈포스닷컴의 PTON 프로그램은 개선 커뮤니티에서 일하는 사람들에게만 특별히 허락된 것이 아니었다. 그리고 조직이 스크럼을 막 도입하려 할 때 그런 극적인 변화를 만들 필요는 없다. 단순히 관리자들에게 개선 커뮤니티에 참여하고 싶은 사람들은 매주 몇 시간 정도 자유롭게 일하도록 해주라고 말하는 것으로 쉽게 시작할 수 있다.

반대 의견

"일년 동안 새로운 제품을 위해 일해 왔습니다. 4주마다 제품을 출시해왔고, 제품 책임자로서 다음 4주 동안에도 팀이 전적으로 이 제품에 관심을 기울여야 한다고 봅니다."

맞는 이야기다. 팀원들도 이미 이 사실을 알고 있을 것이며 그 기간 동안에는 커뮤니티에 참여 범위를 최소화할 것이다. 오랫동안 커뮤니티를 위해 시간을 사용하는 것이 가치 있는 일이란 것을 아는 팀원들은 결정적인 기간에는 커뮤니티 참여를 최소로 줄인다. 나중에 더 많은 시간을 쓰면 된다고 생각하기 때문이다.

반대 의견

"이 개선 커뮤니티들은 우리 회사가 CMMI를 도입하기 위해 만들었던 소프트웨어 공학 프로세스 그룹^{SEPG}과 다를 바가 없는 것처럼 보이네요. 오래된 아이디어에 새로운 이름을 붙인 것 아닌가요?"

절대 그렇지 않다. 그러나 왜 그렇게 생각하는지 이해는 간다. IC와 SEPG는 둘 다 소프트웨어를 개발하는 방법을 개선하기 위해 조직을 돕는 데 집중한다. 목적은 같지만 SEPG와 IC사이에는 일하는 방식에서 몇 가지 미묘하지만 중요한 차이가 있다.

- SEPG 는 프로세스를 살펴보고 질문에 답을 찾는다. "개선을 위해 무엇을 할 수 있을까?" 개선 커뮤니티^{IC} 구성원들은 자신들의 프로젝트를 살펴보고 질문을 던진다. "무엇을 개선할 수 있을까?" 그리고 "다른 사람들도 알고 있었을 텐데 우리가 잘할 수 있을까?"
- SEPG는 프로세스를 강요한다. 개선 커뮤니티는 강요할 수 있는 권한이 없다.
- SEPG는 전체적인 개발 프로세스에서 단지 일부만을 살펴보고 기록한다. IC는 개선 기회를 찾기 위해 제품 개발 프로세스를 넘어서 살펴보라고 권장한다.
- 개선 커뮤니티는 스스로 동기를 만들고 자기 조직적이다. 보통 아무도 개선 커뮤니티에 참여하라고 말하지 않는다. (그럼에도 불구하고 새로운 커뮤니티가 시작되고 이런 일이 일어나게 된다.)
- IC 구성원들은 개선 프로세스에 대해 실험하고 시도해 보고 살펴보는 방식을 더 선호한다.
- 개선 커뮤니티는 즉흥적이고 유기적이어서 관심 분야에 대한 열정이 사람들을 불러들일

> 때마다 생겨난다. SEPG는 공식적으로 생겨나지만 그 기능에 실망해서 자연스레 사라지기도 한다.

커뮤니티 해산하기

대부분 커뮤니티는 결국 사라진다. 예를 들어 자동화된 테스트를 권장하기 위해 만들어진 커뮤니티는 조직 내 개선이 필요한 영역이 있는 한 수년간 구성원들이 들어오고 나가면서 유지된다.

커뮤니티 구성원들이 다른 개선 커뮤니티와 능력을 발휘할 수 있는 기회에 더 많은 시간을 들일 수 있다면 조직은 결국 (적어도 우리가 생각하기에) 자동화된 테스트를 충분히 잘하게 된다. ETC와는 다르게 이런 커뮤니티들은 스크럼에 대한 도입이 실현되고 나면 조직에서 사라지게 되고 지속적인 개선 단계로 들어간다. ETC는 도입 기간 동안만 존재하는데, 범위가 넓으면 도입 기간은 몇 년이 될 수도 있다.

> **지금 시도해 볼 것들**
>
> - 열정을 가지고 있는 개선 사항을 식별하라. 두세 명의 동료 직원에게 도움을 줄 수 있는지 물어봐라. 개선 백로그를 만들고 첫 번째 스프린트에 대한 계획을 세워라. 일주일에 한 시간밖에 낼 수 없다 하더라도 바로 시작하라. 진전이 있으면 팀 작업에 개선사항을 통합하고 다른 팀이 이를 받아들이도록 제안하라. 여러분이 이룬 것에 대해 다른 사람들에게 이야기해서(아니면 더 나은 것을 보여주면서) 관심을 불러일으켜라.

한 가지 크기가 모두에게 맞는 것은 아니다

이번 장에서 커뮤니티 중심의 스크럼 도입에 대해 설명했다. 조직 개선 커뮤니티 ETC는 노입에 대한 삭업노 하시반 가상 중묘한 섯은 다른 커뮤니티가 만늘어실 수 있도록 권장하는 환경을 만드는 것이다. 개선 커뮤니티라고 부르는 이들 커뮤니티들은 스크럼을 이용하는 조직을 개선하기 위해 같이 일하기로 한 직원들의 그룹으로 만들어진다.

두 가지 유형의 커뮤니티 모두 조직을 애자일하게 이끌기 위해서 스크럼을 이용한다. 하지만 한 가지 크기가 모든 사람에게 맞을 수는 없다. 이번 장에서 설명한 방식은 중간이나 큰 부서에서 스크럼을 도입할 때 잘 맞는다. 적절하게 크기를 조정하라. 예를 들어 20명의 전문가가 소프트웨어를 개발한다면 변화와 개선을 이끌 수 있는 열정을 가진 애자일 전문가 그룹 하나면 된다. 그런 경우 ETC와 IC가 하나가 된다.

앞으로 전진하기

지금까지는 책의 준비와 시작에 대한 장들로서, 스크럼 도입이 왜 어려운지 그럴 만한 가치가 있는지를 다뤘다. 변화에 수반되는 활동들과 스크럼으로 전환하는 사람들을 돕기 위해 사용할 수 있는 도구들에 대해서 이야기 했고 스크럼 도입에 대한 일반적인 방식을 설명하는 도입 패턴에 대해 다뤘다. 끝으로 이 모든 정보와 스크럼 프로세스 자체를 어떻게 조합할지 그리고 범위에 따라 스크럼 도입을 관리하는데 어떻게 이용할지 살펴봤다.

첫 번째 4개 장을 통해서 다른 변화의 시작과 달리 스크럼에는 최종 상태가 없다는 중요한 부분에 대해 말했다. 완료했다고 말할 수 있는 지점이 없다. 그 대신 스크럼은 지속적인 개선을 요구하는데 개선 커뮤니티를 통해 이를 관리하며, 스크럼 자체를 이용하기도 한다.

다음 장에서는 첫 번째 프로젝트, 첫 번째 팀을 어떻게 선택하고 스크럼으로 애자일하게 비즈니스를 시작하는 것에 대해 살펴볼 것이다.

더 읽어볼 것들

Conner, Daryl R. 1993.
『Managing at the speed of change: How resilient managers succeed and prosper where others fail』. Random House.
이 책에서 코너는 조직적인 변화에 대해 사람이 어떻게 행동하는가에 대한 8가지 중요한 패턴에 대해 설명한다. 그가 말하는 변화 관리 프로세스의 목표 중 한 가지는 사람과 조직에 탄력성을 키우는 것이다. 탄력성에 대한 그의 견해는 이 책이 설명하는 지속적이고 신속한 변화에 반복적으로 지향하게 만드는 어떤 것에 비유할 수 있다.

Katzenbach, Jon. R. 1997.
『Real change leaders: How you can create growth and high performance at your company』. Three Rivers Press.
카첸바흐의 책은 조직을 변화시키는 데 실제 근원이 되었던 사람들과 폭넓은 인터뷰를 기반으로 한다. 이를 이 책에서는 '진정한 변화의 리더'라고 부른다. 책은 좋은 개선 커뮤니티 구성원이었던 사람들에 대한 많은 매력적인 이야기를 담고 있다.

Kotter, John P. 1996.
『Leading change』. Harvard Business School Press.
많은 존경을 받는 코터의 책은 조직 변화의 고전이다. 이 책에서 변화를 만들어 내는 8단계 프로세스를 소개한다. 그 중 두 번째 단계에서 코터는 가이드를 주는 연합을 만들기 위해 헌신하라고 했는데, 이 부분은 ETC와 일부 유사한 면이 있다. 추가로 이 책을 간결하게 요약해서 하버드 비즈니스 리뷰(1995)에 기고하기도 했다.

Schwaber, Ken. 2007.
『The enterprise and scrum』. Microsoft Press.
스크럼의 창시자인 켄 슈와버가 쓴 이 책은 전 조직에 스크럼을 도입하기 위해 무엇이 필요한지를 설명하고 있다. 개선 백로그와 조직 이행 팀에 대한 충고는 여기서 설명했던 조직 이행 커뮤니티와 유사하다.

Wenger, Etienne, Richard McDermott, and William M. Snyder. 2002.
『Cultivating communities of practice』. Harvard Business School Press.
웬저는 지식공동체의 권위자로 알려져 있다. 읽기 쉽게 쓰여진 이 책은 조직 내에 커뮤니티를 만들기 시작할 때 알아야 하는 모든 것을 설명하고 있는데, 한 개 장을 커뮤니티 코디네이터에 대한 충고로 할애하고 있다.

Woodward, E. V., R. Bowers, V. Thio, K. Johnson, M. Srihari, and C. J. Bracht.
「Forthcoming. Agile methods for software practice transformation」. IBM Journal of Research and Development 54 (2).
IBM의 소프트웨어 품질 공학 조직의 구성원들은 애자일을 IBM에 확산하는 데 이번 장에서 설명한 것과 아주 유사한 기법을 이용한다. 이 훌륭한 논문은 조직 이행 커뮤니티가 어떤 기능을 해야 하는지 설명하고 있는데, 개선 커뮤니티가 만들어지도록 장려하는 방법과 개선 커뮤니티들이 스크럼을 이용해서 개선을 이끌어 내기 위해 스크럼 프레임워크를 이용하는 방법 등을 다룬다.

5장

첫 번째 프로젝트

스텔스 모드로 진행하지 않으면, 모든 시선이 스크럼을 도입하는 첫 번째 프로젝트로 향한다. 특히 첫 번째 스프린트 동안은 더 심하다. 적당한 프로젝트와 팀을 선택하는 게 중요하다. 초기 스크럼 프로젝트는 중요하고 의미가 있는 것이어야 그 결과를 제대로 인정받을 수 있지만 그렇다고 너무 크면 다루기가 어렵다. 팀원은 새로운 시도에 적극적이고 친화적인 사람을 뽑아야 한다.

첫 번째 스프린트가 시작되면 스크럼의 이점에 대한 기대가 최고조에 이른다. 이런 현상은 일반적인 낙관주의의 결과일 수 있고, 조직에서 일찍 애자일을 경험했던 사람들의 열의에 의한 결과일 수 있는데, 이런 기대가 커지면 스크럼이 나쁜 것을 모두 고쳐줄 거라고 생각하는 사람들이 생겨난다. 이런 기대를 제대로 잡아주고 관리해야 한다. 크게 성공할 거라고 기대했던 초기 프로젝트가 우울한 실패로 여겨지면, 과도한 기대 때문에 애자일 적용을 지속할 수가 없다.

이번 장에서는 적절한 첫 번째 프로젝트를 선택하고 이상적인 팀을 구성하는 것과 현실적인 기대를 갖게 하는 고도의 기술에 대해 살펴볼 것이다.

> **함께 보기**
> 스텔스 모드로 도입하는 것은 3장 「스크럼 도입 패턴」에서 설명하고 있다.

파일럿 프로젝트 선택하기

이번 절은 이렇게 시작하려고 한다. '스크럼 파일럿 프로젝트는 과거 4년에 비해 점점 더 찾아보기 어려워졌다. 스크럼의 이점을 알게 되면서 회사들이 파일럿 프로젝트를 진행하지 않고 바로 도입을 진행한다.' 그래서 파일럿 프로젝트의 정의에 대해 살펴보기로 했다. 영화『프린세스 브라이드』[1]의 비찌니가 터무니없는 것처럼, 파일럿의 의미가 내가 생각했던 의미와는 차이가 있었다.

내가 발견한 바에 따르면 두 가지 미묘한 의미상의 차이가 있었다. 하나는 파일럿 프로젝트가 일종의 테스트여서, 테스트된 것이 무엇이든 할 일이 더 남았는지 결정하기 위해 파일럿 결과를 사용한다는 것이다. 대부분의 회사에서 현재 생략하고 있는 파일럿 프로젝트가 이런 유형이다. 즉, 스크럼을 사용하고 싶다는 사실을 알고 있다면, 이를 검증하기 위해 '스크럼 파일럿'을 진행할 필요가 없다.

또 다른 정의는 파일럿 프로젝트가 후속 프로젝트에 대한 가이드를 제공하기 위해 진행된다는 것이다. 무언가 새로운 방식을 검증하는 것이다. 이 두 번째 의미가 내 흥미를 끌었다. 파일럿을 테스트를 위해 사용한 것이 아니라 어떤 방식을 이끌어가기 위해 사용한 것이다. 스크럼이 유용하다는 사실은 업계에 충분히 증명되었기 때문에, 개별 조직은 스크럼을 내부 조직에 맞게 사용하는 방법을 배울 필요가 있다. 그래서 학습을 위한 프로젝트로 파일럿을 한두 번 수행하곤 한다.

이상적 파일럿 프로젝트의 네 가지 속성

파일럿에 적당한 프로젝트를 선택하는 것은 도전이다. 리드 엘세비어Reed Elsevier에서 혁신 파트를 맡고 있는 부사장 제프 호니어스는 사내 스크럼 도입을 이끌고 있었다. 그와 동료 조너선 클락은 적절한 파일럿 프로젝트를 선택하기 위해 노력했다고 적었다.

> 적절한 프로젝트를 찾는 일은 정말 중요하고 어려운 작업이었습니다. 사람들이 특별한 경우라고 깎아내리지 않는 내용이 충실한 프로젝트가 필요했으나, 성공에 유리하도록 가능한 모든 것이 들어 있는 프로젝트를 원했던 것은 아니었습니다.(2004)

모든 프로젝트가 첫 번째 프로젝트로 적합한 것은 아니다. 이상적인 파일럿 프로젝트는 그림 5.1에 나오는 것처럼 프로젝트 크기, 프로젝트 기간, 프로젝트 중요성, 비즈니스 스폰서의 참여도가 같이 만나는 곳에서 결정된다. '완벽한' 파일럿

---

[1] 옮긴이 영화『The Princess Bride』는 80년대 슈렉이라 불리는 판타지의 고전으로 동화를 위트 있게 그려내어 아직도 많은 마니아를 갖고 있는 클래식 영화다.

프로젝트를 찾는 게 불가능하다고 생각할 수도 있다. 그렇게 생각할 수도 있지만 그림 5.1에 나와 있는 4가지 요소 간에 적당한 상충관계trade-off를 만들어서 보유하고 있는 프로젝트를 고려해 봐라. 완벽한 파일럿 프로젝트를 찾느라 6개월 이상을 기다리기보다는 가장 근접한 프로젝트를 선택하여 바로 시작하는 게 훨씬 낫다.

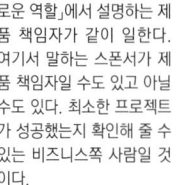

노트
스크럼 프로젝트는 7장 「새로운 역할」에서 설명하는 제품 책임자가 같이 일한다. 여기서 말하는 스폰서가 제품 책임자일 수도 있고 아닐 수도 있다. 최소한 프로젝트가 성공했는지 확인해 줄 수 있는 비즈니스쪽 사람일 것이다.

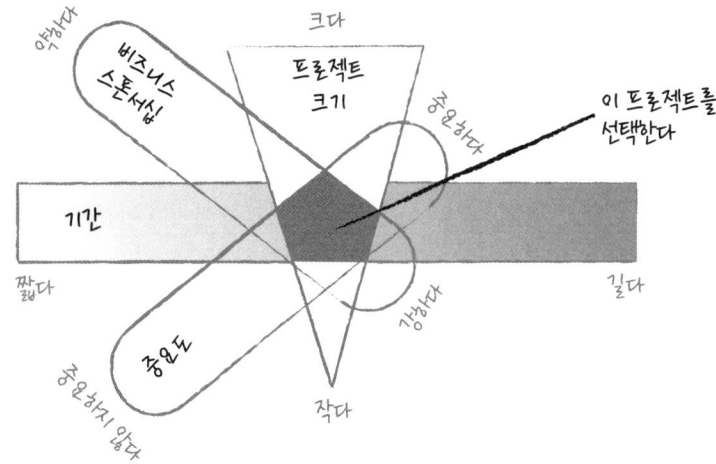

그림 5.1
이상적인 파일럿 프로젝트의 4가지 요소

기간 _ 만약 너무 짧은 프로젝트를 선택하면 회의론자들이 스크럼은 짧은 프로젝트에서만 쓸 수 있다고 주장할 수도 있다. 동시에 너무 긴 프로젝트를 선택하면, 프로젝트가 끝날 때까지 성공을 주장할 수 없다는 위험이 따른다. 기존 방식으로 관리하는 많은 프로젝트 중에서 9개월에서 12개월이 걸린다고 주장하는 것들이 막판에 가서 예산을 초과하거나 지연되곤 한다. 그래서 스크럼 프로젝트도 같은 일정을 주장한나면 그나시 확신을 주시 못할 수 있다.

내가 찾은 최고의 프로젝트는 조직내 정상적인 프로젝트중에서 중간 정도 기간을 갖는 프로젝트였다. 이상적이고 흔히 볼 수 있는 기간은 약 3~4개월이다. 이 기간이면 팀이 스프린트 단위 작업에 익숙해지기 시작해서, 이를 즐기면서 팀과 제품에 주는 이점을 알 수 있는 충분한 시간이다. 3~4개월짜리 프로젝트면 그보다 더 긴 프로젝트에 스크럼을 적용해서 비슷한 성공을 이끌어 낼 수 있다고 주장하기에도 보통 충분하다.

크기 _ 가능하면 팀원들이 모두 함께 앉아 있는 프로젝트를 선택하라. 파일럿 프로젝트가 하나 이상의 팀을 가져야 할 정도로 커지더라도 하나의 팀으로 시작하라. 5개 팀 이상으로 커지지 않는 파일럿 프로젝트를 선택하라. 그런 프로젝트가 조직 내 흔치 않을 수도 있다. 초기 원했던 것보다 더 많은 스크럼 팀 간에 작업을 조율해야 할지 모르지만, 어찌해서 3~4개월 이내 완료되는 프로젝트를 찾았다면 단일 팀에서 5개 팀으로 커질 시간이 아마 없을 것이다.

중요도 _ 중요도가 낮아서 위험도 적은 프로젝트를 선택하고 싶을 것이다. 만일 잘못되어도 잃을 게 많지 않을 것이다. 하지만 중요도가 낮은 프로젝트는 실패해도 사람들이 주목하지 않을 수 있다. 이런 유혹에 빠지지 마라. 그 대신 중요한 프로젝트를 선택하라. 중요하지 않은 프로젝트는 조직 내 다른 부서의 관심을 얻을 수 없다. 부가적으로 스크럼을 도입하는 팀이 요구하는 사항들을 얻기 어렵다. 프로젝트가 중요하지 않으면, 자신들이 필요한 일을 못할 수도 있다. 초기 애자일리스트이자 적응형 소프트웨어 개발Adaptive Software Development 프로세스를 만든 짐 하이스미스는 이렇게 충고했다. "스크럼을 배워보겠다는 이유로 중요도가 떨어지는 프로젝트를 시작하지 마라. 회사 내 절대적으로 중요한 프로젝트로 시작하라. 그렇지 않으면 스크럼을 적용하면서 여러분이 원하는 대로 일을 진행하기 어려워질 것이다."(2002, 250)

비즈니스 스폰서 참여 _ 스크럼 도입은 기술적인 변화 외에도 개발과 똑같이 비즈니스 측면에서 변화를 요구한다. 비즈니스쪽 사람들이 팀과 같이 일하고자 하는 마음과 시간을 갖는 게 중요하다. 비즈니스 스폰서가 참여하면 비즈니스 프로세스, 부서, 개인에게 무엇인가 요구해야 할 때 팀에 도움이 된다. 대략 기대했던 스폰서가 참여했지만 프로젝트 성공에는 도움이 안 되는 경우도 생길 수 있다. 어떤 스폰서가 다른 스폰서에게 최근 프로젝트에서 스크럼을 도입했고 과거 프로젝트보다 더 많은 기능을 출시했다고 말하면 다른 스폰서도 자신의 팀에게 새로운 방식을 시도해 보자고 요청할 수 있을 것이다.

파일럿 시작에 적당한 시기 선정

새해가 되면 새로운 운동프로그램과 다이어트를 많이 시작하는데 달력 같은 외부 요인이 변화하려는 인간의 욕망과 연동하기 때문이다. 운동프로그램을 새해 첫 날 시작해야 한다고 느끼는 것처럼, 새로운 개발 프로세스도 새로운 프로젝트 첫 날 시작해야 한다고 생각할 수 있다. 파일럿을 위한 새로운 프로젝트는 (아니면 실패했던 프로젝트를 다시 시작하는 것은) 새로운 시작을 만들어 준다. 새로운 시작을 선택한 팀은 제품 백로그에 집중하기 시작한다. 그런 팀은 보통 그 시점에 알고 있는 모든 기능이 담겨 있는 제품 백로그가 만들어질 때까지 첫 번째 스프린트 시작을 미루고 기다린다. 애자일 프로젝트 매니저인 트론드 빙고르드Trond Wingård는 이런 방식으로 성공을 거두었다.

> 첫 번째 애자일 프로젝트에서 우리 고객은 기존 요구사항 문서를 작성하기 위해서 다른 계약자에게 이미 일년간 15만 달러를 쓴 상태였습니다. 나는 이 요구사항 문서를 사용자 스토리로 대체할 수 있다고 확신했고, 그래서 150페이지로 되어 있는 문서를 93개 사용자 스토리로 구성된 제품 백로그로 바꿨습니다. 이 작업을 완료하지 않았다면 애자일을 적용할 수 없었을 것입니다.

새롭게 시작하는 것에도 큰 단점이 한 가지 있다. 첫 번째 스크럼 프로젝트에 적합하다고 생각되는 새로운 프로젝트가 등장하길 기다려야 하기 때문에 스크럼이 주는 장점을 얻는 것이 불필요하게 늦어질 수 있다.

실패한 프로젝트를 부활시켜서 파일럿으로 새롭게 시작할 수도 있다. 제품 백로그를 만들기 위해 며칠을 보내고 나면 프로젝트 팀은 복구에 초점을 맞출 수 있게 되어, 이해관계자들을 재배치하고, 조직 내에서 필요한 것을 매입할 수 있다. 새롭게 시작할 때 사전에 제품 백로그를 만드느라 몇 주(혹은 몇 달) 동안 아무 일도 못하면서 보내는 것은 아무도 원하지 않는다는 사실을 기억하라. 두 달 동안 요구사항 수집 단계를 진행하면서 스크럼 도입을 시작하는 것이 얼마나 아이러니한지 생각해 봐라. 새롭게 시작할 때, 백로그는 가능한 가벼운 방법으로 빨리 작성해야 한다.

절박한 운명

새롭게 시작하는 게 불가능하거나 올바른 선택이 아닐 수도 있다. 만약 프로젝트가 한창 진행 중이라도 스크럼이 도움이 될 거 같다면, 바꾸지 않을 이유가 없다. 내가 좋아하는 파일럿 프로젝트는 현재 절박한 상황으로 치닫고 있지만 복구만 되면 아직 성공할 시간적 여유가 충분한 프로젝트다. 위험한 접근이 될지 몰라도, 발버둥치는 프로젝트는 성공 외에는 더 이상 갈 곳이 없다.

모든 기능을 출시하면 성공으로 보게 되고, 일정대로 출시하면 놀라운 성공으로 여기게 된다. 짧은 스프린트 단위로 일을 진행하면 더 집중하고 전념할 수 있게 되고, 조금씩이라도 일이 진행되는 것을 강조해주기 때문에, 스크럼이 이런 유형의 프로젝트에 적합하다고 본다. 특히 경험 있는 스크럼 마스터나 컨설턴트가 팀에 있다면 더 좋다.

사미 스튜디오(현재는 하이문 스튜디오)의 CTO였던 클린턴 키스는 과감한 것이 필요하다는 것을 알고 있었다. 그의 팀은 소니 플레이스테이션과 마이크로소프트 X박스를 위한 Triple-A 비디오 게임을 개발하고 있었다. 팀은 열심히 일했지만 게임은 개발 스튜디오 지역 담당자가 원하는 만큼 빨리 만들어지지 않았다. 뭔가 변화가 없다면 프로젝트는 실패할 거 같았다.

다행스럽게도 이 시기에 키스가 스크럼을 배웠고, 팀에 스크럼을 소개하기로 결심했다. 게임 스튜디오 직원들은 개인주의가 심해서 많은 대화, 협업, 일일 스크럼 같은 스크럼 프로세스 특징을 소개하기 어려웠다. 현재 방법으로는 원하는 제품을 만들 수 없다는 것을 팀원들이 인식하게 되었을 때 스크럼을 소개하기로 한 키스의 결정은 현명한 선택이었다.

절박한 운명이 갖는 위험을 강조해야 하는 또 다른 경우는, 개발은 현재 계속 진행되고 있는데 회사가 사업을 접으려 한다거나 비즈니스를 다각화하기 위해 프로젝트를 취소하려 할 때이다. 어찌되었든 이런 상태가 계속되면 심각한 영향을 미칠 수 있기 때문에, 절박한 운명에 아무것도 안 하면 어떻게 된다는 것을 보여주는 일이 스크럼 도입에 도움이 될 수 있다. 결국 과거 방식대로 한다면 뻔히 실패가 보이기 때문에, 팀원들에게 무언가 새로운 것, 다른 실천법을 이용한 실험에 대한 확신을 주는 것이 더 쉬워져서, 스크럼으로 도약하게 된다. 그렇지 않다면 거부할 수도 있을 것이다.

곧 닥치게 되는 파멸을 예측하는 것은 강력하면서도 위험하다. 일을 하다 보면, 프로젝트나 조직이 직면한 위험이 현실이 되기도 한다. 내가 일했던 어느 회사의 CEO는 착수하는 프로젝트마다 회사의 명운이 걸려 있다고 선언하는 것으로 악명이 높았다. 늑대가 나타났다는 이야기를 너무 많이 써먹으면 사람들은 믿지 않는다. 여러분도 위험을 과장하고 싶은 유혹을 받을지 모른다. 그러지 마라. 그러나 만약 프로젝트에 극단적인 조치를 취하지 않으면 실패할 거 같다면, 지적해야 한다. 어쩌면 팀원들도 이미 알고 있었지만 인정하고 싶지 않았을지 모른다. 여기에 더해서 팀원들이 프로젝트와 자신이 맡은 작업에 무관심하면, 변화가 없었을 때 발생할 수 있는 좋지 않은 상황에 대해 지적하기도 한다. 최근에 회사가 경쟁사와 합병된다고 알고 있는 팀에 이 방법을 사용했다. 나는 팀원들에게 물어봤다. "그래요. 합병이 끝났을 때, 합병된 회사의 빅 보스는 어느 프로젝트가 중복되었는지 어느 팀이 새 프로젝트에 좋은 결과를 낼지 확인하려 들지 않을까요? 이 프로젝트와 팀이 어떻게 보이길 원하십니까?" 이 말은 팀이 뭘 해야 하는지 깨닫게 해주었다.

파일럿 팀 선택하기

그림 5.1에 보이는 4개 요소가 겹치는 부분과 시점에 대한 토론을 제외하면 아마 파일럿 프로젝트 성공에 가장 중요한 부분은 참여하는 팀원일 것이다. 프로젝트와 팀을 독립적으로 선택할 수 있다는 가정하에 적절한 파일럿 프로젝트를 선택하는 부분에서 팀원 선택을 일부러 남겨 놓았다. 즉 스크럼 파일럿에 가장 좋은 프로젝트를 선택하고 팀원들을 찾아서 그 프로젝트에 맞는 팀을 구성한다. 나도 이런 일이 많은 조직에서 흔치 않은 호사스러운 경우란 것은 알고 있다. 스크럼 팀이 가장 좋아하는 아침 메뉴가 햄과 달걀인 것처럼 프로젝트와 팀도 같이 생각하는 경향이 많다. 만약 이상적인 파일럿 프로젝트와 이상적인 파일럿 팀을 결정하는 것을 나눌 수 없다면, 단순하게 가장 유용한 파일럿을 선택하는 데 모든 요인을 함께 고려하라.

초기 팀 구성은 적응력, 기술적인 능력, 커뮤니케이션 능력 등을 배울 수 있는 역량과 성향을 지니고, 팀원 간에 건설적인 의견 교환이 가능하고, 친화적인 시각을 가진 사람들로 하라. 이들 중에서 파일럿 팀원으로 선정하는 가장 중요한 고려사항은 각자 무언가 다르게 해보려 노력하는 성향이다. 이상적으로는 팀원 모두가 2장 「스크럼 도입하기」에 나왔던 ADAPT의 인식하기와 갈망하기 단계를 넘어야 한다. 파일럿 팀원 선정에 영향을 줄 수 있다면, 다음과 같은 유형의 사람으로 구성하라.

- **스크럼 로비스트** _ 스크럼을 도입하기 위해 노력했던 모든 사람이 참여하기에는 프로젝트가 충분하지 않을 수 있다. 그러나 가능한 그런 사람들을 프로젝트에 많이 포함시켜야 한다. 그렇지 못해도 여전히 프로젝트가 성공하길 바라겠지만 외부에 있어야 한다는 사실은 그들에게 힘든 일이 될 것이다.
- **자발적인 낙관주의자** _ 새로운 개발 방식을 이해하면서 과거 스크럼에 의한 변화에 대해 능동적으로 논쟁하지 않았던 사람이 필요하다. 현재 스크럼에 대해 알고 있으면서 성공을 보고 싶어하고 성공할 거라는 사실을 믿어야 한다.
- **공정한 회의론자** _ 스크럼 팀에 필요한 파일럿이나 팀워크를 망치려는 사람이 프로젝트에 참여하길 원하는 건 아니지만, 모든 회의론자들을 피하라는 의미도 아니다. 과거 잘못이 있었다는 것을 인정하고 변화가 필요하다는 의견을 갖고 있는 회의론자 중에 회의적인 목소리를 내긴 하지만 존경받는 사람을 프로젝트에 포함시키면 아주 도움이 된다. 이 사람들이 직접 경험을 통해 이점을 확신하게 되면 도입에 강력한 지지자가 될 수 있다.

물론 이 모든 요소들은 프로젝트에 맞는 역량을 가졌는지 확인하는 시각과 같이 봐야 한다. 프로젝트 목표가 비디오 게임을 개발하는 것이라면, 팀에 애니메이터를 투입하는 게 더 낫다. 나 역시 성공적으로 같이 일했던 이력이 있는 사람들인지 살펴본다. 때로는 기존 팀 전체가 파일럿 팀이 될 수 있다. 만약 과거 몇 년간 이력을 볼 수 있다면 과거 프로젝트에서 함께 잘 지냈던 사람들을 모을 수도 있다.

> **반대 의견**
>
> "적절한 팀을 선택하고자 하는 이 모든 노력은 우리에게 달렸네요. 물론 이런 팀이라면 성공하겠죠. 하지만 스크럼을 도입할 때, 모든 프로젝트가 과거에 일을 잘했던 자발적인 사람들로 구성되는 것은 아니지 않나요?"
>
> 물론이다. 이런 사항들은 여러분에게 달려 있다. 앞에서 파일럿은 스크럼이 효과가 있는지 없는지 테스트하기 위해 진행하는 게 아니라고 말했다. 우리는 스크럼이 효과가 있다는 것을 알고 있다. 이를 증명하는 증거(일화와 구체적인 데이터)도 많다. 우리가 모르는 것은 "여기서 어떻게 하면 스크럼을 잘 쓸 수 있을까"이다. 파일럿은 어떤 치료가 아니라 양날의 검을 가진 시도로 봐야 한다. 중요한 프로젝트를 수행하는데 새로운 방식을 이용하려는 시도이다. 그렇게 할 수 있느냐는 그런 시도를 지지하며 이를 통해 무엇을 배웠는가에 달려 있다.

파일럿이 성공하지 못하면?

만약에 결정하고, 계획하고, 열심히 일했는데 어찌해서 파일럿 프로젝트가 결국 실패하면? 먼저 한 번의 대형 파일럿 프로젝트에 원하는 모든 희망을 걸지 않는 편이 현명하다. 그 대신 여러 개의 프로젝트를 진행하고 파일럿 프로젝트의 목표가 스크럼 프로젝트가 가야 하는 길을 조명하는 것이라는 사실을 기억하라.

가장 성공적인 파일럿 프로젝트는 두 가지 형태로 조언할 수 있을 것이다. "이렇게 해라"와 "이렇게 하지 마라"이다. 파일럿에 참여한 팀이 무슨 일을 해야 하고 무슨 일은 하지 말아야 하는지 배웠다면, 이런 것들이 조직 내 스크럼 도입을 쉽게 해줄 것이다. 하지만 이외에 조직 특유의 저항 유형이나 원인, 혹은 이와 유사한 정보들이 있으면 달갑지 않지만 파일럿 실패라 부를 수 있을 것 같다.

그러나 파일럿 프로젝트가 기대하던 결과를 전달하는 데 실패했다면?

이런 경우 나는 프로젝트에 대한 기대가 현실적인지 여부에 대해 평가하기 시작한다. 아마 프로젝트를 시작하기 전에 그런 기대에 동의했겠지만, 마지막에 와서야 그렇지 않다는 것을 알게 되었다면, 이런 경우에는 모든 이해관계자들과 명확하게 커뮤니케이션 하라. 기대했던 기능을 출시하는 데 실패한 것을 변명하지 마라. 이해관계자들은 팀이 어떤 역할이든 하겠다는 무거운 짐을 수락했거나 과도하게 이상적인 계획에 동의했다는 것을 알아야 한다. 파일럿이 모든 기대를 만족시키는 데는 실패했을지라도, 원래 생각했던 것만큼 아니 더 많이 완료했다는 것을 이해관계자가 이해했는지 확실히 해야 한다.

스크럼 파일럿이 끝나갈 무렵 내가 알게 된 사실은 이 파일럿 프로젝트가 순차적(폭포수 모델) 프로젝트 진행은 완벽했다는, 현실과 동떨어진 가정에 비유되곤 한다는 것이다. 과거에는 간트 차트가 두 달 분석, 한 달 설계, 두 달 코딩 그리고 나서 한 달 간 테스트로 끝나는 계획을 보여주었다. 이 매우 이상적인 6개월을 처음 진행한 스크럼 프로젝트 현실과 비교하려면, 아마도 6개월이 더 걸릴 것이다. 스크럼의 정적들은 이렇게 이야기할 것이다. "어디 봅시다. 나은 점이 없네요. 두 가지 방식 모두 걸린 시간이 똑같네요. 그나마 과거 프로세스는 설계가 충분해서 길게 보았을 때 유지보수성도 더 좋은 데 말이죠."

여기서 6개월이 걸린 스크럼 프로젝트 현실과 같은 일정으로 출시할 수 있다고 하는 폭포수 모델 프로젝트를 비교하는 것은 공평하지 못하다. 프로젝트 현실과 근거 없는 이야기를 비교하도록 두지 마라.

기대치를 정하고 관리하기

기대치를 정하고 관리하기라는 다음 주제로 넘어가자. 1994년에 나는 외부 사람이나 팀원이 성공적이라고 여기는 프로젝트 팀을 관리했었다. 그때 그 제품은 회사의 커다란 성공을 의미했었다. 회사가 전에 경험한 적이 없는 최신 기술을 이용해 개발하면서 변경된 제품은 아주 많은 특징을 갖고 되었고, 향후 6년 이상 99.99999% 가동률을 제공하기 위해 3개의 데이터 센터 개발도 추진했다. 그러나 프로젝트는 거의 실패로 보였다.

프로젝트는 300명 이상의 간호사들이 전화를 받는 여러 콜센터로 납품되었다. 이 제품은 회사가 빨리 성장할 수 있게 해준 익숙한 시스템을 대체했다. 새로운 시스템에 대한 간호사들의 기대가 터무니없이 높았다. 간호사들과 함께 매달 진행한 스프린트 리뷰에서, 그들이 기대하는 것에 매번 충격을 받았는데, 어떤 것들은 심지어 기술적으로 불가능했다. 일 년 간 진행된 프로젝트에서 약 3개월을 남기고 관심사를 바꿔야만 한다는 사실을 깨달았다. 그때부터 내 모든 시간을 기대치 관리를 위해 썼다. 각 콜센터에서 일하는 간호사들을 만나서 전달하게 될 시스템에 대하여 정확하게 설명했다. 세계 평화, 지구온난화, 몸무게 감소에 대한 시스템의 영향에 대해 그들이 기대하는 바를 잠재울 수 있었다. 이런 노력이 없었다면, 그 제품은 실패로 인식되었을 것이다.

그 프로젝트 이후, 프로젝트의 전반적인 성공에 대한 기대치 관리의 중요성을 크게 깨달았다. 기대치를 정하고 관리하는 것이 스크럼 도입을 위한 주요 작업을 시작하는 것보다 더 중요할 수 있다. 스크럼 도입 초기에 진척도, 예측 가능성, 태도, 관여도, 이 네 가지에 대한 기대치를 정하고 관리하는 게 도움이 된다.

진척에 대한 기대

이해관계자나 외부 사람이 주변에서 스크럼에 대해 들어봤다면, 그건 아마도 팀이 더 빨라진다는 이야기일 것이다. 내가 이전에 스크럼 컨설턴트로 방문한 적이 있는 대규모 실리콘 밸리 회사에 연사로 초청 받았을 때 스크럼의 장점에 대해 높이 평가하는 회사 중역에게서 이런 경우를 목격했다. 같은 그룹을 대상으로한 발표에서 스크럼에 대해 이미 알고 있는 것이 무엇이냐고 물어봤다. 이전 세션에 대해 기억하는 부분은 '팀이 더 빨라진다는 것과 원한다면 사고방식을 바꿀 수 있다'가 전부였다. 놀라움이 가시고 나서야 그들에게 말했다. "이 두 가지는 사실이지만 그렇게 되려면 수많은 노력이 필요하고 사고방식을 너무 자주 바꾸면 생산성이 오히려 떨어집니다."

팀이 더 빨라질 거라는 기대에 대한 짐 하이스미스의 충고는 더욱 더 보수적이고 현실적이다.

> 기간이 6개월인 프로젝트라면, 목표는 아마 지금까지의 생산성 수준(초반에는 낮고, 후반에는 높은)으로 하면서, 품질은 향상시키고 고객의 기대는 더욱 만족시키는 데에 맞춰질 겁니다. 하지만 초반에 너무 많은 부담을 주게 되면 팀은 새로 도입한 실천법을 포기하게 되고 아직은 더 자신 있는 예전 방식으로 돌아가게 됩니다.(2005)

더 생산적이냐 아니냐는 스크럼을 도입하기 전에 팀이 일을 얼마나 잘 하고 있었는지와 관련이 깊다. 이미 잘 하고 있는 팀은 하이스미스의 말처럼, 처음에는 천천히 진행된다. 반면 정말 잘하려 애쓰던 팀은 시작하자마자 더 빨라진다. 시작하는 팀에서 거의 보편적인 진실이라 생각되는 것이 두 가지다.

- **대부분 팀은 첫 번째 스프린트에서 얼마나 달성해야 하는지에 대해 과도하게 예측하는 경향이 있다** _ 제대로 시간을 제한하는 이터레이션을 수행하면서 일해본 경험이 없으면, 팀원들은 현실보다 몇 주 내에 더 많은 일을 할 수 있다고 생각한다. 예를 들어 어떤 팀이 앞으로 4주간 스프린트에서 850시간의 계획된 작업을 완료하겠다고 다같이 결정했다고 하자. 끝날 무렵 팀은 중간에 방해를 받거나, 계획되지 않았던 작업, 협업에서 발생하는 과부하나 다른 요소들로 인해 계획된 작업 중 725시간만을 겨우 완료했다는 사실을 알게 되었다. 그들은 계획대로 열심히 일했지만 계획에 미치지 못하는 더 적은 양을 완료할 수밖에 없었다. 왜냐하면 시간을 잡아먹는 다른 일들을 모두 과소평가했기 때문이다.
- **대부분 팀은 더 유능하다** _ 보통 '생산적'이라고 이야기 하는데 여기서는 '유능하다'는 표현을 썼다. 생산적이라는 말은 보통 얼마나 많은 제품을 만들었는가라는 의미로 받아들인다. 하지만 보통 소프트웨어 프로젝트에서 코드의 라인 수를 측정하는 것은 그 의미가 많이 다르다. 코드의 라인 수 측정을 전적으로 반대하는 것은 아니지만(목적이 있을 때는 직접 측정하기도 한다) 스크럼 팀이 매 기간마다 더 많은 코드를 짜야 한다고 말하고 싶지는 않다. 특히 코드가 많은 게 좋을 수도 있고 좋지 않을 수도 있기 때문이다. 내가 주장하고 싶은 것은 제대로 시작만 하면, 스크럼을 도입한 대부분의 팀은 금방 유능해지기 시작한다는 점이다. 그렇게 생각하는 이유는 스프린트가 '다음, 다다음 주에는 무엇을 할 수 있을까'에 주의를 집중시키기 때문이다. 많은 기존 프로젝트들이 최고의, 제대로, 완벽한 해결책을 찾느라 아무것도 못한다. 스크럼 팀은 충분히 좋은 해결책을 찾아서 시도해 보고, 이를 통해 배우고, 필요하면 바꾸는 경우가 많다.

예측에 대한 기대

내가 개발 조직을 운영하던 시절에는 오늘날 컨설팅하는 것에 비하면 팀의 생산성 유지가 유일한 관심사는 아니었다. 팀이 프로젝트를 완료하는 데 얼마나 걸릴

지 예측하는 것이 주요 관심사였다. 많은 방식 중에서 어떤 때는 믿을 수 없을 만큼 빨리 일하지만 어떤 때는 너무 느리게 일하는 팀보다 합리적으로 일관된 속도로 일을 진행하는(그래서 예측이 가능한) 팀을 선호했다.

조직 내 첫 번째 스크럼 프로젝트 파일럿을 진행할 때는, 소프트웨어를 개발하기 위해 조직에서 사용했던 이전 방식에 비해 초반 예측이 어렵다는 사실을 이해관계자들에게 명확히 해야 한다. 스크럼 팀은 주어진 스프린트 내에 완료된(아니면 계획 대비 완료된) 작업을 측정하는 개발속도 같은 지표를 이용해서 진행 상태를 측정하는 데, 스토리 점수나 이상적인 기간 같은 단위를 사용한다. 특히 팀이나 조직의 첫 번째 스프린트 동안의 개발속도는 일시적이다. 팀은 새로운 방식으로 일하는 방법을 배우게 되고 많은 팀원들이 처음으로 서로 같이 일하면서 배우게 된다.

함께 보기
개발속도는 15장 「계획」에서 더 상세하게 설명한다.

특히 초반에 계산한 개발속도는 확인이 필요하다는 사실을 이해관계자와 의사소통하는 것이 중요하다. 예를 들어 팀에 어느 정도 데이터가 쌓이게 되면 "이 팀은 평균 개발속도가 20이고, 15~25 범위에 들어간다"와 같이 이야기 하는 게 유용할 수 있다. 그리고 나면 이 숫자를 프로젝트가 진행되는 동안에 도달하게 되는 프로젝트 크기에 대한 전체 추정치와 비교할 수 있다.

예를 들어 프로젝트를 구성하는 스토리 점수의 총합이 150이고 기록에 의해 개발속도가 15~25로 나왔다면 6~10개 스프린트를 수행한다고 생각할 수 있다.

팀에 충분한 데이터가 쌓일 때까지는 이렇게 프로젝트를 수행하는 것이 너무 위험할 수 있다. 지연에 따른 위약금이 커서 위험성이 높은 계약은 스크럼 파일럿으로는 이상적이지 못하다는 의미다. (어떤 프로세스를 바꾸기 위한 이상적인 파일럿이 될 수 없다.) 그러면 이와 같은 상황을 예측하기 전에 얼마나 많은 데이터가 필요할까? 답은 쉽다. 많을수록 좋다. 팀이 첫 번째 스프린트를 완료한 후에 예측을 시작할 수도 있다. 하지만 처음 측정한 개발속도에는 어느 정도 오류가 있다고 가정해야만 한다. 세 번째와 네 번째 스프린트가 지나면 대부분 팀의 개발속도가 충분히 안정된다. 그렇다고 이를 규칙으로 삼지는 마라. 프로젝트 환경마다 (새로운 기술, 팀원이 들어오고 나가는 등) 수많은 다른 요인이 존재하며, 개발속도는 기간이 길어질수록 더 많은 굴곡이 생기게 마련이다.

스크럼을 향한 태도에 대한 기대

새로운 작업 방식에 적응하기 위한 시간을 주게 되면, 대부분 개발자들은 스크럼을 선호하게 된다. 예를 들어 야후 설문조사에 따르면 도입 여부를 스스로 결정하라고 했을 때, 모든 팀원의 85%가 스크럼 방식을 계속 사용하기로 결정했다.(Deemer 외 2008, 16) 그러나 시작할 당시 태도가 보통 이런 것은 아니다. 도입 초기에는 먼저 수많은 반대와 불만에 대해 준비할 필요가 있다.

- 일일 스크럼에서 모든 시간을 허비한다.
- 매 스프린트 마지막에 제품이 잘 테스트 되었는지 확인하는 데 시간을 허비한다. 때로는 출시가 안 되는데도 불구하고 그래도 해야 한다.
- 어떤 일이 내 일인지 구분할 수 없기 때문에 관리자는 나에 대한 연간 평가를 제대로 작성할 수 있을 만큼 나를 잘 평가할 수 없다.
- 릴리스 후 6개월 만에 시스템이 망가져 버렸다. 충분한 관리와 시스템에 대한 문서가 없었기 때문이다.

문제의 첫 번째 징후는 이런 일을 진행하는데 있어 어려움에 굴복하고 예전 방식으로 돌아가려는 유혹에 있다. 『Managing at the Speed of Change』의 저자 다릴 코너Daryl Conner는 이렇게 썼다. "사람들에게 변화를 만들어 가야 한다는 것을 인식시키고, 이를 시작하게 하는 것은 상대적으로 쉽다. 정말 힘든 작업은 어려움에 부딪혔을 때 이들이 변화를 지속하게 하는 것이다."(1993, 116)

예전 습관으로 되돌아가려는 것을 막는 가장 좋은 방법 중 하나는 이런 일을 예상하고 먼저 이야기 하고 어려움이 발생했을 때 불편하거나 불안한 마음이 들더라도 스크럼을 계속 유지해 나가야 한다는 동의를 팀원들에게서 받는 것이다.

참여에 대한 기대

초반에 확실히 해야 하는 가장 중요한 기대치 중 하나는 프로세스에 대한 참여도이다. 기존 방식 개발에 익숙한 많은 프로젝트 이해관계자들은 소프트웨어 개발 프로젝트에서 자신의 역할을 서비스 센터에 차를 맡기는 고객처럼 여긴다. 이해관계자들은 사람들에게 무슨 일을 해야 하고 약속된 시간에 작업을 마무리해서 가지고 와야 한다고 말한다. 하지만 이해관계자 특히 제품 책임자 역할을 맡은 사람은 소프트웨어가 중심이 되는 제품을 개발할 때는 이 방식이 적당하지 않다는 것을 이해해야 한다.

스프린트 중이나 스프린트 리뷰에서 제품 책임자와 다른 이해관계자들에게 여러분이 받은 요청과 피드백에 관한 기대를 확실히 이야기하라.

각 이해관계자들이 팀에 기대하는 사항과 팀이 필요로 하는 사항을 제대로 알고 있는지를 확실히 해야 한다. 스크럼이 개발 조직의 문제를 모두 해결해 주는 은탄환[2]은 아니다.

기대치가 비현실적인 수준으로 높은 것은 아닌지 시작할 때 확실히 해야 한다. 기대치 관리는 아마도 일찍 해야만 하는 가장 중요한 일 중 하나다. 만약 그렇지 않으면 성공적인 스크럼 도입이 실패로 전락할 수 있는 위험을 안고 가야 한다.

단지 파일럿일 뿐이다

독립 스크럼 컨설턴트인 피트 디머Pete Deemer가 야후의 최고 제품 담당자였을 때 하나의 프로그램을 주도했는데, 거기에 스크럼 파일럿을 도입했다. 파일럿 프로젝트는 실험이고 그 실험의 목표는 이후 프로젝트 성공에 도움이 되는 지식을 얻기 위한 것이라는 사실을 깨달았다. 디머는 파일럿이라고 부르는 이런 일들이 늘 제대로 진행되지 않는다는 사실 또한 알게 되었다. 그는 자신이 바라는 게 "어려움이 발생했을 때 사람들이 소매를 걷어 부치고 해결책을 찾게 하는 것이다"라고 말했다. 디머는 파일럿이라는 딱지를 과정 중에 무언가 안전장치를 만들어 내는 것으로 이용했다.

디머는 이 안전장치가 매우 귀중하다는 사실을 깨달았다. 실험에서 팀이 필요로 하는 편안한 공간을 만들어 줘서 스크럼을 제대로 진행하는 방식을 성공적으로 찾을 수 있게 해 주었다. 회사에 애자일을 도입할 목적으로 일 년간 노력하면서 100개가 넘는 스크럼 팀이 성공적으로 끝났지만 디머는 여전히 모든 프로젝트를

---

[2] 옮긴이 프레데릭 브룩스가 1987년에 쓴 「No Silver Bullet」이라는 논문에서 유래함.

파일럿이라고 불렀다. 나는 그에게 프로젝트를 파일럿이라고 더 이상 부르지 말라고 했다. 하지만 그는 내게 야후의 모든 프로젝트가 스크럼을 도입할 때까지, 그리고 알아야 하는 것을 모두가 알게 될 때까지는 프로젝트를 파일럿이라고 부르겠다고 말했다.

모든 프로젝트를 계속되는 파일럿으로 본다고 해도 초반 몇 번의 스프린트는 매우 중요하다. 적합한 첫 번째 프로젝트와 팀원들을 신중하게 선정하고 기대치를 정하고 관리하게 되면 이 초반 스프린트에서 제대로 된 방향으로 가고 있다는 확신을 팀이 갖는 데 도움이 된다.

더 읽어볼 것들

Karten, Naomi. 1994.
『Managing expectations』. Dorset House.
확실한 조언이 들어 있는 읽기 쉬운 좋은 책. 이 책은 고객과 커뮤니케이션을 주로 다루지만 모든 조언은 다른 직장 내 관계에도 적용이 가능하다. 경청하기, 견해를 명확히 하기, 충돌하는 의미전달 피하기, 윈/윈 해결책 만들기와 같은 주제들이다.

Little, Todd. 2005.
「Context-adaptive agility: Managing complexity and uncertainty」. IEEE Software, May-June, 28~35.
저자 토드 리틀은 애자일 연합 위원회 구성원이자 애자일 프로젝트 리더십 네트워크의 공동 설립자로서, 프로젝트 내에 존재하는 불확실성과 복잡성을 기반으로 프로젝트를 황소, 망아지, 암소, 스컹크로 분류하는 프레임워크를 제안했다. 이 프레임워크를 초기 스크럼 프로젝트를 선택하는 데 적용할 수 있는데, 리틀이 황소(불확실성이 높고, 복잡성도 높은)라고 부르는 유형의 프로젝트를 선택하는 것은 피해야 한다.

2부

개인

우리는 아래 것들을
가치 있게 여기게 되었다.
프로세스와 도구보다
개인과 상호작용을.

애자일 선언문

6장

저항
극복하기

1969년 폴 로렌스Paul Lawrence는 하버드 비즈니스 리뷰 칼럼에서 다음과 같이 말했다. "변화는 기술적 관점과 사회적 관점을 모두 갖는다. 기술적 관점에서 변화는 실제로 일하는 방식에 중요한 수정이 가해지는 것이고, 사회적 관점에서 변화는 조직구성원 간의 관계가 바뀌는 것으로 알 수 있다." 변화에 대한 저항에 부딪히게 되면 보통 기술적 관점의 변화가 주는 이점을 강조하는 경향이 있다. 이미 변화가 주는 이점을 확신하고 있어서 이제 남은 일은 사람들을 설득하는 일뿐이라고 간주해버리기 쉽다. 즉, 사람들에게 논리적으로 완벽하게 변화를 옹호하는 주장을 펼치면 저항은 사라질 거라고 생각한다. 하지만 로렌스는 이런 논리에 대해서 "사람들이 변화에 대한 기술적 관점만으로 변화를 받아들일 거라 기대하지만 이런 저항 유무를 결정하는 사회적 관점이 남아 있다는 것을 명심해야 한다"고 반대 입장을 이야기했다.(1969.7)

비록 변화에 대한 사회적 관점이 저항을 유발할지라도 모든 저항감은 결국 특정 구성원들에게서 발생한다. 팀이나 부서는 스크럼이라는 변화에 반대할 수 없다. 결국 반대하는 것은 구성원들이다.

이번 장은 구성원들의 저항을 효과적으로 극복하는 방법에 대해 초점을 맞추려고 한다. 먼저 어떤 저항이 발생할지 어떤 대응책으로 풀어나갈지에 대해서 알아 볼 것이다. 그 다음으로 어떻게 변화에 관해 커뮤니케이션 하는지, 왜 서로 다른 사람들이 각자의 메시지를 전하는 게 가장 좋은지 알아본다. 마지막으로 구성원들의 저항 유형과 원인에 대해서 알아보고 저항을 이겨내는 적절한 대응 방법을 유형과 원인에 따라 도출해볼 것이다.

저항 예상하기

스크럼이라는 변화에 저항하는 사람이 있다는 사실은 놀랄 일이 아니다. 모든 변화에는 저항하는 사람이 있기 마련이다. 여러분이 들어간 회사에서 모든 직원의 임금을 20~50% 올린다고 발표했다고 치자. 그래도 여전히 저항은 있을 것이다. 꿍꿍이가 있는 게 확실하다면서 사장에게 다른 속셈이 있다고 의심하는 사람이 있을 수 있다. 아니면 다른 사람보다 더 열심히 일하는데도 남들보다 인상률이 적다며 공평하지 않다는 사람도 있을 수 있다.

스크럼이 정착되는 과정은 조직에 커다란 변화를 가져온다. 책임 범위가 넓어지고 보고 체계가 바뀌고 조직 내 권력이 이동하는 것은 물론 기대 심리도 변할 수 있다. 직원들 중에는 그런 변화 속에서 개인적, 업무적으로 손해를 보는 사람도 생기기 마련이다. 변화에 대한 득실이 조직에 어떤 영향을 미치는지 이해하게 되면 조직 내 어디에서 저항이 생길지 예측할 수 있어서 매우 중요하다.

다음은 왜 사람들이 변화에 저항하는지에 대한 연구 결과이다. 이에 따르면 관리자가 저항하는 가장 큰 이유는 권한을 잃는 것에 대한 두려움이었다. 직원과 관리자가 변화에 저항하는 이유를 정리한 표가 다음에 나와 있다.

번호	직원	관리자
1	인지 부족	권한을 잃는 것에 대한 두려움
2	모르는 것에 대한 두려움	시간 부족
3	고용 보장에 대한 두려움	기존 방법의 편안함
4	스폰서십의 부족	그게 내게 무슨 이익이 된다는 거야? 라는 질문에 해답이 없음
5		해결책을 제시할 방법이 없음

표 6.1
직원과 관리자가 변화에 저항하는 이유

누가 저항하는가?

저항이 어디에서 발생할지 예상해 볼 때 다음 질문들에 대한 답을 생각해 보면 도움이 될 것이다.

- 스크럼이 성공적으로 도입되면 누가 힘이나 명성, 권력을 잃어버리는가?
- 스크럼 도입에 반대하기 위해 어떤 그룹이 형성될 것 같은가?

조직 변화 속에서 기득권을 잃어버리게 되는 사람들이나 반대를 위해 형성되는 단체를 알게 되면 초기에 저항을 효과적으로 줄이기 위해서 어느 곳에 집중해야 할지 알 수 있다.

변화에 저항하는 사람도 생기지만 변화를 즐기는 사람도 분명 존재한다. 머셀화이트와 인그램은 변화에 대처하는 사람들의 성향을 그림 6.1처럼 분류했다. (Luecke 2003) 세부사항과 루틴을 중요시하는 보수주의자들은 신중하고 계획적이며 조직적인 특성을 가지는데 현재 조직구조를 유지하면서 변화를 추구하는 걸 선호한다. 보수주의자들은 보통 조직 구성원의 약 25%를 차지한다.

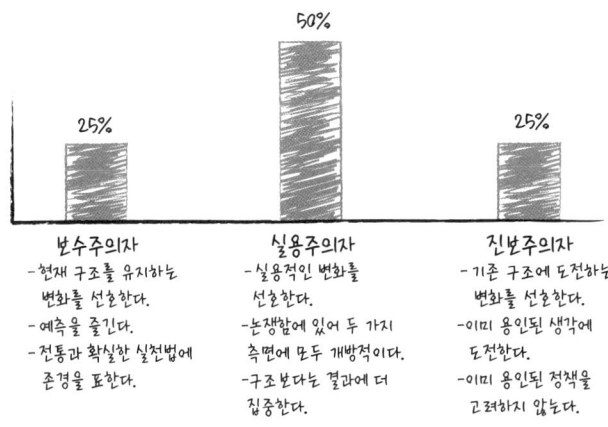

그림 6.1
변화에 대한 개별적 성향

마지막에 위치한 25%는 진보주의자들이다. 진보주의자들은 조직화되거나 통제되는 것을 싫어하고 모험을 감수하길 좋아하며 조직 정책에 대한 호감도가 적어서 현재 구조에 도전하는 변화를 선호한다.

보수주의자와 진보주의자들 사이에 있는 사람들이 전체 구성원의 50%를 차지하는 실용주의자들이다. 이들은 대체로 실리를 중시하며 융통성이 있고 과정(구조)보다는 결과를 중시하며 보수주의자들과 진보주의자들에 비해 팀을 중시하는 성향을 가지며 두 가지 논점에 대해 개방적이기 때문에 보수주의자와 진보주의자

사이에서 좋은 중재자가 될 수 있다.

변화에 대한 이런 세 가지 성향을 인지하는 것은 구성원 중에 누가 반감을 가지게 될 것인지 구분하는 데 유용하다. 분명 보수주의자들은 스크럼에 대해서 반감을 갖게 될 것이다. 일하는 방법, 팀 간의 협업, 기대치에 대해 스크럼이 가져오는 변화는 보수주의자의 성향과는 어울리지 않는 변화들이다.

> **노트**
>
> 사람들을 보수주의자Conserver와 실용주의자Pragmatist, 진보주의자Originer로 구분하는 것은 단순히 전체적인 면만을 보여주기 때문에 완전하지 않다. 개개인은 자신만의 독특한 성향을 갖고 있지만 이렇게 구분하는 것이 저항을 극복하기 위한 전략을 생각하는 데 도움을 줄 수 있다. 조직에서 개인의 역할은 어떤 사람이 왜 저항감을 갖고 있는지 이해하는 데 도움이 된다. 그밖에 저항에 대한 원인들은 7장 「새로운 역할」과 8장 「역할 변경」에서 더 설명하도록 하겠다.

물론 스크럼 도입에 저항하는 것이 보수주의자들만은 아니다. 실용주의자 중에서도 반감을 가지는 사람이 있다. 실용주의자들은 자신들의 이익을 위해서라면 찬성과 반대 어느 쪽으로도 쉽게 타협하고 지원을 아끼지 않기 때문이다. 따라서 실용주의자들을 스크럼 지지자로 돌아서게 하는 것이 스크럼 도입에 성공하는 기초 작업이 된다. 실용주의자들을 스크럼으로 끌어오기 위해선 다음 활동들을 고려해야 한다.

- 팀의 실용주의자들이 참여하는 파일럿 프로젝트를 진행하라.
- 파일럿 프로젝트에 참여하지 않은 실용주의자들에게 그 결과를 확인시켜라.
- 실용주의자들을 교육하라.
- 지역 내 유명한 애자일 그룹이 참석하는 컨퍼런스 등을 통해 실용주의자들이 다른 회사의 성공 사례를 알게 하라.
- 스크럼이 모든 문제를 해결해 줄 것처럼 말하지 말고 스크럼의 단점, 스크럼 도

입의 가치를 서로 공유하라.
- 4장 「기민함을 위해 이터레이션 수행하기」에 등장하는 개선 커뮤니티에 실용주의자들을 포함시켜라.

폭포수 모델의 잘못된 시각과 애자일 공포증

스크럼에 대해 들어왔던 많은 논쟁들은 실제로 많은 조직에서 충분히 일어날 수 있는 일반적인 일이다. 물론 그 중에는 특정 조직에 국한해서 발생하는 문제들도 있다. 조직, 업무, 기술, 제품, 문화, 사람들이 제기하는 스크럼에 대한 도전들을 생각해 보면 여러분이 듣게 될 논쟁거리를 예상할 수 있다. 그렇게 함으로써 많은 반대 의견들(일반적인 의견이든 특정 그룹에 국한된 의견이든)을 폭포수 모델의 잘못된 시각과 애자일 공포증으로 구분할 수 있다는 사실을 알게 될 것이다.

폭포수 모델에 대한 잘못된 시각이란 폭포수 모델 프로젝트에서 오랫동안 일하면서 굳어진 애자일이나 스크럼에 대한 잘못된 믿음이나 생각을 말한다.

- 스크럼 팀은 계획을 세우지 않기 때문에 고객에게 계획에 대한 확답^{commitment}을 줄 수 없다.
- 스크럼은 모든 사람이 다재다능한 사람^{generalist}이 되기를 요구한다.
- 전 세계에 걸쳐 팀원들이 흩어져 있는 경우 각기 다른 문화적인 차이 때문에 애자일 팀이 될 수 없다.
- 전 세계에 걸쳐 팀원들이 흩어져 있는 경우에도 스크럼은 얼굴을 맞대고 커뮤니케이션 하라고 요구한다.
- 스크럼은 아키텍처를 중요하게 생각하지 않기 때문에 만들려고 하는 시스템 유형이 잘못될 수 있다.
- 스크럼은 단순한 웹사이트에는 괜찮지만 우리 시스템은 너무 복잡해서 쓸 수가 없다.

애자일 공포증은 애자일 실천법에 대한 강한 공포나 반감을 의미하며 '변화'에 대한 확신이 없기 때문에 생긴다. 여러분이 만나게 되는 애자일 공포증은 다음과 같은 것들이 될 수 있다.

- 할 일이 없어질까 두렵다.
- 우리가 내린 결정이 받아들여지지 않아서 해고될까 두렵다.
- 합의점에 다다르기 위한 노력과 논쟁이 두렵다.
- 사람들이 내가 보잘것없다는 사실을 알게 될까 두렵다.
- 누군가가 명확하게 내 일을 정해주는 것이 편하고 일하기 쉽다고 느낀다.
- 사람들에게 할 일을 명확하게 이야기해줄 수 있을 때 편안함을 느낀다.

폭포수 모델의 잘못된 시각은 논리적 근거가 있는 논쟁, 일화, 증거에 의해 생기는데 반해, 애자일 공포증은 보통 좀 더 개인적이고 감정적이다. 사람들은 때로 자기가 갖고 있는 반대 의견이 사실은 자신의 의견이 아니라 단지 전해 들은 것뿐이라는 걸 알아야 한다.

　　이 책을 통해서 수많은 폭포수 모델의 잘못된 시각과 애자일 공포증에 대한 편견을 바로잡아 보려 한다. 본문의 많은 장에는 '반대 의견'이라고 제목이 붙은 부분이 있는데, 이 부분은 스크럼에 대한 공통적인 질문과 오해들이 어떻게 나타나는지에 대한 조언들이다.

변화에 대한 커뮤니케이션(전달)

표 6.1을 다시 살펴보면 사람들이 변화에 대해 저항하게 되는 가장 큰 원인이 인식 부족이라는 것을 알 수 있다. 하지만 이 조사에 참여한 사람들의 삭제된 이메일 폴더를 열어보면 그 변화가 필요한 이유에 대해 설명한 메시지를 적어도 하나쯤은 찾아낼 수 있을 거라 확신한다. 그러나 (물론) 그 원인에 대해 이야기하는 것과 그 원인을 이해하는 것은 분명 별개 문제다. 우리들 대부분은 누군가의 메시지를 이해하고 공감하기 위해서 여러 번, 다양한 방법으로 전달받는 게 필요하다. 같은 메시지를 듣더라도 리더에게 듣는 것이 나을 때가 있고 동료에게 듣는 것이 나을 때가 있다.

리더에게 듣는 것

직원들이 다양한 종류의 정보를 각기 다른 사람들로부터 전달받는 것을 선호한다는 조사 결과는 놀라운 사실이 아니다.(Hiatt 2006, 12) 조직 구성원들은 조직의 높은 위치에 있는 사람으로부터 왜 변화가 필요한지 듣고 싶어한다. 동시에 그 변화가 개개인에게 어떤 영향을 미치게 되는지는 직속 상사에게서 듣기를 선호한다. 이런 사실은 스크럼을 통해 변화해야 하는 이유를 설명하기에 가장 적합한 사람이 그 회사 경영자와 해당 부서 중간 관리자임을 시사한다. 조직 구성원들은 그 변화의 숨은 영향에 대해서 관리자와 개인적으로 이야기할 기회가 필요하다. 물론 동료에게 듣는 게 가장 나을 때도 있다.

만약 여러분이 공식적이든 비공식적이든 조직의 리더라면, 도입에 대해 커뮤니케이션해야 하는 위치에 있는 자신을 발견하게 될 것이다. 불확실한 미래에 대해서 이야기해야 할 때 여러분도 어떻게 대답해야 하는지 모르는 질문을 받게 될 수 있다. "누군가 해고되는 건가요?" "누구에게 보고해야 하나요?" "제 연말 평가는 누가 작성하나요?" 만약 이런 질문들에 대한 답을 모르면 절대로 추측해서는 안 되며 항상 정직해야 한다. 한 번의 거짓말로 지금까지 쌓아온 모든 신뢰가 무너질 수 있다.

또한 변화에 대한 커뮤니케이션에서 잊지 말아야 할 것은 '듣는' 것이다. 공식적, 비공식적 리더로서 여러분의 역할은 필요한 내용을 전달하는 것뿐만 아니라 공공연히 이야기되는 반대 의사나 그 뒤에 숨겨진 이야기들을 주의 깊게 들어주는 것이다. 표 6.1의 저항 원인을 다시 한번 살펴보자. "이 변화가 좋은 생각인 것 같지 않아요"라는 데는 이유가 없다는 사실에 주목하라. 당연히 스크럼으로 전환을 나쁘게 생각하는 사람들이 조직 내에 있을 수 있다. 하지만 다른 원인보다 개인적인 이유 때문에 (이 장 처음에서 언급했던 변화에 대한 사회적인 관점을 떠올려보자) 변화에 대한 저항감을 갖는 사람들이 더 많다. 다른 사람들과 하는 모든 대화에서 말하기보다 듣는 것에 더 많은 시간을 보내라. 변화에 저항하는 사람들 개개인을 위해 이런 문장을 완성할 수 있어야 한다. "나는 스크럼을 할 수 없습니다. 왜냐하면 그것은 내가……" 이 문장을 마치는 수천, 수만 가지 방법이 존재한다. 최근에 가졌던 고객 미팅에서 만난 사람들에 대해 이 문장을 다음과 같이 끝낼 수 있었다.

- 지금 원하는 것보다 더 열심히 일해야 하기 때문이죠.
- 내 일 중에서 가장 좋아하는 부분을 그만두어야 하기 때문이죠.
- 원격지에 일하는 팀과 가까워지기 위해 출장을 더 가야 하기 때문이죠.
- 더 이상 실전에 강한 프로그래머가 아니라는 것을 숨길 수 없기 때문이죠.
- 예전처럼 많은 사람들이 보고를 하지 않기 때문이죠.

그날 만난 사람들 중에 이런 문장을 썼던 사람은 아무도 없었지만 주의를 기울여 들어보니 그런 의미가 담겨 있다는 것을 짐작할 수 있었다. 왜 개인들이 반감을 가지는지 이해하는 것이 저항 극복에 도움이 되는 첫 번째 단계가 된다.

동료에게서 전해 듣기

성공적인 커뮤니케이션 계획에는 아직 확신이 없는 직원들이 동료로부터 전달받을 수 있는 충분한 기회가 들어가야 한다. 「MIT Sloan Management 보고서」에서도 유사한 내용의 기사가 실린 적 있다.

> 특히 정해진 기간 없이 다른 사람에게 영향을 주는 가장 확실한 방법은 위로부터가 아니라 옆에서부터 접근하는 것이다. 리더는 변화를 받아들이지 못하는 직원들이 팀 미팅 등을 통해 변화를 인식한 동료들의 이야기를 들을 수 있게 해야 한다. 같은 부서의 직속 상사보다 유망한 옆 부서 동료의 말 한마디가 훨씬 큰 효과를 나타낼 수도 있다. (Griskevicius, Cialdini & Goldstein 2008, 86)

실반 골드만의 재미있는 일화는 동료가 끼치는 영향력에 대해 말해준다. 그는 1937년에 마켓의 손님들이 손가방이 무거워지면 쇼핑을 그만두는 것을 보고 쇼핑카트를 발명했다. 놀랄지 모르겠지만, 골드만의 쇼핑카트가 단숨에 유명세를 탄 것은 아니었다. 아무도 카트를 사용하려 들지 않아서 골드만은 카트를 끌고 쇼핑하는 척하는 남녀배우들을 고용해야 했다. 쇼핑객들은 자신 같은 사람들이 쇼핑카트를 사용하는 것을 보고 나서야 비로소 사용하기 시작했다. 지금은 쇼핑카트가 식료품점 어디서나 볼 수 있지만 말이다.

좀 더 개인적인 예를 들어보겠다. 여러분이 컨퍼런스장이나 박람회장에 있다고 생각해보자. 한 업체 부스에 많은 사람들이 몰려 있고 누군가 "들어가게 해줘요!"라고 외치는 소리를 들었다면 대체 사람들이 무엇에 그렇게 열광하는지 귀를 기울일 수밖에 없을 것이다. 또 마임 배우, 길거리 음악가, 저글러의 길거리 공연에서 처음엔 조금밖에 없던 사람들이 점점 몰려드는 것을 본 적이 있을 것이다. 이런 것들이 동료가 끼치는 영향력을 보여주는 예라고 할 수 있다.

동료가 주장하는 변화의 이점에 사람들은 귀를 기울인다. 효과적인 스크럼 이행 노력에는 얼굴을 맞대고 하는 토론이 들어간다. 점심시간 자연스럽게 이루어지는 비공식적인 동료와의 대화가 좋은 예이다. 그렇지만 효과적으로 스크럼 이행을 이끌어야 하는 리더라면 다양한 기회를 찾기 위해 노력해야 한다. 실천법 커뮤니티 참여를 권장한다거나, 공식적인 1:1 점심시간 프레젠테이션을 계획하는 등 다양한 활동을 만들어 가야 한다. 가능한 직원들에게 적합한 메신저를 찾아주도록 노력하자. 동료가 끼치는 영향력의 효과에 대한 연구가 주는 충고를 고려하라.

　관리자들이 직원들의 의견은 어떤지 확인할 때, 같은 상황이면 확신이 없는 사람보다 가장 분명한 의견을 내는 사람을 선택하게 된다. 따라서 이행 초기에 오랫동안 기득권을 누려온 직원들이 강하게 저항한다면 말을 잘하면서 최근에 임원이 된 사람보다는 변화를 수용하는 오랜 직장 동료가 더 큰 도움이 된다.(Griskevicius, Cialdini & Goldstein 2008, 86)

개인적인 저항은 왜, 어떻게 발생하는가?

사람들은 여러 가지 이유로 스크럼이 가져오는 변화에 저항한다. 현재 업무와 동료들에게 편안함을 느끼기 때문에 저항하는 사람이 있다. 그것은 조직에서 현재의 직급까지 승진하여, 지금 팀에 있게 되고, 그 관리자 밑에서 일을 하며 매일 어떻게 일하면 되는지 아는 데 몇 년이 걸렸기 때문이다. 또 어떤 이들은 잘 알지 못하는 데서 생기는 두려움 때문에 스크럼이라는 변화에 저항한다. "모르는 악마보다 알고 있는 악마가 더 낫다"를 마치 주문처럼 외우면서. 또 스크럼을 정말로 싫어하거나 신뢰하지 않는 사람도 있을 수 있다. 이들은 복잡한 제품에 대한 초반 설계를 확실히 하지 않고 반복적으로 개발하면 재앙이 될 수밖에 없다고 확신한다.

사람들이 스크럼에 저항하는 이유가 다양한 것처럼 저항을 표현하는 방법도 여러 가지가 있을 수 있다. 어떤 사람은 잘 짜인 논리와 격한 토론으로 저항하는가 하면 어떤 이는 조용히 변화의 노력을 꺾는 행동으로 저항하기도 한다. "문서를 없애는 것이 좋은 아이디어라고요? 문서가 없으면 어떻게 되는지 내가 보여드리죠." 수동적인(소극적인) 저항을 하는 사람은 결함 추적시스템에 지속적으로 관리하기로 팀원들 모두가 동의한 버그 리포트조차 작성하지 않는 것을 생각해 내기도 한다. 또 어떤 사람은 변화를 조용히 무시하고 가능한 옛날 방식 그대로 일하면서 스크럼 도입이 무산되기를 기다린다.

이런 저항들은 스크럼 도입에 대해 사람들이 어떻게 느끼는지를 보여준다. 조직 내 변화 관리자나 리더로서의 목표는 개개인들이 저항하는 근본원인을 이해하고 이 원인으로부터 배워서 사람들이 저항을 극복할 수 있도록 돕는 것이다. 이런 일을 수행할 때 이용할 수 있는 다양한 기법이 있다. 하지만 기법을 신중하게 선택하지 않으면 기대했던 효과를 얻기 힘들다. 사람들이 어떤 식으로, 왜 저항하는지 생각해보는 것이 적절한 기법을 선택하는데 유용하다. 스크럼에 저항하는 이유를 보통 두 그룹으로 나눌 수 있다.

· 현 상황에 만족하는 사람
· 스크럼을 싫어하는 사람

현재 도입되는 접근법 자체를 거부하는 사람들은 첫 그룹에 해당한다. 스크럼 도입에 저항하는 이런 유형은 어떤 변화의 물결에도 비슷한 반응이 예상되는 사람들이다. 업무에 적용되는 구체적인 애자일 방식에 이의를 제기하는 사람이라면 두 번째 그룹에 해당한다. 다양한 저항 원인의 예와 이 원인들을 어떻게 분류하는지는 표 6.2와 6.3에 나와 있다.

개인의 저항을 분류하는 방법은 더 간단하다. 저항이 능동적인가? 아니면 수동적인가? 능동적인 저항은 스크럼 도입을 무산시키거나 방해하려는 의도로 특정 행동을 할 때 일어난다. 수동적인 저항은 보통 하겠다고 말한 후에 그 행동이 실패했을 때 나타난다. 스크럼에 저항하는 두 가지 일반적 원인과 방식을 조합하여 그림 6.2와 같은 기본적인 2×2 매트릭스를 이끌어냈다.

현실 안주의 예
지금 같이 일하는 사람들이 좋다.
현재 역할이 지닌 권력이나 명망이 좋다.
이 방식이 내가 배우고 할 줄 아는 유일한 방식이다.
어떤 종류의 변화도 싫다.
어찌 됐든 실패할 거기 때문에 또다른 변화를 시작하고 싶지 않다.

표 6.2
현 상황이 좋아서 스크럼에 저항하는 사람

스크럼을 싫어하는 예
스크럼은 일시적인 유행인 것 같다. 우린 3년 안에 원래대로 돌아 올 것이다.
스크럼은 우리 제품에 맞지 않는 것 같다.
나는 이 분야가 처음이라 귀머거리에 벙어리가 될 것 같다.
스크럼은 우리처럼 흩어져 있는 팀에게는 맞지 않다.

표 6.3
스크럼을 싫어해서 저항하는 사람

그림 6.2의 각 사분면은 x, y 축을 기준으로 사람들의 저항 방식을 설명하고 있다. 회의론자들은 스크럼 원칙이나 실천법에 동의하지 않기에 스크럼으로의 전환에 소극적으로 저항하는 사람들이다. 회의론자들은 정중하게 스크럼에 대한 의견을 낸다. 가령 "일일 스크럼을 너무 자주 하는 것 아닌가요?" 라며 불평하기도 한다. 이들은 스크럼으로의 전환을 그만두게 하려는 사람들로 간주해야 한다. "내가 전에 했던 방식과는 많이 다르네요. 하지만 흥미롭습니다. 정말 이렇게 될지 한번 시도해 보는 게 어떨까요?" 이렇게 변화에 긍정적인 사람들과는 반대로 말이다.

그림 6.2에서 회의론자의 상위권을 차지하는 사람을 방해공작원이라고 부른다. 방해공작원들은 회의론자처럼 현재 개발 프로세스를 지지해서가 아니라 스크럼을 싫어해서 도입에 저항한다. 하지만 회의론자들과는 다르게 초반 설계$^{\text{up-front}}$ ^{design}을 과도하게 오래 끌면서 스크럼으로 바꾸려는 노력을 힘들게 한다. 그림 6.2의 왼쪽 영역은 현재 상황을 좋아해서 저항하는 사람들이다.

이들은 현재의 활동, 명성과 동료들에게서 편안함을 느낀다. 원칙적으로 이런 사람들은 스크럼 도입에 개인적으로는 반대하지 않는다. 그렇지만 자신들의 현재 상황이 위험에 처하면 어떤 변화에도 반발할 사람들이다. 현재 상항을 좋아하는 사람과 변화에 능동적으로 저항하는 사람은 다루기 어렵다고 알려져 있다. 이들은 그런 자신들의 이유로 사람들을 규합하여 스크럼 도입을 방해하는 시도를 하기도 한다.

그림 왼쪽 밑에 보이는 사람들은 현재 상태에 만족하며 수동적으로 변화에 저항하는 추종자들이다. 이들은 그저 그 변화가 일시적인 유행처럼 사라지기를 기대하며 변화에 절대 강하게 반발하지 않는다. 이들에게는 스크럼이 새로운 절차가 된다는 것을 보여주는 게 필요하다.

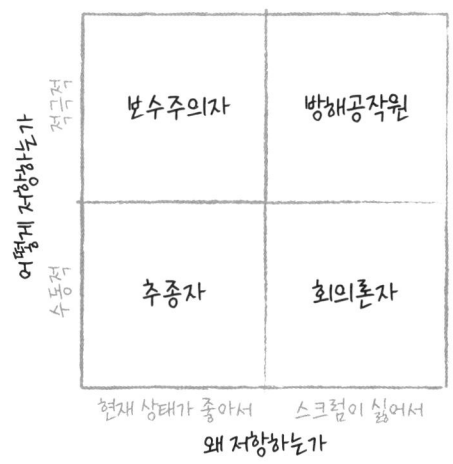

그림 6.2
어떤 이유 때문에 어떻게 저항하느냐에 따라 저항하는 사람을 4가지 유형으로 구분한다.

회의론자들

태드는 스크럼 도입에 선택의 여지가 없다. 그가 다니는 회사를 인수한 새로운 경영진은 즉시 스크럼을 시작하라는 엄명을 내렸기 때문이다. 하지만 자신이 선택한 방식이 아니어서 크게 걱정이 됐다. 일일 스크럼, 특히 600마일이나 떨어져 있는 제품 책임자와의 협업이 무슨 가치가 있을까? 어떻게 복잡하고 큰 새로운 제품을 충분한 초반 설계없이 완료할 수 있을까? 반복적 개발 단계가 주는 가치에 대해서 알고 있지만 여전히 사전 설계 단계는 필요하다고 생각했다.

태드는 회의론자다. 스크럼이 다른 도메인, 기술 환경에서도 가능하다는 것을 이미 알고 있다. 단지 자신의 프로젝트가 아니라면 말이다. 태드는 스크럼이 웹 개발에 적절하다고 생각하지만 자신 회사의 과학적인 애플리케이션에 맞을지 의문이다.

조직에서 가장 오랫동안 함께 해온 개발자면서 가장 숙련된 팀원인 테드는 오피니언 리더다. 다른 사람들은 그가 스크럼을 도입하라는 명령에 어떻게 행동하는지 지켜볼 수밖에 없다.

테드는 스크럼 도입에 상당한 의심을 갖고 있다. 사람들은 어려운 질문을 던질 기회나 스크럼 팀으로 일하면서 스크럼의 장점을 직접 경험하기 전까지는 스크럼을 완전히 받아들일 거라 기대할 수 없다. 테드도 확신이 부족했기 때문에 의심을 넘어서 작지만 중요한 방식으로 저항했다. 일일 스크럼의 이점을 보지 못했기 때문에 계속해서 이를 생략하도록 했다. 어느 날 일일 스크럼을 마치면서 "이 모든 것을 적어도 오늘까지 끝내야 한다는 말로 들려요. 그러니까 내일 일일 스크럼은 생략하고 하루 뒤에 만납시다. 2일마다 진행해도 괜찮을 것 같네요." 가끔은 스크럼 마스터도 이런 논쟁을 성공적으로 해결하겠지만 항상은 아니다. 어쩌면 그 스크럼 마스터도 스크럼이 처음일 수 있다.

게다가 많은 회의론자들처럼 테드도 가끔은 스크럼 실천법에 대한 지원을 주장하면서 늘 해왔던 대로 일하기를 계속했다. 예를 들어 점진적으로 일하는 것을 지지하다가 매 스프린트마다 잠재적으로 전달 가능한 제품을 만드는 게 어떤 가치를 주는지 이해해야 한다고 주장했다. 사실 테드는 제품의 모든 부분이 하나의 스프린트 안에서 설계, 코딩, 테스트되는 것을 믿지 못했다. 그래서 팀원들이 각 스프린트에 할 수 있는 양보다 더 많은 일을 처리하도록 습관적으로 강요했다. 그에게 있어 더 많은 일을 한다는 것은 어떤 기능이 완료됐는지를 적어도 2번의 스프린트에 걸쳐 확인하는 방식이었다.

회의론자들에게 나타나는 저항을 극복하기 위한 유용한 도구는 다음과 같다.

- **충분한 시간을 허락한다** _ 만약 여러분이 스크럼으로 전환하려고 노력한다면 스크럼이 주는 이점의 증거들이 쌓이기 시작할 것이다. 비록 이 증거들이 단순한 사례라 하더라도 회의론자들이 만들어내는 저항의 정도를 줄여줄 수 있다.
- **교육을 진행한다** _ 회의론자는 스크럼을 직접 해본 적도 없고 하는 것도 보지 못해서 저항하기도 한다. 교육은 (강의실에서 진행하는 정식 강의이든 사무실에서 하는 외부

강사 교육이든 상관없이) 스크럼이 어떻게 진행되는지 회의론자들을 경험시키는 게 도움이 된다.

- **동료의 경험담으로 유인한다** _ 자신이 어떤 것을 전혀 경험해보지 않았지만 친구나 지인이 해봤다고 한다면 그들의 개인적인 이야기는 여러분의 마음을 움직일 것이다. 만약 여러분 조직의 다른 팀에서 스크럼 성공 이야기가 들려오면 회의론자도 그 이야기에 귀를 기울일 것이다. 만약 스크럼이 여러분 조직에 처음 도입되는 거라면 외부에서 애자일 경험자를 초대하라. 점심시간에 지역 내 소프트웨어 아키텍트의 스크럼 성공담을 직접 듣게 된다면 회의론적인 아키텍트들을 설득할 수 있을지 모른다.

- **챔피언 회의론자를 임명한다** _ 매리 린 맨스(Marry Lynn Manns)와 린다 라이징(Linda Rising)은 자신들의 책 『Fearless Change』에서 누군가를 그 회사의 챔피온 회의론자로 임명할 것을 제안하고 있다. 챔피언 회의론자는 영향력 있고 존경받으며 동료들과 관계가 좋아야 하고 변화에 대한 적대감이 없어야 한다.

    챔피언 회의론자는 모든 회의에 초대되어야 함은 물론 우리(스크럼을 도입하고 있는)의 문제를 지적할 수 있는 기회가 주어져야 한다. 챔피언 회의론자가 진지하게 던지는 우려사항을 정보로 이용하라. 이렇게 편견 없는 모습을 보여주게 되면 사람들의 두려움이 위기로 커지는 상황을 막을 수 있다.

- **이슈를 던진다** _ 스크럼 도입의 특정 부분을 회의론자가 맡도록 하자. 한 개 스프린트에서 어떤 기능에 대한 설계와 개발 테스트를 같이 진행하는 게 불가능하다고 믿는 회의론적 시각을 가진 테스터와 한바탕하고 있다고 가정해보자. 같은 스프린트 내에 테스트를 완료한다는 목표를 팀이 달성할수 있는 방안 다섯 가지를 제시해달라고 그 테스터에게 요청해보라. 그 테스터는 자기 외 다른 사람이 그 일을 성공적으로 해낼까 두려워서라도 방안을 찾으려 할 것이다. 그리고 나서 다섯 가지 방법을 시도하도록, 또는 가장 괜찮아 보이는 한두 개를 선택해서 시도하도록 요청하자.

- **문제를 알아낸다** _ 경험상 스크럼을 소개하는 만큼이나 어려운 일은 어떤 일을 할지 선택하는 것이다. 왜냐하면 그렇게 하도록 강제해야 하기 때문이다. 새로운 경쟁자가 시장에 참여했을 수도 있고, 지난번 제품을 출시하는 데 1년이나 걸렸을 수도 있고, 이와 비슷한 수많은 이유가 있을 수 있다. 스크럼 도입에 발생하

는 이런 이유들이 스크럼 도입과 관련 있다면 도입이 성공했을 때 더 나은 미래가 올 거라는 사실은 확실해진다.

> **노트**
>
> 저항 극복을 위한 더 많은 도구들은 방해공작원, 보수주의자, 추종자에 대한 부분에서 설명하겠다. 비록 저항하는 사람의 유형과 상관없이 어떤 도구라도 사용할 수 있지만 저항 유형에 따라 가장 유용했던 도구들을 정리해 놓았다.

태드의 경우 이슈를 던져줌으로써 회의론적인 성향을 극복할 수 있었다. 더 짧은 스프린트로 반복해서 개발함으로써 그의 소극적인 저항은 멈출 수 있었다. 그 팀은 4주 단위로 스프린트를 진행했지만 매번 스프린트 계획 회의에서 약 6주 분량의 일을 가져왔다. 나는 그들에게 한 스프린트에 실제로 얼마나 일할 수 있는지 가늠할 수 있을 때까지 2주 단위로 스프린트를 진행하라고 말했다. 태드는 이 생각을 좋아하진 않았다. 2주 뒤 스프린트 미팅에서 그런 짧은 스프린트로 일하는 것은 어리석다고 지적하며 그가 어리석다고 생각하는 작은 양의 일을 팀에게 지시했다. 하지만 그 정도가 팀에 적당한 양이었다. 처음으로 팀은 한 스프린트 내에 모든 작업을 완료할 수 있었다. 팀원들이 약속한 일을 완성하는 것의 가치를 알기 시작해서 태드는 팀이 더 많은 일을 하도록 은밀히 밀어부쳤으나 해당 스프린트에 자신들이 할 수 있는 만큼의 일만 하자는 팀의 주장에 의해 좌절되었다.

이슈를 던지는 방법이 태드의 경우에는 도움이 됐지만 저항을 없애준 가장 큰 요소는 시간이었다. 태드를 움직인 것은 (가능하다는 증거들이 하나씩 쌓이기 시작한) 시간이었다.

> **함께 보기**
> 스프린트 전반의 내용과 특히, 매 스프린트 마지막에 잠재적으로 출시 가능한 무언가를 만드는 것이 어떤 가치가 있는지는 14장 「스프린트」에서 다룬다.

방해공작원

방해공작원을 회의론자로 오해하기 쉽다. 하지만 어떤 변화에 대해 약간 불확실하다는 게 좋을 수도 있다. 검색엔진 회사에서 교육을 진행하다가 방해공작원을 회의론자로 혼동하는 실수를 한 적이 있다. 그 교육에 참가했던 엘레나는 유익하고도 도전적인 질문은 많이 했다. 나는 조직 내 그녀의 역할을 몰랐지만 많은 교육생들이 그녀를 어렵게 대하고 있었기 때문에 그녀가 매우 중요한 사람이라 여기고 그녀의 질문에 답하는데 많은 시간을 소비했다. 실제 내가 맞게 판단했고 그녀가 오피니언 리더였다면, 그녀의 반론을 하나씩 극복하고 변화시키는 게 회사에 큰 도움이 됐을 것이다. 하지만 그게 아니었다.

교육 마지막 날 사내 스크럼 교육을 위해 나를 초대한 임원과 만날 수 있었다. 우리는 교육에 대한 이야기를 나누었고, 나는 엘레나가 진실을 알 수 있도록 돕는 데 많은 진척이 있었기를 희망한다고 말했다. 그 임원은 이렇게 이야기 했다. "당신에게 그녀에 대한 경고를 했어야 했는데 아쉽군요. 그녀는 스크럼을 싫어합니다. 그녀는 UX 디자인 그룹을 운영하고 있는데 완전히 스크럼의 모든 것에 반대해왔습니다. 우리가 프로젝트를 시작한 6개월 동안 계속해서 우리와 싸워 왔던 터라 그녀가 당신 교육에 참석하고 있다는 것을 알고 무척 놀랐습니다." 엘레나는 스크럼에 반대하고 능동적으로 저항하는 방해공작원이었다. 대부분의 방해공작원들처럼 그녀도 스크럼에 반대하려는 목적으로 교육에 참석했던 것이다. 스크럼이 더 나은 제품을 더 빨리 개발하는 데 도움이 된다는 증거들이 쌓이고 있음에도 불구하고, 그녀는 그렇지 않다는 주장을 계속했던 것이다. 내가 왜 그렇게 강하게 반대하는지 이유를 묻자 그녀는 이렇게 대답했다. "전 지금 가장 좋은 위치에 있어요. 절대 물러서지 않을 겁니다!"

다음은 회의론자들의 저항을 극복하는 데 도움이 되는 몇 가지 도구들이다. 이 도구들은 방해공작원들에게도 유용하다는 사실이 입증됐다.

- **성공 사례** _ 스크럼이 적절한 방식인가에 대한 의심이 존재하는 한 방해공작원들은 저항을 확산하기 위해서 그런 의심을 이용한다. 그들은 아마 마지못해서 이렇게 말할 것이다. "네, 스크럼을 웹 프로젝트에 사용하긴 했습니다. 하지만 백엔드 프로젝트에는 사용할 수 없을 겁니다." 매우 다양한 유형의 프로젝트에서 얻은 성공 사례들이 이런 논쟁을 약하게 하는 확실한 방법이다.
- **결정사항을 반복하고 강조하기** _ 방해공작원들에게 회사가 스크럼을 도입하기로 했다는 사실을 알릴 필요가 있다. 어떤 약점이라도 보이면 (먹잇감을 노리는 사자처럼) 방해공작원들은 공격적으로 대응할 것이다. 많은 방해공작원들을 모아놓고

상위 경영진의 강한 메시지로 저항은 소용없다는 사실을 깨닫도록 만들자.
- **방해공작원을 다른 팀으로 보내라** _ 가능하면 다른 팀이나 프로젝트, 부서를 찾아 그들을 보내라. 여러분 조직이 작다거나 한 번에 모든 조직이 스크럼을 도입하는 게 아니면 스크럼을 팀, 프로젝트, 부서에 확산하는 동안 방해공작원을 어디 다른 팀으로(다른 팀에서 생산적인 팀원이 되도록) 보내는 게 낫다.
- **방해공작원을 해고하라** _ 이 방법은 사람들을 재배치하는 극단적인 방법이다. 그러나 만약 어떤 사람이 회사가 나아가려는 방향에 반대하며 강하게 저항한다면 해고가 가장 빠르고 적합한 수단이 될 수 있다.
- **성공한 사람들의 이야기임을 주지시켜라** _ 조직 내에서 스크럼에 대한 열정과 좋은 실천법을 찾아서 확산하는 개선 커뮤니티를 만들라는 아이디어를 4장에서 소개했다. 커뮤니티들이 특별히 흥미 있는 특정 토픽에 대해서만 왕성한 활동을 하게 되면 저항 극복의 충분한 모멘텀이 되는 데는 별 가치가 없는 일이 될 수 있다. 방해공작원들이 개선 커뮤니티 내에서 다른 사람들의 스크럼 성공 사례를 듣게 되면, 계속되는 저항 의지가 수그러들 수 있다.

운 좋게도 엘레나의 회사는 큰 조직이어서 다른 부서로 갈 수 있었지만 스크럼에 대해서는 두고보자는 태도를 버리지 않았다. 결국 그녀는 다시 생산적인 팀원으로 오게 됐지만 여전히 지금도 옛날에 일했던 방식으로 돌아가기를 남몰래 기다리고 있다고 한다.

보수주의자

캐서린은 금융데이터를 제공하는 본부의 지표 측정 부서 관리자로 일한다. 그 본부가 스크럼을 도입하는 데 그녀가 든든한 후원자 역할을 했다고 들었다. 하지만 그녀는 내게 프로세스와 제품 지표를 더 효과적으로 모을 수 있는 방법에 대해 몇 가지 질문을 했다. 경험상 그런 논의는 보통 새로운 것을 배울 수 있는 기회를 주기 때문에 나는 그런 작업을 매우 좋아했다. 그래서 그녀와의 미팅에서는 창의적이고 혁신적인 지표에 대해서 논의될 거라 기대했다.

하지만 내가 틀렸다! 캐서린은 겉으로는 감쪽같이 스크럼 도입을 지원하는 것처럼 행동했지만 이전 방식을 고수하고 싶어했던 것이다. 우리가 미팅을 잡기 3년

전 이 조직의 소프트웨어 개발은 납기를 지키지 못하면서 소프트웨어에 버그도 많아서 고객의 기대를 만족시키지 못하고 있었다. 그 당시 캐서린은 새로 고용된 테스트 매니저였다. 그녀가 제안한 새로운 업무방식은 많은 것들을 극적으로 바꿔 놓았다. 그 결과 팀은 납기를 지키는 것처럼 보였고(왜냐하면 스케줄은 내가 놀랄 만큼 부풀려져 있었다) 품질은 향상되었다(별도의 테스트 그룹을 만들어 제품이 넘어오면 몇 달 동안 테스트를 수행했다).

문제를 해결하려는 노력 때문에 캐서린은 승진했고 결국 지금 중요한 PMO를 맡게 되었다. 그녀가 자신의 경력과 예전에 진행했던 다양한 프로세스 개선이 회사에 크게 기여했음을 내게 이야기했을 때 나는 그녀를 스크럼 도입에 도움이 되는 지원군으로 확신했다. 하지만 내가 만난 사람은 자신만의 제국을 훌륭히 만든 사람이었다(과거에 회사의 목표였던 작업에서 성과를 올려). 그녀는 자신에게 보고하는 많은 사람들과 함께 현재 상황에 매우 만족하고 있어서 미래의 변화를 고려하고 싶지 않았다. 모세가 십계명이 쓰여진 석판을 가지고 산을 내려올 수밖에 없었던 것처럼 캐서린은 스크럼이라는 변화에 저항할 수밖에 없었다.

다른 보수주의자들처럼 캐서린도 그 어떤 원인보다 현재 상태를 바꾸고 싶지 않다는 이유로 스크럼에 반대했다. 그녀는 변화에 매우 완강하게 저항했지만 항상 겉으로는 스크럼을 지원하는 것처럼 주장했다.

보수주의자를 대하는 일반적인 방법이자 캐서린에게 사용한 방법은 자원을 조정하여 스크럼 도입에 관여하지 못하도록 하는 것이었다. 이렇게 해야 하는 이유는 보수주의자들이 보통 현 상태가 유지되기를 원하는 중간 관리자나, 상위 관리자인 경우가 많기 때문이다. 캐서린의 경우에 테스터들을 공유 풀로 관리하고 있었다. 이 부분을 이용해서 그녀는 악의적으로 프로젝트 간에 테스터들을 이동시켜 스크럼 도입에 나쁜 영향을 끼치고 있었다. 물론 거기엔 항상 그럴듯한 이유가 붙었다. 중요한 프로젝트에 테스터 인력이 추가로 필요하다거나 다른 프로젝트에서 특정 테스트의 전문적인 경험이 필요하다는 등. 캐서린의 전략은 프로젝트의 시작과 끝을 함께 할 사람이 팀에 없도록 하게 함으로써 많은 초반 스프린트에 참여했던 테스터가 후반에 한 명도 없게 만드는 것이었다.

방해공작원들의 저항을 극복하는 데 썼던 적절한 도구들을 보수주의자들에게도 쓸 수 있다. 다음은 보수주의자들에게 활용할 수 있는 도구이다.

- **인센티브를 정비하라** _ 보수주의자들은 현재 상태가 가져다 주는 이점 때문에 (가시적이거나 가시적이지 않거나) 현재 상태를 유지하려고 한다. 만약 보수주의자들이 크게 저항하면 조직 내에 존재하는 모든 인센티브가 애자일에 맞게 되어 있는지 확인하라. 내가 이야기하는 것은 금전적인 인센티브만이 아니다. 누군가의 승진이나 성과를 평가하는 비금전적인 인센티브도 포함된다. 가령 많은 사람들에게 보고를 받는 게 조직 내 영향력을 보여주는 것일 텐데, 직접 받는 보고가 사라지는 것에 사람들이 저항한다고 놀랄 필요는 없다.

> **함께 보기**
> 20장 「인사, 총무, PMO」에서 인적자원과 관련된 다양한 이슈와 조언들을 볼 수 있다.

- **현재 상황에 불만을 가지게 하라** _ 보수주의자들은 현재 상황을 좋아한다. 그들은 스크럼이어서 반대하는 것이 아니다. 그저 현재 상태가 좋아서 반대한다. 그래서 현재 상태에 불만을 갖도록 만드는 것을 시도해 본다. 위기를 만들라는 이야기가 아니라 그럴 여지가 있는 부분을 지적하라는 의미다. 시장점유율이 떨어지고 있다면 이 사실을 사람들이 알고 있는지 확인하자. 기술지원 요청이 증가하면 사람들에게 보여줘라. 최근 업계 신문기사에 경쟁사 제품의 칭찬이 쏟아진다면 모두가 볼 수 있는 장소에 그 기사를 걸어놓는다. 소그룹의 인터랙션에 대해서 교과서 격인 책을 낸 스튜어트 텁스$^{Stewart\ Tubbs}$의 조언은 이 의견을 뒷받침해 준다. "선견지명이 있는 관리자는 조직을 지속적으로 개선시킬 방법을 항상 찾고 있다. 조직을 더 효과적으로 만드는 방법을 찾는 일을 끊임없이 한다. 그리고 현재 상황에 불만을 갖도록 하는 방법으로 이런 생각들이 이야기되는지 살펴본다." (2004, 352)

- **두려움을 인지하고 맞서라** _ 보수주의자들은 스크럼 때문에 자신들이 어떤 일을 하게 될지 모른다고 여기며 저항한다. 이들은 보통 현재 위치에 매우 행복하다. (알다시피) 불확실한 미래에 대한 두려움은 매우 강력하다. 내 역할이 어떻게 바뀔까? 나는 어떻게 평가받는 걸까? 내 경력에 다음은 무엇일까? 이런 질문들이 보수주의자들의 마음에 강력한 질문이다. 여러분이 해답을 알고 있고 답해줄 수 있는 위치라면, 답을 해줘라. 만약 해답을 알지 못하면 모른다고 말하고 (보수주의자들의 일을 높이 평가하고 가능하다면) 같이 해답을 찾아주겠다고 약속하라. 단지 보수주의자뿐만 아니라 다른 사람들도 무엇을 하게 될지 분명히 해주면 이런 두려움을 잠재우는 데 도움이 된다.

캐서린의 경우 그녀의 부사장(크리스틴)과 함께 새로운 조직에 맞는 그녀의 역할을 찾아보았다. 극적인 프로세스 개선으로 회사를 인도했던 지난 경험을 신뢰하고 있으며 회사를 다시 돕는 중요한 자리를 그녀에게 제안했다. 부사장 크리스틴은 새로운 조직에서 캐서린의 역할은 분명히 했지만 캐서린의 정체성과 자부심은 이전에 그녀가 해왔던 프로세스에 얽매여 있었다. 회사가 그 프로세스를 넘어 더 나아가는 데 도움이 될 수 없어 결국 캐서린은 회사를 떠났다.

추종자

보수주의자처럼 추종자들도 특별히 스크럼 도입을 반대하는 게 아니라 현재 상태가 변하는 것에 반대한다. 하지만 보수주의자들과는 달리 저항은 소극적이다. 전자상거래 업체의 중간 레벨 프로그래머인 덱스터는 추종자였다. 회의론자들이 그렇듯이 질문을 하기도 했지만 항상 그 밑바닥에는 스크럼이 나쁜 것이라는 선입견이 있었다. 회의론자라면 이렇게 물어본다. "완벽한 사용자 경험이 정말 중요한 프로젝트에서는 스크럼을 어떻게 진행하나요?" 하지만 덱스터는 이렇게 물었다. "사용자 경험이 정말 중요한 프로젝트에서는 스크럼을 진행하기 어렵죠?"

나는 덱스터가 회사에 몇 번이나 다시 방문하냐고 물어봤던 것을 기억한다. "7월과 10월로 예정되어 있습니다"라고 대답했다(그때가 6월이었다). "그 뒤엔 없나요?" 덱스터가 되물었다. "아마도요. 하지만 지난 10월에는 아무런 계획도 없었죠." 내가 대답했다. "예, 그럼 이 작업도 올해 말이면 끝나겠군요." 난 그의 열정에 감명받았다. 하지만 회사 크기를 고려했을 때 스크럼 도입에 대한 그의 계획이 약간 무리라는 생각이 들어서 "글쎄요. 아마 힘들지 않을까요?" 라고 조언해 주었다. "내년에도 뭔가 할 일이 있을 겁니다. 모두가 스프린트를 시작한 것은 아니거든요. 하지만 내년에는 제가 필요 없을지 모르죠."

"어? 저는 그런 뜻으로 이야기한 게 아닙니다. 그때쯤이면 우린 새로운 프로세스를 진행하고 있을 거라는 의미입니다. 크리스마스 시즌이 끝나면 항상 업무 프로세스가 바뀌곤 했거든요."

이 회사에 처음 방문하기 전에 매년 프로세스를 변경했다는 사실을 이야기해 준 사람은 없었다. 하지만 매년 1월이면 새로운 프로세스를 도입했다는 과거 사례를 고려해보면 스크럼에 대한 덱스터의 행동(기다리면 사라지겠지라는)은 놀라운 일도

6장 저항 극복하기 133

아니었다. 사실 많은 추종자들이 현재 변화가 얼마 안 가서 뒤이어 발생할 변화로 대체되면서 몇 가지는 건너뛰게 될 거라는 이유로 이런 접근방식을 택한다. 덱스터는 성공적인 스크럼 도입에 심각한 방해물이 자신임을 드러내지 않았다. 하지만 여러분 조직에 덱스터 같은 사람이 많아지면 성공적인 도입에 방해가 된다. 다행인 것은 추종자들은 보통 그다지 강하게 저항하지 않는다는 점이다. 그들은 주로 그 변화가 어서 사라지길 바라면서 작고, 수동적인 저항을 한다. 다음 도구들은 이미 설명했던 도구에 더해서 특히 추종자들을 다루는 데 유용한 것들이다.

- **팀 구성을 변경하라** _ 함께 일해서 최고인 동료가 있는가 하면 함께 일하면 최악인 동료도 있다. 팀 구성을 바꾸는 일이 저항의 근원을 바꾸는 일이라는 사실은 틀림없다. 악성 세포를 도려내듯이 회의적인 방해공작원과 멀어지면 추종자들의 저항이 사라질 수 있다.
- **타당한 행동은 칭찬하라** _ 추종자들의 행동 변화에 집중하기보다는 험담꾼이든 지원자이든 간에 타당한 행동의 특정 측면을 칭찬하라. 그러면 추종자들은 그것을 보고 주목하게 될 것이고 저항은 다소 약해질 것이다.
- **추종자들이 관여하게 만들어라** _ 형세를 관망하는 추종자들의 저항을 줄이는 가장 좋은 방법은 새로운 프로세스 설계에 포함시키는 것이다. 예를 들면 레거시 애플리케이션에 대한 자동화된 단위 테스트를 어떻게 진행할지 알기 위한 개선 커뮤니티에 참여하도록 하거나 계약서상의 날짜를 지키는 데 스크럼이 어떤 영향력을 발휘하는지 영업 그룹에 설명하는 발표를 함께 준비하도록 하자.
- **먼저 본보기를 보여라** _ 추종자들은 롤 모델을 필요로 한다. 제대로 애자일스러운 행동을 보여주는 사람을 따르면서 자기 행동을 모방하는 추종자를 늘려 가라. 가령 스크럼에서 필수적인 부분인 협업에 대해서 다른 사람과 여러분이 상호작용하는 모습을 보여주도록 노력하라.
- **진짜 장애물을 식별하라** _ 2장 「스크럼 도입하기」에서 설명하는 모델에 따라, 추종자들이 인식하기, 갈망하기, 혹은 스크럼에 대한 역량이 부족해서 저항하는 건 아닌지 판단해야 한다. 그리고 나서 그 장애물을 깨뜨리는 데 적합한 지원을 제공하자. 스크럼 이행에 대한 이유를 모른다면 허심탄회하게 이야기 나눌 만한

자리를 마련하자. 만약 현재 애자일을 할만한 역량이 부족하다면 그런 기술을 배울 수 있는 사람과 짝을 이룰 수 있는 기회를 찾아주자.

> **지금 시도해볼 것들**
>
> - 여러분 조직 내에서 가장 강하게 저항하는 사람을 다섯 명만 떠올려보자.
> - 그 사람들이 회의론자, 방해공작원, 보수주의자, 추종자 중 어느 그룹에 속하는지 판단해보자.
> - 다섯 명의 맹렬한 저항을 줄이거나 되받아칠 만한 행동을 생각해보자.
> - 처음에 생각했던 인식하기와 갈망하기대로 도입이 제대로 진행되고 있는지 평가해보자. 필요하다면 이런 활동들을 다시 진행해본다.

유익한 붉은 깃발과 같은 저항

대규모 조직에 복잡한 변화를 소개할 때, 저항은 피할 수 없다. 조직 리더는 그런 저항를 피해서는 안된다. 이번 장 처음에 언급했던 폴 로렌스는 리더의 적절한 반응에 대해 이렇게 기술했다.

> 저항이 보이면 이를 극복해야 하는 대상으로 보면 안 된다. 대신 뭔가 잘못되고 있다는 신호인 유익한 붉은 깃발로 생각하는 것이 최선이다. 크게 유사성을 찾는다면, 사회적 조직에서 저항의 의미는 신체 기능에 이상이 생겼을 때 나타나는 고통이 몸에 유용하다는 사실과 같은 맥락으로 볼 수 있다. 고통처럼 저항도 무엇이 잘못되었다고 말해주지 않는다. 그저 무언가 잘못되었다고 알려줄 뿐이다. 그리고 몸에 어떤 질병이 있는지 진단해 보지 않고 진통제를 먹는 게 의미 없는 것처럼 저항이 드러나면 무엇이 문제인지 주의 깊게 귀를 기울여야 한다. 정말 필요한 일은 새롭고 논리적인 장황한 연설이 아니라 신중하게 어려운 일이 무엇인지 파헤치는 일이다.(1969, 9)

'그들'에서 '우리'로 돌아서게 하는 일이 저항을 다루기 위해서가 아니라는 데 주의하라. 스타트랙에서 보그가 "저항은 쓸데없는 짓이야"라고 가르쳐준 것처럼 진정한 목표는 스크럼 도입은 피할 수 없다는 걸 느끼게 하는 일이다. 그런 분위기를 조성하는 일이 조직 구성원의 반응이나 기분을 무시하거나 조직에 스크럼을 무자비하게 진행해도 된다는 이야기가 아니다. 효과적인 리더는 조직 구성원이 저항할 때 그들을 해결해야 할 문제로 바라보지 않고 이해해야 하는 한 명의 개인으로 바라본다. (Nicholson 2003)

더 읽어볼 것들

Bridges, William. 2003.
『Managing transitions: Making the most of change. 2nd ed』. Da Capo Press.
저자는 소프트웨어 개발에 조예가 깊다기보다는 일반적인 변화관리 전문가다. 그의 책은 변화 속에서 어떻게 개인을 다루어야 하는지에 대한 교과서 같은 책으로 과거의 굴레를 벗어나게 해주는 많은 정보를 담고 있다. 예전 방식은 버렸지만 새로운 방식이 정착되지 않은 시점을 필자는 중립지역neutral zone이라 부르는데 이 중립지역을 통한 움직임이 매우 크다.

Emery, Dale, H. 2001.
「Resistance as a resource」. Cutter IT Journal, October.
에머리는 사람들의 저항을 변화가 시작되면서 나타나는 응답으로 봐야 한다는 견해를 제시한다. 저항이라는 정보가 그런 사람이 누구인지 알게 해주며 변화라는 흐름에 그 사람들이 참여하도록 해주기도 한다. 이 사설에는 누가 저항하는지 판단할 수 있는 네 가지 요소를 제공한다.

Manns, Mary Lynn, and Linda Rising. 2004.
『Fearless Change: Patterns for intro-ducing new ideas』. Addison-Wesley.
이 책은 변화 시작에도 적용할 수 있는 48가지 패턴을 소개하고 있다. 이 책은 비교적 잘 알려져 있는 '음식 먹기'부터 잘 알려져 있지 않은 '챔피온 회의론자'의 중요성 등 저항 극복에 도움이 되는 많은 패턴을 소개한다.

Reale, Richard C. 2005.
『Making Change Stick: Twelve principles for transforming organizations』. Positive Impact Associates, Inc.
이 작은 책에 실려 있는 12가지 제안 중 일부는 저항 극복에 구원투수로 활용할 수 있다. 그 중에서도 '바른 일을 하는 사람을 찾아라' '두려움 직면하기' 절이 매우 유용하다. '문화를 정비하라' 등과 그밖의 제안들을 십여 쪽 안팎으로 다루기에는 주제가 너무 넓은 측면이 있다.

7장

새로운 역할

이전 장에서 논의했던 것처럼 팀과 조직이 스크럼에 저항하는 이유는 다양하다. 스크럼 도입을 반대하는 원인 중 하나는 스크럼 프로젝트에 존재하는 새로운 역할에 대한 혼란 때문이다. 스크럼 마스터와 제품 책임자는 스크럼을 사용하지 않던 조직에서 찾아볼 수 없었던 새로운 역할이다. 스크럼을 처음 시작하는 조직에서 이런 역할에 적합한 사람을 찾느라 애쓰는 상황은 흔히 일어난다. 그런 역할이 무엇인지 깨닫고 어떤 기술을 가져야 하는지 알게 될 때까지 적합한 사람을 투입하는 것은 쉽지 않은 일이다.

이 장에서는 스크럼 마스터와 제품 책임자라는 새로운 역할을 설명한다. 역할이 갖는 책임, 역할 후보자가 가져야 하는 이상적인 자질, 이 역할자가 공통적으로 만나는 문제들을 어떻게 극복해야 할지 다룰 것이다.

스크럼 마스터의 역할

많은 사람들이 스크럼 마스터를 팀이 일을 진행하다 생기는 장애물을 제거하는 역할로 정의하고 있다.(Schwaber & Beedle 2001, Schwaber 2004) 대부분 스크럼 마스터는 자신이 무엇을 해야 하는지 빨리 파악한다. 특히 스크럼을 이용하는 첫 6개월에서 12개월 사이에 많은 잘못들이 팀원과 스크럼 마스터 간의 관계에서 생긴다. 그런 이유로 이 주제를 여기서 다루고자 한다. 스크럼 마스터 역할을 처음 맡은 사람들은 아무리 팀의 서번트 리더지만 아무 권한도 없는 스크럼 마스터의 모습에 모순을 느끼고 힘들어 한다. 하지만 이 모순은 팀원들에 대한 권한은 없지만 프로세스에 대한 권한을 스크럼 마스터가 가지고 있음을 알게 되었을 때 자연스레 사라진다. 스크럼 마스터가 "당신은 해고야!"라고 말할 수는 없지만 "우리 팀은 다음 달부터 2주 단위 스프린트를 가져가기로 결정했습니다"라고 말할 수는 있다.[1]

스크럼 마스터는 스크럼을 사용하는 팀을 돕기 위해 존재한다. 스크럼 마스터는 여러분이 운동법이나 바른 자세를 몰라 쩔쩔매고 있을 때 곁에서 도와주는 개인 트레이너와 비슷하다. 좋은 트레이너는 동기부여뿐만 아니라 혼자 하기 힘든 어려운 운동도 피하지 않게 도와준다.

물론 트레이너의 권한에는 한계가 있다. 트레이너는 여러분이 원치 않는 운동을 하게 할 수는 없다. 그 대신 여러분의 목표가 무엇이고 어떻게 그 목표를 세웠는지 상기시켜 준다. 트레이너가 가진 권한의 범위가 고객에 의해 주어지듯 스크럼 마스터 역시 마찬가지다. 스크럼 마스터의 권한은 팀에 의해 주어진다.

스크럼 마스터가 이렇게 말할 때가 있다. "여러분, 우리는 각 스프린트마다 고객에게 보여줄 수 있는 수준의 소프트웨어를 전달하기로 되어 있습니다만, 이번 스프린트에는 하지 못했습니다. 어떻게 하면 다음 스프린트에는 더 잘 할 수 있을까요?"라고 말이다.

이런 방식으로 스크럼 마스터는 프로세스를 통해 권한을 행사한다. 계획한 제품 전달에 실패했다면 프로세스에 무엇인가 잘못이 있는 것이다. 하지만 스크럼 마스터의 권한이 프로세스를 넘어설 수는 없다. 이런 말은 권한 밖이다. "지난 스프린트 제품 배포에 실패했으니 코드를 체크인 하기 전에 토드씨가 모든 코드를 리뷰해주세요." 토드가 코드 리뷰를 수행하자는 의견이 좋은 생각일 수도 있지만 스크럼 마스터가 결정할 일은 아니다. 이는 프로세스를 넘어 팀이 일하는 방식을 간섭하는 일이다.

팀이 스크럼 프로세스를 따르는지 확인하는 것으로 스크럼 마스터의 권한이 제한되어 있기 때문에 보통의 PM보다 더 어려울 수 있다. PM은 때로 "하라면 해! 내가 그렇게 말했으니깐!" 같은 방법을 취하면 그만이지만 스크럼 마스터가 그렇게 말할 수 있을 때는 반드시 스크럼이 잘 진행될 거라는 확신을 줄 때뿐이다.

함께 보기
고객에게 보여줄 수 있는 수준의 소프트웨어에 대해서 더 알고 싶다면 14장 「스프린트」의 '스프린트마다 동작하는 소프트웨어 전달하기'를 살펴보자.

---

[1] 사실 스크럼 마스터는 이 결정을 팀 스스로가 하도록 할 수 있지만 그들이 하지 않는다면 이런 의사결정은 전 프로세스에 걸쳐 스크럼 마스터가 내려도 된다.

좋은 스크럼 마스터의 자질

요즘 외과의사들은 여러 해에 걸친 정규교육과 힘든 수련 과정을 통해 고도로 훈련된 훌륭한 기술을 가진 사람들이다. 다음의 예가 일반적이진 않겠지만 피트 무어Pete Moore는 이 과정에 대해 이렇게 서술했다. "외과의를 처음 시작하는 사람은 해부학 지식을 쌓기보다는 기술을 연마하는 데 매진합니다. 왜냐하면 강한 팔과 날카로운 도구를 갖고 있기 때문입니다. 동네 이발사나 대장장이처럼 일하다가 시간이 나면 가끔 수술을 합니다."(2005, 143)

첫 스크럼 마스터를 찾는 방법은 대다수 조직이 비슷하다. 날카로운 도구와 강한 팔보다는 오히려 관리나 리더십에 경험 있는 사람을 찾는다. 스크럼 경험이 좀 더 쌓이고 나서야 비로소 스크럼 마스터 선택할 때 고려해야 하는 더 많은 요소가 있다는 것을 깨닫는다. 다음은 강한 팔힘과 날카로운 도구를 가진, 비길 데 없는 자격을 갖춘 스크럼 마스터를 찾는 데 도움을 주기 위해 나와 함께 일했던 최고의 스크럼 마스터들에게 공통적으로 보았던 일반적인 여섯 가지 자질이다.

책임감

스크럼 마스터는 기꺼이 책임을 지지만 그렇다고 스크럼 마스터가 프로젝트 성공을 책임진다는 의미는 아니다. 그 책임은 팀 전체의 몫이다. 그러나 스크럼 마스터는 팀의 능력을 최대한 끌어내고 스크럼을 도입하고 사용하는 팀원들을 도와야 하는 책임이 있다. 앞서 이야기한 것처럼 스크럼 마스터는 이같은 일을 해내기 위한 권한은 없지만 책임은 있다.

> **함께 보기**
> 팀 전체의 책임은 11장 「팀워크」에서 설명한다.

스크럼 마스터를 오케스트라의 지휘자라고 생각해보자. 혼자서 못하는 어떤 일을 함께 할 재능 있는 사람들에게 적절한 가이드라인과 리더십을 발휘해야 한다. 보스턴 팝 지휘자 케이트 락하트는 자신의 역할에 대해 이렇게 말했다. "사람들은 당신이 지휘자가 되었을 때 연단 위에 올라가 나폴레옹처럼 권력을 휘두르는데 빠질 거라고 생각하지만 난 힘에 중독되어 있는 게 아니라 책임감에 중독되어 있다."(Mangurian 2006, 30) 이처럼 좋은 스크럼 마스터는 권력과는 상관없는 특별한 책임감으로 인해 성장한다.

겸손함

좋은 스크럼 마스터는 자기도취에 빠져선 안 된다. 달성한 결과에 자존심을(때로는 무한한 자존심을) 가질 수 있겠지만 그 느낌은 자기 중심적으로 "내가 해낸 걸 보라구!"가 아니라 "내가 도움이 된 걸 보라구!"가 되어야 한다. 겸손한 스크럼 마스터는 회사에서 차를 받거나 건물 입구에 주차 공간을 받는 것이 아무것도 아님을 아는 사람이다. 자신이 필요한 것을 먼저 가지기보다는 팀의 목표 달성을 위해 필요한 일은 무엇이든 기꺼이 할 수 있는 사람이어야 한다. 또 동일한 의견으로 다른 사람을 이끄는 모습을 보임으로써 모든 팀원에게 그 가치를 인정받는다.

협업

좋은 스크럼 마스터는 팀 내에 협업하는 문화를 만들기 위해 노력한다. 스크럼 마스터는 팀원들이 열린 토론으로 문제를 드러낼 수 있다고 느끼는지 그로 인해 자신들이 지원받고 있다고 느끼는지 확인해야 한다. 진정한 스크럼 마스터는 말과 행동을 통해 팀에 협업의 기운이 만들어지도록 돕는다. 협업을 강조하는 스크럼 마스터는 말다툼이 생겼을 때 승자와 패자를 논하기보다는 모두에게 이익이 되는 해결책을 팀원들이 스스로 생각하도록 격려한다. 좋은 스크럼 마스터는 조직 내 다른 스크럼 마스터들과 일하는 것을 보여줌으로 협업하는 분위기를 만들어나간다. 협업하는 태도를 만들어가는 것을 넘어서 협업을 팀의 규범으로 확정하고 부적절한 행동(다른 팀원 스스로 하지 않으면)은 사라지게 한다.

약속 이행하기

스크럼 마스터가 항상 풀타임으로 일해야 하는 역할은 아니지만 스크럼 마스터라는 역할이 부여된 사람은 반드시 필요하다. 스크럼 마스터는 프로젝트와 현재 스프린트 약속 이행을 팀원들과 같은 수준으로 느껴야 한다. 약속 이행이라는 면에서 좋은 스크럼 마스터는 장애요소가 여러 날 남아 있도록 두지 않는다. 모든 장애요소가 하루에 해결될 수 없기 때문에 시간이 걸리는 것은 피할 수 없지만. 예를 들어 팀에 풀타임으로 참여할 인원이 필요하다는 사실을 관리자에게 납득시키는 일은 며칠간의 토론이 필요한 일이다. 그렇지만 팀이 장애가 빨리 해결되지 않는다고 느낀다면, 약속을 지키는 게 중요하다는 사실을 스크럼 마스터에게 상기시켜야 한다. 스크럼 마스터가 약속 이행을 보여 주기 위해서는 프로젝트 전체 기간 동안 그 역할로 남아 있어야 한다. 프로젝트 중간에 스크럼 마스터를 교체하는 것은 팀에 치명적이다.

영향력

성공한 스크럼 마스터는 다른 이들에게 영향을 준다. 팀에서는 물론이거니와 대외적으로도 그렇다. 프로젝트 초반에는 스크럼의 공정한 시도 fair trial 나 더 많은 협업을 유도하기 위해 팀원을 설득하는 일도 필요하다. 그 이후에 스크럼 마스터는 팀이 테스트 주도 개발이나 짝 프로그래밍 등의 새로운 기술적 실천법을 시도하도록 확신을 줄 수 있어야 한다. 따라서 스크럼 마스터는 독재자처럼 "내가 그렇게 말했으니까!"라고 말하지 않고 영향력을 발휘하는 방법을 배워야 한다.

스크럼 마스터는 팀 외부에 그런 영향력을 발휘해야 하는 경우도 생긴다. 가령 스크럼 팀이 부분적으로 구현한 것을 다른 팀에 제공하기 위해 기존 팀을 설득해야 할 수도 있다. 또 프로젝트에 풀타임 테스터를 데려오기 위해 품질관리자를 확신시켜야 할 때도 있을 수 있다.

물론 개인적인 영향력을 얼마나 발휘할 수 있는지도 중요하지만 최고의 모범 사례는 회사에 정치적인 수완을 가진 사람이다. '회사 내 정치'란 말이 나쁘게 들릴 수도 있지만 누가 조직의 중대 사안을 결정하는지, 어떻게 그런 결정이 내려지는지, 정치적으로 어떤 연합노선이 있는지 등을 스크럼 마스터가 알고 있다는 사실은 팀에게 하나의 자산이 될 수 있다.

박식함

최고의 스크럼 마스터는 스크럼에 대한 확실한 이해와 경험을 넘어서 팀이 추구하는 목표 달성을 돕기 위한 기술, 시장 지식뿐만 아니라 폭넓은 분야에서 전문적인 지식을 가져야 한다. 라패스토와 라슨은 성공적인 팀과 리더에 대한 연구를 통해 이런 결론을 얻었다. "리더가 작업이 어떻게 진행되는지에 대한 상세하고 깊이 있는 지식을 갖추었다면 발견하기 어렵고 논의가 꼭 필요한 기술적인 문제들이 팀에 드러나도록 도움을 줄 수 있습니다."(2001, 133) 스크럼 마스터가 마케팅 전문가나 개발 전문가일 필요는 없지만 팀을 효과적으로 이끌기 위해서는 두 분야에 대해 충분히 알아야 한다.

기술 리더를 스크럼 마스터로 임명하는 것

스크럼 마스터가 기술 지식이 있으면 좋다는 의미가 각 팀의 기술 리더가 스크럼 마스터를 해야 한다는 뜻은 아니다. 왜냐하면 사실 스크럼 팀은 자기 조직적이기 때문에 '기술 리더' 같은 사내에서 통용되는 역할이 있어서는 안 된다. 그렇지만 스크럼을 도입할 때 팀과 제품에 비슷한 영향을 주는 역할을 찾다 보면 전임 기술 리더가 스크럼 마스터 역할을 하는 게 매력적으로 보인다. 이런 이유로 기술 리더가 스크럼 마스터를 맡기도 한다. 기술 리더였던 사람이 훌륭한 스크럼 마스터가 될 수도 있지만 과거에 이런 역할을 맡았다는 이유로 스크럼 마스터를 정하지는 마라.

몇 년 전 사내 리더들이 스크럼을 도입할지 결정하는 데 도움을 주기 위한 교육을 진행했던 적이 있다. 2주 후 그들 중 한 명이 내게 교육은 만족스러웠고 앞으로 스크럼을 도입하겠다고 했다. 사실은 그녀를 포함한 몇몇에서 첫 번째 스크럼 마스터를 누가 할지 논의하는 중이었는데, 내 조언이 필요했던 것이다. 그녀는 물었다. "사실 논의할 시간이 부족해요. 그래서 딱 한 가지만 물어보려고요. 각 팀의 기술 리더가 그 팀의 스크럼 마스터가 될 수 있을까요? 그냥 '네, 아니오'로만 대답해주세요." 나는 "네. 가능합니다. 하지만······ "하고 대답을 시작했다. 그리고는 기술 리더를 스크럼 마스터로 임명하는 것의 위험성을 차근차근 설명해주었고 그녀는 내 대답에 고마움을 표시했다.

두 달 뒤 내가 그 회사에 다시 방문했을 때 "왜 기술 리더가 스크럼 마스터를 맡아도 된다고 말했나요?"라는 소리를 들어야 했다. 맙소사. 이 사람들은 내가 경고했던 문제에 직면했던 것이다. 그들은 이 일을 계기로 기술적 지식이 단지 바람직한 스크럼 마스터의 특성 중 하나일 뿐이라는 사실을 알게 됐다. 전직 기술 리더가 스크럼 마스터를 맡게 되면 생기는 위험요소 중 하나는 팀원들에게 명령하곤 했던 습관이다. 그리고 더 나쁜 점은 모든 결정마다 팀원들이 기술 리더를 쳐다보게 되는 일이다. 좋은 스크럼 마스터는 팀의 의사결정에 관여하지 않아야 하지만 전직 기술 리더라는 의사결정자로 일해왔던 습관이 스크럼 도입을 자칫 방해할 수도 있다.

기술 리더가 스크럼 마스터를 맡게 되면 생기는 두 번째 위험요소는 사람을 대하는 기술이 부족하다는 점이다. 물론 기술적 리더도 대인 관계 기술이 당연히 필요하지만 스크럼 마스터는 권한이 없음에도 자기 조직적 팀을 가이드하고 이끌 수 있는 촉진자facilitator여야 한다. 『Collaboration Explained』의 저자 진 타바카Jean Tabaka도 비슷한 우려를 보였다.

> 나는 주로 스크럼 팀에서 일했는데 가장 일반적인 문제는 명령하고 통제하려는 PM이나 결정을 내려주는 기술 리더가 스크럼 마스터로 일하는 경우였다.
> 팀을 안내하는 촉진자이면서 서번트 리더 격인 사람이 없다면 애자일 도입은 있지도 않은 권한으로 눈 가리고 아웅하며 팀의 사기를 꺾는 일일 뿐이다.(2007, 7)

이 모든 이야기가 기술 리더를 스크럼 마스터로 절대 고려해서는 안 된다고 말하는 것은 아니다. 이런 문제들을 인지하고 조직 내 모든 기술 리더들이 훌륭한 스크럼 마스터가 될 거라고 거만하게 결정해서는 안 된다는 게 요점이다. 기술 리더가 스크럼 마스터 역할에 맞는지 평가하는 가장 좋은 방법은 이 사람이 기술 리더로 일할 때 리더십을 발휘해 왔는지 살펴보는 것이다. 과거에 '흑백논리it's-my-way-or-the-highway' 같은 접근 방식으로 일했던 기술 리더는 절대 좋은 스크럼 마스터가 될 수 없다. 반면 결정하고 따르라고 하는 대신에 자신의 관점을 지원하는 기술 리더는 아마 스크럼 마스터 역할도 훌륭히 소화할 것이다.

사내 스크럼 마스터 혹은 외부 스크럼 마스터

팀이 사내 스크럼 마스터를 찾아야 하는지 아니면 외부에서 전문가를 데려와야 하는지는 공통적인 질문 중 하나다. 이 오래된 질문에 대한 대답은 간단하다. 숙련된 스크럼 마스터를 찾는 일은 중요한 부분이며 조직 내에 반드시 있어야 한다. 계약직 스크럼 마스터를 오랜 기간 고용하긴 어렵지만 누가 보여주기 전에 새로운 기술을 배우기도 어렵다. 권한 없이 리더십을 어떻게 발휘하는지, 팀이 새로운 엔지니어링 실천법을 도입하도록 유도하려면 언제 어떻게 해야 하는지, 언제 끼어드는 게 좋은지 등을 배우는 일은 어려울 수 있다. 그래서 초창기에 외부 컨설턴트를 스크럼 마스터로 데려오는 것이 많은 조직에 도움이 된다. 이 외부 사람들이 팀 스크럼 마스터를 할 수도 있겠지만 그보다는 팀에서 앞으로 스크럼 마스터가 될 사람들의 멘토 역할을 맡게 해 조직 내 스크럼 마스터 그룹을 형성하도록 해야 한다.

돌아가며 스크럼 마스터하기

어떤 팀은 최고의 스크럼 마스터를 고르려는 전략으로 모든 팀원이 역할을 돌아가며 맡기도 한다. 스크럼 마스터라는 역할의 중요성과 어려움을 생각해 볼 때 그런 전략이 적합하다고 생각하지 않기에 이런 전략을 옹호하지 않는다. 우리 가족은 설거지를 돌아가면서 한다. 우리 중 누구라도 그 일을 할 수 있기 때문이다. 하지만 저녁식사를 만드는 일은 돌아가면서 하지 않는다. 내 아내가 우리 중 누구보다 요리를 잘하고 가장 훌륭한 저녁식사가 되길 모두 원하기 때문에 돌아가면서 요리를 하지는 않는다. 스크럼 팀이 가능한 최고가 되길 원한다면 스크럼 마스터 역할을 돌아가며 하는 습관을 절대 추천하고 싶지 않다. 하지만 스크럼 마스터를 돌아가며 맡는 게 좋은 경우도 있다. 가장 일반적인 경우는 학습 기회를 만들고 싶은 경우다. 가령 팀원들이 스크럼 마스터가 할 일에 대해 이해하고 싶어한다면 팀원이 역할을 대신해 볼 수 있다. 이렇게 하면 스크럼 마스터가 된다는 게 무슨 의미인지 사람들이 이해할 수 있게 해준다. 또 팀 안에서 4~5명의 스크럼 마스터 후보자를 선별해야 하는 경우, 이들 각자가 돌아가며 스크럼 마스터를 맡을 수 있는 기회를 줄 수 있다.그런 다음 성과를 고려해서 스크럼 마스터에 가장 적합한 사람을 선발한다. 프리마베라^{Primavera Systems}의 밥 스카츠와 아이브라힘 압델샤피는 순환 체계가 좋을 수도 있다는 또 다른 견해를 이야기했다.

> 시간이 지나면 스크럼 마스터를 관리자로 여기게 됩니다. 그러면서 스크럼 마스터가 팀에 필요한 것들을 찾아서 채우는 일을 팀원들이 당연시 여기게 됩니다. 그렇게 되면 자기 조직적인 팀이라는 실천법은 무너지는 셈이죠. 스프린트 시작할 때마다 책임을 돌아가며 맡게 되면 역할이 분배되고 팀 책임을 공유하며 힘의 균형을 맞출 수 있게 됩니다.^(2006, 145)

이처럼 스크럼 마스터라는 역할을 교대로 맡을 수 있다고 해도 이 방법은 임시방편이나 일단 역할을 맡는 등 특정한 이유만으로 국한해서 사용하길 권하는 바이다. 순환체계가 오랫동안 지속되는 실천법이 될 수 없는데 여기에는 다음과 같은 단순하지만 많은 문제점이 있을 수 있기 때문이다.

- 다른 일을 하다가 스크럼 마스터를 맡게 되면 스크럼 마스터 이외 업무가 우선 될 수 있다.
- 스크럼 마스터 역할을 잘하도록 훈련시키는 일은 어렵다.
- 어떤 사람은 스크럼 마스터가 되면 프로세스 변경을 강요하기도 한다.
- 한두 개 스프린트 동안 아무나 스크럼 마스터를 맡는다면 그 작업의 가치를 부여하기 어렵다. 그렇게 되면 스크럼이 잘못됐다고 생각하는 스크럼 마스터를 만들게 된다.

공통적인 문제 극복하기

각 팀에 적절한 스크럼 마스터가 있는지 확인하다 보면 부딪히게 되는 공통적인 문제들이 몇 가지 있다.

부적합한 사람이 스크럼 마스터를 맡은 경우 _ 누가 스크럼 마스터를 맡을 것인가 하는 결정이 누군가 "제가 할게요!"라고 손들어서 결정되기도 한다. 이게 좋을 수도 있다. 결국 좋은 스크럼 마스터는 누가 요청하기 전에 부가적인 책임을 떠안을 수 있는 사람인 경우가 많다. 하지만 지원자가 그 역할에 적합한 사람이 아니면 어떨까? 이에 대한 대응은 여러분이 조직에서 어떤 위치에 있느냐에 따라 달라진다.

만약, 당신이 스크럼을 도입하는 팀의 스크럼 마스터보다 높은 위치에 있다면 그 지원자를 만나 왜 그 역할에 다른 사람이 필요한지 설명하자. 만약 적합한 사람이면 그 지원자에게 향후 스크럼 마스터 후보로 고려하고 있다고 이야기하자. 그런데 만약 부적합한 사람이 이미 스크럼 마스터 역할이면 어떻게 해야 할까? 어려운 일이지만 정말 부적합하다는 확신이 있다면 스크럼 마스터를 더이상 맡지 말라고 해야 한다. 이런 경우에는 최대한 빨리 행동해야 한다. 부적합한 스크럼 마스터는 가능하면 빨리 교체해야 한다. 부적합한 스크럼 마스터가 너무 빨리 바뀌었다고 느끼는 팀은 아직까지 만나보지 못했다.

스크럼 마스터나 팀, 프로세스에 대해 권한이 없는 경우라도 스크럼 마스터 역할을 맡기에 부적합한 사람과 계속해서 대화를 나눠 보기를 권한다. 팀 차원에서 최선이 무엇이라고 생각하는지 이야기하는 것에서 접근하라. 스크럼 마스터의 힘에 대해서 강조하고 만약 스크럼 마스터 역할에서 한 걸음 물러선다면 프로젝트에 스크럼을 적용하는 더 나은 방법을 찾을 수 있을 거라고 말해보자.

스크럼 마스터도 팀에서 프로그래머, 테스터 등의 다른 역할을 해야 되는 경우 _ 한 팀만을 전담하는 스크럼 마스터를 구하는 일이 어렵다면 파트타임으로 일하는 스크럼 마스터를 구하거나 스크럼 마스터가 팀에서 두 가지 역할을 맡는 방법 중에서 결정을 내려야 한다. 후자가 잘 맞을 수도 있겠지만 스크럼 마스터가 파트타임으로 두 팀에서 일하는 방법을 선호하는 편이다. 팀에 또 다른 기여를 해야 하는 스크럼 마스터는 여러 가지 위험을 초래할 수 있다.

그런 위험 중 하나는 두 가지 역할을 처리할 충분한 시간이 없어서 발생한다. 또 다른 위험은 여러 역할을 맡은 사람은 가장 중요한 활동에서 빠져야 하는 경우가 생긴다는 데 있다. 왜냐하면 그 사람은 언제든 스크럼 마스터 직무로 방해받을 수 있기 때문이다. 파악하기 어려운 또 다른 위험요소는 다른 팀원들이 자신과 이야기를 나누고 있는 사람이 그 팀의 스크럼 마스터인지 다른 역할을 맡은 사람인지 파악하기 힘들게 되는 것이다. 이밖에도 스크럼 마스터가 외부로부터 팀을 보호해야 할 때 신뢰도가 떨어지게 된다는 문제도 있다. 팀 전속 스크럼 마스터라면 "도와주기 어렵겠네요. 우리 팀은 지금 정신 없이 바쁘거든요"라고 말했을 때 신뢰감을 주지만 스크럼 마스터 외에 자신의 임무가 있는 사람은 같은 메시지도 "도와주기 어렵겠네요. 제가 좀 바쁘거든요"로 해석될 수 있다.

프로젝트에서 스크럼 마스터와 기술적 지원을 동시에 맡는 일이 위험하다는 것을 알지만 일반적으로 일어날 수 있는 상황이다. 이런 문제들을 인식하고 기꺼이 함께 해결해 나가는 것이 때로는 최고의 해결책이다.

스크럼 마스터가 팀에서 의사결정을 내리는 경우 _ 이 문제는 완전히 다른 두 가지 원인에 의해 생길 수 있다. 스크럼 마스터를 잘못 이해했거나 새로운 역할이 불편하거나, 누군가 다른 사람이 결정을 내려 주는 데 팀이 익숙하거나, 이런 각각의 경우 해결책은 동일하다. 잠시 현재에서 벗어나 스크럼 마스터는 해답을 제시하는 게 아니라 가이드를 제공한다는 사실을 상기시킨다.

처음 스크럼 마스터로 일하면서 배운 것 중 하나는 '숫자 세기'였다. 회의 중에 성가신 문제에 부딪혔을 때 팀원들은 해답을 기대하며 나를 바라보기 일쑤였다. 그럴 때면 전에 팀 리더를 했던 경험 때문에 해결책을 제시할까 하는 생각이 들기도 했지만 팀 스스로 해결책을 찾는 법을 배우는 것이 필요했다.

그래서 가만히 앉아 혼자 조용히 숫자를 세었다. 1, 2, 3…… 어떤 경우에는 몇 백까지 세어야 했지만 말하지 않고 앉아 있는데 도움이 됐다. 그리고 이 방법을 통해서 팀은 내 도움 없이 어떻게 결정을 내려야 하는지 배울 수 있었다.

제품 책임자

스크럼 마스터가 팀이 잘 협업하는지, 공정상의 방해물은 빠르게 제거되었는지, 팀이 효과적으로 목표를 향해 나아가는지 확인하는 사람이라면, 제품 책임자는 팀이 겨냥한 목표가 올바른지를 확인하는 사람이다. 훌륭한 팀은 성공을 위해 두 역할이 모두 필요하다. 제품 책임자는 팀에게 올바른 목표를 제시한다. 스크럼 마스터는 팀이 그 목표에 가능한 효율적으로 도달하도록 돕는다.

『Agile Product Management: Turning Ideas into Winning Products with Scrum』의 저자 로만 피츨러 Roman Pichler는 제품 책임자의 중요성을 다음과 같이 강조했다. "제품 책임자는 목표를 설정하고 비전을 만들 수 있는 권한이 있다. 단, 요구사항을 기술하고 우선순위를 매기는 프로젝트 매니저는 아니다." 제품 책임자를 팀의 목표 제공자로 생각하면 제품 책임자의 일이 명확해진다. 예를 들면 제품 책임자는 목표를 나타내는 제품 백로그를 도출하고 우선순위를 정하는 분명한 책임이 있고 투자한 만큼 좋은 제품이 나오도록 보증하는 책임도 갖는다.

제품 책임자의 책임

제품 책임자의 책임에 대한 명확한 목록을 만드는 일은 어렵다. 애플리케이션마다 고유한 회사 문화, 개인, 팀 숙련도, 경쟁력 등의 배경이 있다. 회사마다 제품

> **함께 보기**
> 제품 책임자의 역할을 다루고 있는 로만 피츨러의 『Agile Product Management』를 참조하라.

책임자가 자신의 역할을 수행하는 데 있어 이 같은 전후 관계가 큰 영향을 미친다. 그래서 제품 책임자의 책임이 무엇인지 알려주는 "스프린트 계획 회의에는 꼭 참석하라" 같은 체크리스트를 제공하는 대신, 제품 책임자가 팀에 제공해야 하는 더 중요한 두 가지를 찾았다. 비전과 범위이다.

비전 제공하기

제품 책임자의 주요 책임은 제품의 비전을 확립하고 전파하는 일이다. 최고의 팀은 제품 책임자의 설득력 있는 비전에 열정을 불태운다. 누가 구입하는가? 우리 제품의 무엇이 독창적인가? 경쟁사는 무엇을 하고 있는가? 어떻게 제품을 혁신시켜 나갈 것인가? 물론 이 질문들이 사내 사용자에게 배포되는 애플리케이션이나 서비스라면 달라질 수도 있겠지만 비전을 공유하는 일은 팀에 동기를 부여하고 제품을 개발하는 것과 사용하는 것 사이에 오랜 관련성을 형성하는 데 중요하다.

제품 책임자는 마음속에 분명한 비전을 가지는 것을 넘어서 제품 백로그를 만들고, 유지하고 우선순위를 정하는 작업을 통해 팀에게 명확한 비전을 제시할 수 있어야 한다. 스크럼 마스터와 팀 사이에는 제품 책임자가 실제로 제품 백로그를 작성하느냐에 대해 수많은 의견 충돌이 생긴다. 하지만 나는 늘 상관없다는 입장이다. 누가 제품 백로그를 작성하느냐는 전혀 문제가 안 된다. 중요한 것은 제품 책임자가 제품 백로그 작성 유무를 확인해야 한다는 것이다. 제품 책임자가 업무 분석가에게 제품 백로그 작성을 위임했는데 그 분석가가 제품 백로그 작성에 실패했다면 이 역시 제품 책임자의 책임이다.

제품 책임자는 제품 백로그가 있는지 확인하는 것을 넘어서 팀원들이 궁금해하는 질문에 답하면서 비전을 상세화해야 한다. 이런 방식으로 일하길 원하나요? 이렇다고 자꾸 하시던데 그게 무슨 뜻인가요? 제품 책임자가 이런 질문들에 답해야 하는 책임을 위임하고 분산시킬 수 있지만 실제로 답변을 주어야 한다는 책임도 위임할 수 있는 것은 절대 아니다. 제품 책임자가 "쇼핑카트와 결재가 어떻게 동작하는지는 니라브와 이야기해봐요"라고 말할 수 있지만 만약 니라브가 도움을 줄 수 없거나 대답할 수 없다면, 좋은 제품 책임자는 개인적으로 다가가서 질문에 대답해주고 왜 니라브가 대답할 수 없는지 확인해서 다른 사람에게 위임하거나 다른 해결책을 찾아줘야 한다.

함께 보기
제품 백로그는 제품에 추가될 기능을 우선순위에 따라 나열한 목록이다. 13장 「제품 백로그」에서 다룬다.

범위 제공하기

비전과 범위는 프로젝트를 함께 진행한다는 측면에서 생각해야 한다. 비전은 무슨 제품을 만들지 보여준다. 범위는 달성할 비전에 현실성을 부여한다. 범위는 제품 책임자가 제시하며 다음과 같은 제약조건으로 나타난다.

· 제품은 6월까지 완료되어야 합니다.
· 단위 모듈당 가격을 50% 할인해 주세요.
· 속도를 두 배 빠르게 해주세요.
· 현재 버전이 사용하는 메모리의 절반으로 동작해야 합니다.

제품 책임자가 지시사항(특히 날짜에 대한)을 전달하면 가끔 이런 일이 생기기도 한다. "안됩니다! 추정은 팀의 권한입니다. 제품 책임자가 하는 일은 일의 우선순위를 정하는 것입니다." 이런 주장이 맞다고 해도 제품 책임자 역시 제품 성공을 결정하는 범위를 정의해야 하는 책임을 갖는다.

    스크럼을 경험한 대다수 팀원들은 제품 책임자의 다음과 같은 의견에는 금방 동의할 것이다. "우린 제품 백로그 중에서 적어도 이 정도는 개발해야 합니다. 그렇지 않으면 제품을 납품할 수 없습니다." 하지만 똑같은 경험을 가진 사람들도 마감 일정에 대한 문구가 들어가면 저항하기 시작한다. 그럼 여기서 다케우치와 노나카가 스크럼의 근원이 된 여섯 개 팀에 대한 연구에서 무얼 이야기하는지 살펴보자. 이것은 1986년에 발표한 스크럼에 대한 첫 번째 논문 주제이기도 하다.

> 후지 제록스의 최상위 관리부서는 지금까지와는 차원이 다른 복사기를 원했는데 FX-3500 프로젝트 팀에게 그런 성능을 내는 최신 기계를 절반 비용으로 생산하는 데 2년이란 시간을 주었다.[139]

팀이 도전적인 문제를 받았다는 것은 확실했고 현재 사내에서 최고 성능을 내는 복사기를 절반의 비용으로 만드는 문제를 해결해야 하는 마감일도 있었다. 여기서 잘못된 것은 전혀 없다. 제품 책임자는 너무 한 문제에 얽매이게 되거나 답이 없는 문제를 해결해야 할 때 비뚤어진다. 만약 후지 제록스 관리부서가 그런 문제를 주고 문제 해결에 겨우 한 달의 기간을 주었더라면 그 팀은 소용없는 짓이라 여기고 시도조차 하지 않았을 것이다. 이런 문제는 마치 연구실 수천 개를 마련해줄 테니 알아서 해답을 찾으라는 것처럼 팀을 내던지는 것이나 다름없다. 과학적이라기보다 예술적 감각이 필요한 제품 책임자의 역할 중 하나는 문제 해결이 불가능한 범위를 제시하는 게 아니라 프로젝트 범위에 알맞게 제시해서 팀이 어려운 문제를 해결할 수 있는 동기를 부여하는 것이다.

도전적인 문제를 해결하기 위한 브레인스토밍에서 "사고의 틀에서 벗어나라, 고정관념을 벗어나라"가 일반적으로 통용되는 조언이다. 하지만 고정관념이 적절하다면 "사고의 틀 안에서, 고정관념 안에서" 더 쉽게 좋은 해결책을 도출할 수 있다는 연구 결과도 있다.(Coyne, Clifford, and Dye 2007) 이 논문에서는 고정관념을 깬 생각을 말할 때, 아직 완벽한 제약조건이 갖춰지지 않아 오히려 상황이 악화될 수 있다고 주장한다.

> 전형적인 브레인스토밍 세션에서 임의의 제품을 개선하는 작업을 진행 중이라고 생각해 보자. 고정관념을 깨면 제품을 크게도, 작게도 만들 수 있을 것이고, 가볍게, 또는 무겁게도 할 수 있고 겉모습을 바꾸는 수천 가지 방법으로 세련되게 하거나 어쩌면 예전보다도 흉측하게 만들 수도 있다. 더 깊이 생각하면 고가 또는 저가 제품을 생산할 수도 있고 제품을 쪼개서 판매하거나 다른 제품에 끼워 판매할 수도 있을 것이고 제품의 기능성, 내구성, 사용성, 결합성을 변경시키거나 유용성, 가격의 적절함, 유지보수성에 초점을 맞출 수도 있다. 하지만 어떤 부분에 대한 시도가 좋은 결과를 만들지 알 수 있을까? 가이드라인이 없다면 단순히 처음 의도한 방향으로 밀고 나가거나 완전히 진로를 수정할 수밖에 없다. 그런 불확실성을 제대로 처리하지 못하면 아이디어는 사라지게 된다.(2007, 71)

팀이 생각할 수 있는 범위라는 새로운 틀을 만들어 주는 것이 제품 책임자의 몫이다. 범위라는 새로운 틀이 해결책에서 가능한 너무 벗어나는 것을 막아주고 대안을 만들고 비교하는 기준을 마련해준다. 창조적 사고의 범위는 최소한의 기능 범위, 효과적인 성능 개선, 자원 사용량 감축, 일정과 같은 사업상 가장 중요한 제약조건에 의해서 결정된다.

함께 보기
일정은 범위, 일정, 자원이라는 악명 높은 철의 삼각형 중 한 부분이다. 철의 삼각형은 15장 「스프린트」에서 다룬다.

각 팀에는 반드시 한 명의 제품 책임자만 있어야 한다

스크럼을 처음 하는 팀의 스크럼 마스터는 시간 낭비가 많다. 스크럼을 가르치고 팀이 직면한 문제를 다르게 해결하도록 격려하고 팀의 진척을 방해하는 장애물을 제거하는 등의 일을 하기 때문에 바쁠 수밖에 없다. 스크럼 초반에는 팀원들이 직면하는 장애 유형과 팀의 숙련도에 따라 이 작업만 해야 될 수도 있다. 스크럼 초기에 팀원들의 얼굴에서 나타나는 새로운 것에 대한 낯섦을 믿음으로 돌려놓는 것을 계속해야 하는 것은 물론이다. 하지만 시간이 지나면 이런 것들은 개선된다. 스크럼 마스터는 수많은 장애물을 제거하고, 팀 스스로는 스크럼을 터득하기 시작하며 자기 조직적인 특성이 체화되기 시작할 것이다. 이런 변화가 생겨나면 스크럼 마스터가 필요한 시간도 점차 줄어든다. 팀이 스크럼 마스터를 필요로 하는 시기를 그림 7.1이 나타내고 있다.

> **함께 보기**
> 자기 조직화에 대해서는 12장 「자기 조직적인 팀 이끌기」에서 세밀히 다룬다.

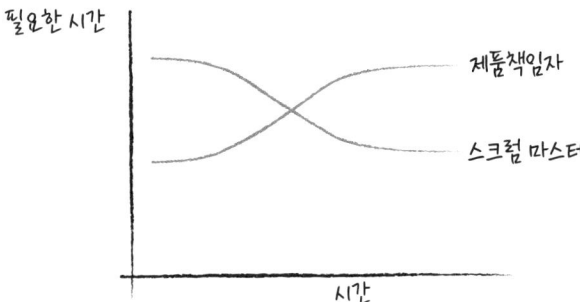

그림 7.1
팀에서 스크럼 마스터와 제품 책임자가 필요한 시간은 반비례한다.

스크럼 마스터가 필요한 시간은 제품 책임자가 필요한 시간과 서로 상반된다. 팀이 스크럼을 처음 도입하면 스크럼에 익숙하지 않다. 제품 백로그를 얼마나 상세하게 작성해야 하는지, 한 스프린트에 얼마만큼 일을 끝내야 할지, 그 스프린트 동안 팀이 얼마나 협업하는지. 팀원들은 새로운 실천법과 서로 협업하는 새로운 방식을 배우겠지만 적어도 스크럼을 잘하게 된 다음만큼 빨리 일하진 못할 것이다. 스스로를 혁신하고 스크럼 마스터가 점차 장애를 제거하다 보면 팀 속도가 빨라지고 스프린트마다 더 많은 작업을 완료하게 된다. 즉, 팀원들이 제품 책임자에게 더 많은 질문을 하게 될 것이다. 따라서 팀의 능률이 증가하면 제품 책임자의 시간을 더 필요로 한다. 제품 책임자가 더 많은 시간을 들이면 팀원들은 도메인에 대해 더 깊이 이해하게 되고 책임감도 높아진다.

그림 7.1에 나와 있는 것처럼 팀이 제품 책임자가 필요한 시간과 스크럼 마스터가 필요한 시간의 관계는 그림 7.1처럼 반비례한다. 이 그림의 선을 보면 각 팀이 얼마나 많은 도움을 필요로 하느냐에 따라 경험 있는 스크럼 마스터라면 두 개 이상의 팀을 관리할 수 있겠지만 한 명의 제품 책임자가 두 팀 이상을 맡는 것은 권하지 않는다. 팀마다 전담 제품 책임자를 갖는 것이 이상적이다. 제품 책임자의 일은 절대 간단하지 않다. 외부적으로 고객과 이야기하고 시장의 동향도 파악해야 하고, 내부적으로 제품 완성을 위해 팀과 협업해야 한다. 만약 내, 외부적인 일이 서로 상충되면 당연히 고객과 해야 하는 일이 항상 우선시된다.

> **함께 보기**
> 대규모 프로젝트에서 제품 책임자의 역할을 확대하는 부분은 17장 「대규모 스크럼」에서 다룬다.

신규 개발과 고객 지원 두 가지 업무를 책임져 봤던 개발자라면 고객과 직면한 문제가 항상 최우선 과제라는 사실을 이해할 것이다. 제품 책임자 한 명은 한 팀과 일해야 하는 것과 마찬가지로 각 팀도 제품 책임자 한 명과 일해야 한다. 한 팀에 두 명의 제품 책임자가 할당된 경우를 본 적이 있는데 이런 경우는 "여러분의 제품 책임자는 그저 그래요"처럼 꺼내기 어려운 말을 조직 내 누구도 하지 않아서 생긴 결과다. 그 사람을 찾아서 해당 팀에 제품 책임자가 한 명이 되게 하라. 그리고 제품 책임자로 일했던 사람으로부터 도움이 되는 사실과 피드백을 많이 얻어내라고 부추겨야 한다.

한 팀에 두 명의 제품 책임자 체제는 필연적으로 "엄마가 안 된데…… 아빠한테 물어보자!"의 함정에 빠지기 쉽다. 가장 일을 못하는 (어쩌면 절망적인) 팀은 첫 번째 제품 책임자로부터 원치 않는 답변을 얻게 되면 다른 제품 책임자에게 같은 질문을 하러 가고 심지어 원하는 답을 요구하기도 한다. 또 결국엔 제품 책임자에게 물어보기 전에 누가 가장 만족스런 답변을 하게 될지 생각하는 지경에 이르게 될 것이다.

제품 책임자 팀

어떤 경우에는 제품 책임자 역할이 너무 한 사람에게 집중될 수 있다. 연구원으로 일하는 안젤라 마틴, 로버트 비들, 제임스 노블은 제품 책임자의 역할에 대해 '개발자를 포함한 다른 프로젝트 참여자들보다 계속해서 더 많은 고민을 해야 하는 역할'이라고 정의했다.[2004, 51] XP의 창시자 중 한 사람이며 스크럼 트레이너인 론 제프리스Ron Jeffries도 이 의견에 동의한다. "XP 관련 서적이 한두 권 나온 뒤에야 비로소 한 명의 XP 고객/스크럼 제품 책임자를 두어야 한다는 부담을 완전히 이해할 수 있었습니다. 제품 책임자 그룹이 필요합니다."

일반적인 해결책은 제품 책임자 팀을 두는 것이다. "모든 책임은 내가 진다the-buck-stops-here[2]"라고 말하며 막중한 책임감과 권한을 가진 한 사람을 팀에 남겨두면서 제품 책임자가 맡은 일을 제품 책임자 팀 내로 배분하는 방법이 공통적인 해결책이다.

제품 책임자 팀이 있어도 각 개발 팀은 질문에 대한 답을 줄 수 있는 특정 제품 책임자가 필요하다. 켄 슈와버와 마이크 비들은 이렇게 말한다. "제품 책임자는 위원회가 아니라 사람 한 명이 좋다."(2001. 34) 팀이 의사결정을 내릴 수 있도록 단 한 명을 선정해야 함을 잊지 말자. 좋은 스크럼 팀일수록 일의 진행이 매우 빠르기 때문에 위원회에서 모든 질문에 대한 답을 주길 기다릴 수 없다. 제품 책임자도 팀이 갖고 있는 모든 질문을 바로 처리하지 못한다. 때로는 "다른 제품 책임자와 이야기 해봐야 할 거 같아요" 정도도 괜찮다. 하지만 근거가 충분하다면 실제 다른 제품 책임자들과 회의를 해도 그 대답은 바뀌지 않는다.

좋은 제품 책임자의 자질

좋은 스크럼 마스터를 선택하고 고용하는 방법을 알아본 것처럼 바람직한 제품 책임자의 중요한 자질 다섯 가지를 추려보았다.

노트
다섯 가지 속성은 Availabe, Business-savvy, Communication, Decisive, Empowered이다. 이 머리글자만 따서 ABCDE로 기억하면 쉽다.

팀이 필요할 때 도움을 줄 수 있는가 Available _ 지금껏 여러 팀에게 가장 많이 들었던 제품 책임자에 대한 불만은 필요한 때 제품 책임자를 만나기 어렵다는 것이다. 진도가 빠른 팀에서 어떤 문제에 대한 답을 원할 때, 그 대답을 듣기 위해 3일을 기다린다는 건 그 동안 자리잡은 업무 리듬을 완전히 깨는 것이다. 팀이 필요로 할 때 옆에 있는 것이 제품 책임자가 프로젝트에 한 약속을 지키는 것이다. 최고의 제품 책임자는 최고의 제품을 만들기 위해서라면 필요한 일은 무엇이든 하겠다는 약속을 지키는 사람이다. 어떤 프로젝트에서는 테스트를 계획하고, 직접 테스트를 수행하고,

---

[2] 옮긴이 미국의 트루먼 대통령은 2차 대전 종식을 위해 원폭 투하를 결정하며 '모든 책임은 내가 진다(the-buck-stops-here)'라는 문자판을 책상 위에 놓아두었다고 한다.

다른 팀원들과 왕성한 관계를 만들어가는 활동을 지원하는 일도 여기에 들어간다.

업무 지식에 정통한가 Business-savvy _ 제품 책임자가 업무를 이해하느냐는 아주 중요하다. 의사결정자가 제품에 무엇을 넣고 뺄지 고민할 때, 제품 책임자는 업무, 시장 상황, 고객, 사용자에 대한 깊은 이해를 갖고 있어야 한다. 보통 이런 이해는 현장에서 몇 년에 걸쳐 일하다 보면 쌓이게 되는데 개발할 제품 유형에 대한 과거 사용자일 수도 있기 때문에 성공적인 제품 책임자들은 제품관리자나 마케팅, 비즈니스 분석가 출신인 경우가 많다.

커뮤니케이션을 잘하는가 Communication _ 제품 책임자는 커뮤니케이션에 능숙해서 다양한 이해관계자들과 잘 협력할 수 있어야 한다. 제품 책임자는 매일 사용자, 고객, 관리부서, 협력사 사람들은 물론 같은 팀원들과 상호작용이 빈번하다. 실력 있는 제품 책임자는 동일한 정보를 각각 다른 청자에게 전달할 때 듣는 사람에게 가장 적절한 메시지를 이끌어낸다.

또 좋은 제품 책임자는 사용자, 고객뿐만 아니라 가장 중요한 팀의 목소리에 귀를 기울이는 사람이다. 특히 팀원들이 제품과 시장에 대한 더 많은 정보를 필요로 할 때 (특히 스크럼 프로젝트에서 팀원들이 야근을 해야 할 때) 제품에 대한 유용하고 가치 있는 제안을 할 수 있어야 한다. 덧붙이면 모든 팀은 기술적 위험요소와 프로젝트의 어려움에 대해서 제품 책임자에게 할말이 많다. 모든 팀 작업의 우선순위를 제품 책임자가 정하는 건 맞지만 현명한 제품 책임자는 기술적 요소 때문에 우선순위를 약간 조정해야 한다는 팀 이야기에 귀를 기울인다.

결단력Decisive _ 팀이 제품 책임자에게 갖는 또 다른 공통적인 불만은 제품 책임자의 결단력 부족이다. 팀원들이 제품 책임자에게 이슈를 가지고 갈 때면 뭔가 혁신적인 해결책을 바란다. 스크럼은 가능한 빠르게 기능을 개발하도록 팀을 압박한다. 그런 상황에서 제품 책임자가 "회의를 하고 그 일에 대한 TF를 만듭시다" 라고 응답 해버리면 팀원들은 실망하게 된다. 좋은 팀이라면 그런 방법도 필요하다는 사실을 이해하겠지만 어떤 팀은 제품 책임자가 실제로 어려운 결정은 회피하려 한다고 느낄 수 있다. 결정을 내리지 않는 제품 책임자도 나쁘지만 같은 결정사항에 대해 매번 다르게 답하는 사람도 나쁜 건 마찬가지다. 좋은 제품 책임자는 합당한 이유가 없으면 최초 결정을 번복하지 않아야 한다.

권리 위임^{Empowered} _ 좋은 제품 책임자는 누군가에게 결정을 내리는 권한을 위임할 수 있어야 하며 그 결정에 책임을 지는 사람이다. 이런 수준의 책임감을 주려면 조직 내에서 제품 책임자 위치가 상당히 높아야 한다. 만약 제품 책임자가 내린 결정을 조직 내 다른 사람이 바꾸라고 강요한다면 팀원들은 중요한 질문을 다른 사람에게 물어봐야 한다고 생각하게 된다.

제품 책임자로서 스크럼 마스터

스크럼을 도입할 때 보통 고려하는 게 스크럼 마스터와 제품 책임자의 역할을 합칠지 여부다. 필자의 경험으로는 많은 경우 결과가 실망스러웠다. 한 사람이 두 역할을 맡게 되면 너무 많은 권한을 갖게 될 뿐만 아니라 스크럼 마스터와 제품 책임자 역할을 동시에 수행하는 사람에게 팀원들은 혼란을 느끼게 된다. 두 역할 사이에는 어느 정도 긴장감이 있어야 한다. 제품 책임자들은 계속해서 더 많은 기능을 원한다. 스크럼 마스터는 팀을 너무 몰아붙인다는 생각이 들면 제품 책임자에게 반기를 들어 팀을 보호하려 한다. 역할이 결합되면 긴장감도 사라진다.

솔직히 말하면 최근 참여하거나 지켜봤던 성공한 스크럼 프로젝트 두 곳에서 스크럼 마스터와 제품 책임자를 동시에 수행하도록 하고 싶다는 생각이 들었다. 시장에 대한 깊은 이해와 스크럼 마스터의 기술적, 커뮤니케이션 능력을 갖고 있으면서 두 가지 능력을 효과적으로 균형 있게 사용하는 사람이 프로젝트에 있다는 것은 엄청난 장점이다.

도요타에서는 스크럼 마스터 역할과 제품 책임자 역할을 수석 엔지니어라는 역할자로 묶었다. 도요타 수석 엔지니어는 엔지니어 역할과 신차 개발을 총괄할 뿐만 아니라 시장에 대한 깊은 이해와 소비자 역할까지 가능한 사람이다.

이처럼 스크럼 마스터와 제품 책임자가 결합된 모델이 성공할 수도 있다. 하지만 두 가지 역할 모두 잘 아는 사람과 동시에 두 가지 일을 잘 하는 사람은 흔치 않다. 스크럼 도입을 시작할 때 자신이 두 가지 역할을 해낼 수 있을지 아니면 조직 내에 그런 역할을 수행할 적절한 사람을 찾을 수 있을지 의심스럽다면 적어도 도입 시점만이라도 두 가지 역할을 각각 독립적으로 운영할 것을 추천한다.

공통적인 문제 극복하기

초기 제품 책임자를 선택할 때 여러 가지 잠재적인 위험이 따른다. 초기에 발생하는 가장 공통적인 문제들과 문제를 해결하기 위해 할 수 있는 것을 다음에 나열했다.

> **함께 보기**
> 계층적인 제품 책임자 체계를 만드는 일은 대규모 조직에서 사용하는 일반적인 방법이며 17장에서 설명한다.

제품 책임자가 의사결정을 위임했지만 그 의사결정자의 결정을 기각한다 _ 일정에 맞춰야 하는 일을 완료하기 위해 어떤 제품 책임자는 제품의 특정 부분에 대한 의사결정을 위임하기도 한다. 시스템의 특정 부분에 대한 업무 분석자를 '기능 책임자'로 부르며 도움을 받기도 한다. 나쁘진 않다. 왜냐하면 타인에게 위임하기 쉽지 않은 부분에 제품 책임자 본인이 더 많은 시간을 쏟을 수 있기 때문이다.

제품 책임자가 의사결정 권한을 위임한 뒤에도 계속해서 결과를 확인하거나 이미 내린 결정을 뒤엎어 버리면 여러 가지 문제가 발생한다. 누군가에게 위임하기 전에 나중에 군소리 없이 그 일을 정말 위임할 수 있는지 확신해야 한다. 단기간에 시간을 엄격히 관리하는 스프린트를 진행하기 때문에 스크럼 팀은 스크럼 이행 전보다 매우 기민하게 일한다. 제품 책임자 위임이 잘못된 결정으로 밝혀지면, 재작업을 피할 수 없다. 하지만 우리가 가장 피하고 싶은 일은 제품 책임자가 "데이브에게 물어보세요. 그 사람이 시스템의 그 부분 담당자입니다."라고 말하면서도 데이브가 답을 내면 계속 기각해버리는 상황이다. 초급 책임자 그리고 업무량이 많은 책임자라면 마음이 편해질 정도로 남에게 업무를 위임하여 자유시간을 확보하라고 하고 싶다. 아마 그 즐거움에 분명 놀랄 거고 번복할 치명적인 결정은 없음을 알게 될 것이다. 하지만 때로는 자신이라면 다른 결정을 내렸을 만한 일도 마주치게 될 것이다. 이 경우 가장 좋은 방법은 운전을 배울 때와 비슷하다. 차가 미끄러지면 미끄러지는 쪽으로 방향을 유지하는 것처럼.

말도 안 되는 결정만 아니면 그 결정에 맞서기보다 오히려 해당 스프린트가 끝날 때까지 그 결정을 유지하도록 하자. 그리고 나서 변경할 사항인지 아닌지 판단하자. 결정을 번복함으로써 발생하는 비용을 제품 백로그에 다른 가치 있는 작업들과 비교해보면 그 결정이 그렇게 나쁜 것만은 아니란 사실을 알게 될 것이다.

제품 책임자가 팀을 너무 궁지로 몰아세운다 _ 제품 책임자들은 종종 회사의 재무적인 성과에 압박을 받는다. 더 많은 기능feature을 일찍 출시하는 일도 목표를 달성하는 방법 중 하나다. 물론 프로젝트 시작할 때 제품 책임자가 "우리는 더 작고, 더 나은 성능을 가진 제품을 경쟁사보다 싼 가격에 만들어야 합니다. 그리고 지난 제품에 들어간 시간보다 적은 석 달 안에 이 일을 완료해야 합니다"라고 공표하는 것에 반대하지 않는다. 도전적인 목표라도 어떻게 그 목표를 달성할지에 대한 적절한 자유가 보장된다면 팀은 최선을 다할 것이다.

매 스프린트마다 변경에 대한 압력이 계속되면 여러 가지 문제가 발생한다. 2주 스프린트를 13번 진행하면서 "더 많이, 더 해주세요!"라고 하기보다는 "이 놀라운 작업을 6개월 안에 해주세요"라고 어렵지만 한가지 명확한 목표를 주는 게 팀의 스트레스를 줄여준다. 만약 제품 책임자가 팀을 몰아세우면, 스크럼 마스터는 압력을 행사하지 못하게 하고 제품 책임자가 장기적인 목표를 설정해서 팀과 협업하도록 하는 동시에 목표 달성을 위한 범주 내에서는 자유도를 갖도록 보장해주어야 한다.

제품 책임자가 품질 수준을 낮추려고 할 때 _ 납기일까지 기능을 전달하기 어려운 경우, 품질 수준을 낮추는 일은 매우 매력적인 결정이다. 단기적으로 본다면 프로젝트를 시작할 때 확정했던 목표를 달성할 수 있겠지만 결국은 품질 수준을 낮춘 비용은 평소보다 릴리스 이후에 더 많은 결함을 발생시키고 팀 속도를 떨어뜨릴 뿐만 아니라 고객은 생각했던 대로 동작하지 않는다고 제품에 클레임을 걸 것이다.

켄 슈와버는 품질을 '기업의 자산'이라고 말했다.(2006) 그처럼 납기일 같은 단기 목표를 위해 품질을 버릴 수 있는 권한을 가진 사람은 경영자chief executive뿐이다. 품질 수준을 낮추는 일이 적절한 결정일 수도 있지만 전체적인 상황을 따져보지 않고는 말할 수 없다. 하지만 이 결정은 조직 내 최상위층에서 내려야 하고 이런 결정을 조직 내에 공표해야 거의 확실시 되는 부정적인 영향에 놀라지 않는다.

분기별 매출 향상을 위해 집중해야 하는 조직에서 이런 어려움을 아는 제품 책임자를 선택하는 일은 무척 어려운 과제이다. 품질을 낮추려는 시도를 견제하는 역할은 스크럼 마스터의 몫이다. 초기에 의견이 맞지 않을 때부터 스크럼 마스터가 공을 들일 필요는 없지만 그 결정이 드러나도록 해야 한다.

시간은 스크럼 마스터 편이다. 품질을 낮추자는 결정이 수면 위로 떠오르게 할 수만 있다면 최후의 승자는 스크럼 마스터다. "고우더 프로젝트에서 버전1의 품질 저하가 버전2에서 우리에게 어떤 고통을 줬는지 기억해요?"라고 스크럼 마스터가 말한다면 "글쎄요. 여기 두 프로젝트의 개발 속도 그래프가 있습니다. 버전2에 기록된 걸로는 2명을 추가투입했음에도 개발 속도는 떨어졌음을 나타내고 있습니다. 첫 번째 원인은 버전1에서 남겨진 버그가 문제였고 (여기 그래프에 있는 것처럼) 두 번째 원인은 깨끗한 코드를 유지를 할만한 시간이 없다고 느꼈기 때문으로 보입니다. 심지어 몇 개 모듈에서는 자동화된 단위 테스트를 무시하기도 했군요. 여기 릴리스 뒤에 6개월 동안 결함 개수를 비교한 자료를 보면 자동화된 단위테스트를 하느냐 하지 않느냐에 따라 그래프가 꺾여 내려갑니다. 이 프로젝트에서도 이런 일이 반복되느냐는 여러분에게 달려 있습니다. 그렇지만 충분히 알아들으셨다고 생각합니다."

우리의 제품 책임자는 개발 팀과 같이 있는 게 아니라 다른 도시에 있다 _ 많은 프로젝트를 멀리 떨어진 팀이 진행하고 있으며 이런 식의 프로젝트는 증가 추세에 있다. 이런 상황에서는 팀과 제품 책임자 모두 상대와 더 많은 커뮤니케이션을 해야 하는 부담을 갖게 된다. 먼 곳에 있는 제품 책임자와 일하는 경우 다음과 같은 사항들이 지켜지면 아주 성공적으로 일할 수 있다.

함께 보기
분산 환경에서 개발하는 어려움에 대한 더 자세한 내용은 18장 「분산 팀」을 참고하라.

- 프로젝트에 참여한 채 남아 있어라.
- 팀과 조화로운 관계를 확립하라.
- 역할에 부여된 업무는 모두 수행하라.
- 제품 책임자의 일과가 끝난 후라도 하루 중 적어도 몇 시간은 팀에서 걸려오는 전화를 받아줘라.
- 개인 사정으로 답해줄 수 없을 때는 이메일이나 전화로 응답하라.

새로운 역할과 기존 책임들

스크럼 팀이 높은 성과를 내기 위해서는 제품 책임자와 스크럼 마스터 역할은 필수적이다. 이번 장에서 우리는 이런 업무를 가진 사람의 책임과 그 역할에 적합한 사람의 자질, 그리고 이런 역할을 조직에 처음 소개할 때 생기는 공통적인 문제를 어떻게 극복하는지 알아봤다. 제품 책임자와 스크럼 마스터 역할이 새로운 역할이지만 그 책임은 그렇지 않다. 훌륭한 성과를 내는 팀이 필수적으로 알아야 하는 사항들도 이 장에서 다루었다. 스크럼 팀의 개개인에게는 팀 목표 달성을 돕기 위해 명시적인 본인의 역할을 넘어선 시각이 요구된다. 다음 장에서는 팀워크에 새롭게 강조되는 부분은 무엇이고 조직 내 존재하는 역할들을 위해서 책임을 공유하는 것에 대해 알아볼 것이다.

더 읽어볼 것들

Davies, Rachel, and Liz Sedley. 2009.
『Agile Coaching』. The Pragmatic Bookshelf.
이 책은 매우 실용적이며 어떤 스크럼 마스터라도 바로 써먹을 수 있는 유용한 조언으로 가득 차 있다. 어떻게 팀을 개선하는지부터 스크럼 마스터 스스로 어떻게 발전할 수 있는지 폭넓게 다룬다.

Fisher, Kimball. 1999.
『Leading Self-directed Work Teams』. McGraw-Hill.
피셔의 책에서 스스로 작업을 할당하는 팀은 애자일 프로젝트의 자기 조직적인 팀이다. 그의 책은 스크럼 마스터에게 적합한 가이드라인을 제시한다.

James, Michael. 2007.
A ScrumMaster's checklist, August 13. Michael James' blog on Danube's website. http://danube.com/blog/michaeljames/a_scrummasters_checklist.
훌륭한 팀에는 파트타임 스크럼 마스터가 아니라 풀 타임 스크럼 마스터가 필요하다는 논리로 마이클 제임스는 스크럼 마스터가 수행해야 하는 작업 목록을 상세하게 나타내고 있다.

Kelly, James, and Scott Nadler. 2007.
「Leading from below」. MIT Sloan anagement Review, March 3. http://sloanreview.mit.edu/business-insight/articles/2007/1/4917/leading-from-below.
이 논문은 권한이 없으면서도 여전히 조직에 많은 영향을 미치고 있는 사람들에 대한 실질적인 이야기를 보여주고 있다.

Pichler, Roman. 2010.
『Agile product management with Scrum: Creating products that customers love』. Addison-Wesley Professional.
제품 책임자 역할이 사용할 수 있는 가장 완성된 커버리지(coverage). 피클러는 전통적인 제품 관리와 애자일 제품 관리의 주요 차이점을 이해하기 쉽게 이야기하고 있으며 제품 책임자에게 유용한 팁도 제공한다.

Schwaber, Ken. 2004.
『Agile project management with Scrum』. Microsoft Press.
슈와버의 두 번째 책은 성공적으로 스크럼을 사용하는 팀과 실패한 팀의 일화로 가득하다. 책의 일부 장에서 제품 책임자와 스크럼 마스터의 역할을 다루고 있으며 이 역할을 수행하는 데 필요한 가치 있는 조언들이 책 여기저기에 등장한다.

Spann, David. 2006.
「Agile manager behaviors: What to look for and develop」. Cutter Consortium Executive Report, September.
이 상세한 보고서에서 커터 사의 컨설턴트인 데이비드 스팬이 애자일 관리자를 찾을 때 어떤 자질을 확인해야 하는가를 이야기한다. 물론 이번 장에서 다룬 스크럼 마스터에 더 부합된다. 애자일 매니저를 고용할 때 찾아봐야 할 22가지 행동 패턴으로 시작해서 좀 더 우선시 되는 8개의 행동 패턴을 정리하고 있다.

8장

역할 변경

7장에서는 스크럼 프로젝트에서의 두 가지 역할(스크럼 마스터와 제품 책임자)에 초점을 맞췄다. 스크럼 프로젝트 팀원들의 변화는 두 가지 새로운 역할자를 도입하는 것을 넘어 계속된다. 가령 스크럼 팀의 자기 조직적인 특성 때문에 팀에 기술 리더와 같은 역할이 없어지기도 하고 개개인은 자신의 전문 분야를 넘어서 팀을 도울 수 있는 방안이 있는지 찾아보게 된다. 또 요구사항 기록보다 대화가 강조되며, 각 스프린트가 끝날 때마다 무언가 실체가 있는 결과물을 내야 한다. 이런 변화들은 조직과 팀 내부의 역할과 관계를 변화시키기 때문에 팀은 스크럼 도입 시 조직이 부딪히는 어려움을 극복하기 위해 노력해야 한다.

이번 장에서는 기존 역할자들이 스크럼 이행을 위해 개개인마다 겪게 되는 주요한 변화는 무엇인지 알아본다. 각 역할을 설명하기보다는 어떻게 이런 역할들이 변경되는지 주로 다루게 된다. 가령 애플리케이션을 테스트하기 위해 테스터가 하는 모든 일을 다루기보다는 스크럼 프로젝트에서 테스터의 업무가 어떻게 바뀌는지에 대해 집중할 것이다. 이런 방법으로 분석가, 프로젝트 관리자, 아키텍

> **노트**
>
> 이 같은 역할에 대해 읽어나가는 동안 제품이나 소프트웨어를 개발하는 팀원은 모두가 개발자라는 마음을 가져라. 필자가 테스터라는 용어를 사용할 때는 테스트에 경험이나 관심이 있는 개발자를 의미한다. 비슷하게 분석가는 팀에 필요한 (높은 우선순위를 가진) 분석을 수행하는 사람이 아니라 분석에 관련된 일을 선호하는 개발자를 의미한다.

트, 기능 관리자, 개발자, 데이터베이스 관리자, 테스터, UX$^{user\ experience}$ 디자이너 역할에 대해 이야기해 볼 것이다.

분석가

일부 분석가는 제품에 대한 해박한 지식과 풍부한 커뮤니케이션 능력을 바탕으로 제품 책임자 역할을 하는 경우가 있다. 이런 경우는 특히 계층 구조의 제품 책임자가 있는 커다란 프로젝트에서 흔히 볼 수 있다. 예를 들면 그 업계 제품 관리자였던 사람은 아마도 제품 전체를 총괄하는 수석 제품 책임자 역할을 맡아서 사용자와 시장 상황을 파악하는 데 대부분의 시간을 보내게 된다. 반면에 분석가였던 사람들은 수석 제품 책임자의 비전이 제품 백로그에 스며들도록, 제품 책임자로 다양한 팀에서 활동하게 될 것이다.

> **함께 보기**
> 대규모 조직에서의 제품 책임자 역할은 17장 「대규모 스크럼」에서 다룬다.

분석가가 일하는 방식이 바뀌어도 분석가의 존재가 매우 유익하다는 것을 많은 팀이 알게 된다. 전통적인 프로젝트에서 분석가의 임무는 팀보다 가능한 앞서서 분석을 끝마치는 것이지만 스크럼 프로젝트에서는 JIT$^{just\ in\ time}$ 분석이 목표다. 팀보다 살짝 앞서 나가면서 현재 작업 중이거나 곧 작업을 시작할 기능에 대한 쓸모 있는 정보를 팀에게 제공하는 것이 분석가의 새로운 목표가 된다.

> **함께 보기**
> 13장 「제품 백로그」에서 문서보다 대화를 강조하도록 바꾸는 것에 대해 설명하고 있다.

분석가는 목표 달성을 위해 요구사항 작성보다 대화를 강조하게 된다. 예전처럼 팀보다 한참 앞서 일하는 게 아니어서 수많은 산출물을 통해서가 아니라 편하게 팀과 정보를 나눠야 할 필요가 있다. 가능하면 많은 정보가 구두 토론을 통해 공유되어야 하지만 특히 (작업 장소나 조직이) 분산된 팀이라면 분석가는 여전히 요구사항 중 일부에 대한 문서화를 계속해야 한다. 그래도 사인이 들어간 문서가 아니라 위키 등을 이용하게 되면 조금은 덜 딱딱하게 될 것이다.

전통적인 프로젝트에서 분석가는 종종 다른 팀원과 제품 책임자 간 의사소통의 중개인이 되곤 한다. 스크럼 프로젝트에서 분석가는 팀과 제품 책임자가 참여하는 논쟁의 자리에서 진행자가 되어야 한다. 팀원들과 제품 책임자 사이에는 대화가 필요하다. 훌륭한 애자일 분석가는 대화의 통로가 되어 주기보다 주어진 시간 동안 팀이나 제품 책임자가 가능하면 가장 생산적인 대화를 하도록 돕는 일에 집중한다. 즉, 분석가가 제품 책임자와 팀이 원래 논점을 벗어나지 않고 하나의 사용자 스토리에 대해 이야기하도록 이끈다거나 새로운 기능에 대해 팀과 제품 책임자 사이에 구체적 논의가 이루어지기 전에 팀이 개요라도 이해할 수 있도록 돕는 것을 의미한다.

> **함께 보기**
> 사용자스토리는 기능을 설명하는 애자일 기법이다. 13장에서 설명한다.

전통적인 프로젝트의 분석가는 팀에게 말한다. "주요 이해관계자 대표와 이야기하고 그 사람이 뭘 원하는지 이 문서에 상세하게 적어왔습니다." 하지만 스크럼 프로젝트라면 그 분석가는 이렇게 말할 것이다. "제품 책임자와 이야기 해봤는데 후속 조치가 무엇인지 알 것 같아요. 우선 여러분이 일을 시작하도록 사용자 스토리 6개를 적어왔습니다. 그리고 제품 책임자에게 물어볼 추가적인 질문이 산더미처럼 있습니다. 이 질문들을 논의할 때 여러분 중 몇 명이 참석 가능한지 확인하고 싶습니다."

지금까지 분석가에 대한 설명을 보면 팀 스프린트 선두에서 일하는 게 더 매력적으로 생각될 수 있다. 하지만 이 경우를 보자. 미국의 농장 예금 서비스의 분석가인 그레고리 토프는 어떻게 현재 스프린트에 집중할 수 있게 되었는지 이야기한다. "스크럼을 하기 전에는 적어도 몇 주 동안은 개발되지도 않을 요구사항을 처리해야 했습니다. 지금은 현재 스프린트에만 집중하면 됩니다(우리들은 2주가 한 스프린트입니다). 그래서 더 많은 시간을 사용자 스토리를 구체화하고 개발, 테스트하는 데 쓸 수 있게 되었습니다."

분석가의 첫 번째 우선순위는 현재 스프린트 목표를 달성하는 것이다. 스크럼 팀의 분석가는 테스트를 돕고, 개발하고 있는 기능에 대한 질문(또는 질문의 답변을 추적하거나)에 답하거나 모든 통상적인 스프린트 회의에 참석하는 등의 활동을 하게 된다.

그러나 이런 활동들이 분석가의 근무시간 전부를 소비하지 않는 건 확실하다. 현재 스프린트에 작업을 완료할 필요가 없어서 생긴 시간은 앞으로 작업을 위해 사용할 수 있다. 그렇지만 스프린트 동안 팀의 한 부분으로서 앞일을 대비해 약간 앞서나가는 것과 스프린트 선두에서 일하는 것은 다르다. 토프는 너무 앞서나가는 것이 실제로 그를 어떤 상황에 놓이게 했는지 설명했다. "저는 사용자 스토리를 구체화하면서 1~2개 스프린트만큼 앞서 일하려고 했습니다. 하지만 그 때문에 현재 스프린트를 힘들게 한다는 사실을 알게 되었습니다. 또 먼저 작업한 사용자 스토리를 가지고 실제로 팀이 작업하게 될 때쯤엔 세부적인 사항이 여러 번 변경된다는 사실도 알게 되었습니다."

사전에 실시하는 분석가들의 노력을 스프린트 백로그에 포함시켜야 하는지도 자주 듣는 질문이다. 필자는 스프린트 계획에서 식별된 분석 태스크는 어떤 것이든 스프린트 백로그에 추가하기를 추천한다. 가령 팀에서 대출을 심사하는 애플리케이션을 만든다고 해보자. 만약 다음 스프린트에서 지원자의 신용 점수를 계산하는 기능을 포함시키기로 했다면 스프린트 백로그에 들어갈 분석 태스크는 기능을 식별하고, 추정하고 이 작업과 관련한 스프린트 백로그에 포함하는 일이 될 것이다. 반면에 다음 스프린트 작업이 확실치 않다면, 스프린트 백로그에는 다음 스프린트와 관련된 구체적인 태스크가 없을 것이다.

전반적으로 대부분의 분석가들이 고객이 원하는 바를 홀로 파악하는 역할에서 멀어짐에도 스크럼이 주는 변화를 즐긴다. 스크럼 도입 2년 뒤 토프는 팀에서 다른 이들과 관계가 어떻게 변했는지 이렇게 말했다.

우리 모두가 한 팀으로 동시에 동일한 사용자 스토리를 놓고 작업하기 때문에 더 하나라고 느껴집니다. 스크럼 도입 전에는 각 역할자(분석가, 개발자, 테스터, DBA)가 지하실에 숨어서 따로 일을 진행하는 것 같았죠. 이렇게 일할 때는 서로 비난하는 일이 많았습니다. 하지만 스크럼을 사용하는 지금은 팀원 모두가 스토리에 집중합니다. 비난은 '한 팀으로' 라는 생각과 함께 사라졌습니다.

프로젝트 관리자(PM)

순차적인 개발 프로세스를 사용하는 프로젝트에서 PM은 고객이 원하는 제품이 바로 개발된 결과물이라고 확신시키는 어려운 일을 해왔다. 이를 위해서 프로젝트의 모든 것(개발 범위, 개발 비용, 품질, 팀원, 커뮤니케이션, 위험요소, 조달 등 많은 것)을 관리하려고 노력해야 했다.

이런 책임 중 일부는 사실 다른 사람에게 있다. 가령 개발 범위를 조정하는 책임은 엄밀히 말하면 고객에게 달려 있다. 개발 중에 일어나는 우선순위, 팀 속도, 시장 상황의 변화처럼 트레이드오프가 필요한 의사결정을 할 수 있는 사람은 고객 말고는 없다. 우선순위를 PM이 관리한다고 하지만 우선순위는 한번 시작하면 끝까지 가는 고정불변한 것이 아니다. 그때나 지금이나 순차적인 프로젝트를 돌이켜보면 제대로 된 제품을 배포하기 위해서 PM 자신이 추정을 한다.

스크럼 프로젝트에서는 프로젝트 관리자를 받아들일 수 없는 역할로 인식하고 제거했다. 그렇다고 그 일과 책임이 사라지는 것을 의미하진 않는다. 예전에 프로젝트 관리자가 짊어졌던 엄청난 책임감은 자기 조직적인 팀이 스크럼의 중요한 신조가 되면서 스크럼 팀으로 전해졌다. 예를 들면 PM이 사람들에게 태스크를 각각 할당하던 일은 사라지고 팀원들 스스로 태스크를 선택하게 되었고 그외 다른 책임들은 스크럼 마스터와 제품 책임자에게로 이동했다.

기존에 PM이었던 사람들은 스크럼에서의 역할은 예전에 PM이 가졌던 책임을 나눈 것쯤으로 여긴다. (프로젝트 관리자는 자신이 가진 경험, 기술, 지식과 관심 분야에 따라 스크럼 마스터뿐만 아니라 제품 책임자 또는 팀원 등 어떤 역할자도 될 수 있다.)

PM 중 일부는 프로젝트 관리를 좋아하지 않지만 다음 성장 경로를 고려해 PM이 되었던 사람들이다. 그래서 개발자, 테스터, DB 전문가, 설계자, 분석자, 아키텍트 등의 역할자들이 수행하는 기술적인 도전을 그리워한다. 이런 사람들은 더 만족스러운 일로 되돌아가기 위해 프로젝트 관리자의 역할을 제거하는 데 찬성할 것이다.

어떤 PM들은 업무와 고객에 정통하다. 이런 지식은 제품 책임자 역할을 통해 발휘할 수 있다. 특히 이 역할은 팀에게 지시하던 습관 때문에 힘든 시간을 보내는 사람들에게 어울린다. 제품 책임자는 역할의 한 부분으로 "어떻게 하자"고 강요하지는 못하지만 팀에게 "무엇을 하자"고 이야기하는 일은 허락된다. 이러면 가끔은 지시하는 일을 해야 직성이 풀리는 과거에 PM이었던 사람들을 만족시킬 수 있다.

팀에게 지시하는 오래된 습관을 극복할 수 있고, 팀을 위한 결정을 할 수 있는 PM이라면 좋은 스크럼 마스터도 될 수 있다. 스크럼을 도입하는 조직에서 대부분의 PM이 맡게 되는 새로운 역할이 스크러머 마스터다. 이 새로운 역할은 팀이 문제점을 해결하고 의사결정하는 방법을 스스로 배워가도록 지켜봐야 하기 때문에

PM 역할을 수행했던 사람들에게 어려울 수 있다. PM에서 스크럼 마스터로 역할이 바뀐 사람들은 종종 본인들 스스로가 애자일하게 일하지 못하면서 팀을 코칭해야 하는 일이 생긴다. 이런 상황에 처한 스크럼 마스터들을 위한 최고의 전략은 다음과 같다.

- **교과서적으로 스크럼을 수행하라** _ 처음에는 이 책이나 다른 스크럼 책에서 제시하는 조언을 그대로 실천한다. 또는 현장의 트레이너나 코치를 참여시켜서 정확히 그 사람의 조언을 따른다. 직접 경험을 통해 스크럼을 익힌 뒤에 프로세스를 조정하기 시작하라.
- **가능한 많은 다른 스크럼 마스터와 대화하라** _ 조직에 스크럼 마스터가 여럿 있다면 좋았던 경험과 좋지 않았던 경험을 공유하라. 이 경험을 기반으로 일반적인 사항을 도출하여 교훈을 이끌어낸다. 만약 조직 내에 유일한 스크럼 마스터라면 이야기를 나누고 서로의 접근방법을 비교할 외부 스크럼 마스터들을 찾아라.
- **최대한 빠르게 많이 배워라** _ 책, 기사, 블로그, 웹사이트을 읽고 지역 내 애자일 그룹을 찾아 미팅에 참석하라. 유명한 애자일, 스크럼 컨퍼런스 한두 개를 찾아 참석하는 것도 좋은 방법이다.

> 함께 보기
> 실천법 커뮤니티는 17장에서 설명한다.

모토롤라의 소프트웨어 엔지니어 관리자인 도리스 포드$^{Doris\ Ford}$는 PMP 자격을 가진 전형적인 PM이였다. 그러나 이런 배경에도 불구하고 도리스의 접근방법은 항상 팀을 지원하고 위하는 것이었다. 그래서 쉽게 PM에서 스크럼 마스터로 전향할 수 있었다. 그녀는 역할을 어떻게 변경했는지에 대해 이렇게 말했다.

"애자일 개발을 관리한 동안 저는 태스크 하나하나를 신경 쓰지 말아야 한다는 걸 배웠습니다. PM으로 일할 때는 누가 어떤 작업을 하며 그 작업에 필요한 건 무엇인지, 그 사람이 제시간에 마칠 수 있을지 항상 가장 높은 곳에서 지켜봐야 했습니다. 개발 범위나 일정, 예산, 품질 등의 제약조건에 맞추기 위한 해답을 찾고, 상부에 처리 상황을 보고하기 위해 수많은 시간을 보내야 했습니다. 애자일 환경에서 팀원 스스로 스프린트에 필요한 작업을 식별하고 완료할 수 있다는 사실을 신뢰하게 되었습니다. 그렇게 내버려두는 것이 처음에는 어려웠지만 팀 스스로도 할 수 있다는 사실을 금방 알 수 있었습니다. 지금은 팀, 또는 외부에서 발생하는 방해물을 제거하여 팀원들이 집중할 수 있도록 지원하는 데 제 시간을 쓰고 있습니다."

왜 직함을 바꿀까?

PM이 팀의 스크럼 마스터나 제품 책임자가 될 수 있다면 개인의 직함을 바꿀 필요가 있을까? 스크럼 마스터를 보자. 몇 년 전 스크럼 프로젝트를 처음 시작했을 때, 스크럼 마스터라는 용어는 존재하지 않았고 프로젝트 관리자를 제외하고는 다른 역할은 상상할 수 없었다. 그리고 그 정도면 충분했다. 하지만 PM 역할을 맡을 새로운 사람을 고용했을 때 '이 사람이 팀과 어떤 식으로 협업해야 한다'에 대한 내 생각은 명확했다. 오만한 태도와 상명하달식 태도를 가진 사람은 피했다. 또 새로 뽑은 PM은 내게 보고하도록 했고 팀과 협업방법을 코치하는 데 더 많은 신경을 썼다. 이때도 PM이라고 부르는 일은 문제가 되지 않았다.

회사가 성공과 성장을 계속하면서 우리는 다른 회사를 합병하기 시작했다. 합병된 회사 직원들 중에는 PM 역할에 대해 매우 전통적인 생각을 가지고 있는 사람들이 더러 있었다. 나는 이 사람들이 좀 더 애자일 개발에 적합한 생각을 갖도록 도와야 했다. 하지만 자기 조직적인 팀에 어울리는 협력적인 접근방법을 가진 프로젝트 관리자를 새로 고용하는 것이 훨씬 쉽다는 사실을 곧 깨달았다.

몇 해가 지난 후 켄 슈와버와 토론을 통해서 왜 기존 PM들이 스크럼 이행에 동참하는 게 예상보다 더 어려운지 이해할 수 있었다. 슈와버는 프로젝트 관리자들에게 PM이라는 직함을 허락하는 일은 그들이 지켜온 방식을 허락하는 일이나 다름없다고 일러줬다. 그리고 1997년 어느 날, 슈와버는 스크럼 마스터라는 용어를 만들었고 이를 통해서 스크럼 마스터가 PM이 가진 역할에 약간의 추가적인 책임을 더하고 뺀 것과는 다르다는 사실을 모두에게 상기시키고자 하였다. 슈와버는 이렇게 조언했다. "스크럼이라는 단어는 변화의 단어라구. 소멸차트, 백로그, 스크럼 마스터 같은 말들이 때로는 불편할 수도 있어. 왜냐하면 우리에게 변화가 일어나고 있다는 걸 알려주니까 말이야."

직함을 변경하라고 추천하고는 있지만 PM이라는 직함을 꼭 없애라는 뜻은 아니다. 여러분 또는 여러분의 조직이 만족한다면 PM이라는 직함을 계속 사용하라. 하지만 새로운 접근방법을 도입하는 데 낡은 단어를 사용하는 것은 진행을 느리게 하고 방해한다는 켄 슈와버의 조언과 내 경험을 가슴에 새겨라. 낡은 직함이 남아 있으면 새로운 방식으로 생각하는 것을 방해한다. 덧붙이자면 새로운 직함처럼 대수롭지 않는 것을 적극적으로 포기하지 못하는 사람은 아마도 스크럼 도입에 필요한 더 어려운 변화도 쉽게 받아들이지 못할 것이다.

아키텍트

오랫동안 많은 아키텍트들이 '아키텍트'라는 위엄 있는 직함을 달고 일해왔다. 이들은 자신이 가진 지식, 경험, 기술적이고 업무적인 문제들에 대해서 세련된 해결책을 제안하는 능력을 자랑스러워했다. 나는 스크럼 도입에 직면한 많은 아키텍트들의 다양한 걱정을 다음과 같이 두 가지 유형으로 분류했다.

- 앞으로도 사람들이 내가 말한 기술구조에 따라 구현할까?
- 초반에 아키텍처를 검증하고 않고 어떻게 견고한 아키텍처를 가진 제품을 만들 수 있다고 확신할 수 있을까?

첫 번째 걱정에 대한 답은 전부 아키텍트의 몫이다. 많은 아키텍트들은 자신들의 업무가 거의 바뀌지 않는다는 사실을 알게 된다. 개발자들은 아키텍트를 존중하고 있으며, 실제 아키텍트의 조언이 좋은 결과를 낸다는 사실을 알기 때문에 결국 아키텍트가 구현한 것이 해결책으로 채택된다. 가령 동료 중 한 사람이 안정된 기술구조로 좋은 평가를 받았었고, 그 동안 좋은 기술구조를 만드는 모습을 보여줬다면 기술구조에 관한 물음에 그 사람을 쫓아가게 된다. 심지어 자기 조직적인 팀에서도 마찬가지다. 그런 결정에 또 다른 판단을 강요하는 사람은 아무도 없을 것이다.

두 번째 걱정은 폭넓게 발생한다. 14장 「스프린트」의 '스프린트 처음부터 끝까지 함께 일하기', 9장 「기술적인 실천법」의 '계획적이고 창발적인 설계'에서 알 수 있는 것처럼 업무 목적에 부합하는 아키텍처 요구 때문에 제품 백로그의 우선순위를 변경하게 된다. 이는 아키텍트가 애플리케이션의 아키텍처 불확실성에 주의를 집중하고 노력을 기울이도록 한다. 아키텍처가 복잡하거나 위험이 있는 제품인 경우 아키텍처 구현에 대한 항목을 제품 백로그에 어떻게 반영하는지 알려주기 위해 아키텍트와 제품 책임자는 더 긴밀하게 협업해야 한다. 제품 책임자는 제품에 대한 결정에 도움이 되는 시장, 사용자, 고객의 소리에 귀를 기울여야 함을 인식해야 한다. 또 훌륭한 제품 책임자는 우선순위를 판단하려면 기술 팀의 자문이 필요하다는 사실을 알고 있다. 최종 선택은 결국 제품 책임자의 몫이지만 훌륭한 제품 책임자는 우선순위를 정할 때 모든 측면을 고려한다.

애자일아키텍트닷컴 AgileArchitect.org의 앤드류 존슨은 아키텍트의 책임에 대해 이렇게 말했다. "애자일 개발 시 아키텍트는 변화와 복잡성을 주로 고민하는 반면 개발자들은 다음 배포에 집중한다." (2009) 스프린트 내에서 작업 우선순위를 신중하게 결정하면 핵심이 되는 지식을 빨리 배울 수 있고 방어하기 충분한 시간을 가지고 위험요소를 회피하거나 발견할 수 있어서 총 개발 비용을 최소화시킨다.

코딩 하지 않는 아키텍트

코딩 하지 않는 아키텍트들은 하는 일을 많이 변경해야 할 것 같다. 이런 사람들이 스캇 앰블러가 말하는 '상아탑의 아키텍트'[1] 부류이다. (2008) 코딩 하지 않는 아키텍트가 문제를 일으킬 소지가 많다는 것은 익히 알려져 있다. 이 사람들은 스크럼 프로젝트에서 퇴출 1순위다. 코딩을 하지 않는 아키텍트 중에서도 일부는 스크럼을 직장생활 초기에 희망을 가지고 즐겼던 프로그래밍을 다시 하는 기회로 생각하고 팀을 위해 공헌하는 사람이 있다. 이들은 환영받을 것이다. 이 아키텍트들이 팔을 걷어붙이고 코드 속으로 들어가게 되면 그들의 지식과 경험의 깊이에 사람들은 존경해 마지 않을 것이다.

프로젝트에 현실적인 기여를 하도록 역할이 바뀌는 것에 저항하는 아키텍트에 주의하자. 코딩 하지 않는 아키텍트들은 여러 가지 방법으로 실제 프로그래밍을 하지 않고 직장생활을 유지한다. 그런 사람 중에 하나였던 톰은 처음 만남부터 당황하게 했다. 그는 재미있는 농담과 함께 훌륭한 기술들에 대해 많이 언급하면

---

1 옮긴이 상아탑(ivory tower): 코딩을 못하는 아키텍트를 현실을 떠나 고고하게 학문적인 세계를 추구하는 상아탑에 빗대어 부름.

서 자신이 정통하고 있음을 이야기했다. 톰은 필자가 처음 만난, 회의를 좋아하는 개발자였고 항상 회의에 더 많은 신경을 썼다. 하지만 톰에 대해 잘 알게 되면서 톰의 기술적 지식이 허울뿐이라는 사실을 알게 되었다. 그리고 곧 톰이 왜 그렇게 많은 시간을 팀 회의에 사용하는지 알게 되었다. 쓸데 없는 회의에선 모든 참석자들의 생산성과 가치는 고만고만하다. 하지만 책상으로 돌아가 실제로 작업을 시작할 때면 개발자 중에 누가 생산적이고 가치 있는 존재인지 극명하게 나타나기 시작한다. 톰이 필요하지도 않은 회의를 선호하는 것은 나름의 자기 방어적인 기술이었다. 그런 회의가 계속되면서 톰이 그리 대단한 사람이 아니라는 걸 모든 사람들이 알게 되기까지는 오랜 시간이 걸리진 않았다.

명함에 아키텍트라고 적혀 있는 사람이 가치 있는 공헌자가 되기 위해 코딩만 할 필요는 없다. 사실 아키텍트가 코드를 작성하지 않아도 한두 번의 스프린트 진행엔 무리가 없다. 필자가 궁금한 건 아키텍트 중에 여전히 코딩을 할 수 있는 사람이 누구이고 코딩 스킬이 부족한 사람이 누구인가이다. 소프트웨어 아키텍트인 요하네스 브로드월은 스크럼에서 아키텍트 역할에 대해 이렇게 말한다. "스크럼을 진행하면서 아키텍트 역할의 가장 큰 변화는 아키텍트가 더 이상 명시적으로 기술 문제에 대한 해결책을 강요할 힘이 없다는 것입니다. 아키텍트는 조언자이면서 진행자가 되어야 합니다. 조언자로서 어떤 문제에 대해 조언을 할 수 있다는 점에서 이 직업을 더 좋아하게 됐습니다."

특정 역할에 대한 역할 관리자

개발 관리자^{development manager}, 품질 관리자^{QA director}처럼 특정 역할을 담당하던 사람들은 스크럼 프로젝트에서도 그 일을 계속 수행하게 된다. 보통 이 담당자들은 스크럼 전환 이후 자신의 영향력이 조금 감소하는 느낌을 받겠지만 이 부분은 스크럼을 도입하기 전에 조직에서 역할을 어떻게 정의하느냐에 전적으로 달려 있다.

이런 역할 관리자들은 프로젝트에 사람을 배정하는 일을 보통 수행했다. 각 프로젝트의 요구, 프로젝트 위치, 개발을 위해 꼭 필요한지, 개인의 성장 등 서로 경쟁적인 필요성을 바탕으로 이런 결정을 계속 내려야 한다. 어떤 조직에서는 역할 관리자가 그룹 내에서 담당자를 프로젝트에 배정하는 일뿐만 아니라 할 일까지 정해주기도 한다. 스크럼 이행 이후에는 더 이상 이런 일은 없다. 작업 선택은 팀원의 자기 조직화라는 근본적인 측면에서 팀의 몫이어야 한다.

역할 관리자의 리더십

역할 관리자는 항상 리더 역할을 해왔다. 관리의 리더십은 개인의 스타일에 따라 다르다는 것이 일반적이다. 필자가 어릴 적에, 아버지는 시어스[2] 소매점을 관리했었다. (이건 시어스가 세계에서 가장 큰 판매업체였던 시대의 이야기다.)

아버지의 관리방식은 하향식이었다. 목표를 정하고 일을 분담시키고 성과를 측정하고 소매점 직원들에게 이 사실을 이야기해 주었다. 그리고 목표 달성 여부로 직원들을 평가했다. 훌륭한 관리자는 어떤 것이든 관리할 수 있다는 명언이 유행하던 시기였다. 아마 아버지는 똑같은 방법으로 소매점을 관리하는 일뿐만 아니라 은행이나 제조 공정관리도 할 수 있었을 것이다. 아버지는 제프리 라이커 Jeffrey Liker의 『The Toyota way』(2003, 181)에서 분류한 그림 8.1 사분면의 좌측 하단 부분에 해당한다.

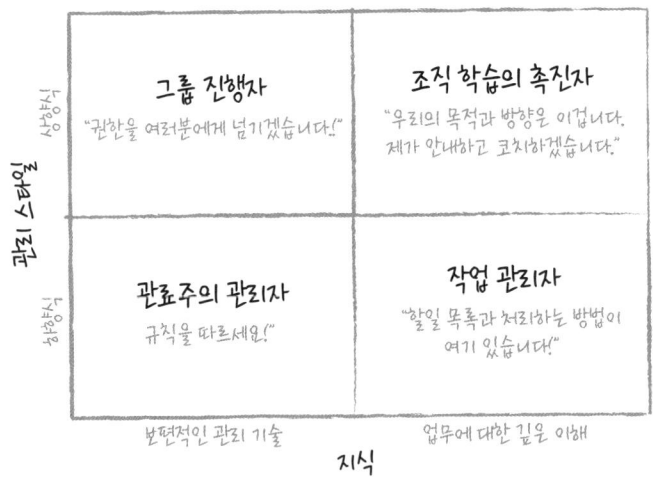

그림 8.1
전문성과 관리 스타일에 따라 분류한 다양한 역할 관리자의 유형. 제프리 라이커의 『The Toyota way』 (저작권: The MacGraw-Hill)에서 발췌.

---

2 옮긴이 시어스 로벅: 공식 이름은 Sears, Roebuck & Co.이다. 20세기 중반 미국의 대규모 통신 판매 회사.

이제 다른 유형의 관리자를 살펴보자. 필자의 아버지와는 다른 시대에서 일하는 사람으로 상향식 스타일에 일반적인 관리 기술을 사용한다. 이런 관리자는 그림 8.1의 좌 상단 부분을 차지한다. 그림에서 우하단 부분에는 하향식 스타일을 사용하며 업무에 대해서 깊게 이해하고 있는 관리자가 나타난다. 소프트웨어 프로젝트에서 매우 전형적인 이런 관리자는 자신의 팀에게 무엇을 해야 하고 어떻게 해야 하는지 지시하는 스타일이다.

스크럼을 사용하고 있는 조직의 기능 관리자들은 사분면의 우상단 부분에 해당한다. 이 사람들은 업무에 대한 깊은 이해와 상향식 스타일을 겸비한다. 역할 관리자는 그룹의 구성원들에게 가이드라인과 코칭을 제공해야 하는 책임이 있다.

스크럼 마스터와 제품 책임자 역시 팀원들을 가이드하고 코칭하지만 그들의 관점은 하나의 프로젝트나 제품에 제한적인 경우가 많다. 역할 관리자는 폭넓은 시야를 가지고 프로젝트 안팎의 표준을 확립해야 함은 물론 품질에 대한 기대치, 유지보수성, 재사용성, 그리고 그밖에 다양한 측정요소와 비기능적 요구사항에 대한 기대치를 정한다.

> **함께 보기**
> '개선 커뮤니티'는 4장 「기민함을 위해 이터레이션 수행하기」에서 소개하고 있으며 실천법 커뮤니티는 17장에서 설명하고 있다.

이밖에도 역할 관리자는 자신이 맡은 부서의 사람들을 키워야 할 책임도 있다. 개발자를 컨퍼런스에 보내기 위한 예산과 시간을 확보하는 일, 도전적인 프로젝트에 개발자를 투입시키는 일, 실천법에 대한 커뮤니티를 만들거나 가입하도록 지원하는 일 등이 모두 역할 관리자가 해야 하는 부분이다.

인사에 대한 책임

대부분의 조직에서 역할 관리자는 부서 내 사람들을 주기적으로 평가하고 기록할 책임이 있다. 역할 관리자가 동료나 고객으로부터 받은 의견을 토대로 평가를 진행했겠지만 스크럼 환경에서는 이 부분에 대한 비중이 더 커져야 한다. 왜냐하면 역할 관리자와 매일매일 가깝게 일하지 않기 때문이다.

> **함께 보기**
> '주기적인 성과 평가'는 20장 「인사, 총무, PMO」에서 논의한다.

많은 조직에서 역할 관리자가 고용뿐만 아니라 해고에 대한 권한도 갖는다. 스크럼 마스터나 제품 책임자라고 해도 제품개발 팀의 개인에 대해 이런 수준의 권한을 가지진 못한다. 조직에서 스크럼을 도입한 뒤에는 대부분의 역할 관리자들은 예전보다 더 많이 여유로워진다는 사실을 깨닫게 된다. 이렇게 만들어진 시간의 대부분은 팀원들과 가까이 지내면서 솔직한 보고서를 작성한다거나 각 프로젝트에 속한 부서원들이 일하는 것을 더 깊이 이해하고 (스프린트 리뷰를 할 때 참석하는 등의 방법을 통해) 프로젝트를 포괄하는 표준과 앞으로의 방향에 대해서 관심을 쏟는 데 사용된다.

개발자

스크럼 팀에서 개발자들은 무슨 일을 해야 할까? 프로그램, 개발, 테스트, 분석, 설계 등 개발자들은 스프린트 동안 약속된 일을 팀에서 완료하는 데 필요한 어떤 일이라도 수행한다. 물론 스크럼 팀에 (특정 분야의) 전문가가 있는 것도 좋지만 전문가도 마찬가지로 팀에 더 도움이 되는 일이 필요하다면 전문 분야를 기꺼이 벗어나는 자세가 필요하다. 예외는 있다. 가령 게임 개발 프로젝트는 인공지능 프로그래밍 영역의 전문가를 고용하는 게 더 이익이다. 제품의 아주 특화된 부분을 담당하기 때문에 이들은 자신의 전문 분야 외에 다른 일은 하지 않는다. 하지만 스크럼 팀의 대다수 개발자는 기꺼이 팀 전체의 효율을 높이기 위해 수단과 방법을 가리지 않고 기여한다. 즉, 필요하면 테스트를 수행하고 때로는 좋아하지 않는 언어로 개발하는 것 등을 의미한다.

> **함께 보기**
> 11장 「팀워크」에서 전문가에 대해 더 생각해보자.

스크럼 팀에서 개발자들이 겪는 가장 인상적인 변화 중의 하나는 더 이상 파티션에 둘러싸인 작은 공간에 앉아 무엇을 개발하면 되는지 말해주길 기다릴 수 없다는 것이다. 개발자들은 제품 요구사항을 이해하기 위해 능동적인 참여자가 되어야 한다. 놀라운 것은 단순하게 할 일을 말해 주길 원하는 사람이 의외로 많다는 사실이다. 필자는 이런 표현을 자주 들었다. "관리자가 지시하고 내가 그대로만 한다면 해고당할 일은 없겠지." 스크럼 팀에 속한 다른 모든 이들과 마찬가지로 개발자들이 제품의 전체적인 성공을 위해 책임을 공유하는 건 당연한 일이다. 이 같은 책임감을 완전히 통감하게 될 때 비로소 한 사람 몫 이상을 하는 게 가능해진다.

개발자들은 고객, 사용자와 대화할 일이 많아진다. 개발자 본인과 조직, 다른 팀원들의 역량, 프로젝트 특성에 따라 대화의 양은 조정될 수 있다. 개발자들이 싹싹하고 사교적인 세일즈맨의 성격을 따라 할 필요는 없지만 가끔은 사용자나 고객과 편안한 대화를 나누는 재주가 필요하다. 그것이 전화 통화라도 말이다.

개발자들은 동료들과도 더 많은 시간을 보내게 된다. 11시에 출근해서 퇴근하는 7시까지 커다란 헤드폰을 끼고 조용히 앉아 있는 일은 개발자에게 허락되지 않는다. 대신 개발자들은 그룹 공간에 둘러앉아 토론회를 실시하고 발생한 문제에 대해 서로 돕기도 하고, 짝 프로그래밍을 하게 될 것이다.

이런 변화가 IT 분야에서 일하기 시작한 많은 개발자들에게 익숙한 일은 아닐 것이다. 왜냐하면 이들은 파티션에 둘러싸인 곳에 혼자 하루 종일 앉아서 일하는 데 익숙하기 때문이다. 내가 프로그래밍을 처음 시작했을 당시엔 하루 종일 4피트짜리 사진을 인화하는 암실 같은 곳에서 일했었다. 정해진 휴식시간과 점심시간에만 바깥 출입을 하고 온종일 어두컴컴한 곳에 혼자 있어야 했지만 행복한 시간이었다. 좁다란 일터에서 밝은 곳으로 나오는 것은 엄청난 변화다.

장소의 이동도 이동이지만 바깥으로 나와 겪게 되는 대화가 중시되는 문화는 더 큰 변화다. 스크럼 팀에서는 개발자들에게 이 같은 전환을 요구한다. 다행스러운 것은 이런 변화가 대부분의 사람들에게 아주 어려운 일은 아니라는 점이다. 대화를 피해 혼자가 되고 싶어할 때도 있지만 곧 사람들은 스크럼 프로젝트에서 의사결정을 위한 토론이나 회의 같은 정형화된 대화를 나누는 일이 칵테일 파티를 참석하는 것보다 훨씬 쉽다는 것을 깨닫게 된다.

커뮤니케이션과 상호작용에 대한 변화 외에도 개발자들은 일하는 방식에서 확실한 변화를 경험한다. 9장에서 설명하는 다양한 기술적인 실천법이 개발자들에게는 무척 생소할 것이다. 처음부터(또는 특정 부분에) 전부 도입할 필요는 없지만 필자는 모든 실천법을 고려하고 시도해 보길 권한다.

> **함께 보기**
> 두 명의 개발자가 한 컴퓨터를 사용하는 짝 프로그래밍은 9장에서 더 논의한다.

DB 관리자

데이터 전문가, DB 관리자, DB 엔지니어 또는 이와 비슷한 직함을 가진 사람들은 스크럼 도입에 저항이 가장 심한 편이다. 앞서 개발자에 대해 이야기했던 많은 부분이 DB 관리자에게도 적용된다. 데이터 전문가들은 전통적으로 프로젝트 초반에 진행했던 작업을 어떻게 점진적으로 진행할지 이해할 필요가 있다.

그동안 데이터베이스 설계의 표준으로 여겼던 방식은 시스템의 요구를 완전히 분석하고, 논리 DB나 개념 DB를 설계하고 물리 DB를 설계하면서 실 DB의 제약조건과 개념 DB를 매핑하는 방식이었다. 이 방식이 성공하려면 완전하고 정확한 분석이 이루어져야 했다. 필자는 시카고에서 세크라멘토를 가는 비행기에서 만났던 여행자를 통해 전통적인 데이터 전문가의 시각을 쉽게 정리해 보겠다. 그 사람은 상대적으로 큰 건강관리 회사에서 DB 개발을 맡고 있는 회사의 부사장이었다. 그의 관점은 이랬다. "애플리케이션은 변하지만 데이터는 영원하다." 이런 사고방식이 사전에 완벽한 분석을 해야 한다는 생각에 치중하게 만든다. 이론적으로는 좋다. 하지만 문제는 우리가 완벽한 분석을 부르짖는 동안 세상은 진화를 계속한다는 것이다. 사용자 요구사항은 바뀌고, 경쟁자들은 새로운 제품을 출시한다. 그에 따라 진화하는 애플리케이션을 지원하려면 DB 역시 진화해야 한다. 이 책의 14장 「스프린트」에서는 UX 설계, 아키텍처, DB 설계는 결국 같은 문제에 대한 특별한 경우란 점을 강조할 것이다. 즉, 점진적으로 작업한다는 건 총체적으로 사고하는 것이다. DB 관리자 일과의 대부분은 크게 변경되지 않을 것이다. 하지만 DB 관리자의 접근방법과 작업에 대한 계획은 상당수 변경된다는 것을 14장 본문 중 '스프린트 처음부터 끝까지 함께 일하기'를 통해 논의할 것이다.

테스터

품질 경영의 선구자 필립 크로스비^{Philip Crosby}가 이야기하는 품질에 대한 정의, '요구사항에 부합하는가'에 기반을 둔 방식이 오랫동안 테스팅에 대한 공통적인 접근으로 받아들여졌다. 품질이 요구사항에 부합한다면 더 나은 요구사항을 작성해야 한다. 이 점 때문에 많은 테스터들이 시스템이 바르게 동작하는지 확인하는 일보다 지나치게 완벽한 요구사항 문서를 작성하는 데 집착하게 된다. 요구사항에 부합하면 좋지만, 문제는 그보다 더 좋은 것이 사용자의 필요성에 부합하는가, 이다. 스크럼을 사용하는 우리는 모든 사용자의 필요성을 완벽하게 예상하는 게 불가능하다는 걸 알고 있다.

개발자는 더 이상 이렇게 말할 수 없다. "완벽한 스펙 문서를 제출하시고, 요구하신 대로 정확히 동작하도록 시스템을 개발하는 동안 건드리지 말아주세요." 마찬가지로 테스트도 이렇게 말할 수 없다. "완벽한 요구사항 문서를 주시면 시스템 요구사항 문서에 쓰여진 대로 동작하는지 확인해 볼게요." 이런 태도는 결국 책임감의 결여로 이어진다. 개발자나 테스터가 이렇게 떠들고 다니면 프로젝트의 궁극적인 성공에 대한 책임을 포기하는 거나 다름없다. "할 일이 뭔지 말해주세요, 그럼 그걸 할게요"도 마찬가지다. 대신에 제품에 대해 생각해보고, 각 기능에 대해 물어보고 제품 전반에 걸쳐 어떤 기능을 넣고 뺄지 고민하는 자세가 필요하다.

스크럼 팀은 요구사항을 수집할 때 요구사항을 기록하기보다는 요구사항에 대해 대화하는 것에 초점을 맞춘다. 때문에 테스터가 새로운 기능이 어떻게 동작할지 파악하려면 주로 제품 책임자와 대화를 나누게 된다. 따라서 테스터는 어떻게 기능이 동작하는지, 응답시간은 얼마나 되는지, 통과해야 하는 인수 기준은 무엇인지 등에 대해 제품 책임자와 대화해야 한다. 테스터가 제품 책임자를 통해서만 정보를 얻어야 하는 것은 아니다. 문제만 없다면 사용자, 고객, 그밖에 다른 이해관계자들과도 이야기를 나누어야 한다.

> **함께 보기**
> 요구사항을 기록하는 것에서 요구사항을 갖고 대화하는 것으로 전환하는 일은 13장 '문서에서 토론으로 전환하기'에서 더 다룬다.

개발자와 마찬가지로 이렇게 서로 영향을 미치는 환경에서 일하는 것은 스크럼을 처음 접하는 테스터에게도 불편한 일이 될 수 있다. 다른 동료들처럼 많은 테스터들도 작은 공간에 앉아 매일 만나는 몇 사람과 소통하며 소프트웨어를 개발해왔다. 하지만 이제 더 이상은 그럴 수 없다. 많은 경우에 동료뿐만 아니라 팀 외부 사람들과도 의미 있는 대화를 자주 나누는 일에 스크럼 팀의 테스터들은 익숙해져야 한다.

> **함께 보기**
> 테스터, 개발자, 다른 팀원들이 함께 일하는 방법에 대한 조언은 11장 본문 중 '항상 점진적으로 일하라'에 서술해 놓았다.

완벽한 스펙이 사전에 정의되어 제시되어야 한다는 사회 통념을 깨뜨리는 일 외에도 테스터들이 직면하는 가장 큰 변화 중 하나는 점진적으로 일하는 방법을 배우는 일이다. 개념적으로 어려운 일은 아니다. 각 스프린트를 별개의 프로젝트라고 가정하고 각 프로젝트(스프린트)를 위한 테스트를 해당 스프린트 내에 완료하면 된다. 각 스프린트 마지막 주에는 테스트를 하자고 선언하는 게 쉬운 일은 아니다. 하기 어려울 뿐만 아니라 여차하면 각 스프린트 내에 작은 폭포수 모델을 만들게 된다. 처음 몇 번의 스프린트 동안은 테스터들에게 엄청난 시련의 시간이 될 것이다. 이 기간 동안 개발자도 점진적으로 일하는 방법을 배우게 되는데, 보통 잘하지 못한다. 십중팔구 팀은 한 스프린트에 할 일을 과도하게 정했을 것이고 스프린트가 거의 끝날 때까지 개발자들은 계획된 어떤 기능도 완전히 개발하지 못했을 것이다. 그래서 20일짜리 스프린트라면 18일이 지나서야 개발자는 테스터에게 코드를 넘기려 할 것이다. 이런 역할을 맡은 한 명 한 명이 애자일 방식으로 일하는 법을 배우고 나서야 이렇게 아슬아슬하게 넘겨주는 모습이 사라질 것이다.

테스트 자동화를 강조하는 것은 스크럼 팀의 보증마크^{hallmark}처럼 되어 버렸다. 테스트 자동화에 오랫동안 노력을 기울였던 팀이라고 해도 스크럼에서 제시하는 짧은 스프린트가 테스트 자동화를 불가피한 것으로 만든다는 사실을 새롭게 깨닫게 된다. 테스트 자동화는 문서를 읽고 버튼을 눌러 결과를 기록하는 매뉴얼 테스터$^{manual\ tester}$에 대한 의존도를 점차 줄여준다. 테스터는 한 개 이상의 테스트 자동화 툴을 배워야 한다는 팀의 압박을 느끼게 된다. 테스트를 하기 위해 프로그래밍이 필요한 테스트 자동화 툴도 있지만 모든 툴이 그런 것은 아니다. 내가 만났던 사람 중에 팀의 테스트 자동화를 위한 노력에 크게 기여할 수 있는 매뉴얼 테스터는 딱 한 명뿐이었다. 반면에 많은 테스터들이 변화를 두려워했다. 테스터가 이런 두려움을 극복하도록 시간, 실천법^{practice}, 훈련, 두 명이 함께 일하는 것(개발자와 한 조를 이루는 것을 포함해서)이 충분히 지원되어야 한다.

함께 보기
팀에서 테스트 자동화 툴을 하나 이상 사용해야 하는 이유는 16장 「품질」의 '다른 수준으로 자동화하기'에서 살펴보자.

『Agile Testing』의 저자인 자넷 그레고리$^{Janet\ Gregory}$와 리사 크리스핀$^{Lisa\ Crispin}$은 자신이 애자일 팀에서 일하면서 가장 먼저 알게 된 사실은 자발적으로 일을 찾아서 해야 한다는 것이었다고 회상했다.

일이 떨어지기만 기다리지 마세요. 적극적이 되세요! 우리 테스터들에게 테스트 관련 태스크가 생길 때까지 기다릴 수 없습니다. 일어나서 어떤 일을 해야 하는지 알아내고 참여해야 합니다. 개발자와 협력하는 일은 많은 테스터들에게 생소합니다. (제 경우는 좀 다릅니다. 프로젝트 프로세스가 무엇이냐에 상관없이 항상 제 방식대로 사람들과 만나고 다녔으니까요.) 고객과 협력하는 일 또한 많은 테스터들에게 생소합니다. 이로써 많은 사람들이 편안하게 지내던 방식에서 벗어나야 합니다. 개발자들은 늘 바쁘고, 때로는 무섭기도 합니다. 제가 8명의 개발자가 있는 팀의 유일한 테스터였을 때 개발자 대부분은 다른 회사에서 함께 일한 적이 있는 사람들이었음에도 불구하고 도움을 청하는 데는 많은 용기가 필요했습니다.

반대 의견

"만약 팀의 다른 사람들과 너무 가깝게 일하면 '개발자 관점'이 발달하게 되고, 그러면 테스터 관점으로 보지 못하고 개발자 관점으로 모든 것을 보게 될 겁니다."

개발자와 더 가깝게 일한다고 테스터가 소프트웨어를 테스트할 수 있는 다양한 시각을 잃어버린다고 보기는 어렵다. DB 전문가들은 오랫동안 그런 악영향 없이 개발자와 친밀하게 일해왔다. 몇십 년 동안 테스터들은 화이트 박스 테스팅(white-box testing: 시스템 내부까지 확인)과 블랙 박스 테스팅(black-box testing: 시스템 내부 확인 불가) 양편 모두를 주장해왔다. 만약 개발자와 함께 일한다고 개발자 관점이 생긴다면 화이트 박스 테스트를 했던 테스터는 테스터 관점을 잃어버려서 블랙 박스 테스팅을 할 수 없다는 논리로 보인다. 하지만 다행히 사실은 그렇지 않다.

스크럼이 가져오는 다양한 변화가 처음에는 불편하게 느껴질 수 있지만 익숙해지고 나면 대부분 테스터들이 새로운 방식으로 일하는 걸 좋아하게 된다. 자이리 파타넌Jyri Partanen은 슈레이크[3]의 QA 관리자이고 매월 평균 방문자 수가 8백만인 하보 호텔[4]의 개발자다. 팔타넌은 테스터들에게 필요한 의식전환을 이렇게 설명했다.

테스팅은 오랜 습관이 마지막까지 가는 경향이 있는 작업입니다. 애자일로 전환할 때 옛날 방식을 고집하는 것은 반쪽짜리 애자일 정신으로 실천하는 겁니다. 대다수 테스트 엔지니어의 고민은 고용이 계속 보장될지, 애자일 도입에 따른 변화로 일별 작업을 할당받는 사람으로 전락하는 건 아닐지 하는 겁니다. 하지만 쓸데없는 걱정이죠. 내 경험과 애자일 전환을 마친 QA 직군의 다른 이들을 보면 (애자일로의) 변화는 의심의 여지가 없는 좋은 결정이라고 단언할 수 있습니다. 애자일 팀 테스트 엔지니어는 개발 과정에 더 많은 영향을 끼치게 되며 최종 제품에 대해서 그 중요성은 더 커지게 됩니다.

---

3 옮긴이 Sulake 핀란드 헬싱키에 위치한 IT 게임, 소셜 네트워크 회사
4 옮긴이 Hobbo Hotel 10대 청소년 사용자를 겨냥한 소셜 네트워킹 사이트

사용자경험(UX) 디자이너

스크럼 도입 시 사용자 경험^{UX} 디자이너들은 합법적인(?) 골치덩이가 되곤 한다. 점진적으로 일하는 데 익숙함에도 불구하고 UX 디자이너들은 프로젝트 나머지 기간 동안 자신들의 이터레이션을 남들보다 먼저 진행하는 방식을 선호한다. 하지만 스크럼 프로젝트는 개발 활동이 시작되기도 전에 UX 디자이너가 모든 작업을 진행하길 원치 않는다.

어떻게 애자일 디자이너가 일하면 좋은지에 대한 토론토 오토데스크 사의 좋은 사례가 있다. 린 밀러$^{Lynn\ Miller}$와 데지리 시$^{Desiree\ Sy}$는 애자일 프로세스에 적용한 점진적인 설계방식에 대해 조언해 주었다. 필자는 이 조언을 채택한 팀과 디자이너가 있는 많은 프로젝트에서 일했다. 밀러와 시에 따르면 프로젝트에는 평행한 작업 트랙$^{tracks\ of\ work}$ 두 개가 존재한다. 하나는 개발 트랙이고 다른 하나는 인터렉션 디자인 트랙이다.[5] 그림 8.2는 2개의 작업 트랙과 상호작용을 설명한다. 여기에 담겨 있는 주요 사상은 항상 UX 디자인 작업이 개발 작업보다 적어도 한 스프린트는 먼저 선행되어야 한다는 것이다. 최초 스프린트 0, 스프린트 1에서 사용자 인터페이스 구현이 거의 없다는 사실이 UX 디자이너들에게 유리한 출발선을 부여한다. 이 방법이 잘 운영될 수도 있겠지만 UX 디자이너들이 스스로를 독립된 팀처럼 생각하는 위험도 존재한다. 린 밀러는 이 그림의 초안을 작성한 뒤 독립된 팀이 존재한다고 해석되지 않아야 한다는 데 동의했다.

> 이 개념을 설명할 때마다 항상 UX 디자이너들이 스스로를 독립된 팀이라고 생각해서는 안되며, 콘셉트를 정하는 작업을 할 때는 자주 커뮤니케이션 하는 게 중요하다고 강조해 왔습니다. 원래 의도와는 달리 팀을 분리하라는 것처럼 보이는 게 항상 이 다이어그램의 약점이었습니다.

UX 디자이너가 자신들을 팀의 일부라고 생각하는 것은 아주 중요하다. 교차기능 팀의 사상은 스크럼의 근간이다. 스크럼 팀은 이런 생각을 실천할 수 있는 사람들

---

[5] 옮긴이 인터랙션 디자인(UX design)은 인간이 제품이나 서비스를 사용하면서 상호간 작용하는 것을 용이하게 하는 디자인 분야다.

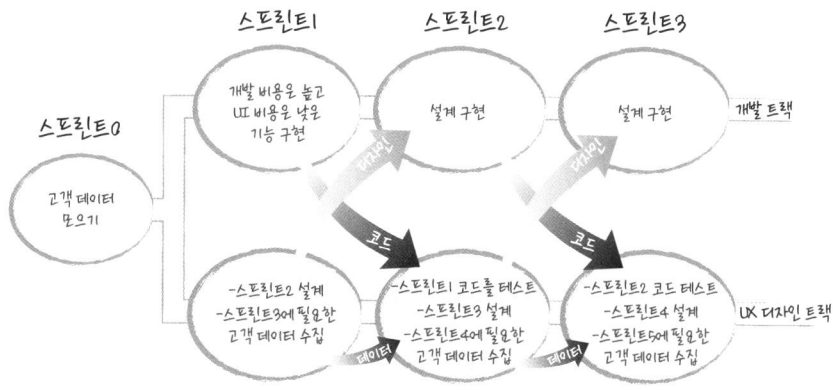

그림 8.2
UX 디자인과 개발은 평행한 두 개의 트랙 위에서 일어난다. (린 밀러의 양해를 얻었다)

로 조직되어야 한다. 그림 8.2처럼 개발과 테스트 스프린트도 평행한 트랙으로 진행하기 위해 준비 중이라고 할 때 방해되는 요소는 무엇일까?

회사 UX 디자이너를 만나서 "무슨 일을 하시나요?"라고 물어보면 이런 대답을 들을 수 있다. "저는 UX 디자이너입니다. 개발자보다 한 스프린트 먼저 일하죠. 제 일은 개발자들이 스프린트를 시작할 때 그 스프린트에 개발할 부분의 설계를 주는 겁니다." 이 대답은 그림 8.2와 부합되긴 하지만 내가 좋아하는 답은 아니다. 반면 이런 대답은 어떨까. "저는 UX 디자이너이고 개발팀에서 일하고 있습니다. 스프린트 기간에 우리가 약속한 작업은 무엇이든 완료되었는지 확인하는 일이 제게 중요한 일입니다. 하지만 그런 일을 하는데 제 근무시간 전부가 필요하지는 않습니다. 그래서 다음 스프린트나 그 다음 스프린트에서 진행할 부분이 무엇인지 돌아보는 데도 적절한 노력을 기울이고 있습니다. 다음 스프린트에 어떤 기능^{feature}이 포함된다 해도 해당 스프린트 내에 개발을 끝내기 위해 데이터를 수집하고 설계 모형을 만드는 등 사전에 할 수 있는 일은 무엇이든 준비하고 있습니다." 허구이지만 위 인용문은 정확히 동일한 일을 설명하고 있다. 두 경우 모두 UX 디자이너가 스프린트 이슈를 해결하기 위해 스프린트 동안 팀과 함께 일하지만 한 스프린트 앞서 일하고 있다고 한다. 하지만 이 상이한 두 답변은 일에 대해 다른 생각을 보여준다. 첫 번째이자 가장 중요한, 필자가 UX 디자이너에게 바라는 점은 스스로 팀의 일부라고 느끼며 현재 스프린트 기간에 약속한 것은 무엇이든 전달하는 일을 최우선 과제로 삼는 것이다. 이를 넘어선 그들의 작업은 제품 책임자가 생각하는 부분, 예를 들어 경쟁사는 무얼 하는지, 사용자가 다음에 원하는 기능은 무엇인지 등을 정확히 같은 방식으로 내다보는 일이다.

스크럼으로 전환하는 과정에서 애자일 사고방식이 UX 디자이너에게 중요하다는 생각은 필자만의 생각이 아니다. 사용성 분야에서 존경받는 전문가 제이콥 닐슨^{Jakob Nielsen} 역시 나와 같은 의견이다.

> 애자일 팀을 지원하는 UX 전문가에게 가장 중요한 변화는 사고의 전환입니다. 올바르고 일반적인 사용자 경험 지식은 전통적인 설계나 평가 방법을 애자일 팀이 집중하고 있는 차별화된 관심사항에 맞추려면 어떤 변화가 필요한지 그 방법을 찾는 데 도움이 될 것이다. 하지만 궁극적으로 성공을 원한다면 스스로를 믿고 애자일 개발의 개념을 받아들여야 합니다. 여러분이 실천법을 바꾸고 책임질 준비가 됐다면, 여러분이 지원하는 팀에 효과와 영향을 향상시킬 수 있는 엄청난 기회가 있을 겁니다.(2008)

함께 보기
사용자 경험 디자이너가 어떻게 다른 팀원과 작업을 효과적으로 병행할 수 있는지에 대한 상세한 사항은 14장에서 검토할 것이다.

세 가지 공통 주제

이 장에서는 분석가, 프로젝트 관리자, 아키텍트, 기능 관리자, 개발자, DB 전문가, 테스터, UX 디자이너들의 역할이 바뀌는 것에 대해 생각해 봤다. 이렇게 역할을 변경하는 데 있어 분명히 해야 하는 세 가지 주요 주제는 다음과 같다.

- **점진적으로 일하라** _ 항상 스프린트 내 전달 가능한 제품을 점진적으로 만드는 데 노력을 기울여라.
- **반복적으로 일하라** _ 기능은 다음 스프린트에서 변경될 수 있다.
- **전문성을 초월해서 일하라** _ 스프린트 마지막에 전달 가능한 어떤 것을 만들려면 때로는 자신의 전문 분야를 넘어서는 일도 기꺼이 처리해야 한다.

스크럼 팀은 일하는 방법을 보통 발견적^{heuristic} 학습으로 배우기 때문에 이 세 가지 주제를 일반적인 경험으로 가슴에 새겨두면 도움이 될 것이다.

더 읽어볼 것들

Ambler, Scott. n. d.
『Agile Data Home Page』. http://www.agiledata.org.
데이터 중심 환경에서 애자일 개발에 대한 정보가 가득한 스캇 앰블러의 유용한 웹사이트.

Crispin, Lisa, and Janet Gregory. 2009.
『Agile testing: A practical guide for testers and agile teams』. Addison-Wesley Professional.
애자일 프로젝트 테스팅을 위한 포괄적인 가이드를 제공한다. 애자일 테스팅에 대한 10가지 원칙으로 시작하는 이 책은 테스팅, QA그룹이 느끼게 되는 조직 변화를 설명한다. 이 책의 핵심은 많은 팀에서 유용성이 입증된 모든 테스트를 설명하는 사분면 관점four-quadrant view이다.

Highsmith, Jim. 2009.
『Agile project management: Creating innovative products』 2nd ed. Addison-Wesley Professional.
애자일 프로젝트 관리에 대한 가장 인기 있는 책. 2판에서는 릴리스 계획, 대규모, 거버넌스, 이미 완료한 콘텐츠에 대한 지표 부분이 추가되었다.

Jeffries, Ron. 2004. 『Extreme programming adventures in C#』. Microsoft Press.
이 재미있는 책에는 저자인 론 제프리스Ron Jeffries가 쳇 헨드릭슨Chet Hendrickson과 페어 프로그래밍을 통해 C#을 배워가는 과정을 함께 할 수 있다. C# 프로그래밍을 가르치는 데 주안점을 두지 않고 스크럼 팀의 빠른 피드백 개발 실천법을 멋지게 소개한다.

Johnston, Andrew. 2009.
『The role of the agile architect』, June 20. Content from Agile Architect website. http://www.agilearchitect.org/agile/role.htm.
사이트 전반에 걸쳐 애자일 아키텍트를 위한 정보가 가득하다. 필자는 이 사이트에서 애자일 아키텍트의 5가지 주요 목적과 7가지 귀중한 규칙에 대한 아주 유용한 아티클을 찾았다.

Krug, Steve. 2005.
『Don't make me think: A common sense approach to web usability』 2nd ed. New Riders Press.
사용성에 대해 이미 알려진 책들 중 최고의 책. 경험 있는 UX 디자이너라면 너무 단순하고 너무 많은 연구의 단편만을 제공한다고 생각할 수 있지만 많은 팀에게 유익함이 입증된 책이다.

Marick, Brian. 2007.
『Everyday scripting with Ruby: For teams, testers, and you』. Pragmatic Bookshelf.
이 탁월한 책은 애자일 팀에서 일하기 위해 Ruby를 기본적인 스크립트로 이용하는 방법을 배우려는 테스터를 주 대상으로 한다. 하지만 Ruby에 대한 좋은 입문서가 필요한 사람에게도 흥미로운 책이다.

Sliger, Michele, and Stacia Broderick. 2008.
『The software project manager's bridge to agility』. Addison-Wesley Professional.
슬리거와 브로데릭은 스크럼 트레이너인 동시에 PMP[Project Management Professional]다. 이 책은 본인들처럼 스크럼이나 애자일 프로세스로 전환하려는 PMP들을 대상으로 하고 있다.

Subramaniam, Venkat, and Andy Hunt. 2006. 『Practices of an agile developer: Working in the real world』. Pragmatic Bookshelf.

이 책은 애자일 프로젝트 개발자를 대상으로 한 50가지 팁을 모아두었다. 각각의 팁(예-기록을 강요하지 말고, 설계를 가이드하자)은 실천법에 대한 설명뿐만 아니라 실천법을 잘 적용했을 때 어떻게 느끼는지를 다루고 있다.

9장

기술적인
실천법

스크럼 팀에게 필요한 변화가 새로운 직함, 역할, 책임만은 아니다. 스크럼 팀이 정말 성공하려면 스크럼의 기본인 높은 가시성을 넘어 제품을 개발하는 실제 작업을 실질적으로 바꿔야 한다. 나는 스프린트를 통해 일하고, 스프린트 계획과 검토 회의를 훌륭하게 진행하며, 일일 스크럼 미팅을 놓치지 않고, 매 스프린트마다 회고를 진행하는 팀들을 지켜봤다. 이런 팀들은 스크럼 도입 전보다 2배 이상의 생산성 향상과 견실한 개선을 얻었다. 하지만 아직도 개선의 여지는 남아 있다.

이 팀들이 놓치고 있는 훨씬 더 효과적인 개선을 이룰 수 있는 요소가 바로 기술적인 실천법의 변화다. 스크럼은 구체적으로 엔지니어링 실천법을 규정하지 않는다. 그렇게 하는 게 스크럼의 기본 철학인 '문제 해결을 위해 팀을 신뢰하는 것'과 맞지 않기 때문이다. 예를 들면 스크럼은 테스트가 필요하다고 명시적으로 말하지 않는다. TDD 방식의 짝 프로그래밍으로 모든 코드를 작성하라고 말하지 않는다. 스크럼이 팀에게 요구하는 것은 각 스프린트 마지막에 '높은 품질의 전달 가능한 코드'의 배포다. 팀이 기술적인 실천법의 변화 없이 이런 일이 가능하다면 그대로 좋다. 하지만 대부분의 팀은 새로운 실천법을 찾아 적용한다. 이렇게 하면 더 쉽게 목표를 달성할 수 있기 때문이다.

이번 장에서는 XP로 널리 퍼져서 가장 높은 성과를 낸 많은 스크럼 팀이 채택한 5가지 공통적인 실천법을 살펴볼 것이다. 이 실천법들이 기술적으로 기술적으로 뛰어난 모험에 의해 나왔다는 것을 알게 될 것이다. 마지막으로 스크럼 팀의 기술인 실천법이 어떻게 소프트웨어 시스템의 창발적 설계를 의도한 방향으로 안내하는지 알아보자.

기술 우수성의 추구

대부분 아이들이 그렇듯 필자의 딸도 멋진 그림을 완성하면 학교에서 집으로 가져와 냉장고처럼 눈에 띄는 장소에 두고 싶어한다. 어느 날 C++로 스트래티지 패턴$^{\text{Strategy Pattern}}$을 사용해 아주 기분 좋은 코드를 완성했다. 아이가 뭔가를 자랑하려면 냉장고 문이 알맞다고 판단한 것과 같이 알맞은 곳을 결정하자마자 정말 그 곳은 정말 전시장이 되어버렸다.

언제나 아이들의 작품과 함께 자랑스럽게 전시할만한 품질 높은 결과를 얻는다면 얼마나 좋을까? 코드, 테스트 결과, DB 스키마를 붙이는 일은 하지 않겠지만 자랑할 만한 제품을 만드는 일은 많은 스크럼 팀의 목표이다. 이 절에서는 작업 품질을 개선하기 위해 스크럼 팀이 일반적으로 사용하는 기술적인 실천법 즉 TDD$^{\text{Test Driven Development}}$, 리팩터링, 지속적인 통합$^{\text{Continuous Integration, CI}}$, 코드 공동 소유$^{\text{collective ownership}}$, 짝 프로그래밍 등을 살펴보게 될 것이다. 주목할 점은 필자가 지금 '일반적인 실천법'이라고 언급했지만 이런 실천법들이 사실은 일반적이지 않다는 사실이다. 실천법에 대한 평가도 좋고 더 높은 품질을 얻을 수 있다는 것을 알고 있지만 막상 실천하기 어려워서 해야 하는 수준보다는 실천하지 못하고 있다. 하지만 각 실천법들 모두가 스크럼 팀에서 도입해야 하는 실천법임에는 틀림없다. 각 실천법에 대한 수많은 훌륭한 서적과 글이 있기 때문에 실천법은 간단하게 소개하고 조직에 실천법을 도입할 때 흔히 부딪치는 반대를 극복하는 방법을 주로 다루겠다.

함께 보기
기술적인 실천법을 배우는 데 도움되는 추천 서적들은 이 장의 마지막 '더 읽어볼 것들'에 있다.

테스트 주도 개발

전통적인 개발 팀에서 개발자들이 어떻게 코드를 작성하는지 살펴보면 보통 개발 대상을 선택하고, 코드를 작성하고, 컴파일 해본 뒤 컴파일 에러를 모두 수정하고, 디버거를 통해 코드를 고쳐 나간다. 그리고 다시 반복한다. 이 과정은 그림 9.1에 요약되어 있다. 이런 과정은 그림에 나와 있는 테스트 주도 개발과는 아주 다르다. 테스트 주도 개발로 작업하는 개발자는 매우 짧은 주기로 실패하는 테스트를 작성하고 해당 테스트를 통과할 만큼만 코드를 작성한 뒤 필요한 만큼 코드를 개선하는 과정을 반복해서 수행한다. 이 사이클은 몇 시간이 아니라 몇 분마다 반복된다.

함께 보기
이렇게 코드를 정제하는 작업을 리팩터링이라고 부른다. 이 장 다음 절에서 자세히 다룬다.

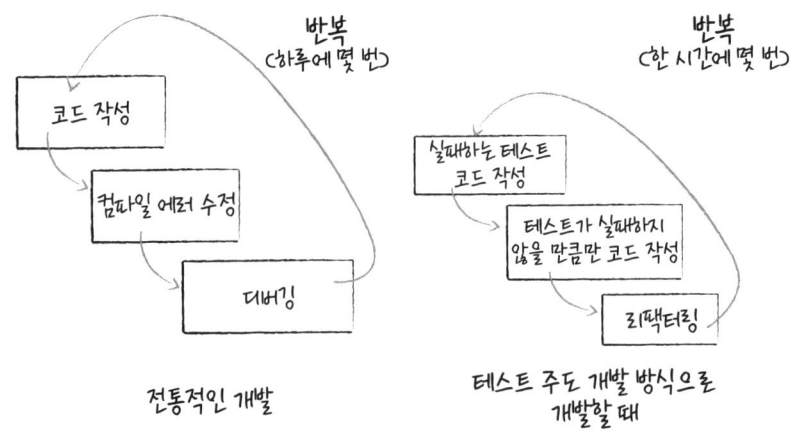

그림 9.1
전통적인 개발과 테스트 주도 개발의 순환구조

테스트 주도 개발은 매우 가치가 있다. 가장 큰 이유 중 하나는 테스트 되지 않는 코드가 시스템에 포함될 수 없도록 보장하는 것이다. 실패하는 테스트에 따라 모든 코드를 작성한다면 테스트 주도 개발로 최소한 전체 코드의 커버리지coverage를 달성할 수 있다. 개발하고 곧바로 테스트하는 방식도 비슷한 결과를 얻을 수 있다. 하지만 문제는 개발자가 기능 완료 후 '곧바로' 단위테스트를 작성한다고 약속해도 잊어버리기 쉽다는 점이다. 후속 기능 개발을 시작해야 한다는 압박감이 크게 다가온다. 그래서 새로운 기능에 대한 테스트 코드를 일부만 작성하거나 테스트 코드 작성을 다음으로 미루지만 결국 그 다음은 오지 않는다.

테스트 주도 개발은 프로그래밍 실천법이 아니라 설계 실천법이라고 생각하는 것이 타당하다. 개발자가 작성한 테스트와 테스트를 작성한 순서가 설계와 개발을 이끌어 준다. 개발자가 50개의 작은 단위 테스트 목록을 작성하는 경우는 없고, 먼저 구현할 것을 무작위로 선택한다. 테스트는 구현할 대상을 선택하고 우선순위를 정하는 일보다는 기능에서 불확실한 부분이 더 빨리 드러나게 해준다. TDD에서 테스트의 선택과 구현은 실제 개발 프로세스의 진척뿐만 아니라, 기능을 설계한 결과, 또 일부라도 드러나지 않았던 시스템 요구사항이 도출되도록 도와준다.

TDD가 견고하거나 더 나은 설계를 만드는 데 도움이 되는지 안 되는지는 아직도 논쟁의 소지가 있다. 하지만 개발자가 기능을 설계할 때 도움이 된다라는 사실은

함께 보기
테스트가 개발을 이끈다는 생각을 더 확대하면서 등장한 인수 테스트 주도 개발은 16장 「품질」에서 한 분야로 다루고 있다.

의심할 여지가 없다. 설계한 기능을 테스트하기 어렵다는 것은 코드 구조가 나쁘다는 의미다. 테스트에 도움이 된다는 의미에서 TDD를 하라. 설계 개선은 보너스다.

반대 의견

"전 복잡한 시스템을 만들고 있습니다. 기술구조를 결정하는 일을 먼저 처리해야 합니다."
그렇다. 복잡하거나 큰 시스템이라면 기술구조를 먼저 잡아야 한다. 하지만 TDD가 미시적 실천법이어서 초반에 아키텍처를 생각하는 일과 어울리지 않는다는 입장에 대해 할 말은 없다. 사실 이 장 후반부 '계획적이고 창발적인 설계' 부분에서 애자일이란 기대하는 것과 적응해 나가는 것 사이에 균형을 찾는 일이라고 소개한다. 초반에 아키텍처를 고려한다면 얼마나 해야 하는가, 라는 질문이라면 마음속에 균형을 가지고 임하라는 것은 좋은 해답이 될 수 있다.

"테스트를 항상 먼저 작성하는 일은 시간이 많이 걸립니다. 그렇게 낭비할 시간이 없다구요."
TDD를 하는 경우 하지 않을 때보다 15%정도 시간이 더 걸린다는 연구결과가 있다.[George & Williams 2003] 하지만 테스트 주도 개발이 결함을 줄여 준다는 연구 결과도 나와 있다. 마이크로소프트에서 진행된 두 번의 연구에서 테스트 주도 개발을 사용하면 각각 24%, 38%의 버그가 감소하는 것으로 나왔다.[Sanchez, Williams, Maximilien 2007, 6] 그렇다. 테스트 주도 개발을 하면 초기 시간은 더 걸릴 수 있지만 그 시간은 유지보수와 버그 감소라는 형태로 팀에게 되돌아온다.

지금 시도해볼 것

- 다음주 중 적어도 하루를 테스트 주도 개발을 하는데 사용하라. 경험이 없다면, 테스트 주도 개발 경험을 가진 다른 개발자와 협업이 필요할 수 있다. 파트너 역시 경험이 없더라도 함께 배우는 데는 문제가 없다.
- 기능을 구현하기 전에 실패하는 테스트를 작성하는 방법에 친숙해지기 어려울 수 있다. 확실히 이전과는 매우 다르다. 이 방식을 이해하는 좋은 방법 중 하나는 '갱gang 프로그래밍'을 해보는 것이다. 노트북과 프로젝터가 갖춰진 회의실에 4~8명의 개발자를 모으자. 모두

> 가 스크린의 소스코드를 지켜보는 가운데 한 명의 지원자를 뽑는다. 함께 작성 가능한 실패하는 테스트를 찾고 그 개발자가 테스트를 성공하는 코드를 작성한다. 15분 정도 후에 다른 개발자에게 노트북을 건넨다. 완료될 때까지 반복한다.
> - 만약 당장 전체 애플리케이션에 TDD를 시도하는 게 어렵다면 가능한 서브 프로젝트를 찾아라. 모두가 미루었던 데이터 컨버전 프로그램은 어떨까? 아니면 지난달 시스템 관리자 중 한 명이 요청했던 독립 프로그램stand-alone program은 어떨까?

리팩터링

프레드 브룩스는 저서 『맨먼스 미신The Mythical Man-Month』에서 소프트웨어 시스템을 여러 번 수정하면 발생하는 문제에 대해 이야기했다.

> 프로그램을 보수하는 모든 작업은 구조를 깨뜨리기 때문에 시스템 엔트로피를 증가시키며, 무질서하게 만듭니다. 최초 설계 결함을 고치는 데 노력을 게을리하면 할수록 이미 수정했던 문제에서 발생한 결함을 수정하느라 점점 더 많은 비용이 들어갑니다. 시간이 지날수록 시스템은 점점 더 무질서해집니다. 문제를 고친다 해도 언젠가는 어떤 형태로든 드러납니다. 앞으로 나가는 한 발은 퇴보로 이어집니다. 이 법칙이 계속되지는 않겠지만 시스템은 사용하면 할수록 낡게 마련입니다.(1995)

다행스럽게도 브룩스가 이 말을 했던 1975년부터 지금까지 IT 산업은 시스템을 수정할 때마다 더 이상 망가뜨리지 않고 수정하는 방법을 익혀 왔다. 스크럼 팀은 점진적으로 제품을 만들기 때문에 시스템을 망치지 않으면서 수정하는 능력은 스크럼에 꼭 필요하다. 론 제프리스Ron Jeffries는 이렇게 말한다. "애자일에서 설계는 단순하게 시작해서 점점 성장해간다. 이 방식이 바로 리팩터링이다."

리팩터링은 코드의 행위를 변경하지 않으면서 구조를 변경하는 것이다. 예를 들어보자. 어떤 개발자가 동일한 구문이 세 개가 들어간 메서드를 두 개 작성했다. 두 개의 메서드에서 동일한 구문 세 개를 뽑아서 새로운 메서드를 만들고 기존 위치에서 이 메서드를 호출하게 할 수 있다. 메서드 추출로 잘 알려져 있는 이 리팩터링 기법은 프로그램 가독성과 유지보수성을 일부 개선한다. 단순히 코드를 재

사용하고 중복된 코드를 한곳으로 모으라는 말보다 이해하기 쉽다. 메서드의 행위는 변경하지 않으면서 코드 구조는 변경되었다. 리팩터링은 테스트 주도 개발의 성공에 중요할 뿐만 아니라 코드가 못쓰게$^{Code\ rot}$되는 경우를 막아준다. 코드를 못쓰게 되는 것은 제품이 출시되면 발생하는 전형적인 증후군이다. 제품 코드는 몇 년 동안 계속 망가지다가 결국 전체 재작성이 필요하게 된다. 큰 문제가 발생하기 전 지속적으로 작은 문제를 고치고 리팩터링하면 애플리케이션을 못쓰게 되는 것에서 자유로워질 수 있다. 로버트 C. 마틴은 이것을 보이스카웃 룰$^{Boy\ Scout\ Rule}$이라고 부른다.

> 미국 보이스카웃은 IT쪽에서 일하는 사람들이 적용할 수 있는 단순한 규칙을 가지고 있습니다. "처음 왔을 때보다 더 깨끗하게 캠핑장 주변을 치우자." 소스를 처음 받았을 때보다 깨끗하게 체크인하면 코드는 망가지지 않을 겁니다. (2008. 14)

반대 의견

"만약 사람들이 처음부터 제대로 코드를 작성했다면 지금 리팩터링할 필요는 없지 않나요?" 이 말은 이렇게 말하는 거나 다름없다. "만약 도요타에서 더 좋은 차를 만들면 기름을 넣거나 타이어를 갈아야 하는 차량 유지가 필요 없습니다." 애플리케이션은 당연히 유지보수가 필요하다. 리팩터링은 비용이 크게 들지 않을 때 한 번에 조금씩 유지보수 하는 것이다. 과거에는 팀들이 리팩터링을 오남용하는 경향이 있었기 때문에 내가 만났던 대부분의 관리자와 제품 책임자가 리팩터링을 허용하지 않는 태도를 취하고 있었다. 리팩터링을 실시하는 팀의 일반적인 예를 들자면 10일짜리 스프린트 중 마지막 3일을 리팩터링에 배정한다. 또 제품 책임자에게 이렇게 요구하는 것도 또 다른 예가 되겠다. "아니오, 이번 스프린트에 그렇게 중요한 기능을 시작할 수 없습니다. 지난 스프린트에 작성한 코드를 리팩터링해야 하니까요." 팀 전체가 스프린트마다 리팩터링에 3일이 필요하다면 또 다른 문제 발생 신호로 봐야 한다. 팀에서 너무 큰 리팩터링을 계획했다면 제품 책임자가 포함하려는 기능은 거절해야 하며, 리팩터링 작업을 제품 백로그 자체에 포함시켜야 한다.

> **지금 시도해볼 것**
>
> - 개선하려는 모든 것에 대한 리팩터링 백로그를 만드는 일부터 시작하라. 팀원들이 함께 일한다면 커다란 종이에 리팩터링 백로그를 적고 적당한 곳에 붙여두는 것으로 충분하다. 만약 함께 하지 못하면 전자기기를 이용하라. 리팩터링 백로그를 가능하면 자유롭게 작성하라. 결국 목표는 모든 이슈를 해결하고 목록을 없애는 것이다. 수정 가능한 DB가 내장된 웹 클라이언트, RSS 피드, 아이폰에 리팩터링 목록을 만들게 되면 영원히 그대로 있게 할 수 있다.
> - 통합개발환경IDE에서 자동으로 수행할 수 있는 리팩터링 기능을 배워라.
> - 리팩터링 해야 할 대상이 생길 때마다 인덱스카드를 작성하게 하라. 팀 룸 한쪽 벽 잘 보이는 작은 공간을 만들어 카드를 붙여라. 그곳이 카드로 채워지면서 리팩터링을 해야 한다는 압박을 느끼게 될 것이다.
> - 다음에 2~3시간 넘게 개발한다면 마지막 20분~30분은 기존 코드를 살펴보거나 확인하면서 문제로 보이는 부분을 개선하는 데 써라.
> - 다음 회고 때 제품 책임자를 포함한 팀 동료들과 리팩터링에 대한 토론을 진행하자. 리팩터링을 개인적인 결정이 아닌 전체 팀의 결정으로 변화시키는 것은 무엇일까? 팀원들과 토론 없이도 혼자 좋지 않은 변수 명을 고칠 순 있다. 만약 개발자가 2일 간 리팩터링을 한다면 그냥 진행할 수 있을까? 아니면 제품 책임자가 먼저 승인해줘야 할 필요가 있을까?

공동 소유

공동 소유는 모든 개발자가 개발 단계의 모든 산출물에 주인의식을 갖는 것을 뜻한다(특수한 코드, 자동화된 테스트 제외하고). 스크럼 프로젝트의 빠른 흐름 때문에 팀에 이런 말이 오가는지 주의해야 한다. "그건 테드가 만든 코드라서 건드릴 수 없어요." 공동 소유는 팀원들이 프로그램 모든 부분에 책임감을 느끼게 해서 누구나 프로그램 어떤 부분이라도 작업하게 만든다. 프로그래머가 어떤 모듈을 수정할 때는 처음 작성했던 사람과 품질에 대한 책임을 공유하게 된다.

공동 소유가 누구나 무질서하게 코드를 작성해도 된다는 의미는 아니다. 프로그래머는 여전히 자신이 선호하는 전문 분야를 갖고 싶겠지만 팀원 모두가 다음과 같은 책임을 공유해야 한다.

- 너무 전문 분야만 파서 한 분야에 특화된 사람이 없게 하자.
- 단지 한 명의 개발자만 이해하고 작업할 수 있을 정도로 너무 복잡한 부분은 없도록 만들자.

공동 소유에 대한 감각을 키워 얻게 되는 장점은 개발자가 시스템에서 보지 못했던 부분을 학습하도록 장려한다는 점이다. 또 이렇게 하면서 개발자는 새로운 방식을 배운다. 애플리케이션 한 곳에서 사용된 좋은 아이디어가 마치 꽃가루가 퍼지듯 다른 곳으로 더 빠르게 퍼져나간다.

반대 의견

"그건 제 코드입니다. 다른 사람이 만든 버그를 고치고 싶지 않습니다."

비난하려는 건 아니지만 다른 사람도 여러분의 버그를 고쳐준다는 사실을 잊지 마라. 사실 공동 소유를 실천하는 팀은 더 깨끗한 코드를 작성하기 때문에 보통 버그가 줄어든다. 동료에게 나쁜 모습을 보여주려는 사람은 없기 때문이다. 누구나 쉽게 내 코드를 볼 수 있을 때보다 어떤 코드가 '내 것'이고 보는 사람이 없다면 지저분한 코드가 되기 십상이다. 손님 화장실을 생각해보자. 혼자서 쓰는 화장실과 손님이 보게 되는 화장실 중 더 깨끗하게 관리하는 곳은 어디일까?

"저는 다른 사람이 제 코드를 보지 않았으면 좋겠어요. 제 실력, 성격, 기술 수준 따위를 판단하지 않았으면 좋겠다구요!"

이런 두려움은 자연스러운 것이다. 이런 두려움을 극복하는 가장 좋은 방법은 더 나은 코드를 작성하는 것이다. 항상 품질이 좋은 코드를 작성하기 위해 최선을 다한다면 그 누구보다 좋은 평가를 받을 것이다. 품질 좋은 코드를 작성하는 일에 자신이 없다면 실력 향상을 위해 다른 개발자와 짝 프로그래밍을 하는 것도 한 방법이다.

"한 사람이 시스템의 한 부분을 맡아서 개발하는 게 더 빠릅니다."

이 말은 전적으로 시간 구조$^{time\ frame}$에 달려 있다. 다음 2주 동안 한 번 사용하고 폐기할 시

> 스템을 만들어야 한다면 각자가 애플리케이션 한 부분씩을 맡는 방식이 분명히 더 빠르다. 하지만 큰 시스템을 만들고 있고 앞으로 계속 유지보수를 해야 하는 시스템이라면 학습, 교차 훈련, 공동 소유의 장점에 더 무게가 실릴 것이다.

지금 시도해볼 것

- 중요한 기능을 맡고 있는 담당자가 장기 휴가를 떠나 당분간 올 수 없다고 해보자. 스프린트 2회 동안 의도적으로 특정 분야에 경험이 많은 사람은 그 분야를 맡지 않도록 하라. 전문가가 필요하다면 전화로만 요청할 수 있다. 말 그대로 가까운 데 있어도 전화를 이용하라.
- 다음에 사용하기 어려운 코드를 보면 남이 작성한 코드라도 곧바로 수정하라. 여러분 권한에 비해 과하다고 느낀다면 최초 작성했던 프로그래머에게 더 사용하기 쉽게 코드를 변경해도 되는지 물어보자.

지속적인 통합

1990년대 초반부터 야간에 빌드를 수행하는 일은 IT 산업에 가장 효과적인 실천법으로 잘 알려져 있다. 매일 밤 실시하는 빌드가 좋다면 제품을 지속적으로 빌드하는 일은 더 좋다. 지속적인 통합은 새로 작성되거나 변경된 코드를 애플리케이션에 가능한 빨리 통합하고 깨진 부분은 없는지 테스트하는 것을 의미한다. 지속적인 통합 환경을 운영하는 스크럼 팀은 코드를 며칠 또는 몇 주마다 체크인하는 게 아니라 하루에도 몇 번씩 코드를 체크인하고 전체 애플리케이션에 대해 회귀 테스트를 실행한다.

보통 지속적인 통합 환경은 형상관리 시스템에 코드가 체크인되면 자동으로 실행되는 CI 툴이나 스크립트로 구축한다. 크루즈 컨트롤$^{Cruise\ Control}$은 자동화된 지속적인 통합의 대중화를 이끌어낸 첫 번째 제품이다.[1] 제품을 빌드하고 정해진 다양한 테스트를 수행하며 빌드를 깨뜨린 개발자나 팀 전체에게 자동으로 알려

---

[1] 옮긴이 최근에는 허드슨(Husdon)이나 젠킨스(Jenkins) 같은 오픈소스 프로그램이 많이 사용되고 있다.

준다. 또 크루즈 컨트롤은 라바 램프, 조명 구체[2], 스페어 모니터, LED 디스플레이 등의 장치에 빌드 결과를 보낼 수도 있다.

어떤 팀은 개발자가 체크인할 때마다 빌드와 테스트를 수동으로 시작하는 방식을 선택하기도 하는데 필자는 강력하게 반대한다. 이런 방법이 원활하게 될 수도 있지만 경험상 많은 개발자가 빌드와 테스트를 지나치곤 한다. 개발자들은 이렇게 생각하기 쉽다. "겨우 2라인 바꿨고 내 PC에서만 작업했는데 뭐……" 또 퇴근하려고 생각한 시간이 지난 뒤에야 코드 체크인을 해야 될 때면 빌드와 테스트를 포기하기 십상이다. "이크, 거의 6시네. 이 기능은 확실히 돌아갈 게 뻔한데, 해야 되나? 테스트가 끝날 때까지 15분 동안 기다리기 싫은데……" 지속적인 통합 환경을 구축하면 마음이 편해진다. 필자가 팀을 코치할 때 가장 우선적으로 하는 일 중 하나가 지속적인 통합 환경의 구축이다.

개발자 대부분은 자동화된 지속적인 통합을 처음 보면 눈이 휘둥그레진다. 필자도 마찬가지였다. 야간 빌드가 좋다는 건 알았지만 하루 한번 빌드보다 하루에 여러 번 빌드하면 더 좋다는 발상의 전환은 결코 하지 못했다. 하루 동안 지속적인 통합 환경을 경험하고 나서 그 매력에 흠뻑 빠졌다. 지속적인 통합 환경으로 프로젝트 막바지에 발생하는 통합 관련 문제를 제거할 수 있었고 개발 팀 전체가 거의 실시간으로 제품에 대한 피드백을 받을 수 있었다.

반대 의견

"빌드 서버 유지와 테스트를 전부 수행하는 데 업무 처리 시간을 많이 빼앗깁니다."
스크럼 팀은 지속적인 통합과 별개로 어차피 자동화된 테스트가 필요하다. 따라서 기존 서버에 빌드 서버 환경을 세팅하고 운영하는 데 들어가는 노력이 유일한 추가 비용이다. 애플리케이션 대부분에서 이 정도 투자는 통합 관련 문제에 걸리는 시간이 단축되면서 한 달 안에 충분히 보상받게 될 것이다.

"우리 시스템은 너무 복잡해서 전체 통합 테스트를 수행하는 데 몇 시간이나 걸립니다. 지속

---

2 옮긴이 조명 구체(Ambient org)란 은은한 색상 변화를 통해서 날씨, 시장, 교통 상황을 나타내는 구체를 말한다.

적으로 통합할 수 없다구요."

요즘에는 테스트 스위트test suite을 실행하는 데 시간이 많이 걸리는 일이 빈번하게 발생한다. 일반적인 해결책은 지속적인 통합을 안 하는 게 아니라 테스트 스위트를 분리하는 것이다. 스티븐 마시Stephen Marsh와 스텔리오스 판타조폴로스Stelios Pantazopoulos는 트랜스캐나다 파이프라인TransCanada pipeline 프로젝트에서 테스트 스위트을 분리하는 방법을 사용했다.

> 프로젝트가 시작되고 몇 개월이 지나자 15분마다 전체 회귀 테스트를 하는 일이 불가능하다는 사실을 알게 됐습니다. 그래서 회귀 테스트를 스모크 테스트smoke test와 전체 테스트full test로 분리했습니다. 첫째로 개발 중인 마일스톤(스프린트)의 모든 테스트 스크립트와 지난 마일스톤의 스크립트 묶음을 소스코드가 체크인되면 실행했습니다. 둘째로 마일스톤 전체의 모든 테스트 스크립트를 한 시간마다 실행했습니다. 대부분 첫 번째 테스트면 충분했고 아주 특수한 경우만 두 번째 테스트가 실패했습니다. (2008, 241)

지금 시도해볼 것

- 공식적 야간 빌드는 어떤 스크럼 팀이나 꼭 필요하다. 아직 하지 않고 있다면 많은 곳에서 야간 빌드만큼은 가장 먼저 해야 할 일로 꼽는다. 야간 빌드를 하기 위해 들어간 노력은 그 효과가 늦어도 한 달 이내에 되돌아온다. 그러니 하지 않을 이유가 전혀 없다. 정규 야간 빌드 계획을 다음 스프린트에 포함시켜라.
- 이미 야간 빌드를 하고 있다면 지속적으로 빌드를 실행하는 다음 단계로 나아가라.
- 지속적인 빌드는 하지만 테스트 실행은 안 한다면 테스트를 추가하라. 16장에서 테스트 자동화 피라미드를 소개한다. 유형마다 첫 번째 테스트는 허들을 넘는 일처럼 쉽지가 않다. 하지만 첫 번째 테스트만 통합되면 나머지는 좀 더 수월하다.

짝 프로그래밍

짝 프로그래밍은 두 명의 개발자가 함께 코드를 작성하는 실천법이다. 가끔 하는 코드 검사code inspection가 좋다면 지속적인 코드 검사는 더 좋다는 아이디어에서 시작되었다. 방금 설명한 많은 애자일 실천법을 도입하는 데 짝 프로그래밍을 통하면 더 쉽다. 테스트 주도 개발을 어떻게 하는지 배우는 일도 짝 프로그래밍을 하면 쉽게 배운다. 짝으로 코드를 작성하면 코드 공동 소유도 더 쉽게 느낀다. 그리고 다른 개발자가 옆에 앉아 있을 때가 혼자일 때보다 코드를 깨끗하게 유지하는 훈련을 쉽게 할 수 있다.

확실히 짝 프로그래밍을 하면 여러 가지 장점이 있다. 그게 바로 짝 프로그래밍을 발명한 이유이다. 응? 알았다. 필자가 정말 짝 프로그래밍을 발명한 것은 아니지만 그렇게 생각하고 싶다. 필요는 발명의 어머니라는 사실이 내게 진리로 다가왔던 적이 있다. 필자는 1986년 로스엔젤레스에 있는 앤더슨 컨설팅에 입사했다. 출근 첫날, 역량과 관련된 설문을 작성해야 했다. 사실 그때 C언어 초급자였지만 '고급'이라고 적었다. 근무시간이 끝난 뒤 열심히 공부해서 설문조사가 읽혀질 때쯤엔 C 언어 숙련자가 되려고 했기 때문이다. 하지만 불행하게도 관리자는 다음날 바로 설문조사를 확인했다. 바로 다음날 나는 C 개발자가 급히 필요하다는 뉴욕사무실로 향하는 비행기에 몸을 싣게 되었다.

뉴욕에 도착하자 C를 알고 있어 발령받았다는 또 다른 개발자를 만났다. 그를 속일 수는 없었기 때문에 설문조사를 거짓으로 작성했던 일을 고백했다. 그러자 그 개발자는 이렇게 대답했다. "윽, 사실 저도 거짓말을 해서 왔습니다." 우리의 해결책은 짝 프로그래밍(이런 이름으로 부르지는 않았지만)으로 함께 일하는 것이었다. 우리는 한 사람의 고급 C 개발자처럼 행동하기로 했다. 그래야 우리 중 누굴 해고해야 하는지 알 수 없으리라 생각했다.

하지만 결과는 정말 성공적이었다. 우리는 가능하면 많이, 특히 어려운 부분에서 최대한 짝으로 일하면서 8년 동안 세 곳의 다른 회사에서 일했다. 우리는 엄청나게 복잡한 제품을 개발했는데 결함은 항상 거의 없었다. 키보드에 있는 한 쌍의 손을 위해 두 사람의 머리가 있는 것처럼 느꼈고, 이렇게 일할 때 우리는 아주 생산적이었다.

일찍부터 짝 프로그래밍을 하면서 가진 긍정적인 경험이 나를 이 일에 푹 빠지게 만들었다. 코드를 작성하는 훌륭한 방법을 알게 된 것이다. 다른 한편, (나를 포함해서) 이 산업에 종사하는 많은 사람들이 이 일에 처음 매료된 이유는 작은 개인 공간에서 소니 워크맨을 들으면서(맞다, 아주 오래전 얘기다), 어느 누구와도 얘기할 필요 없이 혼자 근무할 수 있었기 때문이다. 요즘에도 헤드폰에서 큰 음악 소리가 흘러나오며 코드가 손끝에서 물 흐르듯 타이핑되는 시간이 그 어느 때보다 즐겁다. 나 역시 이런 시간을 아끼기 때문에, 근무시간을 전부 짝 프로그래밍하라고 팀에게 지시하는 건 쉽지 않다.

하지만 다행스럽게도 대부분 팀에서 매일, 종일은 아니더라도 짝으로 일하는 방식이 장점이 크다는 것을 인식하고 있다. 그래서 필자는 팀을 코칭할 때 파트타임으로, 애플리케이션의 가장 위험한 부분에 짝 프로그래밍을 도입하라고 강력 추천한다. 필자는 개발자가 전적으로 짝 프로그래밍을 하는 걸 원하지 않는다는 점은 인정하되, 짝 프로그래밍 비율이 0%를 벗어나기만 해도 좋다는 점은 강조하면서 팀이 충분히 짝 프로그래밍을 할 수 있게 가이드라인을 찾도록 한다.

짝 프로그래밍을 하면 다양한 장점이 있다. 근무시간 전부를 투자하지 않는다 해도 말이다. 많은 연구결과에서 짝으로 개발하면 투입공수$^{person-hours}$가 좀 더 늘어난다고 이야기하지만 전체 개발 기간에 드는 노력은 줄기 때문에 결국 상쇄된다. 즉 투입공수는 더 들지만 기능 완성엔 더 시간이 적게 걸린다.$^{(Dybå\ 외\ 2007)}$ 항상 프로젝트는 재정적인 압박을 받지만 납기보다 투입공수가 더 중요하다고 할 순 없다. 짝 프로그래밍을 하면 품질도 개선되는 효과가 있다. 뒤보와 동료들은 여러 논문을 조사, 분석한 결과 짝 프로그래밍을 하면 품질이 개선된다는 사실을 알았다. 뿐만 아니라 짝 프로그래밍은 지식을 전파하는 효과가 있어서 새로운 개발자가 애플리케이션 개발 속도를 맞출 수 있게 도와준다. 또 새로운 분야에서 일하게 되었거나 시스템의 어려운 문제를 해결해야 할 때 효과적인 실천법이라고 할 수 있다.

반대 의견

"더 비용이 많이 듭니다. 한 사람 몫의 일을 하는 개발자 두 사람에게 비용을 지불할 마음은 없다구요!"

단기적으로 생각하면 짝 프로그래밍은 더 많은 비용과 노력이 든다. 하지만 초기에 발생하는 추가적인 비용은 전체 기간 단축과 높은 품질, 유지보수 비용 절감으로 보상받는다. 효과를 확인하기 위해 연구결과를 따지기보다 스스로 판단해보라. 가장 어려운 모듈을 짝으로 개발하여 짝 프로그래밍을 하지 않은 다른 프로그램에 비해 결함이 정말 줄었는지, 유지보수하기 쉬워졌는지 확인하자.

"일정에 쫓기고 있어서 한 가지 일에 개발자 두 사람을 할당할 수 없습니다."
사실 일정에 쫓기고 있다면 바로 지금이 짝 프로그래밍이 더 필요한 순간이다. 이미 짝으로 개발하면 프로젝트 기간이 단축된다는 걸 이야기했다(전체 노력이나 투입공수는 더 필요할 수 있지만). 또 브룩스 법칙 "지연되는 프로젝트에 인력을 더 투입하면 오히려 더 늦어진다"[3]를 거스를 수 있는 효과적인 방법이라는 연구결과(Williams, Shukla, Anton 2004)도 있다. 즉 치명적인 납기에 직면해 있거나 지연 프로젝트에 인력을 더 투입해야 하는 상황이라면 그때가 바로 짝 프로그래밍을 해야 하는 이상적인 순간이다.

"어려운 문제에 직면했을 때 문제 해결을 위해 혼자 조용히 생각할 시간이 필요합니다."
짝 프로그래밍 파트너와 의논해서 한 시간 동안 따로 작업하는 등, 문제 해결을 위해 필요한 일을 하라. 짝 프로그래밍을 다시 시작할 때 서로가 느낀 어떤 통찰을 함께 공유하고 시작하라.

지금 시도해볼 것

다음 스프린트 계획 회의에서 짝 프로그래밍을 하겠다고 이야기하자. 스프린트 백로그에 "마이크와 밥이 2시간 동안 짝 프로그래밍을 합니다." "마이크와 메타가 오후 동안 짝 프로그래밍을 합니다." 이와 같은 태스크를 추가하여 모두에게 잘 드러나게 하자. 편안하게 짝 프로그래밍을 할 수 있는 좋은 방법이다. 조만간 짝 프로그래밍을 해야지 같은 애매한 마음으로는 실천을 미루기 쉽다. 스프린트 백로그에 태스크를 추가하고 계속 상기함으로 그 결과로 짝 프로그래밍을 실천하자.

---

3 옮긴이 프레드 브룩스가 저서 『맨먼스 미신』에서 강조한 내용으로 새로운 인력이 투입되면 기존 인력이 신규 인력을 멘토링해야 하는 등의 이유로 오히려 전체 생산성은 떨어질 수 있다는 것이다.

계획적이고 창발적인 설계

스크럼 프로젝트들은 모든 작업이 스프린트를 반복하면서 진행되기 때문에 과도한 분석up-front analysis이나 설계up-front design 단계를 거치지 않는다. 그렇다고 스크럼 프로젝트에서 설계가 계획적이지 않다는 뜻은 아니다. 계획적인 설계 프로세스는 신중하고, 이성적인 의사결정을 통해 설계를 진행하는 것이다. 스크럼 프로젝트가 다른 점은 계획적인 설계를 하지 않는 게 아니라 스크럼 프로젝트에서 진행되는 다른 일과 마찬가지로 점진적으로 완료해 나간다는 점이다. 스크럼 팀은 설계에 대한 모든 의사결정을 미리 할 수 없다는 점을 인정한다. 즉 스크럼 프로젝트의 설계는 계획적이면서도 창발적(emergent: 그때그때 맞춰 하는)이라는 뜻이다.

어떤 조직이 애자일하게 되는데 중요한 부분 한 가지는 예측anticipation과 적응adaptation 간에 적절한 균형을 찾는 것이다.(Highsmith 2002) 그림 9.2는 이 균형에 따른 액티비티와 균형에 영향을 주는 산출물을 보여준다. 사전에 분석과 설계를 진행하려면 사용자의 요구를 예측해야 한다. 완벽하게 사용자 요구를 예측할 수 없기 때문에 때로는 실수도 하게 되고 어떤 일은 재작업이 필요하게 된다. 분석과 설계를 모두 무시하고 아무런 심사숙고 없이 개발과 테스트를 시작하면서 사용자 요구에 적응하려 애쓴다. 이에 따라 모든 프로젝트의 관심은 프로젝트 특성에 따라 예측과 적응 간에 적절한 위치로 자리잡는다. 생명의 문제가 달려 있고 의학적인 안전이 확보되어야 하는 애플리케이션은 사전에 어떤 식으로 구현될지 예측하기 어렵다. 세 사람이 창업한 회사에 카약 경주에 대한 정보를 제공하는 웹사이트를 구축하는 일은 (시스템이 단순하기 때문에) 적응 측면과 거리가 멀다. 강사이자 저자인 두와일 존스Do-while Jones는 1990년에 애자일이 선호하는 단순성에 대해 이렇게 이야기한 바 있다.

> 나는 앞으로 일어날 일을 계획하지 않습니다. 어떤 생각은 미래를 확장하는 데 도움을 줄 수도 있습니다. 하지만 전체 설계 과정이 실현될 수도 없는 요구사항을 맞추느라 교착상태bogging down에 빠진다면 문제를 즉시 해결할 수 있는 더 단순한 방법은 없는지 확인해야 합니다.[4]

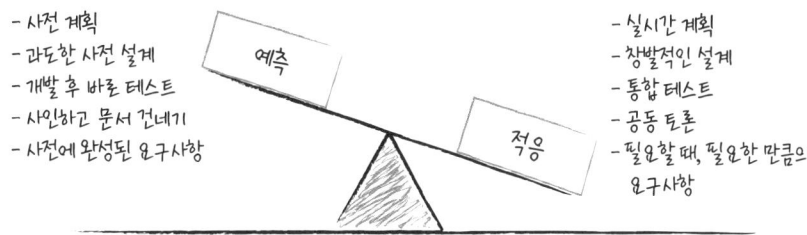

그림 9.2
예측과 적응 간에 균형은 양쪽과 관련 있는 활동과 산출물 간의 균형과 관련이 있다.

스크럼 팀은 나중에 필요한 것들을 오늘 고민할 필요가 없다는 걸 인식해서 '교착 상태에 빠지는' 일을 피해야 한다. 나중에 필요하다고 생각되는 요구사항 대부분은 정말 그런 요구가 나왔을 때 처리하는 게 가장 좋을 수 있다.

과도한 설계를 안 하는 생활에 익숙해지기

스크럼 팀이 이번 장에서 설명한 기술적 실천법에 익숙해지기 시작하면 고객 요구사항을 예측하는 방식에서 고객에게 적응하는 방식으로 자연스럽게 전환하기 시작한다. 애자일 아키텍트나 설계자가 다양한 변화에 익숙해지기 때문이다. 이런 전환을 통해 다음과 같은 새로운 사실이 드러난다.

- **계획은 더 어렵다** _ 사전 설계 단계가 없어도 추정하고, 계획하고 납기를 맞추는 일은 어렵다. 사전 설계를 하면 생각이 더 많아진다. 이런 생각 중에는 얼마나 시간이 걸릴 지 추정하고 추정을 계획에 반영하는 데 도움이 되는 것도 있다. 하지만 사전 설계^{up-front design}에서 간과하는 점은, 추정이 필요한 작업이 흔히 아주 단순하기에 개개의 기능을 더 쉽고 빠르게 추정할 수 있다는 것이다.
- **팀 작업과 개인 작업을 구분하는 게 더 어렵다** _ 과도한 사전 설계를 하면 어떤 기능을 동시에 개발하고 어떤 기능을 순차적으로 개발할지 알기 쉽다. 사전 설계 방식은 팀 작업과 개인 작업을 구분하는 게 더 쉽다.
- **설계가 완료되지 않으면 불안하다** _ 과도한 사전 설계가 100% 완벽하지 않다는 사실은 누구나 알지만 사전 설계가 있다는 것만으로 안도감을 얻는다. "큰 건들은

---

4 존스의 1990년 사설 '아침 식사 요리사(The Breakfast Food Cooker)'는 소프트웨어 개발자의 과도한 설계를 해결하는 고전적인 사례를 담고 있다. 다음 웹사이트 링크를 통해 꼭 한 번 읽어보길 바란다. http://www.ridgecrest.ca.us/~do_while/toaster.htm

다 고려했고 나머지 변경사항은 소소한 것들뿐이다"라고 분명 이유를 댄다.
- **재작업은 피할 수 없다** _ 사전 설계를 많이 하지 않으면 분명 설계 일부를 다시 해야 하는 부분이 생긴다. 점진적인 개발의 '2보 전진 후 1보 후퇴' 관점은 사전에 모든 요구사항을 식별하고 설계에 대한 의사결정을 하는 데 익숙한 사람들을 혼란스럽게 할 수 있다. 다행인 것은 테스트 주도 개발에 의한 리팩터링과 자동화된 테스트는 재작업 노력이 너무 커지는 일을 막아준다.

사전에 설계를 많이 하면 시간과 비용을 줄일 수 있다는 믿음 때문에 과도한 사전 설계가 인기를 끌었다. 선행 중심 설계를 하고 조정하는 데 발생하는 비용이 다양한 변경사항을 창발적으로 설계하는 것보다 적은 비용이 발생하는 것처럼 비춰졌다. 어느 쪽이 더 많은 비용이 드는지에 대한 답은 그림 9.3이다.

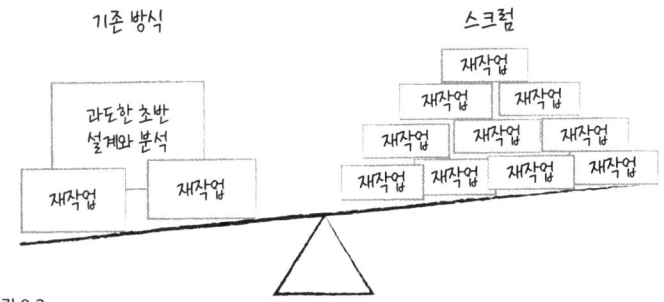

그림 9.3
스크럼 프로젝트에서 작은 변화가 자주 발생하는 데 드는 비용에 비해 과도한 사전 설계와 분석으로 인해 발생하는 변경 비용이 더 높은 것으로 나타났다. 과도한 사전 설계와 분석 방식은 높은 변경 비용이 발생한다.

과거에는 사전에 설계를 많이 하면 시간과 비용을 절약하는 일이 분명 가능했다. 배리 보엠$^{Barry Boehm}$은 『Software Engineering Economics』에서 개발 단계에서 늦게 발견된 결함을 수정하는 데 더 많은 비용이 발생한다는 연구결과를 보여주었다.[1981] 하지만 훌륭한 스크럼 팀이 선택하는 기술적인 실천법은 이 공식을 바꿀 수 있다. 테스트 주도 개발, 팀원 사이의 두터운 신뢰, 자동화된 단위 테스트, 리팩터링, 짝 프로그래밍과 같은 훌륭한 기술적 실천법을 팀이 활용하고, 더 자주 애플리케이션 재작업을 실시해서 사용자 요구사항에 적응하는 방법이 과도하게 예측하고 재작업을 별로 안 하는 방법보다 더 적은 비용이 든다는 것을 팀 스스로 이해하게 된다.

그림 9.3은 과도한 선행 분석과 설계에 많은 비용이 수반되는 전통적인 개발 방식을 보여준다. 이렇게 하면 막바지에 변경되는 빈도를 낮출 수도 있다. 하지만 변경할 부분이 크게 없을 것이란 예상은 곧잘 어긋나기 때문에 실제 변경이 필요해지면 상대적으로 비싼 비용을 지불해야 한다. 반면에 스크럼 관점은 더 많은 변경이 발생하지만 재작업 크기는 더 작다. 이는 정확히 어디서 변경이 발생했는지 알기 때문이 아니라 변경이 필요하다고 예측했기 때문에 나타나는 결과다. 때문에 스크럼 팀은 기술적 우수성을 추구하며, 항상 잘 정제된 코드를 유지하고 가능한 단순하게 설계하며 반복적으로 발생하는 문제를 조기에 발견하기 위해 자동화된 테스트 세트 suite of automated tests를 작성한다. 따라서 재작업이 더 자주 발생해도 그 충격은 덜하다.

설계 가이드하기

스크럼 프로젝트가 설계가 부족하다는 비난은 보통 시스템에 기능이 추가되어도 영향이 없는 팀에서 기술을 담당하는 사람으로부터 나온다. 이 주장은 전제부터 잘못됐다. 사실 그림 9.3에 보이는 저울을 오른쪽 방향으로 기울어지게 하기 위해 스크럼 팀이 할 수 있는 최선의 방법은 어떤 일을 먼저 할지 순서를 잘 정하는 일이다.

하지만 7장 「새로운 역할」에서 제품 백로그 우선 순위는 제품 책임자의 책임이라고 배웠다. 사실이긴 하지만 그 장에서 훌륭한 제품 책임자는 팀의 조언을 바르게 받아 들여야 한다는 것도 강조하고 있다. 기본적인 스크럼 가이드라인은 제품 책임자가 '비즈니스 가치 business value'라는 모호한 개념을 바탕으로 우선순위를 매기라고 한다. 정답일 수는 있지만 너무 단순하다. 제품 책임자의 진정한 의무는 일정 기간에 전달되는 기능을 극대화시키는 일이다. 나중에 더 많은 비즈니스 가치를 얻기 위해 지금은 조금만 취하라는 의미라고 할 수도 있다. 바꾸어 말하면 훌륭한 제품 책임자라면 제품이 배포될 때 가능하면 많은 비즈니스 가치가 포함되도록 계속 집중해야 하지만 팀이 제품의 질을 높이는 기술적 관점에도 적당히 투자하도록 허용해야 한다.

특히 새로운 프로젝트 초기에 제품 책임자가 학습을 극대화하고 기술적인 불확실성이나 위험이 적은 제품 백로그 항목을 선택하도록 권해야 한다. 스크럼 프로젝트에서 설계가 계획적이면서도 창발적이라고 언급한 것은 바로 이런 이유 때문이다. 사전 설계 단계가 없기 때문에 (모든 스프린트 동안 설계 활동이 있음에도) 설계는 창발적이다. 또한 다른 시기에 다른 방향에서 설계를 바라보도록 제품 백로그 항목을 신중하게 선택하기 때문에 설계는 계획적이다.

사례

시스템 아키텍처에 영향을 주는 제품 백로그 항목의 순서를 정하는 사례로서, 이전에 작업했던 워크플로 시스템을 살펴보겠다. 특별한 티셔츠를 만드는 주식회사에서 사용할 시스템이었다. 학생들이 이 상품을 방문 판매하기도 한다. 총수입은 학생을 대표해서 학교나 스포츠 팀 같은 학생 조직과 회사가 나눈다. 판매가 이루어지면 학생들이 회사로 주문서를 채워 보내고 광학문자판독기$^{Optical\ Character\ Recognition,\ OCR}$가 스캔해서 주문으로 변환한다. 운송비 절감을 위해 동일 단체에서 작성된 주문서는 한꺼번에 처리되고 제품을 학생 조직으로 보내면 학생들이 직접 제품을 배달한다.

　소프트웨어는 판매 양식을 받는 것부터 제품 배달이 완료되는 것까지 전체 공정을 관리했다. 악필인데다 철자도 모르는 학생들이 있어서 시스템은 단지 양식을 스캔하고 배송용 제품 포장 목록을 준비하는 일 이상을 해야 했다. 각 주문서가 얼마나 정확하게 읽혔는지에 따라 다양한 유효성 검사가 있다. 어떤 주문서는 스캔된 주문서를 화면에 띄워 놓고 시스템이 제대로 판독했는지, 추가 입력란이 제대로 되었나 확인하고 데이터를 입력하는 직원에게 보내졌다.

　바쁜 날에는 수천 장의 셔츠를 처리해야 했기 때문에 이 공정은 가능한 자동화가 필요했다. 나는 제품 백로그를 작성하기 위해 제품 책임자인 스티브와 같이 작업했다. 그 후 개발팀과 만나 시스템에서 가장 위험한 부분은 어디인지, 개발할 때 가장 불확실한 부분이 무엇인지 논의했다.

　첫 번째 스프린트는 시스템이 처음부터 끝까지 품질 높은 주문서를 처리하는 것에 집중하기로 했다. 주문서가 스캔되고 광학문자판독기를 통해 포장목록$^{packing\ list}$를 출력한다. 뒤틀리고 구부러진 페이지나 부분적으로 지워진 페이지가 발생하는 단계는 생략했지만 전체 워크플로가 처음부터 끝까지 완료되는지를 시험했다. 결과물이 높은 수준은 아니었지만 완료해야 하는 작업이었고 이를 통해 개발자는 일반적인 기술구조를 검증할 수 있었다. 그 단계를 완료한 뒤 기본 데이터베이스를 마련했고 워크플로 단계가 제대로 시작하도록 상태에 따라 이동시킬 수 있었다.

그 다음 개발자는 사람이 스캔본과 판독된 주문서를 확인할 수 있도록 시스템이 스캔된 문서를 표시하게 할 건지 제품 책임자에게 물어봤다. 해당 건은 다음 세 가지 이유로 프로젝트의 두 번째 아키텍처 목표 architectural goal 로 선택되었다.

- 기존에 처리했던 다른 워크플로 단계와는 다르게 수동으로 처리하는 단계였다.
- 올바른 사용자 인터페이스를 정하는 게 중요했다. 다량의 문서가 이 시스템을 통해 처리되기 때문에 시간 절약이 중요했다. 사용자에게 사용성에 대해 빠른 피드백을 받고 싶었다.
- 이 기능이 추가되면 사용자는 바로 셔츠를 주문할 수 있다.

몇 달 동안 프로젝트는 이런 방식으로 계속되었고 마침내 엄청난 성공을 거두며 신뢰성과 생산량에 대한 모든 초기 배포 버전의 목표를 달성했다. 성공의 열쇠는 제품 책임자와 기술쪽 담당자가 작업 순서를 같이 조정한 것이었다. 감춰진 위험을 식별하고 어떤 부분에 먼저 집중할지 결정하는 회의를 하는 바로 그때가 팀이 설계 단계에 가장 가까워진 순간이다. 설계는 스프린트마다 창발적으로 진행되지만 프로젝트에 숨겨진 부분과 위험요소를 드러내기 위해 어떤 제품 백로그 항목을 선택할지는 계획적으로 진행한다.

지금 시도해볼 것

- 팀과 제품 책임자가 토론하는 기술적 요소가 제품 백로그 우선순위에 얼마나 많은 영향을 주는지에 대해 회의를 주선하라.
- 다음 스프린트 계획 회의 전에 프로젝트에서 기술적으로 가장 불확실한 것 5가지와 이와 관련된 위험을 식별하라. 불확실성을 제거하는 데 필요한 학습이 가능해서 조금이라도 우선순위가 올라갈 수 있는 제품 백로그가 있는지 확인하라.

기술적인 실천법의 개선은 필수적이다

이 장에서 설명한 기술적인 실천법들은 생산성이 뛰어난 팀에서 활용하는 것들이다. 물론 이런 실천법들이 애플리케이션 개발에 무조건 필요한 건 아니라는 논쟁은 충분히 있을 수 있다. 그렇지만 훌륭한 스크럼 팀원이라면 모든 실천법을 경험할 필요가 있다. 팀을 애자일하게 만드는 야간 빌드를 자연스럽게 확장한 실천법이 지속적인 통합이다. 리팩터링 스킬과 코드 공동 소유 같은 생각은 어떤 팀에서나 시간이 흐르면 생길 수 있다. 짝 프로그래밍과 테스트 주도 개발과 같은 실천법은 모든 스크럼 팀의 목표인 더 높은 품질의 코드를 작성할 수 있게 해준다. 이 같은 실천법을 함께 사용하면 높은 품질과 낮은 결함을 가진 제품이 만들어진다.

1장 「왜 애자일하게 되기 힘든 걸까?」에서 애자일 팀이 경험할 수 있는 품질 향상에 대한 지표와 결함률에 대해 설명했다. 이런 개선은 팀이 조금씩 기술 역량을 향상시키고 더 나은 실천법을 도입하면서 이루어진다. 이런 개선의 결과로 훌륭한 스크럼 팀은 예측^{anticipation}과 적응^{adaptation} 간의 균형을 적응 쪽으로 전환할 수 있다.

과도한 분석과 설계 활동을 최소화하거나 제거하면 시간과 비용을 절약할 수 있다. 초창기 이클립스 개발을 책임졌던 Object Technology International의 설립자인 데이브 토마스$^{Dave\ Thomas}$는 변화에 적응하기 위한 설계에서 예측과 적응 간의 균형이 변화를 덜 힘들게 하는 데 어떤 도움이 되는지 이렇게 요약했다.

> 애자일 개발은 변화를 위한 설계를 지향합니다. 그 목표는 변화를 예상하는 것뿐만 아니라 변화를 수용할 수 있는 프로그램을 설계하는 것입니다. 이상적이라면 애자일 개발은 변화가 단순하고 국부적으로만 영향을 미치고, 중요한 리팩터링, 반복적인 테스트, 시스템 빌드가 부차적으로 일어나는 것을 피할 수 있어야 합니다.$^{(2005,\ 14)}$

더 읽어볼 것들

Ambler, Scott W., and Pramod J. Sadalage. 2006.
『Refactoring Databases: Evolutionary database design』. Addison-Wesley.
이 책 전반부 다섯 개장은 애자일 조직에서 데이터 전문가의 역할을 이해하기 쉽게 설명한다. 나머지 장은 DB 설계 발전을 위해 사고하는 방법을 설명한다. 각 리팩터링에 대해 왜 그렇게 바꿔야 하는지, 결정하기 전에 고려해야 할 트레이드오프는 무엇인지, 어떻게 스키마를 업데이트할 것이며 데이터 마이그레이션을 어떻게 할 것인지, 애플리케이션은 변경될 데이터에 어떻게 접근해야 할지 등을 설명하고 있다.

Bain, Scott L. 2008.
『Emergent Design: The evolutionary nature of professional software development』. Addison-Wesley Professional.
필자는 전적으로 선행 중심 설계를 하지 않고 창발적이고 효과적인 설계가 가능하다는 것을 입증하는 책이 쓰여지길 기다렸다. 책 제목에서 이 책이 바로 그런 책이 아닐까 기대했지만 그렇진 않았다. 하지만 이 책은 애자일 프로젝트에서 어떻게 코드를 작성해야 하는지 훌륭하게 설명하고 있으며 이번 장에서 설명한 많은 기술적 실천법을 곳곳에서 다루고 있다.

Beck, Kent. 2002. 『Test-Driven Development: By example』. Addison-Wesley Professional.
이 얇은 책은 테스트 주도 개발에 대해 알아야 하는 모든 것을 가르치지는 않는다. (필요하다면 라세 코스켈라의 『Test Driven: TDD and Acceptance TDD for Java Developers』를 살펴보라) 이 책의 훌륭한 점은 어떻게 TDD로 작업하고 왜 시도할 가치가 있는지 보여준다는 점이다.

Duvall, Paul, Steve Matyas, and Andrew Glover. 2007.
『Continuous Integration: Improving software quality and reducing risk』.
Addison-Wesley Professional.
이 책은 지속적인 통합에 대해 알아야 할 모든 것을 다루고 있다. 시작하는 방법에서 출발하여 테스트를 구성하고 코드 정적 분석 도구 사용과 지속적인 통합 도구에 대한 평가도 다루고 있다.

Elssamadisy, Amr. 2007.
『Patterns of Agile Practice Adoption: The technical cluster』. C4Media.
이 책은 이번 장에서 추천하는 모든 (그리고 더 많은) 기술적 실천법을 다룬다. 모든 기술적 실천법에 대한 구체적인 내용을 집대성한 책을 찾는다면 이 책이 훌륭한 선택이 될 것이다. 좋은 충고도 많지만, 전형적인 패턴 형태로 쓰여진 책이며, 각 실천법은 고정된 방식으로 설명하고 있고, 그밖에 주의를 끄는 부분은 발견하지 못했다.

Feathers, Michael. 2004.
『Working Effectively with Legacy Code』. Prentice Hall PTR.
새로운 기술적 실천법을 소개하고 기술적으로 뛰어난 부분을 약속하는 일은 새로 시작하는 프로젝트에서도 충분히 도전적인 일이지만, 레거시 애플리케이션에서는 더 어려운 일이다. 마이클 페더스의 이 훌륭한 책은 그런 상황에서 바로 쓸 수 있는 실용적인 조언을 담고 있다.

Fowler, Martin. 1999.
『Refactoring: Improving the design of existing code』. With contributions by Kent Beck, John Brant, William Opdyke, and Don Roberts. Addison-Wesley Professional.
리팩터링 바이블. 오늘날 통합개발환경 IDE 은 다양한 리팩터링에 관한 기능을 제공하지만 원본 소스로 돌아가 이 책에 나와있는 리팩터링 목록을 살펴보는 것은 여전히 유용이다. 필자가 가장 좋아하는 장은 가장 어려움을 느끼곤 하는 「Big Refactorings」 부분이다.

Koskela, Lasse. 2007.

『Test Driven: TDD and acceptance TDD for Java develo-pers』. Manning.

이 책은 테스트 주도 개발을 가장 주도면밀하게 다룬 책이다. 새롭게 TDD를 시작하는 사람이나 많은 경험을 가진 사람 모두에게 적합하다. 코스켈라는 어려운 주제를 거침없이 다루고 있을 뿐만 아니라 멀티스레딩, 사용자 인터페이스 같은 놓치기 쉬운 부분에 대한 조언도 하고 있다. 이 책은 경험적 접근방법을 사용하여 거의 150페이지에 걸쳐 인수 테스트 주도 개발을 익히는 내용이 포함되어 있다.

> **함께 보기**
> ATDD(Acceptance Test Driven Development)는 16장에서 설명한다.

Martin, Robert C. 2008.

『Clean Code: A handbook of agile software craftsman-ship』. Prentice Hall.

리팩터링 바이블. 이 책의 서문에 이 책의 특징을 나타내는 문장이 있다. "최선을 다하지 않은 일에 대한 정당한 변명 거리란 없다." 그리고 나서 클린 코드를 작성하는 것에 대한 실천법을 개괄적으로 보여준다. 의미 있는 명명$^{\text{meaningful name}}$으로 시작해서 테스트 주도 아키텍처와 창발성 같은 기발한 내용까지 다양한 주제를 다룬다. 이 책은 모든 개발자가 꼭 읽어야 할 필독서이다.

Meszaros, Gerard. 2007.

『xUnit Test Patterns: Refactoring test code』. Addison-Wesley.

리팩터링을 하기 위한 자바 백과사전 같은 이 책은 xUnit계열의 대중적인 단위 테스트 도구부터 개발자가 알아야 할 모든 것을 다루고 있다. 기본적인 내용에서 시작해서 심화된 내용까지 철저하게 다루고 있다.

Wake, William C. 2003.

『Refactoring Workbook』. Addison-Wesley Professional.

이 책은 리팩터링을 위한 자바 코드 샘플을 가득 담고 있으며 리팩터링 입문서이자 바로 접근할 수 있도록 방향을 잡아주는 학습서이다. 마지막 3개 장은 리팩터링을 위한 4개의 프로그램으로 구성되어 있다.

3부

팀

대부분의 팀은 팀이 아니라
단지 관리자와 관련 있는 사람들의
집합일 뿐이다.
각 개인들은 권력, 위신, 위치를 놓고
다른 이들과 경쟁한다.

더글러스 맥그리거

10장

팀 구조

애완동물과 주인은 서로 닮는다는 오랜 미신이 있다. 제품과 그 제품을 만드는 팀의 관계도 같다고 할 수 있다.

> 의도하지 않아도 시스템의 구조는 시스템을 설계한 조직의 구조(형태)를 그대로 반영한다. 이 같은 요인을 기회로 생각하고 원하는 시스템 구조를 만들기 위해 지속적으로 조직의 구조를 설계해야 한다.
> – 콘웨이의 법칙(Conway 1968)

제품을 개발하는 팀의 구조가 제품에 반영되는 게 맞다면 스크럼 프로젝트에서 사람들을 팀으로 어떻게 조직하느냐는 중요한 일이다. 이런 결정을 위해서 팀 크기, 업무에 익숙한 정도, 커뮤니케이션 채널, 시스템의 기술적인 설계, 사람들의 경험 수준, 관련 기술, 최신기술 여부, 팀원들의 거주지, 시장 상황, 프로젝트 예상 일정 등을 고려해야 한다.

이 장에서는 스크럼 팀 구조를 결정하기 위해 고려해야 하는 두 가지 핵심요인의 중요성에 대해 알아 볼 것이다. 팀을 작게 나눌지, 최종사용자에게 납품할 기능에 따라 나눌지를 살펴보고, 또 팀마다 적절한 사람을 투입하는 일과 한 사람이 너무 많은 팀에 참여해서 업무 부하가 생기는 일이 없도록 하는 게 중요하다는 것도 살펴볼 것이다. 마지막으로 여러 팀이 참여하는 프로젝트를 시작할 때 확인해야 할 9개의 질문으로 이 장을 마무리하겠다.

'피자 두 판짜리 팀' 운영하기

생물정보학 회사 프로젝트를 진행할 때다. 그 회사의 CEO는 내게 프로젝트가 얼마나 걸릴 지 추정해달라고 요구했다. 애플리케이션은 거대했고, 도메인은 복잡했으며 팀은 새로 조직된 상태였다. 도메인이 너무 복잡했기 때문에 프로그램 관련 지식은 거의 없지만 아주 똑똑해서 박사학위를 가진 과학자들과 생물학이나 유전학에 대해서는 한두 번 수업 받은 게 전부지만 프로그래밍에는 능숙한 개발자들로 팀이 구성됐다. 과학과 개발을 모두 잘하는 사람은 아무도 없었다.

얼마 동안 팀에 대해 조사하고 나서 CEO에게 '1년 동안 100명' 정도가 필요하다고 말했다. 즉, 현재 팀 인원 40명 전부가 투입되어도 2년 6개월이 걸린다고 한 것이다. 2년 6개월이 CEO에게 큰 충격은 아니었던 것 같지만, 어쨌든 적지 않은 기간인 건 분명했다. 그녀는 물었다. "가장 비용이 적게 드는 방법이 무엇인가요?" 난 이렇게 대답했다. "먼저, 가장 이해를 잘하는 과학자면서 프로그램에 적성이 맞는 스티브를 설득해서, 그를 최고의 소프트웨어 회사에 보내 10년간 다른 건 하지 말고 어떻게 하면 최고의 프로그래머가 될 수 있는지만 배우게 하세요. 그런 다음 회사로 복직시켜 30년 동안 이 프로그램 하나만 개발하게 합니다. 그럼 40년이 걸려요. 하지만 이게 가장 비용을 줄일 수 있는 방법입니다." CEO는 내 대답에 매우 만족했었는지, 결국 처음에 추정한 대로 1년간 100명을 투입시켰고, 난 그 비용의 절반 이상을 절약하는 방법을 제시했다. 40년은 그녀가 기다리기에는 너무 긴 시간이었던 것 같다.

이 이야기가 보여주듯이 팀은 한 사람이 할 수 있는 일을 훨씬 빨리 완료할 수 있는 이점이 있지만 잠재적인 커뮤니케이션 비용도 만만하지 않다.

그렇다면 스크럼 프로젝트에서 이상적인 팀 크기는 몇 명일까? 5~9명의 팀원들로 스크럼 팀을 구성하는 게 일반적인 조언이다. 이 말에 동의하지만 숫자를 적는 일은 나를 긴장하게 만든다. 지금 10명으로 구성된 팀을 생각하고 있다면 이 책을 가지고 돌아가 환불을 요청하고 스크럼을 포기하겠는가? 그러지 마라.

5~9명이라는 가이드라인을 글자 그대로 따르기보다는 아마존닷컴이 팀을 대하는 방법을 추천한다. 아마존닷컴은 팀을 '피자 두 판짜리 팀two-pizza teams'으로 부른다. 즉, 한 팀이 피자 두 판이면 한 끼를 해결할 수 있다는 뜻이다.(Deutschman 2007)

재미있으면서 실제로 유용한 방법이다. 프로젝트 팀에서 점심식사를 주문하는 일이 귀찮고 번거롭다면 팀이 너무 커지고 있다는 좋은 지표가 될 수 있다. 함께 일했던 단일 스크럼 팀 중 그럭저럭 만족하면서 가장 인원이 많았던 경우는 14명이었다. 스크럼 마스터와 나는 가능한 모든 방법을 동원해 팀원을 나누려고 했지만 원래대로 두는 것이 가장 나은 방법임을 알게 되었다. 또 25명을 한 팀으로 조직하겠다고 주장하는 경우도 있었다. 25명 규모의 한 팀은 커뮤니케이션 비용이 너무 많이 필요하기 때문에 25명 한 팀은 잘못된 생각이다.

> **함께 보기**
> 스크럼 프로젝트를 팀의 팀을 통해 대규모로 진행할 수 있다. 17장 「대규모 스크럼」을 참조하라.

왜 피자 두 판이면 충분할까

물론 규모가 큰 팀도 몇 가지 장점이 있다. 규모가 크면 더 다양한 기술과 경험, 접근방법을 가진 팀원들이 있을 수 있다. 규모가 큰 팀은 핵심 인력이 사라져도 큰 위험이 되지 않는다. 또 개개인은 한 가지 기술이나 애플리케이션의 한 부분에 전문가가 될 수 있는 기회를 가질 수 있다. 반면 규모가 작은 팀에는 다음과 같은 더 많은 장점이 있을 수 있다.

- **사회적 태만**Social loafing**이 적다** _ 사회적 태만은 주변에 게으른 사람들이 있다고 생각되면 서로 노력하지 않는 경향을 말한다. 규모가 작은 팀에 속한 팀원들은 이 사회적 태만이 더 적다. 사회적 태만은 1920년대 심리학자 맥스 링겔만Max Ringelmann이 사람들이 개인과 팀으로 로프를 당길 때 사용하는 힘의 양을 측정하면서 처음 선보였다. 3명으로 이루어진 그룹은 한 사람 평균치의 3배에 못 미치는 2~2.5배 압력이 측정됐다. 8명 그룹은 한 사람 평균치 4배에 못 미치는 압력이 측정되었다. 링겔만의 연구와 이와 관련된 연구 결과는 한 개인의 노력은 팀 크기와 반비례 관계에 있다는 것을 보여준다. (Stangor 2004, 220)
- **효과적인 상호작용**Constructive interaction**은 규모가 작은 팀에서 더 많이 일어난다** _ 조직행동 분야 베스트셀러인 『Essentials of Organizational Behavior』의 저자 스티븐 로빈스Stephen Robbins은 10~12인이 넘는 팀은 믿음, 신뢰, 끈끈한 응집력을 쌓는 데 어려운 시기를 겪는다고 했다. 이런 것이 없으면 효과적인 상호작용은 어려울 수밖에 없다. (2005)
- **팀 편성에 더 적은 시간이 든다** _ 규모가 작은 팀은 팀원들이 모이고 흩어지는 데

더 적은 시간이 든다. 전체 합계, 전체 프로젝트 시간 비율로 따져봐도 분명한 사실이다. 일례로 규모가 큰 팀에서는 회의를 하는 것만도 큰일이라는 데 모두 공감한다.

- **조용히 묻어가는 사람이 없게 된다** _ 규모가 큰 팀은 그룹 활동이나 토의를 하는 비율이 더 낮다. 또 가능한 참가자 수는 정해져 있기 때문에 팀원이 많아지면 불균형이 발생한다. 이런 문제는 응집력 있고 높은 생산성을 지닌 팀이 되는 데 방해가 된다.

- **규모가 작은 팀은 팀원들에 대한 만족도가 더 높다** _ 규모가 작은 팀은 한 명 한 명의 기여도가 더 많이 드러나고 의미가 있다. 규모가 큰 팀에 속한 팀원들이 만족도가 낮다는 연구 결과도 하나의 이유가 될 수도 있다.(Steiner 1972)

- **과도한 전문화에 따른 악영향이 더 적게 일어난다** _ 규모가 큰 프로젝트에서는 개개인이 구분되는 역할을 알아야 한다.(Shaw 1960) 예를 들면, 어떤 개발자는 UI 작업만 해야 하는 경우다. 이렇게 되면 팀원들 사이에 작업 결과를 건네주는 데 불필요한 노력이 많아지고 사람들이 맡은 일뿐만 아니라 서로 돕는 노력을 할 때 얻게 되는 교훈도 얻지 못한다.

> **함께 보기**
> 인수인계에 따른 문제는 11장 「팀워크」에서 다룬다.

팀 규모에 대해 109개 팀을 대상으로 진행한 흥미로운 연구 결과가 있다. 규모가 작은 팀은 팀원 숫자가 4~9명인 반면 규모가 큰 팀은 팀원 숫자가 14~18명이다. 이 조사를 통해 몇 가지 결론을 도출했다.

> 더 규모가 작은 팀의 팀원이 팀 업무에 더 능동적으로 참가하고, 팀에 대한 약속도 더 잘 지키고, 팀의 목표를 더 잘 인지하며, 다른 팀원들의 성격을 더 잘 아는 사이가 되고, 맡은 바 역할을 수행하고, 커뮤니케이션 면에서 더 높은 수준의 관계가 형성된다. 또 규모가 큰 팀은 작은 규모의 팀보다 회의 주제를 준비하는 데 더 세심한 주의가 필요하다는 점이 조사 결과 드러났다.(Bradner, Mark & Hertel 2003, 7)

흠. 규모가 작은 팀에는 주목하지 않을 수 없는 여러 가지 장점들이 있다. 하지만 필자는 큰 규모의 팀을 구성할 수도 있고 그것이 더 좋은 의사결정이 될 수도 있다고 생각한다.

규모가 작은 팀의 생산성

규모가 작은 팀의 이런 장점은 작은 팀이 큰 팀보다 더 생산적이라고 기대하게 만든다. QSM의 더그 퍼트넘Doug Putnam은 491개의 프로젝트에서 팀원이 1~20명 사이인 프로젝트에 대해 연구했다. 1978년부터 QSM은 소프트웨어 생산성과 추정에 대한 자료를 수집해왔고 소프트웨어 산업의 애플리케이션 크기, 투입 공수, 업무 등에서 가장 완벽한 측정치를 가진 DB를 보유하고 있다. 때문에 QSM의 DB는 프로젝트 각각의 유형을 비교하는 귀중한 자료다.

퍼트넘은 약 7,000개가 넘는 프로젝트의 QSM DB에서 2003~2005년 사이에 35,000에서 95,000라인의 코드[1]를 새로 작성했거나 수정한 491개 프로젝트를 선별했다. 프로젝트 크기는 팀원 수가 1~20명으로 고르게 분포되어 있었다. 그림 10.1처럼 퍼트넘은 팀 규모가 작아지면 같은 구성원들이 전보다 더 생산성이 높아지는 것을 깨달았다. 하지만 팀원 숫자가 1.5명에서 7명 정도 되는 팀 간에는 아주 작은 차이만 났다.

퍼트넘은 프로젝트에 투입되는 전체 개발 공수에 대해서도 연구했다. 그리 놀랄 일은 아니지만, 규모가 작은 팀이 더 적은 노력으로 프로젝트를 완료할 수 있었다. 퍼트넘은 팀 규모에 대해 이렇게 말한다. "규모가 큰 팀은 커뮤니케이션에 더 많은 노력과 비용이 발생하는데, 이 비용은 지수적 증가로 나타납니다. 비용을 줄이

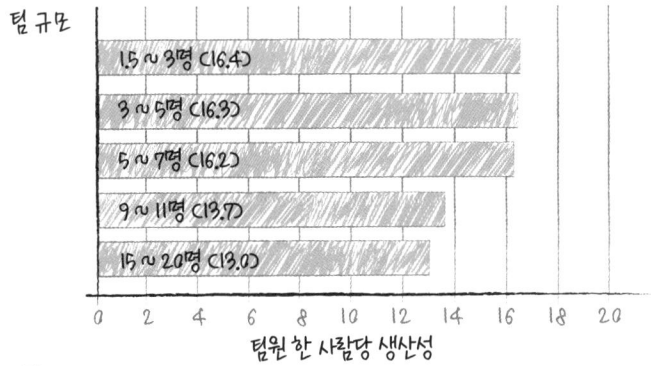

그림 10.1
팀 규모에 따른 팀원 한 사람당 생산성 평균. 본 자료에 대한 권한은 QSM에 있다.

---

[1] 물론 코드 라인 수를 센다는 것은 아주 나쁜 측정 방법이며 여러 측면에서 나쁜 게 당연하다. 하지만 코드 라인 수는 해당 프로젝트의 크기를 대신할 수 있고 따라서 생산성 계산에 사용할 수 있다고 믿는다.

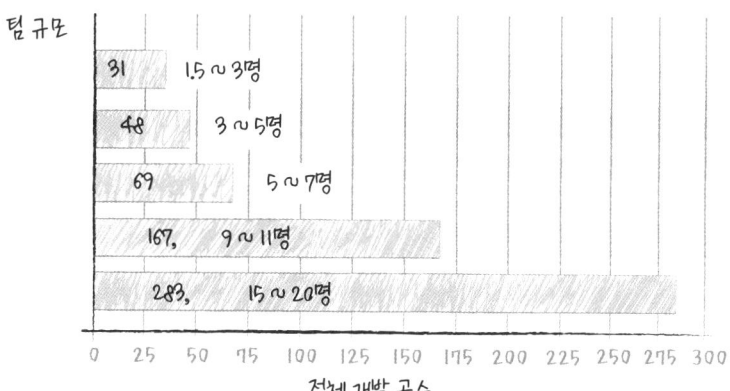

그림 10.2
규모가 작은 팀은 동일 크기 프로젝트를 완료하는 데 전체 공수가 더 적게 든다. 본 자료에 대한 권한은 QSM에 있다.

는 효과적인 전략은 규모가 작은 팀을 구성하는 겁니다. 하지만 극단적인 비선형적 노력의 증가는 팀 규모가 9명 이상이 될 때까지는 드러나지 않는 것으로 보입니다." 그림 10.2를 통해 이런 결과들을 살펴 볼 수 있다.

하지만 대부분의 경우 일정이 항상 최우선 고려사항이기 때문에 전체 개발 공수를 최소화하려는 노력을 기울이지 않는다. 결국 내년 봄까지 완료해야 하는 일을 위해 개발자 한 사람을 40년 동안 기다릴 수는 없다. 팀 규모가 전체 일정에 미치는 영향은 그림 10.3에서 볼 수 있다. 이 그림에 의하면 5~7명 규모의 팀이 같은 크기의 프로젝트를 가장 짧은 시간에 끝마친다. 그보다 규모가 작은 팀은 다소 시간이 걸린다. 9~11명 규모의 팀에서 개발 공수가 비약적으로 증가하는 그래프를 눈여겨보자. 이밖에도 ACM communications of the ACM의 연구 결과도 규모가 큰 팀과

함께 보기
물론 피자 두 판 팀으로 완료할 수 없는 프로젝트도 있다. 스크럼 팀은 하나의 덩치 큰 팀을 조직하기보다 팀에 팀을 두는 방법으로 팀 규모를 조정한다. 17장 「대규모 스크럼」에서 더 다루도록 하겠다.

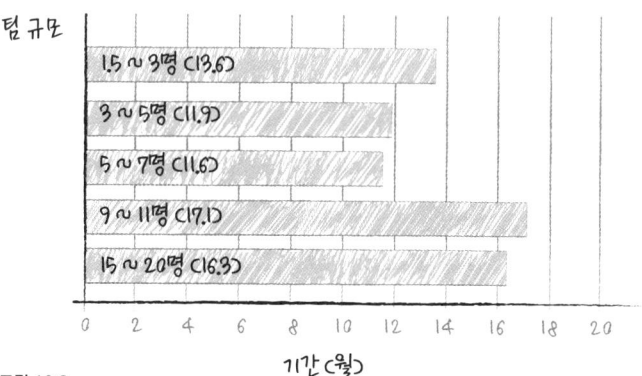

그림 10.3
5 ~ 7명 팀은 크기가 동일한 프로젝트를 가장 짧은 기간에 완료한다. 본 자료에 대한 권한은 QSM에 있다.

작은 팀의 생산성을 설명하고 있다. 이 분야에 오랜 경험을 가진 필립 아모르[Phillip Armour]가 이 연구 결과를 작성했다.

> 규모가 큰 팀(29명)에서는 규모가 작은 팀(3명)보다 거의 6배나 더 많은 결함이 생겼고 더 많은 비용이 들었습니다. 하지만 규모가 큰 팀은 동일한 양의 결과를 만들어 내는데 평균적으로 12일 정도밖에 절약하지 못했습니다. 이것은 제가 35년을 넘는 프로젝트 경험을 통해 알게 된 뜻밖의 놀라운 발견입니다. (2006, 16)

작은 규모의 팀을 선호할 수밖에 없는 이런 이유들 때문에 나는 당분간 피자 3판을 주문할 일은 없어 보인다.

반대 의견

"규모가 작은 팀을 구성하기에 우리 프로젝트에는 담당 분야가 너무 많습니다. 분석가, 개발자, 데이터베이스 개발자, 클라이언트 프로그램 개발자, 미들 티어[middle tier] 개발자, 테스터, 테스트 자동화 엔지니어 등 담당 분야가 너무 많아 5~9명 규모의 팀을 만들 수 없다구요!" 프로젝트에는 여러 분야의 작업이 필요하지만 각 영역에 한정된 전문가가 필요한 것은 아니다. 각자 한 가지 분야를 담당하는 9명으로 구성된 팀에서 팀원들 작업량의 균형을 맞추는 일은 어렵거나, 불가능하다. 한 분야만 담당하는 사람도 있지만 두 가지 이상 분야를 넘나드는 사람들로 구성된 팀이 다양한 분야에서 발생하는 작업량의 균형을 맞추기 더 쉽다. "전 이거랑 이것만 해요"보다는 적어도 몇 사람은 정해진 분야를 넘어 제품 전반에 책임이 있음을 인식시키자.

지금 시도해볼 것

- 현재 팀이 9명 이상이면 이번 스프린트 종료 시 팀을 두 개로 분리해보자. 더 좋은지 나쁜지 논의하기 전에 적어도 스프린트 두 번은 그 상태로 일해보자.
- 5~9명 규모의 팀이라면 팀을 두 개로 분리하는 것을 고려해보자.

기능 팀에 대한 편애

캘리포니아에 있는 어떤 게임 스튜디오에서 컨설팅을 할 때였다. 그 회사의 팀 구성은 개발 중인 비디오 게임에 등장하는 특정 구성요소Element와 객체Object를 개발하는 단위로 편성되어 있었다. 각 캐릭터 별로 별도의 팀이 존재했는데, 무기 담당 팀, 차량 담당 팀, 이런 식이었다. 이런 팀 구조가 여러 문제점을 낳았다. 무기는 몬스터를 죽이기엔 턱없이 약하다거나, 비밀통로를 보여주기엔 색이 너무 어둡다거나, 하였다. 정말 사용자가 끈기 있어도 좌절하게 만드는 장애물이 많았다. 전통적인 프로젝트에서는 애플리케이션 레이어별로 팀을 조직할 때 동일한 문제가 발생하곤 한다. 가령 그림 10.4와 같은 아키텍처가 있는 프로젝트에서 초기에 흔히 하는 실수는 팀을 4개(리치 클라이언트 팀, 웹 클라이언트 팀, 미들 티어 팀, 데이터베이스 팀)로 나누는 것이다. 이처럼 컴포넌트 팀component team을 구성하게 되면 다음과 같은 다양한 문제가 발생한다.

· 레이어를 담당하는 팀 간에 커뮤니케이션이 줄어든다.
· 계약서대로만 설계하면 충분하다고 느낀다.
· 실제 납품 가능한 제품은 늘어나지 않고 스프린트가 끝난다.

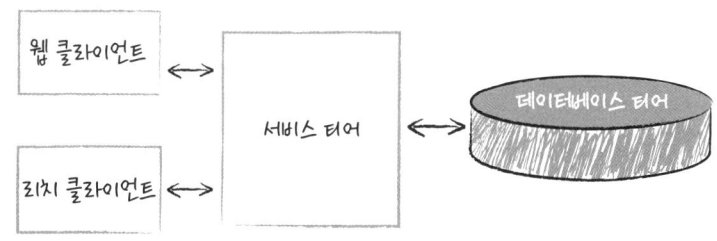

그림 10.4
전형적인 3-티어의 아키텍처

함께 보기
마지막에 기능을 배포하는 것의 중요성은 14장 「스프린트」에서 다룬다.

팀을 아키텍처 레이어별로 구성하는 일이 잘못된 접근이라면 어떻게 하면 좋을까? 컴포넌트별로 조직하는 대신 프로젝트의 각 팀이 고객에게 납품할 수 있도록 동작하는 (테스트된) 기능을 처음부터 끝까지 책임지게 하는 게 이상적이다. 예를 들어 그림 10.4의 애플리케이션을 개발하는 기능 팀은 아키텍처의 모든 레이어에 걸쳐서 일한다. 그래서 DB 레이어, 서비스 티어, 리치 클라이언트 인터페이스와 관련 있는 기능 하나를 개발해 본다. 그러고 나면 그 스프린트나 다음 스프린트에서 웹 클라이언트, 서비스 티어, DB 티어에 걸쳐서 개발을 진행할 수 있다. 기능 팀으로 멀티 팀 프로젝트$^{multiteam\ project}$를 조직하면 다음과 같은 많은 장점이 있다.

- **기능 팀은 설계 결정이 미치는 영향을 잘 파악할 수 있다** _ 스프린트가 끝나면 기능 팀은 애플리케이션 기술구조 상의 모든 단계를 거치는, 화면에서 서버에 걸쳐 동작하는 기능$^{end\text{-}to\text{-}end\ functionality}$을 개발한다. 이를 통해 팀원들은 제품 설계는 잘 되었는지, 기술 설계가 잘 되었는지 최대한 알 수 있다. 즉 사용자들이 개발된 기능을 좋아하는지, 구현 방법이 잘 맞는지 확인하기 쉬워진다.
- **기능 팀 인수인계$^{hand\text{-}offs}$ 때문에 생기는 낭비가 줄어든다** _ 다른 사람에게 작업을 인수인계 하는 일은 낭비가 심하다. 컴포넌트 팀의 경우에는 기능을 너무 많이 혹은 너무 적게 개발할 수도, 잘못된 기능을 개발할 수도, 그리고 더 이상 필요 없는 기능을 개발할 수도 있는 등의 위험이 따른다.
- **실무자와의 대화가 보장된다** _ 기능 팀은 아이디어를 실제로 동작하고 테스트된 기능으로 바꾸는 데 필요한 모든 기술을 팀이 가지고 있기 때문에 적어도 하루 한 번은 그런 역량을 가진 팀원들과 대화할 수 있다.
- **컴포넌트 팀은 일정에 위험요소를 만든다** _ 컴포넌트 팀이 개발한 컴포넌트는 기능 팀에 의해 제품으로 통합되고 나서야 비로소 가치가 생긴다. 컴포넌트 팀 작업을 통합하는 데 드는 노력은 기능 팀이 추정하는데, 같은 스프린트 내에 통합할지 다음 스프린트에 할지 고려해서 추정해야 한다. 컴포넌트의 품질 수준을 파악하지 못하고 추정해야 하기 때문에 어떤 노력이 얼마나 들지 판단하기 어렵다.
- **기능 팀은 납품할 기능에 계속 집중하게 된다** _ 팀은 스크럼을 하기 전 습관으로 돌아가는 유혹에 빠질 수 있다. 기술구조, 아키텍처 요소에 따라 팀을 조직하는 것보다 납품할 기능 단위로 팀을 조직하게 되면 스크럼은 매 스프린트에서 납품 가능한 기능에 집중한다는 사실을 계속 재확인하게 된다.

> **함께 보기**
> 인수인계에 대한 더 많은 이슈는 11장에서 다룬다.

> **반대 의견**
>
> "애플리케이션이 너무 복잡합니다. 스프린트 한 번에 화면에서 서버에 걸쳐 동작하는 기능을 납품하기 어렵습니다."
>
> 기능의 작은 단위를 도출하는 방법을 배우는 일은 스크럼을 시작하는 팀이 부딪히는 첫 번째 어려운 관문 중 하나다. 6주 전까지 고객에게 납품할 수 있는 게 없어서 혼란에 빠졌던 첫 스크럼 프로젝트를 기억한다. 몇 해가 지난 지금 그 시스템을 뒤돌아보면 작업을 분리할 방법이 보이지만 그땐 그렇지 못했다. 하려고만 했다면 하루짜리 스프린트도 충분히 가능했음을 이제는 알 수 있다.
>
> 경험이 쌓이면 팀원들은 스프린트마다 화면으로 시작해서 서버에 이르는 기능$^{end-to-end\ functionality}$을 납품하는 방법을 많이 알게 되고 익숙해진다. 그럼에도 불가능해 보인다면 팀이 제대로 구성되지 않았기 때문이다. 포기하지 말고 개인과 팀의 역량을 다시 생각해보자.

컴포넌트 팀이 더 나은 경우도 있다

우선적으로 기능 팀을 선호하지만 컴포넌트 팀이 적합한 경우도 있다. 여기서 말하는 컴포넌트 팀이란 개발된 소프트웨어를 고객이 아닌 다른 팀에게 납품해야 하는 팀을 말한다. 가령 애플리케이션과 DB 사이에 객체 관계 매핑 레이어$^{object-relational\ mapping\ layer}$를 개발하는 팀이나 재사용 가능한 UI 위젯을 담당하는 팀을 컴포넌트 팀이라 할 수 있겠다.

컴포넌트 팀 역시 스프린트 마지막까지 테스트되어, 품질 수준이 높고, 고객에게 보여줄 수 있는 코드를 만드는 일이 중요하다. 하지만 컴포넌트 팀이 만들어내는 것들은 혼자선 쓸모없는 것들이다. 방금 이야기한 사례로 돌아가서 생각해보자. 컴포넌트 팀이 개발한 객체 관계^{OR} 매핑 레이어는 기능 팀이 문맥^{Context}에 맞게 사용한 뒤에야 최종사용자에게 관심을 받게 된다. 반면에 커스터마이징한 드롭다운 리스트, 데이터 그리드 등 재사용 가능한 UI 위젯과 같은 컴포넌트를 개발했던 팀은 어떨까? 분명 최종사용자가 흥미를 가질만한 대상이긴 하다. 하지만 다른 기능들과 전체적으로 어울려야 한다. 최종사용자는 페이지나 화면에 포함되지 않은 데이터 그리드엔 관심이 없다.

기능 팀이 요청할 때만 컴포넌트를 제작하라

컴포넌트 팀은 만든 결과를 다른 팀에게 납품해야 하기 때문에 다른 팀은 컴포넌트 팀에게 제품 책임자처럼 행동한다. 여러분 팀이 다른 팀으로부터 꼭 필요한 컴포넌트를 받아야 한다면 여러분도 제품 책임자처럼 행동해야 한다. 즉 훌륭한 제품 책임자의 책임 역시 짊어져야 한다는 것을 의미한다. 먼저 스프린트를 시작할 때, 작업 우선순위를 어떻게 가져갈지 도와줄 필요가 있다. 스프린트 마지막에는 만들어진 결과물을 받을지 혹은 거절할지를 결정해야 하고 피드백을 주어야 한다.

기능 팀에서 컴포넌트 팀의 작업 우선순위를 결정하고 기능 팀보다 컴포넌트 팀이 너무 앞서 작업하는 건 아닌지 피드백을 주는 일은 쉽지 않다. 때문에 컴포넌트 팀은 한 개 이상의 팀이 준비되기 전까지 새로운 컴포넌트를 만들면 안 된다. 기능 팀이 원하기 전에 컴포넌트 팀이 너무 앞서서 작업하면 해당 컴포넌트에 어떤 기능을 추가할지 추측에 의존하게 된다. 이런 일이 자주 일어나면 기껏 만든 컴포넌트를 기능 팀이 사용하지 않는 결과를 낳는다. 컴포넌트 팀에서 개발하는 컴포넌트는 밖으로 드러나는 기능과 전체적으로 어울리도록 개발되어야 한다.

롭은 프로젝트 내 15개 기능 팀에서 사용하는 객체 관계[OR] 매핑 레이어를 개발하는 컴포넌트 팀의 고급 개발자였다. 롭의 팀에서 진행한 첫 번째 작업은 해당 컴포넌트를 자체 개발할지, 상용 제품을 구매할지, 오픈소스 제품을 이용할지 결정하는 일이었다. 팀원들은 스스로 개발한다는 미심쩍은 의사결정을 내렸다. 롭과 팀원들은 "옳은 결정을 한 걸까"라는 걱정과 함께 적극적으로 기능 팀이 필요한 것들을 파악하기 시작했다. 롭의 컴포넌트 팀은 중요한 설계에 대해 기능 팀과 긴밀하게 협업하지 않고 자신들만의 추측으로 진행했다. 두 달(2번의 스프린트) 동안 팀원들은 기능 팀에게 아무것도 배포하지 않았다. 석 달이 지난 후, 마침내 초기 버전을 배포했는데 기능 팀이 기대하는 것, 필요로 하는 것과 전혀 맞지 않았다.

롭의 팀은 기능 팀과 아주 긴밀하게 일하며 기능 팀이 납품할 제품에 맞게 새로운 기능을 추가했어야 했다. 컴포넌트 팀과 기능 팀이 더 긴밀하게 협업했다면 정말 필요한 기능을 전달할 기회가 더 많았을 것이다. 예를 들면 롭의 팀은 첫 번째 스프린트에서 고정 길이 텍스트 데이터를 DB에 입력하는 기능도 배포할 수 있었다. 그 기능을 전달받은 기능 팀은 DB에 숫자 데이터, 날짜 같은 형식의 데이터는 입력할 수 없었을 것이고 데이터를 조회할 수 없었을 것이다. 하지만 기능 팀은 고정 길이 텍스트 데이터는 입력할 수 있었을 테고, 그로 인해 롭과 그의 팀에게 컴포넌트 사용에 관한 피드백을 제공할 수 있었을 것이다.

컴포넌트 팀이 유용한 기능을 만들기 위한 피드백을 얻는 가장 최선의 방법은 아마도 기능 팀 한 사람을 잠시 컴포넌트 팀에 두는 것일지도 모른다. 컴포넌트 팀에 투입된 개발자는 곧 기능 팀으로 돌아갈 때를 대비해 컴포넌트 팀이 더 사용하기 좋은 결과물을 만들게 할 것이다.

컴포넌트 팀이 필요한 순간을 결정하기

가능하면 항상 컴포넌트 팀보다 기능 팀을 먼저 구성하라. 필자는 다양한 팀으로 구성된 프로젝트multiteam project를 시작할 때 모든 팀을 기능 팀으로 구성한다고 가정한다. 하지만 제품 측면에서 하나 이상의 컴포넌트 팀을 만드는 게 더 이익이라는 증거가 드러나면 기꺼이 가정을 변경할 수 있다. 다음 항목 대부분에 해당된다면 컴포넌트 팀을 고려하는 게 좋다.

- **여러 기능 팀이 사용할 것을 만들게 될 때** _ 어떤 컴포넌트가 기능 팀 하나에서만 필요하다면 직접 만들게 하자. 이렇게 하면 그 팀에 필요하다고 예상되는 기능에 맞게 개발할 수 있을 뿐만 아니라 앞으로 사용될 것이라 예상되는 기능을 만들 수가 있다. 컴포넌트 팀이 여러 팀에 유용한 기능을 개발한다고 해도 더 좋은 전략은 기능 팀 하나가 필요한 기능을 만들고 나면 그 다음으로 필요한 팀이 해당 기능을 리팩터링하고 일반화하는 것이다.

- **컴포넌트 팀으로 전문 인력 투입을 줄일 수 있을 때** _ 다양한 팀으로 구성된 프로젝트에서는 아주 특별한 분야의 인력을 많은 팀에서 공유해야 한다. 전문가를 필요에 따라 공유해야 하지만 너무 빈번해지면 전문 인력의 투입 시간이 너무 쪼개져 문제가 될 수 있다. 이때 컴포넌트 팀을 조직하면 많은 팀에 투입되는 전문 인력의 한계를 더 잘 관리할 수 있다.

- **컴포넌트 팀보다 다양하게 팀을 구성하는 게 더 위험할 때** _ 여러 기능 팀이 노력해서 공통 서비스나 공통 컴포넌트를 만들었다면 두 가지 위험이 있을 수 있다. 첫 번째 위험은 동일한 문제를 놓고 기능 팀마다 다른 해결방법으로 구현하는 것이다. 두 번째 위험은 기능 팀마다 전체적인 관점이 아닌 각 팀별로 우선순위를 정

> **함께 보기**
> 멀티태스킹의 해악에 대해서는 뒤에 나오는 '한 프로젝트에 인력 투입하기'를 참조하라.

하는 것이다. 어떤 공통 기능을 개발하느냐에 따라 이 위험들은 커질 수도 작아질 수도 있다. 여러 팀으로 인한 이런 위험이 높다면 컴포넌트 팀을 구성하는 게 설득력 있는 대안이다.

- **대화가 부족한 사람들을 대화하게 만들고 싶을 때** _ 사람들은 팀 외부 사람보다는 자신이 속한 팀원끼리 대화를 많이 하는 경향이 있다. 스크럼 프로젝트 역시 마찬가지다. 사실 스크럼 프로젝트는 팀원 간의 유대가 강하기 때문에 특히나 그렇다. 이 점을 활용해 협업이 필요하지만 말을 별로 하지 않는 사람들을 모아 팀 하나로 조직하는 것도 좋다. 경험상 프로젝트에 적응 못하는 프로그래머들이 특별한 이유 없이 너무 대화를 나누지 않으면, 잠깐 동안 컴포넌트 팀을 구성하는 것이 도움될 수도 있다.

- **컴포넌트 팀이 필요한 기간이 짧을 때** _ 명절이 끝나면 친척들이 사라지듯 컴포넌트 팀은 절대 지속되면 안 된다. 컴포넌트 팀은 협조가 필요한 기능 개발이 완료되면 가능한 빨리 해산해야 한다. 처음부터 컴포넌트 팀이 조직되자마자 언제 해산한다고 정할 필요는 없지만, 언제까지 존속할 것인지 원래 목적을 달성하면 무엇을 납품할지 염두에 두어야 한다. 공통 팀은 모든 기능 팀이 생각하는 이상치를 만족시키기 위해 만들어지기 때문에 영원히 존재할 것 같은 컴포넌트 팀을 만드는 것을 허락해서는 안 된다.

특별한 경우 컴포넌트 팀도 도움이 된다는 점은 인지하되 큰 프로젝트에서는 팀 대부분이 기능 팀이어야 한다는 점을 다시 한 번 강조하고 싶다. 웨스 윌리엄스$^{Wes\ Williams}$와 마이크 스타우트$^{Mike\ Stout}$은 컴포넌트 팀을 시작할 때 사브레 에어라인에서 사용한 방법을 설명했다.

> 사용자 스토리들은 사용자 관점에서 끝나지 않았다. 팀마다 다른 인수 기준$^{Acceptance\ Criteria}$에 따라 다른 시기에 다른 기능을 만들고 있었다. 시스템 내 빈번하게 재작업이 발생했다. 프로젝트 팀들은 불완전한 기능, 빌드 실패, 테스트 여부 등을 이유로 서로를 비난했다. 나중에서야 팀을 독립적인 기능이나 기능 유형에 따라 구성해야 한다는 사실을 깨달았다. (2008, 359)

팀 구조에 대한 의사결정은 누구의 몫인가?

이상적인 방법은 팀 스스로 팀 구성을 결정하는 것이다. 제품 개발에 대한 문제를 해결할 수 있다고 신뢰하는 팀이라면 팀 스스로 결정한 팀 구성 역시 신뢰해도 무방하다. 하지만 대부분 팀원은 기술적인 결정을 내리는 데는 익숙하지만 팀을 어떻게 구성하면 되는지 결정해본 경험이 별로 없다. 그래서 프로젝트 초기에는 팀 스스로 팀 구조를 결정하더라도 최적의 선택이 아닌 경우가 많다. 나는 많은 팀에 스크럼을 소개해왔다. 그 경험으로 한 가지 깨달은 점은 스크럼을 시작할 때 누군가 스크럼에 대한 의견을 어떻게 이야기하는가에 따라 결과가 좌우된다는 것이다. "스크럼은 우리 회사에 딱이에요. 저뿐만 아니라 다른 그룹의 사람들도 멋지다고 할 겁니다."(어느 개발자) "초반에 아키텍처 작업을 진행하니까 이게 개발자와 테스터들에게 얼마나 도움이 되는지 이제야 알겠습니다."(아키텍트) "사용성에 대한 조사를 초반에 완료하고 나니 아키텍트, 개발자, 테스터를 위해 어떻게 일해야 하는지 알 거 같아요."(UX 디자이너) "모두가 긴밀하게 협업하며 일하고 나서 대대적인 통합 테스트를 위해 테스터에게 결과물을 건네주는 방법이 참 멋진 것 같습니다."(테스터)

이런 생각을 가진 팀원으로 이루어진 프로젝트에서 초반에 팀 구성을 어떻게 가져갈지에 대해 물어봤을 때, 아키텍처 팀, 개발 팀, UX 팀, 테스트 팀으로 계획서를 내밀더라도 놀라지 말자. 물론 내가 너무 일반화하여 말한 거 같지만, 이렇게 생각하는 게 지배적이기 때문에 사람들은 팀을 그렇게 구성하기 쉽다는 것이다. 초반에는 기능 관리자, 프로젝트 관리자, 스크럼 마스터, 스크럼 이행을 주도하는 사람이 팀을 어떻게 구성할지 결정하게 된다. 의사결정자들은 팀과 관련이 없는 사람들 특히 스크럼이나 다른 애자일 방법론에 경험이 있는 팀원들에게 의견을 구해야 한다.

오늘의 정답이 내일은 오답일 수 있다

팀 구조를 선택할 때 기억할 중요한 점은 완벽한 팀 구조는 없다는 점이다. 현재 팀 구조가 팀과 프로젝트에서 스크럼을 하는 데 방해가 된다면 스프린트 회고에서 분명 그 이슈가 거론될 것이다. 팀 구조를 여러 번 변경해서 팀원들의 시간을 낭비하고 싶지 않겠지만 지금 구조가 분명히 잘못됐다면 팀 구조를 변경하라. 팀원들이 점차 스크럼에 대한 경험이 생기면서 어떤 팀이 필요하고, 기능 팀이 나은지, 컴포넌트 팀이 나은지, 그리고 누가 각 팀에 속하게 되는지 등 의사결정에 더 많은 의견을 제시하게 될 것이다.

> **지금 시도해볼 것**
>
> 현재 프로젝트의 모든 팀 목록을 작성하자. 그 팀들이 컴포넌트 팀인지 기능 팀인지 구분해보자. 각 컴포넌트 팀을 놓고 '컴포넌트 팀이 필요한 순간 결정하기' 부분을 생각해보자. 모든 항목에 해당되지 않으면 팀을 재편성하는 것도 고려해보자.

자기 조직적이 아무렇게나 결정하는 것을 의미하지 않는다

팀이 주어진 목표를 위해 자기 조직화Self-Organizing하는 능력은 스크럼을 포함한 모든 애자일 방법론에서 기초적인 근간이 된다. 애자일 선언Agile Manifesto은 자기 조직적인 팀을 중요 원칙으로 삼고 있다. "최고의 아키텍처, 요구사항, 설계는 자기 조직적인 팀에서 나온다."(Beck 외. 2007) 주어진 목표를 달성하기 위한 최선의 방법을 결정할 때 어떤 팀은 중요한 기술적인 결정 모두를 팀원 중 한 사람이 결정한다. 다른 팀은 기술 분야별로 결정의 책임을 나누기도 한다. 가령 데이터베이스 전문가는 데이터베이스 관련 의사결정을 책임지고 가장 경험이 많은 C# 개발자는 C# 관련 의사결정을 내린다. 또 어떤 팀은 기능 개발에 대한 결정을 누가 내렸든지 간에 팀 전체가 그 결정의 결과에 대한 책임을 나눈다. 여기에는 중요한 점이 두 가지 있다. 첫 번째는 모든 팀이 팀 조직화에 같은 방법을 선택하지 않는다. 괜찮다. 두 번째는 한 사람의 판단에 따라 결정할 때보다 여러 사람의 지혜를 모으는 방법이 일반적으로 더 좋은 결과를 가져온다. 하지만 자기 조직적인 팀의 장점이 관리자가 만들 수 없는 최적회된 조직을 팀이 발견한다는 뜻은 아니다. 자기 조직적인 팀을 구성하면 오히려 문제를 스스로 책임지게 하는 효과가 있다. 흔히 들을 수 있는 자기 조직적인 팀에 대한 비판의 소리는 이렇다. "8명씩 무작위로 나누고, 자기 조직

> **함께보기**
>
> 12장 「자기 조직적인 팀 이끌기」에서는 어떻게 하면 리더가 드러나지 않고도 긍정적인 영향을 미치는지 설명한다.

적으로 팀을 구성한다고 해서 좋은 결과가 올 거라 예상하진 못하겠습니다." 필자는 이게 사실인지 아닌지 잘 모르겠다. 하지만 피자 2판짜리 스크럼 팀을 만들 때 분명히 무작위로 8명의 사람들을 선택하지 않았다. 조직에서 이런 책임을 지는 사람들은 프로젝트를 구성하는 팀원을 선택할 때 더 많은 노력을 기울여야 한다.

다케우치와 노나카는 스크럼을 설명하는 최초 논문에서 '가벼운 통제$^{subtle\ control}$'를 6개 원칙 중 하나로 꼽았고 팀원 선발을 관리 책임의 핵심으로 보았다.

그룹 간에 활발한 이동을 지켜보면서 필요에 따라 팀원을 추가하거나 빼면서 프로젝트 팀에 알맞은 사람을 선택하는 일은 중요한 관리 책임입니다. 혼다 임원 중 한 사람은 이렇게 말했습니다. "너무 진보적인 성향과 균형을 이루기 위해 더 나이 많고 보수적인 팀원을 추가합니다. 우리는 심사숙고 끝에 프로젝트 팀원을 뽑습니다. 개성이 다른 사람이 잘 어울릴 수 있을지 분석합니다."(1986, 144)

팀에 적절한 사람 배치하기

만약 여러분이 인사 담당자나 조직 내 팀 구성에 영향력이 있다면 다음을 고려하자.

- **필요한 기술을 다룰 수 있는 사람들을 팀 구성 시 포함시켜라** _ 교차기능 팀은 아이디어를 기능으로 구현하는 데 필요한 모든 기술을 갖추는 게 중요하다. 처음에는 팀 규모가 생각보다 더 커질 수 있다. 하지만 시간이 지나면 스크럼 팀 개개인은 동료들에게서 기술을 충분히 배우게 된다. 이것은 스크럼 팀의 자연스런 현상이다. 팀원 일부가 다양한 역량을 갖추게 되면 나머지 사람들은 다른 팀으로 이동할 수가 있다.

- **기술 역량 수준에 균형을 유지하라** _ 팀 크기를 고려할 때 팀 기술 수준의 균형을 맞추는 데 주의해야 한다. 어떤 팀에 고급 프로그래머만 3명 있고 초급 프로그래머가 없으면 고급 프로그래머가 중요하지 않은 기능의 코드를 작성하다 자칫 지루해지기 쉽다. 신참 개발자라면 쉬운 기능을 개발해도 즐거움을 느낄 뿐만 아니라 고급 개발자와 함께 작업하면서 배우는 혜택을 얻을 수 있다.

- **업종^{domain} 지식의 균형을 유지하라** _ 기술적 역량의 균형을 유지해야 하는 것처럼 몸담고 있는 업무나 해결하려는 문제에 필요한 업종 지식도 고르게 균형을 유지

해야 한다. 그렇다고 업종 전문가로 팀 전체를 구성하란 의미가 아니다. 오히려 조직의 장기적인 목표를 생각해야 한다. 이 같은 목표 중 하나는 조직 내 업종 지식을 끌어올리는 것이다. 업종 전문가를 모두 한 팀에 몰아 넣는다면 이런 목표는 달성하기 힘들다.

- **다양성을 추구하라** _ 다양성은 팀원들 사이에 성별, 나이, 문화와 같은 서로 다른 많은 것들을 의미한다. 문제에 대해 생각하는 방법, 결정을 내리는 방법, 결정을 하기 전에 얼마나 많은 정보가 필요한가 등이 모두 중요하다. 성향이 비슷한 팀원들로 이루어진 팀은 그렇지 않은 팀보다 합의를 빨리 이룰 수 있지만 모든 대안을 살펴보지는 못한다. (Mello & Ruckes 2006)
- **지속성을 고려하자** _ 팀원들이 서로 협업하기까지는 시간이 걸리기 마련이다. 따라서 예전에 함께 효과적으로 일했던 팀원들을 유지하도록 노력하라. 새로운 팀을 구성할 때는 팀원들을 다른 곳으로 보내기 전에 얼마 동안 새로운 팀에 머무를 수 있는지 고려하라.

반대 의견

> "우리는 자기 조직적으로 결정할 수 없습니다. 왜냐하면 어떤 문제에 대해 이야기해보기도 전에 기술 리더가 모든 결정을 해버리거든요."

가능하다면, 기술 리더의 성향은 잊어버리고 그 문제를 솔직히 말해주자. 기술 리더가 '올바른' 방법이 무엇인지 알고 있을 수도 있지만 한 번 더 그 문제에 대해 상기시킨다면 언젠가는 다른 사람들이 의견을 말하기도 전에 자신의 주장을 이야기하는 것을 자제하게 될 것이다. 기술 리더에게 팀이 올바른 결정을 한 것 같은지 물어보자. 자신의 생각을 절대 깨뜨릴 수 없는 결정으로 생각하는지 아니면 하나의 주장으로 생각하는지 물어보아라. 다른 사람들의 멘토로서 도와달라고 요청하라. 그의 역할은 단지 바른 결정을 내리는지 확인하는 것뿐만 아니라 그와 함께 하지 않을 다음 프로젝트에서도 현명한 결정을 내리도록 팀원들을 성장시키는 것이다.

> "저희 팀은 자기 조직적으로 결정하지 않을 겁니다. 팀원들이 너무 소극적이어서 제가 앞장서기만 기다리거든요."

만약 앞장서기만 기다린다면 정말로 그러는지 다시 한 번 살펴보자. 여러분이 팀의 스크럼 마스터라면 의사결정을 내리는 게 아니라 결정을 내리도록 지원하는 일이 스크럼 마스터의 역할이라는 것을 알고 있는지 다시 한번 확인하라. 만약 여러분이 팀의 일원이면 의견을 강요하지 말고 항상 차분함을 유지하라. 어떤 경우라도 결정을 하지 않으면서 다른 사람들을 끌어들이는 방법을 찾아야 한다. 가령 의견을 내기 전에 다른 사람들의 의견을 물어보자.

"우리 팀은 너무 경험이 없습니다. 팀원들이 자기 조직적으로 결정할 경험이 부족합니다."

팀원들이 소프트웨어 제품 개발에 충분한 경험이 있다면 팀을 조직하는 방법에 대해서도 충분한 경험이 있다고 할 수 있다. 그렇지 않다면 팀원들에게 훈련과 코칭을 제공하자. 때로는 이런 반대 의견이 사실 이런 의미를 담고 있을 수 있다. "이 팀이 자기 조직적이 되면 내가 원하는 대로 결정을 내릴지 믿음이 안 간단 말이야······" 아주 그릇된 생각이다. 매일매일 작업이 어떻게 되고 있는지 확인만하는 게 아니라 팀원들과 팀에게 부여한 목표에 대해 가벼운 통제를 하자.

한 프로젝트에 인력 투입하기

사람들을 동시에 여러 프로젝트에 투입시키면 항상 성과가 좋지 않다. 멀티태스킹(두 개 프로젝트에서 일하거나 두 가지 일을 한 번에 하는 것)은 프로젝트 팀의 성과를 낮추는 가장 큰 요인 중 하나다. 하지만 불행히도 그 동안 바쁜 관리자들이 가장 많이 사용하는 방법 중 하나였다. 그 원인은 (필자의 생각엔) 멀티태스킹을 하면 관리자에게 진척이 있을 것이란 환상을 심어줄 뿐만 아니라 문제가 해결됐다는 느낌을 주기 때문이다. 그렇지만 실제로는 대부분의 경우 문제를 더 심각하게 만든다.

존의 경우를 생각해보자. 존은 회사에서 개발자, 테스터, 다른 유형의 개발자보다 수가 적은 DBA$^{database\ administrator}$를 관리하는 부서의 리더를 맡고 있었다. 존과 나머지 DB 엔지니어들은 5개 이상의 프로젝트에 투입되어야 하는 어쩔 수 없는 상황에 직면해 있었다. 존의 해결책은 그림 10.5에 있는 스프레드시트를 작성하는 것이었다. 존은 스프레드시트를 통해 여러 프로젝트에 DBA들을 5%단위로

	나파	커넥트	스톤지붕	당지시	DB애저리티	스핀휠	PMT	스피드힐
빌	5%		15%	50%		25%	5%	
아메드		90%				5%	5%	
시브	25%			25%	25%	25%		
토르	25%		50%		10%		15%	
로버트		20%					5%	75%
존		5%	10%	10%	10%		5%	10%

그림 10.5
존의 프로젝트 배정 스프레드시트

배치했다. 하루 8시간의 5%는 24분이다. 존은 이 스프레드시트에 따라 빌에게 24분씩 나파, PMT 프로젝트 관련 일을 하라고 지시했고, 아메드에게도 같은 방법으로 PMT, 스핀 휠 프로젝트를 할당했다.

 정말 존은 빌이 매일 24분 동안만 나파 프로젝트 일을 할 수 있다고 생각했을까? 물론 그렇지 않다. 하지만 존은 빌이 한 주 동안 24분 x 5일 = 120분에 해당하는 시간을 자신의 스케줄에서 충분히 소화할 거라고 생각했을 것이다. 이때 존이 한 일은 자원을 정확히 분배한다는 해결할 수 없는 문제를 자기 팀 팀원들에게 떠넘긴 것이다. 존은 이 문제를 팀원에게 떠넘기지 않고 좀 더 윗선의 관리자가 해결하게 했어야 했다. 문제를 팀에게 넘기는 것도 때로는 멋진 전략이 된다. 사실 팀에게 문제를 전달하는 것이야말로 '스크럼의 정수$^{heart\ of\ Scrum}$'이다. 하지만 팀에게 문제를 넘겼을 때 그 문제를 해결할 수 있는 권한이 팀에 있어야 한다. 존과 DBA들의 경우 동시에 진행하는 프로젝트 개수를 줄이는 것이 문제를 해결하는 확실한 방법이었다. 해결을 위한 권한이 없었던 팀원들은 불가능한 일을 해결해야 하는 상황에 부딪혔다. 또 팀원들은 존이 했던 것보다 문제를 잘 해결하지도 못했다. 결국 팀원들을 '제일 시끄러운 프로젝트에 투입하기'라는 해묵은 정책을 취하고 말았다.[2]

---

[2] 홀긴이 우선순위에 따라 중요한 프로젝트에 투입하기보다는 가장 심하게 항의하는 고객을 먼저 응대했다는 의미.

작업량이 너무 많아 제 시간에 완료하는 일이 줄어들 때

킴 클락과 스티븐 휠라이트는 멀티태스킹이 생산성에 미치는 영향에 대해 연구했다. 그림 10.6처럼 한 사람이 두 작업을 동시에 처리하면 제 시간에 완료하는 작업량$^{\text{time on task}}$이 늘어난다는 것을 알았다. 또 클락과 휠라이트는 제 시간에 완료하는 작업량이 감소하는 경우도 알아냈다. 3가지 일을 한꺼번에 처리하면 한 사람이 한 번에 한 가지 일을 처리할 때보다도 제 시간에 완료하는 일의 양이 더 줄었던 것이다.(Clark & Wheelwright 1992, 242)

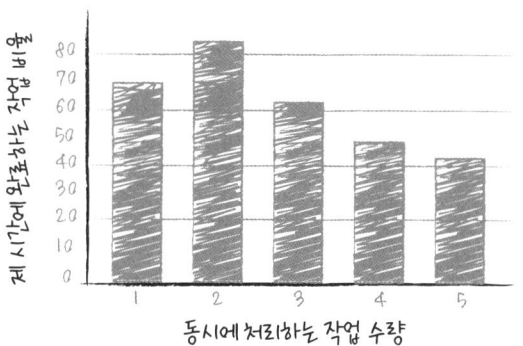

그림 10.6
세 가지 이상의 일을 동시에 처리하면 가치 있는 작업에 쓸 수 있는 시간이 감소한다.

처리해야 하는 일이 한 가지만 있으면 그 일을 진행할 수 없는 경우가 가끔 생길 수 있다. 누군가에게 걸려올 전화, 이메일, 설계에 대한 리뷰 등을 기다리느라 업무가 중단되기도 한다. 그렇게 보면 클락과 휠라이트의 연구에서 한 사람이 한 가지 일만 할 때보다 두 가지 일을 처리할 때 전체 시간이 줄어드는 것이 말이 된다. 하지만 이 연구가 1990년대 초에 쓰여졌다는 점을 고려하자.

그 이후로 무엇이 바뀌었을까? 이메일, 메신저, 휴대전화의 폭발적인 증가 등 우리가 커뮤니케이션하는 방법은 훨씬 다양해졌다. 필자는 오늘날 더 빨라진 속도를 반영해 그림 10.6의 막대가 한 칸씩 왼쪽으로 이동해야 한다고 생각한다. 클락과 휠라이트가 이 결과를 내놓았던 당시인 1992년에 내가 일을 다시 시작한 해로 분명히 기억한다. 그때를 돌이켜보면 책상 앞에서 이런 생각을 했었다. "막혔네. 이러면 당장 할 일이 없잖아." 물론 1992년 이후로는 그런 생각이 든 적이 없다.

세상이 돌아가는 속도는 극적으로 빨라져 왔다. 단지 사회의 훌륭한 구성원이 되는데 1992년보다 더 많은 시간이 걸린다. 더 읽을 것이 많아졌고 더 다양한 처리 방법이 있으며 각자 해야 할 일도 더 많아졌다. 단순히 직장인이라는 사실만으로 각자 해야 하는 첫 번째 작업이 채워지는 게 오늘의 현실이다. 따라서 첫 번째 프로젝트에서 일하는 것이 두 번째 작업이어서 이미 생산성 측면에서 최적화된 상태라고 말할 수 있다. 때문에 하나 이상의 프로젝트에 투입하는 것은 단지 생산성을 떨어뜨릴 뿐이다.

멀티태스킹이 위험천만한 가장 큰 이유 중 하나로 작업 전환 비용$^{task\ switching\ cost}$을 들 수 있다. 어떤 작업을 시작하거나 하던 일을 다른 일로 전환하거나, 처음으로 되돌아가려 할 때 엄청난 부하가 발생한다. 더 많은 작업이나 프로젝트에 참여한다면 작업 중 발생하는 전환 비용도 더 많이 발생한다. 소프트웨어 개발 팀에 대한 한 연구 결과에 따르면 팀원은 11분마다 업무에 방해를 받는다고 한다. (Gonzales & Mark 2004) 여러분이 사무실에서 이 책을 읽고 있다면 읽는 동안 적어도 한 번은 누군가의 방해를 받을 것이다.

> **지금 시도해볼 것**
>
> 여러분이 관리자라면 팀원의 프로젝트 투입 보고서를 작성해 보자. 두 개 이상의 프로젝트에 속한 사람이 있다면 즉각 조치를 취하라. 보고서가 이미 작성되어 있다면 그중 프로젝트 투입을 하나로 줄일 사람이 있는지 확인하라. 두 번의 스프린트 후에 상황을 판단하라.

멀티태스킹이 괜찮을 때

지금까지 이야기가 프로젝트에서 절대 멀티태스킹을 허용하지 말아야 한다는 이야기는 아니다. 멀티태스킹이 도움될 때도 있다. 기억할 점은 한 사람이 프로젝트 여러 개를 멀티태스킹을 하는 일은 한 프로젝트에 완전히 매진하는 데 비해 전체 작업량이 줄어든다는 사실이다.

존과 DBA들에 대한 이야기로 돌아가자. DBA가 하루에 '20개 데이터베이스 작업'을 할 수 있냐는 가정은 모든 데이터베이스 작업이 같은 크기라는 전제가 깔려 있다. 운이 좋은 DBA는 한 프로젝트에만 온전히 투입되어 하루에 20개의 DB 작업을 처리할 수 있다. 하지만 DBA 한 명이 2개 프로젝트에 투입되면 하루에 16개의 데이터베이스 작업밖에 완료하지 못할 것이다. 또 DBA 한 명이 3개 프로젝트에 투입되면 하루에 14개밖에 완료할 수 없을 것이다. 생산성 수준이 감소하는 것이 아주 나쁘게 보일 수 있지만 그렇지 않을 수도 있다. DBA 한 사람이 2개 프로젝트에 투입되었다고 가정하고 투입 시간을 반으로 나누어 보자. 각 프로젝트마다 8개 DB 작업을 완료 할 수 있다. 하루에 20개 DB 작업이 필요하지 않은 프로젝트라면 DBA를 하나의 프로젝트에 완전히 투입하는 것보다 2개의 프로젝트에 나누어 일하는 것이 DBA 시간을 사용하는 가장 바람직한 방법이 될 수 있다. 이를 통해 다음과 같은 가이드라인을 생각해 볼 수 있다.

- 일반적으로 프로젝트 팀원에게 멀티태스킹은 피해야 한다.
- 멀티태스킹은 한 프로젝트에서 한 사람을 완전히 활용하지 못하는 경우 용인될 수 있다. 그림 10.5와 존의 DBA 이야기로 돌아가보면 커넥트 프로젝트에 대한 세 사람의 투입량은 100%를 넘었다. 한 사람이 투입되어 자기 시간의 100%를 사용하는 게 더 좋은 해결책이 될 것 같다.
- 모든 사람이 조금씩 멀티태스킹을 하는 것보다 몇 사람이 멀티태스킹을 담당하는 게 더 낫다. 그림 10.6은 한 사람이 여러 일을 처리할 때 제 시간에 완료되는 작업이 얼마나 감소하는지 보여준다. 존의 사례를 보면, 비록 다른 사람들이 멀티태스킹을 더 많이 하더라도 2~3명의 DBA는 하지 않아도 된다는 어떤 해결책이 나올 수 있다.

회사 차원의 멀티태스킹

조직 차원에서 멀티태스킹이 진행되기 때문에 사람들은 멀티태스킹을 강제한다고 느낀다. 회사 차원의 멀티태스킹은 너무 많은 프로젝트를 동시에 진행하도록 만든다. 한 조직이 너무 많은 프로젝트가 있으면 사람들을 여러 프로젝트에서 공유하게 되고 각 개인은 멀티태스킹을 할 수밖에 없다. 멀티태스킹의 악영향은 프로젝트를 더 오래 걸리도록 만들고 프로젝트 막바지에 다음 프로젝트를 시작하기 위해 더 많은 멀티태스킹을 하게 된다.

12개의 회사에서 8년간의 연구 끝에 출간된 하버드 비즈니스 리뷰는 다음과 같은 결론을 내렸다. "조직이 동시에 진행하는 프로젝트를 줄이면 프로젝트는 더 빨리 끝난다."(Adler 외, 1996) 너무 많은 프로젝트를 동시에 진행하는 회사 차원의 멀티태스킹은 본 장의 서두에 나왔던 존의 사례처럼 팀원들에게 5% 단위로 작업을 할당하게 되는 상황을 만든다.

메리 포펜딕과 톰 포펜딕은 조직이 생산 능력capacity에 맞게 작업량을 제한해야 한다고 주장한다. 알맞게 인력을 배치하는 것보다 더 많은 프로젝트를 동시에 진행하는 조직은 자신의 생산 능력 이상으로 작업하려는 것이다.

포펜딕 부부는 다음과 같이 강조한다. "팀이 공격적인 데드라인에 도달했다고 생각되면 생산 능력에 맞춰 작업을 제한해야 한다."(2006, 134)

지루한 일은 그만!

컨설턴트 인생에 있어 가장 행복했던 날 중 하나는 대기업의 본부장general manager에게 개인과 조직의 멀티태스킹이 주는 영향에 대해 설명했던 날이었다. 그녀는 필자의 이야기에 크게 공감했다. 그녀는 책상에서 일어나 자기를 따라오라고 했고 사무실 근처에 있는 좁은 회의실로 갔다. 회의실 벽에 붙여놓은 수많은 그래프들을 가리키며 이렇게 물었다. "우리가 내년을 위해 계획한 겁니다. 너무 많다고 생각하세요?" 본부장이 담당하는 부서엔 100명 정도의 개발자가 있었는데 벽면이 거의 꽉 차는 수준이었다. 우리는 앞으로의 계획과 병렬로 작업하는 프로젝트 개수, 한 프로젝트가 지연되면 발생하게 되는 영향에 대해 이야기를 나누었다. 그녀는 너무 많이 계획했다는 것을 알게 되었고 필자도 다시 한 번 확인해 주었다. 다음 날 본부장은 프로젝트 계획을 잡았던 부사장, 중역진들과 회의를 소집했고 벽에 붙여진 프로젝트들을 없애라고 지시했다. 모든 이들의 표정에 안도감(그리고 놀라움)이 보였다. 그들은 모두 그 계획이 야심 차긴 하지만 해낼 수 없는 일이라는 걸 알고 있었다. 하지만 그렇게 말할 수 있는 사람이 아무도 없었던 것이다. 1년 후 필자는 확인 차 그녀와 다시 만났고 그녀의 부서가 사상 최고로 성공적인 해를 보냈다는 소식을 듣고 (하지만 놀라운 일은 아니었다) 매우 즐거웠다. 스크럼 도입과 부서 전체에 걸친 개선이 성공의 한 원인이었다. 또 다른 성공 원인은 한 번에 최소한의 프로젝트를 수행하고 각 프로젝트 별로 집중한 결과였다. 이 이야기가 보여주는 것처럼 멀티태스킹을 중단하는 최선의 방법은 단칼에 그만두는 것이다^{stop cold turkey}. 하지만 특히 필자가 감명받은 이유는 그녀가 그런 일을 실행할 용기를 가진 몇 안되는 사람 중 하나이기 때문이다. 만약 곧바로 중단할 수 없거나 조직에서 그런 결정을 할 수 있는 위치가 아니라도 시도할 만한 일은 많이 있다.

팀원 배치가 완전히 끝날 때까지 새 프로젝트를 시작하지 말라 _ 분석가 몇 명과 개발자 한 명만으로 새 프로젝트를 시작하려는 마음을 버리자. 팀원 배치가 완료되고 위험 상황이 모두 드러난 뒤에 새 프로젝트가 시작되도록 모든 사람의 동의를 받아라. 대형 프로젝트에서 개발자 50명이 모두 투입될 때까지 기다리란 소리가 아니다. 적어도 한 팀이라도 완전한 팀원 배치가 완료되고 나서 새 프로젝트를 시작해야 개발할 수 있는 수준에 근접할 수 있다.

전사적인 계획에 프로젝트 착수와 단계적으로 축소하는 시간을 할애하라 _ 이번 절에서 이야기한 본부장의 이야기처럼 여러분이 1년 단위의 커다란 계획을 준비하고 있다면 그 수많은 프로젝트를 시작하고 종료하는 데 필요한 시간이 포함되어 있는지 확인해야 한다. 어떤 팀이 너무 자주 여섯 달이라고 추정한다면 그 6개월은 회사 달력에 따로 표시해야 한다. 스크럼 프로젝트(특히 새로 구성된 스크럼 팀이 수행하는)라고 해도 한두 달 정도의 단계적 축소는 필요하기 마련이다. 이 시간 동안 해당 팀의 세부 조직 하나 정도는 우선순위가 높은 기능의 버그 수정하기, 더 좋은 방법으로 구현하기와 배포하고 나서야 알게 되는 새로운 아이디어를 찾는 등의 활동을 해야 한다. 이 같은 일들을 미리 계획하지 않으면 프로젝트 종료와 시작이 부분적으로 겹칠 때 예상 못했던 기간이 더 필요할 것이다.

단순한 규칙을 가르쳐라 _ 단순한 규칙에 모두의 동의를 얻는 일은 올바른 조직적 행동을 이끄는 데 도움이 된다. "어느 누구도 프로젝트 2개를 초과해서 투입되지 않습니다"처럼 단순한 규칙은 효과를 톡톡히 본다. 노르웨이에 있는 스테리아^{Steria}의 수석 연구원 요하네스 브로드월^{Johannes Brodwall}은 단순한 규칙을 하나 제안했다.

팀원 모두는 최소 60%를 팀에 관련된 일에 할당해야 합니다. 마법의 숫자처럼 보이는 60% 이게 가장 중요합니다. 어떤 작업에 골머리를 앓을 때 그 작업은 10%~20% 작업인 경우가 많습니다. 따라서 이 구조는 사람들이 자신이 속한 팀에 더 헌신하도록 이끌어 줍니다.

천천히라도 계속 진행하라 _ 필자는 동시에 진행되는 프로젝트를 줄이면 완료되는 프로젝트가 더 많아진다는 사실을 믿기 위해서는 큰 신뢰가 필요하다는 데 동의한다. 프로젝트를 더 빨리 완료하는 게 궁극적으로는 생산성 증가라고 믿기 때문에 사람들은 대형 프로젝트의 지연이나 취소에 불편함 심기를 나타낼 것이다. 그러니 작게 시작하라. 첫 분기 계획에서 프로젝트 하나를 제거하고 어떻게 진행되는지 살펴보자.

좋은 팀 구조를 위한 가이드라인

본 절에서는 적절한 팀 구조를 갖추는 데 참고할만한 가이드라인을 제시한다. 가이드라인 하나 하나는 현재 팀이나 앞으로 생길 팀에게 묻는 질문 형태로 되어 있다. 질문은 반복적으로 던져야 한다. 질문을 던지고 그 답변을 바탕으로 팀 구조를 변경하자. 팀 구조를 바꿀 때 한 번 더 아직도 각 질문에 "그렇다"고 대답할 수 있는지 확인하자.

팀 구조가 강점은 살리고 약점은 없애고 팀원들을 동기부여 한다고 생각합니까? _ 사람들은 자신의 장점을 활용할 수 없고 잘 못하는 일을 자주 해야 하는 팀에서 일하기를 꺼린다. 프로젝트 성공을 위해 필요한 무엇이든 기꺼이 하는 사람이 좋은 팀원이지만 그렇다고 팀원들의 강점을 끌어올릴 수 있는 팀 구조를 찾는 일을 그만두면 안 된다.

팀 구조가 두 팀 이상 속하는 사람들의 숫자를 줄여줍니까? (세 팀에 속해 일하는 사람은 피하게 해줍니까?) _ 너무 많은 프로젝트를 동시에 진행하지 않는 조직에서 잘 나듬어진 팀 구조는 멀티태스킹을 참을 수 있는 수준으로 감소시킨다. 조직이 너무 많은 프로젝트를 동시에 진행하지는 않지만 전체 팀원 중 10~20% 이상이 한 개 이상의 프로젝트에 속해 있다면 팀 구조를 변경하거나 프로젝트를 연기하는 것을 생각해보자.

팀 구조가 한 팀으로 유지되는 기간을 늘려줍니까? _ 다른 조건이 동일하다면 팀원들이 계속 함께하도록 팀을 구성해야 한다. 사람들이 서로 협업을 잘하려면 시간이 걸리기 마련이다. 가능하면 팀원들이 계속 함께 일하게 만들고 현재 프로젝트를 오래 유지할 팀 구조를 찾아 학습 비용을 줄여라.

컴포넌트 팀을 쉽게 구분할 수 있고 제한적인 경우만 사용하는가? _ 대부분 팀은 시스템에서 동작하는 기능을 개발하려고 만들어진다. 재사용할 UI 컴포넌트, DB 접근을 제공하는 모듈 같은 기능을 개발하는 경우에만 컴포넌트 팀을 만들 수 있다. 하지만 이때에도 예외는 있어야 한다.

대부분 팀이 '피자 2판' 규모인가? _ 작은 팀의 생산성과 품질에 대한 장점을 생각하면 중요한 팀을 팀원 5~9명 크기로 조직해야 한다.

팀 구조가 팀 간 커뮤니케이션 경로를 최소화하는가? _ 팀 구조를 나쁘게 설계하면 팀 간 커뮤니케이션 경로가 끝없이 증가한다. 수많은 나머지 팀과 합의를 이루지 않으면 어떤 작업도 완료하기 어렵다는 점을 팀 스스로 깨닫게 된다. 팀 내부적인 합의는 항상 필요하다. 하지만 설계문서에 새로운 항목을 추가하려는 한 팀이 나머지 세 팀과 매번 의견을 조율해야 한다면 커뮤니케이션 비용이 너무 증가한다.

팀 구조가 이전에 비해 팀 내 커뮤니케이션을 활발하게 하는가? _ 어떤 팀은 서로 커뮤니케이션이 자연스럽다. 팀 구조가 효과적이면 합의를 못하는 사람들이나 팀 사이의 커뮤니케이션을 촉진시킨다. 한 사람을 두 팀에 투입해서 팀 간 커뮤니케이션이 활발해진다면 그런 일도 가능하다. 만약 두 팀 사이의 커뮤니케이션 부족이 문제라면 한 사람의 시간을 둘로 나누어 투입하는 것도 한 방법이다.

팀 구조가 책임을 명확히 이해하게 하는가? _ 잘 만들어진 팀 구조는 각 팀별로 특화된 책임을 명확하게 지시할 뿐만 아니라 프로젝트의 전반적인 성공을 위해 팀 전체가 공유하는 책임도 강화시켜 준다.

팀원들이 팀 구조에 대한 의견을 제시했는가? _ 이 방법은 스크럼 도입 초기에 가능하지 않을 수 있다. 팀원들이 스프린트가 끝났을 때 개발하고 테스트해서 사용할 준비가 된 제품을 납품해본 경험이 아직 충분하지 않기 때문이다. 또 팀원 중에 프로젝트 초기에 뭔가 건설적인 방법으로 팀 구조를 논의하는 스크럼에 저항할 수도 있다. 이 경우 외부에 있는 관리자가 초기 팀 구조를 결정하는 것도 한 방법이다. 하지만 이 과정에서 관리자들이 꼭 기억해야 하는 것은 결국 그 모든 책임은 팀이 져야 한다는 점이다.

한걸음 나아가기

이번 장에서 왜 스크럼 팀이 팀을 작은 규모로 유지해야 하는지와 피자 2판으로 해결할 수 있는 규모의 관계를 알아봤다. 다음으로 더 빠르고 정확하고 효율적으로 소프트웨어 제품을 개발하도록 팀의 능력을 강화하는 방법과 기능^{feature}과 컴포넌트^{component}에 따라 팀을 어떻게 구성할지도 생각해 보았다.

다양한 팀 구조에 대해 (가끔은 유용한 경우도 있지만) 컴포넌트 팀을 되도록 배제하고 기능 팀을 선호해야 한다는 결론을 내렸다. 자기 조직적인 팀이 무작위로 모인 사람들이 아니란 것도 살펴보았다. 어떤 팀이라 해도 팀원은 주의하고, 노력해서 뽑아야 한다. 또 둘 이상의 팀에 투입되는 사람들을 최소화하기 위한 팀 구조를 상세하게 살펴보았다. 마지막으로 팀을 구성하기 위한 아홉 가지 가이드라인을 이야기했다.

다음 장에선 팀워크라는 주제로 다시 관심을 돌려 스프린트 기간 동안 함께 협업하기 위해 피자 1판, 2판짜리 팀원들이 해야 할 일들이 무엇인지 구체적으로 살펴보도록 하겠다.

더 읽어볼 것들

DeMarco, Tom and Timothy Lister. 1999.
『Peopleware: Productive projects and teams. 2nd ed』. Dorset House.
이 책을 단순히 좋다고 소개하기엔 너무 부족하다. 1989년에 필자의 CEO는 이렇게 말했다. "이번 주말에 『피플웨어』를 읽은 뒤에 우리 개발 그룹을 완전히 뜯어고칠 겁니다!" 그는 실제로 그렇게 했고 그룹은 한층 성장했다. 단지 그 책 때문에. 이 책은 팀의 잠재 능력을 최대한 끌어올리도록 도와주는 조언들로 가득하다.

Goldberg, Adele and Kenneth S. Rubin. 1995.
『Succeeding with Objects: Decision frameworks for project management』. Addison-Wesley Professional.
이 책은 애자일 운동 agile movement 보다 앞서 나왔지만 여전히 다양한 팀 구조에 대한 멋진 조언을 포함하고 있다. 두 개 장에서 다양한 팀 구조에 대한 선택 방안, 어떻게 선택하면 좋을지, 6개 팀에 대한 사례를 요약해서 보여주고 있다.

Hackman, J. Richard. 2002.
『Leading Teams: Setting the stage for great performances』. Harvard Business School Press.
이 책에서는 리더의 역할을 팀이 자율적으로 관리할 수 있도록 팀 구조를 정하고 지원하는 것이라고 이야기한다. 「Enabling Structure」라는 제목의 장에서는 어떻게 팀을 조직하는지 탁월하게 설명하고 있다.

11장

팀워크

팀워크는 모든 애자일 프로세스의 핵심이다. 애자일 선언^{Agile Manifesto}에는 "프로세스와 도구보다는 개인과 상호작용을" 선호한다고 되어있다.^(Beck 외 2001) 즉 훌륭한 팀에서 훌륭한 소프트웨어를 만든다는 뜻이다. 여러 선수가 하나가 되어 공을 운반하는 럭비 팀처럼 개발 팀도 움직여야 한다는 측면에서 스크럼이라는 이름이 유래했다. 성공적인 애자일 개발의 중심 요소가 '팀'이란 사실을 생각해보면 본 장이 필요한 것은 어쩌면 당연한 것 같다.

    스크럼 팀은 성공도 함께하고 실패도 함께한다. '내 일'과 '남 일'이라는 경계가 스크럼 팀에는 존재하지 않는다. '우리의 일'만이 존재한다. 이 방식은 본질적으로 대부분의 사람들에게 생소하고 특히 특정 업무에만 익숙하거나 주어진 일만 하는 습관을 가진 사람들에게 생소하다. 이런 사고방식을 깨는 팀이야말로 만족감과 성취감을 맛볼 수 있다. 하지만 많은 팀에서는 팀원들에게 역할을 부여하기 때문에 개선은 이루어지지 않고 함께 일하면서 얻게 되는 스크럼의 다양한 혜택도 얻지 못한다. 진정으로 높은 성과를 내는 스크럼 팀이 되려면 팀원 모두의 지속적인 학습과 개선 노력이 요구된다.

    다음 절에서는 팀 전체의 책임과 협력, 그리고 스크럼 팀에서 전문가의 역할에 대해 알아볼 것이다. 또 점진적인 분석, 설계, 개발을 통해 스프린트 동안 어떻게 스크럼 팀이 효과적으로 작업하는지 살펴볼 것이다. 마지막으로 학습 촉진, 잘못된 지식 바로잡기, 팀에 대한 헌신 이끌어내기를 통해 기본적인 역할 수행의 수준을 넘어 지속적으로 발전하는 팀으로 이끄는 방법을 조언하도록 하겠다.

팀 전체의 책임으로 받아들이기

기능적인 스크럼 팀이 되는 첫걸음은 팀 전체의 책임에서 시작된다. 스크럼을 교육할 때 받는 질문 중 좋아하는 것은 "이 일을 누가 책임져야 하는가"라는 것이다. 질문을 누가 어떻게 했는지는 중요하지 않다. 필자의 대답은 항상 똑같다. 바로 '팀'이다. 이런 종류의 질문을 피하려는 게 아니라 더 진행하려는 의도이다. "제품 백로그는 누가 책임을 지나요?"라는 질문에 작업 진행을 위해 제품 책임자와 이야기를 하겠지만 팀 전체가 책임을 진다고 대답할 것이다. 팀 전체가 제품의 모든 측면에 대해 책임을 느껴야 한다. 품질은 팀 전체의 책임이다. '깨끗한 코드' 역시 팀 전체의 책임이다. 가령 제품 백로그를 잘 정리하는 일도 팀 전체의 책임이다.

베스트 셀러 『Wisdom of Teams』의 저자 존 카첸바흐[Jon Katzenbach]와 더글라스 스미스[Douglas Smith]는 말한다. "전체가 책임을 느끼기 전에는 한 집단이 진정한 팀이 될 수 없다."(1993, 60) 물론, 특정 부분에 대해서는 더 많은 책임을 느껴야 하는 사람이 있을 수 있다. 하지만 그렇다고 해서 전체 제품, 모든 개발 측면의 책임을 팀이 공유해야 한다는 사실에서 해방되는 것은 아니다. 깨끗하게 잘 작성된 코드를 유지하는 일을 개발자만 해야 한다고 볼 수도 있지만 실제로 그렇지 않다. 테스터가 알려준 버그들을 수정했는데 애플리케이션 일부에서 다시 발견되는 상황을 떠올려보자. 테스터는 이 부분을 유지보수하기 어려울 거라고 생각할 것이다. 이를 통해 테스터가 정확히 어떤 행동을 하는지는 테스터와 해당 팀 문화에 달려 있다. 가령 테스터는 일일 스크럼이나 회고에서 그 영역을 담당하는 개발자, 팀 전체 또는 제품 책임자와 그 문제를 함께 공유할 수 있다. 테스터가 어떤 방법을 선택했는지는 중요하지 않다. 잘 작성된 코드를 위해 테스터가 자신의 책임 이상의 행동을 한 것이 주목할 점이다. 자넷 그레고리[Janet Gregory]와 함께 『Agile Testing』을 썼으며 오랫동안 애자일 테스터로 일한 리사 크리스핀[Lisa Crispin]은 애자일 팀에서 처음 배운 것은 품질에 관해 테스터에게만 책임을 묻지 않는 일이었다고 회상했다.

> 처음 참가했던 애자일 팀에서 저의 직함은 품질 책임자[Quality Boss]였습니다. 제 자신이 품질에 대한 책임을 지고 있다고 생각했습니다. 제품 출시 결정에 대한 다양한 문제를 다루었고 사실상 출시를 가능하게 하는 사람은 저 혼자였기 때문에 제품 출시에 대한 열쇠는

제게 있었습니다. 새로운 XP 팀의 첫 번째 이터레이션에서 두 명의 사용자가 동시에 애플리케이션에 접속해서 서버가 망가졌습니다. 저는 너무 어이가 없었고 그 상황을 받아들일 수 없었습니다. 우리 팀 코치는 나를 찾아와 품질에 대한 책임이 제게 있는 게 아니라고 설명했습니다. 사실 그 책임은 고객에게 있었습니다. 고객의 회사는 신생 기업이어서 잠재 고객에게 멋으로 부가기능을 선보이려고 했습니다. 두 사용자가 동시에 로그인하는 기능은 우선순위가 낮았기 때문에 개발할 필요가 전혀 없었습니다. 그래서 개발자는 그 기능을 지원하는 코드를 작성하지 않았습니다. 이 경험은 제 마음에 큰 변화를 주었습니다.

반대 의견

"모두에게 책임이 있다면 아무도 책임이 없는 겁니다. 무슨 일이든 완료하려면 목 조를 대상이 필요하다니까요."

관리자 관점에서 보면 항상 한 사람을 정하고 "일이 잘못되면 저 사람을 탓하면 그만이야"라고 말할 수 있다면 좋을 수 있다. 하지만 '목조르기' 주장은 틀렸다. 역사적으로 뭔가 잘못되었을 때마다 항상 비난의 대상이 필요했는지 모르겠지만 그렇다고 그 사람이 전적으로 실패에 대해 책임을 져야 한다는 것을 의미하지는 않는다. 스포츠 팀을 생각해 보자. 새 시즌이 시작될 때 누가 우승에 대한 책임을 지겠다고 말하겠는가? 감독? 구단주? 스타 플레이어? 결승에 올라가는 팀은 상황이 어떻든 반드시 승리할 방법을 찾는다. 작전이 먹히지 않으면 감독과 선수들이 상황에 맞게 작전을 변경한다. 스타 플레이어가 컨디션이 좋지 않으면 다른 이가 향상된 실력을 보여준다. 전체 팀은 어떻게든, 어떤 방식이든 승리에 책임을 느낀다. 경기에서 지면 누군가를 비난하기 쉽다. 하지만 팀원들은 모두에게 실패에 대한 책임이 있다는 것을 알고 있다. 절대 한 사람의 책임이 될 수 없다. 현실적으로 생각해봐도 한 사람만 비난할 수 있는 경우는 없다.

이제 스포츠가 아닌 다른 경우도 생각해보자. 어떤 아이를 양육하고 있는 부모가 있다고 하자. (둘 중 한 사람은 학대를 하지도, 무신경하지도 않다.) 그 아이가 커서 중죄인이 되었다면 비난을 받아야 할 부모는 둘 중 누구인가? 부부를 일심동체라고 부르는 데는 다 이유가 있다. 아이를 키우는 일은 공동 노력이 필요하다.

소유와 책임을 공유하는 환경을 만드는 유일한 방법은 한 사람의 목을 조르는 방식에서 벗어나는 것이다. 아무에게도 책임이 없다는 의미가 아니다. 성공적인 팀은 팀원 각자가 맡은 부분을 처리해야 함은 물론 팀 전체의 목표 달성을 위해 맡은 역할을 넘어서야 함을 의미한다.

> "그렇지만 제 연간 계획은 우리 팀이 해야 하는 일이 아니라 내가 할 일에 기초를 두고 있습니다."

물론 그럴 것이다. 하지만 이를 변경하지 않으면 장기적으로 조직의 성공적인 스크럼 도입에 악영향을 미칠 것이다. 개인에게 부여된 작업을 완전히 무시할 필요는 없다. 하지만 주기적인 진척관리에는 팀 목표 달성의 기준이 되는 요소가 들어가야 한다. 이 주제는 20장 「인사, 총무, PMO」에서 더 자세히 다루도록 하겠다.

약속한 일을 팀 전체가 달성하도록 해야 한다

> **함께보기**
> 팀 전체의 책임이라는 변화 때문에 사람들은 자기가 맡은 분야 외에도 일을 하게 된다. 다양한 사람들이 매일 겪게 되는 변화에 대해 8장 「역할 변경」에서 설명하고 있다.

팀 목표 달성을 위해서는 책임 공유와 함께 약속에 대한 공유가 이루어져야 한다. 스프린트 마지막에 일어난 일 중 가장 나쁜 경우는 제품 책임자가 스프린트 백로그 항목이 완료되지 않았다고 지적할 때 이렇게 불평하는 개발자였다. "하지만 제가 맡은 일은 끝냈는데요……" 이 개발자가 본인이 맡은 일은 끝냈을지언정 그 작업은 팀에서 완료하기로 한 일의 일부이며 제품 완료를 위한 아주 작은 부분일 뿐이다.

팀은 스프린트 계획에서 다가오는 스프린트에서 할 일을 정한다. 팀원들이 "난 이걸 할게요, 저걸 해줘요"라고 작업을 선택하는 방식을 추천하지 않지만 이렇게 작업을 미리 할당하는 일은 스크럼을 새로 시작하는 팀 사이에 일반적이다. 필자는 이 방식이 초기 스프린트에 유효한 방법임을 염두에 두라고 강조한다. 팀의 목표는 스프린트에 작업하기로 한 모든 제품 백로그 항목을 완료하는 것이기 때문이다. 이는 개인에게 할당된 작업을 완료하겠다는 약속이 아니라 팀 전체의 약속이다.

어떤 조직에서 "난 내가 맡은 일만 잘하면 돼!"라는 문화를 팀 전체의 책임을 느끼는 문화로 바꾸는 일은 정말 어렵다. 하지만 책임의 전환이 일어날 때까지 팀은 스프린트 동안 선택한 제품 백로그 항목을 완료하는 어려움을 알게 된다. 계획 대비 앞서 나가고 있는 팀원들은 팀 전체의 약속에 따라 뒤쳐진 팀원들을 도울 것이다. 팀 전체의 약속이 없다면 스프린트 종료 시점, 마무리가 부족한 사람들의 지연 때문에 많은 백로그 항목들이 계획 대비 '90% 완료'가 될 것이 확실하다.

지금 시도해볼 것

- 다음번 스프린트 계획 회의에서 특정 작업을 특정 개인에게 할당하지 말자. 먼저 제품 백로그 항목을 완료하는 데 꼭 필요하고 모두가 납득할만한 사람이 누군지 파악하고 진행하라. 태스크에 담당자 이름을 써넣지 말고 스프린트 동안 자연스럽게 할당되도록 내버려두자. 스프린트가 완료되면 어떻게 진행했는지 함께 토론해보자.
- 하나의 제품 백로그 항목을 함께 처리해보자. 전체 팀이 제품 백로그 항목 한 개를 완료할 때까지 다음 항목으로 넘어가지 말자. 지나친 구속이 될 수 있겠지만 팀원들이 함께 협업하는 방법을 배우는 좋은 방법이다.

필요할 때만 전문가에게 의지하라

스크럼 팀에 대한 일반적인 오해 중 한 가지는 이렇다. "스크럼 팀원 모두는 한 분야의 전문가가 아니라 업무와 기술을 똑같이 잘하는 제너럴리스트여야 한다." 이 말은 당연히 틀렸다. 더 놀라운 점은 전세계에 모든 샌드위치 가게조차 어떻게 전문가를 관리하는지 알고 있지만 우리가 속한 소프트웨어 산업에서는 아직도 이 문제를 해결하지 못했다는 사실이다.

내가 제일 좋아하는 샌드위치 가게는 캘리포니아 폴솜에 있는 비치 헛 델리라는 가게이다. 자주 점심을 먹다 보니 그 가게에 3가지 유형의 직원, 주문받는 사람 Order taker, 샌드위치 만드는 사람 Sandwich maker, 특별한 담당이 없는 종업원 Floater 이 있다는 사실을 알게 되었다. 주문 받는 사람은 카운터에서 종이에 각 샌드위치 주문을 기록해서 샌드위치 만드는 사람에게 건네주는 역할을 한다. 샌드위치를 만드는 사람은 주문받는 사람 뒤에서 주문서대로 샌드위치를 준비하는 역할이다. 주문받는 사람과 샌드위치 만드는 사람은 맛 세계의 스페셜리스트이다. 담당 업무가 없이 두 가지 일을 상황에 따라 하는(전문가 수준은 아니지만) 사람Floater은 제너럴리스트이다. 만드는 샌드위치가 맛이 없진 않지만 샌드위치 전문가보다 좀 느리다. 필자는 어릴 적 패스트푸드 레스토랑에서 일했을 때 전담해서 하는 일이 없었다. 요리사 마크만큼 빨리 부리토[1]를 포장하지도 타코를 만들 수도 없었고, 금전출납기에 카드용지가 떨어지면 매니저인 니키를 불러야 했다(난 항상 그 일은 어떻게 하는지 기억하지 못했다). 하지만 마크, 니키와는 달리 주방과 계산대 양쪽 모두를 커버할 수 있었다.

세상에 존재하는 모든 샌드위치 가게마다 주방이나 계산대에 멋진 실력을 가진 스페셜리스트의 존재를 생각할 수 있다. 하지만 샌드위치 가게에서 일하는 사람들은 스페셜리스트뿐만 아니라 제너럴리스트의 가치에 대해 알고 있다. 정신없이 바쁜 점심시간에 몇 명의 제너럴리스트가 있어서 주문서를 작성하고 샌드위치를 만드는 일의 균형을 맞춰준다.

이 이야기가 스크럼 팀에 시사하는 바는 무엇일까? 그렇다. 항상 몇 명의 제너럴리스트는 곁에 두어야 한다. 스페셜리스트가 스페셜리스트답게 일하도록 하는 사람이 바로 제너럴리스트다. 팀에는 어려운 장치 드라이버 개발자, 윈도 내부에 정통한 C++ 개발자, AI[Artificial Intelligence] 개발자, 솜씨 좋은 테스트 엔지니어, 생명정보공학자[bioinformaticist], 디자이너와 같은 전문가가 필요하다. 하지만 식당이 샌드위치 만드는 사람만 고용하는 것처럼 한 팀에 항상 전문가만 투입된다고 생각해보자. 팀에 전문가만 너무 많으면 다음 단계 일을 전달받을 때 대기 시간이 너무 길 가능성이 높아진다.

지금 시도해볼 것

다음 스프린트 계획 회의에서 스프린트 기간 동안 전문가 한 사람을 자신이 담당하는 전문 분야에서 일하지 않도록 해보자. 전문가는 자신이 맡은 일은 할 수 없고 그 전문 분야 일을

---

1 옮긴이 burrito: 토티아에 콩과 고기를 얹어 네모 모양으로 만들어 구운 후 소스를 발라 먹는 멕시코 전통요리. taco: 저민 고기 등을 토티아로 싼 멕시코 전통요리.

> 처리하는 다른 팀원들을 도와줄 수 있다. 목표는 전문가를 여럿 만드는 게 아니라 팀원들이 해당 기술을 익히는 것이다. 스프린트 회고 때 이 방법이 어땠는지 논의해보자. 같은 사람이 한 번 더 하면 어떨지, 다른 스페셜리스트가 시도해보면 어떨지 생각해보자.

항상 점진적으로 일하라

순차적인 개발 프로세스에 익숙한 팀은 전문가끼리 작업을 주고 받는데 익숙하다. 분석가들은 설계자에게 작업 결과를 건네주고 그 설계자는 개발자에게, 개발자는 테스터에게 작업 결과를 건넨다. '작업 전달'은 회의, 문서 작성, 확인을 위한 사인과 같은 일을 수반한다. 이런 과도한 커뮤니케이션 때문에 작업 전달은 기능에 비해 커지는 경향이 있다. 순수한 폭포수 모델 방식 waterfall process 은 애플리케이션의 모든 부분이 그룹에서 그룹으로 전달된다.

스크럼을 처음 경험하는 팀은 이런 작업 전달을 제거하기 위한 노력이 충분치 못하다. 개발자가 테스터에게 작업 결과를 전해주기 전에 제품 백로그 항목에 대한 개발을 끝내야 한다고 가정해 버린다. 테스터에게 제품 백로그 항목이 늦게 전달되면서 테스터가 대기하는 시간이 길어지고 스프린트 시작이 한참 지연되는 결과를 낳는다. 스크럼 프로젝트에서 분야별로 작업이 전달되는 단위는 개인의 제품 백로그 항목보다 작아야 한다. 즉 한 순간에 모든 일을 모두가 함께 할 수는 없기 때문에 어느 정도의 작업 전달은 있어야겠지만 다음 사람에게 전달되는 작업의 크기는 가능한 최소화되어야 한다.

예를 들면 어떤 팀에서 전자상거래 애플리케이션을 개발하고 있다고 해보자. '사용자는 제품 구매 시 배송업체와 배송지에 따라 책정되는 배송비를 확인할 수 있어서 최고의 결정을 내릴 수 있다'는 사용자 스토리를 작업하기로 했다. 이 스토리에 관심 있는 사람이나 이 기능에 관련 있는 사람들이 모여 회의를 한다. 제품 책임자, 업무 분석가, 테스터, 개발자가 참석했다. 첫 미팅에서 어떤 배송업체(FedEx, DHL 등)를 지원할지, 어떤 배송(당일 배송, 2일 배송, 3일 배송)을 지원할지 등 해당 기능의 전반적인 요구사항에 대해 논의했다.

이런 논의를 통해 사람들은 자연스럽게 어떻게 일을 시작하면 좋을지 생각하게 된다. 전통적인 프로젝트는 작업을 마치고 전달하기 때문에 각자 알아서 시작하면 되었지만 스크럼 프로젝트는 해당 기능을 작업할 사람들 간에 긴밀한 논의가 이루어져야 한다. 가령 일을 쉽게 시작할 수 있다는 이유로 배송업체를 FedEx로 하고 작업을 시작한 경우를 생각해보자. 테스터가 동의한다. 분석가는 DHL에 대해 조사하고 DHL의 배송 비용에 영향을 주는 변수에 대해 더 알아봐야겠다고 이야기한다. 분석가의 목표는 개발자와 테스터가 FedEx에 대해 완료할 때쯤이면 DHL에 대한 정보를 사용할 수 있게 하는 일이다.

개발자가 FedEx에 대해 코딩을 시작할 만큼 이해하면 개발을 시작한다. 제품 책임자, 분석가와 테스터는 "스키 등 사이즈 초과 물품을 배송하는가?"와 같은 상위 수준 테스트high-level tests에 대해 논의한다. 회의가 끝난 뒤 테스터는 상위 수준 테스트 목록을 'X 사이즈와 X 무게의 박스가 Z 목적지까지 배달되는지'처럼 구체적인 테스트로 도출하는 작업에 착수한다. 테스터는 테스트 데이터를 만들고 테스트를 자동화한다. 자동화 작업의 어떤 부분은 개발자에게 중간 결과를 받지 않아도 할 수 있지만 완전한 자동화는 개발자로부터 초기 버전을 받아야 가능하다. 테스터는 구체적인 테스트를 생각하는 일 외에도 개발할 때 미처 고려하지 못한 테스트 케이스에 대해 개발자에게 알려줘야 한다. 개발자와 테스터가 맡은 일을 끝내면 FedEx 배송비 계산 모듈을 빌드에 추가하는 일을 지원하고 자동화된 테스트를 실시한다. 이 과정은 그림 11.1과 같이 나타낼 수 있다.

다음으로 개발자와 테스터는 DHL의 배송비 계산을 조사한 업무 분석가와 함께 작업을 시작한다. 마찬가지로 개발하고 테스트가 완료되면 DHL 배송비 계산 모듈을 애플리케이션에 추가한다. 그림 11.1의 핵심요소는 항상 모든 것을 점진적으로 진행하면서 일을 배워가는 것이다. 개발자와 테스터 없이 분석 단계가 진행된 뒤 개발 단계, 테스트 단계를 진행하는 게 아니라 언제나 이런 단계들이 조금씩 점진적으로 일어난다.

모든 일을 완료하려고 스프린트 끝까지 기다리지 마라

지나치게 큰 덩어리로 작업 전달이 계속되면 스프린트 종료 며칠 전까지도 제품 백로그 항목이 아무것도 완료되지 않는 경우가 생긴다. 스프린트 종료 이틀 전에

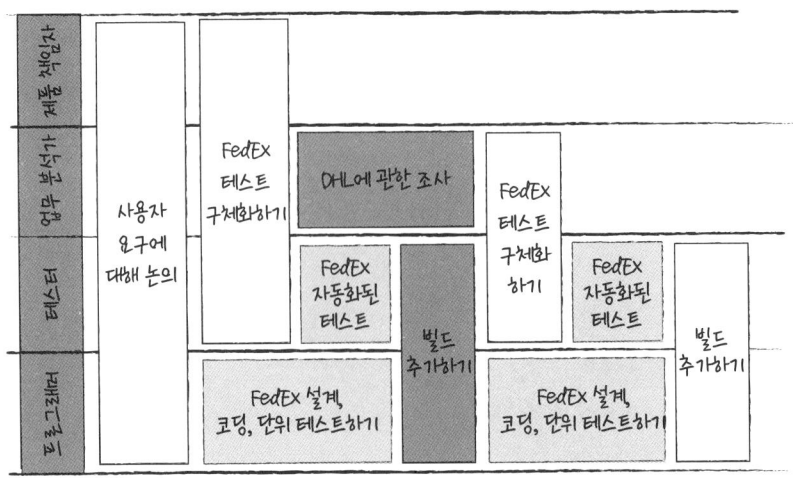

그림 11.1
4명이 한 개 제품 백로그 항목에 대해 작업 전달 방식이 아닌 긴밀한 협업을 통해 작업한다.

겨우 테스트할 대상을 전해주면서 모든 테스트가 빨리 마무리되길 바라는 따가운 시선에 테스터는 불만을 토로하기도 한다. 이런 문제를 제거하는 최고의 방법은 스프린트 동안 매일마다 제품 백로그 항목이 완료되는 수를 그래프로 그려보는 것이다. 그림 11.2a에 예를 볼 수 있다.

팀에서 스크럼 마스터로 일할 때 필자는 가끔 사무실 한켠에 이런 그래프를 아무 설명이나 광고문구 없이 붙여 놓곤 했다. 팀원들은 금세 이 그래프에 나타난 문제를 알아챘고 곧 제품 백로그 항목을 빨리 완료할 수 있는 방안을 찾기 시작했다. 그 결과로 종종 그림 11.2b처럼 스프린트 동안 더욱 부드러운 그래프가 그려졌다.

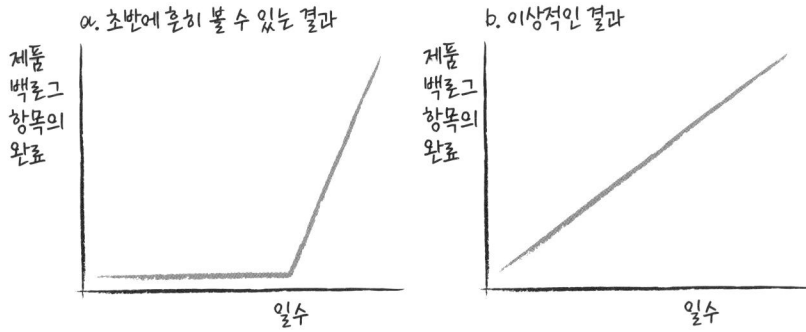

그림 11.2
스프린트 동안 매일 완료되는 제품 백로그 항목 개수를 그래프로 그리면 큰 작업들이 마무리되지 못하는 문제가 드러난다.

약속한 제품 백로그 항목의 크기 조정하기

스프린트 계획 회의를 진행할 때 완료를 약속하는 제품 백로그 항목의 크기에 주의하라. 어떤 제품 백로그 항목은 이 절에서 예로 들었던 FedEx/DHL보다 훨씬 복잡하다. 제품 백로그 항목 중 일부는 테스터가 테스트 할 수 있을 만큼 개발하는데, 한 주, 또는 그 이상이 필요할 수도 있다. 괜찮다. 모든 일이 우리가 원하는 대로 작게 나누어지진 않는다. 이런 큰 작업을 한데 묶어 스프린트 하나에 포함하고 싶지 않을 것이다. 이렇게 하면 스프린트 마지막에 너무 많은 테스트 작업이 몰린다. 따라서 나눠서 구현하기 힘든 커다란 제품 백로그 항목 3개로 스프린트를 계획하지 말고 한두 개의 큰 항목과 두세 개의 작은 항목을 스프린트에 포함시켜라. 한 개발자가 큰 항목을 작업하고 완료하는 대로 테스터에게 전달하게 하자. 그 동안 나머지 개발자가 좀 더 작은 항목을 개발하면 스프린트 동안 테스터가 좀 더 일찍 작업을 시작하도록 도울 수 있다.

> **지금 시도해볼 것**
>
> - 스프린트 중반까지 계획된 제품 백로그 항목 중 1~3개를 완료한다고 약속하라.
> - 여러분의 사무실에 그림 11.2 같은 그래프를 붙여보자.
> - 다음 스프린트 세 번 동안 개발자와 테스터가 각 제품 백로그 항목의 중간 지점을 대략적으로 정하고 시작하게 하자. 백로그 항목이 완료됐을 때가 아니라 중간 지점에 도달했을 때 형상 서버에 등록하고 야간 빌드 작업에 포함시키자.

팀 학습의 촉진

팀이 팀 전체의 약속이란 개념을 흔쾌히 받아들이면 스페셜리스트에 대한 의존도가 낮아지고, 항상 조금씩 점진적으로 일하다 보면 어느새 협업하는 방식에서 큰 진보를 이루게 된다. 이 순간이 바로 대부분의 팀이 자기 만족을 느끼게 되는 순간이다. 하지만 자기 만족에 빠지기엔 너무 이르다. 아직 개선의 여지는 남아 있다.

정말로 높은 생산성을 내는 팀이 되고 스크럼이 제공하는 모든 혜택을 현실화하려면 여러분의 팀은 지식을 습득하고 공유하는 새로운 방법을 능동적으로 찾아야 한다.

어떤 학습은 자연스럽게 발생한다. 가령 사용자가 제품 책임자에게 시스템이 어떤 식으로 동작하면 좋을지 말해줄 때, 개발자가 특정 기술을 사용하면 확장성의 요건을 못 맞춘다는 사실을 발견하는 경우이다. 또 어떤 학습은 능동적으로 찾아야만 한다. 이런 학습이 우리가 관심을 가져야 할 대상이다. 가장 효율적인 팀과 그 팀의 리더는 가만히 앉아 학습이 되기를 수동적으로 기다리기보다는 학습의 중요성을 강조하고 학습 능률을 높이는 데 아주 적극적인 역할을 수행한다.

학습에 필요한 조건 달성하기

능동적인 팀 학습을 프로젝트 목표로 추구할 때 그 목표 달성에 필요한 5가지 조건이 있다.

- 학습을 고려해 팀이 편성되어야 한다.
- 사람들이 지식을 공유하는 구체적인 방안이 있어야 한다.
- 리더는 학습의 중요성을 강화해야 한다.
- 팀에게 동기부여가 되는 도전이 주어져야 한다.
- 학습에 도움되는 환경이 갖춰져야 한다.

학습을 고려한 팀 편성

이전에 본 바와 같이 관리자와 같은 사람들은 팀 구조 전반에 큰 영향력을 가지고 있다. 관리자는 단순히 사람을 모으는 게 아니라 담당 부서에 누구를, 언제, 몇 명을 투입할지 결정하는 팀 구성에 대한 책임을 생각해야 한다. 새롭고 창의적인 생각이 나오도록 개인의 다양성을 충분히 고려하면서도 서로 너무 달라 팀이 혼란에 빠지지 않도록 주의해야 한다.

새로 편성되는 기능 팀을 위해 관리자가 할 수 있는 최선은 가능하면 팀원들

> **함께보기**
> 12장 「자기 조직적인 팀 이끌기」에서 어떻게 관리자들과 다른 리더들이 영향력과 책임감을 이용하는지 살펴볼 것이다.

이 함께 많은 시간을 보내도록 내버려 두는 것이다. 협업하는 방법을 배우는 데 시간은 필요하다. 빈번하게 새로운 팀원이 들어오거나 나가면 팀에 적응하는 절차가 반복된다. 하버드의 교수이자 팀워크 권위자인 리차드 핵맨Ricard Hackman은 논문을 통해 이렇게 말했다. "R&D 팀은 창의력과 새로움을 유지하기 위해 신규 인력의 투입이 필요하지만 3~4년에 한 사람 정도여야 한다." (Hackman & Coutu 2009)

지식을 공유하는 구체적인 방법을 찾아라

HP의 전 CEO인 류 플랫Lew Platt은 지식 공유에 대해 이렇게 말했다. "HP가 무엇을 알고 있는지 스스로 알았더라면(임직원들 사이에 지식이 공유됐다면) 이익이 3배로 늘었을 것이다." 성공적인 기업이 되려면 팀에서 배운 것을 팀 내부에서 알게 아니라 조직의 나머지 사람들과 공유하는 구체적인 방법이 꼭 필요하다. 이를 위해 스크럼 팀에서 사용하는 방법 하나는 스크럼의 다양한 소통의 장을 이용하는 것이다. 일일 스크럼을 통해 그 팀의 팀원들, 추가로 참석한 몇 명의 사람들과 정보를 나눌 수 있다. 또 일반적으로 스프린트 리뷰는 이해당사자stakeholders와 타 팀의 팀원들이 참석한다면 더 다양한 지식을 공유할 수 있다. 더 큰 조직이라면 스크럼의 스크럼Scrum of Scrum을 실시하는 대표자들을 통해 나머지 스크럼 팀 전체가 정보를 공유할 수 있다. 스크럼 팀은 지식 공유를 돕는 몇 가지 도구를 사용할 수도 있다. 위키나 커다란 그래프는 스프린트와 프로젝트의 현재 상태를 팀원들뿐만 아니라 누구나 직관적으로 한눈에 알 수 있게 해준다.

높은 생산성을 지닌 스크럼 팀은 이런 커뮤니케이션 장치 외에도 다른 팀 사람들과 직접 대화하는 방법을 찾는다. DB 개발자가 다른 DB 개발자들과 이야기한다거나 UI 설계자가 다른 UI설계자들과 대화를 나누는 일이 일반적인 사례가 되겠다. 다양한 환경에서 벌어지는 이런 대화는 아무런 계획도 없이, 완전히 비공식적으로 일어나기에 공식화할 필요도 없다. 때로는 큰 스크럼 프로젝트나 규모가 있는 부서에서 같은 목적이나 기술을 가진 사람들끼리 그룹을 지어 지속적으로 만나면서 일반적으로 겪게 되는 문제들과 해결책에 대해 이야기하고 공유하는 지식공동체Communities of Practice를 형성하기도 한다. 지식공동체는 팀 간에 지식을 공유하는 차원에서 매우 값진 활동이다.

학습 의욕을 높이는 행동을 보여라

팀원들은 제품 책임자, 파트장, 임원진이나 관리자 등 조직이나 팀의 리더로부터 다양한 영향을 받는다. 따라서 팀원들에게 바른 행동을 요구하려면 팀과 조직의 리더는 팀에게 바라는 모습 그대로 자신부터 솔선수범해야 한다.

예를 들면 최근에 나는 어떤 팀 회의에 참석했다. 제품책임자인 마이클이 임원진에게 새로운 제품 아이디어를 제안하는 중이었다. 임원 중 한 사람인 부사장 션^{Sean}은 특히 마이클과 개발자에게 질문하는 데 무척 능숙한 사람이었다. 그는 팀(그리고 임원진)을 돕기 위해 어려운 질문을 던졌고 제품 계획의 허점을 찾아냈다. 션은 마이클이 아이디어를 포기하거나 주눅들게 혼내지 않았다. 경쟁사 제품 말고 우리 제품을 구입하리라 기대하는 3가지 이유를 말해줄 수 있습니까? 그 이유가 정말 타당합니까? 등 열성적인 참여자로서 쏟아내는 션의 질문은 다분히 의도된 것이었다. 회사에서 선임 리더인 션이 이 토론에 진심으로 배우는 모습을 보였기 때문에, 그의 행동은 보고 있던 사람들로 하여금 학습하는 행동을 하게 했고 분발하게 했다.

에드몬드슨, 보머, 피사노는 진지한 대화를 이끄는 질문 수준을 넘어 배움을 강조하는 리더가 취할 수 있는 세 가지 행동을 이야기했다.

- **쉽게 다가오게 하라** _ 리더는 몇 층 위에 있는 사무실에서 문을 걸어 잠그고 있는 게 아니라 팀원들이 다가가기 쉬운 곳에 있어야 한다.
- **조언을 구하라** _ 팀원들에게 조언을 구하는 일은 그 의견이 가치 있고 필요하다는 사실을 알게 하는 가장 확실한 방법이다. 여러분이 의사결정을 하는데 필요한 조언을 팀원들에게 구한다면 그들도 서로 그렇게 할 것이다. 팀을 통해 조언을 얻었다면 그 뒤에 어떻게 그 의견이 반영됐는지, 또는 왜 실행할 수 없었는지 확인하고 알려주자.
- **실수에 관대하라** _ 당신의 실수를 인정하는 모습을 보여줌으로써 버그, 잘못된 결정이나 문제들이 반향을 일으키지 않고 논의될 수 있음을 다른 사람들에게 보여주자.

도전의 동기를 부여하라

도전이 주어지는 방식에 따라 그 도전에 대한 팀원들의 반응이 영향을 받는다. 불가능하다고 밝혀진 촉박한 일정에 맞춰 특정 기능셋을 완료해야 하는 제품 책임자를 떠올려보자. 제품 책임자는 페이트 콤플리[2]처럼 이 같은 도전을 팀에게 제시할 수 있다. "이 기능은 그날까지 꼭 끝나야 합니다. 무슨 일이 있어도 해내세요!"

비슷한 경우에 처한 남부 캘리포니아 팀에게 제품 책임자 커트가 쓴 방법은 달랐다. 커트는 팀에게 전달하기 전에 어려운 부분에 대해 인정하는 데서 시작했다. 그리고 무엇이 언제까지 필요한지 대략적인 아웃라인을 잡았다.

악재나 불이익에 대한 부정적인 어조를 보이지 않고 목표 달성의 중요성을 설명했다. 커트는 목표 달성을 위해 개개인의 역할이 얼마나 중요한지 강조하면서 끝을 맺었다. 다섯 달이 지나 팀은 초기 위기 상황을 모면하고 충분한 기능을 갖춘 제품을 전달했고 최종 릴리스를 위한 6개월을 벌 수 있었다.

첫 번째 제품 책임자는 팀에게 문제를 넘겨버렸다. 두 번째 이야기한 커트의 경우는 문제의 어려움을 인정하고 상황에 맞게 팀의 능력이 향상되도록 긍정적인 시각을 유지했다. 그리고 팀과 함께 초기 릴리스에 맞는 범위(팀이 처리할 수 있는 범위 내에서 회사의 가장 큰 고객을 충분히 만족시킬 수 있는)를 찾아냈다.

이는 프로젝트에 긍정적인 환경을 만들게 하고 학습에 필요한 대화와 논의를 이끈다.

우호적인 학습 환경을 조성하라

필자는 딸인 딜라니를 처음으로 유치원에 데려다 주었던 날이 많이 기억에 남는다. 그곳은 정말 엉망진창이었다. 학교 도서관에서 흔히 볼 수 있는 커다란 책장은 없었고 커다란 방 구석구석마다 작은 책 선반이 여러 개 놓여 있었다. 질서 있게 열을 맞춰 있어야 할 의자 대신 의자와 가방, 쿠션, 작은 소파가 여기저기에 놓여 있었다. 벽면에는 포스터들과 커다란 크기의 편지, 지도 같은 것 들이 붙어 있었다. 아내는 그 장소가 내게는 정신 없고 엉망으로 보이겠지만 실제로는 딜라니

---

2 옮긴이 fait accompli: 프랑스어로 기정사실. 일상생활에 지극히 비정상적인 일이 투자의 세계에서는 빈번히 일어난다는 경제용어.

같은 4살에서 5살짜리 아이들의 공부에 도움을 주기 위하여 잘 꾸민 장소라고 한참 동안 설명해 주었다.

이와 비슷하게 한참 자라고 있는 스크럼 조직에서 자신의 팀을 위해 학습에 도움이 되는 환경을 만드는 것은 팀 리더와 관리자에게 달려 있다. 어린 아이를 위한 학습 환경을 만드는 일은 어디서든 책과 멀어지지 않도록 방의 물리적인 배치를 결정하는 데 비해 스크럼 팀을 위한 학습 환경을 조성하는 일은 조직적, 사회적, 심리적 변화와 관련이 있다. 우호적인 학습 환경을 갖춘 조직은 다음과 같은 특징이 나타난다.

- **심리적인 안정 _** 학습하는 가장 좋은 방법 중 하나는 우선 실수를 하더라도 시도해보고 더 나은 방법을 찾는 것이다. 또 다른 학습 방법에는 질문을 하거나 토론을 하는 것이다. 사람들이 그런 방법에 편안함을 느끼지 못한다면 방법이 틀린 것이다. 제품 책임자, 스크럼 마스터, 기능 팀 관리자 같은 사람들은 이런 활동에 편안함을 느낄만한 방안을 모색해야 한다. 그렇지 않으면 팀원들은 실패의 두려움이나 바보처럼 보이지는 않을까 하는 고민에 휩싸여 새로운 일을 시도하는 위험을 감수하지 않을 것이다. 심리적인 안정은 특히 전문 지식의 이동 expertise shift이 발생하는 스크럼으로의 전환에서 더욱 중요하다. 이는 어떤 사람이 어떤 기술이나 코드, 특정 도메인에서 전문 지식을 쌓기 시작할 때와 비슷하다. 스크럼으로의 전환은 기존의 전문 기술을 버리고 새로운 전문 기술을 필요로 할 수 있다. 그래서 조직의 리더(그리고, 전체 팀원들 역시)는 심리적인 안정이 필요하다. 예를 들면, 회사 내 멀티스레드 자바 개발의 전문가가 자동화된 단위 테스트의 아주 초보적인 질문을 아무런 거리낌없이 할 수 있어야 한다. 실패는 대개, 전문가들의 저항 때문에 생긴다.
- **서로 다름의 인정 _** 팀에 속한 사람들은 서로 다른 점을 비난하지 말고 서로 다르다는 사실을 인정해야 한다. 모든 사람이 똑같은 배경과 똑같은 스킬, 어떤 문제를 놓고 똑같은 스타일로 접근한다면 창의적인 사고는 부족할 수밖에 없다. 하버드 교수이자 『Leading Teams』의 저자인 리차드 핵맨Richard Hackman은 이렇게 말했다. "팀마다 창의적인 사고와 배움을 억누르는 비슷한 사람들만 존재하지 않게 괴짜 한 명쯤은 필요하다. 뒷자리에서 앉아서 이렇게 말하는 사람들이 바

로 괴짜들이다. "글쎄요. 잠깐만요. 왜 지금 이 이야기를 하고 있는 거죠? 처음으로 돌아가서 뒤집어 생각해보면 어때요?"

- **새로운 아이디어에 열려 있기** _ 스크럼 팀은 어려운 도전에 부딪힐 때가 있다. 예전에 비슷한 프로젝트에서 했던 것보다 더 빨리 개발해야 하거나 더 적은 자원을 가지고 완료해야 하는 일 등이다. 이와 같은 도전에 맞서기 위해 팀원들은 믿을 수 있다고 증명된 것 이상을 살펴봐야 한다. 때로 새로 만드는 일에 잠시 실패하고 좌절을 겪는다 해도 새로운 아이디어에 항상 열린 마음을 갖는 자세는 매우 중요하다.
- **함께 돌아보는 시간** _ 팀에서 무엇을, 어떻게 진행 중인지 상기시키려면 반복/점진적인 개발의 빠른 페이스에서 잠시 쉬어가는 시간이 필요하다. 업무 처리 중에 실시간으로 배우는 게 팀 학습에 가장 좋은 데 이를 가능하게 하는 게 일일 스크럼이다. 많은 팀들이 스프린트마다 개선을 위한 방법을 찾는 데 30분에서 반나절 정도를 사용하게 되면 그 시간이 매우 가치 있는 시간임을 알게 될 것이다.

> **지금 시도해볼 것**
>
> 지금 일하는 방식에서 한 분야는 전문가지만 스크럼에 따라 변경되는 기술적 실천법 때문에 불안감을 가진 팀원이 있다면 그때가 바로 외부에서 코치를 데려올 최적의 시기이다. 테스트 주도 개발과 Mock 객체 사용에 헤매고 있는 선임 개발자는 평소엔 멘토링을 하는 자신의 팀원에게 배울 때보다 외부 사람에게 새로운 기술을 배울 때 두려움이 줄어들 수 있다.

버려지는 지식을 막아라

팀 학습에 필요한 환경을 만드는 일과 동시에 조직 내에서 지식이 버려지는 원인을 제거하는 데 노력을 기울여야 한다. 지식이 버려진다는 말은 학습의 기회를 놓치거나 기대만큼 배우지 못하는 것을 뜻한다. 린 개발의 전문가 알렌 워드$^{Allen\ Ward}$는 지식이 버려지는 경우를 세 가지로 분류하였다. 분산^{scatter}, 인수인계$^{hand-off}$, 희망적인 해석$^{wishful\ thinking}$이다.

분산은 어떤 일이 일련의 작업으로 나눠지면서 일어난다. 개인 관점에서 분산은 실제 작업 진행이 어렵도록 하루가 작게 쪼개지거나 주의가 흩트려지는 것을 의미한다. 프로젝트 관점에서 보면 팀이 방해받을 때 분산이 발생한다. 가령 하던 일을 멈추라는 요청이 들어오거나 서로 다른 기능을 동시에 작업할 때, 새로운 팀원이 들어오거나 나갔을 때, 긴급한 작업의 진행 상황을 업데이트해 달라고 시달릴 때처럼 팀 전체가 방해받는 경우이다.

분산이 생기는 데는 크게 두 가지 원인이 있다. 커뮤니케이션 장벽과 부실한 도구가 그것이다. 커뮤니케이션 장벽은 팀원들이 8,000킬로미터 정도 떨어져 있거나 같은 층에 없을 때처럼 물리적인 형태일 수도 있지만 "모든 DB 변경 요청은 문서로 하세요!" 같은 회사의 정책일 수도 있고 용어사전을 잘 정의해두지 않아서 두 그룹 간의 커뮤니케이션이 되지 않는 경우 같이 기술적인 문제가 될 수도 있다. 『토이 스토리』『니모를 찾아서』『인크레더블』『몬스터 주식회사』 등의 애니메이션을 제작한 픽사의 설립자 에드 캣멀 Ed Catmull 은 이 같은 커뮤니케이션 장벽에 대해 잘 알고 있었다.

> 같은 분야의 사람들이 서로 동료가 되는 일과 다른 분야의 사람들이 서로 동료가 되는 일은 똑같이 중요하다. 하지만 분야가 다를 때 더 어렵다. 조직에서 자연스럽게 나타나는 상하 조직 체계 때문에 커뮤니케이션 장벽이 생기기도 하고, 중요하지 않다고 생각했던 기능이 다른 사람들에게는 그 조직에서 가장 가치 있는 것이 되는 경우도 있다. 바로 옆 사무실에 있다고 해도 서로 분야가 다르면 다른 언어를 사용하기 마련이다. (2008, 70)

워드는 매일 생겨나고 사라지는 소프트웨어 제품을 부실한 도구라고 언급하지 않았다. 오히려 지식이 분산되게 하는 부실한 도구는 정형화된 개발 프로세스에서 흔히 사용되는 표준 실천법인 경우가 많다. 예를 들면 필자가 컨설팅했던 한 회사는 여러 애플리케이션에서 공유하는 DB를 변경하는 데 따른 영향을 예측하는 데 실패했다. 이 때문에 새 기능을 개발할 때마다 DB 영향 분석서 database impact report 를 작성해야 하는 새로운 규칙이 생겨버렸다. 대부분의 애플리케이션 변경이 DB에 아무런 영향이 없음에도 불구하고 표준이 되어 버린 영향 분석서를 작성해야 했다. 모든 프로젝트가 표준화된 문서를 작성하라고 지시하기보다 DB에 미치는 영향을 고려하고 커뮤니케이션을 통해 전체 프로젝트 팀의 책임을 분명히 하는 일

> **지금 시도해볼 것**
>
> 다음 스프린트 회고에서 팀에 영향을 미치는 분산의 원인을 12가지 이상 식별해보자. 두 가지를 선별하고 다음 달까지 제거해보자. 하루 동안 분산을 발생시킨 항목을 찾아보고 프로젝트 기간 동안 발생한 분산의 예를 살펴보자.

이 더 적절하다. 절차에 집착할 것이 아니라 결과에 대해 책임을 지는 것이 목표가 되어야 한다.

워드는 인수인계를 지식, 책임, 활동, 피드백의 분리라고 정의했다. 인수인계는 순차적인 소프트웨어 개발 프로세스 공정 모든 곳에서 발생한다. 분석의 결과는 아키텍트에게, 아키텍처 구조는 개발자에게 인수인계된다. 그러면 개발자는 작성한 코드를 테스터에게 인수인계 한다. 프로젝트에서 문서 대부분은 인수인계를 위해 작성된다. 하지만 모든 인수인계를 산출물로 하진 않는다. 자신은 어떤 기여도 하지 않으면서 프로젝트 명세와 마감일을 고수하는 전통적인 PM은 책임 전가$^{responsibility\ hand-off}$의 단적인 예라고 할 수 있다.

전통적인 개발 프로젝트에서 인수인계 때문에 발생하는 문제에 대한 대응책은 교차기능 팀이다. 이 장의 서두로 돌아가서 '팀 전체의 책임으로 받아들이기' 절을 떠올려 보자. 요점은 어떤 작업의 담당자는 있지만 모든 일에 대한 책임은 팀 전체가 진다는 것이었다. 팀 전체가 더 많이 참여하고 팀 전체가 이 같은 책임 공유를 더 많이 느낄수록 인수인계는 더욱 더 줄어든다. 인수인계가 줄어들면 사람과 사람 사이에 지식 전달과 기다림으로 발생되는 문제가 제거된다.

워드가 말하는 지식이 버려지는 세 번째 원인은 희망적인 해석이다. 이 말은 단순한 낙관론을 뜻하는 용어가 아니다. 여기서 말하는 희망적인 해석은 결정하기에 충분한 정보 없이 의사결정을 내리는 것을 의미한다. 희망적인 해석의 가장 확실한 결과는 프로젝트 지연이다. 날짜를 선택하고 명세를 작성할 때 예상하지 않은 변화가 일어나지 않고 프로젝트가 정확히 계획한 대로 운영되리라 기대하는 일은 희망적인 해석의 절정이라 할 수 있겠다. 지식 포기하기$^{discarded\ knowledge}$는 희망적인 해석의 두 번째 유형이다. 지식 포기하기는 팀에서 습득한 지식을 쓸모 있게 남겨놓지 않아서 실패하는 경우이다. 어떤 팀이 희귀한 버그를 찾아 고쳤다. 이 때 동일한 버그가 또 발생하는 경우를 대비하기 위한 자동화된 테스트를 추가하지 않았다면 이것이 바로 지식 포기하기이다. 즉 팀에서 그 버그가 재발하지 않는다고 생각하는 희망적인 해석인 셈이다.

과장하지 않더라도 팀 학습은 정말 중요하다. 필자는 스크럼 도입 후 이전보다는 발전했지만 그 이상으로 개선하는 데는 실패하는 팀을 많이 보았다. 배우는 데 실패하고, 지식을 버리는 일은 심각한 문제이기 때문에 지속적인 개선은 스크럼의 일부로 봐야 한다.

헌신적인 태도로 협력하도록 격려하라

한 시대를 풍미했던 미국 메이저리그 LA다저스의 전 감독 토미 라소다$^{Tommy\ Lasorda}$는 팀워크에 대해 이렇게 말했다. "내 의무는 선수 25명이 유니폼 뒤에 있는 이름이 아니라 앞에 있는 이름을 위한 플레이를 하게 만드는 것이다."$^{(LaFasto\ \&\ Larson\ 2001,\ 100)}$3

팀 학습으로 생산성 높은 애자일 팀은 될 수 있다. 하지만 개인의 집합이 아니라 마치 한몸처럼 움직이는 자기 조직적인 팀을 유지하려면 계속해서 팀을 격려하고 공유한 목표에 집중시켜야 한다. 그리고 이를 위해 팀원들이 자신의 목표와 서로에 대한 헌신적인 태도를 새롭게 하는 방법을 모색해야 한다. 서로에게 헌신적인 태도를 형성하고 이를 촉진하는 방법은 여러 가지가 있다.

폭넓게 참여시켜라 _ 개발자의 가장 흔한 불만 중 하나는 자신을 '코드 몽키$^{code\ monkeys}$'처럼 취급하는 것이다. 이 말은 창의력과 재미를 발휘하는 일 없이 그저 무엇을 코딩하면 되는지 정확하게 지시만 받는 사람을 의미한다. 개발자를 프로젝트의 다양한 실질적인 활동에 참여시킴으로써 코드 몽키처럼 다루어지지 않게 할

---

3 옮긴이 야구선수 유니폼 뒤쪽에는 선수 이름이 앞에는 팀 명이 쓰여져 있다.

수 있다. 모든 개발자가 제품 백로그의 스토리를 작성하는 워크숍에 참여해야 한다고 권하는 이유가 바로 이 때문이다. 프로젝트와 제품의 큰 그림을 보게 됨으로써 팀원들은 약속을 지키는 데 더 전념하고 완전히 프로젝트에 몰입하게 된다.

동기부여가 되는 목적을 찾아라 _ 런던에 있는 경영대학 교수인 린다 그래튼은 핫스팟hot spot을 다음과 같이 정의했다. "사람들과 일하는 것이 더할 나위 없이 즐겁고 활기가 넘치고, 공동으로 달성했던 것들이 정말 중요하고 의미 있는 것이었음을 마음속 깊이 알게 되는 때나 장소."(2007.1)4

핫스팟을 형성하려면 '동기부여'가 되는 무엇과 '재미와 흥미를 찾고 몰두할 만한 가치가 있는' 어떤 것이 필요하다. 필자는 1990년대 중반에 환자와 병원 간의 상호작용 방식을 변화시켜 건강관리 시스템을 혁신하겠다는 동기를 가진 회사에서 일했다. 이 회사는 개발자들이 간호사를 위한 시스템을 개발했기 때문에 간호사들이 근무하는 콜센터 근처에 지어졌다. 매주 수석 간호사는 한 주 동안 일어난 일들을 요약해서 이메일로 보냈다. 그 중 대부분은 평범했다. 새로운 고객이 추가되었는지, 전화 답변이 어떻게 이루어졌는지, 전화 답변에 걸린 시간은 얼마나 되었는지 등이었다. 평범하지 않았던 것, 즉 목표 달성을 위한 동기부여에 불을 지핀 것은 시스템 덕분에 살아날 수 있었던 환자들의 정보였다. 수석 간호사가 메일로 보냈던 것 중에 독특한 문의 전화가 기억난다. 전화를 한 사람은 등의 왼쪽 윗부분에 고통을 호소하는 한 남자였다. 그는 의사에게 가야 하는 건지 아니면 진통제를 먹으면 될지 알고 싶어했다. 몇 가지 질문과 우리 소프트웨어가 제공하는 전문가 시스템의 가이드를 받고 간호사는 전화한 남자가 심장병이 발병했다고 판단했다. 그녀는 전화가 끊기기 전에 앰뷸런스를 그의 집에 보냈고 그 남자의 생명을 구할 수 있었다. 목표를 위한 동기부여가 항상 생명을 구하는 일처럼 고상할 필요는 없다. 단지 팀원들의 흥미를 유발하고 팀원들이 일부라도 목표를 달성하길 갈망하게 되는 정도면 충분하다.

---

4 옮긴이 번역서 『HOT SPOTS 핫스팟』(21세기북스, 2008)에서는 '점화 목적이 되는 것을 찾아라'로 번역되어 있다.

본래의 고유한 동기부여 일깨우기 _ 팀 목표 달성을 위해 동기부여 되는 일을 찾는 노력 외에 팀원에게 내재된 동기부여 또한 잘 관리해야 한다. 이렇게 동기를 부여하는 방법은 팀원마다 약간씩 다를 것이다. 하지만 각자의 독자적이고 개인적인 목표는 프로젝트의 목표와 맞게 조정해야 한다. 이렇게 구조화된 프로젝트는 모두가 갈망하는 약속을 이뤄낼 것이다. 예를 들어 어떤 자바 개발자는 C#을 경험해 보길 원할 수 있다. 이 프로젝트에서 C#으로 개발할 기회가 있는가? 또 어떤 테스터는 리더로 일하는 경험을 하고 싶어할 수 있다. 그에게 아웃소싱 컴포넌트를 개발하는 벤더회사를 선택하는 책임을 줄 수 있는가?

동기부여가 되지 않은 팀원을 조심하라 _ 목적의식이 뚜렷하고 실력도 좋은 사람이 주변 동료들을 더 뛰어나게 만들곤 한다. 반대로 목적의식이 없는 팀원 한 사람은 팀 전체 분위기를 가라앉게 만든다. 크리스토퍼 에이버리^{Christopher Avery}는 한 개의 썩은 사과 효과에 대해 설명했다.

> 한 사람의 프리로더(freeloader: 묻어가는 사람)가 팀에 들어오고 인사 정책 때문에 거부할 수 없게 되면 나머지 열심히 일하던 팀원들의 작업 수준은 즉시 극적으로 감소하게 되고 삶의 다른 부분에 자신의 에너지를 쏟게 된다. ^(Avery, Walker & O'Toole 2001, 97)

모든 사람이 팀 목표에 기여하고 있음을 이해시켜라 _ 프로젝트에 단지 보조자로 기여했다거나 불필요했다고 느끼고 싶은 사람은 아무도 없을 것이다. 자신이 기여하고 있는 일이 중요하다고 느끼지 못한다면 팀원들이 프로젝트 목표에 완전히 동참하고 전념하도록 만들기 어렵다. 제품 책임자는 모든 이가 팀 목표 달성과 관련 있고 중요하다는 느낌을 줄 수 있는 확실한 사람이지만 한몫하고 있다는 띄워주기 멘트는 팀원 누구나 할 수 있다.

자신감을 불어넣자 _ 도전의 과정이 험난할 것이라고 알고 있지만 팀원들은 목표를 성취할 수 있다는 자신감을 느끼길 원한다. 자신감은 목표 달성을 쉽게 한다고 나오는 게 아니라 우리 자신과 팀 동료를 믿는 신뢰로부터 나온다. 사람들은 자신감을 불어넣어주는 사람과 함께 일하고 싶어한다. 자신감이 충만한 팀은 어떤 목표라도 쉽게 달성한다. 한 번의 노력으로 팀원들의 헌신이 만들어지는 게 아니라는 것을 기억하라. 팀에서는 주기적으로 프로젝트와 팀원들에게 새로운 에너지와 활력을 불어넣어야 한다. 『Teamwork is an Individual Skill』에서 크리스토퍼 에이버리는 연 단위나 분기 단위가 새롭게 에너지를 불어넣을 좋은 시기라고 제안하면서 "공동의 방향을 잃어버렸거나 모두의 에너지가 떨어졌다고 느껴진다면 그때가 바로 팀을 재정비하는 최고의 시기이다"라고 설명했다.

지금 시도해볼 것

- 여러분 팀의 목표 달성에 대해 동기부여가 되는 것이 있는가? 모든 팀원들이 그것을 설명할 수 있는가? 모든 이가 거의 같은 표현으로 말할 수 있는가? 만약 그렇지 않다면 제품 책임자에게 12장 '시스템에 에너지 불어넣기' 절에서 설명하는 선언문 작성 시간을 갖자고 요청하라.
- 팀 내 모든 사람에게 동기부여 되는 게 무엇인지 알고 있는가? 그렇지 않다면 찾아내라. 어떻게? 직접 물어보자.
- 다른 사람들이 여러분의 동기부여를 알고 있는가? 만약 그렇지 않다면 팀원들에게 설명해주어라.

이제 모두가 함께

건강한 팀워크를 만드는 일은 도전적인 과제일 수 있다. 이를 위해 스크럼 마스터가 각 스프린트 종료 시점에 동작하는 소프트웨어를 전달한다는 팀 전체의 책임과 약속을 팀이 수용하도록 도울 수 있다. 처음에는 팀이 오랫동안 지켜온 전문화하기와 전달하기를 깨뜨리는 게 어려울 수 있다. 한 스프린트에서 개인에게 할당되는 작업을 최소화하고 모든 작업을 조금씩 진행하는 것은 순차적인 개발에서 한 팀으로 일하는 방식으로 전환하는 데 필수적이다. 어떤 팀이 협업을 잘하고 스프린트마다 약속했던 작업을 잘 완료한다면 그 팀은 만족감과 성취감을 느낄 자격이 있다. 그렇지만 단지 기능적 스크럼 팀이 되는 일에 만족하는 함정에 빠져서는 안 된다. 높은 생산성을 내는 애자일 팀이 되려면 학습과 개선을 지속할 필요가 있다. 팀 학습을 촉진하고 지식 손실의 원인을 제거하고 약속한 것을 위해 여러분의 팀이 화합하도록 한 다음 이를 프로젝트 전반에 걸쳐 찾아내고, 지키고, 새롭게 살아 있도록 유지해야 한다. 다음 장에서는 어떤 리더가 자기 조직적인 팀에 더 영향을 주는지, 높은 성과와 최상의 생산성을 내도록 이끄는지에 대해 알아 볼 것이다.

더 읽어볼 것들

Avery, Christopher M., Meri Aaron Walker, and Erin O'Toole. 2001.
『Teamwork is an Individual Skill: Getting your work done when sharing responsibility』. Berrett-Koehler Publishers.
이 책의 전제는 팀원 개개인이 팀 성과에 책임감을 느낄 필요가 있다는 것이다. 에이버리는 팀원 누구든지 팀 전체의 성과를 개선할 수 있음을 상세한 설명과 일화로 보여준다.

Katzenbach, Jon R., and Douglas K. Smith. 1993.
『The Wisdom of Teams: Creating the high performance organization』. Collins Business.
팀이 만나게 되는 여러 가지 시련과 극복을 다루고 있는 고전. 이 책은 팀에 있어야 하는 사람, 팀을 이끌어야 하는 사람, 팀에서 관리자 역할을 하는 사람, 팀이 발전해 가는 단계 등 팀과 관련된 모든 측면을 다루고 있다.

Larson, Carl E., and Frank M. J. LaFasto. 1989.
『Teamwork: What must go right/what can go wrong』. SAGE Publications.
이 책의 저자들은 다양한 분야의 매우 성공적인 팀 32개를 3년에 걸쳐 인터뷰하고 연구했다. 인터뷰한 팀 중에는 심장 수술 전문 팀, 에베레스트 등반 팀, 챔피언십

스포츠 팀, 항공기 설계 팀, 심지어 맥도날드의 치킨 너겟을 발명한 팀도 들어 있다. 이를 통해 높은 성과를 내는 팀의 8가지 특징을 뽑아냈다.

12장

자기 조직적인
팀 이끌기

조직 변화에 대한 모델은 1940년에 커트 루인^{Kurt Lewin}이 처음 제시했다. 루인의 모델에서 변화는 세 단계를 거친다. 현재 상황에서 경직된 분위기를 제거하여 변화가 가능하도록 만들고, 새로운 국면으로 전환한 다음, 새로운 변화를 정착시킴으로써 그 변화를 유지시킨다. 그 이후 연이어 발표된 여러 가지 조직 변화 모델 역시 오랫동안 지속된 체제를 단기간에 전환한다는 측면에서 루인의 것과 유사하다.

루인이 활동하던 1900년대 초기에는 이런 단기간의 조직 변화가 가능했지만 오늘날은 사정이 많이 다르다. 오랫동안 유지된 체제를 깨려 할 때 단기간의 노력으로 변화를 일으키기 힘들다. 게다가 21세기 조직은 상태가 계속 바뀌기 때문에 '평형[1]과는 거리가 먼 상태^{far-from-equilibrium}'가 계속되고, 또 그렇게 운영된다. 이런 방식은 혼란이 따르는 반면, 이점도 있다. 평형 상태인 조직은 기존 틀을 깨려고 할 때, 변화를 없애고 원래대로 회귀하려고 변화에 저항하는 조직이다.^(Goldstein 1994, 15) 평형과는 거리가 먼 조직은 오히려 지속적인 변화에 적합하다. 조직을 이런 식의 평형과 거리가 멀도록 유지하는 일은 조직의 리더와 변화 담당자에게 달려 있다.

리더는 주기적인 자극으로 조직이 정체되지 않게 한다. 관심 유발, 흥미 유발이나 진정시키기, 압박, 흔들기, 자극하기, 조직 재배치 등의 활동을 통해 리더는 조직이 경직되지 않게 유지할 수 있다. 이는 조직을 활발하게 유지하고 변화를 이루는 데 도움이 된다. 조직을 자극하는 것은 리더와 변화 담당자가 그 조직을 끊임없이 더 애자일하게 이끄는 기본적인 수단이 된다.

---

[1] 옮긴이 평형(equilibrium)은 일반적으로 물질의 상태 변화를 일으키는 원인이 서로의 효과가 상쇄되는 상태를 말하며, 외계 조건에서 어떤 상태가 때를 지나도 변하지 않는 것을 의미한다.

그렇다면 누가 리더이고 변화 담당자일까? 조직 내 세부적인 상황을 알기 전에는 대답하기 어렵다. 하지만 리더에 대해 언급하면 팀 전반에 걸친 영향력이나 권한을 가진 사람이면 누구나 리더라고 할 수 있다. 여기에는 팀원을 고용하고 해고할 수 있는 관리자는 물론 개발한 제품이나 시스템의 범위를 결정하는 제품 책임자도 들어간다. 또한 작지만 중요한 업무 처리의 변화를 소개하는 스크럼 마스터와 조직에 스크럼을 소개하거나 퍼뜨리는 변화 담당자 역시 마찬가지다.

이어지는 절에서 이런 리더, 관리자, 변화 관리자가 팀이나 회사의 자기 조직화라는 긴 여정에 어떤 영향을 줄 수 있는지 알아보고 자기 조직화가 발생하는 데 필요한 세 가지 조건과 어떻게 하면 리더가 그 조건을 바꿀 수 있는지 알아볼 것이다. 또 조직을 점진적으로 발전시키는 방법과 리더, 관리자, 변화 담당자가 조직 혁신에 영향력을 발휘하게 하는 일곱 가지 방법을 만나볼 것이다.

자기 조직화에 영향 주기

자기 조직화란 애자일 소프트웨어 개발의 근간이 되는 개념이다. 애자일 선언[Agile Manifesto]에는 다음과 같은 원칙이 들어 있다. "최고의 아키텍처, 요구사항, 설계는 자기 조직적인 팀에서 나온다."[Kent Beck 외, 2001] 그렇지만 자기 조직적인 팀에 관한 흔히 볼 수 있는 오해가 있다. 애자일 팀은 리더의 역할이 미비하거나 아예 없다는 것이다. 그러나 그것은 전혀 사실이 아니다. 필립 앤더슨[Philip Anderson]은 저서 『The Biology of Business』에서 이런 잘못된 가정에 반박했다.

> 자기 조직화는 관리자 대신 작업자가 조직을 만든다는 의미가 아니며 하고 싶은 대로 내버려 둔다는 의미는 더욱 아니다. 자기 조직화는 효과적인 행동이 무엇인지 미리 알려주는 게 아니라 사람들이 독립적인 행위 주체로 서로 상호작용하게 함으로써 행동의 발전이 이루어지도록 관리자가 인도하는 것을 의미한다."[1999, 120]

자기 조직적인 팀 역시 경영 관리 측면에서 자유롭지 않다. 팀에서 무슨 제품을 만들고 프로젝트에서 누가 어떤 일을 할지 경영진이 결정하더라도 팀은 자기 조직적으로 일해야 한다. 결국 자기 조직적인 팀과 관리자 모두 서로의 영향에 자유롭지 않다. 스크럼에 시초가 된 참고자료에서 이에 대해 분명한 입장을 고수하고 있다. 타케우치와 노나카$^{Takeuchi\ \&\ Nonaka}$는 1986년에 쓴 「The New New Product Development Game」라는 글에서 이렇게 말했다. "자기 조직적 특성을 가진 프로젝트 팀에도 세부적인 관리는 필요하다." 또 드그라스와 슈탈$^{Degrace\ \&\ Stahl}$은 1990년대에 저술한 『Wicked Problems, Righteous Solutions』[2]에서 관리자가 자기 조직적인 팀을 간접적으로 관리하는 방법을 설명했다.

> 확실히 관리는 여전히 필요합니다. 하지만 드러나지 않으면서 간접적이어야 합니다. 자기 조직적인 팀에서 관리란 알맞은 사람을 선택하고, 열린 작업 환경을 만들고, 현장의 목소리를 장려하는 것입니다. 그리고 그룹의 성과를 기반으로 평가와 보상 제도를 만들고, 초기에 여러 방향으로 가지 않도록 관리함으로써 나중에 정보와 노력을 통합하고 심지어 실수조차 예상하며 초반부터 관련자들에게 의욕을 불어넣는 일입니다.

스크럼 팀의 일은 도전적인 일을 위해 자기 조직화하는 것인데 관리로 인해 경계와 제약조건이 생긴다. 관리자의 일은 적절한 도전을 제시하고 자기 조직화하는 데 나타나는 장애물을 제거하는 일이다.

그렇게 하려면 팀의 제약조건과 관리를 최소화하는 게 더 좋다. 리더가 팀에게 주어진 도전에 대한 해결방법에 대해 지나치게 관여하면 자기 조직화는 일어나지 않는다. 이미 언급한 것처럼 도전의 의미가 무엇이고 어떻게 해결하면 되는지 너무 많이 조언하게 되면 팀은 그저 지시를 기다리게 되고 자기 조직화는 그 상태에서 멈추고 만다.

그렇다면 어떻게 애자일 리더가 지시를 내리는 것과 영향력을 발휘하는 것 사이에 균형을 잡을 수 있을까? 한 가지 방법은 팀과 관련된 세 가지 조건에 미묘한 변화를 주었을 때 팀이 어떻게 조직화하고 성과를 내는지 이해하는 것이다. 이 세 가지 조건이 바로 영역, 차이, 그리고 변화 교류이다.

---

[2] 옮긴이 번역서는 「고약한 문제 합당한 해결」(인사이트, 2010)이다.

영역, 차이, 교류

글렌다 어양$^{Glenda\ Eoyang}$은 박사 학위 논문을 통해 팀이 자기 조직화를 이루는 세 가지 조건을 설명했다. 영역^{container}, 의미 있는 차이$^{significant\ difference}$, 그리고 변화 교류$^{transforming\ exchange}$이다.

영역은 자기 조직화가 일어나는 경계를 의미한다. 여러분이 극장에 갔는데 사전에 좌석이 지정되어 있지 않다고 생각해보자. 여러분과 극장에 온 다른 사람들은 극장이라는 물리적인 경계 안에서 자기 조직적으로 자리를 만들었다. 근처 극장도 같은 상황이라면, 그 안에 있는 사람들도 그 극장이라는 물리적인 경계 안에서 자기 조직화했을 것이다. 하지만 두 영역(극장)은 각각 독립적이기 때문에 한 극장에 있는 관객과 다른 쪽 극장에 있는 관객이 함께 자기 조직화했다고 말할 수 없다.

경계가 항상 물리적일 필요는 없다. 다음의 예처럼 행위적이거나 조직적이거나 개념적일 수도 있다.

- 산호세 캠퍼스에서 일하는 사람들
- A-3빌딩에서 일하는 사람들
- 소프트웨어 개발 부서에서 일하는 사람들
- 루비로 개발하는 사람들
- 노르웨이 출신 사람들
- 애자일 연합에 속해 있는 사람들
- 염소자리 프로젝트를 진행 중인 사람들

영역 안에 있는 사람들 간의 차이도 어떻게 자기 조직화 할 것인가에 많은 영향을 준다. 스크럼 팀의 팀원들 간에 차이가 없다면 작업을 완료한 사람이 누구인지, 팀원들이 상호작용을 하는지 하지 않는지 별 의미가 없다. 모든 일에 똑같은 능력을 가졌다면 독립적으로 혼자 일하면 그만이기 때문이다. 다행인 것은 소프트웨어 개발 팀의 모든 사람이 항상 서로 다르다는 사실이다. 여기에는 기술적 경험, 업무 지식, 능력, 성별, 인종, 학력, 사내 다른 이들과 관계, 문제 해결 방법 등이 들어간다. 이런 차이점들의 정도와 유형에 따라 자기 조직화하는 방법도 영향을 받는다.

마지막으로 변화 교류는 팀이 어려운 도전과 마주쳤을 때 어떻게 조직되는가에 영향을 준다. 변화 교류는 구성원이 한두 명 바뀌었다거나 상호작용에 영향을 받았을 때 영역 안에 있는 구성원들 사이에 일어나는 상호작용이다. 예를 들면 어떤 기능을 구현해야 하는지 물어보려고 제품 책임자를 만났다. 이런 것이 바로 변화 교류다. 새로운 지식을 가지고 돌아갔기 때문이다. 변화 교류가 항상 사람들 사이에 정보를 넘겨주는 방식으로 일어나진 않는다. 돈이나 힘, 에너지 또는 다른 어떤 것도 될 수 있다. 변화 교류에 경험 있는 제품 책임자와 대화를 통해 팀이 동기부여됐다면 역시 변화 교류가 될 수 있다(에너지가 만들어지고 이 에너지가 팀에게 넘어간 것이다).

이 세 가지 조건이 리더와 변화 담당자에게 의미하는 바는 무엇일까? 조직화 영역을 조정하고, 서로간에 차이점을 강조하거나 줄이고, 변화를 나누는 방법을 달리하여 리더는 팀이 자기 조직화 하는 데 영향을 줄 수 있다. 이것이 바로 앞서 이야기한 눈에 보이지 않게 관리하는 가벼운 통제^{subtle control}라고 할 수 있겠다. 항상 자기 멋대로여서 아무도 상대하려는 사람이 없는 제프라는 팀원이 있다고 가정해 보자. 이 팀은 제프가 모든 중요한 결정을 하게 내버려 두는 것으로 자기 조직화되어 버렸다. 여러분은 팀의 스크럼 마스터로서 이런 구성이 팀이 성장하는 데 방해가 된다는 사실을 알아챘다. 제프와 개인적인 대화를 나누는 일도 생각해 봤지만 크게 바뀔 거 같지 않았다. 제프가 내린 몇몇 결정에 개입해서 무효화하는 것도 계획했다. 하지만 한 번 이런 일이 생기면 그 팀에서는 계속 그렇게 해주기를 기대하게 되어서 이 역시 좋은 방법이 아니었다.

그래서 이 팀이 선택한 자기 조직화에 영향을 주었던 영역, 차이, 변화 교류에 대해 생각하기 시작했다. 팀원들 간에 차이점을 줄여 상황에 영향을 줄 수 있겠다는 것도 깨달았다. 그 결과로 제프와 과감히 맞설 수 있는 사람을 팀에 합류시키기로 결정했다. 또 변화를 나누는 방법을 달리하여 팀을 드러나지 않게 관리하는 것도 가능해 보였다. 이를 위해 전사 아키텍처 팀에게 팀원 한 명을 중요한 회의가 있을 때마다 참석시켜 달라고 제안했다. 문제가 무엇이든지 간에 팀 일에 방해가 되도록 팀이 자기 조직화되어 있다면, 자극을 주거나, 흔들거나, 기존 방식을 방해하더라도 더 생산적인 방향으로 팀을 조정하고 재조직하는 일도 여러분 책임이다.

어양^{Eoyang}과 에드윈 올슨^{Edwin Olson}은 공동 저서인 『Facilitating Organization Change』에서 이런 접근 방식을 적극 추천했다.

변화 담당자의 역할은 자기 조직화 방향에 영향을 주는 자기 조직화의 영역, 팀원 간 차이점, 변화 교류를 하기 위하여 발전하는 패턴을 이해하고 시스템(조직)이 어떻게 반응하는지 관찰하고, 다음에 어떻게 조정할지 계획해야 합니다. 활동 지향적 실험의 목적은 참여하고 적응시키고 영향을 주기 위함이지 시스템의 행동을 예측하거나 제어하기 위함이 아닙니다. (2001, 16)

반대 의견

"그렇게 좋은 생각은 아닌 것 같아요. 조직의 상사나 변화 담당자가 뒤에서 조정하면 팀이 어떻게 자기 조직화할 수 있나요?"

자기 조직화는 무엇이든 원하는 대로 할 수 있는 사람들의 집합을 의미하지 않는다. 조직에서 발생하는 문제를 해결하기 위해 개인의 자기 조직화가 일어난다. 영역, 차이, 변화 교류는 조직의 영향으로 생겨나지만 문제를 해결하기 위해 팀이 어떻게 조직화 하느냐를 결정하지는 않는다. 또 간과하지 말아야 할 것은 변화 담당자가 내키는 대로 팀이나 프로젝트 영역, 차이점, 변화 교류를 처리하지 말아야 한다는 점이다. 변화 관리자는 팀이 최대의 성과를 낼 수 있도록 도와주는 역할이다.

영역 조정하기

의료 관련 소프트웨어 회사의 개발 부장 콜린은 해당 스프린트 마지막까지 동작하는 소프트웨어를 만들지 못한 어떤 팀의 무능함에 무척 불만이었다. 그 팀은 분명 업무시간에 충실했기 때문에 팀의 작업량에 실망한 것이 아니었다. 콜린이 실망한 것은 그 팀에서 첫 번째 스크린트 종료 시점에 5가지 항목을 완료하지 않고 총 10개 항목을 절반씩 했기 때문이다. 그는 이런 방법이 스크럼 팀이 일하는 방식이 아니라는 사실을 알고 있었다.

콜린과 나는 그 상황에 대해 이야기를 나누었고 나는 그에게 CDE$^{Container, Difference, Exchange}$ 모델을 설명해 주었다. 콜린은 내용을 바로 알아쳐려서 현재의 변화 교류 방법을 변경하는 새로운 방법을 알려줄 필요가 없었다. 우리는 팀원들 사이의 차이에 대해서도 논의했고 경험 있는 애자일 개발자를 팀에 투입시킨다는 현실적인

함께 보기
각 스프린트 마지막에 동작하는 소프트웨어를 만들어내는 일이 왜 중요한지는 14장 「스프린트」에서 이야기한다.

함께 보기
기능 팀과 컴포넌트 팀의 장점은 10장 「팀 구조」에서 서술했다.

개선안도 세웠다. 새로 투입하는 애자일 개발자는 기존에 일했던 방식이 갖고 있는 문제에 대해 팀 전체가 이해하는 데 도움이 될 것이다. 하지만 불행하게도 경험이 있으면서 바로 투입 가능한 애자일 개발자가 없었다.

콜린은 자기 조직화 영역에 대한 토론을 통해 팀의 책임을 확대하는 게 해결책임을 깨달았다. 작업 완료가 어려운 원인은 이 팀이 개발하는 기능이 다른 팀에서 개발하는 저 수준 기능에 의존하고 있기 때문이었다. 콜린은 두 팀을 합치기로 결심했다. 두 팀을 통합하면서 두 팀에 걸쳐있던 작업을 통합된 팀 하나가 완전히 책임지도록 만들 수 있었다.

이로써 스프린트 종료 때 어떤 항목이 왜 완료되지 못했는가 하는 변명의 기회를 없애버렸다. 그 후 필자에게 보낸 콜린의 이메일에는 조치 과정이 적혀 있었다.

> 그 팀의 문제는 다른 팀 결과물을 기다리며 발생한 지연이었습니다. 하지만 이제는 제품 백로그 항목을 절반만 완료하는 방식을 버리는 데 점점 익숙해지고 있습니다. 팀에 책임을 더하거나 새로운 팀원을 투입해서라도 스프린트 종료 시점에 몇 가지 항목을 완료하는 게 진행 중인 항목이 많은 것보다 낫다는 것을 다시 느낄 수 있는 기회가 되었습니다.

자기 조직화 영역을 확대하여 팀의 책임을 확장하는 콜린의 방법은 팀에 영향을 미치는 자기 조직화 영역을 조정하는 방법의 하나일 뿐이다. 표 12.1을 통해 자기 조직화 영역을 조정하는 방법을 정리해보았다.

팀원 수를 조정한다.
팀원을 교체한다.
지식 공동체 같은 새로운 영역을 소개한다.
팀에게 더 많은, 혹은 더 적은 책임을 부여한다.
근무 환경을 바꿔본다. 팀원들이 일하는 공간에 변화를 준다. 파티션을 없애거나 낮게 조절해 본다거나 모든 사람들을 같은 층으로 이동시킨다.

표 12.1
팀의 자기 조직화에 영향을 주기 위해 영역을 조정하는 방법들

지금 시도해볼 것

- 팀워크가 좋은 팀원들의 자기 조직화 영역을 모두 나열해보자. 그 영역들이 크기와 규모가 적합한 것처럼 보이는가? 범위가 너무 넓거나 좁은 것은 아닌가?
- 각 영역이 팀 성과를 올리는 데 도움이 되는지, 악영향을 주는지, 애매모호한지 정리해보자.
- 현재 팀에서 가장 큰 영향력을 행사하고 있는 영역이 무엇인지 식별해보자. 그 영역에 변화를 줄 필요가 있을까?

차이를 강화하거나 줄이기

개발 팀장이며 사내 스크럼 도입에 앞장섰던 캐리는 최근 그녀가 맡고 있는 팀 중에 한 팀의 개발속도가 현저히 떨어지는 문제로 골머리를 앓았다. 다행히 품질은 유지되고 있었지만 몇 달 전에 비해 완료되는 항목이 줄고 있었다. 그녀는 팀원들과 30분 동안의 1:1 정식 면담을 통해 왜 그런 일이 일어나고 있는지 물었다. 다음 스프린트 회고에도 참석하기로 했다. 이를 통해 캐리가 알게 된 것은 이 팀이 6~9개월 전 아키텍처에 대한 잘못된 결정을 몇 가지 했다는 사실이었다.

그녀는 회고 내용, 정기적인 팀원들과의 면담를 통해 알게 된 것들, 그리고 이미 알고 있던 팀원들의 성향에 대한 내용들을 한데 모았다. 캐리는 필연적인 사항도 몇 가지 있었지만 잘못된 결정의 일부는 팀원들 사이에 충분한 질의 응답이 없었기 때문이라고 결론지었다.

내가 소개했던 영역, 차이, 변화 교류를 이 상황에 적용했다. CDE 모델을 통한 접근으로 캐리는 팀원 간에 차이점이 부족함을 알았다. 그녀는 이 차이를 더 강화하는 것이 이 팀에 가장 큰 도움이 될 것이라고 생각했다. 그래서 그녀는 내가 아주 좋아하는 기법이기도 한 날카롭고 다양한 질문을 던지는 방법을 사용했다. 캐리는 줄곧 간섭하지 않는 팀장이었지만 이 팀은 좀 더 관심을 갖기로 마음먹었다. 그 팀에서 즉흥적으로 열리는 회의에 그녀는 어김없이 참석하기 시작했다. 회의를 통해 그녀는 반대 의견을 끌어내려고 의도적인 질문들을 던졌다. 캐리도 동의하는 우세한 의견인 경우에도 더 나은 대안을 이야기할 다른 사람을 기대하면서 결점을 파고드는 어려운 질문을 계속했다.

- 이 방법을 채택하기 전에 고려하고 제외시켰던 대안은 무엇이 있나요?
- 이 방법에 문제가 될 부분은 무엇이 있을까요?
- 이 방법을 제대로 적용하려면 무엇을 해야 할까요?
- 이 결정에 후회가 될 만한 것은 무엇이 있을까요?
- 이 방법에 확신을 갖는 데 도움이 되면서 우리가 모르는 정보가 있을까요?

차이를 강화하는 또 다른 좋은 방법은 팀에서 의사결정을 내리는 방법을 바꾸는 것이다. 예를 들어 현재는 팀이 과반수 투표로 의사결정을 내리고 있다면 다음 두 스프린트 동안은 합의consensus를 거치도록 요청하는 것이다. 만약 지금 그렇게 하고 있다면 반대로 해본다. 표 12.2는 차이를 강화하거나 줄이는 방법이다.

더 영향력 있고 경험이나 지식 등이 풍부한 새로운 팀원을 영입하라.
관점의 차이를 알 수 있도록 팀에게 어려운 질문을 해보라.
팀이 의사결정하는 방법을 바꿔보자.
다른 관점에서 바라보도록 격려하자.

표 12.2
팀의 자기 조직화에 영향을 주기 위해 차이를 강화하거나 줄이는 방법들

지금 시도해볼 것

- 기술 지식, 도메인 지식, IT 산업 경험, 사내 경력, 사람들과 관계, 문제 해결 스타일 등의 방법으로 1점에서 10점까지 점수를 매겨 팀원마다 얼마나 다른지 비교해보자. 팀원 간에 차이가 너무 크게 나타나는가? 비슷한가?
- 편차가 커질 때 팀 성과가 올라갈 것 같은 차이점을 하나 식별하자. 그 차이를 강화하기 위해 신규 인력을 투입해야 하는가?
- 편차가 작아질 때 팀 성과가 올라갈 것 같은 차이점을 하나 식별하자. 그 차이를 좁히기 위해 팀에서 누군가를 빼야 하는가?

교류 방법 변경하기

조직의 리더나 변화 담당자는 팀원 간에 교류 방법을 변경하여 팀에 영향을 줄 수도 있다. 비디오 게임을 개발하는 스튜디오의 기술리더를 맡고 있는 알레한드로는 세 번째 스프린트 리뷰에 참석했던 날 뭔가 문제가 있음을 눈치챘다. 팀마다 AI 개발자가 있었고 그들은 게임에서 플레이어를 공격하는 악당의 행동 패턴을 담당하고 있었다. 알레한드로는 스프린트 리뷰를 통해 각 팀의 인공지능이 약간 다르게 개발되어 있다는 사실을 알게 되었다. 이렇게 되면 사용자는 일관되지 않은 게임 플레이를 할 수밖에 없을뿐더러, 같은 기능이 중복 개발되는 문제도 안고 있었다.

필자는 알레한드로가 이 문제를 해결하고 나서 만났다. 그의 해결책은 새로운 교류를 소개하는 일이었다. 왜냐하면 AI 개발자들끼리 커뮤니케이션을 잘 하지 않고 있었기 때문에 알레한드로는 일주일에 한번씩 AI 개발자끼리만 회의를 하도록 했다. 조직 내에서 신뢰가 두터웠기 때문에 알레한드로가 AI 개발자 중 한 사람은 아니었지만 그 회의가 좋은 아이디어라고 인식시키면서 AI 개발자들을 안심시킬 수 있었다. 2주 스프린트 동안 AI 개발자들은 스프린트 계획을 마친 날에 회의를 통해 서로 무엇을 하게 되었고 어떤 작업을 하고 있는지 공유했다. 두 번째 회의는 두 번째 주가 시작되는 날에 가졌고 서로의 진행 상태와 향후 예상되는 것들을 비교할 수 있었다. 알레한드로는 마음이 맞거나 비슷한 기술을 가진 사람들을 모아 지식 공동체를 조직했다. 4장 「기민함을 위해 이터레이션 수행하기」에서 조직이 스크럼을 도입하도록 돕는 전사 전환 커뮤니티^ETC – Enterprise Transition Counsel와 개선 커뮤니티의 기본요소로 지식 공동체를 활용하는 방법을 살펴봤다. 더 자세한 내용은 17장 「대규모 스크럼」에서 더 보게 될 것이다. 지식 공동체 소개 등 교류에 변화를 주는 방법을 표 12.3에 정리해 보았다.

| 교류를 위해 인력을 추가하거나 빼기 |
| 교류를 공식화하거나 비공식화하기 |
| 교류 발생 방법을 바꿔보기(1:1면담, 문서) |
| 교류 빈도를 바꿔보기 |

표 12.3
팀의 자기 조직화 방법에 영향을 주기 위해 교류에 변화를 주는 방법들

지금까지 팀의 자기 조직화에 영향을 주는 세 가지 요소에 대해 알아봤다. 이제는 리더들이 자신의 팀이나 회사를 지속적으로 발전시키기 위한 방법들에 대해 살펴보자.

지금 시도해볼 것

- 팀원들과 더 자주 대화하길 바라는 외부 인력은 누구인가? 그런 교류를 더 활발하게 만드는 방법이 있는가?
- 팀원 간 상호작용 정도를 그림으로 표현하자. 사람들마다 한 개의 원을 그리고 상호작용하는 사람들끼리 선을 그어보자. 빈도수와 정도를 나타내기 위해 색깔 있는 선을 사용하거나 두께를 다르게 하여 보자. 파악되는 문제점이 있는가?
- 한 스프린트 동안 팀을 관찰하라. 각각 일어나는 모든 교류마다 그 교류에 참여해야 할 사람들이 다 참여하고 있나? 어떤 교류에 더 많은 사람을(또는 더 적은 사람을) 참여시켜야 하는가?

발전하도록 영향주기

몇 년 전 자기 부서를 빈번히 재편성하기로 유명한 CIO 짐^{Jim}과 함께 일했었다. "짐의 조직이 마음에 들지 않으면 하루만 기다려 보라"는 노골적인 농담이 오고 갈 정도였다. 그가 팀을 매일 재조직하진 않았지만 솔직히 그렇게 느껴졌었다. 짐의 '조직 재구성'은 회사가 급변한다는 것을 보여주는 사례일 뿐이다. 회사도 진화한다. 조직의 진화는 환경적인 요인, 경쟁적인 요소, 직원들의 강점과 약점, 그 밖의 여러 요인들을 반영한다.

변형^{variation}, 선택^{selection}, 보존^{retention} 세 가지 요소의 결과다. 필립 앤더슨$^{Philip\ Anderson}$은 기린을 예로 들어 세 가지 요소의 연결성을 설명했다. 어떤 기린은 무작위적 돌연변이를 통해 더 긴 목을 가지고 태어난다. 이것이 변형이다. 더 긴 목을 가진 기린들은 다른 기린들이 닿지 않는 높은 곳에 있는 잎사귀를 먹을 수 있다. 이로써 그 기린은 더 성공적으로 번식할 수 있다. 즉 선택 받았다. 결국 기린은 오랜 세월에 걸쳐 그 자손에게 목이 긴 유전자를 전달했다. 이것이 바로 보존이다. (1999, 120)

조직도 변형, 선택, 보존을 통해 진화한다. 조직은 직원, 팀, 프로세스 같은 요소에 충분한 변형이 생겨야 다양한 결과를 얻을 수 있다. 또 성공에 대한 정의가 충분해서 희망하는 결과로 이끄는 변형과 그렇지 않은 변형의 차이를 분간할 수 있어야 한다. 실제로 변형과 선택은 조직 구성원이 "우리가 더 열심히 하니까 더 좋은 결과가 나오는구나"라는 사실을 깨닫게 한다.

결국 새롭고 더 나은 방법으로 행동하도록 만드는 일은 충분한 메커니즘이 있다. 새로운 행동 방식이 문화나 인사 정책을 거스르면 그 새로운 방식은 계속 유지되기 힘들다.

리더와 변화 담당자는 조직이 진화하는 동안 앉아서 아무 일도 하지 않고 있어서는 안 된다. 보다 적극적으로 변형, 선택, 보존을 통한 조직의 진화를 가이드하는 데 노력을 기울여야 한다.

> 자기 조직화는 처음부터 효과적인 조직을 설계해서가 아니라 그런 조직으로 진화하는 데서 일어납니다. 자기 조직화는 일을 나누고 순서를 성공적으로 정할 수 있는 환경을 창출해내는 것을 지향합니다. 그래서 환경의 변화에 창발적으로 대응할 뿐만 아니라 자기 조정 능력도 갖게 됩니다. 이는 관리 부서가 완벽하게 계획하고 작업 흐름을 잘 관리한다고 일어나는 일이 아니라 관리 부서에서 환경을 조성하고 더 높은 곳을 향해 빠르게 발전하도록 독려할 때 일어나는 일입니다. (Anderson 1999)

필립 앤더슨은 리더가 조직 진화를 이끄는 데 필요한 일곱 가지 방법을 제안했다. 이는 표 12.4에 요약되어 있다.

사람을 선택하는 것(영역 변경하기, 차이 강화하기와 비슷함)과 네트워크를 재설정하는 것(교류와 비슷함)은 CDE 모델을 통해 이미 이야기했다. 나머지 조직 발전을 위한 방법은 다음 절에서 다루기로 한다.

외부 환경을 선택하라.
성과를 정의하라.
의미를 관리하라.
사람을 선택하라.
관계를 재설정하라.
다양한 대안을 선택할 수 있는 체계를 마련하라.
현 체계에 에너지를 불어넣어라.

표 12.4
조직이 발전하는 방법에 영향을 주기 위해 리더가 사용할 수 있는 일곱 가지 방법

외부 환경을 선택하라

자기 조직화와 진화는 팀이 일하는 환경에 좌우된다. 리더는 그 환경에 충분한 영향력을 행사할 수 있다. 필자가 말하는 환경은 팀의 물리적인 작업 공간만을 의미하지 않는다. 리더의 영향을 받는 더 중요한 환경적인 요인이 많이 있다.

예를 들면 리더는 조직이 맡고 있는 사업 방향에 영향을 주고 관리한다. 즉 이들은 혁신을 위한 조직의 접근방법을 결정한다. 그 회사는 혁신자인가? 아니면 발빠른 모방자인가? 또 리더는 일하게 될 프로젝트 유형을 관리하고 조직이 새로운 프로젝트를 시작하게 되는 비율을 관리한다. 이런 요소들이 조직의 발전과 적응에 영향을 준다.

줄리^{Julie}는 소프트웨어 회사에서 큰 부서를 맡고 있는 관리자였고 어림잡아 사내 개발자 500명 중에 절반을 관리하고 있었다. 스크럼은 그녀가 관리하는 부서의 일반 팀원들로부터 시작되었다.

초기 결과가 괜찮다고 판단되자 그녀는 1년 안에 스크럼을 팀 전체로 확산하는 계획에 착수했다. 그 계획의 일환으로, 줄리도 조직 내 새 프로젝트들의 흐름을 늦췄다. 스크럼 팀들의 개발속도가 느려서가 아니었다. 사실 스크럼 팀의 개발속도는 더 빨랐다. 하지만 줄리는 예전 스크럼 경험을 떠올리며 조직이 동시에 너무 많은 프로젝트를 하려 했다는 점을 생각해냈다. 초창기 스크럼 팀에서는 한 개, 많아 봐야 두 개 팀에 사람들이 집중할 때 더 많은 이점을 얻는다. 이를 위해 그녀는 새로 진행할 프로젝트 진행을 완료되는 프로젝트와 좀 더 비슷하게 맞출 필요가 있었다.

성과를 정의하라

조직^{organization}과 조직체^{organism}는 환경에 맞추기 위해 진화한다. 자연 선택의 법칙에 의해, 어떤 개인이나 그룹이 조직 내에서 생존하도록 돕는 이런 특징은 계속 유지된다. 어떤 특징이 그룹이나 개인이 조직에서 생존하는 데 도움이 되는지 정의하는 일은 조직의 리더나 관리자의 몫이다. 개방^{openness}과 투명성^{transparency} 같은 애자일 가치가 생존을 위한 특징으로서 사람들의 칭찬을 받게 되면 이 사람들은 그런 행위를 선택하게 된다.

리더와 관리자들이 성공적인 성과를 어떻게 정의하느냐에 따라 그것이 미치는 영향력은 크게 달라진다. 예를 들면 관리자가 단기 성과와 장기 성과 간에 득실을 조직 입장에서는 어떻게 생각하는지를 알려주는 것이다. 교육에 대한 투자, 안정적인 근무 환경과 직원들이 창의적인 아이디어를 생각하는 시간을 허락하며, 이런 것들을 터무니없는 마감일 맞추기, 유지보수가 불가능한 낮은 품질의 코드와 맞바꾸지 않는 조직이 바로 장기적인 성공을 선호하는 조직이다.

의미를 관리하라

자기 조직화 체계는 그 안에 있는 사람들 사이에 전달되는 메시지에 반응해 발전해 나간다. 메시지는 시스템 내, 외부에서 만들어질 수 있다. 관리자와 리더는 팀원들이 메시지를 이해하는 데 필요한 배경 지식^{context}을 전해주어 그 메시지의 의미를 관리한다. 이 배경 지식의 대부분은 사람들의 이야기나 소문, 리더들이 이전에 했던 사례들이다. 리더는 이야기를 선택하고 전달한다. 팀원들이 그 이야기로 현재 상황을 이해해 주기를 바란다.

필자는 예전에 만난 어떤 고객과의 첫날이자 마지막 날을 기억한다. 개발 팀장은 "매일 저녁 5시마다 총괄 관리자님이 바깥 주차장에 나가 자동차 수를 세어볼 겁니다. 문제가 있는 이상은 매일 밤마다 그렇게 하실 거구요"라고 하면서 필자에게 강한 인상을 남기려 했다.

이 말은 빠르게 회사의 전통이 되어버렸다. 이 사실이 알려지면서 사람들은 새로운 총괄 관리자가 기대하고 받아들이고자 하는 행동 유형이 무엇인지 알게 되었다. 만약 총괄 관리자가 이런 태도를 취한다면 이 회사의 스크럼 도입은 완전히 엉망이 될 것란 사실을 알고 있었다. 필자가 희망하는 대로 행동하길 바라며

12장 자기 조직적인 팀 이끌기   277

그 이야기를 재구성해야 했다. "와~ 대단하네요, 꼭 그 분을 만나고 싶어요. 대체 어떤 관리자님이 5시에 주차장에 가서 사무실에 남아 있을 사람을 따져보고 집으로 보내려고 할까요. 정말 만나고 싶네요." 내 시도는 무기력했고 나중에 진행된 총괄 관리자와의 회의에서도 그랬다. 이후 필자가 그 회사의 스크럼 도입을 방해하는 또 다른 환경적인 문제에 대해 지적했을 때도 그 총괄 관리자는 다른 메시지를 보내려는 조짐이 보이지 않았다.

다양한 대안을 선택할 수 있는 체계를 마련하라

조직이 발전하는 데 있어 1등을 선택하는 시스템은 오랫동안 시장에서 성공을 거두었다. 이익을 창출하는 제품이 그렇지 못한 제품을 퇴출시킨다. 제품 이익을 가져오는 팀 구조가 그렇지 못한 팀 구조를 대신한다. 제품 이익을 가져오는 실천법이 그렇지 못한 실천법을 몰아낸다. 물론 이렇게 되기까진 몇 년이 걸린다. 게다가 조직에서 한꺼번에 많은 변화가 일어나면 하나의 변화가 주는 영향을 완전히 고립시키는 일은 불가능하다. 발전의 정도를 촉진하고 개선하기 위해 관리자들은 대리 선택 시스템을 시작할 수 있다.

대리 선택 시스템은 가장 매력 있는 프로젝트, 제품이나 행동을 선택하는 프로세스지만 시장 주도 선택 시스템처럼 길고 긴 피드백은 없다. 개발자 시간의 20%를 스스로 선택한 프로젝트에 사용하도록 허용하는 구글의 정책이 바로 대리 선택 시스템이다. 그래서 팀과 프로젝트를 자유롭게 이동하는 것을 개발자에게 허용하는 구글의 정책을 '묻고 따지지 않고 언제나 그들이 원하는 대로^{any time they, want, no questions asked}'라고 이야기한다.^(Yegge 2006) 구글의 개발자들은 성공적이고, 획기적이거나 호감 가는 프로젝트를 원하기 때문에 대리 선택 시스템이 잘 맞았다. 개발자들이 짧은 시간에 선택한 프로젝트, 제품, 행동들이 결국 시장에서 롱런하며 성공한다. 관심을 끄는 데 실패한 새 프로젝트는 사라지게 된다. 진화라는 관점에서 보면 그 프로젝트는 선택되지도 유지되지도 않게 될 것이다.

대리 선택 시스템은 많은 조직에서 이미 일반적이다. 어떤 직원이 상품을 받으려고 동료를 추천하는 것도 수많은 조직에서 사용하는 대리 선택 시스템의 예라고 할 수 있다. 팀 성과 전반에 걸쳐 팀원들의 사기를 올리는 일이 익숙하지 않을 때 적절한 보상은 조직이 바라는 행동의 유형이 무엇인지 전달하는 데 유용할 수 있다.

하지만 불행하게도 대리 선택 시스템이 시장이 선택하는 행동을 모두 짚어주는 것은 아니다. 관리자들은 대리 선택 시스템을 도입할 때 주의를 기울여야 한다. 개발사업부의 부사장인 제임스는 그의 조직에서 사용하는 대리 선택 시스템을 대수롭지 않게 생각했다. 제임스는 혼란 속에서도 성공했고 항상 긴급 상황을 관리해야 했다. 만약 긴급한 상황이 없으면 문제를 만들기라도 할 것처럼 보였다. 그는 긴급 상황을 처리하는 데 뛰어났고 비슷한 능력을 가진 팀원들을 칭찬했다. 제임스의 팀원들은 제임스가 문제를 미연에 방지하는 능력을 인정하기보다 위기를 해결하는 능력에 더 가치를 둔다는 사실을 알게 되었다.

시스템에 에너지 불어넣기

팀과 조직은 에너지에 의존한다. 에너지가 계속 들어오지 않으면 팀이나 조직은 엔트로피entropy에 의해 고통 받는다. 관리자와 리더는 직원을 고무시키고 도전의식을 부여해 자기 조직화와 발전을 이루는 에너지를 제공해야 한다. 도전이란 어떤 제품의 현재 상태와 희망하는 상태 사이의 차이, 또는 어떤 그룹의 현재 상태와 희망하는 성과 수준과의 차이를 만드는 일이다. 어떤 그룹이 도전을 받아들이고 의욕이 넘쳐나게 되면 그 그룹은 그 도전을 달성하기 위해 자기 조직화한다.

라슨Larson과 라패스토Lafasto는 자신들의 책 『Teamwork』에서 한 팀의 '분명하고, 높은 목표'가 부여하는 힘에 초점을 맞추었다. 린다 그레이튼은 그녀의 저서 『Hot Spots』에서 보다 높은 성과를 내는 팀은 '열정적인 마음가짐'이 필요하다고 비슷한 결론을 내리고 있다.(2007, 3) 1995년 5월에 소개된 빌 게이츠Bill Gates의 「인터넷의 물결Internet Tidal Wave」이라는 문건은 마이크로소프트에서 일하는 모든 이의 열정적인 마음가짐을 일구어 냈다. 인터넷이 마이크로소프트의 제품과 비즈니스의 판도를 바꿀 것이라는 몇 가지 사례를 설명하고 분명하고 발전적인 목표, 즉 '마이크로소프트는 먼저 인터넷을 포용하고 확장할 것'이라는 목표를 제시한 것이다. 게이츠는 동기부여가 되는 말로 결론을 맺는다.

인터넷은 커다란 물결입니다. 인터넷은 지난 세월의 원칙을 변화시킬 것입니다. 이는 엄청난 기회인 동시에 엄청난 도전입니다. 저는 엄청난 성공을 거둔 우리의 행보를 계속하기 위해 우리가 어떻게 전략을 개선해야 하는지 여러분의 의견을 기다립니다.

『Agile Project Management』를 쓴 짐 하이스미스$^{Jim\ Highsmith}$는 프로젝트를 시작할 때마다 왜 이 프로젝트를 시작하게 되었고 무엇을 고객에게 전달할 것인지 등을 짧고 기억할 수 있는 비전으로 정리한 선언문^{charter}의 중요성을 강조했다.

이처럼 잘 정리된 선언문은 기억에 남아 팀원들에게 분명하고 높은 목표를 정의하고 열정적인 마음가짐을 갖도록 활기를 불어넣는다. 하이스미스는 선언문에 대한 5가지 테크닉을 제시했다.

· 프로젝트 또는 제품에 대해 한두 문장으로 요약해서 작성하라. (엘리베이터 선언)
· 전달될 제품 박스를 디자인하라. (결코 그 박스에 담겨서 전달될 일이 없다고 해도)
· 한 장짜리 제품 설명서를 작성하라.

이 외에도 선언문 작성에 가끔 사용되는 방법이 두 가지 더 있다.

· 가상으로 제품 출시를 보도하는 신문 기사를 작성하라.
· 잡지에 나올 법한 제품 리뷰를 작성하라.

필자의 고객 중 한 회사는 잡지 리뷰를 이용하여 큰 효과를 봤다. 그 회사는 안티스파이웨어 소프트웨어를 개발해 한 잡지에서 주최하는 '올해의 제품상'에서 2위를 차지했다. 어떤 제품이 해당 분야에서 2위가 되는 것도 충분히 만족스런 성과이다. 극장가 박스오피스의 '올해의 영화 2위'도 마찬가지일 것이다. 하지만 대부분의 사용자들이 1등 제품만을 구입하게 되는 품목은 2등이라 하더라도 문제가 된다.

필자는 팀의 스크럼 마스터인 에린에게 팀원들 모두에게 참고가 될만한 제품 리뷰를 작성하여 그 제품의 다음 버전의 선언문을 작성하는 데 덧붙이라고 조언했고 실제 그렇게 했다. 그리고 작성한 리뷰를 팀 사무실 안 전략적인 곳에 걸었다. 6개월이 지나자 새로운 버전의 제품이 출시되었고 이번에도 예전과 같은 잡지를 통해 소개되었다. 하지만 이번에는 달랐다. 그 제품은 '편집자의 선택 어워드'에서 최고의 안티스파이웨어 소프트웨어로 뽑히게 되었다. 그 팀의 성과는 스크럼 마스터가 목표를 달성하고 싶은 마음을 불러일으키는 명확한 목표를 제시하여 시스템에 에너지를 불어넣은 덕분이었다.

지금 시도해볼 것

- 여러분 조직의 대리 선택 시스템목록을 작성해보자. 프로젝트, 행위 접근방법에 영향을 주거나 그것들을 결정하게 되는 공식, 비공식적 방법은 무엇인가? 그리고 어떤 방법이 성공하고 향후에 전파될 것인가? 스크럼 도입에 문제가 될 것은 없는가? 그것들을 제거하기 위해 여러분은 무엇을 할 것이고 누가 여러분을 도와줄 수 있는가?
- 팀에 충분한 에너지가 있는가? 만약 그렇지 않다면 하이스미스의 프로젝트 선언문 작성 테크닉 중 하나를 정해서 선언문을 작성하라.
- 팀 외부의 모든 사람들과 팀에게 보내는 메시지를 확인하자. 그런 메시지를 이해하는 데 적합한 배경 지식을 팀이 가지고 있는가? 여러분은 팀과 관련 없는 메시지(특히 품질, 범위, 일정과 같은 프로젝트 목표와 상반되는 메시지)를 받게 되면 막아줄 수 있는가?

피자를 사기 전에 리더십부터 발휘하자

여러분이 테니스 경기를 보고 있노라면 테니스 선수가 까치발을 하고 서서 민첩하게 서브를 받아치는 모습을 보게 될 것이다. 이 자세는 왼쪽으로 오든 오른쪽으로 오든 깊게 오든 짧게 오든 상관없이 테니스 선수가 어떤 공이든 받을 수 있게 해준다. 스크럼을 도입하는 조직의 리더와 변화 담당자는 조직이 항상 까치발을 하고 좌, 우 어디로든 갈 준비가 되어 있기를 바란다. 민첩하게 활동하는 조직은 어떤 변화가 오더라도 맞설 준비가 되어 있는 조직이다. 그런 조직은 지속적으로 증가하는 변화에 익숙해지고, 변화에 놀라지 않고, 그 변화에 더 **빠르게** 적응하게 된다.

리더, 관리자, 변화 담당자는 조직의 영역, 차이점, 교류를 조절하여 조직의 민첩함을 유지시킨다. 리더는 앤더슨의 일곱 가지 방법 중 하나를 통해 조직 발전 방향에 영향을 줄 수 있다.

자기 조직화에는 피자를 사는 것 외에 다른 것들도 있다. 리더는 드러나지 않는 간접적인 방법으로 팀에 영향을 줄 수 있다. 영역, 성과에 대한 새로운 표준, 대리 선택 시스템 등 그 무엇이든지 간에 팀이 변화에 어떤 반응을 보일지 리더가 정확하게 예상하는 것은 불가능하다. 리더라고 모든 해답을 가지고 있는 것은 아니다. 그들에게 정말 필요한 건 조직이 더 애자일하게 되도록 조직의 마음을 움직일 수 있는 능력이다.

더 읽어볼 것들

Anderson, Philip. 1999.
「Seven levers for guiding the evolving enterprise」. 『In The Biology of Business: Decoding the natural laws of enterprise, ed』. John Henry Clippinger III, 113~152. Jossey-Bass.
이 훌륭한 책에서도 이 부분이 가장 빛난다. 앤더슨은 이 장의 '발전하도록 영향주기' 절에서 설명한 7가지 방법과 조직적인 발전을 위한 법칙을 잘 정리해 보여주고 있다.

Goldstein, Jeffrey. 1994.
『The Unshackled Organization: Facing the challenge of unpredictability through spontaneous reorganization』. Productivity Press.
이 책은 조직 안에서의 자기 조직화에 대해 처음 쓰여진 책들 가운데 하나다. 다양한 회사를 통한 자기 조직화에 관한 연구를 주로 이야기한다.

Olson, Edwin E., and Glenda H. Eoyang. 2001.
『Facilitating Organization Change: Lessons from complexity science』. Pfeiffer.
이 훌륭한 책은 어양의 박사 논문에 있는 자기 조직화 아이디어와 그것을 조직 변화에 적용하는 내용을 기초로 만들어졌다. 조직의 변화 담당자가 관리할 수 있게 영역, 차이점, 교류를 통해 영향 받는 조직 변화 모델을 보여준다.

13장

제품 백로그

프로젝트를 시작할 때 할 수 있는 가장 도전적인 질문은 정확히 우리가 만드는 게 무엇이냐는 질문이다. 우리는 보통 만들려고 하는 시스템의 일반적인 형태는 알고 있다. 예를 들어 우리는 지금 워드프로세서를 만들고 있다, 라고 말이다. 그러나 거기에는 항상 어두운 구석이 있다. 세부적인 기능이 어떻게 동작하는지에 대해 아직 확인 못한 부분과 아직 불안정한 이슈가 항상 있기 마련이다. 워드프로세서에 인터랙티브한 표 작성 기능을 포함시킬까? 아니면 화면에 값을 집어넣으면 테이블이 만들어지게 할까?

순차적 개발 프로세스 sequential development process는 제품을 완벽하게 상세화하는 요구사항 수집 단계를 초반에 길게 잡으려 한다. 즉 프로젝트를 착수 단계에서 더 오래, 더 깊게, 더 좋은 방법을 고민하면 프로젝트 본 개발에서 만날 수 있는 위험 요소를 미리 제거할 수 있다는 생각이다.

스크럼 팀은 적시 공급 생산 just-in-time, JIT 방식을 선호하기 때문에 초반에 요구 정의 단계를 길게 잡지 않는다. 상위 수준의 기능 정의는 일찍 시작하지만 최소한으로 정의하고 프로젝트를 진행하면서 다시 정의한다. 스크럼 팀은 원하는 모든 기능을 제품 백로그로 문서화한다. 제품 책임자는 제품 백로그가 우선순위에 따라 유지되도록 관리하는데, 이 때문에 제품 백로그를 우선순위가 매겨진 기능 목록이라고 부르기도 한다. 전통적인 요구 정의 문서와는 달리 제품 백로그는 변화가 매우 심해서, 매 스프린트마다 제품, 사용자, 팀 상황에 대해 더 많이 알게 되면서 항목을 추가하고, 삭제하고 우선순위를 조정한다. 본 장에서는 제품 백로그를 가지고 효과적으로 일하는 데 필요한 세 가지 변화에 대해 알아 볼 것이다. 우선 제품 기능에 대해 문서화를 하는 게 아니라 이야기하는 방법으로 전환하는 이유에 대해 알아보고 두 번째로 왜 초반에 모든 항목에 대해 자세히 문서화하지 않고 점진적으로 진행하는 게 중요한지 살펴볼 것이다. 세 번째로 제품의 기능을 문서화하는 것보다 사례를 통해 상세화하는 방법을 팀이 선호하는 지 알아보자. 마지막으로 제품 백로그의 중요한 특징을 정리하도록 하겠다.

문서에서 토론으로 전환하기

요구사항에 대해 크게 잘못된 믿음이 하나 있다. 요구사항을 적어 놓으면 사용자는 정확히 원하는 것을 받게 된다고 믿는데 이것은 잘못이다. 정말 원하는 것일 가능성이 있는 무언가를 받는 것이다(맞을 수도, 맞지 않을 수도 있다). 문서는 실제보다 더 엄밀해 보여서 오해를 불러 일으키기 쉽다. 최근 필자는 3일짜리 교육을 가려고 부하직원에게 한 통의 이메일을 보냈다. "덴버에 있는 하얏트를 좀 예약해줘요." 그리고 예약이 필요한 날짜를 이야기 해주었다. 다음날 그녀에게 답장이 왔다. "호텔 예약이 끝났습니다." 난 고맙다고 답장을 쓰고 그 일은 금방 잊어버렸다.

한 주쯤 지나 그녀는 "원하시던 날짜에 그 호텔은 이미 예약이 꽉 찼습니다. 어떻게 할까요? 덴버에 있는 다른 호텔을 알아볼까요? 아니면 그 다음주에 방이 있는지, 다른 지역에도 가능한 호텔이 있는지 알아볼까요?" 그렇다. 그녀와 필자는 "예약이 끝났습니다." 라는 의미를 서로 완전히 다르게 이해하고 있었던 것이다. 그녀가 내게 "호텔 예약이 끝났습니다" 라고 말한 것은 "하얏트에서는 이미 예약하던 방은 꽉 찼습니다"라는 의미였고 나는 원하는 날짜에 예약이 정상적으로 완료됐다는 확인 메시지로 알아 들었던 것이다. 이 상황은 두 사람 중 누가 잘못한 것이 아니다. 오히려 얼마나 쉽게 잘못된 커뮤니케이션이 발생하는지(특히 글쓰기를 통해) 보여주는 예이다. 만약 우리가 이메일이 아니라 대화를 했다면 그녀가 "호텔 예약이 끝났습니다" 라고 말할 때 기뻐하는 내 목소리에 이상함을 느끼고 이내 잘못된 커뮤니케이션을 바로 잡을 수 있었을 것이다. 이런 문제 외에도 문서 작성보다 대화를 선호해야 하는 이유는 더 많이 있다.

작성된 문서는 판단을 못하게 할 수 있다 _ 어떤 것이 문서로 작성되면 사무적이고, 형식적이고, 완료된 듯 보인다. 특히 화려한 형식으로 작성되면 더하다. 몇 주 전 어떤 고객은 여러 번 방문했던 사무실을 두고 자신의 회사 근처에서 회의를 하자고 했다. 그 고객은 필자의 호텔에서 우리가 만나기로 한 컨트리 클럽까지 아주 자세한 길 안내를 보내줬다.

· 호텔에서 좌회전한 뒤 노스 커머스 파커웨이 0.4마일 직진
· SW 106번가에서 좌회전, 0.2마일 직진
· 로얄 팜 거리에서 우회전 후 1.1마일 직진
· 타워 센터에서 좌회전

하지만 타워 센터에서 좌회전할 수 없었다. 로얄 팜 거리를 1.1마일 지나자 교차로가 나왔다. 하지만 타워센터에서는 우회전만 가능했다. 필자는 들은 대로 좌회전을 하려고 했지만 그 거리 이름은 웨스턴 힐스였다. 왼쪽에 그 컨트리 클럽이 보였고 그쪽으로 꺾어야 할 것처럼 보였다. 하지만 길 안내에는 아주 자세하고 정확하게 다른 방향을 가리키고 있었기에 쭉 직진을 했다.

다시 2마일이 지나자 오른쪽에 그 컨트리 클럽이 멀어지고 있는 게 보였다. 비로소 설명 하나가 잘못됐다는 게 확실히 느껴졌다. 그래서 가던 길을 돌아와 길 안내에 써져 있던 타워센터가 아니라 웨스턴 힐스에서 좌회전을 했다. 그 고객이 좀 더 간단하게 이렇게 말했다면 어땠을까? "평상시처럼 저희 사무실 쪽으로 직진하세요. 그러다 컨트리 클럽이 보이면 좌회전하세요. 좌회전하는 거리 이름을 잘 모르겠지만 잘 찾을 수 있을 겁니다."

문서로 작성되면 대화할 때처럼 숨겨진 의미를 다시 물어볼 수 없다 _ 몇 년 전 데이터 폴더 관리를 위해 윈도 탐색기 같은 인터페이스를 설명하는 요구사항 문서를 읽었다. 거기에는 이런 요구사항이 적혀 있었다. "폴더 이름은 127자가 되어야 합니다." 나는 그 요구사항이 '폴더명은 127자가 최대값'이라는 의미라고 확신했다. 하지만 그 프로젝트는 생명공학 애플리케이션을 만드는 일이었고 문자 A, C, G, T만 텍스트에 입력해야 하는 일반적이지 않은 요구사항도 있었으며 폴더 이름을 정확히 127자로 해야 했다. 좀 당황스러웠지만 이렇게 특화된 애플리케이션에서 절대 있을 수 없는 일은 아니었다.

특정 길이가 주어졌기 때문에 실제로는 의도한 바가 없다고 해도 분명 무엇인가 의도한 바가 있어 그렇게 했다고 가정했을 것이다. 게다가 일단 요구사항 정의서에 쓰여지면 분석가와 회의를 할 때보다 '127'이라는 숫자에 크게 의구심을 가지지 않게 된다. 분석가와 회의 중에 그런 의구심이 생기면 "제가 이해한 바로는 그 의미가……" "그 뜻은 ~가 아닌가요?" 같은 말들로 회의는 잠시 중단되었을 것이다. 하지만 이런 질문들은 이야기한 대로 의미가 정확히 전달되었는지 확인하는 데 도움이 된다. 문서는 그 뜻을 다시 물어볼 수 없다.

> **함께 보기**
> 전체 팀의 책임과 인수인계 문제는 11장 「팀워크」에서 다룬다.

문서 작성은 전체 팀이라는 책임감을 떨어뜨린다 _ 스크럼으로 전환하는 목적 중 하나는 훌륭한 제품을 납품한다는 목표를 향해 팀 전체가 협업한다는 점이다. 사람들은 목표와 상반된 일을 하는 개발 프로세스의 나쁜 습관을 버리고 싶어한다.

문서 작성은 순차적인 인수인계를 만들기 때문에 팀이 하나의 목표로 똘똘 뭉치지 못하게 한다. 한 사람(또는 그룹에서)이 제품을 정의한다. 다른 그룹은 그 제품을 만든다. 양방향 커뮤니케이션은 활성화 되지 못한다. 그래서 한 팀원이 문서를 작성해 "이게 할 일입니다"라고 전달하고 그 일을 하기를 기대한다. 이런 유형의 주종 관계는 진심으로 따라야겠다고 느끼게 하진 않는다. 그렇게 되면 사람들은 제품의 성공에 책임을 느끼기보다 문서에 적힌 대로 하는 데 책임감을 느낀다. 토론만 하는 것도 역효과는 있다. 전체 팀 회의를 하다 모든 팀원이 의견을 제시해 산으로 가기도 한다.

반대 의견

"저희는 문서 작업을 하지 않을 수 없습니다. 프로젝트에 ISO 9001을 따라야 하는 요구사항이 있어서 모든 작업에 대해서 문서화도 하고 추적 가능해야 합니다."

다음 절에서 설명할 테지만 모든 문서를 없앨 필요는 없다. 가능한 만큼 제거하고 가능한 적은 분량을 유지하라. 자동으로 생성할 수 있는지도 고려해 보자. 프로젝트 기간 동안 대화를 중심으로 풀어나가야 하지만 다음 사람을 위해 문서를 남기는 것도 중요하다는 것을 인식해야 한다.

문서화 때문에 정말 중요한 것을 잊지 말자

문서를 통한 커뮤니케이션의 약점 때문에 문서화된 요구사항 정의서를 버리라는 말은 아니다. 절대 그렇지 않다. 오히려 문서를 적정선에서 잘 활용해야 한다. 애자일 선언문의 '동작하는 소프트웨어가 포괄적인 문서보다 우선한다'는 말 때문에 애자일은 문서화를 경시한다는 오해를 받아왔다. 애자일 개발에서 목표는 문서화와 토론 사이에 적절한 균형을 맞추는 것이다. 과거 사람들은 문서화에 너무 편협한 시각을 갖곤 했다. 요구사항 정의서가 프로젝트에 필요한 문서라는 것도 사실은 여전히 유효하다. 프로젝트에 단 한 개 문서만 있어야 한다면 그건 바로 요구사항 정의서라는 사실을 기억해야 한다. 다른 산출물도 있어야 한다면 무엇일까? 테스트 계획서, 실행할 수 있는 테스트 케이스, 시스템 동작을 설명하는 주석과 같은 산출물일 것이다.

> **함께 보기**
> 본 장 뒤에 나오는 '상세화하지 않고 시작하면서 배우기' 절에서 테스트 케이스로 행위를 정의했을 때의 강점을 볼 수 있다.

    코드와 자동화된 테스트 케이스는 제품을 전달하기 위해 작성해야 하기 때문에 경험 있는 스크럼 팀은 이런 산출물을 많이 이용해야 함을 알고 있다. 규제, 계약, 법적인 요구에 도움되는 정도에 따라 요구사항을 문서화할 때 이런 문서 형식이 더 늘어날 것이다. 여러 프로젝트에서 요구사항 정의서는 아직도 요긴하게 쓰인다. 린 소프트웨어 개발의 저자인 톰 포펜딕Tom Poppendieck은 문서에 대해 이렇게 말했다. "문서가 인수인계를 위해 쓰이는 경우가 대부분이지만, 이는 결국 해가 됩니다. 잊지 말아야 하는 대화를 기록하기 위해서 쓰일 때 가치 있는 것이 됩니다."

제품 백로그에 사용자 스토리를 사용하라

사용자 스토리는 기능에 대해 작성하는 게 아니라 기능에 대해 이야기하게 만드는 최고의 방법이다. 사용자 스토리는 새로운 기능을 원하는 사람의 관점, 즉 사용자나 시스템을 사용하는 고객의 관점에서 어떤 기능을 간결하고 단순하게 설명한 것이다. 사용자 스토리는 보통 인덱스카드나 붙일 수 있는 노트로 작성하여 작은 상자에 보관하다 함께 계획을 정리하거나 토론할 때 사용한다.

    사용자 스토리는 기능에 대해 작성하는 게 아니라 기능에 대해 이야기하게 만드는 강력한 힘이 있다. 보통 사용자 스토리는 다음과 같은 단순한 양식을 따른다.

    〈고객의 유형〉로서, 나는 〈어떤 이유 때문에〉 〈어떤 목표〉를 원한다.

> **노트**
>
> 작성 양식은 달라도 상관없다. 가령 다음 양식은 고객이 원하는 가치를 가장 먼저 작성하도록 하고 있다. 〈달성할 가치〉를 위해, 〈고객의 유형〉으로서, 〈어떤 목표〉를 원한다. 두 방식을 혼용해서 쓰지만 필자는 〈고객의 유형〉으로 시작하는 양식을 좀 더 선호하는 편이다. 그 이유가 궁금하다면 블로그에 올린 글을 참고하자. (http://blog.mountaingoatsoftware.com/advantages-of-the-as-a-user-i-want-user-story-template) 사용자 스토리 형식보다 더 중요한 것은 스토리 작성을 위해 나누는 대화이다.

사용자 스토리는 소프트웨어를 이용해 관리할 수도 있지만(물론 그런 결정을 내린 이유도 분명 있을 테지만) 가능하면 3×5사이즈의 인덱스카드를 이용하는 방법을 필자는 선호한다. 사용자 스토리를 보통 인덱스카드나 붙일 수 있는 노트에 작성하지만, 거기에 작성하는 경우는 단지 시작할 때뿐이다. 스토리 카드는 소프트웨어 요구사항 정의서에서 흔히 볼 수 있는 '시스템은 ~ 해야 한다' 처럼 완벽한 기능 설명을 의미하지 않는다. 그보다는 오히려 개발 팀과 제품 책임자 쌍방 간의 약속처럼 사용한다. 팀원은 해당 스토리를 작업하기 전에 제품 책임자와 대화를 하겠다는 약속을 하는 것이고 제품 책임자는 해당 팀에서 대화가 필요할 때 도와줄 것을 약속하는 것이다. 제품 책임자가 카드에 모든 것을 상세하게 적어야 한다는 압박에서 벗어날 수 있게 해주기 때문에 작업을 시작하기 전에 제품 책임자와 대화하는 일은 아주 중요하다. 이게 바로 가벼운^{lightweight} 방법을 택하는 이유이며, 분명 인덱스카드와 같은 매개체는 중요하지 않다. 이 세부항목이 들어있지 않은 카드는 내용을 상기시켜 주는 수단일 뿐이다. 세부적인 내용들은 제품 책임자와 팀이 대화 하는 동안 자연스레 도출될 것이다.

제품 책임자가 팀이 필요로 할 때마다 도움을 주겠다고 약속하면 팀은 모든 세부사항을 고려하지 않고도 스프린트를 시작할 수 있기 때문에 매우 중요하다. 사실 모든 세부사항을 고려하는 것은 불가능하다. 높은 생산성을 가져오고 도움이 된다 할지라도 제품 책임자가 항상 팀 곁에 있을 필요는 없다. 그보다는 '팀이 필요한 때 제품 책임자에게 항상 연락할 수 있다'라는 약속이 필요하다. 전화 한 통하는데 2주나 걸리면 팀에 아무런 도움이 되지 않는다

반대 의견

"저희는 도저히 인덱스카드에 요구사항을 관리할 수 없습니다."

괜찮다. 분사 팀으로 이루어진 프로젝트, 팀이 매우 큰 경우, 요구사항을 추적해야 하는 프로젝트에서는 필요에 따라 소프트웨어를 사용해야 한다. 좋은 툴은 상위 수준의 제품 계획, 가상 시나리오 토론, 폭넓은 커뮤니케이션을 향상시킨다. 하지만 팀에서 펜이나 종이 같은 아날로그 도구가 아니라 소프트웨어 도구를 사용하면 문서 작성을 벗어나 스크럼에서 바라는 토론 문화를 정착시키는 데 어려움을 겪을 공산이 크다. 팀에서 SW 도구를 사용하면 다음과 같은 함정에 빠지기 더 쉽다.

- 너무 장황한 기능 설명을 작성한다.
- 사용자의 요구사항을 일부 팀원(업무 분석가)만 진행한다.
- 스토리를 나누기 싫어서 완료된 스토리를 모두 한 스프린트에 전달하려 한다.
- SW 도구에서는 삭제보다 유지하는 게 쉬워서 더 이상 필요 없는 스토리를 그대로 둔다.

제품 백로그 관리에 SW 도구를 사용한다고 애자일이 아니라고 할 수는 없다. 하지만 SW 도구보다 펜과 종이를 이용하면 더 애자일하게 될 수 있다고 생각한다. 아날로그적 선택이 가능하다면 꼭 활용해보자.

"저는 이미 유스케이스를 잘 활용하고 있습니다. 사용자 스토리로 꼭 바꿔야 할 필요가 있나요?"

유스케이스는 시스템의 기능을 표현하는 방법 중 하나다. 여러분(그리고 제품 책임자를 포함한 나머지 팀원들)이 유스케이스를 잘 활용하고 있다면 굳이 바꿀 이유는 없다. 하지만 유스케이스는 사용자 스토리보다 더 범위가 넓은 게 일반적이다.

마틴 파울러의 저서 『UML Distilled』[1]를 보면 유스케이스의 창시자 이바 제이콥슨(Ivar Jacob-sen)은 10명의 인력이 투입되어 일 년 걸리는 프로젝트는 약 20개의 유스케이스가 필요하다고 했다. 즉 유스케이스 하나를 완료하는 데 한달 동안 6명이 필요하다는 뜻이다.(6 M/M) 이에 반해 파울러는 더 작은 유스케이스를 좋아한다고 했다. 즉 10명의 인력이 일 년 걸

---

[1] 옮긴이 번역서는 『표준 객체 모델링 언어 입문』(홍릉과학출판사)이란 제목으로 3판까지 나와 있다.

리는 프로젝트에 100개의 유스케이스를 도출한다. 스프린트 기준이 2주라고 가정하면 제이콥슨 방식은 6명 한 팀이 스프린트 2회마다 하나의 유스케이스를 완료할 것이다. 파울러 방식은 스프린트당 2개 이상의 유스케이스를 완료할 수 있다.

필자가 수십 개의 스크럼 팀과 함께하며 몇 백 번의 스프린트를 통해 수집한 통계 자료에서 보면 2주 스프린트 동안 6명으로 구성된 팀이 평균적으로 6~9개의 사용자 스토리를 완료하는 것으로 나오는데 이와는 분명 차이가 있다. 이는 스크럼 팀이 일반적인 유스케이스보다 작업 단위가 더 작을 때 가장 효과적으로 일한다는 사실을 보여준다. 그래서 제품 백로그에 유스케이스를 사용한다 하더라도 통상적인 크기보다 더 작게 유스케이스를 작성하고 싶을 거란 점을 염두에 두어야 한다.

"저희는 사용자에게 보이지도 않는 백엔드 소프트웨어를 개발하고 있습니다. 사용자 스토리는 말도 안된다구요!"

사용자 스토리의 '사용자'라는 단어가 사용자 스토리에 내포된 의미를 한정해버리는 것 같다. 지금까지 사용자 스토리는 다양한 종류의 업무에서 성공적으로 사용되었다. 다음과 같이 작성된 스토리도 잘 작성된 사용자 스토리다. "대출 권한 관리 시스템에 문법 검사를 할 필요가 없는 형식에 잘 맞는 XML로 모든 데이터를 전달받고 싶다."

덧붙이자면 "〈고객의 유형〉로서, 나는〈어떤 이유 때문에〉〈어떤 목표〉를 원한다." 가 가장 좋은 형태의 사용자 스토리라고 생각하지만 이 형식이 모든 프로젝트에서 최선은 아닐 수 있다. 개발 중인 것과 맞지 않으면 다른 형태로 제품 백로그를 작성하면 그만이다. 필자의 경우 기능 주도 개발 Feature-Driven Development에서 기능을 작성하는 〈객체〉〈결정〉〈액션〉 순[2]으로 제품 백로그를 작성해 좋은 결과를 얻었다. 다음은 이런 형식으로 작성한 예이다.

- 대출의 위험을 평가한다
- 한 계좌의 현금 인출 권한을 부여한다.
- 대시보드에 'service now' 표시를 활성화한다.
- 단상형[3]의 빈도수를 계산한다.

---

2 옮긴이 원문은 〈action〉〈result〉〈object〉 순서지만 우리말 어순을 고려해 순서를 〈object〉〈result〉〈action〉으로 바꾸어 옮겼다.
3 옮긴이 1개 염색체 상에 다형의 유전자 자리가 조밀하게 연쇄하여 존재하는 경우, 동일 염색체 상에 연쇄하는 각 유전자 자리의 대립 유전자 조합 (출처 : 생명과학 대사전, 강영희, 2008)

지금 시도해볼 것들

- 제품 백로그를 작성하지 않았거나 좋은 형태가 아니라면 제품 백로그를 새로 작성하라. 모든 프로젝트 참가자를 회의에 참석시키고 다같이 인덱스카드에 제품 백로그를 작성하라. 작성하는 사용자 스토리가 모든 요구사항의 세부 내용을 작성하는 용도가 아니라 후에 논의하겠다는 약속처럼 사용한다는 것을 상기시키자.
- 지난 프로젝트 아니면 일반적인 프로젝트에서 작성했던 모든 문서를 출력하라. 각각의 문서를 모두에게 보여주면서 작성하는 데 얼마나 걸렸는지, 나중에 사용하긴 했는지, 문서를 작성하지 않는다면 어떤(좋은 혹은 나쁜) 일이 일어날지 함께 토론해보자. 이를 통해 현재 프로젝트에서 필요한 문서와 사용하지 않을 문서를 추려보자.
- 현재 제품 백로그와 스프린트 백로그를 관리하기 위해 사용하는 SW 도구가 있다면 2번의 스프린트 동안 사용을 중지해보자. 계획한 스프린트가 지난 뒤 회고에서 SW 도구 사용을 하지 않는 동안 어땠는지 토의해보자. 툴을 사용하지 않을 수 없는지, 대화나 종이를 사용해 SW 도구의 의존도를 낮출 수 있는지 살펴보자.
- 다음 스프린트 회고에서 팀원들이 사용하고 싶지 않은 SW 도구가 있는지 파악해 보자. 한두 개 툴이 계속 지명되면 이 툴을 제거했을 때 장점과 단점이 무엇인지 논의해보고 폐기할지 고려해보자.

발전적으로 요구사항 정의하기

새 프로젝트를 시작할 때, 이전 프로젝트에서 고군분투했던 문제들은 사람들 마음속에 생생하게 남는다. 이런 문제를 반영해서 얻은 공통된 결론은 '더 열심히 일했거나 더 많은 일을 했다면 더 좋은 결과를 얻을 수 있었을 텐데'이다. 이 결론이 사실일 수도 있겠지만 요구사항을 수집하는 경우라면 그렇지 않은 경우도 생긴다. 프로젝트 초기에 모든 바라는 기능을 식별하기 위해 오랜 시간을 투자하거나, 엄청난 노력을 쏟아 부어도 성공하기 어렵다. 시스템이 형태를 갖추어 가기 시작하면 사용자와 개발자가 예상하지 못한 일들이 항상 생긴다.

창발적인 요구사항

이렇게 우리가 사전에 식별할 수 없는 기능을 '창발적인emergent 요구사항'이라고 부른다. 창발적인 요구사항을 누군가 도출하면 보통 이런 말들로 다른 팀원들이나 사용자에게 알린다. "그걸 보니 이런 생각이 드네요." "그 요구사항 때문에 좋은 생각이 떠올랐어요." "나 참, 이런 건 생각해본 적도 없다구요!" 실제 소프트웨어를 보고 나서야 떠오르는 요구사항이 항상 있기 마련이다. 스크럼에서 각 스프린트가 끝날 때 작동하는 코드를 만들어야 한다고 강력하게 주장하는 이유는 창발적인 요구사항이 좀 더 빨리 발견되도록 하기 위해서다.

창발적인 요구사항은 거의 모든 프로젝트에 존재한다. 그리고 문제를 일으킨다. 예를 들면, 창발적인 요구사항 때문에 완벽한 일정 예측은 불가능해진다. 마찬가지로 설계자가 설계할 때 창발적인 요구사항을 모두 고려하는 건 불가능하기 때문에 초반에 진행하는 설계 단계는 항상 불완전하다.

순차적인 개발 프로세스를 이용하는 프로젝트 관리자는 계획에 차질이 없도록 긴급상황에 대한 여유를 두거나 미리 위험관리에 많은 노력을 기울여 창발적인 요구사항을 관리했다. 창발적인 요구사항이 생기면 계획이 실패한 것처럼 보인다. 이와 반대로 스크럼 팀은 신중하게 계획을 세워도 요구사항이 더 생길 것임을 인정한다. 그래서 창발적인 요구사항을 계획의 실패로 보지 않고 너무 일찍, 너무 상세화된 계획의 결과라는 관점으로 바라본다.

창발적인 요구사항을 처리하는 첫 번째 단계는 우리가 모든 것들을 미리 생각할 수 없다는 사실을 인정하는 것이다. 시스템을 만드는 일처럼 요구사항이 나타나는 것을 당연하다고 인정하면 개발할 시스템의 모든 세부사항을 초반에 정의한 (사실 그럴 수 없는) 완벽한 요구사항 문서가 필요 없다는 점을 인정하기 쉬워진다. 사실 완성도를 무조건 강조하기보다 언제 기능이 동작할지를 기초로 요구사항 정확도 수준을 다르게 명시하는 게 더 좋다.

반대 의견

"저는 변하지 않는 게 없다는 말은 이해합니다. 요구사항이 더 나올 수 있겠죠. 하지만 요구사항은 계약의 일부가 되기 때문에 프로젝트 초기에 모든 요구사항을 명시할 필요가 있습니다."

계약서대로 요구사항을 확정하고 싶지만 쉽게 되지 않는다. 요구사항이 확정되고 변경하지 않을 것처럼 대할 수 있겠지만 일부는 항상 변경된다. 가장 좋은 계약서는 이를 반영했거나 적어도 변화가 생긴다는 사실을 인정하는 계약서다. 이런 방법을 트론드 페더슨$^{Trond\ Pedersen}$은 이렇게 설명했다. "요구사항 변경에 대해 불만을 갖는 것은 날씨를 불평하는 것과 마찬가지다. 세상 돌아가는 이치를 바꿀 수는 없지만 대처할 수는 있다. 토르(바이킹 신화 속의 번개의 신)에게 폭풍우를 멈춰달라고 기도하지 말고 우산을 챙기자."

제품 백로그 빙산

다행스럽게도, 상세화 정도가 다른 기능들을 포함하는 제품 백로그를 작성하는 일은 쉽다. 팀에서 곧 작업할 제품 백로그 항목은 단일 스프린트 동안 개발, 테스트, 통합이 가능하도록 충분히 상세한 내용을 담고 있어야 한다. 따라서 제품 백로그 중 우선순위가 높은 사용자 스토리는 작지만 합당하게 이해가 되는 것들로 채워지게 된다. 우선순위가 낮은 사용자 스토리는 범위가 크고 아직 덜 상세화된 것들이다. 이런 에픽[4] 사용자 스토리는 대략적인 추정이 가능한 정도만 상세화 하고 우선순위를 정한 채 남겨둔다. 이때 제품 백로그는 그림 13.1처럼 마치 빙산과 같은 형태를 띠게 된다.

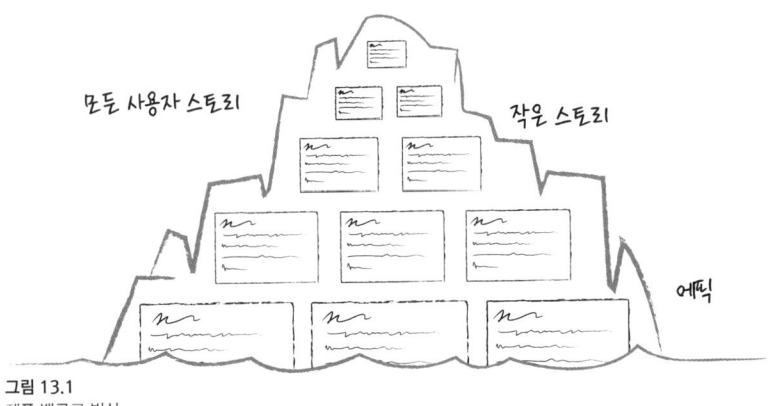

그림 13.1
제품 백로그 빙산

---

4 옮긴이 관련 있는 사용자 스토리의 그룹을 가리키는 용어. 에픽이란 표현을 이미 많이 쓰고 있고 원서의 느낌을 살리기 위해 음차로 표현했다.

제품 백로그 빙산 상단에는 한 스프린트 동안 팀이 완전히 구현할 수 있는 작은 기능이 위치한다. 빙산 밑으로 내려가보면(앞으로 더 확인해야 하는 것들을 보면) 빙산이 수면에 닿을 때까지 백로그의 항목이 더 넓어짐을 알 수 있다. 아직 논의되지 않은 기능들이기 때문에 팀은 무엇이 얼마나 숨겨져 있는지 알지 못한다.

제품 백로그 손질하기

제품 백로그 상단의 우선순위가 높은 항목들이 개발되고 제거되면 빙산의 윗변은 평평해지고 형태를 잃어버린다. 이 효과에 대응하려면 종종 제품 백로그 손질에 시간을 투자해야 한다. 제품 백로그 손질은 머리 손질과는 다른 이야기다. 필자의 제품 백로그엔 손질할 머리카락이 없다. 필자가 사용하는 '손질'이란 표현은 아침 스키 리프트에서 산의 상태에 대해 "(눈이) 손질되어 설질 좋은데!"이거나, 옥스포드 영어 사전에 정의된 잘 '돌봐주기$^{to\ look\ after}$' 와 같은 의미다. 팀은 제품 백로그를 잘 손질하고, 돌봐줘야 한다.

    경험상 괜찮은 규칙은 스프린트마다 약 10%의 노력을 다음 스프린트를 준비하며 제품 백로그를 손질하는 데 사용하는 것이다. 이때 팀에서 그 역할을 맡은 한 사람(아마도 분석가)은 넓은 시야로 백로그를 살펴봐야 한다. 또 다른 방법은 팀원 각자가 제품 백로그를 손질하는 데 약간씩 노력을 더하는 것이다.

    제품 백로그에 대한 대화는 아무 때나 어느 팀원과도 이루어지기 때문에 한 순간, 한 번의 회의로 제한하지 않는다.

> 개발자가 개발할 대상을 이해할 수 있게 도와주는 사용자 스토리에 대한 대화입니다. 스크럼 마스터는 계획 회의 전, 계획 회의 동안, 계획 회의 후 원활한 작업 진행을 위해 사용자 스토리에 대한 대화를 더 나누도록 분위기를 이끌어야 합니다.$^{(Davies\ \&\ Sedley\ 2009,\ 75)}$

스프린트 동안 개발할 제품 백로그 항목에 대해 완벽하게 이해하고 각 스트린트를 시작하는 것이 여러분의 목표여서는 안 된다. 훌륭한 스크럼 팀은 그 기능을 개발하기 전에 완벽히 이해할 것을 요구하지 않는다. 오히려 스프린트가 시작될 때는 그 스프린트 동안 확실히 완료할 정도만 요구한다. 모든 기능을 초기에 이해하려 애쓰지 않고 적당한 시기에, 딱 알맞게 제품 백로그 기능을 이해하는 전략을 선호한다. 즉 제품 백로그 빙산 위쪽으로 움직이듯 적당한 시기에 큰 기능은 작은 기능으로 분리되고 상세한 설명이 추가된다. 또 각 항목은 팀 스프린트 동안 완료할 수 있을 정도로 딱 알맞게 상세화된다.

그렇다고 팀이 제품 백로그 빙산 아래쪽에 위치한 항목들을 이해하기 위해 시간을 쏟을 수 없다는 말은 아니다. 사실 그런 방식이 필요할 때도 있다. 해당 제품 백로그에서 우선순위가 낮은 항목이 높은 항목에 영향을 끼칠 수 있다고 판단되면, 이를 이해하기 위해서 어느 정도의 노력을 투자할 수 있다. 때문에 이렇게 되면 제품 백로그 항목을 여러 개, 작은 항목으로 나누는 결과가 나타나기도 한다. 하지만 사전에 모든 기능을 이해하려 했던 경험에 비춰보면, 제품 백로그 우선순위를 기반으로 결정하지 않고 사전에 노력을 들여 해당 항목을 이해하는 게 정말 필요한 일인지 신중해야 한다.

함께 보기
분석가나 UX 디자이너와 같은 기술을 가진 사람들은 제품 백로그 하단부터 미리 완료하기도 한다. 그렇게 하는 방법을 14장 「스프린트」의 '이번 스트린트에서 다음 준비하기'와 '스프린트 처음부터 끝까지 함께 일하기'에서 설명한다.

반대 의견

"제품 백로그를 손질할 시간이 어디 있어요. 코딩하기도 벅차다구요."
스크럼이 사람들의 변화를 요구한다는 점을 기억하자. 제품 백로그 손질에 필요한 시간을 할당해야 한다. 스프린트마다 꼭 필요한 것은 아니다. 하지만 나중으로 작업할 일을 좀 미루더라도 제품 백로그에서 우선순위가 높은 항목들을 작고 스프린트에 맞게 유지하는 정도는 해 둘 필요가 있다.

왜 점진적으로 요구사항을 정제해야 할까?

'모든' 요구사항을 도출하여 새로운 프로젝트를 시작하는 일이 편할 수도 있다. 하지만 모든 프로젝트에서 창발적인 요구사항은 나타나기 마련이라 모든 요구사항을 도출하는 일은 끝이 없다. 다행인 것은 점진적인 요구사항 정제는 다음과 같은 측면에서 유리하다.

- **모든 것은 변한다** _ 프로젝트 전반에 걸쳐 우선순위는 변한다. 초기에 중요하다고 생각했던 기능이 정작 시스템을 사용할 잠재 사용자와 고객들에게 공개됐을 때

별로 중요하지 않은 기능이 되기도 한다. 또 나중에 발견된 요구사항이 최우선 순위가 되는 경우도 생긴다. 변화를 피할 수 없는 일로 받아들이게 되면 빙산처럼 제품 백로그를 구조화 했을 때 장점이 좀 더 명확해진다. 변할 가능성이 가장 높은 기능들은 나중에 완료하면 된다. 변화 가능성이 높은 게 확실하다면 이런 기능들은 상위 수준에서만 정리하자.

- **필요가 없다** _ 소설가 E.L 닥터로우^{Doctorow}는 이렇게 표현한다. "소설을 쓰는 일은 안개 낀 밤에 운전하는 것과 비슷합니다. 헤드라이트가 비추는 만큼 겨우 보이지만 여행은 계속할 수 있습니다." 소프트웨어 개발도 마찬가지다. 헤드라이트가 자신과 수평선 사이의 모든 것을 밝혀주지는 않는다. 왜냐하면 그럴 필요가 없기 때문이다. 헤드라이트는 차로 안전한 여행을 할 수 있도록 보고 반응할 만큼 길을 밝혀 준다. 빙산과 같은 제품 백로그도 비슷하다. 팀이 대부분 이슈를 피할 수 있게 앞날을 전망할 수 있도록 다음 작업 항목에 적당한 가시성을 제공하는 것이다. 팀의 작업이 빠르면 제품 백로그 상세화도 이에 맞추는 게 필요하다.
- **시간이 부족하다** _ 거의 모든 프로젝트는 시간에 쫓긴다. 사람들은 예정된 시간에 맞추는 것 이상을 원한다. 따라서 모든 요구사항을 똑같이 다루는 일은 아주 쓸데없는 짓이다. 프로젝트의 핵심 자원 중 하나인 시간은 잘 관리해야 한다. 지금은 제품 백로그 다음 기능을 상위 수준에서 작성하는 정도로 충분하다면, 거기까지만 완료하면 된다. 제품 백로그 상에서 우선순위가 높아졌다거나 다른 기능 구현에 영향을 끼칠 것으로 생각되어 다음 기능에 대해 더 많은 이해가 필요해지면 더 상세하게 제품 백로그를 작성하면 된다.

사용자 스토리의 점진적인 정제

애자일 요구 분석 과정은 그림 13.1의 제품 백로그 빙산에서 볼 수 있는 것처럼 다양한 수준으로 작성할 수 있어야 한다. 팀원들이 제품 백로그 빙산 아래쪽에 있는 크고 임시적인 요구사항을 작성하고, 협의를 거쳐 중간 크기 항목으로, 결국에는 팀이 한 스프린트 내에서 처리할 정도로 작은 항목으로 세분화하는 과정이 쉬워야 한다.

사용자 스토리는 요구사항을 작성하는 일보다는 요구사항에 대한 대화를 많이 하라고 강조한다. 이런 특성 때문에 제품 백로그 빙산과 사용자 스토리는 잘 들어맞는다고 볼 수 있다. 그 이유는 큰 사용자 스토리와 작은 사용자 스토리 간에 이동이 쉽기 때문이다.

일반적으로 큰 사용자 스토리를 '에픽'이라고 부른다. 에픽이라고 부를 수 있는 사용자 스토리 크기가 정해진 건 아니지만, 보통 에픽은 개발과 테스트에 1~2번의 스프린트가 필요하다. 사용자 스토리는 스프린트 내에서 완료할 수 있는 크기여야 하므로 에픽은 작업을 시작하기 전에 더 작은 크기로 쪼개져야 함을 의미한다. 다음 에픽을 더 작게 나누는 방법에 대해 살펴보자.

- 사용자 본인의 정보는 자신만 접근할 수 있어서 시스템에 로그인 해야만 한다.

에픽처럼 보이지 않을 수도 있지만 여러 경우가 나올 수 있다. 제품 책임자가 이 사용자 스토리를 새로운 비밀번호를 요구하고, 비밀번호를 변경하는 등 로그인과 관련된 모든 것으로 정의했다고 가정해보자. 이 스토리는 화면에서 로그인 버튼을 클릭하는 것 이상을 담고 있다. 이를 기반으로 팀은 개발과 테스트에 2~3번의 스프린트가 필요하다고 판단했다. 이런 스토리가 바로 에픽이다. 다음은 이 에픽을 팀에서 한 스프린트 내에 완료할 수 있는 작은 사용자 스토리로 분리한 예이다.

- 등록된 사용자는 시스템을 신뢰하기 위해 사용자 명과 패스워드로 로그인 할 수 있다.
- 신규 사용자는 개인정보를 시스템에 기억시키기 위해 사용자 명과 패스워드를 등록할 수 있다.
- 등록된 사용자는 안전한 시스템 사용과 기억하기 쉽도록 비밀번호를 변경할 수 있다.
- 등록된 사용자가 보안에 문제가 되는 단순한 패스워드를 사용할 때 시스템이 경고를 줄 수 있다.
- 비밀번호를 잘 잊어버리는 사용자는 비밀번호를 잊어버려도 접속이 가능하도록 새로운 비밀번호를 요청할 수 있다.
- 등록된 사용자는 해킹이 어렵도록 로그인 실패 시 사용자 명, 비밀번호 중 무엇이 틀렸는지 구별해서 알려주지 않는다.
- 등록된 사용자는 누군가 자신의 계정에 잘못된 접속 정보로 3회 연속 접근하면 알림을 받는다.

에픽을 더 작은 스토리로 나누면 에픽을 제거하길 추천한다. 사용중인 사용자 스토리 관리 툴에서 제거하거나 인덱스카드에서 제외하자. 필요하다면 작은 사용자 스토리의 추적성을 위해 에픽을 유지할 수도 있다. 아니면 더 작은 스토리가 만들어진 배경을 알기 위해 에픽을 유지할 수 있다. 팀에서 작업을 시작하기 전에 에픽 사용자 스토리를 제거하고 작은 사용자 스토리로 변경하면 크기가 작은 사용자 스토리가 만들어진 배경을 기억하기 훨씬 쉬워진다.

에픽 사용자 스토리를 작게 분리해도 에픽일 때

비밀번호 예제보다 훨씬 더 큰 에픽인 경우 스토리 나누기는 여러 단계를 거친다. 에픽을 중간 크기의 스토리로 나눈 다음, 더 작은 사용자 스토리로 나눈다. 커다란 에픽의 예로 대형마트용 소프트웨어를 개발하는 회사에서 사용하는 사용자 스토리를 생각해보자.

- 마케팅 부서의 부사장은 지난 행사를 한 번 더 할지 판단하기 위해 일전에 좋은 성과를 얻었던 광고 행사의 성과를 검토하고 싶다.

다양한 과거 광고 행사의 통계를 검색할 수 있다면, 행사를 다시 진행할 최고의 대상을 선택할 수 있다는 게 부사장의 아이디어였다. 가령 위기의 주부들Desperate Housewives 방송 중간의 TV 광고와 하루에 2번 하는 라디오 광고, 목요일 신문의 지면 광고, 이메일 캠페인 중에 가장 효과가 좋은 방법을 선택하는 것이다. 이 프로젝트에 속한 모든 이들이 2주 스프린트에 그 스토리를 완료하기엔 무리라고 생각했다. 결국 그 스토리를 2개로 분리했다.

- 마케팅 부서의 부사장은 수익성이 있는 캠페인을 식별하기 위해 지난 광고 캠페인의 성과를 검토할 때 광고 시간대를 선택할 수 있다.
- 마케팅 부서의 부사장은 지난 광고 캠페인의 성과를 검토할 때 광고 매체(편지, TV, 이메일, 라디오 등)를 선택할 수 있다.

스토리가 작아졌지만 이 스토리들이 아직도 한 스프린트에 종료하기 어렵다고 느꼈기 때문에 더 나눴다. 광고 시간대를 선택하는 사용자 스토리를 다음과 같이 세 개의 스토리로 분리했다.

- 마케팅 부서 부사장은 정확한 날짜를 선택할 수 있도록 지난 광고 캠페인의 성과를 단순히 기간별로 확인할 수 있다.
- 마케팅 부서 부사장은 지난 몇 년 간의 동향을 파악하기 위해 지난 광고 캠페인의 성과를 검토할 때 계절(봄, 여름, 가을, 겨울)을 선택할 수 있다.
- 마케팅 부서 부사장은 몇 년 간의 동향을 살펴보기 위해 지난 광고 캠페인의 성과를 검토할 때 부활절, 크리스마스 등의 연휴 기간을 선택할 수 있다.

이렇게 분리하는 작업이 끝나고 나서야 팀은 스토리를 한 스프린트 동안 완료할 수 있다고 느꼈고 스토리 세분화를 마칠 수 있었다. 분리된 스토리들이 구현하기에 너무 작아지지 않도록 주의를 기울이자. '성 금요일부터 부활절' '추수감사절에서 크리스마스' 같은 연휴 기간을 선택하는 것은 기간 중에 연도가 변경되기 때문에 어려울 것이다. 팀에게는 이런 사용자 스토리가 너무 크지 않은지 다시 한 번 고려해 볼 기회가 주어졌다.

대부분의 경우 사용자 스토리 빙산에서 해수면 가까이에 있는 커다란 에픽을 곧바로 작고 구현 가능한 정도의 스토리들로 나눌 수 있다. 또, 커다란 에픽을 여러 개 작은 에픽으로 나누는 중간 단계를 거칠 수도 있다. 하지만 선택은 여러분의 몫이며 프로젝트의 상황에 크게 좌우된다.

인수 기준 추가하기

마침내 스토리가 충분히 작게 분리되었다면 더 이상의 분리 작업은 도움이 되지 않는다. 하지만 이 시점에도 사용자 스토리에 인수 기준$^{\text{Acceptance Criteria}}$을 추가하는 점진적인 요구사항 정제는 계속 가능하다. 인수 기준은 간단히 말해서 사용자 스토리가 완료되고 나서 통과해야 하는 상위 레벨의 인수 테스트$^{\text{high-level acceptance test}}$다. 일례로 다음 스토리를 살펴보자.

- 마케팅 부서의 부사장은 수익성 있는 캠페인을 식별하기 위해 지난 광고 캠페인의 성과를 검토할 때 일전에 사용했던 연휴 시즌을 선택할 수 있다.

이미 이 사용자 스토리를 팀이 한 스프린트 동안 완료할 수 있다고 확정 지었다. 이제 제품 책임자와 함께 인수 기준을 추가하는 작업을 통해 이 요구사항에 대한 점진적인 정제를 계속한다. 작업을 위해 인덱스 카드를 다시 준비하고(제품 백로그를 관리하는 도구나 위키를 사용한다고 해도 마찬가지로) 다음과 같이 인수 기준을 작성했다.

- 주요 연휴 시즌(크리스마스, 부활절, 대통령의 날, 어머니의 날, 아버지의 날, 노동절, 새해 첫날)에 제대로 동작하는지 확인한다.
- 해가 바뀌는 연휴에 대한 처리를 지원한다.
- 연휴 시즌을 휴일에서 다음 휴일까지(가령, 추수감사절에서 크리스마스까지) 정할 수 있다.
- 연휴 시즌을 휴일보다 우선하여 정할 수 있다.

인수 기준을 추가해서 요구사항을 점진적으로 정제하면 팀원들이 제품 책임자가 해당 기능에 대해 바라는 것을 들을 수 있기 때문에 도움이 된다. 무엇을 포함시켜야 하고 포함시키지 말아야 할지 예상할 수 있게 된다. 예를 들어 앞에서 언급한 스토리의 인수 기준에 따르면 중국인의 설날을 지원할 필요가 없는 게 분명하다. 물론 필자는 기회가 있을 때마다 매운 중국 음식을 즐기고 있지만 중국인들의 설날이 여기 미국에서 매출이 늘어나는 기간이 아닌 것은 분명하다. 물론 제품 책임자가 명시적으로 "중국인들의 설날을 지원할 필요는 없습니다"라고 말해준다면 더 확실하다. 하지만 작성된 사용자 스토리를 위한 대화가 그런 상세한 부분을 끄집어 내줄 것이기 때문에 아마도 필요 없을 것 같다.

지금 시도해볼 것들

- 기존 제품 백로그를 사용자 스토리로 바꿔보자. 지금 진행 중인 제품 백로그 항목을 인덱스 카드에 출력하자. 넓은 테이블 위에 비슷한 카드들을 한데 모으자. 우선순위가 높은 그

> 룹의 카드들을 독립된 사용자 스토리로 작성하자. 기존 제품 백로그 항목과 새로 작성한 사용자 스토리가 1대 1로 연관되지 않음에 주의하자. 우선순위가 낮은 항목들은 에픽 한 개로 변경하자. 새로운 에픽 뒤에 기존 카드들을 클립으로 붙여두고 나중에 에픽을 스프린트에 맞게 사용자 스토리로 분리할 때 참고용으로 사용하자.
> - 다음 스프린트 계획 회의 때 사용자 스토리의 인수 기준을 명확하게 도출하자. 스프린트 회고를 진행할 때 이렇게 식별했던 인수 기준이 도움이 되었는지 토론해보자.

상세화하지 않고 시작하면서 배우기

스크럼 팀은 요구사항을 문서로 작성하기보다는 대화로 해결하고 프로젝트 전 과정 동안 점진적으로 요구사항을 정제한다. 기존에 스펙 문서를 갖고 일을 시작하던 팀은 이런 방식에 불안을 느낄 수도 있다. 스크럼으로의 전환과 장기적인 성공의 열쇠는 완벽한 스펙 문서가 없어도 편안하게 프로젝트를 시작하는 방법을 배우는 것이다.

먼저, 어떤 문서가 도움이 되는지 파악하는 일이 목표가 아님을 분명히 해야 한다. 대신에 적절한 스펙 문서를 사용하는 게 원하는 바다. 스펙 문서에 대한 가장 적절한 사용은 규정이나 요구에 맞추는 게 아니라 정보를 전달하기 위해 작성하는 것이 제일이다. 과학이나 수학 분야 애플리케이션에서 볼 수 있는 복잡하고 세부적인 계산 방법이 스펙 문서를 사용하는 좋은 예이다. 하지만 다른 경우도 많다.

스펙 문서가 가진 위험 중 하나는 업데이트를 거의 하지 않는다는 것이다. 문서를 작성하기 전에 스스로에게 물어보자. 기꺼이 문서를 최신으로 유지할 것인지. 그렇지 않다면 그 문서를 작성할지 다시 한번 생각해 보거나, 우유상자에 써 있는 유통기한처럼 문서에 만료일을 넣을지 생각해보자.

사례를 통해 상세화하기

다음 관심사는 상세 문서 작성 방법을 바꾸는 일이다. 사례를 통한 제품 상세화를 고려해보자. 특히 대화나 짧게 작성된 문서로 논쟁을 벌일 때 희망하는 시스템의 동작 행위를 예를 들어 설명하면 아주 효과적으로 의사소통할 수 있다. 고이코 아직Gojko Adzic은 그의 저서 『Bridging the Communication Gap』에서 어떤 행위를 설명하기 위해 사례를 사용하면 어떤 점이 좋은지 설명했다.

> 실 세계의 사례를 활용하면 사람들이 더 쉽게 자기 자신과 연관 지어 생각할 수 있기 때문에 커뮤니케이션하기 수월하다. 뿐만 아니라 실제 사례들과 모순되는 점을 찾기도 쉬워진다. 개발자, 업무 담당자, 테스터 모두가 실 사례에 대한 토론에 참석할 필요가 있다. 개발자들은 업무에 대해 더 쉽게 배울 수 있고 구현에 필요한 기초를 마련할 수 있다. 테스터는 바로 활용할 수 있는 지식을 습득하고 논의를 하는 동안 중요한 사례를 제안해 개발에 영향을 줄 수 있다.(2009, 32)

사례를 통한 상세화 방법을 알아보기 위해 휴가를 자동으로 승인, 반려하는 시스템을 만들고 있다고 가정해 보자. 제품 책임자가 원하는 첫 번째 요건은 직원들이 기존에 가지고 있는 휴가 일수보다 더 적은 일수로 휴가를 요청한 경우 자동으로 승인하는 거였다. 제품 책임자는 사용자 스토리를 다음과 같이 작성했다. "직원은 형식적인 누군가의 결재를 기다릴 필요 없이 정해진 휴가 일수에 맞게 휴가를 요청할 때 자동적으로 승인 받을 수 있다."

아마 테스터와 함께 일하는 제품 책임자는 표 13.1과 같은 예시를 바탕으로 이 스토리를 구체화시킬 것이다. 표 13.1의 각 행은 서로 다른 테스트 케이스를 의미한다. 첫 번째 2개 열은 이 테스트 케이스의 테스트 데이터를 나타낸다. 마지막 열은 테스트가 가져야 하는 결과값이다. 그래서 첫 번째 행은 휴가가 6일 있는 직원이 휴가를 5일 요청한 경우를 나타내고 있다. 마지막 열을 보면 이 요청이 승인되어야 함을 알 수 있다.

휴가 일수	요청한 휴가 일수	승인 여부
6	5	승인
5	6	반려
5	5	승인

표 13.1
요청 중 하나는 휴가 일수보다 요청한 휴가 일수가 많아 자동으로 승인되지 않는 경우를 보여주고 있다.

이는 분명히 사례를 통한 상세화의 단순한 예이다. 자, 다음과 같은 사용자 스토리를 제품 책임자가 작성했다고 해보자. "1년 이상 근속한 직원은 자신의 휴가 일수보다 요청한 휴가일이 5일 더 많아도 자동으로 승인 받을 수 있다." 이 스토리를 사례로 구체화하면서 제품 책임자는 표 13.2를 작성했다.

휴가 일수	요청한 휴가 일수	1년 이상 근속 여부	승인 여부
10	11	아니오	반려
10	11	예	승인
10	11	아니오	반려
10	15	예	승인
10	16	예	반려

표 13.2
사례를 약간 추가하여 사례를 통한 상세화의 강점을 보여준다.

표 13.2는 여전히 아주 단순한 형태지만 사례를 통한 상세화의 강점이 보였으면 좋겠다.[5] 더 이상 자세히 예제를 다루지는 않겠지만 사례를 통해 상세화하는 방법은 시나리오가 복잡해질 때 더 큰 도움이 된다는 사실을 알아주었으면 한다. 가령 앞서 제시된 사용자 스토리에서 휴가 일수가 변경되었다고 생각해보자. 여러 기업들이 휴가 일수를 월별로 발생시킨다. 때문에 오늘 반려된 휴가 요청이 석 달 뒤엔 승인될 수도 있다. 이 같은 사례를 상세화하기 위해 요청일을 추가하거나 휴가 시작 일, 휴가 발생 비율 같은 열을 테이블에 추가할 수도 있을 것이다. 이처럼 대화와 사례를 조합해 요구사항을 자세히 설명하면 제품 책임자가 요청한 그대로 개발자가 제품을 만들게 될 가능성을 끌어올릴 수 있다.

사례를 통한 상세화는 그 사례를 자동화된 테스트로 바꿀 때 더욱 큰 힘을 발휘한다. 억지로 집어넣는 것과는 전혀 다르다. 가장 큰 장점은 자동화된 테스트를 실행하는 테스트 케이스가 전에 작성된 것인지 즉시 알 수가 있고, 테스트가 통과하면 스펙에 맞다고 알 수 있다는 점이다. 즉 테스트가 스펙을 준수하고 있는지 스스로 검증해 준다. 이 방법은 노르웨이의 애자일 PM인 트론드 빙고르드^{Trond}

---

[5] 이 사례는 상세화 방법을 보여주기 위해 의도적으로 단순하게 설명하고 있다. 동일한 사례를 실제로 구현하는 방법을 『Agile Java』의 저자 제프 랭의 아티클에서 확인할 수 있다. www.informit.com/articles/article.aspx?p=1393274.

Wingard가 취한 방식이다. 빙고르드의 팀은 테스트 형태로 스펙을 만들고 이 테스트를 실행할 수 있는 FitNesse[6]를 확장하여 사용했다. 그림 13.2에 나와 있는 윙가드가 프로젝트에서 사용했던 방식이다. 설명은 아래와 같다.

> 우리는 모든 요구사항과 테스트에 FitNesse를 사용합니다. 예외란 없습니다. 심지어 간혹 수동 테스트가 필요한 경우에도 다른 곳이 아니라 FitNesse 위키에 작성해야 합니다. 위키 첫 번째 페이지에는 9개의 사용자 에픽 목록이 있고 각 에픽은 개별 페이지로 연결되어 있습니다. 에픽 페이지는 해당 에픽이 여러 개의 사용자 스토리로 구성되어 있습니다. 각 스토리는 하나의 제품 백로그 항목과 대응하고 스토리 페이지와 연결됩니다. 스토리 페이지에서는 인수 기준에 따라 스토리를 설명합니다. 인수 기준들은 비슷한 항목끼리 그룹 지어져 있고 각 그룹은 FitNesse 테스트를 위한 별도의 페이지를 갖습니다. 이 구조는 설치하기 매우 쉬울 뿐만 아니라 이해하기도 쉬워 팀에 실질적인 도움을 줍니다.

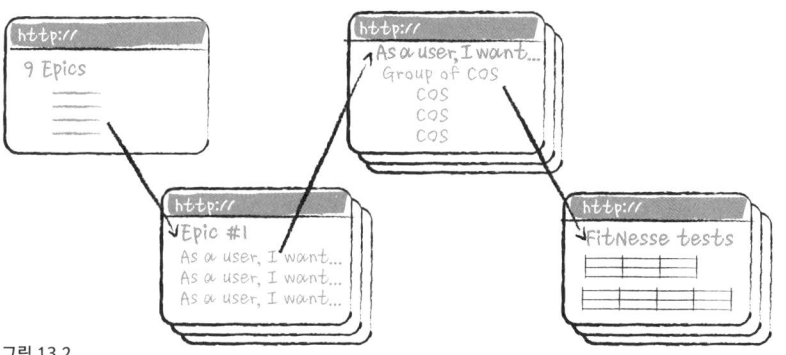

그림 13.2
FitNesse 위키 페이지 한 묶음은 상위 수준의 요구사항이 적힌 에픽에서부터 세부적인 사용자 스토리의 테스트 케이스까지 모두 연결되어 있다.

문서화 필요성이 줄어드는 교차기능 팀

문서 범위를 줄이거나 제거하는 일을 반대하는 사람들은 그룹에서 시스템이 어떻게 동작하는지 알 수 있는 유일한 방법이 이런 문서라고 주장한다. 가령 품질관리 그룹은 상세 문서가 없으면 시스템의 정상 동작과 버그를 구별할 방법이 없다는

---

6 옮긴이 Fit을 위키 형태로 사용할 수 있게 도와주는 프레임워크. 인사이트에서 번역 발간한 『Fit, 통합 테스트 프레임워크』를 참조하라.

이유를 든다. 스크럼 이전 조직이라면 분명 맞을 수 있다. 개발자 각자가 의사결정을 내리고 테스터에게 상세하게 문서로 작성해 건네준다. 이렇게 몇 년 일하다 보면 테스터는 상세한 문서 없이는 무엇을 테스트할지 알 수 없다는 확신이 생기기 마련이다. 하지만 스크럼 팀에서는 개발자와 테스터가 한 팀으로 일한다. 더 이상 테스트하는 팀에게 결과물을 건네주는 개발 팀은 없다. 그 대신 교차기능의 복합 팀이 존재한다. 테스터는 예전처럼 작업 결과를 건네 받지 않기 때문에 예전에 사용했던 문서들은 필요 없다. 문서로 일이 전달되지 않기 때문에 테스터는 문서가 사라지면서 생긴 논의에 참석해야 한다.

애자일을 하기 전에는 프로젝트에서 개발자와 테스터가 논쟁을 벌이는 것을 자주 목격했다. 테스터는 개발자가 문서를 갱신하지 않는다고 불평했고 개발자는 문서가 아무 도움이 되지 않는다며 불평했다. 나는 프로젝트 몇 군데에서 논쟁을 벌이는 것을 듣고 나서야 문서 작성자에게 뭔가 혜택이 있어야 함을 깨달았다. 테스터는 개발자가 유지보수하지 않은 상세 문서에 불평을 하는 사람이었기 때문에 그들로 하여금 문서 작성과 유지보수에 책임을 갖도록 했다. 이를 통해 내 문제를 해결할 수 있었을 뿐만 아니라 테스터가 이 문서를 작성하는 데 필요한 정보를 얻기 위해 더 일찍, 더 자주 개발자와 대화를 나누게 하는 장점도 얻을 수 있었다.

요하네스 브로드월Johannes Brodwall도 비슷한 전략을 사용했다.

테스터들은 처음엔 막연해 했다가 점점 더 상세한 문서 작성과 그 문서를 테스트 케이스로 다시 바꾸는데 익숙해져 갔습니다. 더 애자일스런 접근 방법은 실제로 테스터가 처음부터 상세한 명세서 작성을 책임지는 것입니다. 요즘 우리는 테스터가 이터레이션을 시작할 때 '명세서'라고 부르는 테스트 가능한 시나리오를 작성하게 하고 있습니다.

제품 백로그 DEEP하게 만들기

『Agile Product Management with Scrum: Creating Products That Customers Love』의 저자 로만 피츨러Roman Pichler와 필자는 좋은 제품 백로그의 필수적인 요소를 요약할 때 DEEP이라는 용어를 주로 사용한다.

- **적절한 상세화**^{Detailed Appropriately} _ 제품 백로그 중에서 곧 완료할 사용자 스토리는 다음 스프린트에 종료할 수 있도록 쉽게 이해할 수 있어야 한다. 또 당분간 개발하지 않는 스토리의 상세화 수준은 최소한으로 유지되어야 한다.
- **작업의 크기가 잘 추정되어 있다**^{Estimated} _ 제품 백로그는 완료할 전체 작업 목록일 뿐만 아니라 계획을 세우는 데도 유용한 도구이다. 아직 이해가 잘 되지 않는 제품 백로그 항목은 아래쪽에 있기 때문에 상단에 있는 항목과 비교해 추정의 정확도는 떨어진다.
- **유연함**^{Emergent} _ 제품 백로그는 정적이지 않다. 계속해서 변경된다. 알면 알수록 제품 백로그에 있는 사용자 스토리는 추가되고 삭제되고 우선순위가 조정된다.
- **우선순위**^{Prioritized} _ 제품 백로그는 가장 가치 있는 항목부터 가장 가치가 적은 항목들이 순서대로 정리되어 있어야 한다. 항상 우선순위에 따라 작업을 하면 팀은 개발되는 시스템이나 제품의 가치를 최대로 끌어올릴 수 있다.

대화를 잊지 말자

어딘가에 프로젝트 제품 백로그가 작성되더라도 (보통 인덱스카드나 소프트웨어 도구를 사용해서) 제품 백로그가 프로젝트의 전통적인 요구사항 문서나 유스케이스 모델을 1:1로 대체하지는 못한다. 실제 제품 백로그에 적혀 있는 내용만큼이나 중요한 것은 그와 관련된 대화이다. 팀과 제품 책임자는 제품 백로그 작성을 위한 브레인스토밍, 스프린트 동안 점진적으로 기능을 정제하는 협업을 통해 다양한 대화를 하게 된다. 팀에서 제품 백로그를 잘 활용하려면 이런 대화가 중요하다는 사실을 잊어서는 안 된다.

더 읽어볼 것들

Adzic, Gojko. 2009.
『Bridging the Communication Gap: Specification by example and agile acceptance testing』. Neuri Limited.

이 훌륭한 책은 왜 요구사항에 대해 커뮤니케이션하는 게 어려운지 설명하고 있으며 사례를 통한 상세화를 해결책으로 제시하고 있다. 특히 사례를 선택하는 부분의 내용이 좋다. 또 사례를 통해 상세화하는 데 도움이 되는 도구를 설명하는 부분도 들어 있다.

Cao, Lan, and Balasubramaniam Ramesh. 2008.
「Agile Requirements Engineering Practices: An empirical study」. IEEE Software, January/February, 60-67.
저자들은 애자일 접근방식을 사용하고 있는 16개의 소프트웨어 개발 조직에서 요구사항을 수집하는 방법을 연구했다. 애자일에서 활용하는 요구사항 수집 실천방법들의 장점과 어려운 점들을 이야기하고 있다.

Cohn, Mike. 2004.
『User Stories Applied: For agile software development』. Addison-Wesley Professional.
이 책은 사용자 스토리로 일하는 방법을 전반적으로 다루고 있다. 사용자 역할을 도출하고 사용자 스토리를 작성하며 워크숍을 실시하는 법, 좋은 사용자 스토리의 여섯 가지 특징과 프로젝트에서 사용자 스토리로 계획을 세우는 방법 등의 내용을 담고 있다.

Mugridge, Rick, and Ward Cunningham. 2005.
『Fit for Developing Software: Framework for integrated tests』. Prentice Hall.
Fit는 오픈소스 통합테스트 프레임워크이다. 이 장 마지막에 나왔던 표와 유사한 사람들이 쉽게 읽을 수 있는 자동화된 테스트를 작성할 수 있다. 첫 몇 개 장은 Fit의 장점을 설명하고 있으며 프로젝트에서 기술을 담당하는 사람이 아니어도 읽을 만하다. 그 다음은 Fit을 기반으로 개발하고 싶은 사람들에게 추천한다.

14장

스프린트

모든 애자일 프로세스가 그렇듯이 스크럼 역시 반복적이고 점진적인 소프트웨어 개발 방식이다. 반복적, 점진적이란 단어 각각이 사전적 의미를 지니고는 있지만 곧잘 비슷한 의미로 사용된다. 여기서 잠깐 두 가지 표현의 의미를 더 잘 이해하기 위해 간단히 정리해보자.

점진적인 개발은 시스템을 하나하나씩 개발하는 방법이다. 먼저 한 부분을 개발한 다음 다른 부분을 그 위에 추가하는 것이다. 앨리스터 코오번은 점진적인 개발을 '단계와 계획에 의한 전략staging and scheduling strategy'이라고 정의했다.(2008) 가령 온라인 경매 사이트를 개발하는 경우 첫 번째 개발 범위에서 회원가입 기능을 만들고 다음 개발 범위에서 판매 물품 목록을 제공하는 기능을 개발한 후 판매 물품에 입찰하는 기능을 개발하는 식이다.

이와 대조적으로 코오번은 반복적인 개발을 '재작업 계획에 의한 전략rework scheduling strategy'이라고 이야기했다. 반복적인 개발 프로세스는 한 번에 고객이 원하는 기능을 만드는 것이 불가능하다고(적어도 가능성이 적다고) 인정한다. 가령 앞서 이야기한 온라인 경매 사이트를 반복적으로 개발한다면 먼저 전체 사이트의 초기 버전을 개발하고 피드백을 받는다. 그런 다음 피드백을 반영하며 다시 전체 사이트의 차기 버전을 개발하고 필요한 경우 그 프로세스를 반복한다.

그래서 점진적인 프로세스에서는 기능 하나를 완전히 개발하고 나서 다음 기능을 개발한다. 반복적인 프로세스에서는 우선 완벽하지 않은 초기 버전을 개발하고 나서 점차 전체 시스템을 개선하는 방법을 취한다. 스크럼처럼 두 가지 방법을 조합해서 사용하면 반복적이거나 점진적인 방법만을 사용했을 때 나타나는 약점을 극복할 수 있다.

이 장에서는 스크럼의 스프린트가 반복적이며 점진적인 개발을 어떻게 조합했는지 살펴볼 것이다. 또 각 스프린트 종료 시에 시스템 사용자나 고객에게 의미 있는 '동작하는 소프트웨어'를 전달하는 것의 중요성을 생각해보고 스프린트 동안 전체 팀이 함께 협업하는 것이 왜 필요한지 알아볼 것이다. 마지막으로 스크럼 팀에서 어떻게 계획대로 스프린트 하나를 완료하는지, 스프린트 목표를 세우는 것이 왜 중요한지, 팀 목표 달성을 위해 어떻게 시간 계획을 세워야 하는지 살펴볼 것이다.

스프린트마다 동작하는 소프트웨어 전달하기

스프린트 종료까지 스크럼 팀은 동작하는 소프트웨어를 만들어야 한다. 동작하는 소프트웨어는 기능 개발이 완료되어 잠재적으로 출시 가능한 소프트웨어를 의미한다. 동작하는 소프트웨어를 만들기 위해서는 기능 팀과 컴포넌트 팀 모두가 필요하다. 각 스프린트 별로 동작하는 소프트웨어를 전달하는 법을 터득하는 일은 새로 구성된 스크럼 팀이 넘어야 할 가장 어려운 도전 과제 중 하나이다. 하지만 그것이야말로 애자일한 조직이 되기 위해서 필수적인 요소이다. 애자일 선언문의 네 가지 가치 중에 하나가 '포괄적인 문서보다 동작하는 소프트웨어'일 만큼 매우 중요하다. 애자일 방법론에서 동작하는 소프트웨어를 강조하는 데는 다음 세 가지 주요 요인이 있다.

> **함께 보기**
> 기능 팀과 컴포넌트 팀은 10장 「팀 구조」에서 이야기한다.

- **동작하는 소프트웨어는 피드백을 활성화한다** _ 사용자에게 제품이 어떻게 동작하는지 문서를 제공하는 것보다 전체가 아니어도 동작하는 기능을 보여주면 팀에게도 좋고 피드백을 더 많이 수집할 수 있다. 사용자들이 제품을 직접 조작할 수 있으면 더 양질의 피드백을 줄 뿐만 아니라 처음부터 피드백 제공에 대한 요청에 참여하게 될 것이다. 50페이지에 달하는 제품 명세서는 분명 어딘가에 처박혀서 잊혀지게 된다.

- **동작하는 소프트웨어는 팀의 성과를 측정하는 데 도움이 된다** _ 프로젝트에서 가장 큰 위험 중 하나는 완료해야 할 것들이 얼마나 남았는지 잘 모르는 것이다. 시스템

을 완전히 끝내지 않고 너무 오랫동안 질질 끌게 되면 시스템을 출시 가능한 단계로 완성도를 높이는데 얼마만큼의 노력이 필요한지 파악하기가 많이 어려워진다. 스크럼 팀은 동작하는 소프트웨어를 강조하고 매 스프린트마다 사용자가 원하는 가치를 일부 전달함으로써 위와 같은 문제를 미연에 방지한다.

- **동작하는 소프트웨어는 필요한 순간에 제품을 조기 출시할 수 있게 한다** _ 치열한 경쟁 속에 빠르게 변화하는 요즘 시대에 조기에 제품 출시가 가능하다는 것은(몇 가지 기능만 전달하더라도) 매우 가치 있는 일이다. 항상 스프린트 마지막에 소프트웨어를 출시 가능한 상태로 두는 것이 이를 가능하게 한다.

> **함께 보기**
> 범위 적용에 관한 추가적인 내용은 15장 「계획」의 '가능하면 범위 변경을 선호하라'에서 이야기한다.

'잠재적으로 출시 가능한'을 정의하기

1990년대 중반부터 주기적으로 애플리케이션을 '무결점 마일스톤Zero Defect milestone'이라는 목표에 맞추기 위해 반복/점진적인 개발 방식을 적용하는 팀이 많아졌다. 마이크로소프트 비주얼 C++ 팀의 전 관리자였던 짐 맥카시Jim MaCarthy는 종종 '무결점 마일스톤'에 대해 언급했다.

> 무결점은 최종 제품에 버그가 하나도 없거나 기능 오류가 없다는 것이 아니라 제품이 해당 마일스톤에서 정한 품질 수준을 달성했다는 의미이다. 그 효과로 제품은 자연스럽게 테스트된다. 무결점 마일스톤의 본질은 모두가 참여하기 전엔 아무도 마일스톤을 시작하지 않고 모든 이가 완료할 때까지 아무도 그만두지 않는다는 점이다. 이렇게 하면 팀이 프로젝트가 어떤 문제 상황에 빠져 있는지 찾게 해준다.
>
> 하나의 마일스톤에서 팀과 팀 리더들도 실천법이 맞지 않는다고 결론을 내리거나, 잘못된 설계 결정을 고쳐야 한다거나, 성능이 한계에 다다랐다는 사실을 인지하는 등 전체 프로젝트 상황을 동시에 알 수 있는 기회가 생긴다. 매 마일스톤마다 팀의 문제를 바라보는 비상한 관점과 자기 성찰 능력은 커나간다.(2004)

많은 팀에 있어 맥카시의 '무결점 마일스톤'은 여전히 좋은 목표로서 역할을 다하고 있지만 스크럼 팀은 눈높이를 높여 매 스프린트 종료 시 잠재적으로 출시 가능한 소프트웨어를 납품하는 데 초점을 맞춘다. 그렇다면 '잠재적으로 출시 가능하다'는 뜻은 무엇일까? 이 의미를 완전히 정의하려면 제품 책임자, 스크럼 마스터를 포함하여 팀만이 가지고 있는 도메인과 애플리케이션에 대한 지식이 요구된다. 사실 새로 구성된 팀이 꼭 해야 하는 일 중 하나는 자신의 상황에 맞게 점차 증가하는 출시 가능한 제품이 무엇인지 정의하는 것이다. 스프린트에 진행하는 제품 백로그 항목은 완료 시 이런 요건들을 따르고 있어야 한다. 13장 「제품 백로그」에서 사용자 스토리의 인수 기준으로서의 인수 기준이 무엇인지 소개했다. 대부분 팀에서 '완료'를 정의하는 요소는 제품 백로그의 모든 사용자 스토리를 아우르는 인수 기준과 유사하다.

일례로 중소기업의 퇴직연금 계획을 제공하는 ePlan 라인서비스에서는 '코딩, 테스트, 소스 커밋, 문서 작성, 통합, 자동화된 테스트'를 '완료'로 정의했다. 팀에서 작업하고 있는 각 제품 백로그 항목은 각 단계마다 완료되어야 하고 또 항목에 특화된 인수 기준이 완료되어야 했다. "사용자는 계정 유지 비용이 세금 공제 후 퇴직계좌에서 결재되지 않도록 신용카드로 지불할 수 있어야 한다"라는 ePlan 서비스의 사용자 스토리를 고려하면서 제품 책임자는 다음과 같은 인수 기준을 제시했다.

- 비자, 마스터카드, 아메리칸 익스프레스를 지원한다.
- 신용카드 정보를 시스템에 저장하지 않는다.
- 모든 트랜잭션 처리는 보안이 유지되어야 한다.

이 조건들이 충족되어야 함은 물론 프로젝트에서 정의한 완료 조건(코딩, 테스팅, 형상관리 서버 체크인, 높은 품질, 통합된 소스, 자동화된 테스트) 역시 만족시켜야 한다.

반대 의견

"점진적으로 개발하기엔 애플리케이션이 너무 복잡합니다."

보통 이런 논의 속에 담긴 뜻은 제품을 점진적으로 빌드하는 것이 불가능하다기보다 그 방법을 찾기가 어렵다는 뜻이다. 이런 이야기를 듣게 되면 필자는 해당 애플리케이션이 본질적으로 가진 중단 지점이 어디인지 이야기하도록 유도한다. 그러면 보통 서너 가지 중단 지점 후보를 말해주면서 한 스프린트에 포함시키기에 너무 크다는 부분을 지적할 것이다. 하지만 실제 일을 점진적으로 할 수 있다는 것을 이해하고 나면 (토론 중에 이 부분을 점진적으로 진행하기에 너무 크다고 하더라도) "점진적으로 개발하기엔 애플리케이션이 너무 복잡합니다"라는 주장은 이미 꺾여진 것이나 다름 없다. 우리 모두 그것이 가능하다는 점에 동의하는 지점에서 필요한 것은 이제 해당 기능을 논리적으로 작게 쪼개서 한 스프린트에 개발할 수 있는 방법을 찾는 것뿐이다.

그런 다음 각 스프린트에 잠재적으로 출시 가능한 수준의 제품 일부를 전달하는 동안 완벽한 제품을 만들 필요가 없다는 점을 부각시킨다. 스프린트 완료 시 제품이 완전해야 함을 강조하면서도 개발된 기능이 아직 진짜로 출시하기엔 충분하지 않으면 '잠재적으로 전달 가능한 수준'이라고 부른다.

출시 가능한 수준을 정의하는 가이드라인 만들기

해당 업무 영역에 알맞은 '완료'를 정의하는 것은 결국 조직과 팀에 달려 있지만 대부분 조직과 스크럼 팀에서 적용할 수 있는 몇 가지 가이드라인이 있다.

'전달 가능한' 상태는 테스트가 완료된 상태를 의미한다 _ 출시 가능한 것이 무엇인지에 대한 정확한 정의는 조직과 팀에 달려있지만 테스트를 빼놓고 완료했다고 하는 상황은 상상조차 할 수 없다. 스프린트 마지막까지 새로운 기능에 오류가 없고 이전 기능에 버그가 추가되지 않을 것이라 기대한다. 몇몇 제품 때문에 100% 확신하지 못하더라도 가능하면 최대한 버그를 줄이고 싶기 마련이다. 하지만 소원한 바를 이룬다고 통합 테스트, 성능 테스트, 사용성 테스트 등과 같은 특수 목적을 가진 테스트를 매 스프린트마다 수행해서는 안 된다. 오히려 이런 유형의 테스트는 몇 번의 정규 스프린트 다음에 추가되는 릴리스 스프린트에서 실시하는 게 적합할 수 있다. 릴리스 스프린트에서 테스트를 실시하는 예로 메인 프레임으로 거대한 레거시 시스템을 사용하는 한 은행을 떠올려 본다. 몇 만 줄 코볼 코드로 작성되어 있는 그 시스템은 20여 년 동안 한결같이 동일한 방식을 사용해온 십여 명의 개발자들이 유지보수해 왔다. 테스트를 수작업으로 3주 이상 해야 하는 이 괴물 같은 시스템에서 다행스러운 점은 변경에 따른 추가 개발이 적었다는 것이다.

또 그 은행은 금융에 관한 동일한 데이터를 웹에서 접근할 수 있는 30만 줄짜리 자바 애플리케이션도 가지고 있었다. 두 개 애플리케이션은 동일한 DB를 사용했다. 즉 웹 애플리케이션에서 데이터를 조작하는 동안 코볼 애플리케이션도 동작하여 문제를 일으킬 수 있었다. 웹 애플리케이션은 대부분 스크럼 팀이 제작했다. 훌륭한 스크럼 팀이 그렇듯 웹 팀은 스프린트마다 잠재적으로 출시 가능한 제품을 만드는 것을 목표로 했다. 팀원들은 내부적으로 출시 가능한 수준을 높은 품질, 테스트되어 중대한(금전적으로 영향을 미치는) 버그가 남아 있지 않는 것으로 정했다. 이 기준은 각자 가능한 최선의 코드를 작성하고 기능을 추가하여 전체 웹 애플리케이션의 자동화된 테스트가 완전히 통과하는 것까지였다. 이를 통해 팀원들은 웹 애플리케이션이 잠재적으로 출시 가능한 상태가 무엇인지 알게 되었다. 잠재적으로 출시 가능한 수준을 그냥 출시 가능한 수준으로 끌어올리려면 보통 메인프레임 애플리케이션이 제대로 동작하는지 수동으로 테스트하는 3주짜리 릴리스 스프린트가 필요했다.

잠재적으로 출시 가능한 수준이 응집력 있는 높은 수준을 의미하는 것은 아니다 _ 제품이 잠재적으로 출시 가능하다는 게 누군가 제품 출시를 바란다는 것을 의미하지는 않는다. 가끔은 하나의 기능 세트를 사용할 수 있는 수준으로 끌어올리기 위해 2주, 3주 또는 그 이상이 걸린다. 하지만 스프린트가 그런 수준이 되려면 팀은 매 스프린트 마지막에 제품을 잠재적으로 출시 가능한 상태로 만들기 위해 지속적인 노력을 해야 한다.

예를 들면 기존 제품에 출력, 출력 미리보기 기능을 추가하려고 하는 회사가 있다고 해보자. 스프린트 계획 기간 동안 팀은 두 가지 기능을 한 스프린트에 한꺼번에 추가할 수 없다고 결론지었다. 제품 책임자 덕분에 팀은 출력 미리보기 기능을 먼저 작업하기로 했고 스프린트 마지막에 성공적으로 출력 미리보기 기능을 완성했다. 기대한 대로 잘 작성했고 전반적으로 테스트도 잘되어 제품은 출시 가능한 상태에 이르렀다. 하지만 어떤 사람이 출력 기능 없는 출력 미리보기 기능을 필요로 할까? 하지만 첫 번째 스프린트 뒤에 밀접한 기능이 부족하다고 제품이 잠재적으로 전달 가능하지 않다고 하긴 어렵다. 만약 누군가 출력 미리보기 기능만 원한다면 팀에서는 그 기능을 출시할 수 있을 것이다.

함께 보기

여러 팀이 작업한 것에 대한 통합은 17장 「대규모 스크럼」에서 더 다루고 있다.

잠재적으로 출시가능하다는 의미는 통합되었음을 의미한다 _ 14종의 다른 소스코드를 묶는다고 전달 가능한 제품 하나가 나오는 것이 아니다. 여러 팀이 참여하는 프로젝트에서 팀은 개발된 결과를 통합하는 것까지 포함하여 '완료'로 정의해야 한다. 가능한 범위 내에서 통합은 스프린트 내내 지속적으로 행해져야 한다.

반대 의견

"프로젝트 처음부터 스프린트를 운영할 수는 없어요. 먼저 몇 가지 인프라스트럭처를 준비해야 합니다."

종종 스크럼을 처음 시작하는 개발자들은 반복적이고 점진적인 개발은 애플리케이션이 충분히 작성된 후에야 가능하며 그때가 되기 전까지는 어렵다고 말한다. 나는 동의하지 않는다. 인프라스트럭처도 점진적으로 개발할 수 있다. 대개 스프린트 초반에 전체 혹은 상당 부분의 인프라스트럭처를 작업해야 한다. 최종사용자에게 이런 작업의 가치를 알려주는 게 어렵다는 것은 인정하지만 프로젝트 초반에는 이런 문제를 겪는 것도 괜찮다. 단지 어렵다고 포기할 이유는 없기 때문이다. 대신에 초반 인프라스트럭처 관련 작업을 한 스프린트에 맞는 크기로 작게 쪼개는 방법을 찾아라. 내가 했던 방법은 동료를 불러서 "내가 방금 시작한 이것 좀 봐봐! 정말 멋지다고!"라고 할 수 있을만한 자연스러운 시점을 찾는 것이다. 동료의 피드백을 받을 수 있을 정도로 (단순히 "멋진데"와 같은 긍정적인 반응이라 해도) 무엇인가 완료되는 때라면 초기 스프린트 기능이라 부르기 충분하다. 이런 자연스런 지점을 찾는 일은 팀의 초창기 스프린트에 사용자나 고객에게 가시적이면서 가치 있는 무엇인가를 개발해야 할 때도 도움이 될 수 있다. 이 주제는 다음 절에서 다루도록 하겠다.

지금 시도해볼 것들

- 제품 책임자와 팀원들이 스프린트 종료 시에 '완료'가 무엇을 정의하고 있는지 토론하는 시간을 가져라. '완료'의 정의를 팀원들이 매일 볼 수 있는 공간에 붙여 두자.
- 각 팀별로 지난 프로젝트에서 경험했던 제품 출시를 어렵게 한 문제를 모두 목록으로 만들어 보자. 이런 문제를 해결하기 위한 방안에 대해 논의해보자.

매 스프린트마다 무언가 가치 있는 것 전달하기

스프린트가 끝날 때마다 동작하는 소프트웨어를 만드는 것은 어려운 과제지만 스크럼 팀은 스프린트마다 제품의 사용자나 고객에게 무언가 가치 있는 것을 전달해야 한다. 사용자나 고객에게 가치 있는 게 무엇을 의미하는지에 대한 정의는 아주 쉽게 그리고 악의적으로 왜곡될 수 있다. 새로운 버전의 운영체제에 맞게 개발자의 모든 PC를 업그레이드하면 더 빨리 개발할 수 있어서 고객에게 더 빨리 전달할 수 있다고 이야기할 수도 있다. 이 말도 사실이지만 스프린트마다 사용자와 고객들이 볼 수 있는 가치를 즉시 전달하는 것이 당초 목적이다.

스프린트로 작업하는 장점 중 한 가지는 매 스프린트 마지막에 사용자와 고객에게 피드백을 받기 때문에 스프린트마다 사용자가 볼 수 있는 '동작하는 기능'을 하나라도 제공하면 팀은 더 나은 피드백을 얻을 수 있다.

사용자가 눈으로 볼 수 있는 기능을 제공하는 예제로 주택을 매매하는 사람들에게 정보를 제공하는 웹사이트를 개발 중인 어떤 팀을 가정해보자. 스프린트 계획 회의에서 제품 책임자는 20가지 조합으로 검색 조건을 입력하면 그에 알맞는 집을 멋지게 보여주는 기능 추가를 원했다. 팀은 제품 책임자에게 한 번의 스프린트로 그 기능을 완료하는 것은 어렵다고 말했다. 기능 추가는 두 번의 스프린트로 나누어 완료해야 했다. 팀원들과 제품 책임자는 이에 대해 논의한 뒤 다가오는 스프린트에 완료할 것이 무엇인지 결정했다.

1. 팀은 검색 기능 뒷단^{back-end}에만 집중한다. 스프린트 리뷰 시, 사용자는 커맨드 라인에 검색 결과가 표시되는 것을 확인한다.
2. 팀은 UI에만 집중한다. 스프린트 리뷰 시 화면의 모든 기능이 동작하는 걸 볼 수는 있지만 데이터베이스에서 검색된 데이터가 아니라 모조 데이터가 표시된다.
3. 팀은 검색 기능 뒷단과 UI를 개발하는 시간을 반으로 나눈다. 스프린트 리뷰 시, 팀은 계획된 20가지 중 10가지 검색 조건과 기능이 완벽하지 않은 UI를 보여준다.

이들 중 어떤 방법이 최선일까? 우선 각 방법마다 적절한 시기가 존재한다는 것을 먼저 이야기하고 싶다. 하지만 일반적으로 세 번째 방법을 추천하는 바이다. 애플리케이션에 이와 같은 방식으로 접근하는 것을 앤디 헌트와 데이브 토마스는 '예광탄 코드'라고 부른다. 데이브 토마스는 다음과 같이 이야기 했다. 예광탄으로 "사용자에게 얼마나 목표물에 가까이 갔는지 미리 알려줄 수 있고 시간이 지날수록 사용자 목표에 맞게 진행 방향을 조정할 수 있다."(Venners 2003)1

그렇다면 첫 번째, 두 번째 방법은 어떠한가? 필자가 이 팀을 코칭했다면 분명 그 두 가지 방법도 사용했을 것이다. 단 세 번째 방법으로 해당 기능에 예광탄을 쏠 방법을 못 찾았다면 말이다. 두 가지 방법 중 하나를 고르라고 한다면 첫 번째 방법을 훨씬 더 선호한다(뒷단 기능을 커맨드라인 인터페이스로 보여주는 것). 첫 번째 방법이라면 웹 페이지에 추가되지도 않았고 예쁘게 보이지도 않겠지만 팀은 요구한 기능이 동작하는 것을 보여줄 수 있다. 만약 스프린트 리뷰에서 기능을 시연한다면 대부분 사용자와 고객들에게 기능을 보여주고 다음 단계로 진행한다,에 동의할 것이다.

UI를 먼저 개발하는 두 번째 방법은 내게 그다지 어필하지 못하고 있다. 동전의 양면처럼 특정 기능의 뒷단과 앞단에 대한 논쟁은 있을 수 있지만 분명 차이는 있다고 생각한다. 팀에서 뒷단의 기능만 보여주면 누구도 기능이 완료되었다고 생각하지 않는다. 아주 소수의 이해관계자 몇몇은 "우리가 할 일은 그저 UI에 트집을 잡는 겁니다"라고 생각할 수도 있다. 하지만 팀에서 일부 기능의 UI를 보여줬을 때 어떤 이해관계자들은 그 순간부터 기능이 완료됐다고 여길 수도 있다.

그래서 앞서 이야기한 첫 번째, 두 번째 방법이 시스템 사용자에게 가치를 준다 해도 팀은 애플리케이션을 관통하는 예광탄을 먼저 쏘아 올리는 것을 선호해야 한다. 내가 이야기한 대안은 애플리케이션을 관통하는 예광탄을 밝힐 수 없는 상황에만 고려하길 바란다.

---

1 옮긴이 Andy Hunt와 Dave Thomas는 그들의 책 『실용주의 프로그래머』(인사이트, 2005)에서 예광탄 코드를 강조한다.

식별하기 어려운 기능들

모든 제품이 최종사용자에게 보여줄 수 있는 기능을 포함하는 건 아니지만 모든 제품은 누군가에게 보여줄 수 있는 부분을 하나쯤 가지고 있다. 가령 한 개가 아니라 다섯 개 팀이 앞서 이야기한 주택 매매 사이트를 개발하고 있다고 가정해보자. 4개 팀은 해당 사이트 방문자를 위한 기능을 개발하고 있다. 다섯 번째 팀은 기능 팀들이 공통으로 사용하는 데이터 접근 레이어를 개발하는 컴포넌트 팀이다.

다섯 째 팀은 사용자가 볼 수 있는 것은 아무것도 만들지 않는다고 생각할 수 있다. 다섯 번째 팀의 사용자는 최종사용자가 아니라 나머지 4개 팀이라는 사실을 깨닫는 순간, 그런 생각은 잘못된 인식이었다는 게 명백히 드러난다. 다섯 번째 팀(데이터 접근 팀)은 사용자 대신에 나머지 4개 팀의 개발자와 테스터의 피드백에 관심이 있다. 그래서 이들이 개발하는 기능도 눈에 보여야 한다. 즉 스프린트 리뷰에서 데이터 접근팀은 기능팀이 데모하지 않는 기술적인 기능 그 자체(가령 데이터베이스에서 순차적으로 삭제되는 기능)를 보여줄 수 있다.

요하네스 브로드월은 전자 파일의 결재 정보를 전송하는 일괄처리 시스템의 새 버전을 개발하는 프로젝트에서 일했다. 이 시스템이 고객에게 주는 가치는 매우 크지만 그에 비해 별로 보여줄 게 없는 시스템의 좋은 예이기도 했다. 브로드월은 팀이 이 문제를 어떻게 해결했는지 이야기했다.

> 최근 스프린트 리뷰는 데이터를 생성하는 시스템에서 만들어진 4주 간의 데이터를 가지고 진행했습니다. 데모는 개발 중인 시스템의 처리 결과와 기존 시스템의 처리 결과를 웹 화면으로 보여주었고 테이블 형태로 각 시스템의 트랜잭션 수를 목록으로 보여주었지요. 트랜잭션들을 다양한 오차별로 그룹 지어 열로, 처리한 날에 따라 행으로 구분했으며 칸에는 해당 트랜잭션이 들어가고 클릭하면 자세한 오차 내역을 볼 수 있게 했다. 시스템을 보여줄 순 없었지만 이 보고서를 보여줬습니다. 이 데모는 팀과 제품 책임자에게 제품 출시 시점에 새로운 소프트웨어가 제대로 동작할 것이라는 확신을 갖게 해주었습니다.

필자는 브로드월과 같은 상황을 여러 번 목격했다. 팀은 스프린트 리뷰 때 좀 더 나은 데모를 위해, 약속한 범위에 걸맞는 무엇을 만들기 위해 약간의 노력이 더 필요하다. 항상 내 호기심을 자극하는 것은 팀의 이런 노력이 가치가 있다고 판명되는 게 얼마나 자주 있느냐는 것이다. 시스템을 테스트하거나 비정상적인 테스트 결과를 연구할 때 이렇게 추가적인 공을 들인 것이 때론 도움이 되기도 한다.

반대 의견

"데드라인은 18개월이나 남았다구요. 모든 스프린트마다 가치를 전달할 필요는 없어요."
이렇게 말하는 사람은 점진적으로 일하면서 얻는 가치를 아직 보지 못한 것이다. 완료를 알맞게 정의하면 점진적으로 일하는 데 들어가는 추가 비용은 많지 않다. 스프린트마다 수동으로 테스트를 다시 하느라 몇 주를 낭비하지 않으려면 자동화된 테스트가 필요할 것이다. 하지만 점진적으로 일하는 것이 스프린트 종료 시점에 절대로 해서는 안될 막대한 양의 추가 작업을 요구하는 것은 아니다. 단지 필요한 것은 작업을 확정 지을 수 있고 보여줄 수 있는 논리적인 분기점을 찾는 것이다.

"처음 몇 달 동안에는 가치를 전달하는 것이 무리입니다."
1년 이상 진행되는 프로젝트에서는 이런 믿음이 아주 일반적이다. 이런 상황이라면 스프린트마다 가치를 전달하는 것이 가능한 일찍 피드백을 받을 수 있고 팀원들이 자신들의 진척에 관해 스스로를 속이지 않는(비록 의도하지 않았다고 해도) 것을 보장하는 두 가지 큰 혜택이 있음을 기억하는 것이 중요하다.

나는 몇 번의 프로젝트에서 몇 달 동안 쓸만한 사용자 피드백을 받지 못하면서도 스프린트마다 계속해서 완료되고, 작동하며, 테스트된 기능을 원했다. 그 기능들이 아직 최종사용자가 직접 볼 수 있는(또는 그 가치를 알 수 있는) 무엇으로서 부족하다면 제품 책임자가 현재까지 완료한 일의 가치를 이해할 수 있게 해야 한다. 제품 책임자가 팀이 바른 방향으로 한 단계씩 진행하고 있는지 아닌지(문서보다 항상 동작하는 소프트웨어를 중요시하고 있는지) 판단하는 엄격한 재판관으로서 행동한다면, 팀이 활동은 많이 하지만 별로 진전은 없는 상황은 거치지 않을 것이다.

> **지금 시도해볼 것들**
>
> - 다음 3~5번의 스프린트가 끝날 때마다 여러분 소프트웨어가 실제 사용자에게 전달되도록 하자. 만약 정규 릴리스가 여러분의 제품 유형과 맞지 않다면 새로운 기능에 대한 피드백을 제공할 우호적인 첫 번째 사용자를 찾아보자. 스프린트가 모두 끝나고 나면 이 방식이 유용했는지 생각해보자.
> - 다음 세 번의 스프린트 동안 개발할 제품 백로그 항목의 가치를 아는 대상자를 명확하게 식별하라. 세 번의 스프린트가 끝나면 그 사람들과 스프린트를 통해 얻은 것은 무엇이며 어떤 가치가 있었는지 토론해 보자.

이번 스프린트에서 다음 준비하기

어떤 개발 팀장에게 세 개 팀에 코칭이 필요하다는 한 통의 전화를 받았다. 이들의 초기 스크럼은 스프린트 계획이 팀마다 3일이나 걸렸던 것만 제외하면 만족스러운 편이었다. 나는 왜 계획에 그렇게 오랜 기간이 걸렸는지 대체 무슨 일을 하는지 궁금했기에 그 세 팀을 방문하고 싶었다. 그들이 회의실에서 3일 동안 틀어박혀 작업할 제품 백로그 항목을 태스크로 어떻게 나눌지 끝도 없는 논쟁을 벌이는 모습이라든가 태스크를 너무 상세화하는 모습을 상상했지만 실상은 바로 당구공 스프린트 때문이었다.

당구공 스프린트

큐대로 당구공을 쳐서 다른 공을 딱! 하고 때리면 충격을 받은 두 번째 공은 테이블을 가로질러 세차게 굴러간다. 당구공 스프린트는 다음 스프린트가 전혀 준비되지 않은 채 스프린트가 종료되어 딱! 하고 다음 스프린트가 시작되면 일정이 밀려나는 것을 뜻한다. 두 번째 스프린트라는 이름을 달고 시작해도 팀이 해당 스프린트를 진행할 준비가 되지 않아 앞으로 계획을 세우는 것만으로도 며칠이 걸린다. 스프린트 계획 회의가 사흘이나 걸리는 데에 불만을 가진 고객이 전화를 한 문제가 바로 이것이었다.

당구공 스프린트를 피하는 최선의 방법은 바로 보이스카우트의 구호, "준비하라!"를 따르는 것이다. 스프린트마다 다음 스프린트를 위한 준비에 약간의 노력을 기울여라. 켄 슈와버는 어떤 스프린트에서나 다음 스프린트를 위한 준비에 팀에서 가용한 시간 중 약 10%를 쏟으라고 권하고 있다. 필자 역시 일반적으로 이 정도의 노력이 적당하다고 생각한다. 물론 팀에서는 경험에 비추어 위, 아래로 조정해야 한다.

> **함께 보기**
> 13장에서 설명하는 '제품 백로그 손질'을 위한 방법이 바로 다음을 위해 이번 스프린트를 준비하는 시간이다.

완료할 수 있는 것만 스프린트 개발 범위로 정하기

우리는 이미 팀이 완료하기에는 크기가 큰 사용자 스토리나 다른 제품 백로그 항목을 스프린트에 넣지 말아야 한다는 것을 알고 있다. 완료하는 데 몇 달이나 걸리는 에픽은 한 스프린트 동안에 완료할 수 있는 작은 조각으로 쪼개야 한다. 너무 애매한 사용자 스토리도 마찬가지이다. 만약 스토리가 한 스프린트 동안 완료할 수 있을 만큼 충분히 이해가 되지 않으면 스프린트에 포함해서는 안 된다. 따라서 팀은 먼저 스토리를 이해하기 위해 노력할 필요가 있다.

나는 완전히 이해하는 것보다 부분적으로 충분히 이해하는 방법을 이용한다. 제품 백로그에 있는 사용자 스토리를 스프린트로 가져오기 전에 처음부터 끝까지 모든 세부사항을 완전히 파악할 필요는 없다. 항목을 처음부터 끝까지 완전히 파악하는 것은 상당히 부담스러운 작업이다. 제품 책임자와 팀원들은 스프린트 기간 동안 스토리 해결을 위해 협력할 것이다. 하지만 스프린트로 가져온 사용자 스토리를 스프린트 동안 회의와 토론을 통해 충분히 구체화해야 스프린트 내에 완료할 수 있다.

이처럼 정해진 기간에 구체화해서 처리하려면 사용자 경험$^{\text{User Experience, UX}}$ 설계를 고려할 필요가 있다. 사용자 스토리 중 일부는 UX 설계가 많이 필요한 경우도 있고 그렇지 않은 경우도 있다. 가령 "사용자는 저작권, 버전, 계약 정보가 표시되는 요약 다이얼로그 화면을 조회하여 회사에서 필요한 계약정보를 찾을 수 있다"라는 스토리를 구현하기로 한 팀을 생각해보자. 나는 이 스토리에 대해 2주 정도 짧은 스프린트 기간이면 UX 전문가가 화면 몇 개를 설계하고, 몇 명의 사용자를 선정하여 피드백을 받으면 개발과 테스트가 완료된 화면 설계 결과를 얻을 수 있다고 본다. 바꾸어 말하면, 이 사용자 스토리는 지금 그대로도 괜찮다. 인덱스카드에 갈겨쓴 짧은 설명으로도 한 번의 스프린트 내에 설계, 개발, 테스트하는 데 큰 무리가 되지 않는다.

다음 사례로 최근에 출시한 전자상거래 사이트에 기능을 추가하려는 팀을 떠올려보자. 새로운 사용자 스토리로 "기존 고객은 아직 배송되지 않은 주문을 별도의 비용 없이 변경할 수 있다"가 도출되었다. 이 스토리는 전자상거래 사이트가 만들어지던 초기에는 기본적으로 고려되지 않아 작업 처리 흐름 상에 새롭게 추가되었다. 스프린트 계획 회의 동안 팀의 UX 전문가들은 다음과 같은 작업을 도출했다.

- 포토샵으로 세 개의 초기 모형 만들기, 12시간
- 사용자 15명과 데모 계획 잡기, 2시간
- 4번의 데모 세션 진행, 총 8시간
- 변경할 디자인에 대해 논의하기, 4시간
- 포토샵으로 새로운 디자인 만들기, 8시간
- 두 번째 데모 계획 잡기, 2시간
- 두 번째 4번의 데모 세션 실행, 총 8시간
- 최종 변경사항을 반영한 HTML과 CSS 작성, 16시간

이상의 작업들은 요약 다이얼로그 스토리를 처리하는 데 필요했던 것보다 꽤 많은 작업이다. 팀원들은 의논 끝에 한 번의 스프린트 동안 이런 작업뿐만 아니라 애플리케이션에 들어갈 전체 화면에 코드를 추가하고 테스트까지 모두 완료할 수 없음을 기정사실로 받아들였다. 하지만 적어도 첫 번째 데모 세션이 이번 스프린트에 완료되면 다음 스프린트에는 해당 사용자 스토리를 완료할 수 있을 것이라고 설명했다. 그래서 그 팀은 작업을 두 번의 스프린트에 나눠서 진행하도록 결정했다.

두 번째 스프린트가 시작되었을 때 팀은 이 스토리를 스프린트에 포함시켰지만 여전히 완전히 구체화된 사용자 스토리가 아니었다는 사실에 주의하라. 최종 상세화 작업은 스프린트 동안 진행될 것이다. 스프린트에 추가된 제품 백로그 항

목에 필요한 상세화는 한 번의 스프린트에서 제품 백로그 항목을 동작시키고 테스트할 만큼으로 최소화해야 한다. 이는 각 제품 백로그 항목마다 정도의 차이가 있을 수 있다.

반대 의견

"이건 스크럼 같지 않아요. 스크럼 팀은 스프린트마다 잠재적으로 전달 가능한 제품이 늘어나야 합니다."

팀은 잠재적으로 전달 가능한 제품을 증가시켜야 한다. 하지만 팀이 스프린트 동안 전달할 제품의 증분에만 시간을 할애해야 한다는 생각은 근시안적인 시각이다. 팀원들은 현재 스프린트에 제품 증분을 늘리는 것과 관련이 없는 다양한 가치 있는 활동에 시간을 쏟는다. 가령 새롭게 팀원이 될 사람과 인터뷰를 하는 것은 괜찮은 팀원을 선발하기 위한 일종의 투자라고 볼 수 있다(뿐만 아니라 향후 팀 속도와도 관련이 있다). 제품 백로그 항목을 추정해서 제품 책임자가 제품 백로그의 우선순위를 정하게 하는 것은 스프린트에서 제품 증분을 늘리는 것과 직접적인 관련은 없지만 이 또한 가치 있는 일이다. 다음 스프린트에 완료할 수 있을 정도로 상세화하는 데 시간을 들이는 것 또한 비슷하다고 할 수 있다.

지금 시도해볼 것들

- 제품 백로그에 대해 토론해보자. 사전에 생각해볼 필요가 있는 다섯 가지 항목을 도출하자. 각 항목에 대해 누가 고민해야 하는가? (아키텍트? UX 전문가? DB 설계자? 아니면 다른 사람?) 사전에 시작해야 하는 스프린트가 얼마나 되는지 정해보자.
- 지난 세 번의 스프린트 리뷰에서 각 제품 백로그 항목이 충분하게 상세화되었는지 아니면 그때마다 더 추가되었는지 생각해보자.
- 한 번 혹은 두 번의 스프린트를 위해 앞서 고민하는 데 사용되는 시간의 양을 추적하라. 충분한가? 너무 많은가? 보통 팀에서 가용한 시간 중 약 10%를 미래를 예측하는 데 써야 한다는 것을 기억하라.

스프린트 처음부터 끝까지 함께 일하기

항상 애플은 매우 혁신적인 회사로 알려져 왔다. 애플 II, 맥킨토시, 아이팟은 퍼스널 컴퓨터 분야에서 가장 중요한 혁신으로 꼽힌다. 애플의 창업자인 스티브 잡스에게 어떻게 혁신적이고 훌륭한 제품을 계속해서 만들 수 있었는지 물어보자 잡스는 이런 이야기를 들려주었다.

> 모터쇼에서 보게 되는 차가 얼마나 멋진지 생각해보세요. 그런데 4년 뒤에 생산된 차를 보고 실망하지 않았나요? 대체 어떤 일이 있었을까요? 시작은 좋았습니다! 거의 승리를 거머쥐고 있다고 보였지만 결국 수포로 돌아갔습니다. 디자이너가 정말 멋진 아이디어를 생각했습니다. 그리고는 그 멋진 디자인을 가지고 엔지니어에게 달려갔습니다. 엔지니어는 이랬습니다. "안되겠는데요, 이런 건 못 만들어요. 불가능하다구요." 그래서 훌륭했던 디자인의 상당 부분이 나빠졌습니다. 다음으로 제조회사 사람들에게 가져갔습니다. 제조사에서는 "우린 이런 걸 만들 수 없습니다!"라고 응답했습니다. 그래서 디자인은 더 많이 나빠졌습니다.(Grossman 2005, 68)

잡스가 말하고자 하는 것은 경험 많은 스크럼 팀의 무기 중의 하나인 긴밀한 협업과 관련이 있다. 스크럼 프로젝트는 그룹에서 그룹으로 작업을 넘기는 게 아니라 교차기능 팀이 함께 협업한다는 특성을 가진다. 애플에서는 이렇게 말한다. "팀에서 팀으로 제품이 전달되는 것이 아니다. 개발 단계는 분리되고 순차적으로 존재하는 게 아니라 동시에 유기적으로 일어난다. 제품은 끊임없는 총괄적인 디자인 리뷰를 통해 설계, 하드웨어, 소프트웨어 개발 활동을 한 번에 하는 식으로 동시에 만들어진다."(Grossman 2005, 68)

물론 이렇게 하는 것이 쉽지는 않다. 빠지기 가장 쉬운 함정은 스프린트 안에서 연속적으로 작업을 실시하는 것이다. 가령 이런 함정에 빠진 팀에서 스프린트 첫 주에 분석, 둘째 주엔 설계, 셋째 주가 코딩 그리고 마지막 주에 테스트를 하기로 결정할지 모른다. 한 스프린트 동안 모든 작업을 순차적으로 완료하겠다는 접근 방법은 분명 비효율적이다. 병목으로 놀게 되는 사람이 많아지고, 너무 많이 상세화되기도 하고, 너무 많은 작업의 전달이 발생한다. 다행인 것은 많은 스크럼 팀

> **함께 보기**
> 11장 「팀워크」의 '항상 점진적으로 일하라' 절에서는 팀원들의 작업을 병행 처리하는 방법을 제안하고 있다.

> **함께 보기**
> 이 곳에 소개된 실천법은 9장 「기술적인 실천법」에서 더 자세히 다루고 있다.

들이 이런 방식으로 시작함에도 불구하고 문제점을 빨리 인지한다는 것이다. 그렇게 되면 사람들은 작업을 병행 처리할 방법을 찾기 시작한다. 따라서 기능 개발에 필요한 여러 가지 활동을 최대한 많이 병행 처리하는 것이 목표가 된다.

물론 처음에는 작업을 병행으로 처리하도록 개선하는 것이 어려워 보일 수 있다. 하지만 팀은 곧 애자일의 다양한 기술적인 실천법이 있다는 사실을 알아차린다. 예를 들어, 버그를 줄이기 위해 자동화된 테스트를 작성하면 스프린트 남은 기간 동안 개발하면서 테스트를 함께 진행할 수 있게 해준다. 테스트 주도 개발(특히 인수 테스트 주도 개발)은 분석, 설계, 개발 활동을 테스트 활동과 통합한다.

특정 활동만 하는 스프린트 피하기

좋은 스크럼 마스터는 팀원들이 병행으로 작업을 처리하는 데 도움이 되는 기술적인 실천법을 배우도록 장려한다. 이런 효과적인 방법을 배우지 않으면 팀원들은 정해진 활동만 하는 스프린트 방식에 습관이 들게 된다. 특정 활동만 하는 스프린트 방식 Activity-Specific Sprints 은 머리글자만 따서 생각해보면 알 수 있듯 좋지 않은 실천법이다.[2] 그림 14.1처럼 첫 번째 스프린트는 분석과 설계, 두 번째는 코딩, 마지막 세 번째는 테스트를 하기로 결정하는 것이 특정 활동만 하는 스프린트의 예가 될 수 있다. 분석 뒤에 개발을, 개발 뒤에 테스트를 하는 것이다.

물론 이 방법을 선택하는 것은 쉽다. 하지만 병렬 작업의 문제를 해결하지 못할 뿐만 아니라 동일 직군의 전문가끼리 일하게 한다. 주로 스크럼 팀의 긴밀한 협

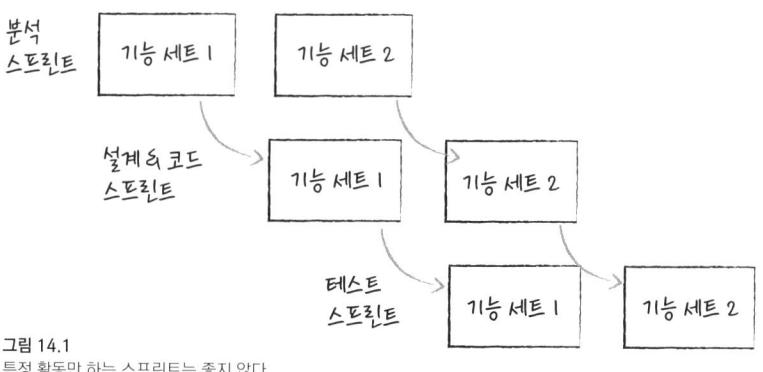

그림 14.1
특정 활동만 하는 스프린트는 좋지 않다.

---

2 옮긴이 머리글자만 따보면 ASS. 헐리웃 액션영화에 많이 나오는 비속어이다.

력에 익숙하지 않은 사람들이 선호하는 방법이다. 게다가 더 좋지 않은 것은 너무 많은 작업이 전달되어야 한다는 것, 전체 팀이라는 책임감이 결여된다는 것이다. 특정 활동만 하는 스프린트에는 이 밖에도 세 가지 단점이 더 있다.

> **함께 보기**
> 정해진 활동만 하는 팀의 문제를 더 알고 싶다면 10장의 '기능 팀에 대한 편애' 절을 살펴 보자.

- **일정을 관리하는 데 위험이 커진다** _ 이번 스프린트에서 필요한 노력은 이전 스프린트에서 완료한 결과물의 품질에 따라 달라지기 때문에 한 스프린트 동안 얼마만큼의 작업을 완료할 수 있는지 계획할 때 착오가 발생하기 십상이다. 가령 개발자들은 테스트 스프린트에서 테스터가 테스트를 시작하기 전까지 시간이 얼마나 주어질지 알 방도가 없다. 즉 현재 개발 스프린트에 어느 선까지 작업을 완료해야 하는지 알지 못한다.
- **작동하고 테스트된 기능을 완성하기까지 너무 오래 걸린다** _ 이 자체로도 나쁘지만 그 뿐만 아니라 고객과 사용자들에게 피드백을 받는 시간 또한 더 걸리게 된다.
- **병행으로 처리하는 작업의 문제가 정말 해결되는 것은 아니다** _ 스프린트의 모든 작업이 끝나고 나서야 팀 전체가 다음 단계로 이동한다. 팀원들은 서로 도우며 담당하는 분야를 떠나 모든 사람들의 일이 완료되도록 노력한다. 특정 활동만 하는 스프린트 도입은 하위 팀들이 각자 다른 진척률을 나타내는 것을 용인하는 것이다. 이 때문에 일부 하위 팀은 다른 팀보다 먼저 작업을 끝낸다. 결국 가장 느린 팀에 비해 진척이 빠른 팀은 노력을 낭비하게 되고 후공정을 맡은 팀들이 작업을 하기 전까지 쌓아놓은 작업에 결함이 들어 있을 수도 있다.

완료해야 시작하는 관계를 완료해야 완료되는 관계로 바꾸기

특정 활동만 하는 스프린트의 가장 큰 문제 중 하나는 완료해야 시작하는 관계가 생기는 것이다. 완료해야 시작하는 관계^{Finish-to-Start Relationship}는 다음 태스크가 시작하기 전에 반드시 한 태스크가 완료되어야 한다. 가령 기존의 순차적인 프로젝트의 간트 차트를 살펴 보면 개발이 시작되기 전에 분석이 반드시 끝나야 하고 테스트를 시작하기 전에 개발이 반드시 끝나야 한다. 하지만 훌륭한 스크럼 팀은 여러 활동이 병렬로 진행될 수도 있기 때문에 이것이 항상 정답이 아니라는 사실을 알고 있다. 즉 언제 태스크를 시작하는지가 중요한 게 아니라 언제 끝나는지가 중요하다.

분석이 끝날 때까지 개발도 끝낼 수 없고 개발이 끝날 때까지 테스트도 끝낼 수 없다. 이것이 바로 완료해야 완료되는 관계$^{\text{Finish-to-Finish Relationship}}$이고 스크럼에서는 스프린트라는 메커니즘에 의해 더 강력해진다. 스프린트가 끝날 때 모든 작업은 완료되거나 제품 백로그로 돌아간다.

조금만 경험하면 대부분 팀은 다양한 유형의 작업들이 어떻게 오버랩되는지 완료해야 완료되는 관계가 어떻게 형성되는지 알 수 있다. 팀은 사용자 요구정의와 개발을 오버랩하는 방법은 쉽게 찾는다. 또 개발과 테스트를 병행하는 방법도 금방 찾는다. 이 같은 활동들은 팀이 사용자가 원하는 것을 조금씩 구체화하고, 조금씩 개발하고, 개발된 결과를 테스트하는 점진적이고 반복적인 접근을 하게 해준다.

이밖의 다른 활동들은 점진적이고 반복적인 접근을 하는데 쉽지 않아 보인다. UX 디자인, DB 설계, 아키텍처는 종종 사전에 완료되어야 하는 작업의 예로 언급된다. 그런 활동들에 대해 전체적인 시각을 놓치게 되면 나중에 문제가 발생한다.

UX 디자인 병행하기

스크럼 팀이 UX 디자이너를 스프린트에 통합한 성공 사례를 통해 UX 디자인에 대해 자세히 살펴보자. UX 디자인을 어떻게 적용했는지 이해하면 DB 설계, 아키텍처 등 애자일 개발에 잘 맞지 않아 보이는 다른 활동에도 도움이 될 것이다.

전통적인 관리 프로젝트에서 UX 디자인은 다른 소프트웨어 개발 활동 시작 전에 가급적이면 완료해야 하는 선행 활동으로 인식된다. UX 디자인 작업은 여러 단계로 진행된다. 현행 비즈니스 업무 분석으로 시작해서 사용자 요구사항을 수집하고 UI 디자인을 만드는 일로 마무리되는 게 일반적이다. 결국 UI 디자인은 반복적인 방식으로 만들어지고 평가된다. 여러 가지 화면 시안을 사용자에게 보여주고 피드백을 모아서 수정된 버전을 만들고 사용자는 다시 화면 시안을 검토한다. 그래서 UX 디자이너는 반복적인 방식으로 일하는 데 어느 정도 익숙하다고 할 수 있다. 즉 이들은 다른 사람들이 프로젝트를 시작하기 전에 반복적인 방식으로 일하는 데 익숙하다고 할 수 있다. 스크럼 프로젝트에서도 UX 디자인 단계를 미리 시작하는 것을 필요로 하지 않는다. 대신에 UX 디자이너가 다른 팀원들과 함께 일하기를 바란다. 오토데스크 사의 애자일 디자이너 데지레이 시$^{\text{Desirée Sy}}$는 나머지 팀원들과 협업하는 디자이너들의 중요성을 보여줬다.

저희는 일일 스크럼을 통해 전체 애자일 팀과 소통을 유지하는 일 외에도 화면 디자인 기간과 개발 기간 내내 개발자와 아주 긴밀하게 일합니다. 디자이너는 개발자들과 매일 의사소통해야 합니다. 디자인 내용이 정확하게 구현되고 있음을 보장할 뿐만 아니라 디자인 결정에 영향을 주는 기술적인 제약사항을 빠짐없이 이해하는 데 도움이 됩니다.(2007, 126)

스프린트 동안 개인의 전문 분야에 상관없이 모든 팀원이 함께 협업하기를 바란다. 하지만 한 스프린트 동안 팀에게 두 가지 목표가 있음을 기억하자. 해당 스프린트에 계획했던 작업을 완료하는 일과 다음 스프린트를 준비하는 일이다. 자연스럽게 다른 팀원들은 두 가지 목표에 시간을 배정한다. 대다수 개발자들은 자기 시간 중 대부분을 새로운 기능 추가에 보낸다. 반면에 UX 디자이너는 다음에 작업할 기능을 이해하는 데 대부분 시간을 보내면서 복잡한 제품 백로그 항목에 들어갈 추가적인 세부항목을 도출한다. 또 현재 스프린트에서 개발하고 테스트하고 있는 디자인에 대한 질문에 대답하고 정제하는 중요한 작업에도 시간을 보낸다. 팀의 디자이너(혹은 아키텍트나 테크니컬 디자이너)가 다음을 준비하는 데 시간을 보낼 수 있지만 현재 스프린트에서 일하는 팀원이라는 점은 변함이 없다.

결과는 그림 14.2에서 보여주는 것과 같다. 이 그림은 제품 백로그의 일부를 코딩하고 테스트하는 과정을 보여준다. UX 디자이너는 자신의 시간 중 일부(아마도 대다수의 시간)를 다음에 진행할 제품 백로그를 살피는 데 보낼 것이다. 하지만 여전히 같은 스프린트에서 한 팀으로 일한다는 점은 동일하다.

전체를 생각하고 점진적으로 일하라

하지만 UX 디자인(아키텍처와 DB 설계도 마찬가지다)을 할 때 전체를 고려해야 하는 점은 어떨까? 정답은 제품 백로그에서 어떤 작업을 선택하느냐에 달려있다. 그림 14.2는 팀의 UX 디자이너가 다음 스프린트를 위해 노력하는 부분(혹은 대다수)을 보여준다. 중요한 UX 디자인 요소가 있는 애플리케이션의 제품 책임자는 관련 지식을 가진 팀원들의 도움을 받아 UX 디자인 이슈를 해결하는 데 집중하고 백로그 우선순위를 정한다.

제품 책임자와 디자이너는 전체 시스템을 생각하면서 어느 부분이 가장 새로운 정보가 필요한지 결정한다. 이런 부분이 다음 스프린트 UX 설계의 초점이 된

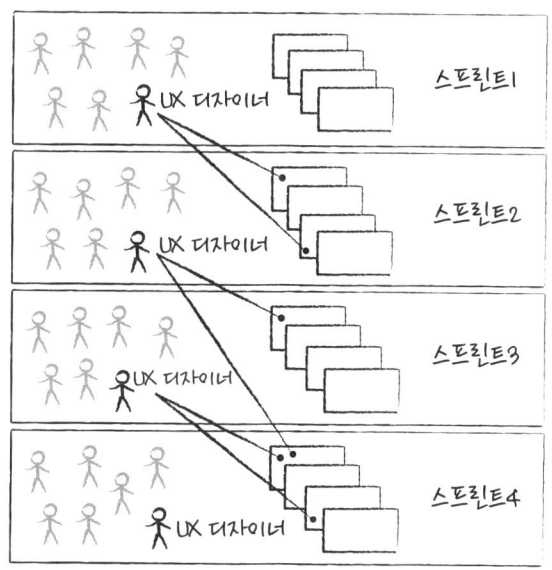

그림 14.2
UX 디자이너는 현재 스프린트에서 일하지만 자기 시간 중 일부를 다음 스프린트를 위해 보낸다.

다. 그러고 나면 디자이너는 데지레이 시가 언급한 '디자인 조각$^{Design\ chunk}$'을 작업한다. 디자인 조각은 디자인을 적용할 전체 시스템 중 스프린트 크기의 작은 부분이다. 데지레이 시는 디자인 조각에 대해 이렇게 말한다. "인터랙션 디자이너는 전체적으로 사용자 경험을 생각하라고 훈련 받습니다. 그래서 디자인을 작게 분리하는 일이 처음에는 어려울 수 있지만(특히 초기 업무처리 절차를 무시하는 조각으로 분리할 때) 훈련으로 숙달될 수 있습니다. 디자인 조각은 많은 이점이 있습니다."(2007, 120)

디자인 조각에 따라 반복적으로 일하는 방식의 장점 중 하나는 뒤늦게 변경되는 기능 때문에 낭비되는 노력을 줄일 수 있다는 점이다. 또 UX 디자이너나 아키텍트, DB 설계자가 적기에 가장 중요한 문제를 처리할 수 있게 해준다. 데지레이 시는 적기 공급 생산 방식$^{just-in-time}$으로 디자인하면 결국 더 좋은 설계 결과가 나온다는 사실을 깨달았다.

동일한 역량을 갖고 있다고 가정했을 때 사용자에게 초점을 맞추는 애자일 디자인 방식이 폭포수 방식으로 일할 때보다 더 좋은 디자인을 만든다는 사실을 깨달았습니다. 애자일 커뮤니케이션 방식은 사용성과 관련된 이슈를 찾는 일과 변경사항을 제품에 반영해 이슈를 제거하는 일 간의 간격을 좁힐 수 있게 도와줍니다.(2007, 112)

오토데스크 사의 UX담당 부서장인 린 밀러는 제품 백로그를 살펴보고 나머지 팀원들보다 한발 앞서 사용자 스토리를 디자인하면 다음과 같은 세 가지 장점을 얻는다고 믿는다. 첫째로 사용하지 않는 디자인을 만드는 시간 낭비가 없다. 둘째, 기능의 사용성 테스트와 디자인의 정황적 조사$^{contextual\ inquiry}$를 동일한 고객 리뷰에서 완료할 수 있다. 셋째, 디자이너가 적기에 피드백을 받을 수 있기 때문에 경쟁 소프트웨어 출시 등 갑작스런 시장 변화에 즉시, 적절한 행동을 취할 수 있다.$^{(2005, 232)}$

이 같은 장점들에 대해 구글의 검색엔진과 UX 관련 부사장인 마리사 메이어도 공감한다.

> 툴바 베타 버전의 경우 한 주도 되지 않아 몇 가지 핵심 기능(커스텀 버튼, 공유된 북마크)의 프로토타입을 제작했습니다. 사실 브레인스토밍 단계 동안 실제 핵심 기능보다 약 5배나 많은 아이디어를 시험했습니다(한 주 뒤에 대부분 폐기 처분했지만). 5~10개 아이디어 가운데 단 1개만 쓸모 있었기 때문에 쓸만한 아이디어인지 빨리 판별하도록 강제하는 전략은 더 많은 아이디어를 빨리 시험해볼 수 있게 하면서 성공 가능성을 높입니다.$^{(Porter\ 2006)}$

이렇게 디자인하는 방식은 좋은 디자이너가 항상 해오던 방식과 여러 측면에서 크게 다르지 않다. 문을 걸어 잠그고 '완벽한 디자인'을 만들기 위해 몇 주를 보낸 다음 구현할 준비가 된 결과물을 건네주려고 나타나는 UX 디자이너는 없다. 대신 좋은 디자이너는 전체 디자인에 대해 고민하고 최종 디자인 결과에 가장 영향을 많이 주는 이슈를 도출한다. 그 다음 이런 이슈들에 대해 사용자 토론, 프로토타입, 디자인 검토, 사색하기 등 다양한 방법으로 해결 방안을 모색한다. 일련의 이슈가 해결되면(또는 해결 방안이 최소한 몇 가지로 좁혀지면) 다음 이슈들과 씨름하기 시작한다. 숙련되고 경험 있는 디자이너는 이미 필자가 설명한 전체를 고려하면서 해결 방안을 반복해서 찾는 방식으로 일한다.

아키텍처와 DB 설계

전통적인 순차적 개발 프로세스에서 UX 디자인, 아키텍처, DB 설계가 초기 단계에서 완료되는 활동이라고 한다. 하지만 나는 이러한 활동들은 반복적으로 작업해야 한다는 일반적인 문제를 안고 있는 세 개의 전문적(각기 다른 세 개의 전문화된) 활동이다,라고 주장해왔다. 이 주장을 뒷받침하기 위해 애자일 방식으로 상업 제품을 개발할 때 어떻게 아키텍처 관점의 의사결정이 내려지는지 살펴보자.

클라우스는 과학적인 데이터 처리 절차를 관리하는 제품 개발을 시작한 중견 기업의 아키텍트였다. 한편 제품 책임자인 로빈은 제품에 들어갈 기능에 대한 요구사항도 많지만 견고한 기반 하에 개발해야 하는 중요성을 잘 알고 있었다. 로빈은 초기 스프린트 우선순위를 정할 때 견고한 기반을 만들기 위해 일부 사용자 스토리를 빨리 개발해야 한다는 클라우스의 제안을 심사숙고했다.

1차 스프린트에 CSV 파일을 읽어 들이는 기능을 추가했다. 최종적으로 제품은 다양한 파일 포맷을 읽어 들여야 했다. 하지만 클라우스와 팀원들은 단순하게 시작하자고 제안했다. 첫 번째 스프린트에 이 작업은 아키텍처적으로 불확실한 요소가 많아 완벽하게 완료할 수 없었지만 성공적으로 첫 스프린트를 시작하게 되었다. 또 시스템에 자료를 쉽게 올릴 수 있게 되어 후속 스프린트 동안 도움이 될 거라는 사실을 모두가 알았다.

팀은 2차 스프린트에 나머지 모든 파일 포맷 읽기를 지원하는 기능을 추가할 수도 있었다. 하지만 클라우스는 이 문제에 대해 크게 걱정하지 않았다. 그의 관점은 이제 그 문제는 더 이상 아키텍처적으로 크게 위험하거나 불확실한 부분이 아니라는 것이었다. 만약 시스템이 CSV 파일을 로드할 수 있다면 XML 파일도 읽어 들일 수 있으리라 생각했다. 클라우스의 걱정은 대용량 자료의 시각화 기능이 제품에 필요하다는 것이었다. 그는 상용 시각화 패키지 사용을 희망했다. 하지만 엄청나게 큰 자료를 시각화하는 데 필요한 성능을 만족시키지 못하면 대안은 시각화 기능을 자체적으로 개발하는 방법뿐이었다. 그래서 두 번째 스프린트에 팀과 제품 책임자는 생각해뒀던 두 가지 라이브러리로 단순한 시각화 예제를 만들어보는 일을 포함시키기로 했다. 필요한 성능 요건 달성이라는 클라우스의 걱정을 해결하지 못해도 팀이 두 개의 상용 제품을 사용할 때 꼭 필요한 게 무엇인지 배울 수 있어서였다.

3차 스프린트에서 클라우스는 서드 파티 제품으로 복잡한 시각화 기능을 개발하자고 추천했고 팀은 각 제품의 성능과 적합성을 판단했다. 다행스럽게도 사용했던 제품 중 하나가 요구 수준에 맞았다. 그래서 4차 스프린트 동안 나중에 사용할 제품을 테스트하기 위해 그 제품으로 서로 다른 2개의 복잡한 시각화 기능을 개발했다.

또 4차 스프린트 동안 팀은 제품에 필요한 수학 기능 개발에도 착수했다. 예를 들면 클라우스가 이메일을 통해 설명한 것처럼, 사용자 요구사항은 "시스템이 불러 들인 파일의 4번째와 9번째 필드에 값을 넣으면 합계가 첫 번째 필드의 값보다 2배 이상 큰 항목들만 필터링 할 수 있어야 한다"였다. 기능의 실현 가능성은 걱정 거리가 아니었지만 클라우스는 제품 책임자에게 두 가지 이유로 이 기능의 조기 개발을 제안했다. 첫째, 이런 기능을 설계하는 방법은 너무나 많은데 어떤 방법을 선택하느냐에 따라 후속 설계에 대한 의사결정이 영향을 받는다. 둘째, 제품에 추가할 백 가지가 넘는 다양한 규칙이 있는데 처음에 몇 개 규칙을 개발해보면 나중에 추가된 두 번째 팀은 다양한 규칙을 개발하고 테스트하는 데만 집중할 수 있게 해준다. 표 14에는 스프린트마다 완료해야 할 작업과 그 이유가 요약되어 있다.

이 사례에서 볼 수 있듯이 클라우스가 구상한 전체 아키텍처와 제품 설계를 강제할 수도 있었지만 반복/점진적으로 딱 필요한 의사결정만 하는데 스프린트를 이용했다. 제품 책임자가 항상 작업 우선순위를 정하고 스프린트마다 새로 만든 동작하는 소프트웨어를 전달했다. 하지만 스프린트마다 개발되는 일부 기능은 프로젝트 아키텍트와 팀원들의 제안에 따라 완료되었다. DB 설계나 UX 디자인과 관련해 작업을 선택하는 의사결정도 비슷하게 생각할 수 있다.

스프린트	목표	이유
1	CSV 파일에서 자료를 불러온다.	단순하게 시작하라. 모든 후속 작업들이 읽혀진 자료와 관련 있기 때문에 시스템으로 쉽게 자료를 입력할 수 있어야 한다.
2	상업 패키지 제품 두 개를 이용해 단순한 시각화 예제를 만든다.	두 개의 후보 제품 중에 무엇을 사용할지 검토한다.
3	각 제품으로 복잡한 시각화 기능을 개발한다.	어떤 제품으로 복잡한 시각화에 관한 요구사항을 만족시킬 수 있는지 검토한다.
4	새롭지만 서로 다른 시각화를 두 가지 개발한다. 초기 수학 관련 기능을 추가한다.	선택한 시각화 제품의 적절성을 확인하고, 수학 기능 추가를 위한 최적의 접근 방법을 결정하고 두 번째 팀이 비슷한 규칙을 빠르게 추가하는 데 사용할 기준을 만든다.

표 14.1
아키텍처 위험요소와 불확실성은 후속 작업에 영향을 미칠 수 있다.

시간관리를 규칙적이고 엄격하게 하라

처음 반복/점진적인 개발을 시작했을 때(오늘날 애자일 개발이라고 부르기 한참 이전에), 동일한 기간으로 스프린트를 정하지 않는 실수를 했다. 초기 스프린트 계획 회의 안건 중 하나는 스프린트 기간을 어떻게 할지 결정하는 것이었다. 우리는 무작위로 정한 것처럼 보이는 2주~6주 사이 스프린트 기간을 여러 가지로 궁리해서 정했다.

각 스프린트를 얼마나 길게 할지는 작업 크기에 대한 느낌, 사용자에게 완전히 보여주기 전에 얼마만큼 배포할지, 출장 가기로 한 사람이 누구인지("다음 스프린트는 크리스티가 둘째 주에 완전히 빠지니까 3주로 하는 게 좋겠어요"), 팀의 피로도와 집중도 등을 기초로 결정했다. 프로젝트를 시작할 때는 스프린트 기간을 6주 이상 길게 했을 때가 많았다(점심시간도 참 길게 했었다). 그리고 마지막에는 스프린트 기간이 2주보다 짧을 때도 많았다.

불규칙한 스프린트 길이를 허용하는 일은 그 당시엔 옳은 일처럼 보였다. 그리고 좋은 생각인지 논의도 하지 않고 결정했기 때문에 합의를 이룬 결정도 아니었다는 점을 인정한다. 나중에야 스프린트 길이를 고정하는 것의 이점을 깨달았다.

- **규칙적으로 일하는 방식은 팀에게 득이 된다** _ 스프린트 길이가 다양하면 팀원들은 일정을 확신하지 못한다. "이번 주가 마지막인가요?" "배포가 이번 주 목요일인가요? 다음 주 목요일인가요?" 같은 질문이 흔해진다. 1~4주 중 무엇이든 규칙적인 주기를 정하는 일은 팀에 가장 알맞은 작업 리듬이 정착되도록 돕는다.
- **스프린트 계획이 더 쉬워진다** _ 팀이 동일한 스프린트 기간을 유지하면 스프린트 계획과 릴리스 계획이 모두 간소화된다. 일반적으로 2번에서 5번의 스프린트를 거치면 작업 시간이 얼마나 걸릴지 학습이 일어나기 때문에 스프린트 계획이 더 쉬워진다.
- **릴리스 계획이 더 쉬워진다** _ 다음 장에서 보게 될 것이지만 스크럼 팀은 릴리스 계획을 가능하면 경험에 의거해 끌어낸다. 프로젝트에서 완료할 작업 크기를 추정하고 스프린트마다 완료할 크기를 판단한다. 만약 스프린트 길이를 이리저리 바꾸면 팀 속도 측정은 더 어려워진다. 4주 스프린트가 2주 스프린트를 정확하

게 두 번 진행하는 것과 같다고 보장할 수 없다. 정해진 '주당 팀 속도'에 맞추기 위해 속도를 정규화하는 일이 어떻게든 가능하지만 스프린트를 항상 일정한 길이로 유지하는 것에 비하여 불필요한 추가작업이다.

- **리차드 파인만처럼 하자** _ 노벨상을 받은 물리학자 리차드 파인만 Richard Feynman 은 매일 저녁 디저트를 무엇을 먹을지 선택하다가 지쳐버리게 된 이야기를 해주었다. 그 시점 이후로 그는 항상 초콜렛 아이스크림을 선택하는 방법으로 해결했다.(1997, 235) 각 스프린트를 시작하면서 스프린트 길이를 선택하는 것은 에너지 낭비이다. 스프린트 기간을 몇 가지 시험하고, 기간을 결정하고, 중요한 변경사항이 발생하기 전까지 그 길이를 유지하라.

스프린트가 항상 동일한 기간을 유지해야 된다는 스트레스를 고려해 여러분이 이 문제에 대해 강박관념을 가지라고 제안하는 건 아니다. 한 주 중 여러분 상황에 잘 맞는 하루를 골라 모든 스프린트를 그날 시작하라. 필자는 스프린트 리뷰, 회고, 계획 게임을 하루 종일 할 수 있는 금요일에 스프린트를 시작하는 것을 좋아한다. 이 같은 활동 전부를 월요일에 하면 평소보다 더 힘든 월요일이 된다.

하지만 이렇게 정해진 일정에서 약간 벗어나는 게 더 좋을 때도 있다. 가장 흔한 경우는 휴가 시즌이다. 미국에서는 사람들이 추수감사절과 크리스마스 휴가 시즌에 맞춰 휴가를 더 쓰는 게 일반적이다. 스프린트 기간 동안 이런 휴가 시즌이 포함되어 있으면 팀원 절반만 출근하는 일이 주기적으로 생긴다. 이런 경우 달력 상으로 3주짜리 스프린트를 진행하는 게 평소만큼 일하는 데 도움이 될 수 있다.

반대 의견

"스프린트 길이를 변경하는 게 필요할 때가 있습니다. 스프린트 기간을 산정할 때 까다로운 규칙은 필요하지 않아요."

인정한다. 스프린트 기간을 엄격하게 유지하는 게 변함없는 규칙이라는 가이드라인은 어디에도 없다. 2주 단위 스프린트를 하고 있고 제품을 시연하는 상품 전시회가 3주 남았다고 생각해보자. 3주 스프린트를 진행하거나 평소처럼 2주 스프린트를 하고 한 주 스프린트를 더

하는 방법 둘 중 어느 쪽도 합리적일 수 있다. 제품 시연회에 맞춰 스프린트 종료일을 어떻게 맞추느냐 때문에 한 주 더 작업해 제품에 기능을 추가할 수 있는 기회를 버리는 짓은 쓸데없는 엄격함이 될 수 있다.

스프린트 기간을 절대 늘리지 마라

스프린트를 실행하면서 저지를 수 있는 두 번째 실수는 엄격하게 시간관리를 하지 않는 것이다. 어떤 일이 있더라도 스프린트는 제때에 끝나야 한다. 계획된 종료일이 됐는데 작업 완료를 위해 며칠을 더 추가하면 안 된다.

일 년 이상의 큰 프로젝트에서 첫 스프린트 길이를 며칠 연장하는 게 문제가 될까? 확실히 그렇다. 팀원들이 한 번 스프린트를 연장하는 것은 이제 마감일을 맞추지 않아도 괜찮다고 배운 것이나 다름없다. 프로젝트 마감일이 많이 남아서 스프린트를 연장해도 마감일에 별 영향이 없다해도, 스프린트 연장은 문제가 된다.

엄격하게 스프린트 시간관리를 계속하는 일은 프로젝트가 계속해서 진행되고 있다고 생각하도록 도와준다. 몇 주마다 팀은 잠재적으로 출시 가능한 새 제품을 점진적으로 배포해야 한다. 가변적인 타임박스 적용을 허용("아키텍처 요소를 작업하고 있으니까 이번엔 6주 스프린트를 합시다")하거나 마감일을 연장("딱 3일 더 연장해야 합니다")하면 가치 있는 규범을 잃게 된다.

엄격한 스프린트 마감일을 집행하면 가끔 팀이 해당 스프린트 동안 완료하기로 계획한 일을 그만둬야 하는 경우도 생긴다. 하지만 반대로 스프린트에 작업이 추가되는 불행한 상황을 어느 정도 메울 수 있다는 점에서는 다행스러운 일이다. 15장에서 논의할 우선순위에 따라 작업을 완료하는 한 작업을 포기하는 것이 세상의 끝은 아니다.

계획된 모든 작업이 완료되지 않았다는 낌새가 보이면 제품 책임자는 무엇을 해야 하는지 논의하기 위해 나머지 팀원을 만난다. 바라건대, 제품 책임자가 해당 스프린트에 무엇을 완료해야 하고 무엇을 그만두어야 할지 선택하는 이런 회의는 스프린트 초기에 진행하는 게 좋다. 팀이 20일짜리 스프린트 도중 18일까지도 문제를 파악하지 못하면 제품 책임자는 어떤 작업을 그만둘지 선택할 수 없게 된다. 이렇게 되면 제품 책임자는 아직 완료되지 않은 기능 중 아무거나 그만두어야 한다.

반대 의견

"고객이나 사용자의 압박에 맞추려면 유연함이 필요하다구요!"

기능 요구사항이나 결함 보고서를 즉시 조치하는 일은 많은 조직의 목표이다. 이는 때로 좋은 목표가 되지만 특정 요구사항보다 전체 기능에 빨리 응답하고 시간을 들이는 게 실질적인 목표라는 사실을 이해하는 게 중요하다. (물론 때로는 특정 요구사항 하나가 전체 업무의 80%를 대표하는 고객에게 나올 때도 있다는 것을 이해하자.) 사실 대부분 고객에게 더 중요한 것은 빠른 해결책보다 해결하기로 약속한 날짜를 지키는 데서 비롯되는 신뢰이다. 엄격하게 시간관리를 하면 예측 가능성은 더 나아진다. 즉, 사람들이 다음 스프린트를 언제 시작할지 분명히 알고 있으면 해당 요구사항을 언제 시작할 것인가에 대한 예측은 단순한 문제가 된다.

지금 시도해볼 것들

- 길이가 일정하지 않은 스프린트를 하고 있다면 가장 최선책일 것 같은 기간을 하나 골라서 다음 두 달 간 그 기간을 엄격히 지키도록 하자. 두 달이 지나고 나면 변경할지 말지 평가해보자.
- 4주나 한 달짜리 스프린트를 하고 있다면 2주 단위 스프린트를 시도해보자. 처음에는 너무 빠르다고 느낄 수 있기 때문에 이대로 확정할지는 스프린트를 세 차례 운영한 뒤에 정하라.
- 여러 스프린트 기간 중 어떤 걸 선택해야 할지 흔들린다면 한 주짜리 스프린트를 두 번 실시해 필자의 가이드라인을 깨뜨려라. 마라톤을 훈련하는 육상선수는 마라톤 페이스보다 빠른 페이스로 달리면서 다른 스피드를 섞어가며 달린다. 때로는 평소보다 빠르게 운영하는 게 오랫동안 일정한 속도로 일하는 데 도움이 된다. 스프린트 회고 때 한 주짜리 스프린트가 어땠는지, 정상적인 스프린트 길이로 돌아가서 활용할만한 점을 배웠는지 논의해보자.

목표를 변경하지 마라

예전에 커다란 컨설팅 회사에서 소송담당 부서 개발자로 일했던 적이 있다. 그 업무를 하는데 있어 어려웠던 일 중 하나는 변경을 피할 수 없다는 점이었다. 사건을 담당하고 있는 변호사인 상관은 몇 주가 걸리는 프로젝트를 시작하게 했다. 그러고 나면, 아니나 다를까, 그 프로젝트 도중에 개발 중인 사무실에 우르르 몰려와서 이렇게 소리쳤다. "지금 하고 있는 일 당장 그만두세요! 이거랑 이걸 다시 요청합니다. 지금 저희에게 필요한 건······" 이들은 새로운 프로젝트로 개발 팀을 다시 보내고는 원래 프로젝트 일정에 맞춰 완료하기를 요청했다. 이런 경험 때문에 스크럼에 대해 강조하고 싶은 것은 스크럼에서 스프린트 목표를 그대로 두는 것이다.

스크럼은 변경에 대해 두 가지 방식을 취한다. 스프린트 동안에는 어떤 변경도 허락하지 않는다. 팀이 스프린트 첫날 처리할 작업을 약속하고 나면 스프린트 기간 동안은 우선순위가 변경되지 않을 거라 기대한다. 스프린트 내에서는 어떤 변경도 허락하지 않아도 스프린트 바깥에서는 모든 것이 변할 수 있다.

스프린트 중간 변경에 대한 스크럼의 태도가 프로젝트 성공을 저해하는 것처럼 보일 수 있다. 어떤 때는 변경이 완료를 위한 아주 중요한 요소가 되기도 하고, 어떤 때는 새로운 정보로 인해 팀에서 지금 진행중인 작업이 무용지물이 될 수도 있다. 적어도 초기에는 두 경우 모두에 대해 스프린트 중간에 변경을 수용하지 말고 스크럼의 강경 입장을 고수하라고 당부하고 싶다.

그 이유를 살펴보기 위해 앞서 이야기한 스프린트 도중에 변경이 타당해 보이는 경우를 고려해보자. 먼저 제품 책임자가 현재 작업 중인 일 대신 완료가 필요한 중요한 요구사항을 새로 발견했다고 가정해보자. 실제로 가끔 일어나는 일이다. 이런 상황에서는 공식적으로 스프린트 목표를 수정하라고 추천하고 싶다. 스크럼은 스프린트가 비정상적으로 종료되었음을 팀에 알리면서 새로 발견된 아주 중요한 기능을 포함하는 새 스프린트 계획을 수립하는 것으로 스프린트 목표를 변경한다. 스프린트 목표에 따라 변경 건을 가시화하는 일은 재발을 방지하기 위해 아주 중요하다. 대부분 조직에서 팀의 진행 방향이 계속해서 변하는 것을 아는 사람은 팀원 자신 뿐이다. 스프린트 동안에는 변경을 허용하지 않지만 비정상적으로 스프린트를 종료하고 새로운 스프린트를 시작하도록 하는 스크럼의 방식은 변경으로 발생되는 비용과 변경 빈도에 대한 가시성을 높여준다. 이를 통해 스프린트 도중에 발생하는 변경을 줄일 수 있다. 정말 중요한 변경사항만이 비정상적인 종료를 정당화 할 수 있다.

새로운 정보가 나타나 스프린트에 계획된 작업의 가치가 떨어지는 경우는 어떨까? 앞서 경우와 마찬가지로 팀은 스프린트 일부 작업을 중단해야 한다는 사실을 알게 될 때도 있다. 가령 현재 스프린트 목표가 우량 고객을 대상으로 판매를 돕는 기능을 추가하는 일이라고 해보자. 스프린트 도중에 고객이 예산 축소로 새로운 기능이 있음에도 여러분 제품을 구매할 수 없다고 말하거나 경쟁사 제품을 구매할 수밖에 없다고 말하는 등 여러 가지 상황이 있을 수 있다. 이런 경우 해당 기능이 일반적으로 다른 고객에게도 가치 있는지, 얼마나 작업이 진행되었는지 등을 고려해 해당 기능의 개발을 중단하는 것도 당연한 일이다. 하지만 이런 상황은 스크럼을 처음 시작한 사람들이 생각하는 것보다 적게 일어난다.

재니스가 실제 겪은 일이 훨씬 더 일반적인 상황이다. 생물정보학 애플리케이션의 제품 책임자로 복잡한 자료를 검색하는 기능과 아주 밀접한 화면을 설계하는 일을 팀원들과 함께 했다. 완벽하지 않았지만 더 좋은 생각이 나오지 않아 모든 팀원들은 대체로 그 화면이 괜찮다고 만족하고 있었다. 다음 스프린트 계획 회의에서 모든 사람이 그 검색 기능이 포함된 화면을 프로토타입으로 개발하는 데 동의했다.

2주 스프린트 절반 동안은 진행이 순조로웠다. 8일째 날 아침, 재니스는 지난 밤에 뭔가 계시가 있었다면서 개발자들에게 더 나은 검색 화면에 대한 한 장의 스케치를 보여줬다. 그 스케치는 팀이 지난 7일 동안 작업했던 것과는 확연하게 달랐다. 하지만 부인할 수 없을 만큼 더 좋은 화면이라는 데 모두 동의했다. 이때 재니스와 나머지 팀원들은 다음과 같은 의사결정을 내려야 했다.

- 현재 스프린트를 취소하고 모두가 더 낫다고 동의한 그 화면에 초점을 맞춘 새 스프린트를 시작한다.
- 7일 전에 이 정도면 괜찮다고 모두 동의했던 검색 화면 작업을 계속해서 진행한다.

누군가는 쉬운 결정이라고 생각할 수도 있다. 새로운 화면이 의심할 필요도 없이 더 낫다면 개발자들은 그 화면으로 작업 방향을 바꿔야 한다고 말이다. 하지만 스크럼은 조금 다른 질문을 통해 이런 결정을 돕는다. 이 정도면 괜찮다고 했던 검색 화면을 가진 제품을 전달하고 추가 기능 개발을 위해 7일을 더 개발할 것인가? 아니면 더 나은 검색 화면만 전달할 것인가? 의사결정은 재니스의 몫이었지만 전체 팀은 의견을 종합하여 이 정도면 괜찮다고 판단했던 검색 화면을 완료하기로 결정했다. 개선된 검색 화면은 9개월 뒤 버전에 추가하기로 했다.

반대 의견

"우리 팀 업무는 방해요소가 너무 많아서 개발자들도 변경할 수 있어야 합니다."

진정한 방해 주도적인 조직interrupt-driven organization은 병원 응급실과 비슷하다. 변경이 끊임없이 발생한다. 현실적인 초점은 가장 중요한 일을 하고 있다는 확신이 들만한 우선순위를 성공적으로 정했느냐에 놓여진다. 2주 스프린트를 시작할 때 우선순위를 정할 수 없을 만큼 급변하는 업계에서 일하는 조직은 결국 손쓸 도리가 없다. 많은 조직이 그와 같은 환경에 처해 있다고 생각하지만 실상은 그렇지 않다. 이런 문제는 대개 앞질러 생각하는 일이 익숙하기 때문에 생긴다. 만약 여러분 조직이 이번 절 시작하면서 언급했던 로펌 회사처럼 갑작스럽게, 계속 변경이 발생한다면 더 짧은 스프린트를 고려해볼 필요가 있다.

팀을 변경하는 습관 깨뜨리기

지난 몇 년 간 조직들은 팀을 변경하는 것을 당연시했다. 팀은 제품 책임자가 발견한 중요한 요소나 갑작스런 고객 요구사항이나 유효한 방해요소 때문에 방해받는 게 아니라 제품 책임자나 다른 이해관계자들의 잘못된 예측 때문에 방해받는다. 사람들은 이런 식으로 일하는 데 익숙해지고 개발 팀에 미치는 부정적인 영향을 인식하지 못한다.

나는 이 같은 경우를 B2B 서비스를 제공하는 회사에서 알게 되었다. 이런 사업의 상당수는 협력 회사와의 관계에 의해 만들어진다. 새로운 협력사를 추가하는 일에 개발 팀은 5~10시간 작업이 필요했다. 팀은 이런 일을 계획할 수 없는 일로 바라봤다. 2주 스프린트 기간 동안 영업직원이 얼마나 많은 협력사를 추가할지 알 수 없었기 때문이다.

　나는 이 일 때문에 팀의 작업량이 떨어진다고 판단하고 영업직원을 만나 지금부터 스프린트 시작할 때 계약서에 사인한 협력사만 추가할 수 있다고 말해주었다. 그는 문제될 것 없다는 말로 필자를 놀라게 했다. 그는 협력사에 대한 상품의 주요 장점은 2주마다 회사 홈페이지를 통해 갱신된다고 했다. 잠재 협력사들도 지금부터 협력사를 추가하려면 홈페이지 갱신일에 맞춰서 해야 하고, 특정 날짜에 추가하고 싶다면 스프린트 시작일에 맞춰야 한다는 사실을 이해해줄 거라고 했다. 영업직원은 팀에 훨씬 득이 되는 방법으로 일하는 데 아무런 문제가 없던 것이었다. 그가 그 동안 그렇게 하지 않은 이유는 아무도 그런 요청을 하지 않았고 현재 방식 때문에 많은 비용이 들어간다는 게 드러나지 않아서였다.

강경한 입장을 천천히 완화하기

나는 보통 스크럼 팀에게 스프린트 중간 변경에 대해 강경한 입장을 취하라는 조언을 하곤 한다. 이는 팀의 방향 변경을 반대하거나 스크럼 규칙을 노예처럼 따라야 해서가 아니다. 팀의 방향이 바뀌면 비용이 발생한다는 점을 팀 외부에도 알리고 싶어서다. 물론 스프린트 중간에 변경이 필요한 경우도 있다. 하지만 누군가 앞 일을 미리 생각하지 않아서, 변경 자체가 쉽기 때문에 변경이 너무 자주 발생하기도 한다. 나는 조직 내 모든 새로운 요구사항을 스프린트 중간에 처리해야 하는 긴급한 가치 변화로 더 이상 생각하지 않는 것을 확인하고 나서야 변경에 대한 강경한 입장을 완화한다.

> **반대 의견**
>
> **"즉각 반응하는 일은 우리를 성공으로 이끄는 요소입니다. 사용자들이 우리에게 기대하는 일이라구요."**
> 물론 많은 조직들이 요구사항에 즉각 반응하는 데 많은 노력을 쏟아부으며 고객이나 사용자와의 성공적인 관계를 만들어왔다. 하지만 이런 조직 중 상당수가 계속되는 부하로 억눌리는

자신을 보게 된다. 내 경험에 비추어보면 고객들이 진정 원하는 것은 예측 가능성이다. 대부분은 크게 중요하지 않은 결함은 바로 고치지 않아도 이해해준다. 이런 식으로 말하면 고객의 이해를 얻을 수 있다. "분명 중요한 이슈가 틀림없네요. 최대한 빨리 착수하겠습니다. 패치한 시스템을 2주마다 배포 중입니다. 금요일 배포에 맞추기엔 너무 늦었지만 지금부터 2주 뒤에는 시스템에 반영될 겁니다." 왜냐하면 과거 소프트웨어를 개발하는 조직에게는 이런 수준의 예측 가능한 응답을 듣지 못했기 때문에 지금 당장 고쳐달라고 아우성치는 게 최선책이라고 배웠을 뿐이다.

"스크럼은 변경에 유연하다고 배웠습니다. 스프린트 중간에 변경이 일어나면 수정해야 하는 것 아닌가요?"

스크럼은 팀이 특정 기간 동안 전달하는 가치를 최대화하려고 한다. 이를 위한 좋은 방법 중 하나는 다른 작업으로 변경하기 전에 팀이 한 가지 목표에 집중하게 하는 것이다. 전략적 변경에 대한 조직의 유연성을 개선하는 일은 짧은 기간에 즉각 반응하는 것과는 다르다. 짧은 기간의 즉각적인 반응이 장기적으로 볼 때 불만족스런 결과를 초래할 수도 있다.

피드백을 얻고, 배우고, 적응하라

각 스프린트가 마치 어떤 실험처럼 보일 수 있다. 제품 책임자와 팀은 스프린트를 시작할 때 수행할 수 있는 가장 가치 있는 실험을 식별하기 위해 만난다. 그 실험은 동작하는 소프트웨어에 일정량의 새로운 기능을 추가하는 일이다. 이와 같이 제품에 기능을 추가하는 데는 그 실험의 효과를 극대화하는 피드백을 얻기 위해 잠재적으로 전달 가능한 기준이 유지된다. 스프린트 마지막에 그 실험은 평가받는다. 팀 전체가 그 결과로부터 배운다. 학습의 대부분은 제품에 대한 것이 될 것이다. 사용자가 선호하는 것은? 싫어하는 것은? 혼란스러워하는 것은? 사용자가 다음으로 원하는 것은? 이전에 생각한 적 없는데 새로 추가하면 좋겠다고 생각하는 기능은? 하지만 아마 스크럼을 사용하는 것 자체에 대한 배움도 비슷하게 생길 것이다. 한 스프린트에 얼마나 일할 수 있을까? 얼마나 진행한 걸까? 일을 더 빨리 진행하려면 어떻게 하면 좋을까? 매 스프린트마다 '완료'된 소프트웨어를 완성하고 있나?

이와 같은 학습의 대부분은 스크럼이 점진적이지 않으면 쓸모가 없다. 스프린트가 지날수록 제품 책임자, 팀, 스크럼 마스터는 완벽하게 만족스럽지는 않지만 동작하는 성과를 점점 얻을 수 있고 이를 통해 개선할 수 있다. 자료 검색 화면에 조건이 추가된다. 전달받은 피드백을 토대로 UI가 그런대로 괜찮은 수준에서 훌륭한 수준으로 변한다. 수집된 자료를 통해 성능이 시스템에서 가장 중요한 부분이 된다. 석 달이라는 마감일까지 얼마나 완료할 수 있는지 좀 더 이해하면서 계획이 수정되고 작업 우선순위는 재조정된다.

반복/점진적인 개발은 피드백을 받고 배운 후, 무엇을 만들 것이고 어떻게 만들 것인지 적용하는 일이다. 스프린트는 이를 위한 메커니즘을 팀에 제공한다.

더 읽어볼 것들

Appelo, Jurgen. 2008.
「We increment to adapt, we iterate to improve」. Methods & Tools, Summer, 9~22.
애펠로의 논문은 반복적인 개발과 점진적인 개발을 훌륭하게 설명하고 있고 애자일 개발과 다른 두 방식이 가져오는 가치가 무엇인지 설명하고 있다.

Cockburn, Alistair. 2008.
「Using both incremental and iterative development」. Crosstalk, May, 27~30.
이 논문은 반복적인 개발과 점진적인 개발에 대해 탁월한 정의를 내리고 있고 왜 동시에 사용해야 하는지 논의하고 있다.

Larman, Craig, and Victor R. Basili. 2003.
「Iterative and incremental development: A brief history」. IEEE Computer, June, 47~56.

1950년대부터 거슬러 올라가 반복적이고 점진적인 개발의 기원에 관한 조사를 제공하며 반복적이고 점진적인 개발이 단순한 유행이 아니라고 이야기한다.

Sy, Desirée. 2007.
「Adapting usability investigations for agile user-centered design」. Journal of Usability Studies 2 (3): 112~132.
UX 설계를 애자일 프로세스에 어떻게 통합하는지 가장 잘 설명하고 있다.

15장

계획

애자일 선언문을 발표했던 초기에는 "우리는 애자일하니까 계획을 세우지 않아" "우리가 완료했을 때 완료된 것이다"라는 의견이 일반적이었다.

이런 입장을 취했던 초창기 일부 애자일 팀 사람들이 계획을 내팽개쳤을 때 무언가 가치 있는 것을 포기하고 있다는 사실을 알고 있었는지 의심된다. 하지만 그들이 일했던 그 시절에는 자연스러운 반응이었다. 대다수 개발자들에게 계획이 어떤 혜택도 주지 못했기 때문에 계획하는 것을 싫어했다. 오히려 계획은 종종 개발자를 상대하는 무기로 사용되었다. "6월이면 끝마친다고 했잖아요. 지금 6월이에요. 어떻게든 끝내세요."

조직에서 계획을 무기로 사용하는 것이 부적절한 것처럼 계획을 완전히 버리는 것도 부적절하다. 많지는 않지만 애자일 개발로 성공한 몇몇 회사에서 부사장으로 일했던 내 입장에서 본다면, 스크럼 팀은 계획할 수 있고 또 그렇게 해야 한다고 생각한다. 셰틸^{Kjetil Moløkken-Østvold}과 망네^{Magne Jørgensen}의 연구에 따르면, 실지로 절차적 프로세스를 사용하는 팀보다 애자일 팀이 더 정확하게 계획을 세운다.⁽²⁰⁰⁵⁾

계획은 스크럼의 기본적인 측면이다. 스크럼 팀은 항상 최고의 가치를 가진 기능을 만들 것을 약속한다. 이러기 위해 팀과 제품 책임자는 기능을 개발하는 데 어느 정도 비용이 소요될지 추정해야 한다. 그렇게 하지 않으면 자기가 가치 있다고 생각하는 것에 높은 우선순위를 정하게 된다. 마찬가지로 기능을 개발하는 데 얼마나 걸릴 지 추정하는 것도 중요하다. 시장에서 중요한 기회를 놓친 기능은 가치가 떨어진 채 전달될 수 있다. 스크럼 팀이 우선순위에 따라 일을 하기 위해서, 계획이 필수적인 실천법이라는 사실은 의심할 여지가 없다.

이 장에서는 계획의 기본적인 내용을 넘어서 여전히 많은 조직들이 스크럼을 적용하면서 직면하게 되는 몇 가지 계획에 대한 어려움에 대해 다룰 것이다. 완벽하게 자세한 계획보다 점진적으로 정제되는 계획이 필요하다는 것을 살펴보는 것으로 시작한다. 다음으로 왜 초과 근무가 일정 문제의 해결책이 되지 않는지를 살펴볼 것이다. 그 후 조직들이 스케줄, 자원, 품질 같은 중요한 프로젝트 계획의 다른 요소들보다 범위를 변경하는 것이 유리하다는 것에 대해 이야기할 것이다. 마지막으로 팀이 만든 약속으로부터 팀의 추정치를 분리하는 것에 대한 조언으로 이 장을 마무리할 것이다.

점진적으로 정제되는 계획

13장 「제품 백로그」에서 제품 백로그가 점진적으로 정제되어야 함을 배웠다. 앞으로 추가될 기능들은 처음에는 장황하게 서사시처럼 제품 백로그에 놓여 있다가, 나중에 작은 사용자 스토리들로 나눠진다. 결국에 이 스토리들은 더 이상 나눌 필요가 없을 정도로 작아진다. 하지만 이 스토리들은 스토리가 완료되었는지 결정하는 높은 수준의 테스트를 추가함으로써 한번 더 정제된다.

좋은 스크럼 팀은 계획을 세우는 일도 유사한 방식으로 진행한다. 마치 초기 서술이 기능의 상세한 부분을 제외한 본질적인 부분만을 설명하듯이, 초기 계획은 나중을 위해 상세한 부분은 남겨두고 전달해야 할 본질적인 내용을 담고 있다. 다음 계획에는 그때까지 프로젝트를 통해 얻은 지식들로 세부적인 내용을 채울 수 있을 때 필요한 부분을 추가한다. 초기 계획에서 세부사항을 남겨두는 일은 프로젝트가 끝났을 때 포함되어야 할 것에 대해 약속을 지키지 못한다는 의미가 아니다. 약속할 수 있지만 그런 약속들은 프로젝트의 불확실성 때문에 시간이나 투입 인원이 바뀔 여지가 있다.

예를 들어 새로운 웹 기반 가계관리 프로그램을 개발하는 팀의 경우를 생각해 보자. 팀은 6개월이라는 확정된 마감 일정을 가지고 있고, 정확히 그때까지 개발을 끝내고 전달해야 한다. 팀은 가장 중요한 기능들(제품 백로그에서 가장 우선순위가 높은 것)에 대해서 많은 세부사항을 정할 수 있다. 만약 손으로 가계도를 그리는 것이 우선순위가 높다면, 초기 계획에는 그 기능에 대한 많은 세부사항들이 들어가야 할 것이다. 제품 백로그에는 그리드 레이아웃 보여주기, 그리드 아이템 잡아 끌기, 보여주기, 수동으로 페이지 나누기 등에 대한 내용이 나온다.

제품 백로그 아래에 있는 기능들은 조금 덜 세부적이다. 이렇게 적을 수 있다. "사용자는 사진을 업로드 할 수 있고, 가계도 구성원에 사진을 첨부할 수 있다." 이렇게 서술해 놓으면, 7개나 8개 이미지 포맷을 지원해야 한다는 처음 요구사항이 나중에 JPG나 GIF 파일만 지원하기로 팀과 제품 책임자가 바꿀 수 있는 유연성을 준다.

> **반대 의견**
>
> "우리는 계약을 맺고 개발을 아웃소싱합니다. 고객은 계약서에 사인하기 전에 어떤 파일 포맷이 지원 가능한지 알고 싶어하는데, 그런 세부사항을 제외할 수 없습니다."
> 팀이 더 유연하게 일할 수 있도록 세부사항 구현을 미루는 일이 최고의 해결책이지만, 모든 기능에 대한 기술을 점진적으로 정제할 필요는 없다. 만약 이미지 파일 포맷이 고객에게 중요하다면 그 말이 맞다. 계약에 포함된 이런 내용들은 제품 백로그와 계획에 상세화되어야 한다. 다른 한편으로 덜 중요한 기능들은 제품 백로그 상위에 올라왔을 때 정제한다.

점진적으로 계획을 정제하는 일은 많은 장점이 있다. 그 중 가장 큰 장점은 다음과 같다.

- **시간 투자를 최소화한다** _ 계획이 필요하지만 시간 소모적이어서는 안 된다. 추정과 계획에 시간을 투자하는 것도 좋지만 들어간 노력을 보상받을 수 있을 만큼만 투자하는 게 좋다. 만약 프로젝트 초기에 상세한 프로젝트 계획을 만든다면, 그 계획은 많은 가정을 근거로 한다. 프로젝트가 진행됨에 따라 가정이 일부 잘못됐다는 것을 알게 되고 이는 이 가정을 근거로 한 계획이 틀렸음을 이야기한다.
- **최적의 시점에 결정을 내릴 수 있다** _ 점진적으로 계획을 정제하는 일은 프로젝트 초반에 팀이 너무 많은 의사 결정을 내리는 함정에 빠지지 않도록 막아준다. 하

루하루 프로젝트가 진행되면서 프로젝트 구성원들은 점점 프로젝트에 대해 많은 것을 알게 된다. 만약 의사결정을 오늘 내릴 필요가 없고 내일까지 미뤄도 무방하다면 구성원 모두가 하루 더 똑똑해질 때까지 의사결정을 미룬다.

- **진행 방향의 변경이 가능하다** _ 우리가 항상 확신할 수 있는 한 가지는 상황이 변한다는 것이다. 모든 상세 내용은 모르지만 대강의 진행 방향은 알 수 있게 계획을 세운다면 차후 팀이 더 많이 배웠을 때 진행 방향을 바꿀 수 있는 유연함을 갖게 된다. 흔히 말하는 방향 정정$^{course\ correction}$이란 문구를 사용하지 않았다는 것을 주목하라. 이미 알고 있듯이 '딱 맞는 방향'은 없다.
- **계획을 믿는 함정에 빠지는 일을 막아준다** _ 예상하지 못했던 일이 일어날 수 있고 어떤 계획도 변화로부터 안전하지 않다는 사실을 잘 이해하고 있어도, 잘 문서화된 계획은 우리에게 모든 것이 생각대로 진행되고 있다고 믿게 만든다. 점진적으로 계획을 정제하는 작업이 최선의 계획도 변경될 수 있다는 사실을 상기시켜 준다.

> **지금 시도해볼 것들**
>
> - 현재 릴리스 계획을 검토해보라. 너무 일찍 정확하게 아니면 상세하게 계획한 부분이 있는지 확인해보라.
> - 여러분 조직이 너무 일찍 상세한 계획을 만든 이유를 목록으로 작성해보라. 정확한 계획을 요구한 특정 인물이나 그룹이 있는가? 조금 덜 상세한 계획을 가지고 시작하도록 그들을 설득할 수 있는가? 가능하다면 그들을 만나서 그렇게 해야 하는 이유를 설명해보라.

계획을 지키기 위해 초과근무를 하지 마라

오래전, 처음 소프트웨어 개발자들을 관리할 때는 그 일이 세계에서 가장 쉬운 일이라고 생각했었다. 프로그래머로서 내 경험에 의하면, 프로그래머들은 일반적으로 일이 얼마나 걸릴지 과소평가하는 경향이 있기에 관리자로서 필요한 것은 각 개발자들이 개별적으로 추정하고 그 추정치에 맞추기 위해 열정을 유지시키는 일이 전부일 거라고 생각했었다. 대개는 추정치가 낮았기 때문에 팀의 일정 계획만 잘 수립하면 예상보다 빨리 끝날 거라 기대했다.

이런 생각으로 처음 몇 개월 동안은 잘 진행됐다. 1980년대 스크럼 팀이 아니었던 시절로 돌아가보면, 일정상 첫 번째 태스크의 많은 부분이 막연하게 정의되어 있었다. 분석은 우리가 완료했다면 하면 끝난 것이었다. 설계는 설계하기로 되어 있는 마감일에 맞춰 끝났다. 프로그램 할 수 있는 처음 몇 가지 기능들은 일정대로 끝마쳤다. 하지만 마감일dead line을 맞추기 위해서는 결국 팀원 일부에게 초과근무를 시켜야만 했다(그 추정을 한 장본인은 내가 아니라 그들 자신이었다). 그 주에 추가로 몇 시간, 그 다음 주 토요일 반나절 정도로 초과근무가 지나친 건 아니었다. 하지만 몇 달이 지난 후에 더 많은 초과근무를 하게 되었고 초과근무가 크게 도움이 되지 않는다는 사실을 알게 되었다. 위기의 순간에서 벗어났다고 여겼던 것들이 다시 우리를 괴롭히기 위해 다가오고 있었다. 우리는 이전보다 더 많은 버그를 찾거나 만들고 있었다.

그 당시 나의 해결책은? 더 많은 초과근무를 해라, 였다.

하지만 더 많이 초과근무를 하는 것은 해결책이 될 수 없었다. 이런 주기를 반복했던 다음 번의 몇 개 프로젝트도 잘 되지 않았다. 결국에는 팀을 무한정 몰아부칠 수 없다는 사실과 특정 시점이 지나면 주 당 몇 시간의 초과근무가 팀을 전진시키기보다는 오히려 후퇴시킨다는 것을 배웠다.

익스트림 프로그래밍XP 초기에 이 실천법은 미국 내 평균 근무시간인 하루 8시간을 기준으로 주 40시간 근무라고 불렀다. 하지만 많은 나라들이 주 40시간과는 다른 표준을 가지고 있고 때로는 주 40시간을 넘겨 일하는 것을 수용해야 한다는 점을 반영하기 위해 유지 가능한 속도sustainable pace로 이름을 바꿨다. 마라톤을 보면 각 선수들은 개인적으로 유지 가능한 속도로 달리는 것을 볼 수 있다. 어쨌든 선수는 26.2마일(42.195Km)을 계속 달려야 한다. 하지만 좀 더 자세히 살펴보면, 마일 간의 속도는 전혀 일관성이 없다는 것을 알 수 있다. 매번 언덕을 오를 때에는 좀 더 힘이 들고 언덕을 내려갈 때에 아마 그에 따른 약간의 보상을 받게 될 것이다. 결승선에서는 대부분 결승선을 넘어서면 유지할 수 없는 속도로 질주한다.

유지 가능한 속도는 스크럼 팀에도 동일한 의미를 갖는다. 대부분의 경우 팀은 한결같은 속도로 잘 달린다. 하지만 결승점 근처나 사용자에게 보고된 결함,

치명적인 공격과 같은 상황에서는 속도를 올릴 필요가 있다. 유지 가능한 속도에 있어서도 간혹 초과근무를 하는 것이 목표를 위반하는 것은 아니다. 『Extreme Programming Explained』(『익스트림 프로그래밍: 변화를 포용하라』 인사이트)의 저자인 켄트 벡과 신시아 안드레스는 말한다.

> 초과근무는 프로젝트에 심각한 문제가 있다는 증후입니다. XP 규칙은 간단합니다. 2주 동안 초과근무를 할 수는 없습니다. 일주일 정도는 괜찮습니다. 추가 시간에는 나사를 조이고 새롭게 정비하세요. 만약 월요일이 됐을 때 "목표를 달성하기 위해 또다시 늦게까지 일해야 합니다"라고 말해야 한다면, 이미 몇 시간의 추가 작업으로는 해결할 수 없는 문제를 가지고 있는 겁니다.(2004, 60)

실수를 통해 배우기

하이문 스튜디오의 CTO 클린턴 키스 Clinton Keith는 Triple-A 비디오 게임의 개발자일 때 일주일이 넘는 초과근무에 대한 경고를 심각하게 받아들여야 한다는 사실을 실수를 통해 배웠다. 비디오 게임 산업은 여전히 압도적인 영향을 미치는 연례 전시회가 열리는 몇 안되는 산업 중 하나다. 그 전시회는 전자 엔터테인먼트 엑스포 혹은 E3라고 부른다. 출시를 앞둔 중요한 타이틀들이 E3에 전시된다. 그리고 스튜디오들과 유통사들 간에 거래가 일어난다. 그해의 가장 큰 쇼케이스에 맞추기 위한 팀의 초과근무는 자연스러운 일이다. 팀원들은 자신들의 게임이 언론과 미래의 비즈니스 파트너들에게 잘 보여지길 바랄 뿐만 아니라 전시회에 참가하는 다른 회사 친구들에게도 감명을 주길 원한다.

몇 년 동안 키스는 다가오는 E3에 맞춰 팀이 몇 달 동안 초과근무를 하는 걸 권장했다. 하지만 자신과 하이문 스튜디오가 스크럼을 받아들인 지금은 일관되고 유지 가능한 속도로 일한다. 하지만 여전히 오래된 습관을 버리기는 힘들다. 전시회 몇 주 전에 키스는 그의 팀원들에게 약간 의무적인 초과근무를 요청했다. 켄트 벡이 예견 했던대로 첫째 주에는 속도가 상승했다(그림 15.1). 하지만 둘째 주에는 초과근무가 없었던 때보다 속도가 높긴 하지만 첫째 주보다는 낮았다. 셋째 주에 와서는 초과근무 전보다 근소하게 높았다. 넷째 주에는 팀이 유지 가능한 속도보다 실질적으로 속도가 더 낮았다.(Keith 2006)

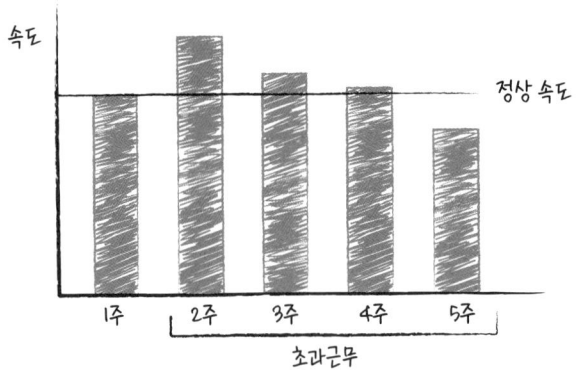

그림 15.1
하이문 스튜디오는 초과근무를 했던 몇 주 동안 실제로 속도가 떨어졌다는 사실을 알게 됐다. (애자일 게임 개발, 클린턴 키스가 인용 허락)

관리자가 몸에 밴 습관을 버리는 일은 어렵지만 이런 일을 경험하고 초과근무 기간 연장이 역효과를 낳는 명확한 증거를 팀으로부터 얻고 나면 결국 교훈을 이해하게 된다.

달성하기

유지 가능한 속도로 일하는 걸 선호하는 사람들은 그림 15.2 그래프에서 보이는 것처럼 유지 불가능한 속도와 회복 기간을 반복하는 것에 비해 유지 가능한 속도로 일하는 게 더 많은 일을 할 수 있다고 말한다. 유지 가능한 속도로 일하는 팀은 같은 기간 동안 같은 양의 일을 완료한다. 유지 불가능한 속도로 일하는 팀은 잠시 동안은 더 많은 일을 완료한다. 하지만 회복 기간 동안 유지 불가능하게 일했던 것을 회복하느라 더 적은 일을 완료한다. 그림 15.2에 유지 가능한 속도의 곡선 아래 면적(팀이 완료한 총 일의 양)이 유지 가능하지 않는 속도 곡선의 아래 면적보다 클까? 이 질문을 다른 방식으로 생각해보면, 만약 당신이 5Km를 달린다면 일정한 속도로 달리는 것과 전력 질주와 걷기를 번갈아 하는 방식 중 어느 방식이 더 빠를까?

    유지 가능한 속도로 일하는 방식이 가장 생산적이라는 이 지적 주장은 의혹을 가진 사람들 대다수를 납득시키지 못한다. 어쨌든 거북이(유지 가능한 속도)가 결국 토끼(전력 질주/휴식 전략)를 이길 수 있다고 믿습니까? 이솝 우화가 진리를 강조한다는 걸 알고는 있지만 이 사실을 믿기 위해서는 확인을 해봐야 한다. 유지 가능한 속도의 진실도 마찬가지다. 대부분의 조직들이 초과근무가 일정 문제에 대한 장

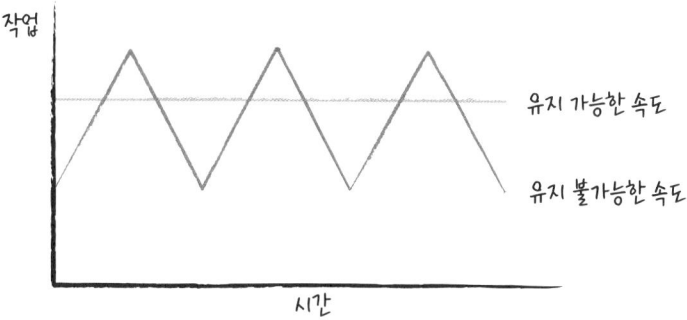

그림 15.2
완료한 작업량은 각 라인의 아래 면적이다.

기적 해결책이 아니라는 걸 납득하기 위해서는 자료 수집이 필요하다. 팀의 데이터(그림 15.1에서 클린턴 키스가 했던 것과 비슷한)를 보고 나면 초과근무가 생산성을 증가시키지 못한다는 사실을 쉽게 알 수 있다.

데이터를 수집하기 위해 노력했지만, 불행하게도 사람들이 유지 가능한 속도로 일하도록 하는 일은 쉽지 않았다. 대신 그런 경우를 옹호하는 데 도움이 되는 다음과 같은 주장들을 찾았다.

- **유지 가능한 속도로 일하면 필요한 때 쓸 수 있도록 별도 가용력을 남겨둘 수 있다** _ 팀이 시종일관 총력을 기울여서 달린다면, 정말로 추가적인 노력이 필요한 때 쓸 수 있는 추가 에너지를 남겨둘 수 없게 된다.
- **창의적인 생각을 할 수 있는 시간을 더 많이 남겨둔다** _ 실제 생산성은 몇 시간 더 일한다고 나오는 게 아니다. 극적인 일정 단축이나 엄청난 제품 개선은 창의적인 해결책에서 나온다. 유지 가능한 속도로 일하는 팀은 이런 아이디어를 찾아낼 수 있는 정신적인 에너지를 더 많이 가질 수 있다.
- **하루 6시간이 지나면 머리가 멍해진 것에 대한 논쟁을 그만둬라** _ 6시간 동안 열심히 생각하면 뇌는 기진맥진하게 되는데 이를 넘어 일하는 것은 불가능하다고 관리자에게 이야기 하는 건 이제 그만둬야 한다. 많은 경영진들은 하루에 12시간 혹은 그 이상 일한다. 아마 그 일은 덜 두뇌집약적인 일일 게다. 하지만 그런 경영진에게 6시간 이상 프로그래밍 하는 것은 불가능하다고 말할 수 있는 개발자는 어디에도 없을 거다. 게다가 일과 동안 이런 논쟁을 하는 개발자 중 몇 명이나

집에 가서 재미 삼아 오픈 소스 프로젝트를 위해 밤을 지새겠는가? 열정이 있어야 생산성도 증가한다.

- **해볼만한 가치가 있다** _ 만약 실험이 유용하고 객관적인 데이터를 가져다 준다면, 대부분 의사 결정자들은 제시간에 끝내는 한 실험을 지원할 것이다. 프로젝트 초기 시간의 압박이 적을 때 유지 가능한 속도로 일하는 팀의 속도에 관한 데이터 수집을 시작하라. 나중에 초과근무를 억지로 해야 할 때, 거기에 대해 논쟁하지 마라. 대신 속도가 증가한 기간을 보여주는 데이터에 근거해 몇 주 동안만 초과근무를 하자는 동의를 얻어라.

초과근무를 하지 않으면, 무엇을 해야 하나?

초과근무를 늘리는 방법은 비용이 적게 들고, 쉽고, 때로는 효율적이기 때문에 즐겨 사용한다. 관리자는 이렇게 말한다. "토요일에 나왔으면 좋겠어." 가끔 피자를 사는 비용 외에는 아무것도 필요 없다. 이렇게 매력적이고 겉보기에 공짜 도구인 초과근무를 없애는 문화를 정착시키고 싶다면, 초과근무를 대체할 무언가를 그 자리에 제공해야 한다. 에너지 프로젝트의 토니 슈바르츠와 캐서린 맥카시는 해결책이 있다고 믿는다. 그들은 시간은 유한한 자원이고 우리가 보내는 하루라는 시간에 따로 시간을 추가할 수 없다는 사실에 주목한다. 하지만 에너지는 다르다. 그들이 이렇게 말했다. "에너지는 추가할 수 있습니다. 우리는 이 사실을 직감적으로 알고 있습니다. 사무실에 에너지와 생산성이 넘치는 날이 있습니다. 그럴 때면 우리는 시계를 보는 일이 줄어듭니다. 만약 우리가 팀에 에너지를 줄 수 있다면 더 적은 기간에 더 많은 일을 하게 될 겁니다."(McCarthy & Schwarz 2007)

에너지를 주는 가장 좋은 방법은 열정을 돋구는 것이다. 그 프로젝트에 더 열정적인 사람일수록 날마다 전적으로 참여할 가능성이 더 높다. 이때 제품 책임자가 중요한 역할을 한다. 제품 책임자는 제품이 개발되는 동안 팀원들이 그 일에 열정을 갖게 되도록 강한 비전을 전달해야 한다.

슈바르츠와 맥카시가 말하는 다른 좋은 방법은 짧지만 규칙적인 휴식 취하기다.(2007) 20분 동안 밖으로 산책을 나가거나 직장 동료와 잠깐 이야기를 나누는 게 본업을 하는데 있어 집중력과 에너지를 회복시켜 준다. 개인적인 예를 들면, 나는 이 책을 쓰기 위해 30분짜리 스프린트를 사용했다. 각 집필 스프린트를 시작할 때

함께 보기

강한 비전을 어떻게 전달하느냐에 대한 제안은 12장 「자기 조직적인 팀 이끌기」의 '시스템에 에너지 불어넣기'에 있다.

는 이메일과 전화와 같은 모든 방해요소를 꺼버렸다. 그런 다음 30분짜리 모래시계를 뒤집어 놓았다. 30분이 끝날 때마다 집필이 잘 될 경우에는 즉시 시계를 되돌려 놓았고 그렇지 않을 경우에는 이메일을 확인하거나 전화 응답을 하거나 창밖을 쳐다보면서 5분 내지 10분간 휴식을 가졌다.

프란세스코 시릴로는 이탈리아어로 토마토를 뜻하는 '뽀모도로'란 이름의 비슷한 접근법을 오랫동안 주장했다.[1] 시릴로의 뽀모도로 테크닉에서는 팀원들이 30분 단위로 일한다. 매번 뽀모도로를 시작할 때마다 토마토 모양의 타이머를 25분으로 설정한다. 팀은 이메일, 전화 등으로부터 아무런 방해도 없이 그 시간 동안 부지런히 일한다. 타이머 시간이 다 지나가면, 팀원들은 5분간의 휴식을 가진다. 이 5분 동안 팀 구성원들은 일에 관해 이야기하거나 이메일 확인과 같은 일 외에 주위를 걷거나 스트래칭을 하거나 잡담을 한다. 매 4번째 뽀모도로마다 시릴로는 15분에서 30분간의 휴식을 장려했다.(2007)

하루 2번의 좀 더 긴 정신적인 휴식에 대한 시릴로의 의견은 이것이 사람의 리듬 주기와 맞다는 것이다. 사람의 몸이 고 에너지 상태에서 저 에너지 상태로 바뀌는 데는 90분에서 120분간의 사이클이 있다. 심리학자 어니스트 로시는 말한다. "근본적으로 사람은 매 1시간 30분마다 잠깐의 휴식을 취할 필요가 있습니다. 만약 그렇게 하지 않으면 피곤해지며, 정신 집중이 되지 않고, 실수를 하기 쉬우며, 짜증이 나거나, 사고를 당하게 되기도 합니다."(2002)

지금 시도해볼 것들

- 앞으로 2~3번의 스프린트 동안 초과근무 없이 근무하라. 그렇게 한 후, 스프린트 동안 완료된 일과 일의 품질, 팀원들의 창의력과 에너지를 평가하라.
- 시실로의 뽀모도로 접근법이나 조금 덜 엄격한 뽀모도로 접근법의 적용을 고려하라. 30분 내지는 60분간 방해없이 일을 하라. 그런 다음 5분 내지 10분간 밖을 쳐다보거나 빌딩 수위를 산책하거나 다른 동료와 이야기 할 수 있는 휴식시간을 가져라.

---

[1] 옮긴이 뽀모도로 테크닉에 대해서는 인사이트에서 번역 출간한 『시간을 요리하는 뽀모도로 테크닉』(2011)을 참조하기 바란다.

가능하면 범위 변경을 선호하라

프로젝트 관리 협회PMI는 오랫동안 그림 15.3에 보이는 '철의 삼각형'을 주장해 왔다. 철의 삼각형은 범위, 비용(자원), 일정 간에 상호의존 관계를 보여준다. 보통 PM이 프로젝트 고객에게 "이 중 2개를 고르세요"라는 말과 함께 건네진다. PM은 세 개 요소 중 한 가지에 대해 약간의 융통성을 가질 수 있어서 다른 두 개에 대한 고객의 기대치를 맞출 수 있다.

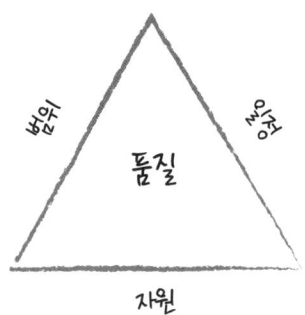

그림 15.3
철의 삼각형은 범위, 자원, 일정 간의 관계를 보여준다.

그림 15.3의 철의 삼각형 중심에는 품질이 있다. 품질은 알카포네를 체포한 연방 요원같이 손댈 수 없는 것으로 간주해야 하기 때문이다. 그러나 불행하게도 이런 경우는 드물며 품질은 철의 삼각형의 4번째 면으로서 사용되곤 한다.

    스크럼을 이행한다는 측면에서 본다면, 핵심 이해관계자나 개발자 그리고 제품 책임자는 범위 변경이 첫 번째 선택이어야 함을 알아야 할 필요가 있다. 일정이나 자원 그리고 품질은 쉽게 묶이기 때문이다. 그렇다고 이 말이 프로젝트 범위 변경 외에 일정이나 자원은 어떤 것도 바꾸지 못한다는 말이 아니다. 편견일지 모르지만, 가용한 자원이나 일정을 확고히 하기 위해서라도 범위를 조정하는 쪽으로 가야 한다는 것이다.

대안 고려하기

왜 우리가 다른 선택에 비해 범위 변경을 선호해야 하는지 알아보기 위해 12개월 프로젝트에서 9개월이 지난 팀의 일원이 되었다고 가정해보자. 이 시점에서 팀원 모두는 팀의 현재 상태로는 일정대로 프로젝트의 모든 범위를 완수하지 못한다는 현실을 알고 있다. 어떤 선택을 해야 할까?

품질을 포기할까?

아마도 몇 가지 품질 요인을 무시해야 할 것이다. 테스트를 조금 생략하고 몇몇 고치지 못한 버그들은 남겨둬야 한다. 품질 저하를 분명하게 고려하는 일은 없지만 프로젝트가 일정보다 늦어지면 대안으로 떠오르곤 한다. go-to option[2]이다. 출시하기 전에 반드시 고쳐야 하는 버그의 정의를 변경하거나 스트레스 테스트를 생략하여 품질을 낮춘다면 3개월 안에 프로젝트를 성공리에 마무리 짓겠다는 시나리오는 성공할 수 있다. 문제는 품질 저하가 근시안적인 결정이라는 것이다. 그런 결정을 내리면 그 결정은 다음 릴리스에도 계속 문제로 되돌아 올 것이다. 팀은 아마도 똑같은 수준의 마감 압력에 시달리겠지만 지난 마감일을 맞추기 위해 미루어 놓았던 기술적인 부채technical debt를 갚기 위한 방법도 찾아야 할 것이다.

 스크럼 팀은 시스템을 빨리 개발하는 최고의 방법은 시스템의 품질을 높이 유지하는 것이라는 사실을 배웠다. 1997년에 『Quality is Free』라는 책에서 필립 크로스비Philip Crosby는 이렇게 썼다. "비용이 드는 일은 품질이 낮은 것들이다. 이와 관련 있는 모든 작업은 처음에 제대로 하지 않아서 그렇다." 만약 품질을 떨어뜨려서 3개월 남은 마감일을 맞추고 싶다고 하더라도, 재작업과 시스템의 불안정성 때문에 속도를 늦춰야만 성공할 수 있는 기회를 잡을 것이다.

 품질을 떨어뜨리면서 생기는 또 다른 문제는 얼마나 많이 그리고 무엇을 줄일지 결정하는 것이다. 품질 저하의 영향을 예상하기는 힘들다. 그리고 만약 크로스비가 맞다면, 품질 저하는 일정 지연으로 나타날 것이다. 일정을 6개월에서 5개월로 줄이라는 요청을 받고 몇 가지 이유로 여러분을 포함한 모든 사람들이 일정 단축을 위해 품질을 낮추기로 동의했다고 가정해보자. 한 달 일정을 줄이기 위해 얼마만큼의 품질을 낮춰야 할까? 구체적으로 어떤 항목의 테스트를 덜 하고 얼마나 적게 테스트 할까? 어떤 검증 과정을 생략할까? 이 질문들의 난해함이 일정을 단축하기 위해 품질을 낮추는 일이 예측 불가능하다는 사실을 나타낸다.

---

2 옮긴이 goto문은 프로그램 흐름을 원하는 곳으로 보낼 때 사용되는 명령어이다. 초기 프로그래밍 언어에서는 사용했지만 무조건적인 이동이 코드를 읽기 어렵게 만들어서 외면받게 되었다.

자원을 추가할까?

자원을 추가해서 계획된 일정을 맞추는 일은 어떠한가? 개발자 몇 명(혹은 몇 십 명)을 팀에 투입시키면 일정을 맞출 수 있다고 많은 사람들이 생각한다. 불행하게도, 현실은 그렇게 간단하지 않다. 『The Mythical Man-Month』에서 프레드 브룩스는 이렇게 썼다. "일정이 지연된 프로젝트에 인력을 더 투입하면 프로젝트는 더 늦어진다."(1995, 25) 프로젝트 기간 12개월 중 3개월이 남아 있다면 짧은 기간은 새로운 팀원 교육과 추가적인 커뮤니케이션 부담 등을 감수하면서 추가 개발자들에게 어떤 이익을 얻기에는 너무 짧은 기간이다. 일정 내에 모든 기능을 전달할 수 없다는 사실을 알게 된 시점이 12개월 프로젝트 기간 중 1개월 때였다면 개발자들이 기여할 수 있는 시간이 많이 남았기 때문에 인력 투입은 합당하다.

비록 인력 투입의 상대적인 이점과 인력 투입이 너무 늦었다는 사실에 대해서는 토론하더라도, 인력 투입이 끼치는 영향은 예측 불가능하기에 토론할 수 없다. 그 영향이 긍정적이지 않기 때문에 자원 추가는 위험하다.

일정을 연장할까?

만약 품질을 낮추거나 자원을 투입해도 우리가 가정한 프로젝트의 성공을 보장 못한다면, 일정이나 프로젝트 범위를 변경하는 일만 남아 있다. 먼저 일정 변경을 고려해보자. 개발팀 관점에서 보면 일정 변경은 정말 멋진 대안이다. 원래 계획된 남은 3개월 내에 프로젝트를 완료할 수 없다면, 추가로 얼마나 많은 시간이 필요한지 추정한 다음 새로운 일정을 공지해야 한다. 성공적으로 완료 시기를 재추정하는 일이 어렵다는 사실 외에도 일정 조정은 개발자에게 약간의 위험이 따른다.

불행하게도 일정 조정은 비즈니스에서 매우 어렵다. 종종 고객이나 투자자와 약속이 잡히기도 한다. 슈퍼볼 같은 큰 행사가 들어간 광고 계획은 발표일이 정해져 있다. 판매나 지원 때문에 늘어나는 문의를 처리하기 위해 채용할 신규인력을 교육시키기 위한 일정이 잡혀야 한다. 마감일을 변경하는 일이 멋지기는 하지만 개발 팀을 위한 손쉬운 대안이 항상 실현 가능하지는 않다. 그럼에도 불구하고 대안이 존재한다면 반드시 고려해봐야 한다.

범위를 조정할까?

마지막으로 출시 범위를 변경하면 어떨까? 일리 있는 말이다. 범위 변경은 "무엇인가를 빼자"는 말을 예의 바르게 이야기한 것이다. 그러면 무언가를 빼자는 것이 항상 나쁜가? 프로젝트를 처음 계획할 때 몇 가지 기능 다음에 선을 그어 구분 지으며 말했다. "이것이 구현할 기능들입니다." 100번째 기능을 기준으로 구분했다고 가정하면, 팀이 제품 백로그 상에 101번째 기능을 완료하지 못한다는 사실에 제품 책임자가 실망한다 해도 나는 긍정적이라고 본다. 프로젝트가 시작되기 전에 이미 101번째 기능은 빠져 있는 것이었다. 그래서 제품책임자가 실망해야 하는 부분은 100번째가 아니라 95번째 기능까지밖에 끝낼 수 없다는 사실이 드러났을 때이다. 그렇다고 세상이 끝나지는 않는다. 적어도 팀이 우선순위대로 일을 해왔다면 끝이 아니다. 출시를 하지 못한 5개 기능은 우선순위가 제일 낮은 기능일 것이고, 주어진 환경에서 가능한 최고의 작업을 팀이 해냈다고 가정하면(일반적으로 해왔던 것처럼) 제품 책임자는 주어진 시간 내에 팀이 만들 수 있는 최고의 제품을 얻게 된 것이다.

> **함께 보기**
> 얼마나 많은 기능을 개발할지 추정하는 작업과 언제 제공할지에 관한 상세한 내용은 다음 절인 '약속으로부터 추정 분리하기'에서 이야기한다.

기능을 빼는 일이 실망스러운가? 당연하다. 만약 정해진 날까지 얼마만큼 일을 할 수 있는지 더 잘 예측할 수 있다면 더 나은 결과를 가져올 수 있을까? 그렇다. 완벽한 예측을 기대하는 일이 현실적일까? 안타깝게도 그렇지 않다.

그러면 남아 있는 3개월 동안 모든 기능을 끝낼 수 없다는 사실을 깨달은 가상 프로젝트 예로 돌아가 보자. 범위 조정이 이 상황에서 적절한 대응 방법일까? 개발 팀 입장에서 보면 정말 적절한 방법이다. 만약 계획했던 모든 작업이 완료되지 않았다면, 끝낼 수 있을 것 같은데 이전에 하지 않았던 일을 일단 찾아봐라. 만약 팀이 애자일하게 행동하고 있다면 각 스프린트가 끝났을 때 시스템을 잠정적으로 출시 가능하게 만들기 때문에 약간의 범위를 줄이는 일은 아무것도 아니다.

> **함께 보기**
> 각 스프린트가 끝날 때 잠정적으로 출시 가능하게 만드는 일의 중요성에 대해 더 알고 싶으면 14장 「스프린트」를 참고하라.

비즈니스 관점에서 보면, 범위를 줄이는 일은 항상 좋지 않은 일이다. 하지만 어떤 대안이 있는가? 마감일을 맞추기 위해 품질을 떨어뜨리는 일은 좋지 않다는 사실을 이미 규명했다. 추가 인력의 효과를 예측할 수 없다는 사실 또한 규명했다. 남은 것은 마감일을 연장하거나 범위를 줄이는 일이다. 마감일 변경에 따른 이슈들 때문에 우선순위대로 개발했다는 가정하에 범위를 줄이는 일이 흔히 대안으로 선호된다.

프로젝트의 상황이 중요하다

철의 삼각형을 구성하는 요소들 사이에 적절한 균형을 잡는 일은 프로젝트 상황에 맞는 적절한 결정을 내리느냐에 달려 있다. 범위가 항상 고려해야 할 첫 번째 요소라는 의견을 지지하지는 않는다. 범위를 줄이는 것이 쉽다는 의견도 분명하게 반대한다. 내가 바라는 건 범위 변경이 과거에 생각했던 것에 비해 훨씬 더 실현 가능하고 철의 삼각형을 조정하기에 가장 좋은 요소라는 것을 조직들이 깨닫는 것이다.

반대 의견

"제품이 자동차라고 하고, 자동차에 엔진만 있고 브레이크가 없다면 그 차는 아무런 쓸모가 없어요. 둘 모두 필요합니다."

사실이다. 자동차가 꼭 갖춰야 하는 필수적인 기능들이 몇 개 있다. 프레드 플린스톤[3]이 운전한 이후로 모든 차에 엔진과 브레이크가 필수적인 부분이 됐다. 물론 자동차에는 선택 가능한 다른 기능도 많다. 썬루프, 에어컨, 견인 감지기 등등. 그렇더라도 우선순위대로 일한다는 사실을 상기하라. 이는 소프트웨어도 엔진과 브레이크에 준하는 부분을 먼저 개발하는 것을 의미한다. 원하는 범위를 모두 끝낼 수 없다는 사실을 알게 됐을 때 남아 있는 기능은, 있으면 정말 멋지겠지만, 정말 필요한 기능은 아니다.

만약 프로젝트가 마감일에 임박해 있는데 정말 필요한 기능(엔진, 브레이크 등등)들을 포기해야 한다면 프로젝트 포기를 포함한 다른 대안들을 고려해 봐야 한다.

"만약 제품이 계획했던 범위에 못 미친다면, 아무도 구입하지 않을 겁니다"

이런 경우는 정말 자동차와 같은 동일한 상황이다. 여기서 진짜 문제는 충분한 여유 없이 계획을 수립했다는 것이다. 이런 반대 의견은 대부분 프로젝트 계획 프로세스가 제품 백로그 만들기, 모든 작업을 완료할 수 있는 가능한 가장 빠른 날짜 정하기, 고객과 사용자에게 날짜 약속하기로 구성된 경우에 보통 듣는다. 만약 약속한 날짜에 전달하지 못할 기능이 정말 필요한 기능이라면, 기간 연장이 필요한 경우로 봐야 한다. 이 경우의 문제는 다른 것들보다 계획이 부적절했다는 것이다.

---

3 옮긴이 1960년에 첫 방송된 미국의 애니메이션 『The Flinstones(고인돌 가족 플린스톤)』의 주인공

약속으로부터 추정 분리하기

많은 조직에서 근본적이고 공통적인 문제점은 추정과 약속을 동등한 것으로 여긴다는 사실이다.

개발 팀(애자일 하건 그렇지 않건)은 사용 가능한 자원을 가지고 원하는 기능목록을 개발하는 데 7개월이 걸린다고 추정한다. 팀원들이 추정 결과를 관리자에게 보고하면 관리자는 부사장에게 전달하고 부사장은 고객에게 다시 추정 결과를 알려준다. 그리고 나면 어떤 경우 추정 결과가 팀의 '공격해야 할 목표'로 되어 버린다. 여기서 문제는 7개월이라는 팀의 추정이 맞을 수도 틀릴 수도 있는 것이 아니라 추정이 약속으로 바뀌는 것이다. "7개월 정도 걸릴 것으로 추정합니다"가 "7개월 안에 끝낼 것을 약속합니다"로 바뀌었다. 추정과 약속은 둘 다 중요하지만 별개 활동으로 바라봐야 한다.

나는 오늘밤 딸의 수영 연습이 끝난 후 데리러 가야 한다. 딸에게 언제쯤 끝날 거(끝난다는 것은 수영을 마치고, 샤워를 하고, 집에 갈 준비가 된 것으로 정의했다)냐고 물었다. 딸은 "5:15분까지는 준비가 될 거에요"라고 대답했다. 이는 딸아이의 추정이다. 만약 내가 수영장 밖에서 약속시간까지 기다리다가 오지 않으면 기다리지 않고 가버릴 거야, 라며 정확한 약속 시간을 요구했다면 연습시간이 조금 길어지거나 코치 시계가 5분 정도 느리거나 샤워를 기다려야 한다, 같은 문제가 생길지 모르기 때문에 5:25분으로 약속했을 것이다. 약속할 시간을 정하기 위해 내 딸은 여전히 추정을 한다. 하지만 나에게 추정치를 바로 이야기하기보다는 약속을 지킬 수 있다고 생각하는 시간으로 바꿔서 이야기할 것이다.

실행을 하기 위한 올바른 자료

좋은 조직은 약속과 추정이 별개라는 사실을 알고 있다. 처음 추정을 하고 나면, 추정에 대해 얼마나 확신하는지에 따라 추정을 약속으로 바꾼다. 하지만 잘 된 추정이 아니라면, 팀 약속은 아무런 의미가 없다. 좋은 추정을 위해서는 제품 책임자가 팀에 대한 올바른 자료를 갖고 있어야 한다. 제품 책임자는 가장 중요한 이 두 가지 사실을 알아야 한다.

- 수행할 수 있는 작업의 크기
- 작업을 진행하는 팀의 기대 진척률

제품 백로그 상에 있는 사용자 스토리 크기를 결정하기 위해 대부분 팀은 『Agile Estimating and Planning』[4](Cohn 2005)에 나온 대로 스토리 점수나 이상적인 소요일 ideal day을 사용한다. 제품 백로그 항목을 완료하는 비율을 개발속도velocity라고 부른다. 대부분 팀에서 부분 점수는 인정하지 않으며, 개발속도는 간단하게 매 스프린트마다 완료된 제품 백로그 항목의 추정치(스토리 점수나 이상적인 소요일의 합)로 계산한다. 이런 수치들을 가지고 제품 책임자는 해당 기간 동안 얼마나 많은 기능을 개발할 수 있는지 알 수 있다. 제품 책임자가 공식적인 범위/일정에 대한 트레이드 오프를 결정하기 위해 이런 정보를 어떻게 사용하는지 살펴보자.

사례

테이블 15.1은 실제로 내가 일했던 팀의 개발속도를 보여준다. 가장 먼저 발견할 수 있는 사실은 속도가 제멋대로라는 것이다. 매 스프린트마다 변동폭이 크다. 이런 결과는 제품 백로그 상의 사용자 스토리에 대한 추정을 완벽하게 할 수 없기 때문에 발생한다. 일부는 추정치보다 더 크고 일부는 추정치보다 더 작다. 유사하게 어떤 스프린트에서는 팀에 더 많은 장애물이 생기거나 다른 일에 더 많은 관심을 쏟아야 하는 경우가 생긴다. 팀의 개발속도는 계속되는 게임에서 스포츠 팀이 올린 득점과 같다. 내가 가장 좋아하는 스포츠 팀은 로스엔젤스 레이커스다. 지난 9번의 농구경기에서 레이커스는 101, 94, 102, 102, 107, 93, 114, 117, 97점을 득점을 했다. 이 제멋대로인 숫자를 테이블 15.1의 제멋대로인 숫자와 비교해보자.

스프린트에 따라 팀의 개발속도가 다르기 때문에(아마도 몇몇은 대단히 차이가 많이 난다) 한 개 수치에 크게 의존해서는 안 된다. 내가 관심을 갖는 부분은 미래의 속도 범위나 통계학자들이 신뢰 구간이라고 부르는 부분이다. 예를 들면 2000년과 2030년 사이의 지구 평균 기온은 10년마다 0.1°C에서 0.3°C상승할 거로 추정한다. "이 추정을 기반으로 2030년에는 정확히 0.21°C 오른다고 계산할 수도 있다. 그러나 이

---

4 옮긴이 번역서는 『불확실성과 화해하는 프로젝트 추정과 계획』이다. (인사이트, 2008)

스프린트번호	개발속도
1	34
2	41
3	27
4	45
5	35
6	38
7	40
8	39
9	40

표 15.1
팀의 개발속도는 팀의 데이터가 보여주듯이 스프린트에 따라 다르다.

런 특정 값보다는 범위를 사용하는 게 더 정확하다. 즉 과학자들의 연구에 따르면 10년마다 0.1℃~0.3℃ 사이가 될 수 있으며 이 범위는 90% 신뢰 구간을 갖는다."

팀의 개발속도 같다고 말하고 싶다. 예를 들어, 우리 팀은 프로젝트에 남아있는 5번의 스프린트 동안 18에서 26사이의 개발속도를 보일 확률이 90% 정도가 된다. 다행스럽게도 팀의 개발속도에 신뢰 구간을 적용하는 일은 어려운 일이 아니다. 가능한 많은 이전 스프린트에서 개발속도 데이터를 모으는 일부터 시작해라. 90% 신뢰 구간을 위해서는 적어도 5번의 스프린트가 필요하다. 팀의 진행 상황을 정확하게 반영했다고 생각되지 않는 스프린트 데이터는 제외하라. 예를 들어 새로운 팀원이 투입되고 나서 스프린트가 8번 진행됐다면, 최근 8번의 스프린트만 살펴봐야 한다. 하지만 지난 13번의 스프린트 동안 팀원이 5명~7명 사이였고 앞으로도 계속 이럴 것으로 예상된다면, 13번의 스프린트 모두 포함해도 된다. 스스로 판단하되, 예상 범위를 얻는 데 도움이 되는 데이터를 아무 생각없이 버리는 오류를 범하지는 마라.

이전 개발속도를 얻었다면 낮은 순서에서 높은 순서로 정렬하라. 표 15.1을 정렬하면 다음과 같은 순서를 갖는다.

27, 34, 35, 38, 39, 40, 40, 41, 45

그런 다음, 정렬된 속도들을 사용하여 90% 신뢰 구간으로 팀이 앞으로 진행할 속도가 포함된 범위를 찾는다. 이를 위해 표 15.2를 사용하자. 90% 신뢰 구간을 결정하는 데 사용할 2개 데이터가 보인다. 예를 들어 테이블 15.1에는 9개의 개발속도가 있다. 표15.2의 첫 번째 열을 보면 9에 가까운 수는 8과 11로 2개 선택이 가능한 걸 알 수 있다. 8을 고른 다음, 8 옆을 보면 두 번째 열에서 숫자 2를 찾을 수 있다. 이는 정렬된 개발속도 리스트 중에서 맨 아래에서 두 번째 값과 위에서 두 번째 값을 통해 신뢰 구간을 만든다는 것을 말한다. 이 값은 34와 41이다. 그러므로 팀의 평균 속도는 34~41사이라고 90% 신뢰도로 말할 수 있다.

이제 주어진 날짜까지 얼마나 많은 기능을 제공할 수 있을지 예측하는 데 신뢰 구간을 사용할 수 있다. 그런 다음 이 정보를 사용해서 약속할 일정과 범위를 결정할 수 있다. 표 15.1의 팀이 릴리스까지 5번의 스프린트가 남았다고 가정해보자. 그때까지 팀이 얼마나 많이 완료할 수 있는지 알아보려면 신뢰 구간(34와 41)의 값과 스프린트 개수 5를 곱하면 된다. 그러면 제품 백로그에 있는 스토리 점수와 팀이 전달할 수 있는 기능 범위의 포인트를 산정할 수 있다. 그림 15.4에서 팀의 중간값(39)이 어디쯤인지 확인할 수 있다.

속도 관측 수치	n번째 속도 관측
5	1
8	2
11	3
13	4
16	5
18	6
21	7
23	8
26	9

표 15.2
정렬된 속도 리스트에 있는 n번째 낮은 관측치와 n번째 높은 관측치는 90% 신뢰 구간을 찾는데 사용할 수 있다.[5]

---

[5] 옮긴이 표 15.2를 이용하여 개발속도에 대한 구간추정을 하는 근거는 이 책에서 찾을 수 없었다.

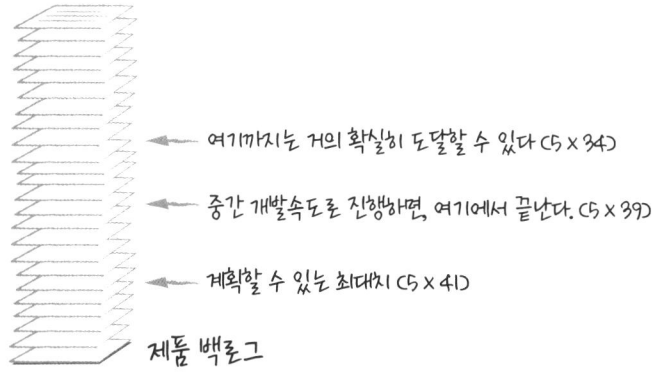

그림 15.4
표 15.1의 개발속도를 가진 팀이 5번의 스프린트 동안 완료할 수 있는 일의 양을 예측할 수 있다.

추정에서 약속으로 나아가기

그림 15.4의 3개 화살표는 단지 추정일 뿐이다. 많은 프로젝트에서 이 추정치를 약속으로 바꿔야 한다. "다음 5번의 스프린트에서 우리는 170(5×34)과 205(5×41) 사이의 스토리 점수를 완료한다고 약속할 수 있습니다. 제품 백로그 상에서 여기 (위쪽 화살표)에서 여기(아래쪽 화살표)까지 완료할 수 있다는 것을 이야기합니다." 나는 이상적으로 이런 식으로 이야기하면서 추정을 약속으로 완벽하게 바꾸고 싶다. 이게 가장 현실적이고 가장 정확한 약속이다. 하지만 많은 경우에 제품 책임자와 팀은 이런 점 추정$^{point\ estimate}$을 강요받는다. "정확히 여기까지 끝낼 것을 약속합니다." 이런 경우는 아웃소싱을 위해 정해진 계약기간 안에 특정 기능을 개발해야 하는 계약에서 종종 발생한다.

170~205 스토리 점수 같은 범위 추정치를 점 추정치로 바꿔달라는 요청은, "음, 우리가 약속한 것을 보장받기를 원한다면 170포인트입니다"라고 대답하도록 부추기는 일이 된다. 이런 식으로 약속을 한다면 일을 해낼 수는 있겠지만 약속 상대를 사람을 화나게 할 위험이 있다. 이런 종류의 결정은 장기적인 위험을 단기적인 위험으로 맞바꾼 것이다. 이때 장기적인 위험은 전달할 기능의 양을 줄이는 것고 단기적인 위험은 이것이 약속할 수 있는 전부라고 말하면 여러분의 의뢰인, 고객, 상관이 지금 화를 낼 수 있다는 것이다.

대안으로 신뢰 구간의 높은 값이 가리키는 양을 전달하기로 약속하면 정반대의 트레이드오프가 생긴다. 장기적인 위험(약속한 만큼 완료할 수 없을 수도 있다)은 커지고, 단기적인 위험(205포인트만큼 완료할 수 있다고 이야기함으로 해서 모든 사람이 당신을 오늘의 슈퍼스타라고 생각할 것이다)은 매우 줄어든다.

그림 15.4의 3개 화살표는 어떤 약속을 해야 하는지 알려주는 것이 아니라 약속의 대략적인 범위가 얼마인지 알려준다. 예를 들어, 유휴 인력이 많은 계약직 개발회사는 아래쪽 화살표나 그 근처만큼 개발하기를 원할 수도 있다. 회사에 몇 가지 문제가 생길지라도 회사의 목표는 유휴 인력을 줄이고 고객 업무에 참여시키는 것이다. 그렇지 않고, 모든 개발자가 고용된 상태인 계약직 개발회사는 다음 프로젝트를 위해 위쪽 화살표 근처로 약속할 것이다.

> **노트**
>
> 범위가 확정되어 바꿀 수 없는 프로젝트에서도 스프린트 횟수를 결정하는데 비슷한 분석을 할 수가 있다. 먼저 범위 내에 완료해야 하는 일들의 추정치를 구한 다음 이 값들을 모두 더한다. 이렇게 구한 총합을 신뢰구간을 나타내는 값 2개로 나눈다. 신뢰구간은 최저 속도, 최고 속도이기 때문에 일의 총합을 속도로 나누면 스프린트 횟수의 범위를 구할 수 있다.

개발속도에 관한 과거 데이터가 약속의 근간이 된다

고객에게 앞서 이야기한 정보를 언급하면 공통적으로 이런 식의 분석을 좋아하지만 데이터가 없기 때문에 분석을 할 수 없다고 불평한다. 이 문제를 해결하는 가장 단순한 방법은 데이터를 얻는 것이다. 데이터를 얻는 것은 생각보다 쉽다. 함께 일해본 적이 없는 완전히 새로운 팀이 있다거나 프로젝트 기간 동안 팀원의 수가 바뀌거나 팀이 변경될지 모른다는 일반적인 2가지 문제 상황에서 무엇을 할 수 있는지 알아보자.

함께 일해본 적이 없는 팀

만약 팀이 함께 일해본 적이 없는 경우라면 개발속도에 대한 과거 데이터는 존재하지 않는다. 이런 경우 최선의 방법은 팀원을 프로젝트에 투입하되 약속^{commitment}을 하기 전에 적어도 한 번의 스프린트를 진행하는 것이다. (물론 두세 번의 스프린트를 돌리는 것이 더 낫다.) 하지만 약속을 하기 전에 한 번의 스프린트를 진행하는 일이 항상 가능한 것은 아니다. 또 다른 방법이 있다.

스토리 점수나 이상적인 소요일로 추정된 제품 백로그를 가지고 팀과 함께 일하라. 팀원들과 함께 스프린트 계획 회의를 하라. 구성원들로 하여금 제품 백로그에서 한 번에 하나의 사용자 스토리를 선택하게 하고, 해당 스토리를 완료하기 위해서 필요한 태스크를 도출하고, 각 태스크에 대한 시간을 추정한 후 스프린트 내에 사용자 스토리를 완료할 수 있는지 여부를 결정하라. 실제 스프린트를 계획하는 게 아니라 스프린트 동안 얼마나 일할 수 있는지 알아보는 것이니 마음대로 사용자 스토리를 선택해도 된다. 만약 제품 백로그에서 고른 사용자 스토리가 너무 적거나 많다면 왜 이런 상황이 벌어졌는지 확인할 수 있는 좋은 기회로 봐야 한다. 초반 스프린트에 진행할 스토리로 기술적인 이슈가 있는 사용자 스토리를 골랐다면 시스템 상태 같은 부분을 가정하면서 팀을 격려하라. 팀원들이 작업이 가능한 사용자 스토리들을 선정하고 그 이상은 작업이 어렵다고 이야기하면, 가능하다고 선택한 사용자 스토리의 스토리 점수(이상적인 소요일) 추정치를 더해서 팀의 개발속도를 추정한다.

팀이 여기까지 진행했다면 같은 방식으로 두 번째 스프린트를 계획하고 결괏값의 평균을 구하라. 평균치를 냄으로써 첫 번째 스프린트의 좋지 않은 추정치나 두 스프린트 간 영향을 줄일 수 있다.

반대 의견

"팀이 아직 구성되지 않았어요. 원하는 시간 내에 프로젝트를 수행할 수 있을 것 같은 사람들을 고용할 겁니다."

팀이 고용한 사람과 비슷한 기술과 경험을 가진 사람을 찾아라. 최종적으로 괜찮은 프로그래머 2명, 훌륭한 프로그래머 1명, 믿음직한 테스터 2명, 아주 뛰어난 UX 디자이너 1명, 5년

> 경력의 데이터베이스 엔지니어 1명을 고용하기로 했다면 이 사람들과 조금이라도 유사한 그룹을 찾아라. 회의에 초대해서 새로운 프로젝트를 담당할 팀의 일원이 됐다고 상상해보라고 하자. 진지하게 추정하도록 격려하라. 결국 이들 중 일부는 팀의 일원이 될 것이다. 회의가 끝나면 실제로 프로젝트를 진행할 팀과 추정치를 구하기 위해 초대한 팀 간에 어떤 차이가 있는지 비교해보자. 추정치를 위한 팀이 얼마나 진지하게 추정을 했는지에 따라 개발속도 추정치를 올리거나 내리면서 조정할 수 있다.

이런 방식이 초기 개발속도를 구하는 첫걸음이지만, 과거 데이터를 얻고 신뢰구간을 만들어서 범위로 변경할 필요가 있다. 추정 개발속도의 범위를 정하는 한 가지 방법은 직관력을 이용하는 것이다. 만약 팀이 덜 진지하게 수행했다고 생각되면 추정치를 25% 이상을 올리거나 낮춰라. 추정 개발속도의 범위를 만드는 다른 방법은 다른 팀 개발속도로 계산된 상대적 표준편차를 적용하는 일이다. 상대적 표준편차는 퍼센트로 표기되는 간단한 표준편차이다. 표 15.1을 다시 보면, 개발속도의 표준편차는 5.1로 계산할 수 있다. 이것을 데이터의 평균 속도인 37.6으로 나누고 반올림하면 상대적 표준편차 값 14%를 얻을 수 있다. 표 15.1과 같은 데이터가 있다면, 다수의 팀에 대해서 각각의 상대적 표준편차를 계산할 수 있고 그 평균치를 구해 추정 개발속도를 얻는 데 이용할 수 있다. 이렇게 함으로써 새로운 팀의 속도와 적절한 기대 범위를 얻을 수 있다. 하지만 이 방법이 적절하게 진행되었더라도, 팀이 이력 데이터를 얻기 위해 약속 전에 한 번 내지 두 번의 스프린트를 진행하는 것이 더 낫다고 다시 한 번 강조하고 싶다. 두 가지 방법 모두 불가능하다면, 상대적 표준편차 사용을 제안한다.

팀 크기가 자주 변하는 경우

팀 크기가 변하거나 자주 변할 거라고 예상될 때 다른 유형의 문제가 발생한다. 이전의 경우처럼 첫 번째 대답은 간단하다. 팀을 변경하지 말아라. 안정적인 팀원으로 이루어진 팀에게는 장점이 많다. 물론 기간이 길면 팀원은 바뀌게 마련이지만 많은 조직에서 흔히 일어나듯이 팀 간에 사람을 이리저리 옮김으로써 문제를 악화시키지는 말아라.

함께 보기

조직 전반에 관한 유형의 지표는 PMO에게 유용하다. PMO에 관해서는 20장 「인사, 총무, PMO」에서 언급한다.

두 번째 해결책은 데이터 수집을 반복하는 것이다. 그렇게 함으로써 팀 크기 변경에 따른 영향을 준비하고 예상할 수 있다. 팀 크기 변경에 따른 영향을 예측하려면 조직 내 누군가가 팀 크기가 변경된 후 처음 몇 번의 스프린트 동안 개발속도의 변화 퍼센트를 기록해야 한다. 팀 크기가 증가했을 때조차 처음 스프린트의 개발속도는 거의 항상 떨어지기 때문에 팀 크기가 변경된 후 2번의 스프린트 정도 변화를 추적해야 한다. 이렇게 되는 이유는 커뮤니케이션의 증가, 새로운 팀원이 생산적이 되도록 기존 생산적인 구성원들이 소비하는 시간 등의 문제 때문이다. 경험상 팀 크기가 바뀐 후 3번째 스프린트가 되어야 변화의 장기적인 영향이 나타난다.

개발속도의 변화를 계산할 때는 팀 크기 변경 전 마지막 스프린트와 비교하지 말고, 진행된 5개 스프린트의 평균값과 비교해서 계산할 것을 권장한다. 스프린트를 더 늘려도 되지만 종종 스프린트를 늘려서 계산하는 게 불가능할 수도 있다. 팀 크기를 자주 바꾸는 상황에서 문제를 해결해야 한다는 사실을 기억하라. 만약 지난 8번의 스프린트 평균을 구하려고 한다면, 그 기간 동안 팀 크기가 변경됐는지를 찾아봐야 할 것이다.

이렇게 함으로서 표 15.3과 같은 결과를 얻을 수 있다. 표 첫 행을 보면 팀원이 6명에서 7명으로 늘어났고, 첫 스프린트에서 20% 개발속도 저하, 다음 스프린트에서 4% 개발속도 저하, 3번째 스프린트에서 12% 개발속도 향상을 겪었다. 표의 마지막 행에 나온 팀은 팀원이 7명에서 8명으로 늘어났지만 현재 진행 중이기 때문에 첫 스프린트에만 값이 채워져 있다. 마지막 행의 남아 있는 컬럼은 다음 두 번의 스프린트가 끝나면 채워질 것이다.

초기 팀 크기	새로운 팀 크기	스프린트 +1	스프린트 +2	스프린트 +3
6	7	-20%	-4%	+12%
6	7	0%	-6%	+15%
7	5	-12%	-8%	-8%
8	6	-20%	-20%	-16%
7	8	-15%		

표 15.3
팀 크기 변화가 주는 영향에 대한 데이터 수집하기

수십 개 팀을 추적하더라도 이런 스프레드시트를 최신으로 유지하는 데는 스프린트 당 몇 분이 채 걸리지 않는다. 스프레드시트는 일부러 간단하게 유지한다. 예를 들어 들어오고 나간 사람이 프로그래머인지 테스터인지 아니면 다른 사람인지 상관하지 마라. 표 15.3과 같은 스프레드시트를 만들기 위해서는 기존에 다량의 기초 데이터가 있어야만 전적으로 가능하다. 만약 각 팀이 개발속도를 측정하고 각 스프린트 동안 팀에 누가 있었는지 알고 있다면, 정말 훌륭한 이력 데이터를 다시 만들어 낼 수 있다.

다음과 같은 다방면에 걸친 질문에 답을 원할 때 이 데이터를 이용할 수 있다.

함께 보기
www.SucceedingWithAgile.com에서 이런 유형의 데이터를 추적하기 위한 스프레드시트를 다운로드 할 수 있다.

- 인력 두 명이 더 투입된다면 팀의 개발속도는 앞으로 어떻게 될 것인가?
- 각 팀에 인력을 한 명씩 더 투입하면 얼마나 빨리 프로젝트를 완료할 수 있을까?
- 금년 말까지 프로젝트를 종료하려면 얼마나 많은 인력을 투입해야 할까?
- 예산 내에서 새로운 인력 투입을 승인하지 않았을 때 발생하는 영향은 어떠한가?
- 15% 해고가 어떤 영향을 끼치는가?

표 15.3의 데이터를 사용하는 간단한 예로서 팀 인력이 6명에서 7명으로 늘어난다고 가정할 때 앞으로 7번의 스프린트 동안 얼마나 많은 일을 할 수 있는지 추정해보라는 요청을 받았다고 해보자. 표 15.3의 처음 2개 행의 평균에 의하면 첫 번째 스프린트 동안 개발속도는 약 10%정도 떨어졌고, 두 번째 스프린트에서는 5%정도 떨어졌다.[6] 하지만 그 이후로 새 구성원이 팀에 완전히 동화되면서 13%정도 속도가 향상되었다. 이 수치들은 표 15.4에 나와 있다.

스프린트	속도 변화
1	-10%
2	-5%
3	+13%

표 15.4
팀원이 6명에서 7명으로 늘어났을 경우 영향도 계산

---

6 단순하게 하기 위해서 표 15.3에서는 팀원이 6명에서 7명으로 늘어난 경우 데이터가 오직 2개뿐이다. 실제 프로젝트에서는 의사결정을 내리기 전에 더 많은 데이터가 필요하다.

평균 개발속도 변화에 따르면 7번의 스프린트 동안 7%를 조금 넘는 속도 변화가 예측되는 것으로 계산됐다. 이제 여러분은 상관에게 6명에서 7명으로 인원이 늘어남(머릿수로는 17% 증가했고 예산으로 수용 가능하다)에 따라 계획된 7번의 스프린트 동안 약 7% 정도의 기능을 더 완료할 수 있다고 이야기할 수 있다. 제품 책임자는 이 정보를 비용 증가에 따른 가치가 있는지 여부를 판단하는 데 이용할 수 있다.

지금 시도해볼 것들

- 여러분의 상황과 관련된 데이터를 수집하라. 매 스프린트마다 각 팀의 개발속도를 기록하기 위해서 스프레드시트를 사용하라. 팀 크기 변화나 조직 내에서 그 변화와 관련 있는 다른 요소에 대한 데이터를 포함시킬지 고려해봐라.
- 과거 속도에 관한 충분한 데이터를 수집한 후에 그림 15.4와 같은 차트를 만들어라. 각 프로젝트의 제품 책임자가 범위 대 일정의 트레이드오프를 결정하는 데 도움이 될 것이다.

요약

스크럼 팀에게 중요한 기술은 계획을 능숙하게 수립하는 것이다. 이번 장에서는 스프린트 기초를 넘어서 릴리스 계획을 수립하는데 다음과 같은 방법을 통해 큰 이득을 얻을 수 있다는 것을 살펴보았다.

- 점진적으로 계획 개선하기
- 유지 가능한 속도로 일하기
- 원하는 기간에 모든 것을 완료하는 게 불가능할 경우 범위 변경을 먼저 고려하기
- 약속에서 추정을 분리하여 다루기

더 읽어볼 것들

Cohn, Mike.2005.
『Agile Estimating And Planning』. Addison-Wesley Profession
애자일 프로젝트의 추정과 계획 모두를 가장 깊이 있게 다룬 책이다. 이 책은 스크럼 팀이 추정할 때 가장 많이 사용하는 스토리 점수와 이상적인 소요일의 장점과 단점을 모두 다룬다. 추정을 위해 널리 쓰이는 플래닝 포커를 소개한다. 또한 다양한 환경에서 우선순위를 정하고 계획하는 방법에 대한 상세한 내용을 포함하고 있다.

Moløkken- Østvold, Kjetil, and Magne Jørgensen, 2005.
「A Comparison of software project overruns: Flexible versus sequential development method」. IEEE Transactions on Software Engineering,September, 754~766
시뮬라 연구소의 존경 받는 연구원 2명이 이 논문을 썼다. 소프트웨어 개발 프로젝트의 면밀한 조사 결과를 서술하고 있으며 애자일 프로젝트가 절차적인 개발 프로세스를 가지고 있는 프로젝트에 비해 초과근무를 덜 한다고 결론짓고 있다. 더 나은 요구사항 명세서(제품 백로그)와 향상된 고객 커뮤니케이션은 이를 가능하게 하는 많은 이유 중 하나이다.

16장

품질

프로그래머로 일한 지 얼마 되지 않아 크고 안정적인 회사를 떠나 여덟 명이 창업을 했다. 이전 회사는 내가 겨우 두 번째 프로그래머였지만 자금 사정이 좋아서 테스트 조직과 품질보증 조직이 별도로 존재했다. 즉, 바로 곁에 없었다. 새로운 직장에서 일하는 첫주 동안 간혹 내가 하는 일에 대한 품질은 내가 책임져야 한다는 생각이 머릿속을 스치곤 했다. 내 작업을 점검하거나 관리자가 단위 테스트를 할 때 안전망이 되어줄 테스터는 존재하지 않았다. 테스터를 제외하고라도 고객들에게 바보 같아 보일 거란 생각(아무도 날 개인적으로 알지 못하더라도)이 머릿속을 강타했다. 그리고 내 월급을 주는 사장에게도 바보 같아 보일 거 같았다.

나는 공황상태에 빠졌다. 하지만 다행스럽게도 나보다 2주 늦게 시작한 다른 프로그래머도 공황상태에 빠졌다. 우리는 공황에 빠져 무기력해지는 대신 컴퓨터 전화통신 애플리케이션을 테스트하기 위한 멋진 도구와 기법을 만들었다. 20년이 지난 지금도 그 당시 만들었던 시스템을 뒤돌아보면 내가 작업했던 애플리케이션 중 가장 철저하고 놀랄 만큼 잘 테스트했던 프로그램이라고 늘 이야기한다. 그리고 이 모든 일은 회사가 처음부터 테스터를 고용하기에는 자금이 너무 부족해서 개발자에게 만든 것에 대한 품질을 책임지라고 강요한 덕분이었다.

테스터를 고용할 때까지 품질은 팀 전체의 책임이라는 사고방식이 개발 팀이 커지면서 자연스럽게 스며들었다. 그때 이후로 같이 일하는 모든 개발 조직에 같은 마음가짐이 스며들 수 있도록 노력하고 있다. 이번 장에서는 무언가 끝날 때까지 테스트를 미루기보다 프로세스에 테스트를 통합하는 것의 중요성에 대해 이야기할 것이다. 또 테스트 자동화 피라미드를 소개하고, 피라미드의 3분의 1을 고려하는 데 실패하기 때문에 대부분 회사들이 테스트 자동화에 대한 노력을 포기하는 것에 대해 이야기할 것이다. 마지막으로 인수 테스트 주도 개발$^{\text{Acceptance Test Driven Development, ATDD}}$을 하는 것과 기술적인 부채$^{\text{technical debt}}$를 청산하는 것의 중요성에 대해 살펴볼 것이다.

테스트를 프로세스에 통합하라

나는 어쩌다가 10년이나 12년에 한 번씩 새 차를 산다. 2003년에 새 차를 샀을 때 전에 구입한 1993년식 혼다에 비해 기술적으로 많이 발전해서 깜짝 놀랐다. 한 가지 예로, 타이어의 공기 압력이 낮은 것을 자동으로 감지하는 센서가 있는 것이 특히 마음에 들었다. 가끔 타이어를 보고 압력이 낮은지를 확인하는 일은 어렵고 힘든 일이어서 자주 하지 않게 된다. 내 생각에 타이어 압력을 계속적으로 테스트 하는 것은 엄청난 발명이다.

자동차 제조사들이 타이어 압력을 계속적으로 테스트하는 방법을 발명하는 동안 소프트웨어 개발자들은 제품을 계속적으로 테스트하면 좋다는 걸 배웠다. 막대 두 개를 서로 비비며 프로그램을 짜던[1] 초창기에 테스트는 마지막에 하는 것이라고 생각했다. 그러나 다시 생각해보니 그렇지 않았다. 테스트는 개발 프로세스 초반에 도입해서 버그가 없는지 확인하는 데 써야 한다. 이것은 휴가를 가기 전 오븐을 끄고 창문을 닫고 현관문이 잠긴 것을 확인하는 것과 같다. 개발 프로세스 초반에 모든 것이 잘못됐다는 사실을 테스트를 통해 알게 된다면 테스트를 단순하게 결함을 확인하는 방법이 아니라 제품에 품질을 더하는 방법으로 바라보게 된다.

몇몇 팀들이 마지막에 품질을 테스트하는 것이 비효율적이고 불충분하다는 사실을 깨닫는 데는 그리 오래 걸리지 않았다. 그런 팀들이 보통 점진적 개발로 전향함으로써 프로젝트 마지막에 몰아서 진행하던 지루한 테스트 단계를 이터레이션마다 진행되는 분석-설계-개발-테스트로 작게 나누어 진행하게 된다. 이는 개선이긴 하시만 아식 충분하시는 않나.

그래서 우리는 스크럼을 통해 더 나아간다. 스크럼 팀은 테스트를 개발자가

---

1 옮긴이 불을 만들기 위해 막대를 비비거나 부싯돌을 치던 선사시대를 비유함.

'완료'라고 한 후 일어나는 일이 아닌 개발 과정의 일부로 만들었다. 제품이 완성된 후 품질을 테스트하기보다 개발할 때 프로세스와 제품에 품질을 더하는 것이다. 미국인 교수이자 컨설턴트였던 W. 에드워즈 데밍W. Edwards Deming은 비용과 생산성에 대한 품질의 영향을 강조했던 일본에서의 연구로 유명하다. 그는 제품을 만들고 나서 나중에 품질을 추가하는 것은 불가능하다고 주장했다. 그는 다음과 같이 썼다. "품질을 얻기 위해 대량의 검사에 의지하는 것을 중단해야 한다. 프로세스를 개선하여 초반에 제품 품질을 높여야 한다."(2000,23)

왜 마지막에 진행하는 테스트가 효과가 떨어질까

마지막까지 테스트를 미루는 기존 방식이 효과가 떨어지는 데는 많은 이유가 있다.

- **기존 제품의 품질을 개선하는 일은 어렵다** _ 제품의 품질을 낮추는 것은 쉽지만, 낮은 품질을 다시 올리는 것은 어렵고, 시간도 오래 걸린다. 지금은 이미 출시된 애플리케이션을 만들었던 예전을 생각해보자. 애플리케이션의 품질을 높이는 동시에 새로운 기능을 개발하라고 요청 받았다고 가정해보자. 맡은 일을 수없이 잘 해내더라도 사용자가 알 수 있을 만큼 품질을 개선하기까지는 수개월에서 1년 혹은 그 이상의 시간이 걸릴 수 있다. 이런 게 바로 마지막에 제품의 품질을 테스트하려 할 때 우리가 하는 일이다.
- **실수가 계속 간과된다** _ 우리는 테스트가 끝난 후에야 정말로 동작한다는 사실을 알 수 있다. 그때까지는 실수를 깨닫지 못한 채 똑같은 실수를 계속해서 반복할지도 모른다. 예를 하나 들어보자, 제프는 원래 계획보다 더 많은 부하가 걸리는 웹사이트 개발을 이끌고 있었다. 그는 사이트에 있는 모든 페이지의 성능을 높여 줄 아이디어를 가지고 있었고 그 아이디어를 구현했다. 한 군데에 새로운 자바 코드를 몇 줄 짜고 각 페이지에 성능을 높이는 코드를 한 줄 추가하는 일이었다. 그 일은 지루하면서 시간을 잡아먹는 일이었다. 제프는 이를 위해 2주 스프린트를 거의 다 보냈다. 하지만 테스트를 하고 나서야 성능 향상이 미미하다는 사실을 알았다. 제프의 실수는 처음에 몇 페이지를 수정해 얻은 이론적인 성능 향상치를 테스트하지 않은 것이다. 테스트는 이처럼 마지막에 그런 뜻밖의 불쾌한 사태를 피할 수 있는 방법이다.

- **프로젝트 상황은 측정하기 힘들다** _ 당신에게 두 가지 일에 대해 추정해 달라는 요청이 들어왔다고 해보자. 첫 번째는 한 웅큼의 새로운 기능들이다. 두 번째는 6개월 동안 개발되어 이제 막 처음으로 테스트할 준비가 된 제품을 테스트하고 버그를 고치는 데 얼마나 걸리는 지이다. 대부분 사람들이 새로운 일에 대해 추정하는 일이 더 쉽고 더 정확할 것 같다는 데 의견을 같이한다. 제품의 주기적(혹은 지속적)인 테스트는 우리가 얼마나 해왔는지 알 수 있게 해준다.
- **피드백을 얻을 수 있는 기회를 잃어버린다** _ 스크럼을 사용하면서 팀이 얻는 확실한 이점은 매 스프린트 마지막에 적어도 한 번은 개발한 것에 대한 피드백을 받는다는 사실이다. 제품은 접근이 제한된 서버에 배포되거나 선택된 사용자들만 다운로드 할 수 있다. 만약 이 일이 가능할 정도로 충분한 품질을 갖는 제품을 릴리스 주기 끝에서밖에 볼 수 없다면 팀은 좀 더 빨리 가치 있는 피드백을 받을 수 있는 좋은 기회를 놓친 것이다.
- **테스트 기간이 줄어들 수 있다** _ 마감일의 압박 때문에 프로젝트 마지막에 진행하기로 했던 계획이 없어지거나 축소될 수 있다.

반대 의견

"테스트를 지속적으로 하는 일은 시간이 너무 많이 걸려요. 스프린트마다 테스트를 하기보다는 5~6번 스프린트가 끝났을 때 테스트를 하는것이 현실적이라는 사실을 인정해야 한다."

테스트를 덜 자주 하는 것이 나아 보인다면 이는 테스트가 너무 오래 걸린다는 것을 의미한다. 이는 일반적으로 과거 수동 테스트에 의존하던 애플리케이션의 경우이고 지금은 스크럼으로 인해 그 방법이 바뀌고 있다. 테스트를 하는 비용이 너무 많이 들어 매 스프린트마다 테스트를 할 수 없다면 수동 테스트를 대체하는 자동화된 테스트를 만듦으로써 비용을 적극적으로 줄여야 한다. 자동화된 테스트가 없는 것은 기술적인 부채의 한 가지 형태이다. 이번 장 뒤에서 어떻게 부채를 청산하는지 이야기하겠다.

"테스터가 개발자보다 한 스프린트 늦게 일하는 것이 더 효율직이에요."

테스터가 개발자보다 한 스프린트 늦게 일한다고 할 때 테스터는 질문이 생기면 누구에게 가서 물어 볼 것인가? 그 스프린트를 진행하는 개발자에게 물어보는 게 효율적일까? 테스터들이 이미 추가된 기능을 테스트하는 동안 다른 팀원들은 다음에 개발할 기능을 어떻게 추가할지 논의한다면 테스터가 효율적으로 스프린트에 참여할 수 있을까? 스프린트 동안 협업하는 것에 대해 더 알고 싶다면 14장 「스프린트」를 참고하라.

품질을 챙기는 것은 무엇일까

매일매일 일하면서 테스트를 통합하는 팀은 마지막에 품질을 테스트하는 팀과는 매우 다르게 보이고 다르게 행동한다. 품질을 챙기는 팀에서는 다음과 같은 몇 가지 특징을 관찰할 수 있다.

> **함께보기**
> 테스트 주도 개발, 짝 프로그래밍, 리팩터링, 지속적인 통합은 9장 「기술적인 실천법」에 나와있다.

- **가장 명백한 특징은 좋은 기술적 실천법들을 사용한다는 것이다** _ 품질을 챙기는 데 초점을 맞춘 팀은 최고 품질의 코드를 작성할 수 있다면 무슨 일이든지 한다. 여기에는 짝 프로그래밍이나 적어도 시스템의 가장 복잡한 부분에 대해서 철저한 코드 인스펙션을 하는 것이 들어간다. 꼭 테스트 주도 개발이 아니더라도 자동화된 단위 테스트에 많은 관심을 보일 것이다. 리팩터링은 대규모로 눈에 띄게 진행하기보다는 필요에 의해 계속적으로 일어난다. 코드는 지속적으로 통합되고 빌드 실패는 고객이 제기한 심각한 버그와 거의 같은 수준의 긴급상황으로 처리될 것이다. 또 코드는 개인이 아닌 팀이 총괄하여 소유하고 품질을 향상시킬 수 있는 기회가 있으면 누구나 코드를 수정할 수 있다.

- **개발자와 테스터 사이에 전달할 것이 있다면 알아차리기 어려울 정도로 작을 것이다** _ 11장 「팀워크」에서 모든 것(설계, 개발, 테스트 등)을 조금씩 진행하는 것이 항상 팀의 협업을 돕는다는 것에 대해 이야기했다. 그런 방식으로 일할 때 개발자와 테스터는 다음 제품에 어떤 기능(혹은 일부 기능)을 추가할지에 관해 이야기하게 된다. 그런 다음 테스터는 자동화된 테스트를 만들고 개발자는 프로그램을 짠다. 두 작업이 모두 끝났을 때 결과를 취합한다. 아직도 개발자와 테스터 사이에 전달할 게 있다고 생각하고 있을지라도 이런 경우에는 미미하여 사이클이 짧다.

- **스프린트 마지막에 테스트한 만큼 스프린트 첫째 날에도 테스트한다** _ 품질을 챙기는 팀은 14장에 나오는 폭포수 모델의 축소 형태로 일하는 것을 싫어한다. 스프린트에는 명확한 분석, 설계, 개발, 테스트 단계가 없다. 테스터(그리고 개발자, 그리고 다른 전문가)는 스프린트의 마지막 날처럼 첫째 날도 바쁘다. 스프린트 첫째 날과 마지막 날 사이에 하는 일의 종류는 아마 다를 것이다. 예를 들어 테스터는 첫째 날에는 테스트 케이스를 명시하고 테스트 데이터를 준비한다. 그리고 나서 마지막 날에 자동화된 테스트를 수행하지만 스프린트 내내 똑같이 바쁘다.

> **지금 시도해볼 것들**
>
> - 다음 스프린트 동안 날마다 보고된 버그 수를 추적하라. 모든 버그를 추적하라. 결함 시스템에 들어 있는 버그, 제품 백로그에 새로운 항목으로 판명된 버그, 스프린트 백로그에 추가된 버그 그리고 테스터가 개발자에게만 버그라고 이야기한 후 즉시 고쳐진 버그까지 포함하여. 만약 테스트가 프로세스에 포함되어 있다면 하루하루 찾아진 버그의 숫자는 스프린트에 걸쳐 동일하게 일관성이 있어야 한다.
> - 품질 개선을 위한 토론을 다음 회고 때 진행해보라.

다른 수준에서 자동화하기

스크럼과 같은 애자일 방법론이 유행하기 전에도 테스트를 자동화해야 한다는 사실을 알고 있었다. 하지만 그러지 못했다. 자동화된 테스트를 작성하는 것은 비용이 많이 들고, 종종 기능이 개발되고 난 후 테스트를 작성하는 데 몇 달에서 어떤 경우 몇 년이 걸렸다. 테스트를 좀 더 빨리 작성하기 힘든 이유는 잘못된 수준에서 자동화하기 때문이다. 효율적인 테스트 자동화 전략은 그림 16.1에 테스트 자동화 피라미드처럼 세 가지 다른 수준에서 자동화된 테스트가 필요하다.

테스트 자동화 피라미드의 기본은 단위 테스트다. 단위 테스트는 믿을 수 있는 테스트 자동화 전략의 토대가 되어야 하고 피라미드의 가장 큰 부분으로 표시

그림 16.1
테스트 자동화 피라미드

된다. 자동화된 단위 테스트는 테스터들이 수행하는 테스트보다 개발자들에게 명확한 데이터를 제공한다. 예를 들어 자동화된 테스트가 47번째 줄에 버그가 있다고 개발자에게 알려줬는데 사실 버그는 51번째나 42번째 줄에 있었다. 그렇다고 하더라도 테스터가 개발자에게 "당신이 데이터베이스로부터 꺼내온 회원 레코드에 버그가 있어요"라고 한 말은 1000줄 이상의 코드를 대상으로 한다. 범위로만 본다면 자동화된 테스트가 훌륭하다. 또한 단위 테스트는 대개 시스템과 같은 언어로 작성하기 때문에 개발자가 가장 편안하게 테스트를 작성하게 된다.

테스트 자동화 피라미드의 중간 부분은 잠깐 넘어가고 바로 맨 위로 건너뛰자(사용자 인터페이스 레이어). 가능하면 조금만 수행하길 원하기 때문에 자동화된 UI 테스트는 테스트 자동화 피라미드의 꼭대기에 위치한다. UI 테스트는 대개 다음과 같은 단점을 갖는다.

- **불안정하다** _ 사용자 인터페이스의 작은 변화도 많은 테스트가 깨질 수 있다. 프로젝트 과정 전반에 걸쳐 이런 경우가 많이 반복되는 경우, 팀은 사용자 인터페이스가 바뀔 때마다 테스트를 수정하는 일을 포기하고 멈춘다.
- **작성하는 데 비용이 많이 든다** _ UI 테스트를 기록하기 위해 사용자 행위를 기록했다가 다시 재생하는 capture-and-playback 방식을 사용할 수 있다. 하지만 이 방법으로 기록된 테스트는 대개 매우 불안정하다. 유용하고 유효하게 남을 좋은 UI테스트를 작성하는 데에는 시간이 걸린다.
- **시간이 걸린다** _ UI 테스트는 종종 실행하는 데 오랜 시간이 걸린다. 매일 밤 실행하기에는 시간이 너무 오래 걸려 더 작게 하루에 여러 번 실행하는 팀을 인상 깊게 보았다.

사용자가 2개의 정수를 입력하고 곱하기나 나누기 버튼을 클릭한 후 연산 결과를 확인하는 간단한 계산기를 테스트한다고 가정해보자. 사용자 인터페이스로 이 기능을 테스트하기 위해서는 사용자 인터페이스를 동작시킨 후, 필드에 적절한 값을 입력하고 곱하기나 나누기 버튼을 누른 다음, 예상치와 결과치를 비교하기 위한 테스트 목록을 작성해야 한다. 이런 식의 테스트는 확실하게 동작하지만 앞에서 언급했던 불안정과 비용 문제가 발생하기 쉽다.

게다가, 이런 방법으로 애플리케이션을 테스트하는 일은 일부 불필요하다. 이런 테스트 묶음들로 얼마나 사용자 인터페이스를 테스트할 것인지를 생각해봐라. 각각의 테스트 케이스는 곱하기와 나누기 버튼과 연결된 코드부터 계산을 수행하는 애플리케이션 안에 있는 코드까지 실행한다.

또한 각 테스트 케이스는 결과를 보여주는 코드까지 테스트한다. 그렇기 때문에 사용자 인터페이스를 통한 테스트는 비용이 많이 들어가니 최소화해야 한다. 수행할 테스트 케이스가 많다고 해도 사용자 인터페이스를 통해 모두 테스트할 필요는 없다.

그래서 여기에 테스트 자동화 피라미드의 서비스 레이어가 도입된다. 테스트 자동화 피라미드의 중간 레이어를 서비스 레이어라고 이야기했지만 단지 서비스 지향 아키텍처에서만 사용하는 것으로 제한한 것은 아니다. 모든 애플리케이션은 다양한 서비스로 이루어져 있다. 내 생각에, 서비스는 애플리케이션이 어떤 입력이나 입력값에 대한 응답으로 어떤 동작을 하는 것이다. 계산기 예제는 곱셈과 나눗셈 두 가지 서비스가 들어 있다.

서비스 수준 테스트는 애플리케이션의 서비스를 사용자 인터페이스와 따로 분리하여 테스트하는 것이다. 그래서 계산기의 사용자 인터페이스를 통한 수십여 개의 곱셈 테스트 케이스를 실행하는 대신에 서비스 레이어에서 테스트를 수행한다. 테스트가 어떻게 수행되는지 확인하기 위하여 표 16.1과 같이 각각의 줄이 하나의 테스트를 나타내는 스프레드시트를 만든다고 가정해 보자. 처음 2개 열은 곱할 숫자를, 3번째 열은 예상치를, 4번째 열은 테스트에는 사용하지 않지만 테스트를 더 읽기 쉽게 만드는 주석을 나타낸다.

다음에 필요한 것은 이 스프레드시트의 행을 읽고 애플리케이션의 올바른 서비스에 데이터 열을 넘겨주고 정확한 결과가 나왔는지 확인하는 간단한 프로그램

함께보기
서비스 수준 테스트는 시스템의 동작을 명시하기 위한 기법으로서 13장 「제품 백로그」에 예가 나와 있다.

노트
스프레드시트를 읽어서 애플리케이션 내 특정 서비스에 데이터를 넘기는 툴은 팀 개발자들이 쉽게 만들 수 있지만 이미 그런 기능을 하는 좋은 도구가 나와 있다. www.fitnesse.org의 Fitnesse는 가장 인기있는 도구다.

곱하는 수	곱해지는 수	결과	주석
5	1	5	1을 곱함
5	2	10	
2	5	10	이전 테스트의 순서를 바꿈
5	5	25	자기 자신을 곱함
1	1	1	
5	0	0	0을 곱함

표 16.1
곱셈 서비스 테스트의 부분집합을 보여주는 스프레드시트

이다. 결과가 단순 계산에 지나지 않는 아주 간단한 예이지만 결과는 무엇이든 될 수 있다. 데이터베이스에 데이터를 수정할 수도 있고, 특정 수취인에게 이메일을 발송할 수도 있고, 은행계좌 간의 자금이체를 할 수도 있다.

UI 테스트에 남아 있는 역할

하지만 UI 테스트도 조금은 필요하지 않을까? 물론 다른 테스트 유형만큼은 아니지만 테스트를 해야 한다. 계산기 예를 보면 더 이상 사용자 인터페이스에서 모든 곱셈 테스트를 실행할 필요는 없다. 대신 계산이 제대로 됐는지 확인하기 위해서 곱하기와 나누기 메서드(서비스)를 직접 수행하는 대다수의 테스트(경계 테스트 같은)를 서비스 레이어를 통해 테스트했다. 사용자 인터페이스 수준에 남아 있는 테스트는 서비스가 올바른 버튼과 연결이 됐고 값이 결과 필드에 제대로 출력되는지 확인하기 위해 테스트 하는 것이다. 이와 같은 테스트를 수행하기 위해 사용자 인터페이스 레이어에서 조금 더 작은 테스트들을 수행해야 한다.

많은 조직들의 수년간에 걸친 테스트 자동화 노력들이 잘못된 것은 서비스 테스트라는 전체 중간 레이어를 무시했기 때문이다. 자동화된 단위 테스트가 멋진 것은 맞지만 애플리케이션 테스트에 필요한 많은 부분 중 일부를 차지할 뿐이다. 서비스 수준 테스트 없이 단위 테스트와 UI 테스트의 차이를 채우려면 사용자 인터페이스에서 모든 테스트를 수행해야 하는데, 이는 실행하고 작성하는 데 비용이 많이 들며, 불안정한 테스트를 만들게 된다.

수동 테스트의 역할

모든 환경에서 모든 테스트를 완벽하게 자동화하는 것은 불가능하다. 게다가 어떤 테스트는 자동화할 엄두도 내지 못할 만큼 비용이 많이 든다. 자동화를 할 수 없거나 자동화를 선택할 수 없는 대다수 테스트들은 하드웨어나 외부 시스템 통합과 연관되어 있다. 내가 컨설팅했던 복사기 회사는 실행되기 전에 사람이 개입해야 하는 수많은 테스트 내용이 있었다. 예를 들어 종이 상자에 종이가 정확히 5장 들어있는지를 확인하는 일은 자동화하는 것보다 수동으로 하는 게 더 쉽다.

일반적으로 수동 테스트는 주로 탐색적 테스트 exploratory test를 하는 한 방법으로 비추어졌다. 이런 유형의 테스트는 테스트 계획, 테스트 설계, 테스트 수행 단계로 이루어진 주기를 빠르게 진행한다. 탐색적 테스트를 테스트-개발-리팩터링이라는 짧은 주기를 갖는 테스트 주도 개발과 비교해보면 짧은 피드백을 주기적으로 만든다는 특징이 비슷하다. 또 탐색적 테스트는 버그를 찾는 것뿐만 아니라 빠뜨렸던 테스트 케이스도 식별할 수 있고, 이렇게 식별된 테스트 케이스는 테스트 자동화 피라미드의 적당한 수준에 추가한다.

게다가 탐색적 테스트는 처음에 이해했지만 사용자 스토리에 누락된 아이디어를 찾게 해준다. 또 팀이 그 당시에는 좋은 생각인 것처럼 보였지만 기능이 개발된 지금은 그렇지 않은 것들도 찾도록 도와준다. 이런 상황은 대개 새로운 항목이 제품 백로그에 추가될 때 생긴다.

스프린트 내에서 자동화하기

스크럼 프로젝트에서 자동화는 선택이 아니다. 팀이 효과적으로 스프린트를 진행하기 위해서 (그 결과로 가치를 빠르게 전달하기 위해서) 테스트 자동화에 크게 의존할 필요가 있다. 자동화된 테스트는 일이 아직까지는 제대로 진행되고 있다고 보증하는 저렴한 보험에 해당한다. 게다가 항상 증가하는 자동화된 테스트는 제품(과 프로세스) 상태에 대한 통찰을 제공한다. 만약 자동화된 테스트가 2주 동안 성공적으로 수행되지 않았다면 그것은 몹시 위험한 경고 신호이다. 다른 한편으로 자동화된 테스트가 매일매일 커지고 스프린트 매일 저녁마다 에러 없이 수행된다면 팀의 상태는 좋다고 볼 수 있다.

스크럼 팀은 절차적 개발 프로세스를 사용하는 팀이 테스트 자동화에 접근하는 방식과 다르게 접근한다. 고도의 자동화된 테스트를 당연한 것으로 여긴다. 반면 전통적인 팀은 테스트 자동화를 사치라고 생각한다. 전통적인 팀이 자동화의 가치를 알기 힘든 이유는 초기에 자동화가 충분하지 않아서다. 테스트는 코드가 처음 작성된 이후 자동화되기까지 몇 달이 걸리기도 한다. 스크럼을 새로 적용한 팀은 종종 한 스프린트에서 코드를 작성하고, 작성한 코드의 테스트를 다음 스프린트에서 자동화하는 동일한 패턴의 실수를 반복하곤 한다. 코드가 작성되고 한참 후에 테스트를 자동화하는 경우 자동화의 이점을 많은 부분 잃어버리고 만다. 자동화된 테스트는 활발하게 개발이 진행되면서 코드 변경이 자주 일어날 때 가장 유용하다.

함께 보기
한 스프린트 동안에 개발, 테스트, 자동화를 모두 진행하는 것이 불가능하다고 생각된다면 11장에서 '항상 점진적으로 일하라'를 참조하라.

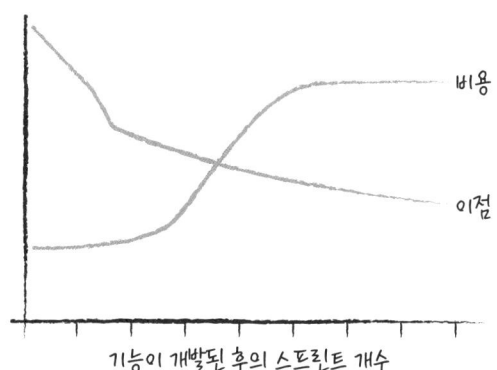

그림 16.2
시간 흐름에 따른 자동화된 테스트의 비용과 이점

그림 16.2는 초기 자동화의 이점을 설명하고 있다. 자동화 비용은 눈에 익은 S자 곡선과 비슷하다. 몇 번의 스프린트 동안에는 증가하지 않다가, 그후에 안정 상태를 이루기 전까지 급격히 증가한다. 기존 애플리케이션에 자동화된 테스트를 적용해본 적이 있는 사람이라면 제품 설계에 영향을 줄 수 있는 시점 이후에 자동화된 테스트를 추가하는 게 더 어렵다는 사실을 알게 될 것이다. 테스트를 추가하는 것이 늦어지면 테스트 자동화 피라미드의 상위 레벨에 과도하게 의존되게 된다. 애플리케이션을 크게 리팩터링을 하지 않으면 자동화된 단위 테스트와 서비스 레벨 테스트를 추가하는 것은 상당히 어렵다.

초기의 평평한 비용 곡선이 한두 번의 스프린트 동안 자동화를 뒤로 미루도록 부추길지라도 미뤄서는 안 된다. 자동화의 이점이 급격히 하락하기 때문에 자동화는 가능하면 빨리 진행하는 게 좋다. 시간이 지나면서 애플리케이션 영역에 영향을 끼치는 변경 빈도가 줄어들기 때문에 자동화의 이점이 감소한다. 결국에 제품은 안정화되고 예상되는 제품의 남은 수명이 너무 짧아서 자동화 이점에 비해 비용이 커지게 된다. 이는 전통적인 팀이나 전적으로 자동화를 뒤로 미룬 팀의 주장이기도 하다.

그림 16.2에서 명확하게 알 수 있는 사실은 시스템에 새로운 기능이 추가된 동일한 스프린트에서 자동화하는 것이 가장 큰 이득을 준다는 것이다. 이 방법이 가장 적은 비용을 들여서 가장 큰 가치를 제공한다.

이점을 샘플링하기

테스트 자동화 피라미드의 모든 레이어에 걸쳐서 테스트하는 것이 얼마나 큰 이점을 가져오는지 알아보기 위해서 세일즈포스닷컴의 경우를 살펴보자. 세일즈포스닷컴은 고객관계관리^{CRM}를 위한 서비스형 소프트웨어를 제공한다. 스크럼을 적용한 지 9개월 후 세일즈포스닷컴은 다음과 같은 수치 감소를 얻었다.

- 애플리케이션을 9번 배포하는데 참여한 직원 수가 65%(15명)로 감소했다.
- 최종 테스트를 위한 시간이 감소했다. 통상 수작업으로 2시간에서 3시간이 걸리던 게 자동화 테스트 10분으로 감소했다.
- 릴리스 이후 분별 테스트$^{sanity\ test}$ 시간이 감소했다. 수작업으로 3~4시간 걸리던 것이 200여 개 자동화 테스트로 45분만에 끝났다.
- 패치 릴리스에 투입되는 사람의 수가 거의 80%(대략 5명 정도) 감소했다
- 주요 릴리스당 300M/H가 절약됐고 모든 패치 릴리스로 보면 수백 M/H 이상이 절약됐다.$^{(Greene\ 2007)}$

신시하게 테스트를 자동화한 조직에게는 이런 결과가 드문 일이 아니다. 자동화에 대한 시작 목표로 위의 결과를 사용하라.

반대 의견

"개발자가 기능을 개발하는 동안에 테스터들이 테스트를 자동화 하기에는 기능이 너무 빨리 변한다."

이에 대한 설명을 위해서 테스트 자동화 피라미드에서 보았던 3가지 유형의 테스트 자동화에 대해 생각해봐야 한다. 아마 테스트 주도 방식이라면 단위 테스트가 스프린트 동안 작성되는 것이 당연하다. 경험에 따르면 개발자들이 코드를 작성한 후 나중에 단위 테스트를 추가하는 일은 흔하지 않다. 지난날을 돌이켜보면 테스트 행위를 기록하여 재실행하는 capture-and-playback 스타일의 자동화 테스트는 대개 기능이 완벽하게 개발된 후에만 자동화한다는 생각을 하게 만든다. 테스터가 개발자들이 코딩을 끝낼 때까지 서비스 수준의 테스트 자동화와 사용자 인터페이스 수준의 테스트 자동화를 마칠 수 없다는 사실은 맞는 말이다. 하지만 이 말이 테스트와 개발을 동시에 시작할 수 없다는 것을 의미하지는 않는다. 정확하게 어떻게 하는지는 다음 절에서 다루겠다.

지금 시도해볼 것들

다음 회고에서 테스트 자동화 피라미드의 세 가지 레벨에 대해서 토론해 보라. 지금 어느 레벨을 테스트하고 있는가? 현재 테스트 타입이 다른 자동화 타입보다 나은 점은 무엇인가? 다음 스프린트에서 테스트 자동화를 시작할 수 있는 방법을 두세 가지 정도 찾아보라.

인수 테스트 주도 개발

스크럼 팀은 인수 테스트 주도 개발ATDD이 스프린트 동안 일의 흐름을 부드럽게 유지해준다는 것을 배웠다. ATDD에서는 인수 테스트로 인해 할 일이 생긴다. 인수 테스트는 기능 구현에 관한 의사결정을 기록하는 효과가 있다. 그렇기 때문에 의사결정과 관련해서 대화가 오고가는 스프린트 내내 인수 테스트를 작성한다.

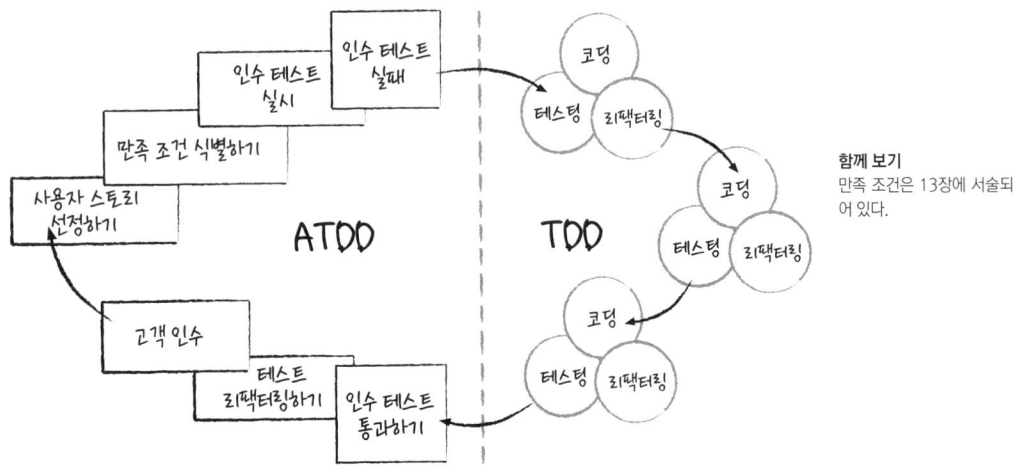

그림 16.3
인수 테스트 주도 개발과 테스트 주도 개발과의 연관성(Koskela 2007 수정)

함께 보기
만족 조건은 13장에 서술되어 있다.

ATDD는 9장의 테스트 주도 개발TDD과 유사하다고 볼 수 있다. 『Test Driven: Practical TDD and Acceptance TDD for java Developers』의 저자인 라세 코스켈라Lasse Koskela는 그림 16.3을 통해 ATDD와 TDD 사이의 관계를 설명했다. 코스켈라의 원본 다이어그램에서 사이클상의 만족 조건conditions of satisfaction, COS의 역할에 대한 부문만을 수정했다.

13장에서 이야기했듯이 만족 조건COS은 제품 책임자가 사용자 스토리에 기대하는 수준을 충족시켰는지를 의미한다. 그렇기 때문에 보통 COS가 특정 인수 테스트 케이스보다 상위에 있는 경우가 많고, 인수 테스트 케이스가 ATDD 프로세스 자체를 주도하면서 만족 조건을 이상적으로 충족시켜 나간다.

그림 16.3 사이클에 있는 만족 조건을 사용함으로써 ATDD 사이클 내내 항상 참여해야 했던 제품 책임자를 자유롭게 해준다. 제품 책임자는 스프린트를 시작할 때나 팀이 스토리에 관한 일을 시작할 준비가 되었을 때 사용자 스토리에 대한 COS를 전달할 수 있다. 이후 제품 책임자의 기대에 맞춰 특정 인수 테스트를 식별하고 확정하는 작업은 제품 책임자가 없어도 테스터나 분석가 혹은 다른 팀원이 작성할 수 있다.

이상적인 상황이라면 제품 책임자는 제품 백로그에 있는 우선순위가 높은 각각의 사용자 스토리에 대해서 최근 식별된 만족 조건을 가지고 스프린트 계획 회의에 참석해야 한다. 그렇게 해야만 제품책임자는 계획 회의에서 등장하는 일반적인 유형의 질문에 답하는데 더 좋은 위치에 있을 수 있다. 그래서 ATDD를 진행할 때 최소한 COS를 가지고 시작하는 것이 계획 회의에서 소비되는 시간을 줄이는 데 도움이 된다.

불행하게도 현실 세계는 우리의 계획을 방해하는 경우가 많아서 제품 책임자가 스프린트 계획 회의에 사용자 스토리에 대해 미리 식별된 만족 조건을 항상 가져오는 것은 아니다. 예를 들어 스프린트 마지막에 위기가 오면 제품 책임자는 다음 스프린트 준비에 방해를 받게 된다. 혹은 계획 회의 동안 제품 백로그 상에 더 밑에 있어서 제품 책임자가 아직 만족 조건을 식별하지 않은(가능한 구현에 가까운 것을 식별해야 했기 때문에) 사용자 스토리에 대한 작업을 팀이 요청할 수도 있다.

그런 상황이 ATDD 진행을 불가능하게 만든다. 만족 조건이 아직 존재하지 않을 때 제품 책임자와 팀은 두 가지 선택을 할 수 있다. 첫 번째는 아직 진행하지 않은 제품 백로그 상의 항목에 대한 COS를 스프린트 계획 회의에서 찾는 것이다. 두 번째는 새로운 스프린트에서 진행할 첫 번째 활동으로 COS 식별을 추가하는 것이다. 두 가지 모두 선택이 가능하지만 시간이 허락하는 한 대부분의 경우 첫 번째 선택을 더 선호한다.

적정한 수준의 세부사항

곧 있을 스프린트 계획 회의 전에 만족 조건을 찾는 것이 많은 일처럼 들린다. 하지만 COS가 스프린트 마지막에 사용자 스토리가 제대로 완료되었는지 확인해주는 상위 수준의 것임을 기억하라. 목적은 개발자에게 제품 책임자가 기대하는 바를 설명하는 상위 수준의 인수 테스트에 대해서 논의하는 것이지 나중에 필요한 작은 테스트 케이스들을 모두 식별하는 것이 아니다.

예를 들어 팀이 적극적인 주식 거래자들을 위한 웹사이트를 만들고 있다. 제품은 주식 거래자들에게 주식과 주식가격에 관한 데이터를 여러 가지 형태로 보여주어야 한다. 트리맵이라고 부르는 차트에서는 큰 사각형과 작은 사각형으로 회사를 표현한다. 각각의 사각형 크기는 전체 시가 총액을 나타낸다. 한 회사가 다른 회사에 비해 시가 총액이 2배라면 사각형 크기도 2배가 된다. 그림 16.4의 예를 참조하라. 사용자는 전체 시가 총액, 총액의 한 부분(예를 들어 소프트웨어 회사 같은),

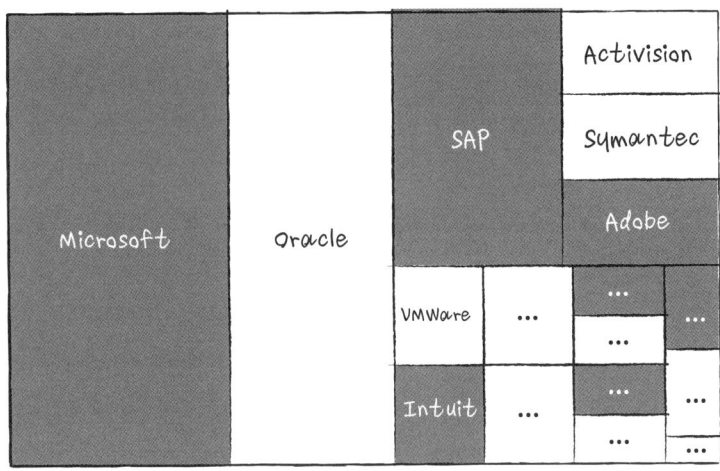

그림 16.4
사각형의 크기가 회사의 시장 가치를 나타내는 트리맵

다른 비교할 집합을 보고 싶은지 여부를 선택할 수 있다.

얼핏 보기에 일정한 사각형 안에 작은 사각형을 넣는 일이 쉬운 문제라고 생각할 수 있지만 사실 보이는 것처럼 쉽지는 않다. 수십 개 다양한 모양의 블록을 가지고 고정된 영역을 빈틈 없이 채워야 하는 게임을 하나 생각해보자. 수천 개 조각들을 사용할 수 있다는 것만 제외하면 사각형을 만드는 작업은 이와 비슷하다. 스프린트 계획회의에서 제품 책임자가 다음과 같은 만족 조건을 팀에 설명했다.

- 사각형은 가능한 정사각형에 가까워야 한다. 사각형의 긴 변과 짧은 변의 평균 비율은 1.1보다 작아야 한다.
- 시스템은 계획된 하드웨어에서 특정 수준의 복잡도를 가진 트리맵 5개를 매초마다 만들어야 한다.
- 하나의 트리맵에는 항목이 5,000개까지 가능하다.
- 하나의 트리맵에 그룹이 500개까지 가능하다.

여러분은 이런 만족 조건들이 얼마나 높은 수준인지 알 수 있을 것이다. COS가 사용자 스토리나 제품 백로그 항목에 적용하는 테스트를 서술하는 데 적합한 이유가 바로 이것이다. 만족 조건은 인수 테스트를 만족시키는 수준보다 한 레벨 위에 있다. 예를 들어 "하나의 트리맵에는 항목이 5,000개까지 가능하다"를 만족하는 인수 테스트를 만들기 위해서는 항목에 대해 구체적으로 알아야 한다. 동일한 크기의 항목을 5,000개 가진 트리맵을 만드는 것은 쉬운 일이지만 다양한 크기의 항목을 5,000개 가진 트리맵을 만드는 것은 쉬운 일이 아니다.

5,000개 항목에 관한 정보는 스프린트 동안 추가될 것이다. 테스터는 제품 책임자의 높은 기대치(만족 조건으로 표현된)를 받아서 특정 테스트를 만든다. 또 테스터는 제품 책임자가 언급하지 않았지만 내포되어 있는 모든 테스트를 추가할 것이다. 예를 들어 트리맵의 경우 제품 책임자는 데이터 포인트가 단 하나만 있어도 트리맵이 정확하게 그려지는 것을 분명히 원할 것이다. 제품 책임자가 너무나 당연하다고 생각하기 때문에 팀에게 그 사실을 이야기하지 않는다 하더라도 그 특징도 여전히 스프린트 동안 개발되고 테스트 되어야 한다.

인수 테스트 주도 개발은 팀이 지속적으로 제품 책임자의 목표에 집중하도록 하게한다. 작업할 사용자 스토리에 만족 조건을 도출한 후 스프린트를 시작한다면(아니면 스프린트에서 가능한 빨리 식별하면) 팀이 길을 잃거나("나는 당신이 이러저러한 것을 원한다고 생각했어요") 기능을 불필요하게 집어 넣는 ("내 생각에는 이렇게 하는 게 더 멋질 거야") 유혹에 빠지지 않는 데 도움이 된다. 인수 테스트 주도 개발은 테스터들이 무엇을 해야 할지 몰라 의아해하고 있을 때, 팀에 있는 테스터와 다른 개발자들이 조기에 추가적인 대화를 나누도록 자극하는 추가 이점을 제공한다.

지금 시도해볼 것들

현재 스프린트에서 작업할 제품 백로그 항목을 선택하라. 팀원들(제품 책임자를 포함해서) 각자에게 그 항목에 대한 만족 조건을 혼자서 적도록 요청하라. 그런 다음 제품 책임자가 작성한 COS로 시작해서 다른 모든 항목들을 공유하라. 제품 책임자가 몇 가지 중요한 조건을 찾아내는 데 실패할 수도 있다. 이 실습을 진행하는 데 그리 많은 시간이 걸리지는 않을 것이다. 하지만 팀원들 간에 충돌이 나는 조건이 있을 수도 있고 백로그 항목 중에서 무엇이 중요한지에 대한 인식 차이에 놀라게 될 수도 있다.

기술적인 부채 청산하기

워드 커닝햄^{Ward Cunningham}이 처음 만든 개념인 기술적인 부채^{Technical Debt}는 원래 '미성숙'하거나 '바람직하다고 할 수 없는^{not-quite-right}' 코드를 가진 애플리케이션이 동작하도록 만드느라 늘어나는 비용을 의미했다. 하지만 지금은 설계가 부족하거나, 작업이 끝나지 않았거나 다방면에 걸쳐 결함이 있고 빈약하게 만들어진 시스템에서 작업함으로써 생기는 비용을 나타내는 말로 쓰인다. 커닝햄은 기술적인 부채가 누적되었을 때 발생하게 되는 위험에 대해 경고했다.

> 부채를 상환하지 않았을 때 위험이 발생한다. 바람직하다고 할 수 없는 코드에 들어간 모든 시간은 부채에 대한 이자로 볼 수 있다. 모든 엔지니어링 조직들은 튼튼하지 않은 구현으로 인한 부채 때문에 개발이 멈추지 않도록 정신차려야 한다. ⁽¹⁹⁹²⁾

기술적인 부채는 서둘러서 구현하는 바람에 발생하곤 한다. 이런 경우가 항상 나쁜 것은 아니다. 커닝햄의 저술에 따르면 첫 번째 코드를 출시하는 것은 부채를 얻는 것과 같다. 약간의 부채는 즉시 재작성하기만 한다면 개발을 가속시킨다. 중요한 것은 부채는 빨리 갚아야 한다는 것이다. 하지만 항상 그럴 수는 없기 때문에 많은 팀이 엄청나게 누적된 기술적인 부채를 남겨둔다. 스크럼 팀은 제품 수명을 장기적인 관점으로 보기 때문에 기술적인 부채를 상환하는 일은 심각한 고려사항이 된다.

몇몇 기술적인 부채는 명백하다. 애플리케이션에 장애를 유발하는 데이터베이스의 예상치 못한 데이터는 확실한 기술적인 부채다. 개발자가 손을 대서 부서진 취약한 코드 또한 명백한 기술적인 부채다. 그러면 지난달 릴리스된 새로운 버전의 자바를 업그레이드 하지 않은 팀의 경우는 어떠한가? 이것 역시 기술적인 부채다. 아마도 팀이 아직 업그레이드 하지 않은 것은 문제가 아닐 수 있다. 매번 새로운 툴이 출시될 때마다 모든 팀이 즉시 업그레이드 해야 한다고 생각지는 않는다. 그러나 약간 구식이 된 언어나 라이브러리 혹은 도구를 사용하는 것도 부채다. 결국에 부채는 갚아야 한다. "약간의 부채는 즉시 재작성하여 갚기만 하면 개발을 가속시킨다"는 커닝햄의 의견을 명심하라.

테스트 부채를 갚는 세 가지 단계

팀이 애자일하게 되고 애자일하게 유지하기 위해서 발생한 모든 기술적인 부채를 갚아야 하는 것은 아니다. 기술적인 부채를 모두 갚지 않아도 된다는 사실은 멋지지만, 그렇게 하는 것이 항상 현실적이거나 적절한 것은 아니다. 하지만 팀이 부채의 무게에 눌리지 않을 만큼은 갚아야 한다. 팀이 기술적인 부채를 어떻게 갚을 건지의 예로서, 기술적인 부채의 가장 일반적인 형태인 자동화된 테스트의 심각한 부족을 어떻게 다룰지 고려해보자.

수동 테스트에 대부분 혹은 전적으로 의지하고 있는 팀이 스크럼을 적용하기로 결정한다면, 매 스프린트마다 그 많은 수동 테스트를 끝내야 하는 경우에 짧은 스프린트를 진행하는 것이 얼마나 어려운 일인지 금방 알게 될 것이다. 극단적인 조치 없이는 기술적인 부채가 계속 누적된다는 사실 또한 알게 될 것이다. 이런 상황에 있는 팀들은 적어도 최악의 문제로부터 벗어나기 위해서 3가지 단계(그림 16.5에서 보듯이)를 따라야 한다.

1. 출혈을 멈추고
2. 현재에 머무른 채
3. 따라 잡아라

수동 테스트에 지나치게 의존하는 형태의 기술적인 부채가 있는 팀의 첫 번째 우선순위는 출혈을 멈추고 상황이 더 나빠지는 것을 막는 것이다. 최고의 지혈대는 수동으로 테스트하던 것을 자동화하는 방법을 찾는 것이다. 비유하자면 팀은 쉽게 딸 수 있는 과일을 찾아야 한다. 자동화하기 쉽고 수동적인 노력을 많이 줄일 수 있는 테스트. 테스트에 최고 권위자이자 애자일 선언의 참가자인 브라이언 매릭^{Brian Marick}은 다음과 같이 이야기했다. "실제로 쉽게 딸 수 있는 과일은 대개 몇 개 테스트를 자동으로 실행하는 것이 아니라, 데이터베이스 준비나 수동 테스트를 시작하는 페이지로 자동으로 이동하는 것과 같은 다른 테스트 작업을 자동화하는 것이다. 수동 테스트 개수를 줄일 수는 없지만 테스트에 걸리는 총 시간은 줄일 수 있다."

팀원들이 선별 작업을 하는 동안 그들은 자동화된 테스트에 익숙해지게 된다. 이 자동화된 테스트는 어떤 팀원에게는 새로운 기술일 수도 있을 것이다. 테스트

서버와 테스트 환경을 설정하고 툴을 선정한다. 이 작업에 상당한 시간이 투자된다. 하지만 이런 투자가 선행되지 않으면 시스템에 새로운 기능을 추가하는 것이 단지 수동 테스트에 걸리는 시간만 늘리는 일이되어 기술적인 부채를 악화시키게 된다. 이번 스프린트에 20시간 걸렸던 작업이 다음 스프린트에는 21시간이 걸릴 수도 있다. 결국 프로젝트는 수동 테스트로 인한 기술적인 부채의 부담에 깔려 무너질 것이다.

출혈이 멈춘 후에는 스프린트가 지나도 상황이 더 이상 나빠지지 않는다. 매 스프린트마다 수동 테스트가 추가되겠지만 팀은 각 스프린트마다 새로운 수동 테스트를 실행하는 데 필요한 시간을 벌기 위해서 충분히 쉽게 딸 수 있는 열매를 찾을 것이다. 이제 두 번째 단계로 넘어간다. 현재에 머무르는 법을 배우는 이 단계 동안에 팀은 스프린트에 추가하는 새로운 기능이 무엇이든 상관없이 테스트를 작성하고 자동화하는 법을 배우는 데 초점을 맞춘다. 이렇게 하는 동안 부채는 더 이상 누적되지 않고 상황은 더 이상 나빠지지 않는다. 하지만 그렇다고 나아지는 것은 아니다. 같은 스프린트에서 기능으로 자동화된 테스트를 추가하는 것을 배우는 일은 팀에게 있어 새로운 기술이다. 첫 단계 동안에 기초 기술을 배우는 게 어렵지는 않지만 새로운 훈련은 필요하다.

결국 팀은 부가적으로 눈에 띄는 테스트 부채를 따라잡는 마지막 단계로 들어간다. 그림 16.5에서 하강하는 그래프를 볼 수 있다. 올바른 방향으로 나아가고 있다면 얼마나 급격하게 그래프가 하강하느냐는 상관없다. 가능하면 빠르게 부채를

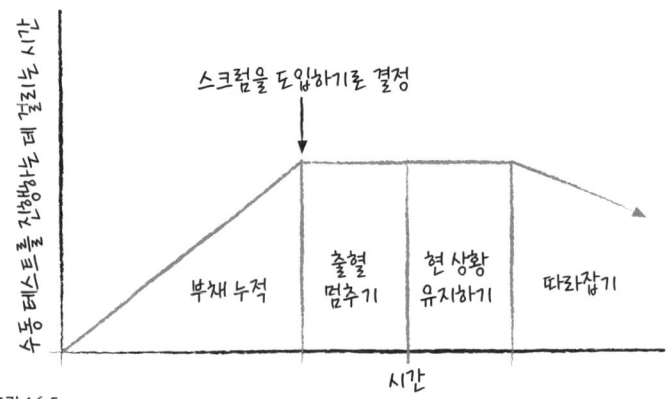

그림 16.5
수동 테스트 비용을 줄이는 3가지 단계

줄이는 것이 더 좋지만 이 방법을 시작할 때 내가 가장 강조하는 것은 처음 두 단계다.

품질은 팀의 노력이다

품질에 대한 강조는 극적인 결과를 가져올 수 있다. 스크럼을 도입하고 여기서 언급한 절차를 지킨 지 9개월 후 세일즈포스닷컴의 스티브 그린은 "주요 릴리스당 약 300M/H 이상을 절감했고 모든 패치 릴리스 기간으로 본다면 수백 M/H를 절감했다"고 이야기 했다. 이렇게 만들기 위해 기능, 자동화, 설계 같은 기본적인 모든 것들을 개선하고 생산적으로 만들기 위해 많은 시간을 보냈다.

이 결과에서 가장 인상 깊은 부분은 그들이 드문 경우가 아니고 어떤 스크럼 팀에게나 적용 가능하다는 점이다. 제품의 품질이 낮아 모든 고객이 고통을 겪듯이 테스트가 프로세스에 통합되지 않거나 적절한 수준에 미치지 못하면 전체 팀이 고통을 겪게 된다. 새로운 테스트 기술을 배우고, 스크럼의 엄격한 시간 제한(타임박스)을 어떻게 적용할지 배워 기술적인 부채를 갚는 것은 팀 전체의 책임이다. 그렇다고 테스터에게 도전 정신을 뺏으려는 것은 아니다. 좋은 스크럼 팀은 테스트 실천법의 상태에 관해 항상 주의 깊게 살펴보고 항상 개선의 여지를 찾는다.

더 읽어볼 것들

Adzic, Gojko. 2009.
『Bridging the Communication Gap: Specification by example and agile acceptance testing』. Neuri Limited.
모범 사례와 만족 조건을 이용한 명세를 사용하여 프로젝트 이해당사자와 팀원들 간 커뮤니케이션 개선을 위해 노력하는 훌륭한 책이다.

Crispin, Lisa, and Janet Gregory. 2009.
『Agile Testing: A practical guide for testers and agile teams』. Addison-Wesley Professional.
애자일 프로젝트에서 어떻게 테스트를 통합하는지 이해하고 싶은 사람을 위한 책이다. 테스트를 4개의 사분면(테스트 자동화 피라미드의 단계와 유사한 것)으로 정의하고, 각 사분면에서 해야 하는 테스트 유형에 관해 서술한다. 이 책은 애자일 테스터가 새로운 역할에 따른 마음가짐과 기술을 갖게 해준다.

Mugridge, Rick, and Ward Cunningham. 2005.
『Fit for Developing Software: Framework for integrated tests』. Prentice Hall.
이 책은 기본적인 내용으로 시작하여 사례 연구로 이어진다. 처음 180페이지는 개발자, 테스터, 업무 관계자 등을 위한 내용으로서 개발 프로젝트에 FIT이 어떤 이득을 줄 수 있는지 보여준다. 뒷부분에서는 프로그래밍 배경과 커스텀 픽스처를 작성하고 사용하여 Fit을 확장하는 방법에 대해 설명한다.

Koskela, Lasse. 2007.
『Test Driven: TDD and acceptance TDD for Java devel-opers』. Manning.
이 책의 4부는 인수 테스트 기반 개발에 관한 아주 좋은 내용을 담고 있다. ATDD를 해야 하는 이유와, Fit을 어떻게 이용하는지, 프로젝트에 어떻게 적용하는지에 대해 다루고 있다.

4부

조직

모든 조직은
앞으로 살아남기 위해서
모든 것을 포기할
준비를 해야 한다.

피터 드러커

17장

대규모 스크럼

아내 로라는 거의 매일 저녁식사를 만든다. 어떤 날은 일류 요리를 만들지만 바쁠 때는 간단한 요리를 준비하기도 한다. 하지만 항상 맛있고 건강에 좋고 큰 부담이 없는 요리를 준비한다(크리스마스 저녁만 빼고). 크리스마스 저녁 요리 준비는 피곤한 일이다. 집은 아내와 내 부모님들, 간혹 이모와 삼촌 그리고 형제나 자매 혹은 둘 모두로 가득 찬다. 크리스마스 저녁은 크리스마스 기간이 아니면 볼 수 없는 대규모 요리다. 대규모로 하는 모든 일이 그렇듯 익숙하지 않아 더 어려운데, 소프트웨어 개발 프로젝트도 마찬가지다.

소프트웨어 프로젝트가 커지면 식구가 많아지는 것 이상으로 복잡해진다. 큰 프로젝트는 기간이 길어 일정에 더 민감하여 보다 철저하게 검토해야 한다. 그리고 여러 장소에 나누어 진행될 공산이 크기에 성격 충돌이 일어날 개연성도 높다. 이 모두 조직에 있어서는 치명적이 될 수 있다.

함께 보기
분산 환경에 개발할 때 발생하는 고유한 문제는 다음 장에서 다루도록 하겠다.

큰 프로젝트를 대비한 1차 방어책은 커다란 팀 하나가 아닌 여러 개의 작은 팀으로 대처하는 것이다. 10장 「팀 구성」에서 5명에서 9명으로 구성되고 두 개의 피자로 충분한 '피자 두 판짜리 팀'이라는 아이디어에 대해 이야기했다. 큰 프로젝트에 직면했을 때 큰 팀 하나보다는 '피자 두 판짜리 팀' 여럿이 진행하는 게 더 낫다.

이번 장에서는 여러 팀이 참여하는 대규모 프로젝트에서 스크럼을 성공적으로 적용하는 데 따른 문제점을 극복하는 방법에 대해 살펴본다. 특별히 대규모 스크럼 프로젝트에서의 대규모 제품 책임자, 대규모 제품 백로그, 팀 간의 의존도 관리, 팀 간에 업무 조정, 스프린트 계획 회의 조정(확대) 그리고 실행 공동체 역할에 대해 살펴본다.

대규모 제품 책임자

제품 책임자 역할은 스크럼 프로젝트에서 가장 어려운 것 중 하나이다. 모든 프로젝트에서 제품 책임자의 역할은 외부 응대와 내부 문제 해결이라는 두 영역으로 나뉘는 역할을 담당한다. 내부적으로 직면한 일은 제품 백로그 관리, 팀 질문에 답하기부터 단순하게는 스프린트 동안 팀에 참여하기 위해 계획 회의, 스프린트 리뷰, 스프린트 회고와 일일 스크럼에 참여하는 것이다.

제품 책임자가 외부적으로 직면하는 일은 요구사항에 대해 사용자와 이야기하기, 사용자 설문을 만들고 설문 결과 분석, 고객 근무지 방문, 산업 무역 박람회 참관, 이해당사자 기대치 조정, 제품 백로그 우선순위 결정, 제품 가격 결정, 중장기 제품 전략 개발, 산업 및 시장 동향 보고, 경쟁력 분석 등이다. 개발 팀이 하나인 프로젝트에서는 많기는 하지만 수행 가능한 정도의 작업량이다. 하지만 여러 팀과 일하는 큰 프로젝트에서는 한 사람이 감당하기에는 제품 책임자의 역할이 너무 많기 때문에 일의 양을 조정할 수 있는 방법을 찾아야 한다.

여러 개 팀이 포함되어 프로젝트가 커지는 경우 이상적으로는 각 팀마다 새로운 제품 책임자가 선정된다. 만약 팀과 제품 책임자를 일대일로 배정하는 게 불가능하다면 제품 책임자마다 두 팀 이상을 책임지도록 해라. 이렇게 하는 것이 일반적으로 제품 책임자 한 명이 효율적으로 일할 수 있는 최선의 방법이다.

프로젝트의 전체적인 크기가 커진다는 관점에서 보면 협력적인 제품 책임자 계층구조를 도입하는 것이 타당하다. 그림 17.1은 각 팀과 일하는 제품 책임자, 팀군$^{cluster\ of\ teams}$과 일하는 두 명의 제품 라인 책임자, 수석 제품 책임자의 계층을 보여준다. 물론 계층구조는 프로젝트의 규모에 따라서 늘리거나 줄일 수 있다.

책임을 공유하고, 기능을 나눈다

수석 제품 책임자는 전체 제품이나 제품군의 전반적인 비전을 책임진다. 전체 팀 미팅, 이메일, 팀 간담회 등 가능한 모든 방법으로 팀 전체에 비전을 전달한다. 하지만 수석 제품 책임자가 실제로 제품을 만드는 5~9명으로 구성된 팀의 실질적인 제품 책임자로서 실무 책임을 맡기에는 너무 바쁘다.

이런 상황에서는 외부의 요구사항에 대한 역할이 너무 크다. 좋은 수석 제품

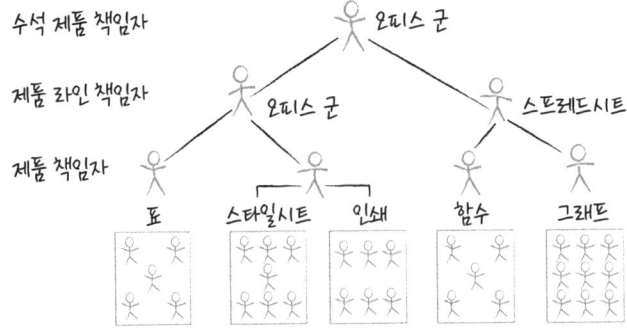

그림 17.1
제품 책임자의 역할은 제품 라인 책임자와 수석 제품 책임자를 포함하여 범위를 확대할 수 있다.

책임자는 팀에 잘 참여한다. 때로는 일일 스크럼에 참석하고 사무실에 있을 때는 팀 자리를 살펴보면서 지원과 피드백을 제공한다. 하지만 수석 제품 책임자는 전반적인 프로젝트 비전에 맞게 제품 세부사항이 정의되도록 하기 위해서 제품 라인 책임자와 제품 책임자에게 의존해야 한다.

   예를 들어 워드프로세서, 스프레드시트, 프레젠테이션 소프트웨어, 개인 데이터베이스가 포함된 오피스 생산성 제품군을 개발하기로 결정했다고 해보자. 마이크로소프트 오피스, 구글 앱스, 다른 제품과 경쟁하는 것이 겁나겠지만 수석 제품 책임자는 두려움을 모른다. 수석 제품 책임자는 전략적인 문제, 경쟁력 등에 대해서만 관심을 갖기 때문에, 제품 라인 책임자들이 제품군 안에 있는 워드프로세서, 스프레드시트, 프레젠테이션 프로그램과 데이터베이스 등 각 제품의 담당으로 선정된다. 결국에는 제품 라인 책임자가 제품 기능 영역을 담당하는 제품 책임자가 된다. 예를 들어 워드프로세서 제품 라인 책임자는 테이블을 책임지는 제품 책임자, 스타일시트와 인쇄를 책임지는 제품 책임자, 맞춤법 검사를 책임지는 제품 책임자 등과 함께 일한다.

   이전에 언급했듯이 수석 제품 책임자가 한 팀의 제품 책임자가 되기에는 너무 바쁘지만 제품 일부에 대한 제품 라인 책임자로 활동하는 것은 가능하다. 앞의 예를 계속 살펴보면, 수석 제품 책임자는 이전부터 워드프로세서의 제품 라인 책임자로 일해왔기 때문에 워드프로세서의 제품 라인 책임자이기도 하다. 이와 유사하게 제품 라인 책임자도 실제로 좀 더 참여하길 원해서 제품 책임자 중 한 사람으로서 일할 수 있다. 스프레드시트 제품 라인 책임자는 스프레드시트에 차트 기능을 구현하는 팀의 제품 책임자로도 활동한다.

기능이 여러 라인으로 나누어져도 모든 제품 책임자들이 모든 제품에 대한 책임을 공유한다고 생각하는 것은 중요하다. 또 함께 일하는 팀 안에서 책임을 공유한다는 생각도 점점 스며들어야 한다.

> **노트**
>
> 수석 제품 책임자와 제품 라인 책임자라는 이름은 내가 선호하는 표현이지만 단지 대표자를 나타낼 뿐이다. 원한다면 다른 이름을 사용해도 된다. 이외에도 프로그램 책임자, 슈퍼 제품 책임자, 지역 책임자, 기능 책임자가 사용되는 것을 보았다.
>
> 현존하는 많은 스크럼 보고서와 일관성을 유지하기 위해서 하나 혹은 두 개 팀과 직접 일하고 팀 작업에 우선순위를 정하고 제품 책임자 역할과 관련된 다른 모든 일을 하는 사람을 '제품 책임자'로 부르는 것을 선호한다. 여러 계층구조가 있는 조직에서는 제품 책임자를 '업무 분석가'라고 부르기도 한다.

대규모 제품 백로그

대부분의 큰 프로젝트 팀은 대규모 제품 백로그를 지원하는 상용 애자일 툴을 도입하여 사용한다. 조직이 제품 백로그를 가지고 어떤 식으로 일하느냐는 제품 백로그 툴 선정과 직접적으로 관련 있는 내용이기 때문에 어떻게 대규모 제품 백로그 하나를 가지고 일하느냐에 관한 내 견해는 자세히 다루지 않겠다. 다만 어떤 백로그 관리 툴을 선택하느냐와 관계없이 유효한 가이드라인이 두 개 있다.

- 제품이 하나라면 제품 백로그도 하나여야 한다.
- 제품 백로그는 적절한 크기를 유지해야 한다.

위 주제에 대해서는 다음 절에서 언급하겠다.

제품 한 개에 제품 백로그 한 개

제품 백로그를 '프로젝트 백로그' '팀 백로그' 또는 비슷하지만 부족한듯한 다른 용어로 부르지 않는 이유가 있다. 제품당 한 개이기 때문에 제품 백로그라 부른다. 만약 팀이 한 개 이상의 제품 백로그를 가지고 일한다면 여러 개의 백로그는 상호 간에 우선순위를 매겨야 한다. 제품 백로그 간 우선순위를 매기고 팀에게 각 제품 백로그 상위 5개를 뽑으라고 하는 것은 충분하지 않다. 하나의 제품 백로그 상에 있는 상위 아이템들은 다른 제품 백로그에 있는 최하위 아이템보다 우선순위가 낮다.

스크럼 적용에 성공한 플로리다 서부의 얼티메이트 소프트웨어 예를 들어보면, 얼티메이트 소프트웨어는 인사관리를 위한 서비스형 소프트웨어^{SaaS}를 개발한다. 여기에는 인사관리와 지급관리를 위한 기능이 포함된다. 이 기능들이 분명하게 뒤엉켜 있음에도 불구하고 (현재 관리중인 인력에게 보수를 지급해야 한다) 근본적인 소프트웨어는 모듈식이다. 최종적으로는 제품의 인사 부분 개선을 담당 하는 팀과 지급 부분 개선을 담당하는 팀이 있다. 하지만 팀들이 시스템의 각기 다른 부분을 담당하고 있음에도 궁극적으로는 전체 제품을 위한 하나의 제품 백로그를 유지해야 한다.

하나의 제품 백로그를 갖는 것은 수석 제품 책임자가 우선순위가 높은 인사 기능과 우선순위가 높은 지급 기능의 관계를 최종 확인한다는 것이다. 제품 백로그 상단에 모든 항목들이 인사 기능이라고 가정해보자. 이는 제품 책임자가 지급을 담당하는 팀에게 인사 기능을 개발(도메인과 코드가 유사하지 않기 때문에 처음에는 생산적이지 못할 것이다)하도록 했거나 우선순위가 낮은 지급 기능 개발을 계속 진행하도록 했다는 지표가 될 수 있다.

하지만 여러 팀과 여러 제품 책임자가 제품 백로그 하나를 가지고 일한다면 분배 문제가 생길 수 있다. 모든 기능이 다른 모든 기능과 관련된 우선순위가 있다고 해도, 수많은 제품 책임자, 제품 라인 책임자, 수석 제품 책임자가 제품 백로그 하나를 가지고 뒤엉켜서 프로젝트를 진행하는 것은 매우 어려울 수 있다.

모든 제품 책임자가 자기 자신의 제품 백로그를 사용하도록 허용하는 것보다 더 나은 방법은 각각의 제품 책임자를 위한 뷰^{view}를 제공하는 하나의 제품 백로그를 사용하는 것이다. 이 방법은 그림 17.2에 있다.

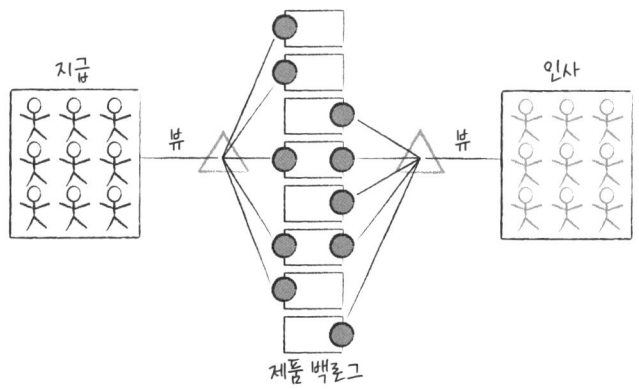

그림 17.2
제품당 하나의 제품 백로그가 있지만 다양한 뷰를 가질 수 있다.

그림 17.2에서 보듯이 2개 팀이 공통의 제품 백로그를 공유한다. 시스템의 인적 자원 기능을 개발하는 우측에 있는 팀은 제품 백로그를 볼 때 팀이 작업중에 있는 항목이나 출시할 항목만을 보게 된다. 좌측의 지급 팀도 제품 백로그에 대해 팀이 관심 있는 항목만 바라보는 유사한 뷰를 가진다. 몇몇 제품 백로그 항목들은 양쪽 뷰 모두에 해당된다는 데 주의하라. 해당 기능을 완전히 구현하기 위해서는 한 팀 혹은 양 팀 모두가 개발에 참여해야 한다는 것을 나타낸다. 오피스 제품군의 워드 프로세서와 스프레드시트 팀이 보고 있는 제품 백로그 뷰의 경우를 예로 들어보자. 두 팀 모두 맞춤법 검사를 개선하는 공유된 제품 백로그 항목에 흥미가 있을 것이다.

제품 백로그를 적절한 크기로 유지하라

제품 백로그를 한 개 사용하는 것과 제품 백로그 관리가 불가능해지지 않도록 하는 것 사이에 균형을 유지해야 한다. 사실 내 경험에 따르면, 프로젝트에 참여한 구성원 누구나가 100~150개 이상의 항목에 대해 잘 알기를 기대하면 이 균형은 빠르게 무너진다. 100~150개가 적절한 상한선인데 그 이유는 두 가지다. 첫째, 수백여 개 스크럼 팀을 관찰하고 일하면서 "제품 백로그가 너무 큰 것 같다"라는 불평을 들었을 때 제품 백로그를 보면 거의 항상 제품 백로그 상에는 100개 이상의 항목이 있었다. 100~150개 이하로 제품 백로그를 유지하라는 두 번째 이유는 2000년에 갔던 릴리스 파티와 관련이 있다.

나는 조직의 개발 부사장으로서 특별히 컸던 프로젝트를 팀이 일정대로 완료해서 기뻤다. 팀과 프로젝트의 성공을 축하하기 위해서 파티를 열기로 결정했다. 파티는 호텔 연회룸에서 열렸고 160명의 팀원과 가족이 참석했다. 아내와 함께 파티장을 거닐면서 함께 일하던 팀원들과 팀원 손님에게 아내를 소개했다. 그러던 중 한 쌍의 커플을 보았는데 누구와 함께 일을 했는지 기억이 나지 않았다. 분명히 내가 아니라도 나에게 보고하는 누군가는 알고 있었겠지만, 커플 중 누가 팀원인지, 남자인지 여자인지 도저히 기억나지 않았다. 내 머리가 제대로 동작하지 않았음을 파티 이후에 알게 된 던바 넘버 Dunbar Number로 인해 깨달을 수 있었다.

영국의 인류학자인 로빈 던바 Robin Dunbar는 인간의 뇌가 저장할 수 있어서 일반적인 사회 관계를 지속할 수 있는 사람 수는 약 150명이라고 이야기했다. 대략 150명까지만 이 사람이 누구이고 다른 사람과 어떤 관계를 가지는지 기억할 수 있다(앞서 그 사람은 테스트 그룹에 있는 조아 킴이었다). 150명을 넘어서게 되면 혼란에 빠지게 된다. 이 숫자로 왜 내가 파티에 있던 모든 사람을 기억할 수 없었는지 이해할 수 있었다. 그러면 제품 백로그의 경우는 어떠할까? 아마 과학적인 수준과 별 차이가 없을 것이다. 인간의 뇌가 단지 150명의 사람들과의 관계를 기억하게 되어 있다면, 우리 중 대부분이 100~150개 정도의 제품 백로그 항목 간 관계는 뇌에 곧바로 저장할 수 있을 거라는 생각에 동의하지 않을 이유는 없을 것이다. 제품 백로그에 100개 이상의 항목을 가진 팀들이 그것에 대해 불평했던 것과 그보다 적은 제품 백로그를 가진 팀들이 그렇지 않았다는 일화적인 증거와 결합해보면 100~150개 정도가 적절한 상한선이다.

100~150개 정도가 제품 백로그 항목으로는 얼마 안 되는 숫자로 보이지만 제품 백로그 항목을 관리 가능하게 유지하는 두 가지 방법이 있다는 것에 유념하자.

- **에픽과 테마를 사용하라** _ 제품 백로그 상에 큰 스토리(에픽)들을 기록하고 작은 스토리들을 테마로 그룹화함으로써 가이드라인에 맞게 큰 프로젝트의 제품 백로그 항목을 약 150개 정도로 맞출 수 있다.

- **제품 백로그에 뷰를 제공하라** _ 제품 백로그에 150개 이상의 항목이 있을 수 없다라고 말하지 않았다는 사실을 명심하라. 단지 아무도 150개가 넘는 항목을 알 필요가 없다라고 이야기했을 뿐이다. 이는 전에 그림 17.2에서 봤듯이 제품 백

함께 보기
에픽과 제품 백로그의 점진적인 정제는 13장 「제품 백로그」에서 이야기한다.

로그에 여러 개의 뷰를 제공함으로써 얻을 수 있다. 여러분이 마이크로소프트 오피스와 구글 앱스와 경쟁하는 제품을 만들고 있다고 다시 상상해보자. 만약 그 제품의 수석 제품 책임자가 제품 백로그 상에 500개가 넘는 항목들을 한꺼번에 본다면 아마 그 양에 어쩔 줄 몰라 할 것이다. 각 사용자 스토리들을 팀이 볼 수 있으면서 테마에 포함된 각각의 사용자 백로그 항목을 펼쳐 볼 수 있다면 수석 제품 책임자에게 더 유용할 것이다.

이 방법은 그림 17.3에 있는 부분적인 제품 백로그에서 확인할 수 있다. 수석 제품 책임자는 관련된 사용자 스토리가 그룹화된 테마를 볼 수 있다. 그리고 각 팀과 제품 책임자는 제품에 새로운 기능을 추가할 때 필요한 (상세 수준으로 쓰여진) 사용자 스토리를 볼 수 있다.

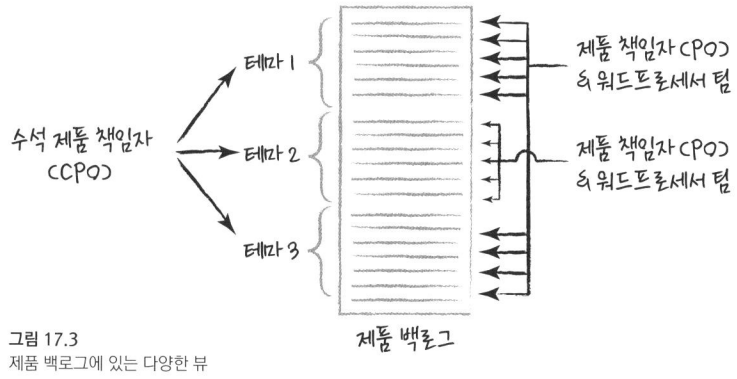

그림 17.3
제품 백로그에 있는 다양한 뷰

지금 시도해볼 것들

- 프로젝트에 다수의 제품 백로그가 존재한다면 제품 책임자에게 제품 백로그를 하나로 통합할 것을 건의하라.
- 제품 백로그에 100~150개 이상의 항목이 있다면 항목들을 테마로 그룹화하라. 테마에 사용자 스토리나 스크립트 라벨을 적어라. 그래야 그 서술 모음을 하나의 아이템으로 생각할 수 있다.

사전에 의존성을 관리하라

톰의 프로젝트는 대부분 잘 진행됐다. 팀은 반복적이고 점진적인 스크럼 특성에 익숙해졌고 자동화된 테스트, 테스트 주도 개발, 짝 프로그래밍을 잘 수용하여 시작하고 있다. 톰은 명령하고 통제하는 PM으로서의 이전 생활과는 다른 스크럼 마스터로서의 새로운 역할을 받아들였다. 매번 스프린트가 끝난 후에 톰의 두 팀은 온라인 지급과 자금이체 프로그램의 새로운 기능을 시연했다. 이해당사자들은 진행 속도에 만족하고 있었다. 그런데 가끔씩 톰의 팀은 약속한 부분 중 일부만 완료했다. 팀은 회고를 통해 그런 일이 발생한 근본 원인에 대해 생각했다. 팀원 중 한 명인 캠벨이 그 상황을 요약하여 나에게 이메일을 보내주었다.

> 스프린트에 차질이 생긴 거의 모든 경우의 원인은 두 팀 사이의 의존성 때문이었습니다. 스프린트 계획에서 의존성에 대해 생각하지 못했거나 의존성에 대해 생각은 했지만 관련된 노력에 대해 잘못 판단하였습니다.

톰과 캠벨의 프로젝트처럼 여러 팀이 작업하는 프로젝트에서는 팀 간에 잠재적인 의존성이 존재한다. 좋은 팀 구조는 장기적으로는 의존성을 줄일 수 있지만 의존성을 완전히 제거하지는 못한다. 이와 유사하게 지속적인 통합은 의존성에 의해 발생된 문제를 찾는 데 도움이 된다. 다행스럽게도 스크럼 팀이 의존성을 더 잘 관리하는데 이용할 수 있는 추가적인 기술이 있다. 규칙적인 사전 계획, 릴리스 킥오프 미팅, 팀원 공유, 통합 전담 팀이 바로 그것이다.

규칙적인 사전 계획

팀은 자주 다른 팀의 도움이 약간 필요하다는 것으로 스프린트 계획을 끝내게 되는데 정작 그 다른 팀은 도움을 줄 수 없는 경우가 생긴다. 규칙적인 사전 계획을 통해 매 스프린트마다 다음 두세 번 스프린트 동안에 어떤 작업을 할지 몇 분 간 생각하는 것으로 앞에서 말한 문제를 줄일 수 있다. 보통 사전 계획을 세우기 가장 좋은 시간은 이미 팀과 제품 책임자가 계획에 관한 생각을 함께 하는 스프린트 계획 회의의 끝무렵이다.

팀, 스프린트 기간, 몇 가지 다른 요인을 고려한다면 한 개 스프린트를 계획하는데 짧게는 한 시간에서 길게는 하루 종일이 걸린다. 같은 회의에서 추가로 두세 개 스프린트를 계획하는 것은 불가능할뿐더러 지루하고 따분한 일이다. 다행스럽게도 평균 과거 속도를 사용하면 태스크나 시간을 고려하지 않고 다음 두 번의 스프린트를 계획할 수 있다. 팀이 과거 평균 속도를 알고 있고 제품 책임지기 제품 백로그를 우선순위화 했다는 가정하에 두 개 스프린트를 계획하는 데 약 10분 정도가 걸린다.

그래서 규칙적인 사전 계획을 하는 팀은 다음 스프린트에 대한 상세한 계획(각각 몇 시간에 걸쳐 선정된 제품 백로그 항목과 태스크)과 다가오는 두 개 스프린트를 위해 시험 삼아 선정한 제품 백로그 항목을 정하고 나서 회의를 마치게 된다. 표 17.1에서 세 번째 스프린트에 대한 규칙적인 사전 계획이 어떤 모습인지 예를 볼 수 있다. 스프린트가 끝난 팀은 네 번째 스프린트에 대한 제품 백로그 항목과 태스크를 도출하고 앞으로 진행할 다섯 번째와 여섯 번째 스프린트에 대해 살펴본다. 다음 스프린트를 위해 선정된 제품 백로그 항목들은 해당 스프린트를 시작할 때 바뀌기 때문에 주의해야 한다. 그러므로 규칙적인 사전 계획은 고정된 계획이 아니라 다음에 어떤 것을 시작해야 하는지 고려하는 기회로 봐야 한다. 제품 책임자는 여전히 현재까지 정보를 기반으로 의견을 바꿀 수 있다.

팀에게 가장 최근에 새로 발견한 의존성에 대해 반응할 수 있는 충분한 시간을 주기 위해서 두 번 앞까지의 스프린트를 미리 생각할 것을 추천한다. 이유를 알기 위해 팀이 단지 한 개 스프린트만 미리 고려했을 경우 어떤 일이 생기는지 알아보자. 다음 스프린트를 시작할 때 다른 팀이 만든 어떤 것이 필요하면, 할 수 있는 방법은 다가오는 스프린트에 그 일을 해달라고 그 팀에 요청하는 것뿐이다. 만약 여러분이 요청한 그 시간에 그 팀이 다음 스프린트를 계획하고 있었다면, 이미 해당 스프린트 계획이 꽉 차 있을 수 있다. 하지만 두 번의 스프린트를 미리 생각하면 그 팀에 더 빨리 확인할 수 있다. 그 팀은 다음 스프린트에 필요한 일을 계획하고 수행하고, 그 다음 스프린트 시작 때는 요청을 처리할 준비를 할 수 있다. 하드웨어나 임베디드 개발에 참여하는 팀은 더 규칙적인 사전 계획을 좀 더 먼 미래까지 진행하기도 한다.

스프린트 3

사이트 방문자로서, 홈페이지에 있는 최신 뉴스를 읽고 스크럼과 애자일 월드에 대한 최신 동향을 알고 싶다.

미들 티어 개발하기	12시간
새로운 사용자 인터페이스 개발하기	4시간
설계와 테스트 자동화하기	12시간
새로운 UI 설계와 다른 사용자로 실행해보기	8시간

사이트 편집자로서, 홈페이지에 새로운 기사를 올려서 사용자들이 최신 동향을 파악할 수 있게 한다.

데이터베이스 변경 부분을 찾아서 변경하기	12시간
루비 온 레일스 코드 개발하기	4시간
설계와 테스트 자동화하기	8시간

사이트 방문자로서, 홈페이지에는 없지만 다시 읽고 싶거나 처음 간행되었을 때 놓쳐서 보지 못한 오래된 뉴스를 찾을 수 있다.

기능 설정과 사용을 위한 코드 추가하기	6시간
설계와 테스트 자동화하기	8시간

스프린트 4

사이트 편집자로서, 모든 뉴스 기사에 대해 게시 시작일자와 게시 종료일자를 입력할 수 있어 해당 기간 내에만 뉴스를 볼 수 있다.

사이트 방문자로서, 사이트의 웹마스터에게 주어진 양식을 통해 이메일을 보낼 수 있다.

사이트 방문자로서, 사이트의 편집자에게 주어진 양식을 통해 이메일을 보낼 수 있다.

스프린트 5

사이트 방문자로서, 일주일에 한 번씩 첫 화면에서 새로운 기사를 읽고 싶다.

사이트 방문자로서, 본문, 제목, 글쓴이 이름으로 전체 문서를 검색할 수 있다.

표 17.1
규칙적인 사전 계획은 현재 스프린트에 대해서는 상세 내용을 포함하고 있지만 다음 두 번의 스프린트에 대해서는 상위 수준의 항목을 담고 있다.

반대 의견

"한 개 스프린트를 계획할 시간도 부족한데, 세 개 스프린트를 동시에 계획하는 것은 절대 원하지 않습니다. 그리고 두 개의 스프린트를 미리 생각하면, 스프린트 계획 회의는 같은 스프린트를 두 번 혹은 세 번 계획하는 것처럼 반복적으로 하게 될 겁니다"

규칙적인 사전 계획은 현재 스프린트를 계획하는 것처럼 사용자 스토리를 태스크로 쪼개거나 각각에 대해 시간을 추정하는 것이 아니라는 점을 명심하라. 팀은 단순히 과거 평균 속도를 사용하여 다음 두 번의 스프린트 동안 어떤 제품 백로그 항목을 개발할지 한번 예측해보는 것이다. 우선순위가 잘 짜인 제품 백로그가 있다면 보통 10분이면 쉽게 할 수 있다.

규칙적인 사전 계획을 하는 동안 팀은 다음 두 번의 스프린트에 특정 항목을 개발하겠다고 약속하는 것이 아니다. 오히려 다음에 어떤 일을 할지 예측하는 것이다. 그래서 어떤 의존성을 식별하거나 다가올 스프린트 전까지 준비해야 할 일을 찾아낼 수 있다.

릴리스 킥오프 미팅

사전에 의존성을 관리하는 또 하나의 방법은 모든 사람이 참석하는 릴리스 킥오프 미팅을 갖는 것이다. 대개 새로운 프로젝트나 릴리스 주기가 시작할 때 릴리스 킥오프 미팅을 갖는 것이 가장 좋다. 킥오프 미팅은 큰 프로젝트의 가장 큰 위험 중 하나인 다른 팀이나 개인이 잘못되거나 다른 방향으로 가는 것을 줄일 수 있다.

릴리스 킥오프 미팅 전에 각각의 피자 두 판짜리 팀과 해당 팀의 제품 책임자는 적절하게 예측할 수 있는 기간(일반적으로 3개월) 동안 출시할 것에 대한 개략적인 계획을 만든다. 이 계획은 릴리스 킥오프 미팅 때 프로젝트에 참여한 모든 사람에게 공유한다. (대개 각 팀의 제품 책임자가 돌아가 팀이 계획한 것에 대해 공유한다.)

세일즈포스닷컴은 매 3개월 혹은 4개월마다 서비스형 소프트웨어[SaaS] 플랫폼의 새로운 릴리스를 개발하고 릴리스 킥오프 미팅이 필수적이라고 생각했다. 에릭 바비넷[Eric Babinet]과 라자니 라마나탄[Rajani Ramanathan]은 다음과 같이 이야기했다. "릴리스 동안 무엇을 할지 아직 모르는 팀과 의존성을 찾고 약속을 협상하는 것은 어려운 일이다. 릴리스 킥오프 미팅은 팀 간에 중요한 동기화 포인트로서 팀 상호 간 의존성에 관하여 더 생산적인 토론을 하도록 돕는다." (2008, 403)

세일즈포스닷컴의 팀들은 표준 릴리스 킥오프 미팅이 끝난 뒤 같은 주 후반에 '릴리스 오픈 스페이스'라고 부르는 혁신적인 기법을 도입했다. 이 방법은 최근에 컨퍼런스에서 대중화된 오픈 스페이스 테크놀로지[OST1]를 이용한 것이었다. 각 팀은 오픈 스페이스에 적어도 한 사람을 보내야 했다. 이 비공식적인 회의는 릴리스와 관련된 흥미 있는 주제를 찾아 벽에 붙어 있는 커다란 종이에 적는 것으로 시작된다. 주제가 식별된 후에는 관심 있는 주제를 토론하기 위해 그룹을 만든다. 세일즈포스닷컴은 45분간 토론하고 나면 다시 모여 사람들과 함께 30분간 다시 토론한다. 이 주기는 벽에 흥미 있는 주제가 남아 있는 한 계속 반복된다.

팀원 공유

사전에 의존성을 관리하는 또 다른 방법은 팀 사이에 팀원을 공유하는 것이다. 이 방법은 의존성을 즉시 파악하기 힘들거나 의존성을 빨리 처리할 필요가 있는 경우 효율적이다. 많은 팀에서 여러 방향으로 의존성이 발생하는 경우에는 효율적이지 못하지만 기능 팀과 컴포넌트 팀 사이에 의존성이 존재하는 것 같은 경우에는 매우 좋은 전략이 된다.

이런 접근법을 사용하는 경우 공유된 팀원은 두 팀 간에 의존성을 알게 된다. 그림 17.4에서 보듯이 3개 기능 팀이 있고 그 중 두 팀은 컴포넌트 팀의 파트타임 팀원을 공유하고 기능 팀 중 두 팀도 팀원을 공유하고 있다.

함께 보기
물론 한 개 이상의 팀에서 인력을 공유하는 것도 문제는 있다. 이 문제점에 대해 10장 '한 프로젝트에 인력 투입하기'에서 이야기한다.

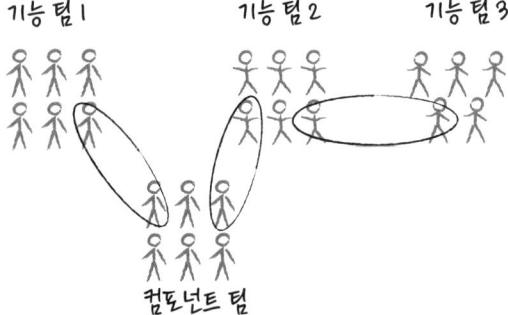

그림 17.4
팀 간에 몇 명의 인원을 공유하는 것은 팀 간 커뮤니케이션을 보장하는 좋은 방법이다.

---

1 오픈 스페이스는 회의, 컨퍼런스에 대한 자기 조직적인 접근으로 애자일 컨퍼런스의 필수요소가 되었다. 더 많은 것을 알고 싶으면 http://en.wikipedia.org/wiki/Open_Space_Technology를 참고하라.

통합 전담 팀 운용

파트타임 팀원을 공유하는 것이 올바른 방향이지만 그것만으로는 충분하지 않은 경우도 있다. 가끔은 통합 팀을 만드는 것이 필요하다. 열 개 이상의 팀으로 이루어진 프로젝트에서는 매우 일반적이다. 통합 팀은 개발 팀 간에 생길 수 있는 빈 틈을 막아준다. 대부분 빈틈은 팀 간 인터페이스에서 발생한다.(Sosa, Eppinger & Rowles 2007) 인터페이스 문제는 크게 다음 카테고리로 나눠진다.

- **식별되지 않은 인터페이스** _ 식별되지 않은 인터페이스는 존재하지만 아직까지 아무도 발견하지 못한 인터페이스이다.
- **주인 없는 인터페이스** _ 주인 없는 인터페이스가 존재하고 그런 인터페이스가 있다는 사실을 알고 있지만 아무도 그 일을 맡으려 하지 않는다.

통합 팀은 식별되지 않은 인터페이스를 찾으려고 애쓰면서 당장은 주인 없는 인터페이스에 초점을 맞춘다. 통합 팀은 주인이 없거나 식별 되지않은 인터페이스를 발견하면 첫째로 개발 팀 중 한 팀이 그 인터페이스에 대해 책임을 지도록 권장한다. 그렇게 하는 것이 불가능하거나 비현실적인 경우에는 통합 팀이 인터페이스에 대해 소유권을 가진다.

일반적으로 통합 팀원이 매일 아침에 해야 하는 첫 번째 일은 시스템이 성공적으로 빌드되었는지 확인하기 위하여 공식적으로 매일 밤마다 돌아가는 빌드 결과와 모든 테스트가 통과했는지 여부를 확인하는 것이다. 만약 모든 테스트를 통과하지 못했다면 통합 팀은 모든 테스트가 통과하는 데 필요한 모든 조치를 취한다. 대개 이런 경우에는 문제를 식별하고 문제의 원인을 찾고 연관된 팀을 찾아서 해당 팀과 함께 그 문제를 해결하는 작업을 수행한다.

큰 프로젝트에서는 통합 전담 팀을 구성한다. 사실 아주 큰 프로젝트에서는 전담 팀원은 물론 많은 통합 팀이 존재한다. 십여 개 팀이 하나로 이루어진 프로젝트에서는 통합 팀 소속이지만 여전히 원래 개발 팀 일을 주로 하는 가상의 통합 팀을 운영하기도 한다. 가상 통합 팀의 팀원은 매일 아침에 만나 전날 야간 빌드 상태와 이슈에 대해서 누가 해결할지 합의한다. 그리고 남은 시간에는 원래 개발 팀으로 돌아가 작업한다.

또 새로운 프로젝트 초기에는 몇 번의 스프린트 동안 통합 팀 전담 인력을 두는 것이 일반적이다. 통합 팀은 필요한 서버 설치, 위키나 지속적인 통합 서버 등 프로젝트에 널리 사용되는 소프트웨어 설정에 관한 일을 담당한다. 이런 시스템이 제자리를 찾으면 통합 팀의 팀원은 원래 개발팀으로 돌아가고 통합 팀은 파트타임으로만 활동한다.

예를 들어 십여 개의 기능 팀, 두 개의 컴포넌트 팀, 한 개의 통합 팀이 있는 샌프란시스코의 커다란 생물정보 회사를 고려해 보자. 밤마다 실행되는 빌드를 모니터링하고 거기서 발생한 이슈를 해결한 후 통합 팀은 통합이 잘 되는지 확인할 자동화된 테스트를 개발한다. 이런 테스트는 어떤 팀도 책임을 지지 않지만 제품이 출시되기 전에 누군가 책임져야 하는 테스트다. 이런 테스트는 가끔 식별되지 않은 인터페이스인 경우가 있어서 잠재적인 문제점을 찾는 데 많은 시간을 소비하기도 한다. 예를 들어 기능 팀과 컴포넌트 팀 사이에 열리는 모든 표준 회의에 통합 팀 대표가 한 명 참석한다. 통합팀 팀원은 하루에 일일 스크럼을 세 번 참석하는 날이 있을 수도 있다. 통합 팀은 주인이 없거나 식별되지 않는 인터페이스에 관해 듣기 위해 스프린트 계획, 리뷰, 회고에 참석한다.

통합 팀으로 활동하기 위해서는 분석 기술이 좋아야 하고, 다른 팀이 몇주 전에 입력한 내용을 연결하는 능력도 필요하기 때문에 통합 팀을 생산성이 없는 사람들을 위한 쓰레기 하치장으로 생각해서는 안 된다. 통합 팀에는 다양한 기술을 가진 고급 인력이 필요하다. 그렇기 때문에 새로운 직원이 들어왔을 때 의무적으로 통합 팀에서 수습 기간을 거치게 한다면 전체 시스템을 넓은 관점에서 바라볼 수 있게 된다. 또한 새로 온 직원이 프로젝트에 있는 모든 사람과 만나고 나중에 그들과 일하는 데 필요한 중요한 연결점을 만들어 주는 매우 체계적인 방법이기도 하다. 다만 통합 팀이 주로 새로 온 직원들로 구성되는 팀은 아니라는 사실만 확실히 하라.

반대 의견

"프로젝트가 정말 애자일하다면, 통합 팀이 필요없을 거 같네요. 팀이 정말 매 스프린트마다 잠재적으로 출시 가능한 제품을 만든다면 통합 팀을 둘 필요가 없다고 봅니다. 통합 팀 사용

은 사실은 애자일하지 않다는 신호가 아닐까요."

보통 이런 말을 들으면 정말 대형 프로젝트에서 일해본 적이 없는 사람이 한 말이라는 생각이 든다. 보잉 777 항공기 소프트웨어 개발을 포함하여 수많은 대형 프로젝트에서 일해온 독립 컨설턴트 린다 라이징은 "통합 팀이 없는 대형 프로젝트에서는 일해 본 적이 없다"고 말하며 다음과 같이 덧붙였다.

> 대형 프로젝트에서 일해본 적이 없는 사람은 대형 프로젝트가 여러 개의 작은 프로젝트를 하나로 붙여서 진행하면 된다고 생각한다. 하지만 대규모 프로젝트에서 문제가 발생하는 부분은 바로 (작은 프로젝트 간에) 연결되는 부분을 간과하는 데서 생긴다. 특히 예측을 잘못했다면 시간이 지날수록 이 부분에서 더 많은 문제가 생기게 된다.

두 번째, 통합 팀 사용을 다른 팀의 무능함으로 보기보다는 오히려 크고 복잡한 프로젝트에의 지표로 봐야 한다. 다른 대안을 생각해보면, 각 팀이 팀 사이에 존재하는 주인 없는 인터페이스나 식별되지 않은 인터페이스를 모두 찾아내는 것이다. 이를 위해 각 팀이 해야 하는 추가적인 노력은 통합 팀이 하는 것보다 더 많다. 통합 팀이 발견했던 수많은 다양한 통합 이슈를 발견하기 위해서는 기능 팀과 컴포넌트 팀이 절대적으로 높은 표준을 준수해야 한다. 그러므로 통합 팀이 있다는 사실을 기민함이 부족하다는 증거로 볼 수 없다.

통합 팀을 사용하는 것이 내재적으로 잘못된 것은 아니지만 필요한 경우에 단 한 개 팀만을 사용해야 한다.

팀 간 작업 조정하기

대규모 스크럼은 큰 팀 하나가 아니라 여러 개 작은 팀으로 진행하기 때문에 모든 팀 간의 작업을 어떻게 조정할지에 대한 문제가 발생한다. 조안이라는 스크럼 마스터는 여러 개 팀으로 구성된 첫 프로젝트를 마친 후 그녀가 팀 간 작업을 조정하는 것의 중요성에 대해 무엇을 배웠는지 내게 이야기해줬다. 한 개 팀으로 이루어진 스크럼 파일럿을 성공적으로 마친 직후 조안은 다섯 개 팀이 함께 작업하며 개발하는 새로운 버전의 구급차 배치 프로그램의 스크럼 마스터라는 도전을 수락했다. 그녀는 각 팀들을 짧게 교육시킨 후 작업하도록 내버려두었다. 팀 간에 의존성이 더 중요해지기 전까지 처음 네 번의 스프린트는 기대했던 대로 잘 흘러갔다. 각 팀은 따로 일하는 것을 자연스러워했고, 통합점에 대해 충분한 주의는 기울이지 않은 채 가능한 빨리 목표를 달성하려고 노력했다. 조안은 이메일을 통해서 팀 간에 커뮤니케이션을 독려하는 일을 그다지 하지 않았다고 시인했다.

> 모든 팀원이 완료를 위해 필요한 사항을 잘 이해했습니다. 스프린트를 계획하는 동안 잊어 버린 게 있는 경우에도 팀은 스프린트 기간 동안 모든 것을 완료하고 이슈를 해결했죠. 하지만 아무도 팀 간에 쌓여만 가는 수천 개의 작은 이슈들은 발견하지 못하고 있었죠. 마치 두 명의 야구선수가 서로 볼을 잡을 거라 생각하고 둘 사이로 공이 떨어지는 것을 바라보는 것 같았습니다.

팀 간에 반감이나 경쟁심은 없었다. 단지 각 팀은 전체 목표를 무시하고 자신들의 목표만을 생각하는 것에 초점을 맞추고 있었다. 11장 「팀워크」에서 스크럼 팀은 모두가 한 팀이라 생각하고 책임을 공유해야 한다고 이야기했다. 팀이 여러 개 있는 프로젝트에서는 팀 전체가 제품 책임자와 스크럼 마스터가 있는 피자 두 판짜리 팀 한 개가 아니라 여러 개의 팀과 제품책임자 그리고 스크럼 마스터기 모두 함께 하는 것을 가리킨다.

이번 장에서는 조안이 팀 간에 조정 노력을 향상시키기 위해 했던 일에 대해 살펴볼 것이다. 특히 스크럼의 스크럼 미팅을 어떻게 수행하는지와 팀이 스프린트 시작일과 종료일을 왜 동기화해야 하는지에 대해 살펴볼 것이다.

스크럼의 스크럼 미팅

여러 팀간에 작업을 조정하는 보편적인 실천법은 스크럼의 스크럼 미팅이다. 이 미팅에서는 특히 팀 간에 겹치는 영역과 통합에 초점을 맞춰서 팀 작업을 토의하기 위해 팀들이 모인다.

7명이 한 팀으로, 총 7개의 팀으로 구성된 완벽히 균형이 맞는, 프로젝트를 상상해보자. 일곱 개 팀은 각자 독립적으로 일일 스크럼을 진행한다. 각 팀은 스크럼의 스크럼 미팅에 참석할 사람을 한 명 지정한다. 누구를 보낼 것인지는 전적으로 팀이 결정한다. 일반적으로 스크럼 마스터나 제품 책임자가 아니라 개발자, 테스터, 데이터베이스 관리자 또는 디자이너와 같이 팀에 기술적인 부분을 담당하는 사람이어야 한다. 스크럼의 스크럼 미팅에 참석하기로 한 결정은 영구적인 것이 아니다. 참석자는 보통 프로젝트 수행 기간 중에 변경될 수 있다. 팀은 프로젝트 중에 발생한 이슈를 가장 잘 대변할 수 있는 사람을 대표로 선정해야 한다. 만약 참석한 팀 수가 작다면 각 팀에 팀이 원하는 대표자 두 명을 보내달라고 해야 할 수도 있다(앞에서 언급한 기술적인 부분을 담당하는 사람과 스크럼 마스터). 이런 경우는 팀이 네 개 이하인 경우이고 가능하면 미팅에 참석하는 인원을 8명 이하로 유지한다. 대부분 스크럼의 스크럼 그룹에서는 이를 위한 스크럼 마스터를 따로 두지 않는다. 결국 회의에 참석한 사람들은 자기 조직적인 팀에 익숙한 사람들이다. 하지만 어떤 그룹에서는 스크럼 마스터나 스크럼 마스터와 비슷한 역할에 익숙한 지원자가 있을 수 있다. 스크럼 마스터를 둘 것인지는 그룹의 결정에 따른다.

스크럼의 스크럼 미팅은 재귀적으로 확장이 가능하다. 만약 많은 팀이 모인 팀으로 구성된 대규모 프로젝트가 있다면 바보같이 들리겠지만 스크럼의 스크럼 각 대표들이 스크럼의 스크럼의 스크럼 미팅에 참석할 수 있다. 그리고 대부분 조직들은 수준을 고려하지 않고 스크럼의 스크럼 미팅이라고 불리는 방식으로 쌓아 올린다.

예를 들어 그림 17.5에 보면 11개 개별 팀이 있다. 이 11개 팀은 3개 팀의 팀에 속하고 각각 스크럼 미팅을 진행한다. 하지만 3개 팀의 팀은 작업 결과를 하나의 제품으로 합쳐야 하기 때문에 스크럼의 스크럼 미팅에 한 명씩 참석하는 다른 수준의 미팅이 열린다.

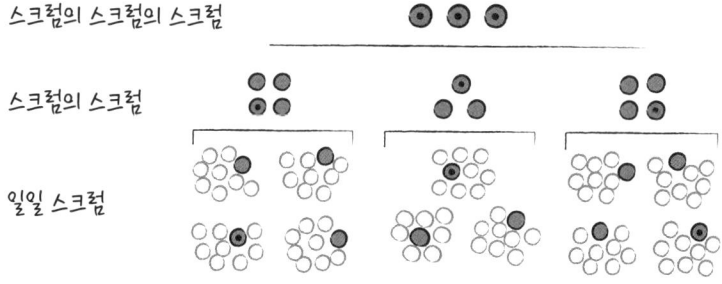

그림 17.5
스크럼의 스크럼 미팅은 팀 간의 작업 조정이 필요한 여러 계층에 재귀적으로 적용할 수 있다.

빈도

스크럼 미팅의 스크럼은 크게 3가지 점에서 일일 스크럼과 다르다.

· 매일 진행할 필요는 없다.
· 15분 내로 시간을 엄격하게 관리할 필요가 없다.
· 문제 해결을 위한 회의이다.

대부분 프로젝트에서 스크럼의 스크럼 미팅을 일주일에 2번 내지는 3번으로 충분하다. 화-목이나 월-수-금 일정으로 적절하다. 스크럼의 스크럼 미팅은 일일 스크럼이 아니라 문제를 해결하기 위한 미팅이기 때문에 종종 15분만에 끝나더라도 일정상에 30분 내지 60분 정도로 잡는 것이 좋다. 만약 스크럼의 스크럼 미팅에서 특정 이슈에 주목하게 되면 그 이슈를 설명할 수 있는 사람이 참석하고, 이야기하는 대로 이슈를 해결해 나가야 한다.

   얼마나 많은 사람들이 해결책을 기다리고 있을지 생각해봐라. 100명에 가까운 사람들이 스크럼의 스크럼 미팅으로부터 나온 답변을 기다리고 있다(그리고 더 많은 사람이 스크럼의 스크럼의 스크럼 미팅으로부터 답변을 기다리고 있다). 스크럼의 스크럼에서 가져온 이슈는 가능한한 빨리 해결해야 한다. 즉 이 미팅은 시간을 엄격하게 관리할 수 없기에 여기서 나온 이슈들은 다음날로 미뤄서는 안 된다.

   물론 이슈를 즉시 해결할 수 없는 경우도 있다. 이슈를 해결하기 위해서는 아마 다른 사람이 필요하거나 추가적인 정보가 필요할 수도 있다. 이슈를 즉시 해결할 수 없을 때는 그룹 이슈 백로그에 해당 이슈를 두고, 스크럼의 스크럼 그룹이 해결하지 못한 이슈 목록을 해결할 계획을 세우거나 다른 그룹이 해당 이슈를 해결했는지 확인하기 위해 사용한다. 종종 간단하고 저차원적인 기술 추적 방법이 이런 이슈 백로그에 적합하다. 대부분 팀이 팀 룸에 큰 종이를 걸어두거나 스프레드시트 혹은 위키를 사용한다.

함께 보기
어떤 이슈 유형은 실행 공동체에 의해 해결되기도 하는데, 이 방법을 이 장 뒤쪽에서 설명한다.

안건

스크럼의 스크럼 미팅은 이름은 유사하지만 일일 스크럼과는 다르다. 일일 스크럼은 동기화 미팅이다. 팀원들이 함께 모여 작업에 대해 이야기하고 그 동안 결과를 동기화한다. 하지만 스크럼의 스크럼은 문제 해결 미팅이어서 빠르게 참여하고 흩어지는 일일 스크럼과는 다르다. 스크럼의 스크럼을 위한 안건은 표 17.2에서 볼 수 있다. 표에서 볼 수 있듯이 스크럼의 스크럼은 일일 스크럼과 같이 각 참석자들의 세 가지 질문에 대한 대답으로 시작한다.

1. 지난 모임 이후로 팀이 완료한 것 중 다른 팀에 영향을 줄 수 있는 것이 무엇인지?
2. 다음 모임 이전에 다른 팀에게 영향을 줄 수 있는 것에는 어떤 것이 있는지?
3. 우리 팀이 다른 팀으로부터 도움을 받아야 하는 문제는 무엇인지?

시간	안건(Agenda Item)
15분으로 엄격하게 시간을 관리	각 참석자[2]는 세 가지 질문에 대답한다. · 지난 모임 이후로 팀이 완료한 것 중 다른 팀에 영향을 줄 수 있는 것이 무엇인지? · 다음 모임 이전에 다른 팀에게 영향을 줄 수 있는 것에는 어떤 것이 있는지? · 우리 팀이 다른 팀으로부터 도움을 받아야 하는 문제는 무엇인지?
필요한 만큼	문제를 해결하고 이슈 백로그 상에 있는 항목에 대해 토론한다.

표17.2
스크럼의 스크럼 미팅을 위한 안건에는 세 가지 질문 다음에 이슈 백로그 토론이 이어진다.

토론에서 언급된 주제는 이슈 백로그에 추가한다. 이런 종류의 미팅은 빠른 속도로 비교적 짧게 진행된다. 일일 스크럼을 하듯이 15분간 엄격하게 시간을 관리해야 한다. 15분 내 완료하기 위한 기법으로 개인 이름을 생략하는 가이드라인을 적용한다. 이렇게 하는 데는 두 가지 이유가 있다. 하나는 회의에 참석하는 동안 이름을 언급하지 않음으로써 적절한 수준으로 상세화된 토론을 지속할 수 있다. 각 팀에 속한 개인이 아니라 각 팀의 얘기를 듣기 원한다. 둘째, 미팅 중 얼마나 오랫동안 이야기하느냐는 곧 사안의 중요성을 의미한다고 많은 사람들이 생각하기 때문이다. 이 가이드라인을 따르면 미팅은 활기차게 진행될 것이다. 모든 사람이 세 가지 질문에 대답하고 미팅 참석자들은 초반 토론에 언급되었거나 이미 이슈 백로그 상에 있는 이슈, 문제, 과제에 대해 이야기한다.

스크럼의 스크럼 그룹은 형식적인 스프린트 계획이나 스프린트 회고를 하지 않는다. 이 미팅의 참석자들은 팀원 누구보다도 더 개인적인 공헌을 많이 하는 사

---

[2] 옮긴이 미팅이 진행되는 동안 개인적인 이름은 거명하지 않는다.

람들이다. 더 상위 수준의 스크럼의 스크럼은 프로젝트 기간 동안 구성원이 변경되는 일시적인 그룹인 경우도 있다. 스프린트 계획과 앞으로 프로젝트에서 진행할 사항들은 당연히 각 팀 수준에서 정해져야 한다.

스프린트 동기화하기

나의 첫 번째 스크럼 프로젝트는 한 개 팀으로 시작했다. 하지만 곧 세 개 팀으로 커졌고 팀 사이에 일반적인 의존성이 생겼다. 나는 곧 이런 의존성을 관리하는 좋은 방법이 떠올랐다. 스프린트 시작일을 그림 17.6에서 보듯이 일주일 정도 시차를 둔 것이다. 팀이 스프린트를 시작할 때 다른 팀 중 하나가 최근에 약속한 스토리와 다른 팀이 완료할 것 같은 스토리가 무엇인지 알 수 있을 거라 생각했다.

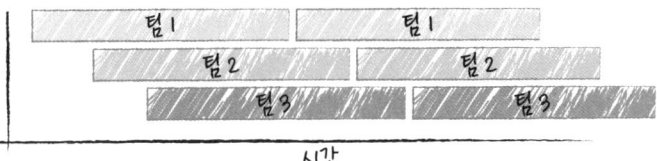

그림 17.6
스프린트가 겹치면 문제가 된다.

음, 내 계획은 잠시 동안 잘 진행됐다. 하지만 전반적으로 스프린트 시작일에 시차를 두는 것은 끔찍한 아이디어였다. 스프린트가 겹침으로 인해 생긴 가장 큰 문제는 모든 팀에게 완료라는 시점이 없어진 것이다(프로젝트 종료를 제외하고). 한 개 이상의 팀이 항상 스프린트 중이었다. 어떤 팀은 새로운 스프린트를 계획하고 다른 팀은 일주일 전에 계획을 세운 상태이고 또 다른 팀은 다음 주에 계획을 세울 예정이었다. 이런 상황은 고객으로부터 피드백을 받거나 배포를 위해 운영 그룹에 전체 시스템을 넘겨주는 것을 어렵게 만들었다.

모든 스프린트가 정확히 같은 날짜에 끝나야 하는 것은 아니다. 큰 프로젝트에서는 2~3일 내에 스프린트들이 끝나는 것도 괜찮다. 사실 이렇게 함으로써 얻는 이점도 있다. 스프린트가 2~3일 걸쳐 끝나면 여러 팀에 속한 사람이 필요한 회고나 계획 회의에 참석하는 것을 쉽게 해준다. 그리고 여러 팀에 속한 원격지 팀원이 각각의 팀 미팅에 전적으로 참여한다면 이동 시간과 비용이 타당한지 판단하기가 더 쉬워질 것이다.

모든 팀이 하루나 이틀 차이로 스프린트를 시작하고 끝내는 동기화된 스프린트에 중요한 이점이 있지만 그렇다고 모든 팀의 스프린트 기간이 같아야 한다는 것을 의미하지 않는다. 그림 17.7에서 보듯이 여러 팀으로 이루어진 프로젝트도 스프린트 기간이 다를 수 있다. 내포된 스프린트 nested sprints가 가장 흔한 경우는 프로젝트에 다양한 팀이 있어서, 어떤 팀은 2주 스프린트를 원하고 또 다른 팀은 4주 스프린트를 원해서 공통의 스프린트 기간을 가져갈 수 없는 경우이다.

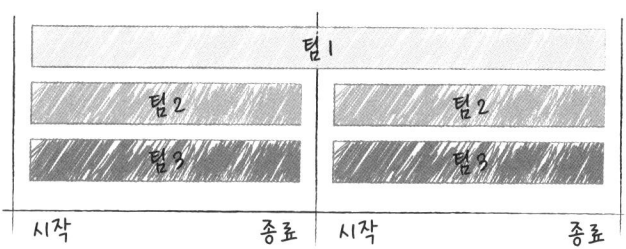

그림 17.7
스프린트 동기화를 위해 모든 스프린트 기간이 같아야 하는 것은 아니다.

> **지금 시도해볼 것들**
>
> - 같은 프로젝트에 작업하는 팀 간에 스프린트를 동기화하라. 2번의 스프린트 동안 시도해 보고 함께 모여 회고를 하고 어떤 식으로 도움이 됐는지 토론하라. 표면상으로 나타난 문제점에 대해 해결책을 찾아라.
> - 아직 생산적인 스크럼의 스크럼 미팅을 하고 있지 않다면 책에 나와 있는 대로 시도해봐라. 이 미팅을 어떻게 진행할지 고민하던 많은 팀들이 이 방법으로 성공했다.

대규모 스프린트 계획 회의

스크럼 팀이 진행하는 대부분의 일반적인 미팅은 전체 프로젝트 크기가 커지면서 여러 팀이 참가한다 해도 그에 따른 영향을 처음부터 받는 것은 아니다. 팀은 마치 프로젝트에 한 팀만 있는 것처럼 일일 스크럼, 스프린트 리뷰, 스프린트 회고를 진행한다. 물론 여러 팀이 같이 작업을 살펴보는 게 타당하다고 느끼면 때때로 모여서 리뷰를 진행한다. 그리고 팀 간 이슈에 주목하고 그런 이슈를 합치기 위해 함께 회고를 진행하기도 한다. 하지만 스크럼 프로젝트에 여러 팀이 참여하며 커질 때 가장 영향력이 있는 것은 스프린트 계획이다.

> **함께 보기**
> 분산 팀과 회의에 대한 특별한 조언은 18장 「분산 팀」을 참고하라

여러 팀이 같은 프로젝트에서 작업하는 경우 스프린트 계획 회의에서 아래와 같은 많은 문제들이 생겨난다.

- 여러 개 스프린트 계획 회의에 참가해야 하는 사람들이 생긴다. 모든 스프린트가 같은 날짜에 시작하면 동시에 두 장소에 있어야 한다.
- 한 팀이 계획을 세우던 중에 다른 팀이 처리해줘야 완료할 수 있는 작업이 있다는 사실을 알았다. 하지만 다른 팀이 이미 계획 수립이 끝났다면 그 팀은 해당 작업을 진행하기로 계획을 잡지 못한다.
- 여러 팀이 같은 제품 백로그에서 항목을 가져온다면 해당 항목은 스프린트 계획 회의가 시작되기 전에 미리 할당돼 있어야 한다.

다행스럽게도 이와 같은 문제점을 줄이거나 제거할 수 있는 대규모 스프린트 계획을 위한 방법이 몇 가지 있다.

하루씩 시차를 두기

동기화된 스프린트에 대해 이전 절에서 이야기했듯이 하루나 이틀 정도 차이가 나는 스프린트에서도 이점을 얻을 수 있다. 모든 팀이 정확히 같은 날 스프린트 계획을 시작하는 대신에 전체 팀의 1/3은 화요일에 다른 1/3은 수요일에 나머지 1/3은 목요일에 스프린트를 시작함으로써 이런 이점을 누릴 수 있다. 이런 식으로 팀이 스프린트를 시작하면 제품 백로그 공유에 따른 이슈들은 다행스럽게도 대부분 사라진다.

팀이 내일을 계획할 때 여러분 팀이 오늘까지 완료한 제품 백로그 항목이 무엇인지 알 수가 있다. 하루씩 시차를 두는 방법도 이곳저곳에서 요청이 많아 한 번에 두 장소에 있어야 하는 제품 책임자나 아키텍트, UI 디자이너 혹은 여러 팀에

참여하는 팀원에게는 또다른 문제가 될 수 있다. 어떤 제품 책임자에게는 하루만 참석하면 끝나던 일이 '고통의 3일'이 될 수도 있는 것이다. 공유 팀원도 더 많은 팀을 도울 수 있지만 곧 지치고 말 것이다. 2일이나 3일 연속으로 하루 종일 계획 미팅에 참여하는 것을 즐기는 사람은 아마 아무도 없을 것이다.

이런 단점이 있지만 프로젝트에 9개 팀이 있을때 월, 회, 수 매일 3개 팀이 계획을 세우는 것은 괜찮은 선택이다. 하지만 9개 팀 이상이 되면 시차를 둔다고 해도 계획에 너무 많은 시간이 소비되기 때문에 다른 방법이 필요하다.

큰 방

큰 방Big Room 접근법에서 모든 팀은 커다란 방에 모인다(얼마나 되든 모두 들어갈 수 있는). 수석 제품 책임자는 팀 그룹과 공유하고 싶은 것(아마 고객이나 잠재 고객 혹은 사용자와의 최근 회의 결과), 앞으로 다가올 스프린트나 그 다음 스프린트에서 모든 사람이 작업해야 할 유형에 대한 일반적인 설명으로 미팅을 시작한다. 미팅이 시작되면 각 팀(제품 책임자와 스크럼 마스터를 포함한)은 몇 시간 동안 함께 작업이 가능한 방 한 쪽으로 자리를 잡는다. 어떤 팀은 구석에, 다른 팀은 벽 한쪽에, 일부는 방 중앙에 있는 테이블로 자리를 잡는다. 이 장소에서 각 팀은 프로젝트에 오직 한 팀이 있는 것처럼 다음 스프린트에 대한 계획을 세운다.

방은 귀에 거슬릴 정도로 시끄러워지지만 에너지와 기대감과 열정이 공기 중에 가득해진다. 팀은 자신의 스프린트를 계획하기 때문에 서로 의존성을 찾아내기까지 그리 오래 걸리지 않는다. 의존성을 발견하면 한 사람이 벌떡 일어나 같은 방안에 있는 다른 팀이 있는 곳으로 달려가 "당신네 그룹이 우리 팀을 위해 이러이러한 것을 이번 스프린트에 해줄 수 있나요? 제품 책임자가 원하는 백로그 항목 중 하나를 끝내기 위해서 필요합니다"라고 물을 것이다. 그 팀원은 그 자리에서 대답을 들을 수도 있고 아니면 팀으로 돌아와서 얼마 되지 않아 방을 가로지르며 소리치는 응답을 들을 수 있을 것이다.

큰 방 접근법은 특히 중요한 인력을 공유해야 할 때 더 좋다. 두 팀과 일하는 제품 책임자는 둘 사이를 왔다갔다 할 수 있다. 모든 팀에서 필요로 하지만 어느 한 팀에 있기에는 너무 바쁜 회사의 수석 소프트웨어 아키텍트는 요청이 있는 곳으로 이동할 수 있다. 대부분 프로젝트에서 사람들에게 소리지르는 것은 대개 제품 책임자, 아키텍트 혹은 다른 공유 인력이 필요하다는 신호이다. 공유 인력이 현재 토론을 마치고 나서 누가 요청을 했는지 잊어먹는 것을 제외하면 모든 것이 잘 동작할 것이다.

내가 성공적으로 찾아낸 기법은 그림 17.8에서 나와 있는 항해 신호 깃발을 사용하여 외치는 효과를 증가시키는 것이다. 예를 들어 아키텍트가 필요한 팀은 적절한 사이즈의 1'×1' 신호 깃발을 팀 근처에 걸어둔다. 아키텍트가 하던 일을 끝내고 나서 깃발을 찾기 위해 방을 둘러본다. 만약 제품 책임자가 필요한 팀은 다른 깃발을 걸어둘 수 있다. 제품 책임자 깃발을 걸어둔 팀은 해당 제품 책임자나 제품 라인 책임자 혹은 수석 제품 책임자에게 도움을 받을 수 있다. 이렇게 함으로써 도움이 필요한 사람이 누구인지 찾아 대부분의 문제를 해결할 수 있고 얼마나 많은 팀에서 도움을 필요로 하는지 알 수 있을뿐더러 재미도 있다.

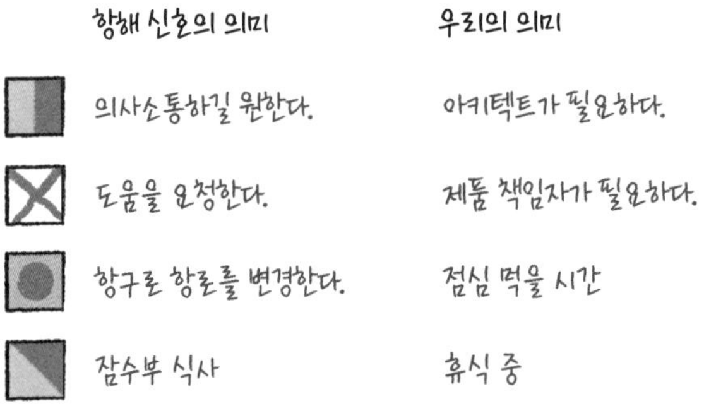

항해 신호의 의미	우리의 의미
의사소통하길 원한다.	아키텍트가 필요하다.
도움을 요청한다.	제품 책임자가 필요하다.
항구로 항로를 변경한다.	점심 먹을 시간
잠수부 식사	휴식 중

그림 17.8
깃발은 도움을 요청하는 신호로 사용할 수 있다.

큰 방 접근법을 사용하면 제품 책임자가 회의 전에 사전 순비를 해야 한다. 사전 준비는 보통 수석 제품 책임자와 직원들 간에 다양한 작은 미팅으로 이루어진다. 수석 제품 책임자부터 각 수준을 담당하는 제품 책임자까지 각자에 맞는 제품 비전을 이해해야 한다.

실행 공동체를 구축하라

여러 개 팀으로 이루어진 프로젝트에서는 팀별로 고립될 수 있는데, 주로 같은 팀 내 사람들하고만 이야기할 가능성이 크다. 좋은 아이디어는 조직 전체에 천천히 전파되어 간다. 유사한 기능이 다른 팀에 의해 다르게 구현될 수 있다. 이런 문제점들의 영향을 줄이기 위해 스크럼의 스크럼 미팅을 하지만 아직 갈 길이 멀다. 추가적인 해결책이자 대규모 스크럼 프로젝트 성공의 핵심 중 하나는 실행 공동체를 구축하는 것이다. 실행 공동체는 개선 공동체처럼 (특정 형태의 실행 공동체는 4장 '기민함을 얻기 위해 이터레이션 수행하기'에 소개되어 있다) 생각이 비슷하거나 역량이 비슷한 사람들이 기술과 실천법, 비전에 대한 열정과 헌신 때문에 자발적으로 모인 그룹이다. 대형 프로젝트에서는 이런 실행 공동체가 팀이라는 경계를 넘어서 함께 일할 수 있게 만들어 준다. 그림 17.9에서 예를 확인할 수 있다.

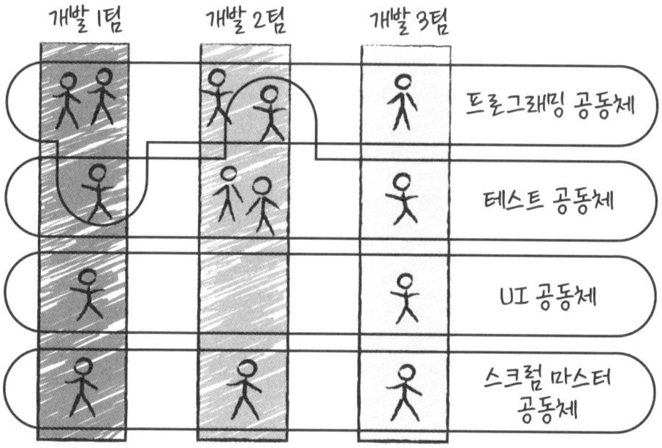

그림 17.9
실행 공동체는 개발 팀을 넘어서 새로운 의사소통 채널을 만든다.

그림 17.9를 보면 실행 공동체가 단순히 다양한 프로젝트 역할을 중심으로 만들어진 것처럼 보인다. 게다가 충분히 큰 프로젝트에서는 기술(예를 들어 루비 공동체, .NET 공동체), 관심사(Mock객체, 인공지능, 테스트 자동화) 혹은 여러 개발 팀의 공통 관심사에 대한 실행 공동체가 만들어진다. 실행 공동체의 좋은 예는 에릭 바비넷[Eric Babinet]과 라자니 라마나탄[Rajani Ramana-than]이 이야기한 세일즈포스닷컴의 가상 아키텍처 팀이다.

가상 아키텍처 팀^{VAT}은 모든 스크럼 팀의 개발자로 구성된 가상 팀입니다. 구성원들은 VAT와 스크럼 팀으로 활동합니다. VAT는 아키텍처 로드맵을 정의하고 아키텍처적으로 코드의 주요한 변화를 검증합니다. 일관되고 유지 가능한 코드를 보장하기 위한 표준 을 정의하여 업계를 선도하는 소프트웨어 아키텍처를 유지하고 확산하는 역할을 합니다.
(2008, 405)

실행 공동체는 하나 이상의 프로젝트에 걸쳐 만들어진다. 예를 들어 테스트 자동화에 관한 실행 공동체는 전혀 관련이 없는 프로젝트 팀원들로 구성된다. 개선 공동체와 다르게 일반적인 실행 공동체는 특정 목표 하나를 추구하기 위해 만들어지지 않는다. 대신에 관련 있는 목표를 많이 가지고 있다. 그렇기 때문에 실행 공동체는 무기한으로 명맥을 유지할 수 있다. 하지만 실행 공동체도 목적을 달성하거나 구성원들이 열정을 잃으면 사라진다.

여러 팀에 걸쳐 있기 때문에 팀 간에 좋은 아이디어를 확산시키고 개발 팀 간에 일관된 부분이나 공통적인 부분의 수준을 확인하는 주요한 장치가 된다. 예를 들어 미들 티어 개발자는 제품군을 위한 애플리케이션 서버를 언제 최신 버전으로 업그레이드하면 좋은지 토의하고 결정한다. 전체를 테스트하는 팀의 팀원들 간의 토론은 일관적인 테스트 툴의 사용과 좋은 실천법 공유를 보장한다.

공식 또는 비공식

실행공동체는 공식적이거나 비공식적일 수 있는데 대부분 조직에서 둘 다 존재한다. 기능에 대한 관리가 강력한 조직은 대개 스크럼을 적용할 준비가 되기 전에 실행 공동체를 설립하거나 지원하는 강한 기능 관리자에 의지한다. 실행 공동체라는 용어를 만든 에티엔 벵거$^{Etienne\ Wenger}$와 그의 동료들은 조직에서 공동체를 인식하는 정도에 따라 실행 공동체를 다섯 가지 유형으로 나눴다. 표 17.3은 이 다섯 가지 유형에 대해 설명한다.

표 17.3이 계층을 의미하지는 않는다. 어떤 유형의 실행 공동체도 다른 유형에 비해 늘 우수한 것은 아니다. 각각 장단점이 있을 뿐이다. 비슷하게 보이지만 표 17.3은 실행 공동체의 생명주기를 나타내는 것이 아니다. 공동체가 드러나지 않았다가 공식화되는 것처럼 보이지만 사실 목표는 조직 내에서 공동체 구성원과 가

공동체 유형	정의	전형적인 문제점
드러나지 않음	조직과 팀원에게조차 보이지 않음	조직이나 구성원에게 공동체의 가치를 보여주기 힘듦, 적절한 구성원을 모두 포함하고 있지 않음
임의적인 (Bootleg)	단지 소수의 선택된 내부 그룹에만 보임	자원이나 신뢰를 얻기 어려움, 영향을 주기 힘듦
정당성을 가진 (Legitimized)	공식적으로 가치 있는 존재로 승인됨	비현실적인 기대들, 급격한 성장과 새로운 구성원의 동화
지원받음	자원(시간, 비용, 시설, 인력)을 제공받음	투자한 자원에 대한 수익 책임, 가치를 증명하기에는 짧은 기간의 압박
공식화됨	조직 내에서 공식적인 책임이 주어짐	과도한 관리, 움직임이 둔화됨, 유용함이 오래 지속됨, 영구적인 구성원들이 실제 프로젝트와 분리됨

표 17.3
실행 공동체는 아무도 존재를 모르는 것부터 공식적인 것까지 존재한다. (Wenger, McDermott, Snyder 2002년 수정)

치가 명확해지는 것이다. 실행 공동체가 이런 생명주기를 따를 때도 있지만 그것도 계획된 것은 아니다. 많은 공동체들이 반대로 움직이기도 하고 완전히 해체되기도 한다.

공동체가 형성되고 활성화될 수 있는 환경 만들기

스크럼 조직에서 가장 효율적인 실행 공동체 유형은 관리 요구에 의해 만들어지기 보다는 유기적으로 만들어지는 것이다. 그렇지만 두 방법 모두 다른 목적을 위해 사용할 수 있다. 자기 조직적인 조직에 있어 성공적인 애자일 팀워크가 중요하기 때문에 자기 조직적인 실행 공동체가 만들어지면 강력한 시너지 효과가 생긴다. 그런 점에서 볼 때 실행 공동체가 만들어지고 활성화되고 사라지는 환경을 만드는 것은 조직과 조직의 리더십에 달려있다.

에티엔 벵거와 그의 동료들은 다음과 같이 말했다. "실행 공동체는 유기적이기 때문에 아무런 사전 준비 없이 만드는 것보다는 진화를 염두에 두고 설계하는 것이 더 중요하다."(Wenger, McDermott & Snyder 2002) 그들은 이런 발전을 지원하는 환경을 만들기 위한 일곱 가지 원칙을 제기했다.

- **발전하도록 만들어라** _ 각각의 공동체가 시간이 지남에 따라 변하는 것을 인식하라. 중요도가 올라가고 내려감에 따라 구성원들은 들어오고 나가며, 목표는 바

뀐다. 이는 프로젝트, 사람, 조직의 필요에 따라 공동체가 변한다는 좋은 징조다.
- **내부와 외부 참석자들 간에 대화 통로를 열어라** _ 공동체는 대체로 공동체 내에서 활동하지만 그렇다고 전체 조직과 고립되어 일할 수는 없다. 좋은 공동체는 조직이 필요한 것을 들으려 하고 조직이 필요로 하는 것을 위해 노력하고 제공할 수 있어야 한다.
- **다른 계층의 참여를 요청하라** _ 공동체에 관심이 있는 모든 사람이 같은 양의 시간과 에너지를 헌신하지는 않는다. 그들에게 맞는 수준과 빈도에서 개인들의 참여를 독려하라.
- **공적이고 사적인 행사 모두를 진행하라** _ 좋은 공동체는 때때로 가장 유익한 토론은 다른 사람이 아닌 그들 자신에게 달려 있다는 사실을 안다. 하지만 때로는 공적인 행사가 필요하다는 것을 알아야 한다. 제품군 전체에 걸쳐 경험 증진에 초점을 둔 공동체의 예를 들 수 있다. 구성원들은 격주마다 개인적으로 만나 아이디어를 이야기할 수 있을 뿐만 아니라 회사에 속한 누구나 참석할 수 있고 자신들의 생각을 알 수 있는 오픈 세션을 주최한다.
- **가치에 초점을 맞춰라** _ 실행공동체가 조직에 제공하는 더 큰 가치는 더 많은 공동체가 추가로 만들어지는 것을 독려한다는 데 있다. 또 공동체가 가치를 창출함으로써 더 많은 지원과 활동의 자유를 얻게 된다.
- **익숙함과 재미를 결합하라** _ 성숙된 실행공동체는 몇 가지 습관이 몸에 배게 된다. 예를 들어 주간 전화 회의, 월간 회의, 본사에서 매년 2일간 지속되는 회의, 이런 습관들이 가치가 있음에도 불구하고 때때로 공동체에 활기를 불어넣을 수 있는 다른 요소를 섞는 것 또한 가치가 있다. 재미를 더하는 방법의 두 가지 예로 다른 의견을 가진 외부 연사를 초청하거나 열린 모임 형태의 행사를 여는 것을 들 수 있다.
- **공동체를 위한 리듬을 만들어라** _ 실행공동체는 스크럼 개발 팀처럼 동일하고, 규칙적인 스프린트로 일하지 않는다. 프로젝트 지향적인 개발 팀과 다르게 스프린트는 필수요소가 아니다. 하지만 그럼에도 공동체가 규칙적인 리듬을 갖게 되면 장점이 있다. 공동체에 맞는 빈도로 규칙적인 활동을 하게 되면 그런 장점을 얻을 수 있다.

실행 공동체가 유기적으로 만들어지길 원한다면 실행 공동체를 권장할 필요가 있다. 잠재적인 공동체 구성원들에게 공동체를 만들어도 괜찮다는 사실을 알려줘야 한다. 스크럼 팀에게 자기 조직화에 대한 커다란 자유를 줬는데도 왜 실행 공동체가 형성되지 않는지 관리자와 경영진이 궁금하게 여기는 상황을 본 적 있다. 이 사실에 대해 팀원들에게 물었을 때 비공식적인 그룹을 관리자들이 못마땅하게 여긴다고 말했다. 팀을 넘어서 공동체를 만들어도 괜찮을 뿐만 아니라 권장한다는 사실을 팀원들이 알아야 한다.

참여

공식적인 대부분 실행 공동체는 공동체 코디네이터^{community coordinator}가 있으면 도움이 된다. 공동체 코디네이터는 그룹의 리더가 아니라 두 가지 방면에서 공동체를 돕는 사람이다.

- 공동체 형성에 따라 실천법 개발하기
- 공동체 스스로 발전시키기

공동체 코디네이터는 이를 위해 회의와 다른 행사 일정 잡기, 참석자 확인하기, 공통 관심사를 가진 개인들 연결하기, 스스로 공동체 행사 참석하기 등과 같은 일들을 한다. 어떤 점에서 공동체 코디네이터의 역할은 스크럼 마스터의 역할과 유사하다. 내 경험으로는 공동체 코디네이터는 공동체 방향에 따라 한 달에 5~20시간 정도를 써야 한다. 조직에서 공식적인 책임을 할당 받은 공동체 코디네이터는 전임이나 거의 전임과 같은 위치로 일하게 된다.

프로젝트 팀원이 얼마만큼의 시간을 공동체 활동으로 보낼지에 대한 기준은 없다. 문자 그대로 일년에 몇 시간에서부터 주당 몇 시간까지 다양하다. 바비넷과 라마나단은 세일즈포스닷컴의 가상 아키텍처 팀이 상대적으로 높은 수준의 공헌을 했다고 이야기한다.

가상 아키텍처 팀^{VAT}은 제품의 기술적인 구현과 스크럼 팀들이 만든 기능을 리뷰하기 위해 일주일에 두 시간씩 두번 모임을 갖는다. 릴리스에서 가장 복잡한 기능을 만들고 있는 팀은 VAT에게 검토를 받도록 요청받는다. VAT는 스크럼 팀에게 기술적인 설계가 어떤 영향을 줄지 혹은 다른 영역에서 어떤 영향을 받을지에 대해 중요한 피드백을 준다. VAT는 주로 기술적인 구현, 특히 확장성과 성능을 고려했는지에 초점을 맞춘다. 중요한 변경이 필요한 팀은 같은 릴리스(대략 3개월) 내에 다시 제출해야 하고 디자인은 어떻게 수정했는지 상세내역을 제공해야 한다.(2008, 405)

실행 공동체는 시간을 투자할 가치가 있다. 실행 공동체는 큰 조직이나 큰 프로젝트 전체에 의사소통과 조정을 돕는 서비스를 제공하는데 이는 정말 중요하다. 만약 조직에 아직 실행 공동체가 만들어지지 않았다면 여러분이 흥미 있거나 조직의 문제를 일으키는 주제에 관한 실행 공동체를 만들어보라. 조직에 도움이 되는 공동체로 시작하면 곧 다른 공동체도 형성될 것이다.

스크럼은 대규모로 적용할 수 있다

초창기 애자일 저자들의 지적 정직성을 존경해야 한다. 그들은 스크럼 같은 애자일 방법론들이 작은 프로젝트를 위한 것이라고 매우 조심스럽게 이야기했다. 이런 보수주의는 애자일이나 스크럼이 큰 프로젝트에 맞지 않다고 판단해서가 아니라 그들이 큰 프로젝트에 이런 방법들을 적용해보지 않아서 독자들에게 큰 프로젝트 적용에 대해 조언하는 것을 꺼렸기 때문이다.

하지만 애자인 선언문이 나오고 관련 책들이 나온 이후로 몇 년 동안 애자일 개발의 원리와 실천법을 확대 적용하는 방법을 배웠고 큰 프로젝트에 적용해왔다. 다행스럽게도 큰 조직에서 제품 책임자의 역할, 제품 백로그 공유하기, 의존성 고려, 팀 간 작업 조정하기, 실행 공동체 구축과 같은 앞서 언급된 기법들을 사용하면 성공적으로 대규모 스크럼 프로젝트를 진행할 수 있었다.

더 읽어볼 것들

Beavers, Paul A. 2007.
「Managing a large "agile" software engineering organization」. In Proceedings of the Agile 2007 Conference, ed. Jutta Eckstein, Frank Maurer, Rachel Davies, Grigori Melnik, and Gary Pollice, 296~303. IEEE Computer Society.
이 사례 보고서는 BMC 소프트웨어의 250명 규모 프로젝트에서 스크럼을 적용한 처음 몇 년에 대해 이야기하고 있다. 프로젝트 엔지니어링 리더로서 직면하게 되는 어려움과 보상에 대한 뛰어난 선구자로서 프로젝트를 하면서 겪은 저자의 경험에서 나온 아홉 가지의 가이드라인으로 이야기를 끝맺는다.

Larman, Craig, and Bas Vodde. 2009.
『Scaling Lean & Agile Development: Thinking and organizational tools for large-scale Scrum』. Addison-Wesley Professional.
이 책은 많은 주제를 다루고 있다. 라만과 바스 보드는 11장에서 특히 대규모 스크럼에 초점을 맞추고 있다. 대규모 스크럼에 대한 두 가지 관점을 제시하고 있는데, 하나는 10개 팀까지 스크럼을 확대하는 것이고 다른 하나는 10개 이하로 확대하는 것이다.

Leffingwell, Dean. 2007.
『Scaling Software Agility: Best practices for large enterprises』. Addison-Wesley Professional.
이 책은 큰 조직 내 대규모 애자일과 큰 프로젝트 내 대규모 애자일이라는 두 가지 유형의 대규모 애자일에 초점을 맞추고 있다. 두 가지를 모두 다루고 있지만 전자에 대해 약간 더 강조하고 있다. 이 책의 중심은 2부로 7개 애자일 실천법과 어떻게 실천법(팀, 두 가지 레벨의 계획, 이터레이션, 작은 릴리스, 동시 테스팅, 지속적인 통합, 규칙적인 반영)을 확대할지에 대해 다루고 있다.

Wenger, Etienne, Richard McDermott, and William M. Snyder. 2002. 『Cultivating Communities of Practice』. Harvard Business School Press.
이 책은 실행 공동체에 대해 권위 있는 자료이다. 실행 공동체가 만들어지도록 어떻게 권장하고, 어떻게 이끌고, 어떻게 제공하는 가치를 측정할 건지 그리고 공동체라는 기법에 따른 몇 가지 단점에 대한 내용을 담고 있다.

18장

분산 팀

몇 년 전까지는 인접 팀[1]이 일반적이었고 지리적으로 팀이 분산되는 일은 드물었다. 지금은 사실 그 반대다. 개인적으로 팀의 모든 사람들이 같은 빌딩에서 일한다는 이야기를 들으면 깜짝 놀란다. 전 세계에 퍼져 있기도 하고, 적어도 시차가 다른 두세 곳에 퍼져 있는 팀이 점점 확대되면서 지리적으로 분산된 팀에 어떻게 제대로 스크럼을 운영할지 고민하는 것은 중요한 일이 되었다.

사람들은 스크럼이 지리적으로 분산된 팀에 잘 맞지 않다고 오해하곤 한다. 스크럼이 서로 얼굴을 맞대고 커뮤니케이션하는 것을 선호하기 때문에 분산 팀(팀원이 멀리 떨어진 곳에서 일하는 팀)에 스크럼을 적용하는 일은 잘못된 선택이라는 것이다. 다행스럽게도 이 주장은 틀렸다. 인접 팀이 동등한 역량을 가진 분산 팀보다 더 나은 결과를 낸다고 하지만(Ramasubbu & Balan 2007), 스크럼은 지리적으로 분산된 팀이 인접 팀과 비슷한 수준으로 작업할 수 있도록 실질적인 도움을 줄 수 있다. 프로젝트의 많은 부분을 다른 대륙에 있는 개발자에게 아웃소싱한다고 가정해보자. 왜 다음과 같은 이점을 원하지 않겠는가?

- 스프린트가 끝날 때마다 시연 가능한 진척 정도를 확인함으로써 증가되는 가시성
- 각 스프린트가 끝난 후 다음 스프린트에 적용할 수 있는 우선순위
- 더 활발한 커뮤니케이션
- 품질과 테스트 자동화에 대한 강조
- 특히 짝 프로그래밍하는 개발자들 사이에 증가되는 지식 전달

---

1 인접 팀(collocation Team): 반드시 같은 방이 아니더라도 동일 국가내 인접한 지역에서 일하는 팀

떨어져 있지만 활발한 커뮤니케이션을 위해서 극복해야 하는 어려움보다도 스크럼이 가져오는 이점은 분명 더 뛰어나다. 분산 팀에 스크럼을 시행하는 일이 식은 죽 먹기라는 뜻은 아니다. 마이클 백스와 스티븐 미소우는 다음과 같이 이야기했다. "분산 모델에 애자일을 확대하는 것은 소심한 사람이 할 수 있는 일은 아니다."(Vax & Stephen 2008, 314)

이 장의 나머지 부분에서는 여러 지역에서 인력을 모아 팀을 분산시켜서 얻을 수 있는 이점이나 비용 절감 외에 분산 팀이 인접 팀처럼 성과를 내는 방법에 대해 주로 다룬다. 이를 위해 지리적인 경계를 넘어 팀을 구성하는 가장 좋은 방법들(일관성 있는 분산 팀을 만드는 방법, 가끔은 팀원들이 한자리에 모여야 하는 필요성, 커뮤니케이션에 있어 필요한 변화들과 회의를 수행하는 올바른 방법)을 생각해 볼 것이다.

어떻게 여러 개 팀으로 분산시킬지 결정하라

프로젝트에 하나 이상의 스크럼 팀을 만들 수 있는 충분한 인력이 투입되어 있을 때, 가장 중요한 결정사항 하나는 지리적인 경계를 넘어 팀을 어떻게 구성하는가 이다. 대형 프로젝트는 협업하는 인접 팀 여러 개, 또는 의도적으로 나눈 분산 팀 여러 개로 구성할 수 있다. 그림 18.1은 프로젝트가 두 지역에 위치해 있을 때 팀을 구성하는 방법에 대해 보여준다.

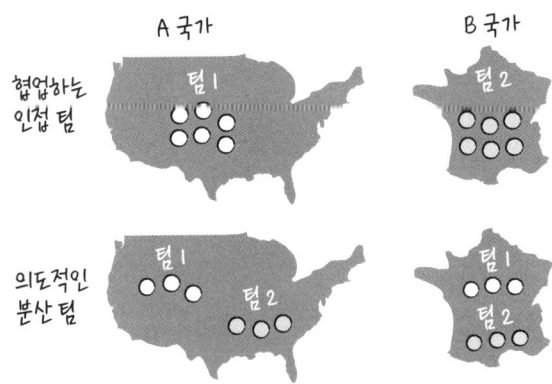

그림 18.1
팀을 미국과 프랑스로 분산하는 두 가지 방법

협업하는 인접 팀은 두 군데 이상의 도시마다 별도 팀을 만들 만큼 프로젝트에 충분한 인력이 있을 때 나타난다. 각 인접 팀은 제품 백로그 항목을 아이디어로 시작해 구현하기까지 필요한 모든 기술을 갖고 있다. 이런 팀을 같은 회사 내 다른 독립 팀처럼 완전히 독립된 팀이라고 부르지 않고 각각의 인접 팀이 제품 출시를 위해 다른 원격 팀(원격 팀이지만 인접 팀)과 함께 일하는 걸 강조하려고 협업하는 인접 팀이라고 부른다. 반면에 의도적인 분산 팀은 협업하는 인접 팀을 아직 구성할 수 없는 상황에서 팀을 의도적으로 분산시켰을 때 나타난다.

물론 각각 장점과 단점이 있다. 협업하는 인접 팀으로 프로젝트를 구성하면 전 세계에 퍼져 있는 전체 팀 사이에 전화 회의가 사라져서 팀원 대부분의 일일 작업이 단순화된다는 장점이 있다. 텍사스 오스틴에 있는 개발자 샤론 시슬리는 협업하는 인접 팀으로 시작했다가 의도적인 분산 팀으로 팀을 구성한 프로젝트를 경험하고는, 자신이 선호하는 방식이 협업하는 인접 팀이라는 걸 알게 됐다.

> 어느 한 도시에 있는 개발자들이 기능 하나를 만들고 다른 도시의 개발자도 마찬가지로 독립된 한 개의 기능을 만들었습니다. 여기(협업하는 인접 팀)에서 정말로 힘들어하는 사람은 스프린트 계획 회의를 위해 10시간 30분의 시차를 맞춰야 하는 제품 책임자와 스크럼 마스터뿐이었습니다.[2008]

협업하는 인접 팀으로 구성했을 때 장점은 살펴봤다. 그러면 의도적인 분산 팀의 이점은 무엇일까? 왜 지역별로 모든 일이 가능한 팀을 만드는 것보다 두 곳으로 분산된 팀을 만들려고 할까? 그 해답을 위해 분산된 프로젝트에서 발생할 수 있는 커뮤니케이션 문제 유형에 관해 잠시 생각해보자. 아마 다음 목록에 있는 것이거나 비슷한 문제일 것이다.

- 제품 책임자와 멀리 떨어져서 일하는 개발자가 업무나 도메인에 대해 충분히 이해하지 못한다.
- 다른 도시에 있는 개발자가 제대로 모르면서 개발된 것에 대해 이의를 제기한다.
- 서로 다른 도시에 있는 개발자끼리 양립할 수 없는 결정을 내린다.
- 지역이 다른 사람들 사이에 적대적인 ('우리와 그들') 관계가 형성된다.

- 한 도시에 있는 개발자들은 다른 도시에 있는 개발자들이 무엇을 하고 있는지, 왜 그런 결정을 내렸는지 알지 못한다.

각각의 문제점은 프로젝트 전체를 위태롭게 할 만큼 심각한 문제들이다. 다행히 이런 문제들은 의도적인 분산 팀을 활용해 프로젝트를 조직하면 개선되거나 문제가 조금 줄어든다. 스크럼을 같이 만든 제프 서더랜드는 제비아와 함께 네덜란드와 인도로 분산된 팀과 일했고 그 기간 동안 의도적인 분산 팀의 이점을 경험하게 됐다. 이들은 의도적인 분산 팀에 대해 다음과 같이 결론지었다. "커뮤니케이션과 조직화가 부담스러울 때, 일일 스크럼은 문화적 장벽과 작업방식의 차이를 허무는 데 실질적인 도움이 된다. 동시에 고객 중심을 강조하면서 원격 팀이 고객의 요구가 무엇인지 이해하도록 하면 더욱 도움이 된다."(Sutherland 외. 2008, 340)

의도적인 분산 팀에서 발생하는 커뮤니케이션과 조직화 문제를 최소화하는 최선의 방법은 팀마다 어떤 사람이 있는지 주의 깊게 살펴보는 것이다. 캘리포니아주에 있는 코팩스의 개발 책임자면서 베트남에 팀원이 있는 존 코넬은 다음과 같이 권장했다. "경계선 관리자[2]를 팀에 배정하라. 가능하면 전에 함께 일한 사람이나 조직을 통해 만난 적이 있는 사람을 배정하라. 누구를 통해 연락해야 할지 모르는 원격지 팀원에게 이미 만난 적이 있는 사람은 매우 유용하다."

『티핑 포인트』[3]에서 말콤 글래드웰은 이런 사람을 '연결자 connectors'라고 불렀다. "연결자는 우리를 세계로 연결하는데 (연결자는) 세계를 하나로 묶는 특별한 선물을 가지고 있는 사람이다. 연결자는 친구들과 아는 사람을 만드는 데 정말 특별한 재주를 타고난 사람이다."(Malcom 2002, 38~41) 코넬과 글래드웰의 말처럼 연결자는 분산 팀을 훌륭한 구성원으로 만든다. 스크럼 컨설턴트이자 트레이너 캐니 러빈은 서로 다른 위치에 있는 하위 그룹에서 발생하는 많은 문제의 원인이 투명성의 부족이라고 지적했다.

---

2 옮긴이 경계선 관리자(boundary spanner), 어떤 분야에 분쟁이 일어났을 경우 중재해주는 역할을 하는 사람을 일컫는 말.
3 옮긴이 『아웃라이어』『블링크』의 저자 말콤 글래드웰의 두 번째 저서. 번역서는 21세기 북스에서 2004년 같은 제목으로 발간.

뉴욕과 인도에 분산되어 있는 프로젝트에서 투명성 부족 때문에 생긴 문제들이 많았습니다. 인도 팀은 외주 협력업체였는데, 인도에서는 모든 것이 총체적으로 통제 불능이었습니다. 그래서 프로젝트를 재편성하게 되었습니다. 나는 재편성에 참여했는데, 왜 첫 번째 프로젝트가 실패했는지 찾고자 질문을 던졌습니다. 대다수 응답은 "처음에는 15명이면 할 수 있다고 한 일이 지금은 왜 42명인지 그 이유를 잘 모르겠어요. 도대체 42명이 뭘 하고 있는지 잘 모르겠어요"와 같이 결국 "잘 모르겠다"였습니다. 이런 이유로 프로젝트를 재편성할 때 의도적인 분산 팀을 선택했습니다.

협업하는 인접 팀과 의도적인 분산 팀 중 어느 것을 선택하느냐는, 각각의 방법에 알맞은 환경이냐에 달려 있다. 나는 대개 지역 사이에 커뮤니케이션이나 투명성 부족으로 발생하는 문제점이 얼마나 심각한지에 따라 결정한다. 만약 지역 사이에 그런 문제가 중요하거나 발생할 것 같으면 의도적으로 팀을 분산시킨다. 예를 들어 합병이나 인수를 통해 같은 지역 내 여러 팀이 존재할 수 있다. 이런 지역에서는 팀 간에 잠재적인 갈등이 생길수 있기 때문에 의도적으로 팀을 분산시키는 것이 갈등이 전면적으로 폭발$^{\text{full-scale blow-ups}}$하는 위험을 줄여준다.

> **지금 시도해볼 것들**
>
> 만약 지금 협업하는 인접 팀이면 의도적으로 그 방법을 선택했는지, 아니면 단지 내정되거나 가장 쉽게 팀을 분산시키는 방법이었는지 물어봐라. 만약 후자라면 의도적인 분산 팀이 더 나은지 고려해보고 가능하면 2~3번의 스프린트 동안 시도해봐라.

일관성 만들기

영어로 일관성^{coherent}은 '함께 뭉치다'라는 뜻의 라틴어 cohaerent에서 유래되었다. '함께 뭉치다'라는 말은 우리가 팀에 바라는 점을 완벽하게 설명하고 있다. 우리는 팀이 프로젝트 공통의 목표를 추구하기 위해 함께 뭉치길 바라고 어떤 팀이 직면한 과제를 극복하기 위해 함께 뭉치길 원한다. 분산 팀은 이런 일관성을 만들기 어려운 다양한 요인이 있다. 언어, 문화, 물리적인 분리, 시차는 빙산의 일각이다. 이러한 이유 때문에 의식적으로 일관성을 만들기 위해 분산 팀 팀원들이 들이는 노력은 더 중요해진다.

커다란 문화적인 차이를 인정하기

일관성을 만들기 위해서는 다른 지역에 있는 팀원들 사이에 존재할지 모르는 커다란 문화적 차이를 인정하는 일부터 시작해야 한다. 지트 호프스테드$^{\text{Geert Hofstede}}$는 50개국의 IBM 직원들을 대상으로한 설문조사를 통해 핵심적인 문화 차이에 관한 가장 종합적인 분석을 진행했다. 호프스테드는 다양한 문화 사이에서 다섯 개 주요 지표를 찾아냈다.

- **권력 거리 지수**$^{\text{Power Distance Index, PDI}}$ _ 문화적 차이 때문에 발생하는 구성원들 간의 권력구조를 인정하는 정도
- **개인주의**$^{\text{Individualism, IND}}$ _ 개인들이 그룹의 일부라기보다 개인으로서 존재하는 것을 더 선호하는 정도
- **성취도**$^{\text{Achievement Orientation, ACH}}$[4] _ 수입, 재산, 눈에 보이는 성공의 척도 같은 요소를 성취하려는 문화가 형성되는 정도
- **불확실성 회피 지수**$^{\text{Uncertainty Avoidance index, UAI}}$ _ 문화가 불확실성과 모호함에 관대한 정도
- **장기 지향성**$^{\text{Long-Term Orientation, LTO}}$ _ 문화가 즉각적, 물리적, 금전적 이득보다 장기적인 이득을 선호하는 정도

표 18.1의 호프스테드 설문으로 나온 결과의 일부[5]를 보여준다. 나는 일반화를 통해 문화적 차이를 없앤다는 것을 신뢰하지는 않지만, 분산된 프로젝트 팀원들에

---

4 1967~1973의 원저에서 호프스테드는 이 지표를 '남자다움'으로 이야기했다. 40년이라는 시간이 지났는데도 적절한 명칭으로 받아들이기가 힘들다. 그래서 지금도 잘 쓰이지 않아 성취도라고 이름을 붙였다.
5 www.geert-hofstede.com/hofstede_dimensions.php에서 가져온 수치이며 해당 사이트에 더 많은 나라에 대한 데이터가 들어 있다.

국가	PDI	IDV	ACH	UAI	LTO
네덜란드	38	80	14	53	44
노르웨이	31	69	8	50	20
덴마크	18	74	16	23	
러시아	93	39	36	95	
미국	40	91	62	46	29
브라질	69	38	49	76	65
스웨덴	31	71	5	29	33
스페인	57	51	42	86	
영국	35	89	66	35	25
이스라엘	13	54	47	81	
인도	77	48	56	40	61
일본	54	46	95	92	80
중국	80	20	66	30	118
폴란드	68	60	64	93	32
핀란드	33	63	26	59	

표 18.1
대표적인 나라의 문화적인 차이. 빈칸은 해당 지표가 측정되지 않았음을 나타낸다.

게 이런 자료를 공유하는 일이 유용하다는 것을 발견했다. 프로젝트 킥오프 미팅에서도 쓸 수 있고 팀원들이 서로 알아가는 초창기 회의 때도 사용할 수 있다.

각 행에서 여러분 나라를 찾고 프로젝트에 있는 다른 나라와 비교해 봄으로써 표에 있는 데이터를 사용할 수 있다. 예를 들어 내가 중국에 있는 팀원과 프로젝트를 시작하려고 한다면 미국과 중국 행을 비교해볼 수 있다. 중국이 PDI 점수(미국 40에 비해 80)가 많이 높다는 것을 찾았다면 중국에 있는 동료가 나보다 권력에 더 순응할 것 같다는 것을 의미한다. 실제로, 또는 그렇게 생각되는 권력(스크럼 마스터, 선임 개발자 등)이 있을 때 중국에 있는 팀원과 열린 토론을 하려면 더 많은 노력이 필요할 것이다.

다음으로 개인주의 점수(중국 20, 미국 91)를 살펴보면 중국에 있는 팀원은 나보다 팀 통합에 관심이 있는 것을 알 수 있다. 중국에 있는 팀원은 칭찬이라도 자신이 튀지 않기를 바랄 것이다.

그 외에 두 나라의 성취도 점수(중국 66, 미국 62)를 살펴보니 거의 비슷했다. ACH(성취도) 점수에서 차이가 크다면 팀원들이 프로젝트 성공을 어떻게 생각하는지 차이가 날 수 있다. 예를 들어 미국(62)과 노르웨이(8)의 성취도 간에 상당한 차이를 생각해보자. 두 나라에서 진행하는 개발 프로젝트에서 미국인들은 다음 프로젝트를 위한 팀 사기와 에너지에 비용이 들더라도 제품이 금전적으로 성공을 거두면 프로젝트가 전반적으로 성공했다고 생각한다. 하지만 노르웨이 사람들은 진행 중인 프로젝트가 실패한 거라고 여기며 재정적 성공을 희생하는 쪽을 택할 가능성이 농후하다. 이들의 팀이 발전하는 유일한 길은 다음 버전이나 프로젝트를 걱정하면서도 준비를 잘 하는 것이다.

다시 미국-중국 팀을 생각해보면 중국에 있는 팀원은 아마 미국에 있는 팀원보다 불확실성을 더 편하게 생각한다. 중국 팀원은 역할 정의, 제품 명세, 일정 등과 같은 불확실성을 더 잘 받아들이기 때문에 스크럼의 불확실한 부분에 대해서는 미국 팀을 더 배려해야 한다고 본다.

마지막으로 장기 지향성(중국 118, 미국 29)에 있어서도 상당한 차이를 발견했다. 나는 이 차이로 스프린트 리뷰에서 정기적으로 보여주는 가시적인 진척이 미국 팀에게는 긍정적인 동기부여가 되지만 프로젝트에 대해 더 장기적인 시야를 가지고 있는 중국 팀원에게는 그만큼의 효과를 가져오지 못할 것이라는 사실을 알았다.

> **노트**
>
> 앞서 이야기한 호프스테드 같은 문화 분석은 과도한 일반화를 가져올 수도 있다. 전반적으로는 문화적인 차이에 관한 일반화가 맞지만 각 개인은 특별하고 또 특별하게 대우받아야 한다. 처음에는 이런 일반화가 문화를 이해하는 데 약간의 도움은 되겠지만 그래도 개인적인 경험이 팀에 속한 개인들을 이해하는 최선의 방법이다.

작은 문화 차이 인정하기

호프스테드의 분석 결과는 주로 문화적인 차이가 큰 부분에 초점을 맞추고 있다. 이렇게 차이가 큰 부분 외에도 지리적으로 분산된 개발 프로젝트에서는 작아도 중요한 다양한 문화적인 차이도 다루어야 한다. 예를 들어 나라, 종교, 문화가 다르면 휴일도 다르다는 사실에 놀랄 사람은 아무도 없을 것이다. 많은 분산 팀이 프로젝트 웹사이트나 위키에 팀원들이 기념하는 모든 휴일을 모아 보여주는 페이지를 만들어서 휴일을 피해 일한다. 필자가 일했던 어떤 팀은 휴일 전 일일 스크럼에서 추가로 몇 분을 더 들여 지역별 휴일의 관습과 목적에 대해 설명하는 시간을 가졌다. 이 시간을 통해 인도 휴일인 간디 자얀띠, 캐나다의 빅토리아데이, 노르웨이의 제헌절에 대해 배웠다. 많은 인도 동료들이 간디 자얀티에 육식과 음주를 피한다거나 캐나다 동료들이 빅토리아 데이에 호숫가 별장에 간다는 사실을 알게 되었다. 그들에게 무엇을, 왜 기념하는지 물어보면서 많은 관심을 표현하면, 스스로 좋은 팀원이 되고 있음을 느낄 수 있다.

휴일이 다르다는 게 놀라운 사실이 아님에도 불구하고 월요일에서 금요일까지의 근무시간이 보편적이지 않다는 사실은 나를 깜짝 놀라게 했다. 평생을 자라고 생활한 미국에서는 월요일부터 금요일까지 일하는 것은 모든 사무직에 있어 기본적인 사실이었다. 다른 표준 근무시간이 존재한다고는 결코 생각하지 못했다. 나는 당연히 전세계 모든 사람은 월요일부터 금요일까지 일한다고 잘못 생각하고 있었다. 이스라엘이나 이집트 팀과 일하기 전까지는 이스라엘이나 이집트, 그리고 그 주변 국가들의 일반적인 근무시간이 일요일부터 목요일까지라는 사실을 모르고 있었다.

내가 이야기할 수 있는 또 다른 문화 차이는 사람들이 어떻게 저녁을 이용하고 즐기는지에 대해서다. 미국에서는 보통 근무시간이 저녁 5시나 6시까지고 이후 저녁 6시에서 7시 사이에는 공통적으로 가족과 함께하는 저녁식사 시간을 가진다. 일-저녁식사-가족-수면이 정말 보편적이라 생각했다. 만약 내가 밤마다 하는 스크럼 전화 회의에 참석해야 한다면 아마 밤 9시 정도를 선호할 것이다. 아이들이 잠자리에 들고 난 후 편안히 15분의 전화 회의에 맞출 수 있는 시간은 대부분 그때쯤이기 때문이다. 하지만 인도에서는 많은 가족들에게 밤 9시가 전형적인 저녁 식사시간이다. 인도의 많은 팀원들에게는 밤마다 통화하기에 최악의 시간이다. 불행하게도 이 사실을 알기 전에 방갈로르와 하이데라바드에 있는 팀원들과 몇 개 프로젝트에서 일하면서 밤 9시 전화 회의를 제안했다. 몇 주가 지나고 나서야 누군가 회의 시간이 정확히 식사 중간이므로 가능하면 회의 시간을 변경하자고 요청해왔다. 최상의 시간을 고르려고 했지만 의도하지 않게 최악의 시간을 선택해버린 것이다.

직무와 팀의 하위문화 강화하기

민족문화가 아주 강력하다지만 소프트웨어를 개발한다는 하위문화는 더 강력할 수 있다. 수년 동안 분산 팀에 대해 연구한 에란 카멜^{Erran Carmel} 교수는 이런 현상에 관해 저술했다.

> 세계적인 소프트웨어 전문가들은 컴퓨터라는 하위문화에 젖어있다. 소프트웨어 구루인 래리 콘스탄틴은 컴퓨터 하위문화가 민족문화보다 강력해서 모스크바에 있는 프로그래머가 다른 러시아인보다 미국 프로그래머 동료와 더 동질감을 느낀다고 주장했다. 소프트웨어 전문가 같은 엔지니어들은 성취에 높은 가치를 부여하지만 상대적으로 사회관계에는 낮은 가치를 부여한다. 프로그래머가 사교성이 없다는 고정관념은 진실이다. ^(Carmel 1998, 73-74)

연구 결과는 컴퓨터 하위문화의 힘을 증명하고 있다. 그리고 효율적인 팀은 팀원들 간에 일체감을 형성하기 위해 직무와 팀에 대한 하위문화를 이용하고 있다. 우리는 개인들이 "나는 오리온 프로젝트 인도 팀의 팀원이야"라고 생각하기보다 "나는 오리온 프로젝트 팀의 팀원이야"라고 생각하길 원한다.

차이가 작아 보일 수도 있다. 하지만 그 안에 나타나는 사고방식의 작은 변화는 중요하다고 생각한다. 특히 팀이 분산되어 있을 때, 개인별 직무에 대한 하위문화("나는 프로그래머/테스터/DBA이다") 또는 팀에 대한 하위문화를 연결하는 많은 기법들이 유용하다. 가령 실행 공동체 형성을 권장하는 기업 환경은 인접 팀만큼 분산 팀에서도 중요하다. 하지만 특히 분산 팀에서 직무와 팀의 하위문화를 강화하기 위한 더 중요한 기법들이 몇 가지 있다.

커뮤니케이션하기와 비전 공유 확립하기

비전 공유 없이 강한 팀 문화를 발전시키는 것은 거의 불가능하다. 비전 공유는 특히 분산 팀에 있어 더 중요하다. 산타아나에 있는 퍼스트 아메리칸 코어로직의 엘레인 티어렌은 산타아나 사무실과 방갈로르에 퍼져있는 분산 팀의 팀원이었다. 프로젝트가 끝난 후 되돌아보니 제품 비전이 적절히 공유되지 않았고 이야기 되지도 않았다는 사실을 깨달았다.

> 함께 보기
> 비전 공유를 확립하기 위한 기법들은 12장 「자기 조직적인 팀 이끌기」에 있는 '시스템에 에너지 불어넣기'에서 찾을 수 있다.

> 제품 비전이나 로드맵에 대한 가시성 부족은 두 가지 중요한 영향을 끼칩니다. 첫째, 제품에 새로운 기능을 요청하면 재작업이 필요합니다. 다르게 말하면 애플리케이션을 설계하는 데 있어 나중에 개발할 기능을 통합하기 쉽도록 제품 전반적인 방향에 대한 가시성이 부족해지는 거죠. 둘째, 인도에 있는 팀이 자신들에게 일이 충분하지 않다고 느끼게 만들고 자신들 스스로를 과잉 설비라고 생각하게 만듭니다. (Thierren 2008, 369)

티어렌이 경험했듯이 비전 공유는 팀이 일관성을 갖는 데 중요하다. 보통 비전 공유 확립에 대한 책임은 제품 책임자에게 달려 있다. 다행히도 런던에 있는 EMC 컨설팅에서 애자일 코치로 있는 마크 서머스는 프로젝트에 참여하고 있는 모든 곳에서 제품의 비전 공유를 확립하기 위한 자신의 역할에 대해 이해하는 제품 책임자와 함께 일했다.

> 매번 릴리스가 시작할 때마다 제품 책임자는 외주 팀이 릴리스 비전에 집중할 수 있도록 인도로 출장을 가곤 합니다. 팀과 관계를 맺고 여정을 함께 할 수 있는 제품 책임자를 갖는 것이 중요하죠. 외주 사람들은 일의 방향을 이해하지 못하는 사례가 많기 때문에 이런 관계를 앞서 쌓는 일이 그들을 돕는 진정한 출발점이었습니다. (Summers 2008, 338)

합의 이루기

팀 문화에는 팀원들이 다른 팀원들과 합의를 이루면서 형성되는 것들이 있다. 몇 가지는 분명하다. 일일 스크럼에 제시간에 참석하기와 빌드 깨지 않기가 그 예이다. 다른 합의들은 암묵적일 수도 있다. 가령 사람들에게 이메일을 불필요하게 복사해서 보내지 않기가 있다. 분산 팀은 이런 합의가 더 분명하게 이루어지기를 원할 것이다.

예를 들어 분산된 스크럼 팀은 허용 가능한 이메일 응답 시간에 대해 합의하기도 한다. "현재 작업 중이고 내일 연락 드리겠습니다"라고 말하기보다는 모든 이메일은 근무시간을 기준으로 하루 이내에 답을 보내야 한다고 정하는 것 같은. 이런 합의가 인접 팀에 존재할지 모르지만 명시적으로 가이드라인을 이야기하는 게 아니라 팀 행동에 대한 무언의 기대에 더 가깝다. 만약 인접 팀이고 응답이 늦으면 여러분은 의자를 뒤로 젖혀 "이봐, 마이크, 어제 그루비를 사용할지 여부에 대한 메일에 답장을 주지 않았다구"라고 소리칠 것이다. 이로써 내가 질문에 대한 답변이 필요하단 뜻을 알게 될 뿐 아니라 주변에 목소리가 닿는 거리에 있는 모든 팀원들은 즉시 이메일에 답하는 게 자신의 팀 표준이라는 생각을 갖게 된다.

빠르게 이메일에 응답해야 한다는 것을 넘어 많은 분산 팀은 언제 사무실에 있는지, 언제 다른 지역의 정상 근무시간에 연락이 가능한지, 어떻게 즉시 미팅을 시작할 것인지, 어떤 종류의 커뮤니케이션(전화, 이메일, 문자 메시지 등)이 논의에 가장 적절한지, 어떤 종류의 이슈가 관련 팀이 아닌 팀 전체의 토론이 필요한지 등에 관한 명시적인 합의를 도출한다.

분산 팀이 반드시 합의해야 할 한 가지는 어떻게 스크럼을 할 것인가이다. 모든 사무실의 모든 팀들이 같은 방식으로 스크럼을 할 필요는 없다. 하지만 팀 전반에 걸친 몇 가지 중요한 것에 대해서는 동의해야 한다. 스크럼은 단지 프로젝트 관리 프레임워크이기 때문에 어떻게 수행할지에 대한 많은 부분이 각 팀에 달려 있다. 스크럼을 지역별로 다르게 하는 것에는 엄청난 기회가 있다. 이런 작은 변화가 좋은 쪽으로 나타나 모든 지역에서 사용할 수 있는 개선점을 이끌어 낼 수 있다. 반면에 주어진 장소에서 작업하기 위해 스크럼의 변화가 필요할 수도 있다. 서로 간의 차이가 양립할 수 없고 해결이 필요할지도 모른다. 쏘트웍스^{Thoughworks}의 프로젝트 관리자인 제인 로바츠는 미국과 인도에 분산된 프로젝트에서 다음과 같은 상황에 직면했다.

> 인도에 있는 팀도 우리가 미국에서 할 일을 계획하는 것과 같은 방식으로 애자일을 실천하고 있을 거라 생각했습니다. 첫 번째 이터레이션을 시작한 지 며칠이 지나서야 각 지역에 다른 버전의 '애자일'이 있다는 사실을 알게 되었습니다.$^{\text{(Robarts 2008, 331)}}$

지역은 달라도 같은 프로젝트에 있는 팀은 공통적인 스크럼 실천법에 합의하는 일이 중요하지만 분산 팀도 책에 쓰여진 것처럼 스크럼을 엄격하게 적용하라는 의미는 아니다.

새로운 스크럼 팀은 책에 쓰여진 방법대로 시작해야 하지만 결국에는 스크럼이 스크럼으로 존재할 수 있도록 프로젝트 상황에 맞는 실천법을 추가하고 적용할 필요가 있다. 코치인 브라이언 드루몬드와 J. F. 언슨은 야후에서 성공적인 분산 스크럼 수행과 성공하지 못한 분산 스크럼 수행을 비교해 분산된 팀에서 책만 가지고 단독으로 스크럼을 하는 것이 문제의 원천임을 알아냈다.

> 충분한 지도가 없으면 팀은 책에 의지하게 되고 책에 쓰인 스크럼대로 따르는 데 많은 어려움을 겪습니다. 이때 사람들은 스크럼과 애자일을 원망하게 되죠. 이런 팀들은 분산 개발의 특수성 때문에 발생하는 문제점을 고려한 실천법을 적용하지 않았습니다.(2008, 320)

스크럼 중에 전 지역에 걸쳐 동일하게 적용하고 싶은 부분에 대한 합의를 도출하기 위해서 스크럼 마스터가 쓸 수 있는 해결책은 작업 합의를 위한 세션을 한 번 이상 갖는 것이다.

초반에 업무 진행을 강조함으로써 신뢰를 쌓는다

일체감 있는 팀을 만드는 데 아주 중요한 것은 팀원들 사이에 신뢰를 형성하는 일이다. 분산 팀에 있어 신뢰를 쌓는 일은 더 어렵다. 드보레 듀아트와 낸시 스나이더는 『Mastering Virtual Team』에서 물리적으로 볼 수 없는 사람을 신뢰하는 것에 대한 어려움에 대해 이야기했다.

> 얼굴을 맞대고 있는 상황이라면 우리가 누군가를 신뢰할지 말지 결정할 때 익히 알고 있는 여러 가지 단서가 도움이 됩니다. 비언어적인 커뮤니케이션을 평가하고 팀원들 간 상호 작용을 관찰할 수 있습니다. 어떤 사람의 신뢰성은 그의 통찰력, 일관성 그리고 다른 사람이 그를 얼마나 신뢰하는지를 보고 판단할 수 있습니다. 물론 시간이 필요합니다.(2006, 85)

자주 마주앉아 대화를 할 수 없는 분산 팀의 경우에는 신뢰를 쌓을 수 있는 다른 조치를 취해야 한다.

여행하는 대사Traveling ambassador, 일상적인 대화로 회의 시작하기, 전체 팀의 일대일 미팅, 작업 합의working agreement와 같은 활동 모두가 신뢰성을 판단하는 데 도움이 된다. 설령 첫 번째 스프린트라고 해도 스프린트가 끝날 때마다 동작하는 소프트웨어를 만들어야 한다는 스프린트 압박감은 도움이 된다. 문제는 많은 팀들이 프로젝트 초반에 팀 빌딩과 토의에 너무 많은 시간을 쏟는다는 사실이다. MIT 경영대학원의 경영 리뷰에 발표한 린다 그레이튼, 보이그트, 에릭슨의 연구 결과가 보여주듯이 이는 흔히 범할 수 있는 위험한 실수다

> 다양한 팀을 성공시키기 위해서는 직관적이지 않는 관리 실천법이 약간 필요합니다. 특히 팀 리더들은 초창기에 대인 관계보다는 작업에 초점을 맞추어야 합니다. 그런 다음 적절한 시기에 관계를 만들어가는 방향으로 전환해야 합니다. (Gratton, Voigt & Erickson 2007, 22)

이 연구 결과에 따르면 초반에는 작업에 관심을 가져야 한다고 하지만, 제품 책임자나 스크럼 마스터가 개발자에게 작업을 할당하라는 말은 아니다. 그보다는 리더들이 초반 스프린트에서도 시연이 가능한 수준으로 진행할 필요가 있다는 점을 강조해야 한다는 것을 의미한다. 관계 형성을 너무 일찍 강조하면 이상적인 하위 그룹 형성을 저해하는 문제가 있다. 어떤 큰 그룹도 결국은 항상 하위 그룹으로 쪼개진다. 하위 그룹이 너무 일찍 만들어지면 표면적인 속성인 미국인, 스웨덴인, C++ 프로그래머, 자바 프로그래머, 여성 데이터베이스 엔지니어, 남성 프로그래머 등을 기준으로 하위 그룹이 형성된다. 그레이튼과 공동 집필자들은 다음과 같이 썼다. "간단히 말해서, 팀 초반에 사람들의 교류가 늘어나면 날수록 서로의 차이를 강조하거나 성급하게 판단하는 경향도 늘어나는 것 같다."(26)

우리가 하고 싶은 건 팀원들이 서로 특정 기술, 역량, 일하는 방식 같은 더 특별한 점을 알게 될 때까지 관계 형성을 연기하는 것이다. 관계 형성보다 업무 진행을 초반에 강조함으로써 이런 일이 가능하다. 이 같은 상황에서 형성되는 하위 그룹은 제품 개발을 위해 함께 일해야 하는 상호 간의 필요성을 기반으로 한다. 제품 백로그에 있는 특정 사용자 스토리를 개발하기 위해 여러분과 나는 협업할 필요가 있다. 협업을 통해 서로의 기술과 숙련도를 알게 된다. 여러분이 단지 단순한

자바 프로그래머가 아닌 진정한 열정을 가진 자바 프로그래머이고 자동화된 단위 테스트에 강하다는 점을 알게 된다. 여러분은 내가 단지 그냥 DBA가 아니라 SQL 문 최적화에 강한 DBA라는 사실을 알게 된다.

화합이 가능한 기술, 태도, 일하는 방식 등을 중심으로 형성된 하위 그룹을 가진 팀은 표면적인 속성들(미국인, 스웨덴인, 프로그래머, 테스트 등과 같은)로 이루어진 하위 그룹보다 나중에 신뢰가 무너질 가능성이 더 적다. 여러분이 일했던 문제가 있는 팀을 돌이켜보자. 어려웠던 점은 이 사무실 대 저 사무실, 프로그래머 대 DBA, 리눅스 광 대 윈도 광처럼 피상적인 특징을 토대로 한 우리 편 대 다른 편 유형의 불화였다. 팀이 급하게 일을 진행해야 한다고 느끼면, 이런 이상적인 유형의 하위 그룹은 형성되지 못한다.

몇 번의 스프린트 동안 팀 작업을 함께 한 뒤에 더 많은 사교 활동과 함께하는 휴식시간을 통해 관계 형성에 주안점을 두자. 사교 활동 전에 충분히 경험을 공유하면 관계 형성은 더 유용하게 된다. "충분한 경험 공유가 이루어지면 팀의 자신감을 키워주고 사람들과 사귈 기회를 만들어 주는 것이 새로운 능력을 개발하는 데 도움이 되고 팀이 성장할 수 있게 한다." (Gratton 외 2007, 29)

프로젝트를 시작할 때 서로 관계를 형성하는 socialization 시간을 전혀 포함하지 말라는 이야기가 아니라는 점을 명확하게 하고 싶다. 초기 릴리스 계획을 위한 씨뿌리기 방문 Seeding visit 과 전체 팀, 프로젝트를 시작할 때 '함께 모여 대면하기'는 아주 유용할 수 있다. 세 가지 포인트가 핵심이다. 첫째, 강도 높게 프로젝트를 시작하고 업무 진행에 따른 초기 시연에 집중한다. 둘째, 서로 관계를 형성하기 위한 '예산'을 처음 몇 번의 스프린트 동안 다 써버려서는 안 된다. 세 번째, 릴리스 계획을 위해 팀을 모으는 일처럼 프로젝트 초반 관계 형성 활동도 프로젝트의 일이 되어야 한다.

지금 시도해볼 것들

- 표 18.1에서 여러분 프로젝트 사무실의 현재 상태를 알아보자. 다음 스프린트 회고에서 차이점에 대해 토의해보자. 정말로 차이가 있는가? 다른 차이점들은 없는가? 이런 차이점들이 알아 채기 힘든 어떤 문제점을 유발시키는가?

> - 향후 스프린트 계획 회의에서 각 지역의 문화적, 민족적인 기념일에 대해 이야기하라. 휴일이나 기념일에 대해 간단히 언급만 하지 말자. 기념일이 있는 지역 출신 사람이 어떻게 기념일을 보내는지, 기념일에 얽힌 전설, 특별한 의식 등 기념일에 대해 자세히 이야기하자.
> - 다음 스프린트 회고에서 팀이 운영하는 합의에 대해 토의하고 문서화하라. 여러분 팀에 적절한 행동방식은 무엇인가?

얼굴 맞대고 함께 모이기

나와 함께 일했던 모든 분산 팀은 '가끔 함께 모이기'의 장점에 대해 보고했다. 팀에서 실행하는 방법은 정말 다양하다. 어떤 팀은 처음 몇 번의 스프린트 동안 전체가 모인다. 어떤 팀은 지역별로 팀원들이 순환하더라도 가끔은 전체 팀이 함께 모이는 계획을 세우기도 한다. 대부분은 여러 가지 방법을 조합해서 사용한다. 이번 절에서 각각에 대해 생각해 볼 것이다.

씨뿌리기 방문 Seeding Visits

함께 모이는 가장 일반적인 방법 중 하나는 마틴 파울러 Martin Fowler가 말하는 '씨뿌리기 방문'이다. 마틴 파울러는 씨뿌리기 방문에 대해 다음과 같이 이야기했다. "씨뿌리기 방문은 관계 형성을 위해 프로젝트 초반에 해야 한다."(2006) 프로젝트 시작 시 모든 팀원을 한데 모으는 씨뿌리기 방문은 프로젝트 성공을 위한 최선의 투자이다. 특히 팀원들끼리 서로 알지 못하고, 공유된 이력이 아주 적고, 다른 언어로 말하거나 다른 문화 출신인 프로젝트에서는 특히 중요하다. 짧은 시간동안 함께 모이는 것을 허락하는 일은 팀원들이 서로 알고 신뢰할 수 있도록 하는 첫 발을 내딛게 해준다. 씨뿌리기 방문은 짧게는 며칠이나 1주 정도면 시작할 수 있다. 하지만 금세 많은 팀에서 첫 번째 스프린트 동안 함께 모이는 일이 매우 도움이 된다는 점을 알게 된다. 제인 로바츠가 홍콩과 상하이에 분산된 프로젝트에서 깨달은 것도 바로 그런 점이다.

이 직접 얼굴을 마주하는 킥오프는 서로 만나 친밀한 관계를 형성하고 함께 프로젝트를 이해할 수 있는 기회를 주었습니다. 킥오프 이후 다른 지역으로 갈라졌지만 서로에 대해 모두 알고 편하게 전화하는 같은 팀의 일원으로 느끼게 되었습니다. (2008, 328)

마이크로소프트의 패턴과 실천법 그룹의 에이드 밀러는 다음과 같이 이야기했다. "한 장소에서 이런 근무 기간을 갖는 것은 문제가 되는 업무에 대한 공감대를 형성해줄 뿐만 아니라 팀 내 협업체계를 만들어준다."(Miller 2008, 18)

반대 의견

"팀원 몇 명이 비행기를 타고 지구 반 바퀴를 돌아 호텔에 머무르는 것은 비용이 많이 듭니다. 분산 팀은 비용을 절약하기 위해 사용하는 것 아닌가요? 이 방법은 분산 팀의 원래 취지에 어긋납니다."

팀원들(혹은 적어도 그들 중 몇 명을)을 한자리에 모으는 일을 거부하는 게 오히려 멍청한 절약이다. 당장은 돈을 절약할 수 있을지 모른다. 하지만 남은 프로젝트 기간 중에 더 많은 비용이 들 게 뻔하다. 절대로 아웃소싱 프로젝트에서 팀원들의 시간당 노동 원가만 가지고 비용 절감을 예측하지 마라. 분산 팀에 따른 많은 잠재 비용이 존재한다. 증가된 출장 예산은 분산 프로젝트의 일부분이어야 한다. 에란 카멜은 그의 책 『Global Software Teams』에서 다음과 같이 동의한다. "항공 출장은 비용이 많이 들지만 글로벌 팀에 있어 아직 필요하다."(1998, 157) 톰 드마르코, 팀 리스터 그리고 아틀란틱 시스템 길드의 다른 주역들은 이렇게 말한다. "분산 개발에서 성공하기 위해서는 여행 경비를 줄이는 게 아니라 늘려야 하는 게 확실하다."(2008, 42)

만약 예산이 허락한다면 한 스프린트 이상 팀이 함께 모이기를 원할 것이다. 20명 규모의 1년짜리 프로젝트를 시작할 때 IT 컨설팅 업체인 제비아^{Xebia}는 독일과 이탈리아 개발자들을 2주짜리 스프린트 다섯 번 동안 함께 모여 있기로 결정했다. 제비아에서 프로젝트 컨설턴트이자 스크럼 공동저자인 제프 서덜랜드는 그렇게 했을 때의 이점에 대해 이렇게 이야기했다.

현장에서 함께 이터레이션을 진행하는 동안 팀원들은 프로젝트 내내 지속될 수 있는 개인적인 관계를 구축합니다. 그리고 인도 팀원은 고객이 원하는 게 무엇인지 이해하게 됩니다. 이렇게 형성된 팀에서는 본연의 역할이나 고려하는 실천법, 표준, 도구 사용에 대해 팀원들이 같은 태도를 취하게 됩니다.(Sutherland 2008, 341)

프로젝트를 시작할 때 함께 모이는 일이 때로 불가능한 경우도 있다. 그런 경우 언제라도 가능한 시기가 오면 분산 팀의 팀원을 모이게 하자. 함께 모이는 기간을 프로젝트 시작으로 꼭 한정 지을 필요는 없다. 언제라도 적절한 시기에 팀은 함께 모일 수 있다. 마이크로소프트의 에이드 밀러는 다음과 같이 이야기했다. "특히 프로젝트에 중요한 요인으로서 직접 만나는 커뮤니케이션을 대신할 수 있는 것은 아무것도 없다."(2008, 10)

인상 깊었던 씨뿌리기$^{seeding\ visits}$ 방문의 가장 좋은 사례 중 하나는 세계에서 가장 오래된 보청기 제조사인 오티콘에서 있던 일이다. 오티콘의 주 개발 사무실은 덴마크 코펜하겐의 외곽지역인 스모룸에 있다. 2007년 6월 폴란드에서 상당히 많은 새로운 개발자를 고용하기로 결정했다. 오티콘에는 이미 사무실이 있었지만 소프트웨어 개발을 위해서는 사용하지 않았다. 하지만 덴마크에서 개발자를 구하기 어려워지자 폴란드를 선택했다. 비용 절감이라는 일반적인 이유로 선택한 것은 아니었다.

오티콘은 폴란드와 덴마크 개발자들의 통합이 중요하다는 것을 알았다. 오티콘의 관리자인 올 앤더슨은 폴란드 개발자를 채용하여 덴마크 팀과 통합하는 책임을 맡았다. 앤더슨은 두 나라 개발자들을 어떻게 성공적으로 통합할 수 있었는지 설명했다.

우리는 모든 폴란드 개발자를 덴마크로 데려와 두 달 간 머무르며 스크럼 팀 일원으로 참여시키기로 결정했습니다. 사무실 근처에 좋은 아파트를 임대하여 폴란드 개발자들이 덴마크에서 편안한 시간을 보낼 수 있게 했죠. 일부 가족을 초청해서 아파트에서 일주일 정도 머물 수 있는 기회도 주었습니다. 폴란드 개발자들은 덴마크에 머무는 두 달 동안 스크럼 팀으로 회사에 소개됐고 스크럼을 하는 다른 팀원과 똑같이 일했습니다. 우리는 덴마크 개발자로부터 이런 절차에 대해 매우 긍정적인 피드백을 받았고 몇 명은 폴란드 개발자들과 좋은 친구가 되었습니다. 폴란드 개발자들은 덴마크에서 대단히 환영을 받았다고 느꼈고, 두 달 간 호텔에 머무르는 대신 좋은 아파트에서 지낸 것이 큰 차이를 만들었다고 말했습니다.

접촉 방문

씨뿌리기 방문(이상적인 시기는 프로젝트 시작이지만 아닌 경우도 있다)이 초기 관계를 형성하기 위한 거라면, 접촉 방문Contact Visit은 초기 관계를 유지하기 위해 사용한다. 씨뿌리기 방문과 마찬가지로 접촉 방문은 태스크(계획, 문제에 대한 해결책 설계 등) 완료에 맞춰야 한다. 하지만 파울러는 다음과 같이 이야기했다. "방문의 주된 목적은 태스크를 완료하는 게 아니라 업무 관계를 만드는 것임을 기억하라." 파울러는 적어도 두 달에 일주일 정도는 방문하라고 제안했다.(2006)

어떤 팀은 분기별 릴리스 계획 회의가 모든 팀이 다시 모이기에 적절한 시간이라는 사실을 알았다. 제품 수명 주기 전반에 걸쳐 대략 3개월마다 새로 릴리스하는 제품의 경우와 일 년 이상의 일정을 갖고 있는 규모가 큰 제품을 생각해보자. 두 경우 모두 제품 책임자가 팀에 제품의 비전을 이야기하는 일로 분기를 시작한다. 일시적으로라도 함께 모이면 제품의 비전을 더 쉽게 전달할 수 있다.

게다가 두 경우 모두 새로운 릴리스 사이클이 시작되면 이전 릴리스는 끝난다. 팀이 함께 모이기에 이상적인 시점이다. 비용과 여행의 번거로움이 있지만 이전 릴리스의 최종 스프린트를 마무리하는 리뷰, 회고뿐 아니라 비전 확립, 새로운 릴리스에 대한 계획과 스프린트를 위해 팀이 모이는 게 좋다. 마이크로소프트의 밀러는 심지어 한 가지를 더 권장했다.

> 마지막 릴리스 전에 마지막 몇 번의 이터레이션 동안 팀을 다시 모이게 하는 것은 최종 산출물을 출시하는 과정을 더 부드럽게 만들어 줍니다. 이는 팀이 제품 출시에 집중하는 데 도움이 됩니다. 같은 방 안에 있다는 것은 중요한 결정이 필요할 때 전체 팀이 참여할 수 있다는 것입니다.(2008, 11)

여행하는 대사

이리저리 걸어 다니며 관리Management By Walking Around, MBWA한다는 실천법을 분산 프로젝트에서는 이리저리 날아다니며 관리Management By Flying Around, MBFA한다고 바꿀 수 있다. 물론 분산된 스크럼 프로젝트에서 필요한 건 이리저리 날아다니는 관리자 이상이다. 여러모로 한 도시에서 다른 도시로 날아다니는 사람을 대사라고 생각할 수 있다. 마틴 파울러는 다음과 같이 정의했다. "대사ambassador는 '다른' 지역에서 몇 개월을 보내는 반영구적인 사람이다." 다른 지역에서 몇 개월을 지내는 게 이상적이기는 하지만, 때로는 절충해서 더 짧은 일정으로 더 자주 대사를 파견하는 게 필요하다는 사실을 알게 되었다.

나는 실제 대사의 직무에 대해 잘 모르기 때문에 대개 프로젝트 대사를 떠올릴 때 위대한 재즈 연주자이자 가수인 루이 암스트롱이 1961년 자신에 관해 연주한 「The Real Ambassador」를 생각한다. 그 노래에서 암스트롱은 나라를 대표하는 대사들에게 세계를 여행하는 재즈 뮤지션으로서 이야기한다. 그는 자신이 나라의 진정한 대사이지만 이렇게 말한다. "내가 할 수 있는 거라고는 블루스를 연주하고 사람들을 직접 만나는 것뿐이라네."[6] 암스트롱의 노래는 프로젝트 대사가 해야 할 일에 대해 완벽하게 요약하고 있다. 약간의 코딩을 하고 직접 사람을 만나라. 파울러는 대사의 임무 중에 비공식적인 관점이 중요하다는 것을 인정했다.

> 대사 직무 중 중요한 부분은 잡담을 하는 것입니다. 어떤 프로젝트에서도 비공식적인 커뮤니케이션이 많이 존재합니다. 이것 중 대다수는 중요하지 않은 반면 어떤 사실들은 중요합니다. 문제는 어떤 게 중요한지 구별하기 어렵다는 점입니다.
>
> 그래서 공식적인 자리에서 이야기하기에는 싱겁고 중요하지 않은, 다양한 뉴스거리에 대해 이야기하는 것도 대사의 직무입니다. 물론 뉴스거리라는 게 동료를 이해하는 데 도움이 되는 것("페르나르도 아기가 어젯밤 걸음마를 했답니다")이어야 하고 악의적인 루머는 안 됩니다.(2006)

대사에 의해 형성된 개인적인 관계는 대사가 돌아간 후에도 오랫동안 대단한 가치가 있다는 것을 알 수 있다. 벤 호간은 뱅갈로르와 시드니로 분산된 프로젝트에 참여했다. 그는 다음과 같이 이야기했다. "근무지를 바꿔 방문하는 대사가 서로

---

[6] 암스트롱의 노래를 듣고 싶다면 http://www.therealambassadors.com/2.htm 방문하고 '진정한 대사'로서의 암스트롱과 밴드의 피아노 주자 데이브 브루백의 경험에 대해 읽어보라.

떨어져 있는 팀 간에 커뮤니케이션을 향상시키는 가장 좋은 방법 중 하나라는 사실을 알게 되었다. 대사는 개인적인 관계를 형성하고 신뢰를 쌓고 지식을 교류하는 방법을 제공한다. 대사는 배운 교훈을 전달할 뿐만 아니라 프로젝트를 위한 미래 방향을 설정해준다."(2006. 322)

내가 코치했던 한 프로젝트는 덴버와 토론토에 개발자들이 있었다. 기업 인수로 인해 두 팀은 처음부터 우호적이지 않은 관계였고 공통 프로젝트에서 서로 일을 떠넘기고 있었다. 덴버의 프로그래머 프랭크는 토론토에 2주 동안 머무를 기회가 몇 번 있었다. 나는 이미 2년 동안 함께 일했기 때문에 토론토 개발자들의 실력이 좋다는 것을 알고 있었다. 나는 프랭크의 여행이 확실히 큰 이익이 되기를 바랐기 때문에 프랭크와 취미, 업무 외적인 관심사에 관해 이야기를 나눴다. 그가 암벽등반가라는 사실을 알게 됐을 때 토론토에 있는 등산애호가인 마셀에게 연락했다. 마셀에게 프랭크와 함께 조금 시간을 보내달라고 부탁하고 가능하면 그를 위해 실내 암벽등반 체육관의 손님용 입장권을 준비해달라고 했다. 마셀은 흔쾌히 응했고, 그들 둘은 좋은 친구가 되었을뿐더러 다른 공통 관심사가 있다는 사실도 알게 되었다.

마셀과 프랭크 사이에 싹트기 시작한 우정은 프로젝트를 시작부터 좋은 방향으로 흘러가게 했다. 하지만 정말 큰 효과가 나타난 것은 두 도시 개발자가 참여하는 프로젝트의 주변 부서 간 통합 때문에 잠재적인 충돌이 드러나기 시작한 몇 개월 후부터였다. 덴버에 있는 IT 스태프가 토론토 팀에서 사용하고 있는 서버를 '판도라'라고 이름 붙였다. 토론토 팀은 그 이름에 대해 몹시 화가 났다. 신화 속 판도라 상자는 인간의 모든 죄악을 담고 있기 때문에 모욕할 의도로 서버 이름을 지었다고 생각했기 때문이다. 문제가 발생했을 때 나는 토론토에 있어서 마셀에게 프랭크한테 전화해서 그 이름이 의도적으로 모욕하기 위한 것인지 조심스럽게 알아봐달라고 부탁했다. 두 시간 후에 프랭크가 이야기 하길 그 이름을 선택한 직원은 이전에 만들어진 서버 이름 리스트에서 가져온 것이고 판도라가 뭔지 전혀 모른다고 했다. 우리는 마셀과 프랭크 사이에 쌓인 신뢰 덕분에 그 상황을 빠르게 진정시킬 수 있었다.

제인 로바츠 또한 대사가 방문하면 항상 공식적인 목표 이상을 달성하는 게 장점이라고 이야기한다.

릴리스 동안 미국에 있는 제품 관리자와 팀 리더들이 인도 사무실을 방문하기로 일정을 잡았습니다. 방문 목적은 인도에 있는 업무 분석자, 개발자, 품질 분석자에게 업무 지식을 쉽게 잘 전달하는 것이었죠. 인도 사무실 방문의 놀라운 부산물은 한결같이 방문자들이 그 환경에 대해 더 잘 이해하게 됐다는 점입니다. 사무실 방문 후에는 예전과 다른 시간에 전화 회의 일정을 잡기 시작했고 전화 회의 횟수를 제한하는 방법을 찾았으며 가장 대단한 변화는 커뮤니케이션 톤의 변화였습니다. 인도 팀의 참여와 헌신에 대해 알게 되었고 모든 이들이 프로젝트를 위한 개인적인 희생에 대해 이해했습니다. 또 인도 팀과 미국 팀 상호간의 이해가 생겨났고 일부는 지금도 개인적으로 만나고 있습니다.(2008, 328)

지금 시도해볼 것들

- 비행기 티켓을 사라. 가끔은 마주앉아 하는 커뮤니케이션이 중요하다. 함께 프로젝트를 하고 있는 다른 지역을 방문한 지 꽤 지났다면 방문 계획을 세워라.
- 프로젝트가 막 시작했거나 아직 이점을 얻기에 충분한 초기라면 대사 임무를 수행할 사람을 찾아 첫 방문 일정을 잡아라.

커뮤니케이션하는 방법 바꾸기

여행하는 대사처럼, 팀 분산으로 인해 생기는 가장 큰 영향 중 하나는 커뮤니케이션 방법의 변화이다. 한곳에서 일하는 스크럼 팀은 1:1 커뮤니케이션에 의존한다. 의자를 빙글 돌려 "이봐 크리스, 암호화 알고리즘에 대해 아는 거 있어?"라고 묻는 것은 표준시간대가 4시간 다른 사무실에 있는 크리스와 전화를 하는 일과 매우 다르다. 크리스에게 이메일을 보내고 다음날까지 회신을 기다리는 일과도 많이 다르다.

일부 문서 다시 추가하기

분산 팀이 인접 팀보다 더 많은 문서를 만들 필요가 있다는 사실에는 달리 방도가 없다. 스프린트 리뷰에 참가하지 못하는 사람들은 스프린트 리뷰에 대한 보고서에 더 의존하게 된다. 곧 작업할 스케치와 설계 결과가 분산 팀 팀원들(특히 근무시간이 거의 겹치지 않는 팀원들)에게 발송된다. 복도에서의 대화는 이메일로 변경된다. 문서 작업 시간은 틀림없이 늘어난다.

다행스럽게도 문서를 통한 커뮤니케이션이 늘어난다고, 그것을 프로젝트에서의 기민함이 소멸한다는 의미로 볼 필요는 없지만, 팀원에게 잘못 전달되기가 얼마나 쉬운지에 대해서는 인식할 필요가 있다. 나는 근무지가 다른 팀원들끼리 서로를 믿지 않는 몇몇 프로젝트에 참여했었다. 보통은 기업 인수를 통해 함께 모인 팀이었다. 이 같은 팀들은 서로 믿지 못했고 이메일도 잘못 해석되기 쉬워서 일시적으로 이메일 사용을 금지하고 커뮤니케이션이 필요한 경우에는 수화기를 들도록 했다.

문서화를 더 많이 한다고 모두 나쁜 것은 아니다. 가령 제인 로바츠는 성공적인 메시지 전달을 위해 문서화된 커뮤니케이션을 활용하는 재미있는 동료에 대해 이야기한다.

> 그는 구두로 메시지를 전달할 때도 전달하려는 메시지를 담은 산출물(보통 파워포인트)을 작성했습니다. 전화 회의처럼 파워포인트를 사용하지 않는 경우도 있었지만 회의에서 명확하게 이해하지 못했거나 제시간에 참석하지 못했거나 정확한 메시지 설명이 필요한 팀원들이 나중에 메시지를 명확하게 이해하도록 해주는 산출물이었습니다.(2008, 329)

이 방법은 특히 팀원들이 사용하는 언어가 다양한 경우 도움이 된다. 자국인이 아닌 사람들도 남는 시간에 이해를 돕는 문서를 읽을 수 있다.

제품 백로그에 상세 내용 추가하기

13장 「제품 백로그」에서 요구사항 작성을 요구사항에 대한 대화로 바꾸는 일에 대한 중요성을 강조했다. 많은 팀이 알고 있는 내용이지만 분산된 경우 요구사항 문서로부터 멀어지기가 쉽지 않다. 마틴 파울러는 다음처럼 이야기했다. "거리가 멀어질수록 요구사항을 이야기하는 데 더 많은 격식이 필요하다."(2006) 퍼스트 아메리칸 코어로직의 엘레인 티어렌은 분산 프로젝트의 제품 백로그에 대한 경험을 요약했다. "더 자세한 명세와 함께 높은 수준의 사용자 스토리를 제공하는 것이 해외 인력들에게 힘을 실어준다. 상세한 요구사항은 제품 사용자가 없을 때 팀이 기능과 최종사용자의 목적에 대한 통찰력을 얻게 해준다."(2008, 371)

파울러와 캘리포이아와 뱅갈로르에 팀이 있었던 티어렌의 경험과 마찬가지로 아주 넓게 분산된 팀에서 일했던 내 경우도 비슷하다. 뱅갈로르와 캘리포니아 사이에 존재하는 12시간 30분의 시차처럼 매우 넓게 분산된 팀들은 단지 정상 근무 동안 겹치는 시간이 하나도 없다는 사실 때문에 큰 문제에 직면하게 된다. 이런 상황에서는 제품 책임자와 팀이 종종 아주 다른 시간대에 위치하게 된다. 이런 팀에게 '테스트 함께 보내기'라고 부르는 기법을 권한다. 이 아이디어는 제품 책임자가 팀에 제품 백로그를 보낼 때 백로그에 있는 사용자 스토리가 완료됐는지 알 수 있는 높은 수준의 테스트 케이스를 함께 보내는 것이다.

함께 보기
여기서 말하는 테스트 케이스는 13장에 소개된 '만족조건'이다

수평적 커뮤니케이션 장려하기

절차적인 개발 프로세스를 사용하는 일반적인 프로젝트에서 다른 장소에 있는 하위 팀 간의 커뮤니케이션 대부분은 지정된 팀 리더에 의해 진행된다. 스크럼 프로젝트는 이런 커뮤니케이션을 지양하고 누가 어떤 도시에 있든 다른 도시에 있는 어느 누구라도 이야기할 수 있는 수평적인 커뮤니케이션을 장려한다. 수평적인 커뮤니케이션을 허용만 하는 게 아니라 장려해야 한다. 마이크로소프트의 에이드 밀러는 다음과 같이 이야기했다. "코치는 집중적인 대화의 중요성을 팀이 기억할 수 있도록 도와주어야 한다. 팀이 분산되어 있을 경우 이렇게 하는게 어렵더라도."(2008, 13)

수평적인 커뮤니케이션의 중요한 장점 중 하나는 '침묵 효과$^{mum\ effect}$'에 대처하는 데 도움이 된다는 점이다.(Ramingwong & Sajeev 2007) 침묵 효과는 프로젝트 참여자가 나쁜 소식을 다른 사람들과 공유하는 데 실패했을 때 발생한다. 나쁜 소식을 공유하는 데 실패하면 그 사람으로 인해 프로젝트는 위험에 빠진다. 어떤 문제에 대해 알지 못하면 그 문제는 해결할 방도가 없기 때문이다. 서로 다른 문화권 사람들은 나쁜 소식을 공유하는 방식이 다르고, 공유에 대한 자발적인 수준이 다르다는 사실은 이미 잘 알려져 있고 또 쉽게 받아들인다. 이런 점이 넓게 분산된 프로젝트에서 침묵 효과를 더 널리 퍼지게 만들고 잠재적으로 더 치명적으로 만든다. 레밍웡과 사지브는 팀원들이 나쁜 소식을 공유하지 못하게 만드는 세 가지 이유를 찾아냈다.

- 해고를 포함한 처벌에 대한 두려움
- 팀의 단결을 유지하고 싶은 소망
- 문제를 이야기할 명확한 채널의 부재

자유롭고 왕성한 수평적 커뮤니케이션을 즐기는 프로젝트는 침묵 효과의 영향을 덜 받는다. 모든 사람이 모든 것을 서로 공유하는 프로젝트 문화를 만드는 일은 어렵다. 다행스럽게도 수평적인 커뮤니케이션은 그 목표를 달성해야 하는 필요성을 줄여준다. 제품 책임자에게 나쁜 소식을 직접 전달하는 건 내키지 않겠지만 함께 일하는 동료라면 편하게 말할 수 있을 것이다. 그러면 그 사람이 기꺼이 제품 책임자에게 이야기해줄 거라는 사실을 알고 있기 때문이다. 이런 식의 수평적인 커뮤니케이션은 문화나 개인적인 성격 탓으로 나쁜 소식이 공유되지 않거나 지도자 역할에 겁을 먹는 팀원이 있는 프로젝트에서 특히 중요하다.

> **지금 시도해볼 것들**
>
> - 다음 스프린트 계획 회의에서 새로운 스프린트에 계획된 제품 백로그 항목이 충분히 상세한 내용을 가지고 있는지 토론해 보자. 그렇지 않다면 회의 동안 상세 내용을 추가하거나 다른 제품 백로그 항목을 선택하고 스프린트 동안 상세내용을 추가하는 것을 고려하자.
> - 다음 스프린트 회고에서 침묵 효과에 대해 토의해보자. 나쁜 소식에 대해 팀원들이 침묵해서 생길 수 있는 영향에 대해 토의해보자. 브레인스토밍은 이런 문제점에 대한 언급을 서로 피하지 않게 도와줄 것이다.

회의

나는 10살 때 미국 서부의 뜨겁고 끈적거리는 뉴올리언즈 근처에 사는 할머니와 함께 여름을 보냈다. 거의 완벽에 가까운 기후를 가진 서부 캘리포니아에서 자랐기에 뉴올리언즈가 너무 덥다고 짜증을 냈다(확신컨대 한 번 이상). 할머니의 대답은 항상 같았다. "이건 더운 게 아니라 습기 때문이야." 분산 팀에게도 비슷한 대답을 해줄 수 있다. "문제는 거리가 아니라 시차야."

시차는 팀이 지리적으로 떨어져 있는 것보다 팀이 어떻게 함께 일하느냐에 더 큰 영향을 미친다. 나는 한때 캘리포니아, 런던, 남아프리카 팀원들이 있는 프로젝트에서 근무했다. 그림 18.2는 이 세 지역간에 킬로미터, 마일, 시간대 차이를 보여준다. 샌프란시스코와 런던 간에 물리적인 거리(8,600킬로미터)는 런던과 케이프의 거리(9,700킬로미터)와 차이가 크게 나지 않는다. 하지만 런던과 케이프타운이 단지 2시간 차이가 나는데 비해 샌프란시스코와 런던은 8시간이나 떨어져 있다. 여러분이 상상하듯 런던과 케이프타운 사이에는 작업시간이 많이 겹치기 때문에 런던과 케이프타운 팀원들보다 샌프란시스코 팀원들이 함께 일하는 데 훨씬 큰 어려움에 직면했다.

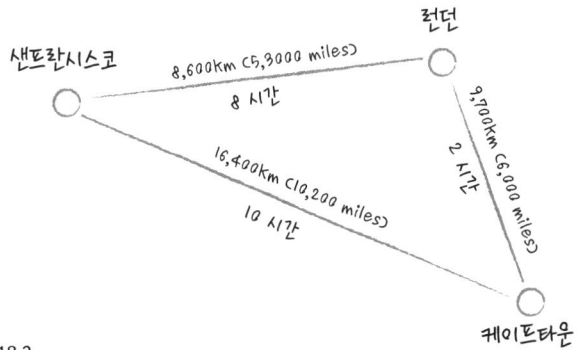

그림 18.2
예상과 적응 사이에 균형을 맞추려면 각 도시에서 벌어지는 활동과 산출물 간의 균형을 맞추어야 한다.

물론 거리 자체가 문제 없다는 뜻은 아니다. 같은 시간대에 있는 오슬로와 프랑크프루트에 분산된 팀도 한곳에서 전체 팀으로 조직되었다면 겪지 않았을 문제를 여전히 겪고 있다. 하지만 적어도 이런 문제점을 이야기할 수 있는 공통된 근무시간은 가지고 있다.

일반적인 조언

이번 절에서는 시간과 거리 두 가지 문제점이 스크럼 프로젝트의 네 가지 일반적인 회의(일일 스크럼, 스프린트 계획, 스프린트 회고, 스프린트 리뷰)와 여러 팀으로 이루어진 프로젝트에서 사용되는 스크럼의 스크럼에 어떤 영향을 미치는지 살펴볼 것이다. 일단 첫 번째로 모든 회의에 적용할 수 있는 몇 가지 일반적인 조언들로 시작해보자.

잡담(수다)을 위한 시간을 가져라

인접 팀은 서로를 알기 위한 비공식적인 대화를 할 기회가 많다. 그래서 잡담할 기회를 놓치더라도 여유가 있다. 하지만 분산 팀은 일부러 잡담을 할 수 있도록 어떤 기회든 이용해야 한다. 마틴 파울러는 다음과 같이 이야기했다. "지역 뉴스에 관한 잡담으로 전화 회의를 시작하는 것은 좋은 습관이다. 정치, 스포츠, 날씨 같은 최근의 소소한 지역 뉴스는 다른 지역의 생활 환경에 대한 더 넓은 감각을 얻는 데 도움이 된다."(2006) 사이닉 영과 히로키 테라시마는 샌프란시스코, 보스턴, 토론토에 분산된 프로젝트에서의 경험을 회상하며 그 의견에 동의했다.

> 개발자들이 기술적인 토론을 처음 시작하면 어떤 팀원은 너무 전문적이어서, 신경이 날카로워진다는 사실을 알았습니다. 일 외에는 어떤 것도 토론이 힘들었고, 모든 회의는 정보 과잉을 야기했습니다. 이런 협력 방법이 올바르지 않다는 것을 깨닫고 회의를 시작할 때 짧은 인사 시간을 포함하기 시작했습니다. 우리는 날씨나 각자의 안부, 아무거나 생각나는 일반적인 주제에 대해 이야기했죠. 회의마다 이런 식으로 시작하는 방식은 모든 사람들을 편안하게 만들고 그날 다른 팀원들이 뭘 했는지 알게 해줘서 더 즐거운 회의가 될 수 있었습니다.(2008, 306)

또 기술로 이런 즉흥적인 기회를 대체할 수 있다. 내가 일했던 한 회사는 화상회의 시스템을 갖추는데 아주 많은 투자를 하여 프로젝트에 속한 양쪽 사무실에 화상회의가 가능한 회의실을 여러 개 갖추었다. 그 결과 각 팀은 한 개 이상의 전용 팀 룸을 가질 수 있었다. 내가 한 일과 마찬가지로 나는 팀원들에게 점심을 먹고, 휴식을 취하는 등의 모든 일을 화상회의실에서 하기를 권장했다. 세 곳으로 떨어진 시간대에 있는 팀들은 꽤 잘 해주었다. 미국 서부 해안에 있는 팀원들은 동부 해안(시차 3시간)이 점심을 먹는 시간 즈음에 짧은 아침 휴식시간을 가졌고 동부 해안에 있는 팀원들은 서부 해안에 있는 팀원들이 점심을 먹는 시간에 화상회의실에서 오후 휴식시간을 가졌다. 자연적으로 열리는 비공식적인 대화는 양쪽 사무실에 있는 사람들이 더욱 더 한 팀처럼 느낄 수 있게 해주었다.

고통을 분담하라

프로젝트가 분산되어 근무시간 전이나 후에 회의를 하는 경우가 자주 발생하면 고통을 나누고 있는지 확인하라. 한쪽 지역 사람들만 유리하게 회의 일정을 잡지 마라. 예를 들어 12시간 30분의 시차를 가진 캘리포니아와 벵갈로르에 분산된 팀의 경우 캘리포니아 시간 오전 8시와 벵갈로르 시간 오후 8시 30분에 전화회의 일정을 잡지 마라. 캘리포니아에 있는 대부분 팀원들은 정상적인 근무시간보다 조금 이르긴 하지만 과도하게 불합리하지는 않다고 생각하겠지만 인도에 있는 팀원들은 정기적으로 회의를 하기에는 끔찍한 시간이라고 여길 것이다.

그렇다면 캘리포니아에 있는 퍼스트아메리칸 코어로직에서 애플리케이션 개발 관리자였던 매트 트럭스가 했던 것처럼 해보자. 매트는 그가 코칭하던 캘리포니아와 인도 팀에게 전화회의 시간을 바꾸는 것으로 고통 분담을 권장했고 그 결과 한 달은 저녁에 다음 한 달은 아침에 전화회의를 했다.

> 이 방법은 다른 팀보다 더 부담을 갖는다고 느끼지 않고 양 팀 모두가 균형 있게 연결될 수 있도록 도와줬습니다. 또 인도 팀이 단순한 고용인이 아니라, 팀원이고 프로세스의 일부라고 느낄 수 있도록 도와주었습니다.

이런 식으로 전화 시간대를 바꾸면 두 지역 사이에 적절한 힘의 균형을 맞출 수 있다. 본사가 있거나 제품 책임자가 있는 곳, 개발자 대다수가 있는 곳에 힘이 모이는 경향이 있다. 힘이 한곳에 모이는 것을 방치하면 다른 지역의 분노를 초래할 수 있다. 전화 시간을 바꾸는 일 같은 방침은 단순하지만 이런 문제를 예방하는 데 도움이 된다.

대부분 참석자가 회의에 직접 참석할 때 전화로 회의에 참석하는 건 정말 괴로운 일이다. 대부분 팀이 같이 있고 단지 둘 혹은 세 명의 팀원들이 그렇지 않은 경우에 이런 상황이 발생하곤 한다. 이 문제는 앞서 이야기한 팀원 몇 명이 재택근무를 하는 경우에도 생길 수 있다. 이 고통을 나누는 가장 쉬운 방법은 모든 사람이 전화로 회의를 진행해서 전화로는 모든 사람이 완전히 회의에 참석하는 일이 어렵다는 점을 상기시키는 것이다.

모든 사람에게 누가 이야기하고 있는지 말하기

전화를 사용한 회의의 문제점은 다른 사람의 목소리를 알아야 한다는 데 있다. 어떤 사람들은 여기에 익숙해서 원격지에 있는 다양한 목소리를 구별하는 법을 빨리 배운다. 나는 절대 그러지 못해서 무엇이 됐든지 어떤 코멘트를 달기 전에 항상 이름을 말하고 시작하는 오랜 세월에 걸쳐 검증된 방법을 사용한다. 이 방법은 유용하지만 불행히도 모든 사람이 대화하기 전에 "저는 마이크입니다……"하고 시작해야 한다. 게다가 급하고 과열된 토론이 펼쳐지는 동안 그런 식으로 각자 이야기를 시작해야 한다는 사실을 기억하는 건 매우 어려운 일이다.

내가 일했던 팀에서는 말하기 전에 이름 말하기를 개선하는 재미있는 방식을 찾았다. 팀원들은 이 방식을 '저성능 화상회의'라 부르며 불가피한 문제점과 장비로 인한 지연이 발생하는 정기적인 화상회의보다 좋아했다. 저성능 화상회의는 각 도시에서 다른 사람의 목소리를 잘 구별하는 한 사람이 원격지에서 이야기하는 사람이 누구인지 알 수 있도록 그 사람 사진을 치켜든다. 소날리가 말하기 시작할 때, 누군가 그녀의 사진을 치켜 들었다. 그녀가 끝나고 매니시가 말하기 시작할 때, 그의 사진으로 바꿔 들었다. 각 팀원의 사진은 사전에 찍은 것이고 자에 테이프로 붙여 정확한 사진을 빠르게 치켜 올리기 쉽게 만들었다.

이 방식에 대해 읽기만 해서는 매우 바보 같다고 생각할지 모른다. 하지만 이 회사에서 팀을 관찰하는 동안 두 가지 재미있는 일이 일어났다. 첫째, 몇몇 팀은 항상 같은 사람이 사진을 치켜 들도록 하는 반면, 다른 팀은 아무나 사진을 치켜 들 수 있었다. 누가 목소리를 알고 처음으로 사진을 드는지 알아보는 시합이 되어 갔고, 모든 사람이 더 주의를 기울이게 했다. 둘째, 사람들은 "오, 렌짓이 말하고 있구나"를 알기 위해 사진을 훑어보지 않았다. 대신 신비하게도 렌짓의 입술이 움직이는 것처럼 느껴 사진을 계속 쳐다봤다.

스프린트 계획 회의

이번에는 분산 스프린트 계획 회의를 수행하는 두 가지 일반적인 전략에 대해서 살펴볼 것이다. 이 전략은 특징을 설명하는 이름으로 부른다. 길게 통화하기와 두 번 통화하기이다. 각각의 방법에 대해 장점과 단점을 알아 볼 것이다.

긴 전화 통화

대부분 팀에서 진행하는 기본 방식은 모든 사람이 전화 회의에 참석해서 보통 때처럼 스프린트 계획 회의를 수행하는 것이다. 전화 회의에서도 생생한 스프린트 계획 회의의 구성과 상호작용을 흉내 내려고 한다. 일반적인 스프린트 계획 회의에서 하는 모든 작업이 전화 회의 동안 끝난다. 전화 회의가 끝났을 때 인접 팀이 했던 것처럼 스프린트 계획이 완전히 끝난다.

이 방법은 시간적 분리가 물리적 분리보다 얼마나 더 나쁜지 보여주는 아주 좋은 예다. 분명히 말해서 분산 스프린트 계획에 대한 이 방법은 모든 팀원들의 정상적인 근무시간이 겹쳐있을 때만 가능하다. 가령 어떤 팀도 정기적으로 오후 7시부터 밤 12시까지 스프린트 계획을 진행하자고 요청할 수 없다.

일반적으로 나는 긴 전화 통화 방법을 좋아한다. 하지만 이 방법의 실용성은 팀이 얼마나 넓게 분산되었는지에 따라 결정된다. 팀원들이 같은 시간대에 일하거나 하루를 좀 더 연장해 일할 수 있거나 근무시간을 조금 옮길 수 있다면, 긴 전화 통화 방법을 더 추천한다.

이 방법의 장점과 단점은 표 18.2에 요약되어 있다.

장점	단점
참석자들이 참여하는 한 오랫동안 좋은 논의를 이끌 수 있다.	심적으로 참석자들이 긴 전화 통화에 집중하지 못할 수 있다.
스프린트 계획이 하루 안에 끝날 수 있다.	근무시간대가 많이 겹치는 경우에만 쓸 수 있다.
인접 팀에서 사용했던 방법과 일치한다.	한 지역 이상 근무시간 연장이 필요할지도 모른다.

표 18.2
한 번의 긴 전화 통화를 통한 스프린트 계획의 장점과 단점

두 번 통화

어떤 팀에 있어서, 한 번의 전화 통화로 스프린트 계획을 완료하는 계획은 정말 비현실적이다(근무 시간대가 충분히 겹치기에는 표준 시간대 차이가 너무 크다). 스프린트 계획을 위한 두 번째 접근방법인 두 번 통화는 이틀 연속 두 번의 전화 통화를 통해 회의를 분리하는 것이다. 심포니 서비스의 부사장인 로저 네시어는 어떻게 팀에서 통화를 나누었는지 이야기했다.

> 최초 8시간 회의를 연이어 이틀간 두 번으로 분리된 4시간 회의로 변경하는 게 훨씬 현실적입니다. 예를 들어 처음 회의에서는 중요한 태스크, 상품, 높은 의존성을 찾는 데 초점을 맞춥니다. 두 번째 회의에서는 각 팀원들의 활동을 정의하고 각 태스크에 대한 추정치를 정합니다. (Nessier 2007, 8?9)

어떤 팀은 전화 회의를 하지 않으면 어떤 계획 작업도 하지 않는 방식을 선호하고, 어떤 팀은 두 회의 사이 시간에 두 번째 회의를 위한 개인적인 준비를 할 수 있는 방식을 선호한다. 이 방식은 캘리포니아 두 곳에서 근무 중인 제품 관리자들과 9시간 떨어진 노르웨이 개발자들이 있는 야후! 베스파 뉴스 검색 팀이 진행한 방식이다. 2주 단위로 스프린트를 진행했기 때문에 팀원들은 처음 통화를 2시간으로 정했다. 그들은 노르웨이 시간으로 오후 4시부터 6시까지와 캘리포니아 시간으로 오전 7시부터 9시까지 통화하기로 결정했다. 마찬가지로 정확한 시간관리에 동의했다. 팀원인 브라이언 드루몬드와 J. F. 언슨은 그 회의에 대해 다음과 같이 이야기했다.

> 팀원들은 각 제품 백로그 항목을 꼼꼼하게 읽고, 인수 기준 기능의 범위, 업무 제약사항 등을 제품 책임자에게 물었습니다. 회의가 끝나고 나면 노르웨이 팀은 저녁을 위해 집으로 퇴근하고 캘리포니아 팀은 조금 이르지만 계속해서 정상적으로 하루 일과를 시작했습니다. (2008, 317)

첫 번째 회의는 제품 책임자가 우선순위가 가장 높은 기능과 기대치에 대해 설명하는 데 초점을 맞춘다. 드루몬드와 언슨은 이 회의가 개발 팀과 제품 책임자 간에 수많은 논쟁으로 귀결된다고 이야기했다. 첫 회의가 끝나면 해당 지역 내 하위 팀들은 다가올 스프린트에 자신이 맡은 부분에 대해 계획하는 회의를 계속했다. 이 회의는 팀이 어디에 있느냐에 따라 같은 날이나 다음날 아침에 진행되기도 한다. 두 번째 회의 동안에 하위 팀들은 첫 번째 팀 전체 전화 회의에서 논의된 기능을 완료하는 데 필요한 태스크들을 도출했다.

대개 둘째 날 동일한 시간(첫날 전화 회의 시간)에 두 번째 전화 회의로 스프린트 계획은 결론이 난다. 이 회의의 목적은 각 하위 팀이 할 수 있는 약속^{commitment}을 동기화하는 것이다. 예를 들어, 첫 전화 회의 동안 4가지 기능을 논의했다고 가정해보자. 전화 회의 후 노르웨이에 있는 하위 팀은 4가지 중 3가지만 완료할 수 있다고 결정한 반면 캘리포니아에 있는 팀은 4가지를 모두 완료할 수 있다고 결정했다. 두 번째 전화 회의 동안 모든 팀은 4가지 항목을 전부 완료하기로 약속하거나 하위 팀 모두가 완료를 약속할 수 있는 더 적은 항목을 선정하게 된다. 야후의 드루몬드와 언슨은 이 방법이 잘 통한다는 사실을 알게 되었다.

팀은 표준 시간대가 달라서 회의를 진행하는 데 드는 고통을 최소화하거나 균등하게 나눌 수 있었다. 엄격한 시간관리 규칙에 따라 만나는 것을 허가했고 주제에 초점을 맞추는 회의를 통해 높은 정보 정확도를 유지했다. 다른 팀에 영향을 주지 않는 논의는 지역에 따라 더 편리한 시간으로 연기했다.(2008, 318)

이 방법의 장점과 단점은 표 18.3에 요약해 놓았다.

장점	단점
시간을 더 효율적으로 사용할 수 있다.	어떻게 팀이 분산되었는지 따라 유용함이 많이 달라질 수 있다.
작업 시간이 조금 겹치는 경우에도 사용할 수 있다. 혹은 조금 겹치도록 만들 수 있다.	하위 팀에서 많은 논의가 일어나기 때문에 모든 지식이 모든 팀에 공유되지 않아 착오나 오해를 일으킬 가능성이 있다.
	하루만에 끝낼 수 없다.

표 18.3
두 번의 전화 통화를 이용한 스프린트 계획의 장점과 단점

> **노트**
>
> 가끔 사용되는 세 번째 방법은 각 지역마다 계획을 이끄는 기술 리더를 두는 것이다. 표준 시간대가 달라서 생기는 문제를 최소화할 수 있지만 세 가지 큰 단점 때문에 이 방법을 추천하고 싶지 않다.
>
> · 모든 사람이 계획에 참여하는 게 아니어서 약속된 일에 대한 참여도와 이해도가 떨어진다.
> · 모든 사람의 참여가 없어 태스크를 더 잘 잊어버리거나 잘못 평가될 가능성이 있다.
> · 이 방식은 자기 조직화를 방해하고 팀이 주어진 과제에 대한 주인의식을 느끼지 못하게 한다.

일일 스크럼

일일 스크럼은 스프린트 계획 회의와 완전히 다른 문제를 일으킨다. 스프린트 계획 회의가 길긴 하지만 자주 있지 않은 반면, 일일 스크럼 회의는 짧지만 매일 있다. 일일 스크럼은 15분으로 엄격히 시간을 관리하기 때문에 팀의 근무시간대가 달라서 생기는 문제는 발생하지 않는다. 하지만 멀리 분산된 팀이라 겹치는 근무 시간대가 전혀 없다면 일일 스크럼은 문제가 된다. 정상적으로 일할 수 없는 경우 매번 그리고 매일 전화를 요청하는 것이 장기간 지속될 수 없다. 이런 팀들이 적용할 수 있는 주요 전략으로 세 가지가 있는데, 그것은 한 번 통화, 회의 기록하기, 지역 회의이다.

한 번 통화

아마 가장 일반적인 방법이고 대부분 분산 팀에서 처음 시도하는 방법은 모든 사람이 한 번에 전화통화 장소로 모이는 것이다. 표준 시간대가 조금씩 다른 팀에게는 아주 좋은 방법이다. 불행하게도 이 방법은 표준 시간대 수가 늘어날수록 빠르게 무너진다. 결국 지역적으로 멀리 떨어진 분산 팀은 일일 스크럼을 위한 다른 전략을 찾아야 한다.

멀리 분산된 어떤 팀은 이틀이나 사흘마다 스크럼 빈도수를 줄여서 한 번 통화의 불편함과 지속 불가능을 극복하려고 시도할 수도 있다. 나도 이 방식에 전적으로 동의하며 공통된 근무시간 외에 하는 일일 전화 회의의 불편함도 언급하고 싶다. 하지만 프로젝트 일일 회의 빈도를 줄이려고 할 때마다 브룩스[Fred Brooks]의 말이 떠오른다. "어떻게 프로젝트가 1년이나 늦어질 수 있을까?……한 번에 하루씩 늦어진다."[1995, 153] 나는 일일 스크럼을 매일 유지하는 것을 권장한다. 그렇게 하기 힘들다면 적어도 빼먹은 회의를 문서화된 버전의 회의나 각 지역별로 한 명씩 참석하는 전화 회의로 변경하라. 두 가지 방법은 일일 스크럼을 잘 하기 위한 두 가지 전략으로 아래에서 설명하겠다.

한 번 통화[single call] 방법을 사용하기로 선택한 팀은 앞서 나온 '고통을 분담하라'에서 설명한 것처럼 전화 회의 시간을 번갈아 가며 진행하는 방식을 고려해야 한다. 한 번 통화의 장점과 단점은 표 18.4에 요약되어 있다.

장점	단점
인접 팀에서 사용한 방법과 비슷해서 새로 학습할 필요가 없다.	팀원에게 매우 불편할 수 있다.
전체 팀이 참석하여 회의를 한다.	만약 사람들에게 정규 근무 시간과 동떨어진 전화 회의를 강요한다면 지속할 수 없다.
모든 사람이 모든 이슈를 알고, 목적 공유를 위한 학습과 약속이 더 강한 팀을 만든다.	

표 18.4
일일 스크럼을 위해 한 번 통화로 모든 사람이 참석할 때 장점과 단점

회의 기록하기

적어도 한 지역에서 발생하는 시간 외 전화 회의의 고통을 완화하기 위하여 어떤 팀은 함께 모여 일일 스크럼 하는 걸 포기한다. 일일 커뮤니케이션의 가치를 전부 포기하는 것을 원하지 않는 팀은 보통 기록된 회의록으로 일일 스크럼을 대신한다. 팀원들은 전화 회의를 통해 공유했던 정보를 제공하기 위해 이메일을 보내거나 위키 페이지를 업데이트하거나 다른 비동기적인 협업 툴을 사용하는 것에 동의한다.

이 방법의 변형은 가장 많은 팀원이 편하게 참여할 수 있는 시간에 전화 회의를 지속하고 다른 팀원들은 회의록을 제출하는 것으로 '참여' 한다. 이런 방식은 특히 대부분 팀원이 결합되어 있고 단지 한두 명의 팀원들만 멀리 떨어진 경우에 흔하게 쓰인다.

필자는 이 방식을 주된 방식으로 채택하는 걸 지지하지 않는다. 이 방법은 일일 전화가 너무 많아 빈도를 줄일 필요가 있을 때 일일 전화를 보충하기 위해 사용할 수 있다. 전화 회의가 일일 회의록 갱신으로 바뀌면 일일 전화 회의의 중요한 부가효과가 사라진다. 예를 들면, 작업 일부를 완료하겠다는 약속 측면에서 팀원이 "오늘 이 일을 할거야"라고 말하는 것이 쓰기만 하는 것에 비해 더 강하다. 다른 동료들 앞에서 약속 메시지를 말했기 때문이다. 이 방법의 다른 장점과 단점에 대해서는 표 18.5에 요약되어 있다.

장점	단점
오랫동안 지속할 수 있다.	이슈가 이야기되지 않아 며칠 동안 작업이 중단될 수 있다.
거친 말투를 포함한 언어 문제를 극복하는 데 도움이 된다.	매일 상호작용을 통한 관계 증진과 팀 간 지식 공유를 촉진할 수 있는 좋은 기회를 얻지 못한다.
	작성되고 갱신된 정보가 읽혀질 거라 보장할 수 없다.
	팀원들은 전보다 서로간의 책임을 덜 맡으려 할 것이다.

표 18.5
일일 스크럼을 일일 스크럼에 준하는 회의 기록하기로 대체했을 때의 장점과 단점

지역 회의

일일 스크럼 미팅의 세 번째이자 마지막 방식은 회의로부터 나온 주요 이슈를 공유하는데 약간의 노력이 따르는 일련의 지역 회의를 여는 것이다. 팀이 상당히 떨어진 두 도시에 나누어져 있다면, 각 도시에서는 자체적으로 일일 스크럼을 진행한다. 예를 들어 8시간 떨어진 샌프란시스코와 런던 사무실에 팀원이 있는 경우이다.

때로는 분산 팀에 근무시간이 겹치는 몇몇 사무실과 더불어 더 멀리 떨어진 사무실이 하나 있을 수 있다. 이런 경우 시간이 겹치는 지역에서는 지역 일일 스크럼을 한다. 하지만 더 멀리 떨어진 지역은 자체적으로 회의를 진행한다. 예를 들어, 만약 샌프란시스코와 런던 팀에 로스앤젤레스 팀이 참가했다면, 캘리포니아 주에 속한 샌프란시스코와 로스앤젤레스 팀은 전화 일일 스크럼을 진행하고 이와 별도로 런던에 있는 팀은 직접 회의를 진행하는 식으로 협의할 수도 있다.

일반적인 접근은 지구를 반으로 나눠 서반구와 동반구로 전화 회의를 분리해 실시하는 것이다. 서반구 전화 회의는 북아메리카와 남아메리카에 있는 모든 사람을, 동반구 전화 회의는 세계의 나머지 지역(가능하면 오스트레일리아와 뉴질랜드는 제외)을 다루는 것이다. 가령 구성원들이 속한 각 팀이 샌프란시스코, 토론토, 런던, 프라하, 스톡홀름, 베이징, 멜버른과 같이 정말로 넓게 분산되어 있다면 두 번보다는 또 다른 시간을 정해 세 번의 전화 회의를 원할 수도 있다. 하지만 지금은 다음에 알아볼 스크럼의 스크럼이 아니라 일일 스크럼을 이야기하고 있다는 것을 명심해야 한다. 대부분 개별 팀은 다른 시간으로 진행되는 두 번의 전화 회의면 충분하다.

이런 지역 회의들은 (모든 사람이 하나의 사무실에 속하든지 혹은 여러 도시에서 전화를 하든지 간에) 보통 추가적인 커뮤니케이션을 진행하기 때문에 하위 팀마다 다른 하위 팀 작업을 알 수가 있다.

이런 후속 커뮤니케이션을 수행하는 방법 중 하나는 하위 팀별로 적어도 대표자 한 명이 전화 회의를 하는 것이다. 이 방법은 마틴 파울러가 사용했고 그는 다음과 같이 이야기했다. "우리는 같은 대륙에 있는 팀과 스탠드업 미팅을 하지만 타 대륙에 있는 팀과는 하지 않는다. 바다 건너 일일 회의를 하긴 하지만 팀 전체가 참여하지는 않는다."(2006)

하위 팀 사이에 커뮤니케이션을 보장하는 또 다른 방식은 팀을 위해 모든 스크럼에 참여하는 팀원을 한 명 이상 지정하는 것이다. 지정된 팀원은 통상 하위 팀 스크럼에 참석할 뿐만 아니라 정규 근무시간 외에 실시되는 한두 개의 다른 스크럼에 참석한다.

하위 팀 간에 정보를 공유하고 작업을 조정하기 위한 이 방식 중 어느 것이든 사용하면 적어도 한 사람이 매일 근무시간 외 전화 회의에 참석하는 것만 빼면 근무시간 외 전화 회의로 인한 고통이 급격히 줄어든다. 이 애로사항은 전화 회의에 참석해야 하는 역할을 교대로 맡으면 줄일 수 있다.

나는 대부분 멀리 분산된 팀일수록 지역 회의를 여는 게 적합하다는 사실을 알게 되었다. 매일 모든 사람이 참여하는 한 번 전화single call를 선호하긴 하지만 이 방법이 항상 장기적으로 유효한 선택은 아니다. 이 방법이 취약점을 가지고 있지만 장점(수적으로 우세하진 않지만)도 있다. 각각에 대해서는 표 18.6에 요약되어 있다.

장점	단점
근무시간 외에 전화를 해야 하는 고통이 급격히 감소한다.	이 회의에서 저 회의로 전달된 정보가 부정확하거나 완벽하지 않을 수 있다.
지역 하위 팀이 자신들에게 가장 중요한 정보를 공유할 수 있게 한다.	다른 하위 팀 간에 '우리'와 '그들'이라는 감정이 발생할 수 있다.
	모든 사람이 회의에 참석하지 않는다.
	하위 팀 간에 정보가 시기 적절하게 공유되지 않을 수 있다.

표 18.6
일일 스크럼을 수행하기 위해 지역 회의를 할 때의 장점과 단점

> **함께 보기**
> 스크럼의 스크럼 회의는 17장 「대규모 스크럼」에서 설명한다.

스크럼의 스크럼

스크럼의 스크럼은 여러 팀 작업을 조정하기 위해 사용한다. 스크럼의 스크럼은 보통 일주일에 두 번 내지는 세 번 회의에 참석하는 각 팀당 한 명의 대표자로 구성된다. 이 회의 횟수를 줄이는 일은 분산 팀의 고질적인 문제가 반복되는 걸 줄여준다. 이 회의는 거의 한 시간 이내로 끝난다. 그러므로 근무시간대가 겹치는 분산 팀 모두가 쉽게 스크럼의 스크럼 일정을 잡을 수 있다.

물론 팀이 너무 멀리 분산되어 있어 공통 근무시간이 겹치지 않는 경우 문제가 발생한다. 이런 경우에 성공적인 팀은 일일 스크럼을 위한 더 나은 전략인 한 번 통화나 지역 회의 중 하나를 사용한다. 팀원 중 일부만 참여하면 참석의 불편함을 최소화할 시간을 쉽게 찾을 수 있기 때문에 한 번 통화가 대개 효과가 있다. 일일 스크럼보다 실행하기 쉬운 이유가 두 가지 있다. 첫째, 대부분의 스크럼의 스크럼 전화 회의는 매일 하지 않는다. 둘째, 대부분 팀은 전화 회의에 참석하는 사람을 종종 교체한다. 앞으로 4주간 화요일과 목요일 저녁 7시에 전화 회의를 하는 일이 불편하긴 해도 은퇴할 때까지 일주일에 5일 저녁 7시 전화 회의를 하는 거에 비하면 아무것도 아니다.

더 큰 팀 혹은 더 어려운 시간대 문제는 지역 회의를 선택하게 만들기도 한다. 예를 들어 토론토에 4개 팀, 벵갈로르에 3개 팀, 베이징에 2개 팀이 있는 프로젝트는 토론토에 있는 4개 팀을 위해 서로 얼굴을 맞대는 스크럼의 스크럼을 선택한다. 이 회의는 벵갈로르와 베이징에 있는 참석자들에게는 불편한 시간이 되기 때문에 근무일 중 더 나은 시간에 전화 회의 일정을 잡아야 한다. 두 그룹 간의 정보는 양쪽 회의에 모두 참석한 사람들 1~2명이나 각 회의의 대표자가 참석하는 전화 회의를 통해 공유한다.

스프린트 리뷰와 회고

스프린트 리뷰와 회고는 일일 스크럼과 스프린트 계획 회의, 양쪽의 특징을 가진다. 스프린트 계획 회의처럼 이 회의도 매일 열리지 않아서 정규시간 외에 열려도 팀원들 참석이 수월하다. 반면에 일일 스크럼처럼 리뷰와 회고도 스프린트 계획보다 더 짧게 진행하기 때문에 일정 잡기가 더 쉽다. 이런 점들이 스프린트 리뷰나 회고가 상대적으로 쉽게 적당한 시간을 찾도록 만들어준다.

근무시간이 겹치는 팀은 자연스럽게 근무일 중 겹치는 날에 회의 일정을 잡는다. 근무시간이 거의 겹치지 않는 팀은 보통 근무일 끝과 다른 근무일 시작에 맞춰 회의 일정을 잡는다. 예를 들어 덴버와 헬싱키로 나누어진 팀은 9시간 떨어져 있다. 리뷰 일정은 덴버는 아침 8시 그리고 헬싱키는 오후 5시일 것이다. 덴버 팀원들은 다른 사람들이 출근하는 것보다 약간 일찍 출근할 필요가 있고 헬싱키 팀원들은 다른 사람이 퇴근하는 것보다 조금 더 남아 있을 필요가 있다. 하지만 전체적으로 이런 방식의 접근은 회의를 몇 주에 한 번씩 한다는 가정 하에 하는 것이다.

더 멀리 분산된 팀은 하나 이상의 지역에 있는 팀원들의 개인적인 삶에 영향을 최소한으로 줄이는 시간을 찾을 필요가 있다. 12시간 떨어진 런던과 뉴질랜드에 분산된 팀은 한 지역에서는 아침 8시에 다른 지역에서는 저녁 8시에 회의를 하기로 결정할 수도 있다. 근무시간 외 회의 때문에 어떤 지역은 더 일찍 하고 어떤 지역을 더 늦게 할지 변화를 줘야 한다.

리뷰와 회고가 짧기 때문에 어떤 팀은 리뷰와 회고를 연이은 일정으로 잡는 것을 선호한다. 또 다른 팀은 2일간 연속해서 일정을 잡는 것을 선호한다. 2일에 걸쳐 진행하는 짧은 전화 회의를 선택할까 아니면 하루에 일어나는 긴 전화 회의를 선택할까 장단점을 고려해서 결정해야 한다.

참석은 선택사항이 아니다

스프린트 리뷰와 회고의 문제점으로 참석을 선택이라고 생각하는 것을 들 수 있다. 참석은 선택사항이 아니다. 참석이 선택은 아니라고 생각하지만 한편으로는 근무시간 외에 팀이 회의를 하는 것에 대해 팀원들이 항상 참석한다고 기대하는 건 비현실적이라고 생각한다. 나는 팀원들이 리뷰와 회고 때마다 참석할 거라 기대하는 걸 좋아하지만 가끔은 리뷰나 회고에 참석하지 않는 경우도 있다. 만약 회의 중 하나에 참석하지 못한다면 팀의 누군가에게 전화를 하거나 다른 사람에게 참석하지 못한다고 이메일로 알려야 한다. 나는 근무시간이 지나서 열리는 리뷰와 회고에 참석하는 일은 내 딸들이 수영 팀 연습에 참석하는 일과 같다고 생각한다. 연습은 선택이 아니다. 내 딸들은 연습에 빠지지 않아서 수영하는 데 불안감 없이 완벽해졌다. 시합에 나가기 위해서 연습에 참여할 필요가 있다. 하지만 수영 강사는 학교를 다니는 나이의 아이들이 진료 예약, 형제 자매의 입원, 학교 현장 학습 등 여러 가지 이유로 이따금씩 연습에 빠질 수 있다는 것을 알고 있다. 문제가 되지 않는다면 몇몇 회의는 참석하지 않아도 좋다. 몇 번 빠지는 것은 문제가 되지 않지만 너무 많이 빠지면 코치가 해명을 요구할 것이다. 스크럼 팀 역시 마찬가지이다.

비정기적인 지역 회고를 지속하라

나는 보통 회고에 참석하지 않는 개인이나 그룹을 좋아하지 않는다. 테스터가 없어도 회의를 진행할 수 있으니 한 번쯤 테스터 없이 회의를 진행하라고 권하지 않는다. 마찬가지로 팀이 회고에서 제품 책임자를 배제하는 것을 원하지 않는다. 하지만 전화로 하는 회의에서는 서로 이해할 수 없는 일이 생기기 때문에 가끔은 전화로 하는 회의에서 탈피하라고 충고한다. 이 말의 의미는 주기적으로 각 지역에서 지역 회고를 해야 한다는 것이다. 한 도시 회고에서는 어떤 주제도 좋은 목표가 될 수 있다. 하지만 특히 해당 도시에서 일하는 하위 그룹이 지역 고유의 이슈 해결과 다른 지역과의 상호작용을 도울 수 있는 방안 두 가지에 먼저 초점을 맞추길 권한다.

주의 깊게 진행하기

팀의 이익을 위해 팀을 분산시키려는 사람은 아무도 없다. 팀원을 지리적으로 분산시키는 결정은 비용을 줄이기 위해, 여러 지역에서 채용하기 위해, 새로운 지역에 대한 전문지식을 얻기 위해, 인수나 다른 유사한 이유 때문에 내려진다. 팀이 분산되면 추가 작업이 필요할 뿐만 아니라 참여한 개인들은 스트레스를 받고 조직에 있어서도 상당히 큰 리스크를 안게 된다.

함께 보기
이아코부와 나카수는 분산 프로젝트가 직면할 수 있는 위험에 대해 이야기했다. (2008)

　이 절의 조언은 내 경험과 내가 이야기했던 사람들의 경험을 모델로 삼았다. 작업을 위해 분산 개발을 할 수 있지만 분산 팀을 인접 팀과 똑같이 운영할 수는 없다. 그렇지만 인접 팀이 언제나 선택사항이 될 수 없기 때문에 조직들은 이 장에 설명한 기법과 분산된 팀들이 자신의 역량만큼 작업할 수 있게 도울 방법을 찾아야 한다. 그럼에도 불구하고 우리는 엠머라인 드 필리스와 킴버리 푸루모가 ACM

통신채널에서 발행한 기사의 결론을 고려해야 한다. 성능 만족도를 비교하는 실험과 분산 팀과 인접 팀의 역학 관계를 분류한 후에 다음과 같은 결론을 내렸다. "가상 팀은 노력 대비 상당히 낮은 성능, 낮은 만족도, 낮은 결과를 보인다. 책임, 사기, 성능을 낮추는 데만 뛰어나 보인다." (Pillis & Furumo 2007, 95)

더 읽어볼 것들

Carmel, Erran. 1998.
『Global Software Teams: Collaborating across borders and time zones』. Prentice Hall.
카멜 박사는 아메리칸 대학교 교수이자 과학 기술 세계화에 있어 전문가로 정평이 나있다. 이 책은 특히 소프트웨어 개발과 IT 프로젝트를 다루는 두아르테^{Duarte}와 스나이더^{Snyder}의 책을 멋지게 보완하고 있다. 이전 책인 『Global Software Teams』은 소프트웨어 개발에 대한 구체적인 부분에 초점을 맞추고 있지만 나는 새로운 책을 더 선호한다.

Duaate, Deborah L., and Nancy Tennant Snyder. 2006.
『Mastring Virtual Teams: Stategies, tools, and techniques that succeed』. 3rd ed. Jossey-Bass.
분산(혹은 가상) 팀 작업에 관한 가장 일반적인 도서. 집단 역학, 문화, 회의 등에 관한 유용한 정보를 제공한다. 스크럼이나 소프트웨어 개발에 대한 언급은 없지만 책의 많은 부분이 적용 가능하다.

Fowler, Martine. 2006.
「Using an agile software process with offshore develop-ment」. Martine Fowler;s personal website, July 18. http://martinfowler.com/articles/agileOffshore.html.
이 웹페이지는 쏘트웍스 연구소장인 마틴 파울러가 지닌 외주 애자일 개발에 관한 생각을 요약하고 있다. 웹페이지에는 경험에서 얻은 교훈과 외주 개발 비용과 이점에 관한 의견 그리고 외주와 애자일의 미래에 관한 예측이 담겨 있다.

Miller, Ade. 2008.
「Distributed agile development at Microsoft patterns & practices」. Microsoft. Dowload from the publisher's website http://www.pnpguidance.net/Post/DistributedAgileDevelopmentMicrosoftPatternsPractices.aspx.
마이크로소프트 패턴과 프랙티스 그룹의 에이드 밀러가 분산된 그룹이 직면한 과제와 이 과제를 어떻게 다룰지에 대해 요약했다.

Sutherland, Jeff, Anton Viktorov, and Jack Blount. 2006.
「Adaptive engineering of large software projects with distributed/outsourced teams」. In Proceedings of the Sixth International Conference on Complex Systems, ed. Ali Minai, Dan Braha, and Yaneer Bar-Yam. New England Complex Systems Institute
서덜랜드, 비크토로브, 블라운트는 두 개 대륙 세 개 지역에 걸쳐 분산된 성공적인 스크럼 프로젝트의 사례 연구에 대해 소개했다.

19장

다른 방식과 스크럼을
같이 사용하기

애자일 소프트웨어 개발을 테스트 환경에서 보는 것과 실제 세계에서 경험하는 것은 매우 다르다. 테스트 환경에서는 스크럼 같은 애자일 방법론을 모든 구성원이 쉽게 받아들이고 끔직한 사내 정치 현실, 경제성도 방해가 되지 않는다. 하지만 실제로는 불쾌한 이 모든 문제들이 존재한다. 다른 제약사항 없이 단순하게 스크럼만 사용하기로 결정하는 경우는 좀처럼 없다. 어떤 프로젝트에서는 조직의 CMMI 레벨 3 인증과 충돌하지 않는 선에서 스크럼을 시도해도 좋다고 할 수도 있다. 또 다른 프로젝트에서는 사전 아키텍처 리뷰를 통과하고 설계 완료 검수를 성공적으로 끝내고 나서야 스크럼을 시도해도 좋다고 할지 모른다.

조직이 프로젝트에 이런 제약사항들을 적용하는 것에 정당한 이유가 있을지 모르지만 그럼에도 불구하고 제약사항일 뿐이다. 여기에서 '제약사항'이란 단어를 사용한 건 특별히 경멸적인 의도가 있어서가 아니다. 팀에게 자유를 빼앗아간 정도와 어떻게 사용되는지를 나타내기 위해 사용한 것이다. 모든 제약사항이 나쁜 것은 아니다. 미국에서는(세계의 많은 나라가 그렇지만) 도로 오른편으로 운전하라고 강요한다. 여기 있는 다른 모든 운전자들도 비슷한 강요를 받기 때문에 내게 달려들 가능성이 더 작아져서 기쁘게 생각한다. 이와 같이 많은 스크럼 팀도 적어도 처음에는 규칙 안에서 규칙과 함께 그리고 규칙을 지키며 조직의 규범을 가지고 일해야 한다.

이번 장에서는 순차적(폭포수) 프로세스와 부딪힐 때 스크럼 프로젝트가 어떤 영향을 받는지 살펴본다. 다음으로 프로젝트 통제의 영향과 스크럼 프로젝트가 어떻게 비 애자일적인 통제 방식과 성공적으로 공존할 수 있는지에 대해 알아본다. 마지막으로 스크럼 프로젝트가 ISO 9001이나 CMMI와 같은 표준을 준수할 수 있는 방법에 대해 찾아본다.

스크럼과 순차적 개발 혼합하기

몇몇 큰 조직은 스크럼을 모든 프로젝트에 적용하는 호사를 누릴 수 있다. 하지만 대부분은 어떤 프로젝트가 스크럼을 적용하는 동안에 다른 프로젝트는 그 기간 동안 스크럼을 하지 않으며 기다리라고 강요받는다. 이렇게 하는 이유는 한참 진행 중인 특정 프로젝트에 지장을 줄 수도 있고 회사 전체가 한 번에 전환하면 큰 혼란을 초래할 수도 있고 아니면 또 다른 이유가 있을 수도 있다.

많은 조직들이 어느 시점에서든 스크럼과 순차적 개발을 혼합하는 문제에 직면할 것이기 때문에 아래에서 그 주제에 대해 주의를 기울일 것이다.

세 가지 상호작용 시나리오

스크럼과 순차적 개발이 만나는 시기가 모두 같은 것은 아니다. 그리고 프로젝트가 문제에 부딪히는 건 스크럼과 순차적 개발이 만나는 시점에 달려 있다. 스크럼 트레이너인 미첼 슬리거(Michele Sliger)는 스크럼과 순차적 개발이 마주치는 세 개의 다른 시나리오에 대해 서술했다.(Sliger 2006)

폭포수 초반 _ 프로젝트 시작 단계에서 스크럼과 순차적 개발의 융합은 보통 조직에서 프로젝트 승인이라는 난관이 있을 때 일어난다. 이런 난관을 해결하기 위해서 대개는 스크럼 팀의 산출물에 대한 혐오감을 고려하지 않고 명세서, 프로젝트 계획서 혹은 승인에 필요한 다른 산출물을 만들라고 요구한다. 프로젝트가 승인되고 나면 정상적인 스크럼 프로젝트처럼 진행된다. 슬리거는 다음에 있는 엘리스테어 코오번의 충고를 따를 것과 문서를 만드는 작업은 '간신히 충분하게(barely sufficient)' 할 것을 권장한다.(2000) 슬리거가 이야기하길 팀은 프로젝트가 빠듯하게 승인을 받을 만큼의 명세서만 작성해야 한다고 이야기했다.

> 그들은 릴리스 기간 동안 명세서를 제쳐 두고 거의 참고하지 않았다. 명세서 작성이 시간 낭비로 보여지지만 그렇지 않다. 오히려 팀원들은 명세서를 편집하는 활동에서 공유된 제품 비전을 만드는 이익을 얻었다고 느꼈다. 물론 프로젝트 승인 이사회의 재무 관리자들도 자신들이 필요한 정보를 얻었다.(2006, 29)

폭포수 마지막 _ 폭포수 마지막은 조직이 스크럼 사용을 일시적으로 승인하고 나서, 프로젝트 마지막에 제품을 확인하고 검증하기 위해서 독립적인 테스트 인력이나 QA 인력을 투입하는 경우에 발생한다. 이외에도 프로젝트 마지막에 투입되는 외부 그룹이 있는 경우에도 생길 수 있다. 이런 외부 그룹으로 테스트 조직을 들 수 있다. 폭포수 마지막에서 요구사항을 처리하는 방식은 요구사항 처리를 위한 스프린트를 따로 진행하는 것이다. 하지만 프로젝트가 끝날 때쯤이면 팀은 새로운 애자일 방식에 완전히 익숙해져서 가능한 마지막까지 스크럼을 사용하고 싶어하게 된다. 즉 스프린트 단위로 일하면서 스프린트 계획 회의, 일일 스크럼을 하게 된다.

폭포수와 동시에 _ 스크럼과 순차적 개발이 상호작용하는 가장 어려운 방법은 아마도 폭포수와 동시에 사용하는 것이다. 일반적인 사례는 둘 이상의 팀이 한 개 제품을 함께 만들고 최소 한 팀은 스크럼을, 다른 한 팀은 순차적 방식을 사용하는 경우이다. '폭포수와 동시에' 시나리오를 적용할 때는 작업 조정과 잦은 의사소통이 문제의 원인이 된다. 순차적 팀은 미팅이나 문서를 통해 인터페이스를 확정하는 것을 선호한다. 그에 반해 스크럼 팀은 인터페이스를 모호하게 남겨 두고 인터페이스와 약속한 기능을 점진적으로 정의하기 위해 비공식적이지만 자주 의사소통하는 것을 선호한다.

스크럼 팀은 현 상황에서 폭포수 프로젝트 관리자가 스프린트 계획 회의나 일일 스크럼에 참여하는 것이 팀에 도움이 된다는 사실을 보통 깨닫게 된다. 슬리거는 순차적 팀의 관리자가 스프린트 계획 회의에 참여했던 경험에 대해 이렇게 썼다.

> 처음에 폭포수 관리자들은 모든 계획 회의가 자신들의 일정을 엉망진창으로 만든다고 투덜댔다. 하지만 몇 번 회의에 참석하고 나서 정보 공유와 불편 사항에 대한 개선, 업무 조정의 가치에 대해 깨닫기 시작했다.(2006, 30)

충돌의 세 가지 부분

슬리거는 서로 다른 두 개 방법론을 통합하는 특정 방식에 대해 스크럼과 순차적 개발 간에 교차하는 부분을 설명한다. 다른 한편으로 배리 보엠과 리차드 터너는 스크럼과 순차적 프로세스가 공존할 때 발생하는 세 가지 유형의 충돌을 어떻게 피할지에 관해 상세하게 서술했다.

- **개발 프로세스** _ 개발 프로세스 충돌은 스크럼과 순차적 프로세스 간 차이에서 발생한다.
- **비즈니스 프로세스** _ 비즈니스 프로세스 충돌은 스크럼과 순차적 팀들이 비즈니스와 상호작용하는 방식이 다르기 때문에 생긴다. 순차적 팀이 만든 계획을 실행해 왔던 조직은 스크럼 팀이 만든 계획 유형에 익숙하지 않다.
- **사람** _ 사람을 둘러싼 충돌은 차이에서 발생하는데 스크럼을 사용함으로써 달라지고 변경된 역할과 스크럼이 강조하는 자기 조직화, 팀워크, 의사소통에 의해 변화한다.(Boehm & Turner 2005)

이런 충돌 중에는 단일 팀에서 발생하는 것도 있다. 예를 들어 스크럼이 사용자 스토리와 같은 유사한 형태의 가벼운 요구사항을 기대하는데 반해 순차적 프로세스에서는 초반에 더 상세하게 문서화된 요구사항을 기대한다. 초반에 애자일 활동을 진행하고 나중에 순차적 활동을 진행한다고 했을 때 기대한 것보다 덜 상세한 경우에는 문제가 발생할 수도 있다.

나머지 충돌은 다른 유형의 프로세스를 사용하는 두 팀 사이에서 일어난다. 예를 들어 두 팀이 작업 결과를 맞춰야 하는 경우에 이런 충돌을 확인할 수 있다. 보엠과 터너는 작업한 것을 합쳐야 하는 스크럼 팀과 순차적 팀의 어려움에 대해 이렇게 서술했다.

> 만약 스크럼 팀이 자신들의 인터페이스를 점진적으로 개선해 나간다면 순차적 팀을 표준 변경에 따른 개발 위험에 방치하는 셈이다. 반면에 초반에 인터페이스 명세를 확정하는 전통적인(순차적) 방식은 설계를 조금씩 리팩터링하는 스크럼 팀에 지장을 줄 수 있다.(2005, 31)

보엠과 터너는 이런 문제에 대한 해결책으로 다음 방법을 제안한다.

- **보통 스크럼이 요구하는 것보다 더 많이 분석하라** _ 만약 스크럼 팀이 순차적 팀과 협업을 성공적으로 진행하고 싶다면, 보통 선호하던 것보다 더 많은 사전 분석을 진행하는 게 하나의 타협안이 될 수 있다. 이 작업은 팀 간에 작업을 나누고 큰 인터페이스를 완벽하게 찾는 데 필요하다.
- **많은 프로세스를 파헤치기보다는 꼭 필요한 만큼의 프로세스만 확정하라** _ 경험에 의하면 많은 프로세스에서 불필요한 것을 제거하려 해도 잘 되지 않는다. 비어 있는 프로세스로 시작하여 필요한 것에만 추가하는 방법이 이 때문에 초래된 문제들을 피하는 가장 좋은 방법이 된다.
- **스크럼과 순차적 방식을 구분하는 아키텍처를 정의하라** _ 프로젝트 초반과 처음 몇 번의 스프린트 동안에는 스크럼과 순차적 방식에 가장 적합한 시스템 영역을 식별하는 데 초점을 맞춰라. 안정적이고 잘 알고 있는 요구사항은 순차적 팀이 만들 수 있다. 요구사항이 불확실하거나 다방면에 걸친 설계 방식이 필요한 영역은 스크럼 팀이 만드는 게 낫다.
- **프로세스와 상관없이 잘 맞는 애자일 실천법을 적용하라** _ 애자일 실천법 중에는 어떤 프로세스를 사용하느냐에 상관없이 좋은 아이디어인 것들이 있다. 지속적인 통합, 자동화된 테스트, 짝 프로그래밍, 리팩터링은 순차적 프로젝트도 마치 스크럼 프로젝트인 것처럼 만들 수 있는 실천법이다.
- **이해관계자를 교육하라** _ 어떤 이해관계자는 스크럼과 순차적 팀 모두와 교류가 있기 때문에 이해관계자를 교육하는 것은 중요하다. 이해관계자가 프로세스에 참여하기 위해서는 각 프로세스와 프로세스 내 역할에 대해 이해할 필요가 있다.

지금 시도해볼 것들

- 순차적 팀이 좀 더 작은 단위로 작업하도록 권하라. 순차적 팀이 스크럼 팀과 몇 달에 한 번 이해를 구하고 통합하기보다는 몇 주마다 하는 게 좋다.
- 스크럼 팀은 스프린트 동안에 순차적 팀이 필요한 작업을 완벽하게 끝내지 않는 작업은 제품 백로그 항목으로 가져올 수 없다는 규칙을 적용해봐라. 순차적 팀이 이미 그 항목에 관한 작업을 마친 경우에만 제품 백로그 항목을 스프린트로 가져와라.

- 순차적 팀의 팀원을 스크럼 팀에 배정하도록 요청하라. 그 팀원을 계획, 리뷰, 회고, 일일 스크럼에 참석시켜라.

스크럼과 순차적 개발이 영원히 공존할 수 있을까

스크럼과 순차적 개발방식이 영원히 공존할 수 있는지에 대한 의견은 분분하다. 확실히 오늘날 그렇게 하는 조직들이 있고 과거에도 애자일은 아니지만 여러 개발 프로세스를 동시에 지원했던 조직이 있었다. 그러나 순차적 프로세스와 영원히 함께 하지 못하는 스크럼만의 본질적인 다른 점이 있지 않을까? 미첼 슬리거는 그런 게 있다고 믿는다.

> 나는 회사들이 모든 프로젝트를 애자일 환경으로 바꾸는 것을 원치 않았기 때문에 막연하게 애자일과 전통적인 방식을 섞을 수 있다고 말해 왔다. 하지만 지난 몇 년을 돌이켜 본 후, 더 이상 그것은 사실이 아니라고 믿는다. 결국 회사는 이쪽으로 갈지 아니면 다른 쪽으로 갈지 선택을 해야 하고 이 정점을 '하이-센터링$^{high-centering}$'이라 부르고 있다. 하이-센터링은 사륜 구동에서 쓰는 용어다. 지프가 차대의 균형이 깨지는 바위나 진흙더미를 오르려고 하면 어떤 바퀴도 앞으로나 뒤로 움직이지 못하는 경우가 발생한다. 이 회사들에게 지프를 타고 애자일 산을 올라야 하는 특정 시점이 오면 막혀 있는 상황을 밀고 나가기 위해서 합의와 공개된 결정을 내려야 한다. 그렇지 않으면 팀은 바닥에 있는 폭포수로 미끄러져 내려갈 것이다.

나는 슬리거의 의견에 대해 동의하고 싶다. 스크럼이 일시적으로 순차적 프로세스와 공존하는 일은 커다란 조직에 있어 필요한 일이다. 하지만 애자일이 목표가 아니라는 점을 기억해야 한다. 애자일하게 되는 것은 지속적인 개선을 포함한다. 조직이 좀 더 애자일하려고 시도할수록 스크럼과 순차적 개발 간에 충돌은 더 치명적이 될 것이다. 만약 충돌의 원인이 제거되지 않으면 소프트웨어 개발 프로세스가 무엇이든 간에 조직 논리가 스크럼을 적용하기 이전으로 되돌려 놓을 것이다.

조직에 일일 스크럼이나 지속적인 통합과 같은 위압적이지 않은 몇몇 애자일 실천법들은 남을지 모르지만 애자일하게 됨으로써 얻게 되는 강력한 이점들은 이룰 수 없다.

통제

많은 조직들이 소프트웨어 개발에 있어 순차적 방식을 채택하는 이유 중 하나는 개발 단계에 정의된 순서가 프로젝트 관리에 필요한 것들과 자연스럽게 들어맞는다는 데 있다. 일반적으로 통제^{Governance}라고 부르는 프로젝트 관리의 목적은 프로젝트가 잘못된 방향으로 가는 것은 아닌지 확인하는 것이다. 예를 들어 효과적인 프로젝트 관리는 예산이 초과할 것 같은 프로젝트를 식별해서 프로젝트를 취소해야 할지 말지를 대화로 풀어낸다. 또 통제는 원래 목표에서 너무 멀리 떨어진 제품, 아키텍처 표준에 벗어난 프로젝트 혹은 조직에 있어 중요한 많은 비슷한 상위 수준 고려사항을 식별할 수 있다.

프로젝트 통제는 새로운 개념은 아니지만 로버트 쿠퍼 박사가 발명한 '스테이지-게이트 프로세스$^{stage-gate\ process}$'가 모태이고 그림 19.1에서 볼 수 있다. 이 개념의 핵심은 개발 프로세스 상에서 각 단계가 끝나면 프로젝트는 게이트^{gate}을 통과해야 한다는 것이다. 각 게이트는 프로젝트에 대한 공식적인 검토가 이루어지는 곳이다. 프로젝트는 계속 진행하도록 승인되거나 재작업을 위해 전 단계로 되돌려 보내거나 취소된다.$^{(2001)}$

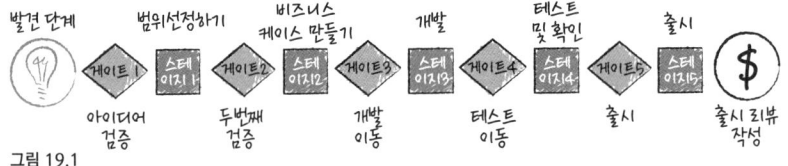

그림 19.1
스테이지-게이트 방식은 많은 문제의 근원이다. Stage-Gate®는 Product Development Institue의 트레이드마크로 등록되어 있다.

소프트웨어 팀은 여러 게이트나 체크포인트를 거치면서 검문을 받게 된다. 범위, 예산, 일정 등의 계획에 대한 조기 검토, 아키텍처 설계 결정에 대한 리뷰, 시스템 테스트나 인수 테스트에 대한 준비 여부, 제품이 지원 조직으로 전달 가능한지 여부 등등. 이런 검문은 점진적으로 일하는 데 적합하지 않기 때문에 스크럼을 사용하길 원하는 소프트웨어 팀에게 큰 혼란을 주기도 한다. 예를 들어 시스템 설계가 점점 늘어나는 식으로 일하는 스크럼 팀은 시스템 아키텍처의 적절성과 정확성을 확인하는 조기 검문을 통과하는 데 어려운 시간을 보낼 수 있다.

프로젝트 통제의 필요성과 스크럼 사용에 대한 열망을 조화시키는 첫 번째 단계는 프로젝트 통제와 프로젝트 관리가 다르다는 사실을 인식하는 것이다. 프로젝트 관리와 프로젝트 통제를 분리하는 것은 괜찮다. 하지만 두 개를 분리하는 데 있어 팀이 애자일한 방식으로 자신과 프로젝트를 관리할 수 있도록 자유를 주는 한편, 우리는 불가피한 관리를 위해 상위 수준에서 검문할 수 있는 역량을 가져야 한다.

통제가 선천적으로 나쁜 것은 아니라는 증거로 여러분이 갑자기 회사의 회장이나 CEO로 승진한 경우를 가정해보자. 새로운 상사로서 회사의 주요 프로젝트가 드러나길 원할 것이다. 어쩌면 특정 금액 이상의 비용이 예상되는 프로젝트 개시를 승인하기 위해 개인적으로 필요한 규칙을 만들 수도 있다. 그리고 여러분이 참석할 수 있는 많은 스프린트 리뷰에 참석하다 보면, 3개월이 넘는 프로젝트는 어떤 것이든 매 3개월마다 중요사항을 2페이지로 요약해주기를 원할 것이다. 가벼운 통제 모델은 이런 것이고 합당한 수준이다. 하지만 통제 자체가 목적이 되어서는 안 된다. 원하는 프로젝트 운영 방법에 영향을 미쳐야 하는 때가 바로 통제를 시작해야 하는 시점이다.

비애자일 통제를 가지고 스크럼 프로젝트 수행하기

몇몇 조직은 통제에 접근하는 방식을 초반부터 완전히 개조해버렸기 때문에 조직의 비 애자일적인 통제하에서 일하는 방식을 알 필요가 있을 것이다. 다음 행동을 따르는 것이 도움이 될 것이다.

초반에 원하는 바를 협상을 통해 결정하라 _ 여러분 회사의 통제 프로세스 하에서 진행된 첫 스크럼 프로젝트가 어려움을 겪게 될 것이라는 사실은 의심할 여지가 없다. 그들이 할 수 없다고 거의 확신할 수 있는 것들이 몇 가지 있다. 예를 들어 스크럼 팀은 설계와 개발을 동시에 진행하기 때문에 개발을 시작하기 위한 승인을 받기 위해 설계를 제공할 수 없다. 이에 대한 유일한 해결책은 팀을 위해 통제 그룹과 필요한 협상을 하는 것이다. 팀이 이에 대한 자원을 더 받기 위해서는 조직 내 더 높은 사람의 지원을 받는 게 낫다. 팀이 통제 정책의 영구적인 변경을 요청할 필요는 없다. 변경은 한 번의 실험으로 잡을 수 있다.

현재 요구에 맞게 보고하라 _ 프로젝트 검토위원회나 프로젝트를 통제하는 감독위원회는 각 체크포인트에서 프로젝트에 바라는 것들이 있다. 이런 기대사항과 싸우지 마라. 만약 이사회가 간트 차트를 원하면 간트 차트를 제공하라. 하지만 가능하면 추가로 애자일 친화적인 정보를 제공해서 기대하는 바를 옮겨 나가라. 만약 소멸 그래프가 보여주기에 적합하면 보여줘라. 아니면 빌드 서버가 지속적으로 통합 빌드를 시작한 횟수와 수천 개(혹은 수십 개에서 수십만 개) 테스트 진행 결과를 보고서에 넣어라.

프로세스에 끌어들여라 _ 스크럼 팀은 통제위원회 구성원을 정기 회의에 참석하도록 초청함으로써 조금 덜 상세하지만 공식적인 통제 체크포인트를 추가할 수 있다. 야후에 있는 팀은 아키텍처 검토위원회의 리뷰를 거쳤다. 야후의 애자일 제품 개발의 전 이사인 가브리엘 베네필드는 초기 애자일 팀들이 이 부분을 어떻게 다뤘는지 기억한다.

> 애자일 팀은…… 초기에 아키텍처 리뷰위원회 사람들을 스프린트 리뷰에 초청했습니다. 그 당시 공식적인 체크포인트가 여전히 있었지만 가장 주요한 질문들이 해결됐죠. 이 방식이 조금 덜 힘들었고 신뢰와 협력을 더 일찍 형성할 수 있었습니다.

나는 관리자 주위에 있으면서 잘 알려진 관리 기법을 확장하는 것을 좋아한다. 프로젝트 통제에 관여하는 관리자와 중역에게 프로젝트에서 무슨 일이 일어나고 있는지 서서 들을 수 있는 일일 스크럼 참석을 권해봐라. 프로젝트 보고를 진행할 때 사용자 스토리를 가지고 작업하면 문서화보다는 토론을 진행하는 형태로 바뀌게 된다. 무엇이 만들어지고 있는지 직접 보기 위해 팀을 방문하거나 회의에 참석하도록 권장하라.

성공을 언급하라 _ 성공처럼 확실한 것도 없다. 경량화되었거나 줄어든 통제 체크포인트를 이용해서 무엇을 얻을 수 있는지 한두 개 프로젝트에 적용해봐라. 그 다음에 이 프로젝트의 성공요인을 앞으로 진행할 프로젝트에서도 허용해야 한다는 증거를 제시하라. 가브리엘 베네필드는 다음과 같이 말했다. "좋은 결과를 보인 애자일 팀이 몇 개 있다면 신뢰를 쌓을 수 있다. 그러면 더 넓게 통제 프로세스 전반을 개선하기 위한 노력을 더 할 수 있을 것이다."

기민함과 프로젝트 통제 개념은 근본적으로 대립하지 않는다. 각자 완성된 제품을 개선하려고 시도한다. 스크럼은 밀접한 공동작업과 엄격하게 시간을 관리하는 스프린트의 짧은 검사와 적응$^{\text{inspect-and-adapt}}$ 사이클을 통해 개선을 위해 노력한다. 프로젝트 통제는 제품이나 프로젝트를 바람직한 속성들과 비교하는 검사와 승인 혹은 거부$^{\text{inspect-and-approve or reject}}$ 체크포인트를 통해 개선하려고 노력한다. 추구하는 목표는 비슷한 반면에 목표에 도달하기 위해 완전히 다른 길을 추구한다. 이 둘을 혼합하는 데 있어 문제점이 발생할 수 있는 것은 이 때문이다. 다행스럽게도 이 장에서 제공하는 각 측면을 결합한 몇몇 절충안들은 기민함과 관리의 성공적인 조합을 이끌 것이다.

준수

모든 팀이나 소프트웨어 개발부서가 개발 프로세스를 완벽히 관리하는 사치를 누리는 것은 아니다. 예를 들어 계약 개발을 아웃소싱하는 경우 공급사는 소프트웨어 개발자들이 확실한 모범 사례로 따르는 CMMI 5 등급을 받아야 한다고 주장하는 고객이 있을 수 있다.

이외에도 몇몇 소프트웨어 집약적인 제품들은 규제 산업으로 분류되어 ISO 9001과 같은 표준을 따라야만 한다. 의학적 규제를 받는 장치를 개발하는 회사들은 ISO 13458을 준수해야 한다. 미국에서 공공연하게 거래하는 회사들은 사베인-옥슬리[1]를 준수해야 한다. 이 목록은 계속 늘어나고 있다.

이런 표준 중 어떤 것도 스크럼과 완전히 맞는 수명주기를 갖고 있는 것은 없다. 하지만 그중 일부는 순차적 프로세스 사용을 가정하기 때문에 수명주기가 거의 유사했다. 이런 표준을 따르는 것은 선택의 여지가 거의 없기 때문에 스크럼 팀

---

1 옮긴이 사베인-옥슬리법(Sarbanes-Oxley Act)은 2001년 하반기 이후 엔론(Enron)을 필두로 월드컴(Worldcom), 타이코(Tyco), 제록스(Xerox) 등 대기업의 분식회계 사건이 발생함에 따라 2002년 회계, 공시 및 기업회계구조 등을 개혁하기 위해 제정된 법률이다.

은 스크럼 프로세스가 가능한지 확인하는 것에서 시작하여 어떻게 최선을 다해 준수할지에 관심을 가져야만 한다. 이번 장에서는 스크럼 팀이 공존하는 법을 배워야 하는 두 가지 공통된 표준 ISO 9001과 CMMI를 어떻게 준수하는지 살펴볼 것이다. ISO 9001과 CMMI에 대해 알아보는 것에서부터 다른 준수 상황에서도 유용한 몇 가지 대처 전략들을 일반화해 볼 것이다.

ISO 9001

국제표준화기구ISO는 9001 표준을 관리한다. 9001 표준의 완전한 표기는 ISO 9001:2000이나 ISO 9001:2008로 둘 다 표준의 연도별 특정 버전을 의미한다. ISO 9001 인증은 조직의 제품이 특정 품질 수준을 달성했다는 것을 보장하는 게 아니다. 그보다는 조직이 제품을 개발하는 데 있어 일련의 정형화된 절차를 따랐다는 것을 의미한다. ISO 9001을 준수하려는 노력의 많은 부분이 보통 조직이 따라야 하는 품질 실천법을 설명하는 장황한 문서나 웹페이지로 이루어진 품질관리 시스템을 만드는 일이다.

프로젝트 개발자와 포트폴리오관리 시스템인 프리마베라 시스템은 10개월에 걸쳐 품질관리 시스템을 만들었다. 회사는 기존 프로세스들을 문서화하는 워크숍을 30회 진행했고 매 워크숍마다 개발자의 교차 기능에 대한 발표가 이어졌다.

ISO 9001에 대한 노력을 기울이기 시작할 그 당시 애자일 실천법에 대한 경험을 상당히 가지고 있었다. 그런 상황이어서 직원들이 ISO 9001 도입 때문에 기민함이 사라지지 않을까 걱정하는 건 자연스러운 일이었다. ISO 9001 전문 컨설턴트인 프리마베라의 빌 맥마이클과 마크 롬바디는 주도적으로 함께 일했고 문서화가 기민함을 약화시키지 않는다는 것을 알아냈다.

> "동작하는 소프트웨어가 포괄적인 문서보다 우선이다"는 원칙을 위반한다는 염려가 있었습니다. 우리의 만트라(염원)는 유용한 참고자료와 기존 프로세스 사용을 돕는 정도의 문서화를 제공하는 것이었습니다. (McMichael & Lombardi 2007, 264)

거의 1년에 걸친 프리마베라의 경험을 입증하여 ISO 9001 인증 감사를 통과할 수 있게 한 것은 그래함 라이트였다. 런던에 있는 워크세어의 코치인 라이트는 조직의 성공적인 ISO 9001 인증에 참여했었다. 워크셰어가 XP를 적용한 지 1년이 조금 넘은 13개월이 시작됐을 때였다. 라이트가 이야기했다. "인증을 받는데 기존의 XP 실천법은 아무런 변화가 없었다."(2003, 47)

ISO 9001에 대한 나의 경험

이것은 ISO 9001에 관한 내 경험담이다. 2002년도에 ISO 9001 인증을 받기로 결정이 난 조직의 개발 팀을 관리했다. 그 팀은 프리마베라보다 스크럼에 생소했기 때문에 나는 다른 방식으로 접근했고 품질관리 시스템의 대부분을 직접 작성했다.

공식적인 감사 몇 달 전에 우리가 소프트웨어를 만드는 방법을 감사원에게 소개하고 우리에게 어떤 요구사항이 있는지 알기 위해 감사원을 만났다. 2002년 초반이라 감사원은 스크럼에 대해 들어본 적이 없었고 우리 중 누구도 ISO 9001에 대한 사전 경험이 없었다. 그 미팅 결과 우리는 몇 가지 프로세스를 변경했다. 첫째로 감사원은 인덱스카드에 쓴 사용자 스토리로는 감사를 통과시켜 줄 수 없다는 데 단호했다. 감사원은 사용자 스토리 포맷은 괜찮지만 '산출물'을 만들어야 한다고 고집했다. 우리는 노트북 사이즈의 종이에 사용자 스토리를 복사하고 각 사용자 스토리에 일련번호를 기입하여 바인더를 만들어 보관했다. 두 번째는 격식에 얽매이지 않는 설계 프로세스는 괜찮지만 설계 산출물을 더 만들 필요가 있다는 것이다. 감사원은 설계 회의가 끝난 후 화이트보드 사진을 찍고 누군가 수기로 작성한 노트의 복사본과 함께 바인딩할 것을 제안했다. 우리는 팀 룸에 잠겨 있는 파일 캐비닛에 모든 설계 산출물을 넣어두고 보관했다.

나중에 감사원이 돌아왔을 때 우리는 감사를 통과했다. 감사의 가장 재미있었던 부분은 감사원이 자동화된 테스트 프로세스에 감명받았던 때였다. 게다가 빌드 서버는 지속적인 통합을 하고, 밤마다 주로 Junit으로 작성된 수천 개의 테스트를 포함한 공식적인 야간 빌드를 하고 있었다. 우리는 지난 달에 매일 빌드한 결과를 보여줬다. 매일 밤 빌드와 모든 테스트가 성공일 정도로 완벽했다. 이 팀이 그리 대단한 팀은 아니었지만 다행스럽게도 그 기간 동안 한 번도 테스트가 실패하지 않았다. 감사원은 성공적인 테스트 결과를 보면서 물었다. "어떻게 테스트가 실패하지 않았다는 걸 알 수 있죠? 어쩌면 전혀 실행하지 않았을 수도 있고 테스트가 단지 성공했다고 보고할 수도 있잖아요." 글쎄 낮 동안에는 필연적이다시피 테스트가 실패했기 때문에 그게 아니란 것을 알고 있었다. 단지 밤에 실패한 적이 없었다. 하지만 매일 밤 빌드에 실패하는 테스트를 포함해야 한다고 이야기하는 감사원에게는 충분한 답변이 되지 않았다. 우리는 다음 코드를 추가했다.

```
assertTrue(false);
```

false는 true가 아니기 때문에 위 테스트는 실패한다. 실패하는 테스트를 추가한 후 우리는 ISO 9001 감사를 통과했다.

이런 과정들이 우리가 더 나은 소프트웨어를 만드는 데 어떤 도움을 준다고 생각하지는 않았지만 그렇다고 특별히, 지속적으로 부담을 주지도 않았다. 프로세스에 관한 모든 것을 문서화하는 것은 시간이 걸리지만 (연간 업데이트에 계획에 따라) 한 번만 하면 되었고 팀을 위해 내가 앞장서야 했다. ISO 9001 인증을 받은 두 개 회사에서 스크럼으로 일한 적 있는 주안 가바디니는 다음과 같이 동의했다.

> 회사엔 부담이 있지만 팀에 있어서 그렇게 나쁘지 않았다. 힘들지 않다는 말은 아니다. 그리고 린lean을 하지는 않더라도 가능한 린으로 모든 것을 유지하되 도움을 줄 수 있는 열린 마음을 가진 ISO 심사원의 도움이 필요할 것이다.(2008)

업무 능력 및 성숙도 평가기준CMMI

거의 처음 애자일 프로젝트가 생기고 난 후 회사들은 애자일 방법론이 소프트웨어 엔지니어링 기관의 업무 능력 및 성숙도 평가기준CMMI과 호환이 가능한지 물어봤다. 조직이 얼마나 프로세스를 가졌는지(혹은 적어도 얼마나 프로세스가 정의되어 있는지)를 측정하는 몇 가지 방법이어서 CMMI와 이전 모델인 소프트웨어 역량 모델 SW-CMM은 소프트웨어를 개발하는 무거운 방법으로 애자일 개발에 반대하는 것으로 비춰졌다. CMMI를 만든 팀의 일원이었던 리차드 터너와 아푸르바 제인 교수는 다음과 같이 말했다. "'기름과 물'은 명확한 차이가 있는 반면에 CMMI와 애자일 방식에 대한 이야기는 무언가 과장되었다."(2002)

터너가 애자일 프로젝트 적용 가능성을 언급했던 유일한 CMM 작성자는 아니다. 초기 SW-CMM의 주 작성자인 마크 포우크는 본래 SW-CMM의 18가지 핵심 프로세스와 비교하여 XP를 평가했다. 포우크의 의견은 XP가 대체로 혹은 부분적으로 레벨 3를 획득하는 데 필요한 13가지 영역 중 10가지에 대해 이야기하고 있는데 다른 3개도 방해는 되지 않는다고 말했다.

> 그러므로 우리는 CMM과 XP가 상호보완적이라고 볼 수 있습니다. SW-CMM은 조직에 일반적인 용어로 무엇을 하라고 이야기하지만 어떻게 하라는 이야기는 없습니다. XP는 특정 환경에서 상당히 구체적인 정보-구현 모델이 포함된 모범 사례들의 모음입니다. 완벽하게 설명하기는 어렵지만 XP 실천법은 CMM 실천법(목표나 KPA)과 호환이 가능합니다. (2001, 26)

애자일 실천법과 CMMI를 결합하는 일은 단지 이론적인 생각만은 아니다. 애자일 개발과 SW-CMM이나 CMMI를 성공적으로 결합시킨 회사들이 많이 있다. 필립스 연구소의 에릭 보스와 크리스트 브라이언스는 CMM 감사를 겪으면서 문서화된 초기 애자일 프로젝트 중 하나를 이끌었다. 그들은 "감사원은 투명하고 쉽게 접근 가능하며 한결 같은 프로젝트 정보에 특히 감명받았다"라고 이야기했다.(Bos & Vriens 2004)

참가했던 애자일 프로젝트가 CMMI 레벨 3으로 평가된 조에 패카로타 또한 CMMI와 애자일과의 호환 가능성을 찾았다. 그는 다음과 같이 이야기했다. "CMMI와 관련된 감사는 특정 방법론을 강요하지는 않지만 그룹이 모범 사례를 따를 수 있도록 도우려고 한다."(2008)

스크럼 같은 애자일 방법론도 이미 CMMI 레벨 5로 평가된 적이 있다고 조직에 소개했다. 덴마크와 영국에 있는 독립적인 소프트웨어 개발회사 시스테메틱은 400명이 넘는 직원이 있고 방위, 의료, 제조, 서비스 산업의 소프트웨어를 개발한다. 레벨 5가 된 지 대략 2년 후에 회사는 스크럼도 채택하기로 결정했다. 이는 CMMI와 스크럼이 상호보완적이라는 사실을 뒷받침해준다.

> 스크럼은 같은 수준의 프로세스 규율을 유지하면서 전에 CMMI 레벨 5를 위해 했던 것과 비교하여 모든 종류의 작업(결함, 재작업, 필요한 총 작업량, 프로세스 부담)을 거의 50% 감소시킵니다.(Sutherland, Jakobsen, Johnson 1007, 272)

스크럼을 시스테메틱의 CMMI 레벨 5 프로세스와 결합하는 것은 CMMI를 실천하는 데 따른 공통적인 문제에 대한 해결책으로 보인다. 특정 CMMI 레벨을 추구하면서 많은 조직은 소프트웨어(짐작건대, 그들이 출시할 제품)를 만드는 방법을 향상시키겠다는 최종 목표를 잊어버린다. 대신 회사들은 변화가 프로세스나 제품을 개선시키는지 생각지 않고 CMMI 문서화에 따라 소위 부족한 것들을 채우는 데 초점을 맞춘다. 이런 문제는 CMMI 목표와 가치에 집중하는 스크럼에 내재된 마음가짐 "최근에 날 위해 한 게 뭐야"를 결합했을 때 제거할 수 있다. 시스테메틱의 스크럼 도입에 참여한 제프 서덜랜드, 카슨 제이콥슨, 캔트 존슨은 스크럼과 CMMI의 결합을 '마법의 물약'이라고 언급했다.

> 둘을 섞으면 마법의 물약이 생깁니다. 변화를 받아들이는 동안에 프로세스가 효율적으로 수행되는지를 스크럼이 보장하고 CMMI는 모든 연관된 프로세스를 고려했다는 것을 보장합니다.(2007, 272)

준수하기

우리는 이론과 경험을 바탕으로 스크럼이 적어도 ISO 9001과 CMMI와 호환이 가능하다는 것을 확실히 규명했다. 이제 여러분 조직에서 스크럼을 성공적으로 결합시키기 위해 할 수 있는 구체적인 것들에 대해 살펴보자.

- **제품 백로그에 충분한 노력을 기울여라** _ 요구사항을 준수하는 프로젝트의 공통요소는 그들 모두가 제품 백로그에 충분한 노력을 기울이는 것에서 이득을 봤다는 것이다. 초반에 모든 제품 요구사항이 완전히 정확할 필요가 있다고 생각하지 않는다. 하지만 요구사항을 점진적으로 자세하게 정제할 수 있도록 제품 백로그를 잘 갖추는 데 투자한 팀은 13장 「제품 백로그」에서 이야기했듯이 그들이 정한 목표를 맞추는 데 이바지할 수 있다는 사실을 알았다.
- **제품 백로그 표준 준수에 따른 작업을 추가하라** _ 만약 문서나 다른 산출물을 표준에 맞춰야 한다면 제품 백로그에 이와 관련된 작업을 추가하라. 이렇게 하면 작업을 잊어버리지 않게 해줄 뿐 아니라 표준 준수 자체를 가시화시켜준다.

- **체크리스트 사용을 고려하라** _ 많은 프로젝트에서 체크리스트를 사용하는 게 도움이 된다고 알려져 있다. 체크리스트를 새로운 필수 단계로 생각하지 않는 게 중요하다. 대신 체크리스트에 팀이 이미 작업했던 단계가 들어 있어야 하고 단지 감사원과 감정인에게 그런 활동을 수행했다는 것을 증명하기 위해서만 존재해야 한다. 예를 들면 앞에서 언급했던 CMMI 레벨5 기업인 시스테메틱은 한 페이지짜리 스토리 완료 체크리스트를 사용했다. 이 체크리스트는 스토리가 추정되는지로 시작해서, 스토리가 시스템에 통합되었는지로 끝난다. 14장 「스프린트」에서 이야기했듯이 팀의 완료에 대한 정의는 체크리스트로 쉽게 바꿀 수 있다.
- **자동화하라** _ 어떤 스크럼 프로젝트든지 성공을 위해서는 빌드와 테스트 자동화가 중요하다. 프로젝트가 요구사항을 준수하기 위해서 정말 중요하다.
- **애자일 프로젝트 관리 툴을 사용하라** _ 추적성은 표준 준수에 있어 가장 중요한 고려사항이다. 손으로 쓴 인덱스카드, 벽에 걸려있는 크고 뚜렷한 차트 같은 실제 산출물을 선호하지만 표준 준수에 대한 요구사항을 위해서 애자일 프로젝트 관리 툴도 함께 고려해야 한다.
- **천천히 하지만 꾸준히 진행하라** _ 아마 하룻밤 사이에 ISO 9001 품질 시스템 매뉴얼과 같은 필요한 프로세스 요소를 점검할 수는 없을 것이다. 그러므로 스크럼 팀이 가장 잘 할 수 있는 것을 하라. 점진적으로 진행하라. 품질 시스템 매뉴얼이 좀 더 애자일하게 되도록 서서히 수정하라. ISO 9001의 많은 부분이 회사가 품질 시스템을 따르도록 만드는 것이기 때문에, 회사는 스크럼을 지원하기 위해 품질 시스템을 수정할 수 있다.
- **감사원과 함께 일하라** _ 가능하면 먼저 감사원을 만나라. 어떻게 소프트웨어를 개발하는지에 대해 편안하게 의논하고 감사원에게 위험한 부분을 알려 달라고 물어봐라. 프로세스가 눈에 띄게 다를지라도 표준이 지향하는 목표를 달성할 수 없는 건 아니기 때문에 가능하면 이런 사항을 이해하는 경험 있는 감사원과 작업하라.
- **외부 도움을 받아라** _ 나중에 인증을 통과하지 못했다면 인증을 통과한 적이 있는 외부 컨설턴트를 데려 와라. 만약 아직 스크럼에 능숙하지 않다면, 경험이 풍부한 스크럼 마스터를 데리고 와라. 두 부문 모두에서 전문가가 있거나 데려 오는 것은 대단히 중요하다.

> **함께 보기**
> 웹사이트 www.userstories.com는 애자일 프로젝트 관리 툴에 대한 리뷰를 제공한다.

계속 이어서

스크럼을 실제로 적용하는 데 방해가 없는 깨끗한 환경에서 진행한 적은 거의 없을 것이다. 이 장에서 세 가지 다른 유형의 방해에 대해 살펴봤다. 순차적으로 관리하는 프로젝트(아니면 스크럼 프로젝트 일부분을 순차적 방법으로 작업)와 작업이 필요한 경우 통합된 관리 시스템 내에서 작업해야 하는 경우 법, 규정, 표준을 따를 필요가 있는 경우, 다음 장에서도 계속해서 스크럼을 성공하기 위한 도전들에 대해 살펴볼 것이다. 총무, 인사, PMO와 같은 조직 내 다른 그룹이나 부서가 스크럼 팀이나 프로젝트에 영향을 주는 경우를 몇 가지 살펴볼 것이다.

더 읽어볼 것들

Boehm, Barry, and Richard Turner. 2005.
「Management challenges to implementing agile processes in traditional development organizations」. IEEE Software, September/October, 30~39.
1988년 보엠은 폭포수 프로세스에 대한 최초 타당한 대안들 중 하나인 나선형 모델을 제시했다. 이 책에서 공저자 터너와 함께, 애자일과 '규범화된' 프로세스는 같이 존재할 수 있고 프로젝트 특정 위험 요소를 기반으로 필요하면 혼합될 수 있다는 관점을 제시한다.

Glazer, Hillel, Jeff Dalton, David Anderson, Mike Konrad, and Sandy Shrum. 2008.
「CMMI or agile: Why not embrace both!」 Software Engineering Institute at Carnegie Mellon, November. http://www.sei.cmu.edu/pub/documents/08.reports/08tn003.pdf.
이 백서는 CMMI 모범 사례와 애자일 방법론이 서로 마찰을 겪지 않고 성공적으로 결합될 수 있다는 의견을 제시하고 있다.

McMichael, Bill, and Marc Lombardi. 2007.
「ISO 9001 and agile development」. In Proceedings of the Agile 2007 Conference, ed. Jutta Eckstein, Frank Maurer, Rachel Davies, Grigori Melnik, and Gary Pollice, 262~265. IEEE Computer Society.
이 짧은 사례 보고서는 어떻게 프리마베라가 ISO 9001을 기존의 스크럼 프로세스에 추가할 수 있었는지에 관한 구체적인 조언을 제공한다.

Paulk, Mark. 2001.
「Extreme programming from a CMM perspective」. IEEE Software, November, 19~26.
2001년도에 나온 조금 오래된 기사로 XP와 지금은 변경된 CMM을 비교하고 있다. 하지만 CMM의 주요 필자가 작성했고, 그의 의견은 여전히 읽을 만한 가치가 있다.

Sliger, Michele. 2006.
「Bridging the gap: Agile projects in the waterfall enter-prise」. Better Software, July/August, 26~31.
이 기사는 애자일과 폭포수가 조직 내에서 공존할 수 있다는 관점을 보여준다. 그리고 폭포수 선행, 최종 혹은 애자일 프로세스와 동시에 진행하는 것에 관한 구체적인 의견을 제시한다.

Sutherland, Jeff, Carsten Ruseng Jakobsen, and Kent Johnson. 2007.
「Scrum and CMMI level 5: The magic potion for code warriors」. In Proceedings of the Agile 2007 Conference, ed. Jutta Eckstein, Frank Maurer, Rachel Davies, Grigori Melnik, and Gary Pollice, 272~278. IEEE Computer Society.
생산성이 높은 프로젝트에 관한 이 보고서는 스크럼과 CMMI를 결합하는 것이 각각을 따로 하는 것보다 더 강력하다고 주장하며, 스크럼과 CMMI를 혼합하는 가이드라인을 담고 있다.

20장

인사, 총무, PMO

장기적으로 스크럼이 성공하기 위해서는 개발 외 조직도 애자일하게 변해야 한다. 그렇지 않으면 조직이 과거에 어떠했느냐와 상관없이 변화가 시작되기 전으로 돌아가도록 영향을 미치는 조직논리가 나타나기 시작한다. 개발 외 그룹이 애자일하게 되는 것을 무시하다가 스크럼 도입이 지연되거나 완전히 멈추는 것을 목격했다. 그런 상황에는 다음과 같은 것이 있을 수 있다.

- **인사** _ 스크럼 팀은 연례 인사고과 철이 돌아올 때까지 정말 잘한다. 불현듯 전적으로 개인 성과를 기준으로 다시 평가를 받고 급여가 인상된다는 것을 깨닫는다. 연례 인사고과에도 개인이 다른 사람들과 잘 지냈는지를 평가하는 부분이 있지만 최종적으로는 개인의 헌신과 행동이 연봉 인상과 승진을 가져온다는 것을 절실히 깨닫게 된다.
- **총무 그룹** _ 전체 팀이 같이 앉게 되면 애자일하게 되기가 더 쉽다. 하지만 총무 그룹이 소멸 그래프나 다른 중요한 프로젝트 데이터를 위해 벽 공간을 사용하는 것을 어렵게 하거나 막을 경우 팀은 사기가 떨어진다. 모든 사람이 여러분이 하는 일을 반대한다고 느끼게 되면 스크럼을 계속 밀어붙이기 힘들다.
- **프로젝트 관리 기구**PMO _ 프로젝트가 기존 PMO와 어떤 관련이 있는지 고려하지 않으면 스크럼 팀은 '망할 서류 작업과 프로세스'라는 불만을 갖기 시작할 것이다. 이렇게 되면 PMO를 적으로 만들게 되고, 조직에서 처음 조심스레 스크럼을 실험하던 그룹은 편치 않게 된다. 부가적으로 문서와 실천법을 적용하기만 하면 부서관리 방법으로 스크럼도 괜찮다고 응답할 것이다.

스크럼을 단지 개발 그룹 내에서의 변화로 잘못 보게 되면, IT 외부 부서에 의한 조직논리로 인해 개발 그룹을 변화 전으로 다시 되돌릴 수 있다. 이번 장에서는 조직의 변화 노력이 조직논리에 자유로울 수 있을 만큼 충분한 가속도를 얻도록 도울 수 있는 방법에 대해 살펴본다. 특히 언급했던 3개 그룹 인사, 총무, PMO에 있어 스크럼의 영향을 살펴본다.

인사

인사 그룹과 관련 있는 많은 이슈들은 책임 공유에 대한 변화로 인해 생긴다. 카첸바흐와 스미스는 『The wisdom of Teams』에서 왜 이렇게 하는 것이 힘든지 설명한다.

> 대부분 조직은 본질적으로 그룹(팀) 책임을 넘어 개인의 책임을 선호한다. 직무 정의, 보상 기준, 진로, 성과 평가는 개인에 초점을 맞추고 있다. 우리의 문화는 개인의 성과를 강조하고 다른 사람의 성과에 의존하여 결과를 내는 것은 직업적 포부를 불안하게 만든다. 개인의 책임을 팀의 책임으로 전환하려는 생각은 쉬운 게 아니다. (Katzenbach & Smith 1993, 3?4)

예를 들어 척의 경우를 생각해보자. 내가 척과 그의 동료들에게 몇 번의 스프린트 동안 짝 프로그래밍을 했으면 좋겠다고 이야기하자 척이 일어서서 말하기를 "인사 팀에 가서 이 일에 대해 이야기하겠어요"라고 말하며 스프린트 회고에서 나가버렸다. 무엇을 하려고? 나를 해고시키려고? 난 직원도 아니었다. 그래서 정말 혼란스러웠다. 남은 팀원들의 얼굴 표정도 당혹스러웠지만 우리는 회의를 계속했다.

다음 날 아침 그의 의도를 이해하기 위한 대화를 갖기도 전에 그 회사의 인사 담당자인 우슬라에게 사무실로 와달라는 전화를 받았다. 그와 논의한 내용은 이전 다른 회사에서 아주 비슷한 경험을 조금 했던 이후로 처음이었다. 척은 우슬라에게 가서 만약에 팀이 짝 프로그래밍을 도입한다면 그가 부당한 대우를 받게 될 거라고 불평했다. 품질에 신경을 쓰는 우수한 개발자인 척은 그룹에서 꾸준하게 좋은 코드를 만들어왔기 때문에 오랫동안 연봉 인상이 평균을 웃돌았다는 이야기를 우슬라에게 들을 수 있었다. 짝 프로그래밍이 도입되면 어떤 코드가 척이 작성한 것이고 어떤 코드가 다른 사람이 작성한 것인지 알 수 없어서 상사가 적절하게 평가할 수 없을 거라고 이야기했다. 그 결과 연봉 인상률이 내려갈 거라고 주장했다. 우슬라는 그 의견을 받아들였고 성과 문제를 내재하고 있어 불공평한 고과를 초래할 수 있기 때문에 개발자들이 짝으로 코드를 작성하는 것을 허가할 수 없다고 이야기했다.

이런 상황과 척과 같은 개발자 때문에 여러분이 직면한 몇몇 골치 아픈 이슈들은 인사 정책과 관련될 수도 있다. 인사 부서에 있는 직원들이 문제에 도움이 될 수도, 장애물이 될 수도 있다.

이 장에서는 앞으로 직면하게 될 보고 체계, 주기적인 성과 평가, 성과 문제, 진로 결정과 관련 있는 인사 문제들을 살펴볼 것이다.

보고 체계

스크럼이 성공하면 보고 체계는 없어도 된다. 나는 기능 위주의 조직, 프로젝트 지향적인 조직, 매트릭스 조직이 각각 성공하는 것을 보았다. 매트릭스 조직은 어려움이 더 많지만 조직이 다른 이점을 위해 그 구조를 선택하는 것도 놀랄 일은 아니다. 특정 유형의 조직 구조가 좋다고 강하게 주장하고 싶지는 않지만 조직은 가능한 평평해야 한다고 말하고 싶다. 팀원들과 회사 경영진 사이에 더 많은 계층이 있으면, 역기능이 생길 가능성도 많아진다.

스크럼 마스터에게 보고하기

경영진과 논의하다 보면, 팀원들이 스크럼 마스터에게 보고하는 것에 관한 질문을 가끔 받는다. 거기에 대해 하는 공통적인 조언은 좋은 생각이 아니라는 것이다. 하지만 지금은 이런 일반적인 조언과 다르게 팀원들이 스크럼 마스터에게 보고하는 것에 강력하게 반대하지 않는다고 이야기하려 한다. 몇 년 간의 경험으로 작은 조직에서는 스크럼 마스터와 상관을 별도의 역할로 가져갈 여유가 없다는 걸 알게 되면서 이렇게 생각하게 되었다. 혹은 두 역할 모두를 수행할 수 있는 뛰어난 사람을 고용하면서 생각하게 되었는지도 모르겠다.

보통 반대하는 이유는 스크럼 마스터에게 보고하는 팀원이 일일 스크럼에서 자유롭게 이야기하지 않을 것이기 때문이다. 예를 들어 개발자는 장애가 성능 검토 때 언급될 것이라는 두려움이 없으면 장애를 언급하지 않을 것이다. 물론 이것은 위험하다. 하지만 장애가 상대방을 공격하는 무기로 쓰일 수 있다는 것을 잘 아는 스크럼 마스터라면 이런 일을 쉽게 완화시킬 수 있다. 게다가 스크럼 마스터가 상관인 팀은 이런 유형의 장애를 더 잘 제거할 수 있다는 장점을 가진다.

팀원이 보고하는 것을 원하지 않는 스크럼 마스터가 있을까? 사실 나는 제대로 된 팀원이 기능 관리자보다 스크럼 마스터에게 보고하는 것을 더 좋아한다. 만약 제대로 된 스크럼 마스터만 있다면 애자일 신전에서 팀원이 스크럼 마스터에게 보고하는 것은 작은 죄에 속한다.

제품 책임자에게 보고하기

팀원이 스크럼 마스터에게 보고하는 것에 찬성한다는 내 의견을 감안하면 내가 제품 책임자에게 보고하는 것은 강력하게 반대한다는 사실에 놀랄지 모르겠다. 차이점은 건강한 팀에는 제품 책임자와 팀 사이에 자연스러운 긴장감이 있다는 것이다. 제품 책임자의 역할에는 더 많은 기능을 더 빨리 출시하는 것이 있다. 좋은 팀은 언제나 더 빨리 출시하는 것을 좋아한다. 하지만 제품 책임자의 요구대로 진행하면 제품 내부 품질에 해를 끼칠 수 있다. 그렇다고 생각되면 때로는 제품 책임자의 요구사항을 뒤로 미루는 것도 필요하다.

팀이 제품 책임자에게 보고를 하면 서로 간에 반드시 있어야 할 자연스런 긴장감이 사라질 수 있다는 사실을 알았다. 이런 긴장감은 팀원이 제품 책임자의 압력에 저항하는 힘이다. 제품 책임자가 자신의 상관이라면 이런 긴장감이 사라질 수 있다.

같은 이유로 스크럼 마스터가 제품 책임자에게 보고하는 것 또한 현명하지 못한 일이다. 스크럼 마스터와 제품 책임자가 회사 조직도 상에서 동등할 필요는 없지만 프로젝트에서는 서로 등등한 동반자로 대우해야 한다.

주기적인 성과 평가

많은 사람들이 조직 내 연례 인사고과제도를 폐지해야 한다고 주장했다. 거기에 대해 많은 인사 그룹과 논의해봤지만 인사 담당 이사가 연간 보고를 시작하느라 너무 바빴던 매우 작은 조직에서만 논쟁에서 이겼을 뿐이다. 여러분이 제거할 수 없는 관행을 비난하기보다는 주기적인 성과 평가가 스크럼 팀에 어떤 영향을 끼치는지 살펴보고 부정적인 영향을 최소화할 수 있는 방법을 찾고 긍정적인 영향을 강조할 것을 권한다.

평가에서 대부분의 개인적인 요인을 제거해보자 _ 성과 평가 기간 동안에 사람들이 가치 있는 것을 쫓아 행동하는 것은 놀라운 일이 아니다. 지금 바로 예전 평가 형태를 살펴보자. '누가 주어진 예산과 시간 내에서 과업을 효과적으로 관리했는지' 직원들을 평가해 달라는 요청을 받았다. 만약에 지난번에 낮은 평가를 받은 사람이 이 요인에 따라 행동한다면 어떻게 될 거 같은가? 그 사람이 동료의 지원 요청에 즉각 반응할까? 아마 아닐 것이다. 개인적인 평가 요인들이 개인 중심적인 행동을 이끌어낸다. 대신 우리는 사람들이 팀과 프로젝트에 있어 가장 유용한 것을 하길 원한다. 서양 문화권에서는 평가에서 모든 개인적인 성과 요인을 제거하면 많은 팀원들에게 저항을 받게 된다. 그런 상황에서는 개인 요인과 팀 요인을 50대 50으로 나누는 게 좋다.

팀워크 요인 포함하기 _ 대부분 성과 평가에는 직원들이 다른 사람과 잘 지내는지를 관리자가 확인하는 항목이 있다. 우리가 바라는 팀워크 형성에 도움이 되는 평가가 좋은 평가라고 할 수 있다. '주어진 예산과 시간 내에서 효율적으로 업무를 관리했는지'를 평가하는 경우, 먼저 '주어진 예산과 시간 내에 팀이 작업을 끝내기 위해 서로 돕도록'으로 바꾸는 것이 개선이라고 생각할 것이다. 하지만 '팀이 끝내도록 돕는 것'은 여전히 개인적인 척도이기 때문에 충분하지 않다. 여기에서 고려해야 할 요인은 '팀이 주어진 예산과 시간 안에서 작업을 효과적으로 관리하는가'여야 하고 팀에 있는 모든 사람들은 같은 등급을 받아야 한다.

반대 의견

"팀이 단위로서 역할을 하지만 팀도 개인으로 구성되어 있다. 내가 팀 원 한 명에게 도움을 요청하면, 그는 언제나 "그건 내 알 바 아니에요. 난 내 일 다 끝냈어요"라고 이야기하고는 웹

서핑을 다시 시작한다. 그럼 누군가 다른 사람이 항상 나서서 일을 도와주곤 한다. 그럼에도 그와 같은 고과 점수를 받게 되면 의욕이 꺾일 것이다."

나도 의욕이 꺾일 거라고 생각한다. 누군가는 그에게 자신의 태도가 팀에 미치는 영향에 대해서 이야기해 줄 필요가 있다. 이상적으로는 팀 모두가 스프린트 회고에서 용기 있게 이야기해야 한다. 만약 그렇게 하지 못한다면 스크럼 마스터가 나서서 그의 태도가 다른 사람들에게 미치는 영향에 대해 지도해줘야 한다. 더군다나 평가의 일부는 개인적인 성과 요인을 바탕으로 하는 게 거의 확실하기 때문에 평가에 있어 성과 문제를 포함할 충분한 기회가 있어야 한다.

- **일년에 한 번 이상 성과 평가하기** _ 직원과 관리자는 성과, 기대, 목표에 대한 비공식적인 논의를 위해 가능한 자주 만나야 한다. 하지만 만약 공식적인 성과 평가회를 전혀 하고 있지 않다면 일년에 한 번 이상 평가회를 열 필요가 있다. 애자일 조직이 아닌 곳도 해당되지만 스크럼을 사용하는 프로젝트는 처음 1~2년은 특히 더 빨리 움직이고, 직원들도 새로운 기술과 일하는 방식을 배워야 하기 때문에 더 중요하다.

- **다양한 사람들에게 평가에 대한 조언 요청하기** _ 정기적인 성과 평가를 작성하기 위해 자리에 앉았을 때, 거기에 있는 모든 개개인의 성과를 알 수는 없을 것이다. 그래서 다른 사람들에게 폭넓은 피드백을 받아야 한다. 기능 관리자는 직원들의 스크럼 마스터, 제품 책임자, 팀원, 기능 그룹 내 동료, 함께 일하는 사용자나 고객에게 평가를 요청해야 한다. 나는 보통 평가를 해줄 수 있는 사람을 선정해서 직원들이 성과를 높이기 위해 무슨 일을 시작했고 무슨 일을 끝냈고 혹은 하고 있는 일은 무엇인지 이메일을 보낸다. 그리고 난 후 회신된 이메일에서 공통된 맥락을 찾고 거기에서 조치 가능한 제안을 만들기 시작한다.

- **인사 그룹을 교육하고 참여시키기** _ 우리가 이야기했던 많은 변화들은 인사 그룹의 참여나 승인이 필요하다. 하지만 그것 말고도 개발 조직에서 어떤 변화가 계획 중인지에 대해 적극적으로 인사 그룹을 교육해야 한다. 만약 스크럼에 관한 반

나절짜리 교육을 진행 중이라면 인사 그룹이 참석하도록 요청하라.

가브리엘 베네필드는 야후에서 애자일 제품 개발 담당 이사로 있는 동안 인사그룹이 교육에 참석하도록 요청했다. 교육에 참석했던 인사그룹 책임자는 인사과가 연간 평가 프로세스를 수정하는 자체 프로젝트를 관리하는 데 스크럼을 사용하기 시작했다. 베네필드는 결과에 대해 다음과 같이 서술했다.

스크럼을 사용하면서 프로젝트를 일정 내에 성공적으로 완료했습니다. 팀이 분산되어 있고 인터럽트가 있어서 진척 상황을 알려주는 잦은 미팅과 주기적 이터레이션을 좋아했습니다.

팀원 내보내기

나는 데릭이 컨퍼런스에서 나를 향해 걸어오는 것을 보고 매우 흥분했다. 그를 처음 만난 것은 그의 회사에서 내가 교육을 진행할 때였다. 3개월만에 만났지만 항상 즐겁게 이야기 나눴던 얼마 전으로 돌아갈 수 있었다. 이번 만남이 그 동안의 공백을 메울 수 있는 좋은 기회라고 생각했다. 인사를 나누면서 무언가가 그를 정말 힘들게 하고 있다는 사실을 알 수 있었고 이야기를 나누기 위해 자리에 앉았다. 데릭이 이야기하길 지난주 팀 스프린트 리뷰에서 그가 스크럼 마스터에서 물러나고 팀을 떠나기로 결정됐다고 말했다. 그 이후로 회사 내에서 합류할 다른 스크럼 팀을 찾고 있는 중인데 팀에서 나가달라는 요청으로 인한 충격은 아직 사라지지 않은 상태였다.

드문 경우이긴 하지만 데릭의 상황이 전례가 없던 것은 아니다. 팀에서 누군가를 내보낼 권한을 팀이 가질지에 관한 질문은 공통의 화제이다. 보통 '섬에서 쫓아낼 사람 투표하기'로 언급되는 팀원 내보내기는 가볍게 언급할만한 행동이 아니다. 그런 조치를 취하기 전에 팀원 중 한 명을 내보내면 더 좋을 거라고 팀원들이 생각하게 만드는 문제점을 해결하려는 노력이 있어야 한다.

팀은 자체적으로 누군가를 내보낼 수 있는 권한을 가져서는 안 된다. 12장 '자기 조직적인 팀 이끌기'로 돌아가 생각해보면, 자기 조직적인 조직은 아무것도 없는 상태에서는 생기지 않는다는 사실을 떠올릴 수 있을 것이다. 자기 조직화된 조직이 만들어지기 위해선 올바른 전제 조건이 갖추어져야 한다. 조직이 만든 경계

안에서 개인 다음에 자기 조직화된 조직이다. 이 내용은 CDE 모델에서 가져왔는데, 이 모델에 따르면 사람들을 나누는 영역이 있고, 영역 간의 차이가 있고, 이들 간에 교류가 있을 때 자기 조직화가 일어난다고 말한다. 12장에서도 조직 내 리더들이 영역, 차이, 교환을 통해 자기 조직화된 팀에 영향을 주는 방법에 대해 이야기하고 있다. 예를 들어 시간이 흐르면서 서로 부딪다 보면 팀은 매우 동질적 집단으로 변한다. 영리한 제품 챔임자, 기능 관리자 혹은 스크럼 마스터라면 근본적으로 배경, 기술, 의사결정 스타일 등이 다른 새로운 팀원 두 명을 추가함으로써 이에 맞서려 할 것이다.

이 사례에서는 가능해 보이지 않지만 의도적으로 리더가 투입한 인력을 팀의 규범을 따르지 않는다고 투표를 통해 내보낼 수도 있지 않을까? 그러므로 팀 구성에 대한 궁극적인 권한은 조직의 리더십에 있어야만 한다. 물론 그런 리더들은 특정 팀원이 없으면 좀 더 생산적이 될 거라고 팀원들이 말하는 것에 귀 기울여야 한다. 하지만 팀원들이 직접 팀에서 누군가를 내보내는 것을 허가해서는 안 된다.

진로

어떤 직원은 팀에서 쫓겨나는 것을 걱정할지 모르지만 반면에 또 어떤 직원은 자신의 진로에 대해 더 걱정할 수 있다. 대부분 조직에서 한 사람의 진로를 연차순으로 살펴보는 것은 쉬운 일이다. 여러분의 기술적인 숙련도가 적정 수준에 이르면 비슷한 기술을 지닌 사람들이 모인 작은 그룹의 팀 리더가 되고 관리자, 상위 관리자가 되고 고위 관리자가 된다. 위로 올라갈수록 기술적인 숙련도는 조금 잃어버리겠지만 조직도에서 여러분 이름 아래 더 많은 이름들이 붙게 된다. 당신에게 직접 보고하는 사람 수가 조직 내 당신의 중요도와 직접적인 상관 관계를 가진다.

스크럼에 의해 조직도가 수평적으로 변하면서 역할이나 직함이 사라지게 되는데 이로 인해 많은 직원들은 자신들의 새로운 진로가 무엇이 될지 궁금해 할 것이다. 직원들은 앞으로 어떤 유형의 일을 하게 되는지 어떻게 자신들의 작업이 더 가치 있어졌는지를 본인이나 다른 사람들이 어떻게 알 수 있는지 궁금해 할 것이다. 조직이 스크럼을 도입하고 나면 더 이상 얼마나 많은 사람이 보고를 하는가로 개인의 성공을 측정할 수 없다. 그보다는 얼마나 많은 책임이 주어졌는지로 측정할 수 있다. 예를 들어 새로운 스크럼 마스터는 아마도 작고 성숙된 팀을 한 개 정도 맡을 것이다. 그 상황을 성공적으로 처리하고 나면 이 스크럼 마스터는 스크럼 경험이 없고 더 중요한 프로젝트를 진행하는 다른 팀과 함께 일하게 된다. 이런 일은 스크럼 마스터가 여러 팀을 맡게 되고, 스크럼 마스터 실행 공동체 등을 이끌 때까지 계속된다.

이와 같은 진로(한 개 프로젝트가 성공하면 다음 번에는 책임이 늘어나는)를 개발자, 테스터, 디자이너 등을 포함한 스크럼 팀의 모든 역할에 적용할 수 있다. 진로 초기에 개발자는 코딩보다 조금 더 많은 일을 위해 팀에 배정될 것이다. 이후에 높은 가용성을 갖는 웹사이트에 대한 경험을 다른 사람도 배우고 싶어하기 때문에 개발자를 다른 팀에 배정할 것이다. 또 그 이후에 문제 해결과 대인 관계에 대한 기술도 필요하기 때문에 특정 팀에 배정할 것이다. 성공에는 더 많은 책임이 따른다.

이 방식은 4,000명이 넘는 직원이 일하는 소프트웨어 개발 회사인 SAS에서 널리 사용하는 방식이다. SAS는 포춘 지가 선정한 일하기 가장 좋은 회사 순위에서 상위 20위 안에 매년 들어간다. 하버드 비즈니스 리뷰의 기사는 SAS의 다국적 문화에 대해 이야기하고 있다.

> SAS는 활기찬 마음을 가지고 일하는 게 궁극적으로 더 나은 성과와 더 나은 제품을 이끈다는 믿음 아래 운영된다. 스톡 옵션으로 사람을 매수하려 하지 않고, 절대 제공하지도 않는다. SAS에서 일을 잘 끝낸 것에 대한 최고의 보답은 더 도전적인 프로젝트이다. (Florida & Goodnight 2005, 126)

반대 의견

"잠깐만요. 만약 팀이 자기 조직화되었다면 고 가용성 시스템을 설계하고 문제를 해결하는 것에 대한 책임을 어떻게 한 사람이 질 수 있나요?"

책임은 한 사람이 지는 게 아니고 여전히 팀에 남아 있다. 하지만 리더는 특정 팀원에 대해 높아진 기대치에 대해 이야기할 수 있다. "당신은 대인 관계 능력이 뛰어나기 때문에 팀에 당신이 필요합니다. 일 년 전에 프랑수아와 제임스 사이에 발생했던 이슈를 어떻게 해결했는지 기억나는데 아마 이 팀에서도 유사한 문제가 생길 것입니다." 리더가 특정 팀원에게 기대하는 바와 팀에 특정 팀원을 투입한 이유를 비밀로 유지해야 한다는 의미는 아니다. 이와 비슷한 사례를 또 들 수 있는데 특별한 기술적 능력 때문에 팀에 투입되었다는 것을 전체 팀에 공유하지 않을 이유가 없다.

인력이 추가되면 언제나 사람들 사이에 문제가 발생한다

소프트웨어 개발은 내재적으로 인력 집약적인 활동이기 때문에 사람들 간에 문제가 발생한다. 그렇다고 사람들 간의 모든 문제를 미리 찾아내는 것은 불가능하다. 여기서 살펴본 것은 그중에서 가장 잘 일어날 것 같은 문제들이다. 이 장에서 다루지 않은 그밖의 문제는 바라건대, 난관에 대처하는 행동에 대해 직원들 간에 같은 원칙을 고수함으로써 막아낼 수 있을 것으로 본다.

> **지금 시도해볼 것들**
>
> 인력을 관리하는 부서나 인사과에 있는 사람을 만나라. 스크럼이 무엇이고 왜 여러분 부서나 팀이 스크럼을 도입하려고 하는지 간략하게 설명하라. 기존 인사 정책과 예상되는 충돌에 대해 설명하라. 담당자에게 예상되는 다른 충돌이 있는지 물어봐라. 이런 상황을 완화시키기 위해 도움을 줄 수 있는지 물어봐라.

설비

부적절한 작업 공간에서 스크럼을 해본 팀이라면 스크럼을 적용하는 게 얼마나 어려운지 안다. 이상적인 작업 공간은 팀원들이 애자일한 방식으로 일하는 데 도움이 된다. 하지만 불행하게도 실제로 팀의 노력을 방해하는 이상적인 환경과 거리가 먼 작업 환경이 많다.

사실 팀의 물리적인 작업 공간은 어떤 식으로 일하느냐에 많은 영향을 미치는데 제럴드 와인버그는 물었다. "누가 가장 중요한 처리를 하는 사람입니까? 가구를 배치하는 사람입니다."(Dinwiddie 2007, 208) 팀의 물리적인 환경은 팀이 얼마나 애자일하게 되는지에 많은 영향을 끼친다. 『Extreme Programming Explained』에서 켄트 벡과 신시아 안드레스는 '유익한 작업 공간'을 주요 실천법으로 들었다.(2004) 여기서는 팀의 물리적인 환경이 애자일하게 되는 능력에 미치는 영향 중에 환경의 두 가지 관점인 물리적 공간과 공간 안의 가구에 대해 살펴볼 것이다.

공간

6피트(약 2미터) 높이의 칸막이 벽을 가진 전통적인 첨단 사무실이 공동 작업에 방해가 되는 건 확실하다. 작업 공간을 설계하는 팀들 사이에 벽의 가장 보편적인 대체물을 인테리어 디자이너들은 '굴과 공동 공간'이라 부른다. 이 방식은 작고 조용한 장소들(동굴들)과 공동 구역의 결합을 의미한다.

보통 스크럼을 도입하기 전에 만들어진 동굴과 공동 공간 방식은 직원 개개인 전용의 작은 방과 소파 세트, 화이트보드, 책장이 있는 중앙 공간으로 꾸며진다. 직원들은 자발적인 토론을 위해 공동 공간에서 만난다는 발상이다. 스크럼 팀은 이 아이디어를 받아들일 수 있지만 기회가 주어지면 공동 공간을 위해 동굴과 공동 공간의 비율을 조정한다. 스크럼 팀의 동굴과 공동 공간은 보통 작은 방을 완전히 없애고 누구든지 사용이 가능한 작은 방이나 회의실들로 둘러싸인 커다란 공동 작업 공간으로 꾸며진다.

3M에 있는 스크럼 팀은 자신들의 공간을 열린 작업 환경이라고 바꿔서 부른다. "열린 공간이 즉흥적인 공동 작업에 아주 좋다는 사실을 발견했습니다. 팀원들은 다른 팀원들이 시간적 여유가 있는지 빨리 알 수 있습니다." 열린 공간이 만들어 내는 협력 정신과 에너지가 팀을 활력 있게 만든다고 말한다. 그들은 다음과 같이 결론지었다. "협업에 맞춰서 팀 룸을 설계하면 스크럼 작업 환경을 만드는 데 도움이 되고 팀의 집중력과 응집력을 키워줍니다."(Moore 외 2007, 176)

열린 작업 환경이 주는 또 다른 장점은 공간 배치를 변경하기 쉽다는 점이다. 팀에 있는 사람들이 다른 사람들과 어떻게 일하는 게 최선인지 알아가는 동안 공간을 다르게 배치해 본다. 게다가 팀의 크기가 바뀌기 때문에 팀에 필요한 부분을 더 잘 수용하는 데는 열린 공간이 변경에 유연하다는 이점이 있다.

반대 의견

"나는 공동 공간에서 일하는 것을 원하지 않습니다. 그런 장소는 시끄럽거든요. 집중할 수 있는 조용한 곳이 필요합니다."

소프트웨어 프로젝트에 조용하고 고도의 집중이 정말로 필요한 시간이 있다. 하지만 공동 작업, 회의, 지식을 공유하고 이해하는 게 중요한 때가 더 많다. 누군가 정말로 조용한 공간이 필요하면, 동굴 속에 은둔하는 것이 개인을 존중하는 선택이 될 수 있다. 헤드폰을 사용하는 것을 일반적으로 못마땅하게 여기지만 집중이 정말 필요할 때 한해 사용한다면 수용 가능한 의견이 될 수도 있다.

다행스럽게도 대부분 사람들은 소음이 증가하더라도 팀원들과 더 자주 교류하는 게 도움이 된다는 사실을 안다. 다음은 시드 레이한과 니멧 해큐의 경험이다.

> 놀랍게도 처음부터 팀은 열린 공간에 대한 생각을 좋아했습니다. 그들을 설득하는 데 어떤 문제도 없었구요. 팀원 중에는 너무 가깝고 커뮤니케이션이 많아져서 일에 집중할 수 있을지 걱정하는 사람도 있었지만 상호 교류가 실질적으로 이슈를 더 빨리 해결하는 데 도움이 되고 서로를 이해할 수 있게 해준다는 것을 곧 깨달았습니다. 지금은 작은 방이 오히려 역효과를 낳는다는 것을 알게 되어 더 이상 작은 방을 갖길 원하지 않습니다.
>
> (2008, 354)

전략회의실은 전체 공간이 된다

스크럼을 도입하기 전에는 많은 팀이 모든 회의를 위해 전적으로 사용할 수 있는 회의실인 '전략회의실$^{War\ Room}$'에 대해 강한 열의를 가졌다. 전체 열린 작업 공간은 전략 회의실이 되기 때문에 스크럼 팀에게는 전용 전략회의실이 더 이상 필요 없게 된다. 일일 스크럼과 다른 회의들이 회의실보다는 팀의 열린 공간에서 진행된다.

전통적인 전략회의실이 주는 한 가지 이점은 일정에 없던 회의를 여는 데 편리한 장소를 제공한다는 것이다. 갑자기 이슈에 대한 토의를 계속하기로 결정한 팀원 네 명은 일정이 잡혀 있지 않은 전략회의실로 간단히 들어갈 수 있다. 회의실이 팀에 속해있기 때문에 필요할 때면 거의 언제나 사용이 가능하다. 스크럼 팀도 여전히 자연스러운 회의를 위한 장소가 필요하다. 작은 회의실을 팀에 배정하기도(혹은 작은 스크럼 팀이 공유하기도) 하지만 보통은 팀의 열린 작업 공간 중앙에 작은 테이블을 놓을 뿐이다. 즉흥적인 회의 공간은 별도 회의실이 될 수도 있고 공용 공간이 될 수도 있는데 어떤 공간이 되느냐는 전적으로 모든 토론을 듣고 (토론에 참여하거나 빠질 수 있고) 싶으냐 아니면 더 조용한 공간에서 긴 토론을 이어가느냐에 대한 팀의 선호도에 따라 결정된다.

만약에 커다란 열린 공간을 만들기 위해 공간을 변경하려 한다면 스크럼 마스터와 제품 책임자도 포함하여 팀의 모든 사람이 들어가기에 충분한 공간인지 확인해라. 모든 사람이 아니라 팀원 일부만 포함하는 것만큼 나쁜 경우는 없다. 예를 들어 디자이너를 다른 사람과 멀리 떨어뜨려 앉혀 놓으면 억울해 할 것이다. 팀원들은 함께 붙어 앉으면서 디자이너들을 떨어뜨려 앉히게 되면 디자이너들이 프로젝트 외부 사람인 것처럼 느끼게 될 것이다.

프로젝트 전체 인력이 100명이고 팀도 여럿인 프로젝트가 있을 때 정말 큰 하나의 열린 공간에 모두 앉아야 한다는 말은 아니다. 대규모 프로젝트라면 20명 정도가 편하게 지낼 수 있는 열린공간을 여러 개 쓰는 게 가장 일반적이고 성공적이다. 하지만 이런 공간을 사용할 때 주의할 점이 기능 팀 단위가 아닌 스크럼 개발 팀 단위로 앉아야 한다는 점이다. 예를 들어 테스터들은 모여 있는데 개발자들은 군데군데 떨어져 앉는 것은 피해야 한다.

경영진의 후원이 도움이 된다

물론 스크럼 마스터는 생산성을 위해서 어떤 장애물을 제거하는 일을 한다. 그리고 의사소통과 팀워크를 저해하는 작업 공간은 틀림없는 장애물이다. 하지만 스크럼 마스터가 작업 공간을 개선하기 위해서는 기업 이행 공동체^{Enterprise Transition Community}나 경영진의 도움이 필요하다. 스크럼 트레이너인 가브리엘 베네필드은 야후에서 스크럼 도입을 이끌 때 다음과 같은 사실을 찾아냈다.

> 경영진은 자기만의 방식과 요식 체계대로 하는 경향이 있고 많은 힘을 가지고 있기 때문에 설비에 대한 작업을 진행하는 데 경영진의 후원은 상당히 중요하다. 욕을 먹으면서까지는 좀 그렇지만, 계속 재촉하면서 잘 지켜보다가 무엇을 빼낼 수 있는지 파악하는 것은

필요하다. 어떤 팀들은 더 주도적이어서 스스로 (회사 정책에 반하여) 간단하게 가구를 치워 버리기도 하는데 이런 게 잘 먹힐 때도 있지만 그렇지 못한 경우도 생긴다. 팀원들이 하기에는 어렵고 작업에 해가 될 소지가 있는 경우 이런 장애물을 없애기 위해서 상위 관리자의 도움이 필요하다. 안된다는 대답을 들었다면 대답 속에 숨어 있는 진짜 이유를 찾을 필요가 있다. 어떤 경우에는 금전적인 이유가 될 수 있다. 이런 경우에는 비용이 적게 드는 방식이 있는지 혹은 다른 방법으로 자금을 확보할 수 있는지 알아보자. 만약 소방 정책 때문이라면 변경이 불가능할 것이다. 만약 시간이나 자원의 문제라면 스스로 할 수 있는지 알아보자.

반대 의견

"내 칸막이를 포기할 순 없어요. 난 창문이 있는 아주 좋은 자리를 차지할 수 있을 만큼 여기서 오래 일했거든요."

스크럼을 도입할 때 일어나는 공통적인 문제는 기존에 소프트웨어를 개발하던 방식으로 이득을 보던 사람이 그런 이득 대부분을 포기해야 한다는 것이다. 꽤 괜찮은 직함을 달고 있던 사람이 단순히 팀원이 된다. 큰 창문이 있고 칸막이로 나눠진 사무실을 가진 사람이나 아직 없는 사람들도 공유하는 공동 작업 공간으로 옮겨야 한다. 많은 경우에 멋진 직함과 더 좋은 사무실이 조직에서 그 사람의 지위를 나타낸다. 그리고 그 둘을 가진 사람들은 당연히 그것들을 포기하길 꺼려한다.

때로는 '다같이 잘되기 위해서 한다'는 주장이 효과가 있다. 인생은 공평하지 않다는 데 동의하지만, 만약 스크럼 도입이 성공하면 조직은 더 성공할 것이고, 그렇게 되면 모든 사람이 더 도전적이고 흥미 있는 프로젝트를 진행할 수 있는 더 나은 기회를 얻을 것이다.

가구

어떤 팀은 가구를 이용하여 창조적으로 공간을 만들기도 하고 좋은 아이디어를 실행할 수 있는 예산을 배정받는 행운을 갖기도 한다. 이런 상황에서 팀이 할 수 있는 보편적인 방식은 이동 가능한 책상과 커다란 열린 공간의 조합이다. 이 방식은 어떤 배치로든 팀에 맞는 작업 공간을 만들 수 있게 해준다. 어떤 팀은 책상 두 개를 서로 얼굴을 마주보도록 배치하는 것을 좋아하고, 어떤 팀은 다른 사람의 얼굴을 하루 종일 바라보는 게 사람을 불안하게 만든다는 것을 알고, 팀원들이 서로 등지도록 책상을 배치하는 것을 좋아한다. 원하면 즉석에서 변경할 수 있다는 것을 넘어서 이동 가능한 책상은 팀에게 강력한 메시지를 전달한다. 문자 그대로 자신들이 만들기로 한 제품이나 시스템을 개발하기에 최적으로 작업 공간을 스스로 구성하고 조직하여 아이디어를 강화할 수 있다.

아마도 이동 가능한 책상보다 더 중요한 것이 책상 모양과 넓이다. 대부분의 좋은 스크럼 팀은 결국에 짝 프로그래밍(혹은 더 일반적으로 두 명의 팀원을 짝을 짓는)을 상당히 하게 된다. 만약 가장 중요한 작업들에 한하여 짝 프로그래밍을 하기로 결정했더라도 적절한 책상이 있으면 일하기 좀 더 수월해진다. 작거나 곡선인 책상은 두 명이 나란히 같은 모니터를 보고 일하는 것을 어렵게 만든다. 한 사람만 책상 아래 다리를 넣을 수 있는 경우는 문제를 더 심각하게 만든다.

사소한 것에 목숨 걸어라

책상보다 더 작은 물건에도 주의를 기울여야 한다. 전화기는 공통적인 문제의 근원이다. 팀원들이 책상을 이리저리 옮기거나 짐을 싸고 푸는 일은 쉬울지 몰라도 전화가 울리는 것을 바꾸는 것은 어려운 일이다. 어떤 회사들은 VoIP폰을 이용하여 이 문제를 해결하려 하지만 내가 그런 시도를 해본 팀들과 이야기해 본 바로는 일반적으로 똑같은 많은 문제들을 여전히 갖고 있는 것으로 보고됐다.

코팩스에서 애자일 개발부문을 관할하는 존 코넬은 열린 작업 공간을 도입할 때 전화로 인한 전혀 다른 문제를 경험했다.

처음 열린 공간에 대한 초기 계획에는 이전에 각 개인들이 가지고 있던 개인 전화기를 대체하기 위해 팀원들이 공유하는 사무실 전화기가 있었다. 경영진들은 요즘에는 모든 사람들이 휴대전화를 가지고 있고, 기술 인력 대다수가 업무와 관련된 전화를 받을 일이 없기 때문에 문제가 되지 않을 거라 생각했다. 하지만 직원들 생각은 달랐다. 그들은 사무실 전화를 중요하게 여겼다. 그리고 팀원들은 경영진이 생산성을 저해한다고 다시 한 번 느꼈다.

집에 일반전화를 설치하지 않고 휴대전화만 이용하는 개발자가 있을 것이지만, 한편에선 전화가 없으면 이류 시민 같다고 느끼는 팀원도 있을 것이다. 아무튼 이는 경영진이 팀에 보내려고 의도했던 메시지가 아님에도 불구하고 그런 식으로 해석되기 쉽다.

모든 사람들이 앉는 곳

사람들이 공유하는 열린 작업 공간에 앉는 것이 보통 각자 사무 공간 안에서 일하는 것보다 덜 위험하다. 개인 공간이 적을수록 트인 시야를 즐길 수 있다. 자주 짝 프로그래밍을 하면 사람들은 하루 종일 같은 자리에 앉아 있지 않게 된다. 심지어 이동 가능한 책상이 없어도, 열린 공간 한쪽에서 다른 쪽으로 옮길 수만 있어도 괜찮다. 스크럼 마스터는 팀의 보호자로서 팀 공간의 주요 입구 가까이 앉는다. 애자일 코치 조지 딘위디는 팀의 관리자/스크럼 마스터가 팀을 보호하는 감시자 역할을 했던 팀을 상기한다. 누구든 방에 들어오려면 그 관리자는 하던 일을 멈추고 용무가 무엇인지 추궁했기 때문에 개발자 한 명은 이를 '도베르만 효과'라고 불렀다.[2007, 208] 만약 관리자가 필요한 정보를 줄 수 있으면 정보를 제공했기 때문에 팀이 방해받는 것을 막을 수 있었다. 필요한 정보를 줄 수 없고 꼭 필요한 요구인 경우에만 팀 구역에 들어갈 수 있었다.

작업 공간에서 꼭 눈에 보여야 할 것들

지금까지 좋은 스크럼 작업 공간의 두 가지 요소인 공간과 가구에 대해 생각해보았다. 이번 절은 이상적인 애자일 작업 공간 안에 꼭 보여야 할 것들의 체크리스트가 들어 있다.

- **크고 눈에 띄는 차트** _ 좋은 스크럼 팀은 작업 공간을 크고 눈에 보이는 다양한 차트들로 가득 채운다. 가장 보편적인 것 중 하나가 현재 스프린트에 남아 있는 시간을 매일매일 숫자로 보여주는 스프린트 소멸 그래프다. 이런 차트는 프로젝트 현재 상태를 확실하게 가시적으로 보여준다. 차트를 보면 팀원이 관심을 갖기에 스프린트 동안 가장 중요한 것을 보여주고 다양한 정보를 고려하라. 론 제프리스는 고객 인수 테스트를 통과한 수, 날마다 테스트의 통과/실패 상태, 스프린트

와 출시 소멸 그래프, 스프린트마다 제품 백로그에 추가된 새로운 스토리 개수 등 다양한 차트를 제안했다.(2004)

- **추가적인 피드백 장치** _ 크고 눈에 보이는 차트 외에도 스크럼 팀 작업 공간에서 추가로 흔히 발견할 수 있는 게 피드백 장치들이다. 가장 일반적인 것 중 하나가 자동화된 빌드가 깨졌을 때 켜지는 라바램프다. 개발 서버 이슈 같은 예외적인 상황을 나타내는 반짝이는 빨간 신호등을 사용하는 팀들과 일한 적도 있다. LED 신호는 트위터에서 오는 메시지를 표시하도록 프로그램 할 수 있다. 또 인기 있는 것으로는 무선으로 프로그램이 가능한 앰비언트 오브[1]나 나바즈타 토끼[2]를 팀이 원하는 대로 색을 바꾼다거나 메시지를 읽어주거나 귀를 씰룩씰룩 움직이도록 설정할 수도 있다. 소프트웨어 아키텍트인 조아네스 브로드월은 간단한 해결책으로 애자일 선호도를 보여주었는데 테스트, 검수, 개발 서버를 모니터링하기 위해 델콤사 제품 같은 USB 연결이 되는 장치를 추천했다.(2008) 이런 장치들은 작업 공간을 좀 더 생기 있게 만들고 팀이 알아야 하는 정보를 조용히 가져오는 데 도움이 된다.

- **팀에 있는 모든 사람** _ 이상적으로는 팀에 있는 각자가 팀에 있는 모든 다른 사람을 볼 수 있어야 한다. 여기에는 스크럼 마스터도 꼭 포함되어야 하고 이상적으로는 제품 책임자도 마찬가지다. 하지만 제품 책임자는 개발 팀 외 다른 팀에 대한 책임도 맡기 때문에 팀 근처에 앉는 것도 좋다. 그럼에도 이상적인 경우는 팀 작업 공간에 모든 사람이 제품 책임자를 볼 수 있어야 한다.

- **스프린트 백로그** _ 스프린트에 필요한 모든 작업이 완료되었는지 확인하는 가장 좋은 방법 중 하나는 스프린트 백로그를 눈에 띄게 하는 것이다. 그렇게 하기 위한 가장 좋은 방법은 스프린트 백로그를 벽에 붙이는 것인데 이상적인 형태는 태스크보드다. 태스크보드는 보통 행과 열로 구분하는데 행에는 특정 사용자 스토리와 그 스토리를 위한 각각의 태스크를 인덱스카드나 포스트잇으로 나타낸

---

1 옮긴이 앰비언트 디바이스가 개발한 공 모양의 정보단말기. 주가지수의 상황, 골프장의 날씨, 응원하는 야구팀의 시합 상황 등 이용자가 지정한 정보를 LED 램프의 색으로 보여준다. 수치를 보지 않아도 알고 싶은 정보의 움직임을 직감적으로 파악할 수 있게 해준다.
2 옮긴이 Nabaztag는 아르메니아 말로 토끼를 뜻한다. 나바즈타 스마트 토끼(Nabaztag Smart Rabbit)는 TV안테나 역할을 하는 귀를 통해 무선 와이파이(Wi-Fi) 네트워크에 접속, 증권시장 동향, 날씨, 교통 정보 등을 알려준다.

다. 그림 20.1에 예가 나와 있다. 태스크 카드는 최소한 할 일, 진행 중, 완료[3]를 나타내는 열에 위치한다. 태스크 보드는 슬쩍 보기만해도 팀원들이 어떤 작업을 진행 중이고 완료를 위해 남은 작업이 무엇인지 한 눈에 알 수 있게 해준다.

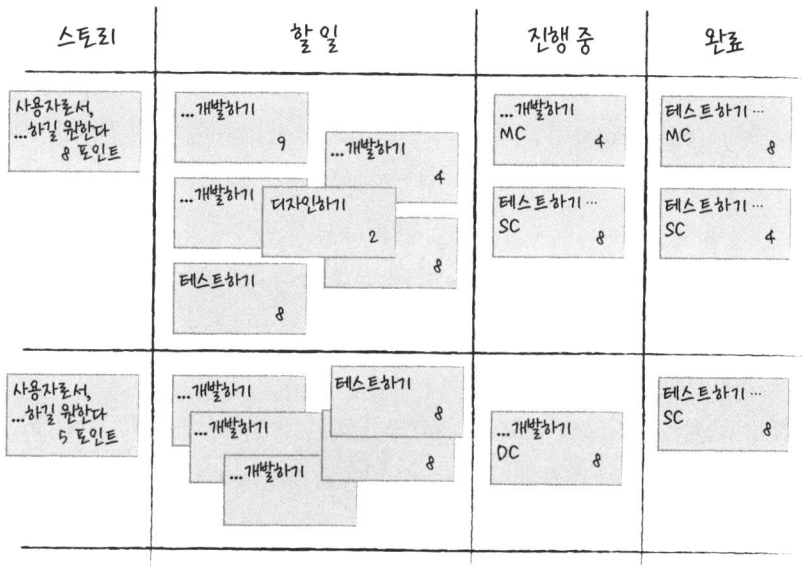

그림 20.1
태스크 보드는 스프린트 백로그가 잘 보이게 해준다.

- **제품 백로그** _ 끝이 없는 스프린트를 진행했을 때 한 가지 문제점은 릴리스 계획이나 새로운 기능과 관련해서 각각의 스프린트가 연결되지 않았거나 독립되었다고 느끼는 것이다. 이런 문제의 영향을 줄이는 좋은 방법은 제품 백로그를 어딘가 잘 보이는 곳에 붙이는 것이다. 팀 공간 가운데 있는 테이블에 사용자 스토리 인덱스 카드가 가득 담긴 구두상자를 두는 것도 간단한 해결책이다. 더 나은 방법은 모든 사람이 볼 수 있도록 다가올 사용자 스토리 인덱스 카드를 벽에 붙이는 것이다. 이렇게 하면 팀원들이 현 스프린트에 작업 중인 사용자 스토리가 다음 스프린트에 작업할 사용자 스토리와 어떤 연관이 있는지 알 수 있다.

---

3 다양한 현황판을 보려면 http://www.succeedingwithagile.com을 방문해 보라.

- **적어도 큰 화이트보드 한 개** _ 모든 팀에 큰 화이트보드가 적어도 한 개는 필요하다. 화이트보드를 팀 공동 작업 공간에 두는 것은 자연스런 회의를 부추긴다. 개발자 한 명이 문제에 대해 고민해 보려고 화이트보드를 사용하기 시작하면 다른 사람들이 이에 주목하고 도움을 주게 된다.
- **조용하고 사적인 장소** _ 열린 의사소통만큼 중요한 것은 누군가에게는 평화롭고 조용한 장소가 필요하다는 사실이다. 때로는 사적인 전화와 같은 단순한 이유나 다른 사람의 방해 없이 특히 어려운 문제에 대해 고민하기 위해서 필요하다.
- **먹을 것과 마실 것** _ 먹을 것과 마실 것을 갖춰두는 것은 항상 좋은 생각이다. 비쌀 필요도 없고 조직에서 제공할 필요도 없다. 나는 책상 아래 들어가는 작은 냉장고를 사서 물병이나 소다수를 채워두는 비용을 분담하는 많은 팀과 일했다. 어떤 팀은 커피 머신을 사고 어떤 팀은 몸에 좋기도 나쁘기도 한 간식을 돌아가면서 가져왔다.
- **창문** _ 창문은 많지 않아서 조직에서 혜택을 받는 직원들에게만 배분된다. 열린 작업 공간이 좋은 이유 중 하나가 창문을 공유할 수 있다는 것이다. 보이는 것이 단지 주차장과 지저분한 책상 몇 개일지라도 창문과 약간의 자연광을 볼 수 있다는 것은 멋진 일이다.

지금 시도해볼 것들

- 생산성에 영향을 미칠 수 있는 팀의 물리적 작업 공간에 대해 목록을 만들고 우선순위를 정하라. 기업 이행 공동체에 지원을 요청하라. 기업 이행 공동체의 누군가가 여러분과 함께 총무 그룹에 가서 이야기할 수 있는지 알아봐라.
- 먼저 허가 없이 팀의 작업 공간을 개선할 수 있는 방법이 있다면, 그렇게 하라. 소방설비를 막거나 다른 법률을 위반하지 않도록 조심해야 하지만 먼저 행동하고 물어보는 방식이 적어도 몇 가지 개선사항을 낳기도 한다.

프로젝트관리 사무국(PMO)

스크럼 도입에 참여하고 지원하는 프로젝트관리 사무국^{PMO}은 대단히 중요할 수 있다. PMO 구성원들은 자신이 실천법을 보호하고 지원해야 한다고 생각하기 때문에 애자일 실천법을 조직 전반에 적용하고 확산하는데 PMO가 도움을 줄 수 있다. 하지만 PMO가 적절하게 참여하지 못하면 프로세스를 개선하기보다는 현재 프로세스를 옹호하려는 저항의 원천이 될 수도 있다.

PMO에 속한 사람들 대부분의 자연스러운 반응은 스크럼으로의 변화를 반대한다. 반대하는 이유 중 하나는 개인적으로, 직업적으로 두렵기 때문이다. 스크럼은 전통적인 프로젝트 관리 책임을 스크럼 마스터, 제품 책임자, 팀으로 분산시킨다. 그럼 남은 프로젝트 관리자는 무슨 역할을 해야 할까. 대부분의 스크럼과 애자일 문서에서 PMO에 대한 언급이 없기 때문에 PMO 구성원들은 자연스럽게 걱정이 커지게 된다.

이번 절에서는 스크럼을 성공적으로 도입한 조직에서 PMO가 수행하는 작업의 유형들을 살펴봄으로써 그런 두려움을 경감시킬 것이다. 또 사람, 프로젝트, 프로세스, 이 세 가지 영역에서 PMO가 기여하는 부분과 작업에 대해 살펴볼 것이다.

> 함께 보기
> 프로젝트 관리자의 역할은 8장 「역할 변경」에서 설명한다.

사람

프로젝트관리 사무국이라고 부르지만 PMO는 스크럼 도입에 연관된 사람들에게 많은 영향을 끼친다. 애자일 PMO는 다음과 같은 일을 해야 한다.

- **교육 프로그램을 개발하라** _ 스크럼 도입이 많은 팀원들에게 새롭고 낯설 것이다. PMO는 교육 프로그램을 준비하고 교육을 위해 외부 트레이너를 섭외하거나 자체적으로 교육을 진행하도록 도울 수 있다.
- **코칭하라** _ 사람들을 교육하는 것 외에 개인과 작은 그룹을 코칭하는 것이 크게 도움이 된다. 예를 들어 교육 중에 강사가 "여기 스프린트 계획 회의를 어떻게 하는지 나와있습니다"라고 이야기하고 수업 중에 실천법을 연습해 볼 수 있다. 코칭을 통해 경험 많은 누군가가 팀에 함께 앉아서 실제 스프린트 계획 회의를 도울 수 있다(혹은 어떤 기술이든 코치할 수 있다). 초반에는 PMO 구성원들이 자체

적으로 이런 기술을 갖고 있지 않을 수 있어 외부 코치를 통해 기술을 배우는 데 집중하고, 그 이후에 직접 코칭해야 한다.

- **코치를 뽑고 교육하라** _ 스크럼 도입이 성공하면 PMO가 할 수 있는 것보다 더 많은 코칭 요구가 생겨나게 될 것이다. PMO는 도움이 필요한 팀을 찾아서 교육을 진행하고 숙련된 코치가 될 수 있도록 사람들을 뽑아서 교육시키고 도와주어야 한다. 이 코치들은 보통 현재 업무를 유지하지만 주당 5시간까지 특정 팀을 돕는 추가적인 책임을 맡게 된다.

> **함께 보기**
> 여기서 서술한 것처럼 코치는 스크럼을 확산하는데 중요한 역할을 할 수 있다. 코치를 이용하는 방법은 3장 「스크럼 확산에 대한 패턴」에 있는 '내부 코칭'을 참조하라.

- **기존의 습관을 점검하라** _ 조직이 스크럼을 도입하기 시작할 때, PMO 구성원들은 이전 습관으로 돌아가려는 팀이나 오래된 습관이 팀을 애자일하게 만드는 것을 방해하는 팀을 찾아야 한다. 나중에 PMO 구성원들이 스크럼은 지속적으로 개선하는 것이라는 사실을 팀에게 상기시키고 현 상태에 안주하지 않도록 도울 수 있다.

프로젝트

애자일 PMO로 바뀌게 되면 어떤 프로젝트 기반 책임은 사라지지만 다음과 같은 책임은 남는다.

- **보고서 준비 지원하기** _ PMO가 있어야 할 정도로 충분히 큰 대부분 조직들에서는 대개 부서장들이 참석하는 각 프로젝트 상태에 관한 주간 보고나 회의가 있다. 만약 회의라면 제품 책임자나 스크럼 마스터 같은 적절한 프로젝트 인력이 참석해야 한다. 하지만 주별로 표준화된 상황 보고라면 PMO가 보고서 준비를 도와줄 수 있다.

- **표준 준수에 대한 요구 지원하기** _ 많은 프로젝트가 표준(ISO 9001, 사베인즈-옥슬리 등)이나 데이터 보안 같은 조직 내 특정 규칙을 준수해야 한다. 애자일 PMO는 그런 사항을 준수해야 한다는 것을 알려주고 어떻게 준수하면 되는지 조언해주고 표준 준수나 유사한 문제에 대한 팁이나 공유된 정보를 제공함으로써 팀을 도울 수 있다.

> **함께 보기**
> 표준 준수는 19장 「다른 방식과 스크럼 동시에 사용하기」에 서술되어 있다.

- **새로운 프로젝트 유입 관리하기** _ 애자일 PMO가 할 수 있는 가장 중요한 것 중 하나는 새로운 프로젝트가 개발 조직에 유입되는 속도를 관리하는 것이다. 10장

「팀 구성하기」에서 언급했다시피 수용할 수 있는 수준에 맞게 작업을 제한하는 것이 중요하다. 만약 그렇지 않으면 작업이 쌓이게 되고 여러 가지 문제들을 일으킨다. 각 프로젝트가 완료되는 동안 같은 크기의 새로운 프로젝트가 시작될 수 있다. 애자일 PMO는 문지기로 적합해서 조직이 프로젝트를 너무 빨리 시작하는 유혹에 빠지지 않게 도울 수 있다.

프로세스

PMO 구성원들은 프로세스 관리자로서 스크럼이 가능한 잘 진행되고 있는지 확인하기 위해 조직 내 스크럼 마스터와 밀접하게 일해야 한다는 사실을 알게 될 것이다. 이런 프로세스 관련 활동은 다음과 같은 것들이 있다.

- **툴을 제공하고 유지하기** _ 일반적으로 툴에 대한 결정은 가능한 개별 팀이 결정하도록 하는 게 좋다. 그렇지 않을 때는 실행 공동체가 모든 프로젝트에 대해 충분한 장점을 주는 툴로 선정한다. 최후의 수단으로 정말 드문 경우지만 PMO에 의해 툴 결정이 이루어지는 경우도 있다. 하지만 애자일 PMO는 적절한 툴을 정하고 나면 필요한 설정이나 커스터마이징을 진행하면서 팀을 도울 수 있다.

> **함께 보기**
> 얼마나 애자일한지를 평가하는 다양한 지표와 방식이 21장 「얼마나 멀리 왔는지 돌아보기」에 서술되어 있다.

- **지표를 정의하고 수집하는 일 돕기** _ 애자일하게 되기 이전에 PMO는 지표를 식별하고 수집했다. 스크럼 팀은 전통적인 팀보다 지표 프로그램에 더 신중하기 때문에 PMO는 조심스럽게 진행한다. 애자일 PMO는 팀이 가치를 창출하는 데 있어 얼마나 잘 하고 있는지에 대한 정보를 수집해야 한다.
- **낭비 줄이기** _ PMO는 팀이 프로세스 상에서 모든 낭비적인 활동과 요소를 제거할 수 있도록 적극적으로 도와야 한다. 애자일 PMO는 산출물, 회의, 결재 등이 정말 필요한 게 아니면 도입을 피해야 한다. 또한 PMO는 팀이 가치를 창출하지 못하는 것을 찾을 수 있도록 도와야 한다.
- **실행 공동체 설립을 돕고 지원하기** _ 애자일 PMO가 할 수 있는 가장 중요한 것 중 한 가지는 실행 공동체가 꾸려지도록 돕고 실행 공동체가 결정된 후에는 이를 지원하는 일이다. 실행 공동체는 스크럼이 조직에서 확산되도록 도울 뿐만 아니라 이 팀에서 저 팀으로 좋은 아이디어가 전파되도록 돕는다.

- **팀 간에 적절한 일관성을 유지하기** _ 모든 팀이 그렇지만 특히 스크럼 팀은 동의하지 않은 일관성을 명령조로 강요하는 것에는 발끈한다. 팀 간의 가장 좋은 유형의 일관성은 대부분 혹은 모든 팀이 특정 실천법이 좋은 생각이라고 동의하는 데에서 생기는 일관성이다. 애자일 PMO는 팀들 사이에 좋은 생각이 빠르게 퍼지도록 하여 이를 가능하게 한다. 이를 위해서 사용할 수 있는 2가지 실천법은 실행 공동체와 코치 풀이다.
- **팀 조정하기** _ PMO 구성원들은 다른 팀에 있는 사람들과 함께 일하기 때문에 서로 다른 팀의 작업을 조정하는 것이 중요하다. 두 팀의 작업이 나눠지거나 겹치기 시작했을 때 이를 눈치채는 첫 번째 사람이 PMO 사람이다. 이런 경우가 생기면 PMO 구성원이 이 상황에 대해 팀에게 경고함으로써 가치를 제공할 수 있다.
- **스크럼 사용 모델** _ 대부분 애자일 PMO들은 스크럼의 철저한 가시성을 통해 일반적인 목적의 프로젝트 관리 체계로서 스크럼이 유용하다는 사실을 빨리 깨닫는다. 그 시점에서 PMO를 운영하는데 스크럼을 많이 사용하기도 한다. PMO도 다른 팀처럼 매달 스프린트를 계획하고 일일 스크럼을 진행한다.
- **다른 그룹과 함께 일하기** _ PMO는 다른 그룹 특히 이 장에서 이미 이야기한 인사 팀, 총무 팀과 함께 일하는 데 있어 도움을 줄 수 있다.

PMO 이름 바꾸기

많은 PMO들이 자신들의 바뀐 역할에 더 잘 맞도록 스스로 이름을 바꾸고 싶어한다. 정해진 이름은 없지만 다음과 같은 이름을 자주 들었다.

- 스크럼 CoE^{Center of Excellence}
- 스크럼 역량 센터^{Scrum Competence Center}
- 스크럼 사무소^{Scrum Office}
- 개발 지원^{Development Support}

2장「스크럼 도입하기」에서 스크럼을 도입하려는 노력에 이름을 붙이지 말라고 경고했다. 많은 사람들이 변화에 이름을 붙이는 것과 그 이름이 잘 만들어지는 것에 부정적이되고 못마땅해한다. 만약 PMO라는 이름은 바꿨지만 다른 것들이 변하지 않으면 그런 냉소가 PMO를 향하게 될 것이다. 그러므로 스크럼이 성공하기 위해서는 (PMO, 스크럼 CoE 등 무엇이라 부르든 간에) 조직의 순차적 개발 프로세스를 지원하는 PMO에게는 단지 이름을 바꾸는 것 이상의 더 많은 변화가 필요하다. 하지만 이번 장에서 지적했듯이 애자일 PMO가 조직에 가져올 수 있는 것들이 많다.

요점

여러분이 이런 그룹의 스크럼에 대한 영향을 무시하더라도 잠시 동안은 성공할 수 있다. 그렇더라도 장기적인 성공적 도입을 위해서는 이런 그룹들과 관계를 맺을 필요가 있다. 인사 그룹의 참여 없이 '프로세스와 도구보다 개인과 상호작용을' 선호하는 것에 기반한 프로세스를 적용한다는 생각 자체가 말이 안 된다. 보편적인 조직에서는 사람들이 직업에 대해 어떻게 인식하고 행동하는지에 대해 개개인의 기능 관리자들보다 인사 팀이 더 많은 영향을 미친다.

이와 유사하게 우리가 일하는 물리적 환경은 우리에게 직접적인 영향을 끼친다. 총무 팀이 벽에 소멸 그래프를 붙이는 것을 금지하면서 "사람이 우리의 가장 큰 자산이다"라고 회사가 선언한다면 두 메시지가 상충된다. 진정한 메시지는 크고 분명하다. "벽이 더 중요한 자산이다."

PMO는 종종 엄청난 정치적 영향력과 프로젝트 경험을 갖고 있다. 스크럼이 이사회의 일부가 된다면 저항의 근원을 피할 수 있을 뿐만 아니라 PMO의 경험이 이익을 줄 수 있다. PMO 구성원들은 자기 조직화, 지속적인 개선, 주인의식, 의사소통, 실험, 협력, 다른 가치들의 수호자가 된다.

인사, 총무, PMO를 극복해야 할 장애물로 보기 쉽지만 더 생산적인 접근은 각각을 협력해야 할 대상으로 보는 것이다. 잠시 동안은 적대적인 관계일지라도 장기적인 성공을 위해서는 전 조직의 지원이 필요하다. 애자일하게 되기 위한 길은 긴 여정이다. 가능한 적을 만들기보다는 친구를 만들어라.

더 읽어볼 것들

Cockburn, Alistair. 2006.
『Agile Software Development: The cooperative game』. 2nd ed. Addison-Wesley Professional.
졸트상 수상작인 이 책에서 코오번은 다양한 주제에 대해 다루지만 3장 「의사소통하고 협력하는 팀」은 꼭 읽을 필요가 있다. 이 장에서는 물리적인 환경이 프로젝트 팀에 끼치는 영향에 관한 훌륭한 자료를 담고 있다. 이 장의 초판은 www.informit.com/articles/article.aspx?p=24486에서 볼 수 있다. 그렇다 하더라도 책 전체를 읽어 보길 권한다.

Jeffries, Ron. 2004.
「Big visible charts」. XP, October 20. http://www.xprogramming.com/xpmag/BigVisibleCharts.htm.
애자일 팀의 작업 공간에서 찾을 수 있는 크고 가시적인 몇몇 차트들에 대한 탁월한 설명

Nickols, Fred. 1997.
「Don't redesign your company's performance appraisal system, scrapit!」 Corporate University Review, May-June.
주기적인 성과 평과가 주는 폐해에 관한 많은 좋은 참고자료들이 있다. 주장의 간결성과 강점 때문에 좋은 시작점이 될 것이다.

Seffernick, Thomas R. 2007.
「Enabling agile in a large organization: Our journey down the yellow brick road」. In Proceedings of the Agile 2007 Conference, ed. Jutta Eckstein, Frank Maurer, Rachel Davies, Grigori Melnik, and Gary Pollice, 200~206. IEEE Computer Society.
세퍼픽은 개발 조직만 1500명인 큰 금융기관 KeyCorp에서 어떻게 애자일 PMO

를 성공적으로 만들었는지 설명한다. PMO 조직에서 핵심 구성원을 추려내고 나머지를 개발 팀으로 돌려보내고 PMO를 소프트웨어 개발 지원 센터로서 재탄생시킨 이야기를 다루고있다.

Tengshe, Ash, and Scott Noble. 2007.
「Establishing the agile PMO: Managing variability across projects and portfolios」. In Proceedings of the Agile 2007 Conference, ed. Jutta Eckstein, Frank Maurer, Rachel Davies, Grigori Melnik, and Gary Pollice, 188~193. IEEE Computer Society.
텅슈아와 노블은 자동차 금융 캐피탈 회사에서 애자일 프로젝트 관리 사무소를 설립했다. 이 논문은 PMO를 기존 조직에서 애자일하게 바꾸는 데 도움이 되는 자신들의 경험과 조언을 담고 있다.

5부

다음 단계

여정의 95%를 완료했다면,
겨우 반 온 것뿐이다.

일본 속담

21장

얼마나 멀리 왔는지 돌아보기

스크럼을 도입하기 위해 노력을 기울이기 시작하면 곧 누군가 이렇게 물어볼 것이다. "우리가 잘 하고 있는 거죠?" 이 질문은 "우리 잘 하고 있어요"로 간단하게 대답할만한 질문이 아니다. 마찬가지인지 다행스러운 건지, "우리는 현재 스크럼 레벨 3이에요"라고 대답할 수도 없다. 스크럼 도입은 복잡한 과정으로, 어떻게 하고 있는지 대답하는 일은 복잡한 대답이 필요하다. 다행스럽게도 많은 얼리어답터들이 이런 일을 경험했고 몇 가지 적합한 방법들을 문서화해 놓았다.

다음 절에서는 얼마나 멀리 왔는지 측정하기 위한 다양한 방법들을 살펴보겠다. 많은 기업들에서 사용하고 있는 세 가지 일반적인 목적의 애자일 평가방법을 살펴볼 것이다. 다음은 이 평가방법 중 하나를 상황에 맞게 어떻게 조정하는지 살펴본다. 균형된 관점에서 스크럼 도입을 바라보는 것이 중요함을 살펴보고 그렇게 하기 위한 채점표를 보는 것으로 마무리 짓는다.

측정의 목적

무엇을 측정할지에 관한 주제를 다루기 전에 왜 측정해야 하는지에 대해서 생각해보자. 많은 사람들에게 측정의 목적이 무엇이냐고 물어보면 대개는 얼마나 크고, 얼마나 무겁고, 얼마나 긴지, 얼마나 많은 양을 차지하는지 알기 위해서라고 이야기할 것이다. 이는 매우 광의의 정의다. 측정의 진정한 목적은 불확실성을 줄이는 것이다. 불확실성을 줄이는 데 있어서 측정이 정확할 필요는 없다. 예를 들어 오늘 점심에 먹은 수프를 생각해보자. 나는 낯선 음식점에 있었고 토마토 바질 수

프가 먹고 싶었다. 웨이트리스에게 컵과 접시가 어느 정도 크기인지 물어봤다. 종업원은 "5온스와 8온스요"와 같이 대답하는 대신에 손을 이용해서 각각의 대략적인 크기를 보여주었다. 그 대답이 불확실성을 줄이는데 충분했고 나는 접시를 주문했다.

소프트웨어 지표에 관한 논의는 완벽함을 추구하다 종종 수렁에 빠지기 때문에 목적을 아는 것은 중요하다. 우리는 완벽한 측정이 필요 없다. 질문에 대답할 수 있을 만큼 도와주는 측정이 필요할 뿐이다. 스크럼 도입의 성공에 관한 가장 공통적인 질문들은 다음과 같다.

- 스크럼 도입에 투자할 가치가 있나요?
- 다음에 더 잘 하기 위해서는 무엇을 해야 하나요?
- 계속 스크럼을 사용해야 하나요?
- 이전보다 더 나은 소프트웨어 개발을 하고 있나요?
- 더 나은 제품을 만들고 있나요?
- 제품 결함이 더 줄었나요?
- 이전 방식보다 더 빠르나요?

지금 시도해볼 것들

- 이미 스크럼 도입을 시작한 팀들과 이야기를 나눠보고 그 팀들이 어떤 지표를 수집했는지 알아봐라. 또한 그 팀들이 수집하길 원했던 지표가 무엇이었는지 물어봐라.
- 자신만의 지표 프로그램을 만들기 전에 답을 얻고 싶은 질문 목록을 만들어라.

일반적인 목적의 애자일 평가

이런 질문들은 직접적으로 대답할 수 있다. 예를 들어 스크럼을 도입한 후에 제품 결함이 줄어들었는지 여부를 알기 위해 릴리스 이후 처음 90일 동안 고객이 보고

한 결함 수를 비교해보자. 스크럼을 사용하기 전 프로젝트의 과거 데이터와 스크럼 도입 후 데이터를 비교할 수 있다. 아마도 코드 라인 수, 프로젝트에 투입된 M/M 혹은 사용자 수를 정규화해야 할 것이다. 그럼에도 불구하고 이따금씩 더 전문적인 질문이 재미있다. 우리가 얼마나 애자일한가?

나는 이런 논의에 대해 얼마나 애자일한지에 관심을 기울이지 말아야 한다고 이야기하고 싶다. 우리는 더 나은 제품을 더 빨리 그리고 좀 더 낮은 비용으로 만드는 데만 노력해야 한다. 그래서 정말 측정해야 할 것은 개발 조직이 얼마나 목표를 잘 달성했는가, 이어야 한다. 한편으로는 개발 조직이 작년보다 올해 더 잘했는지 알 수 있는 가장 좋은 방법은 개발된 제품이 더 나은 수익을 올렸는지 확인하는 것이라고 말하고 싶다. 하지만 예를 들어 개발 조직이 개선할 때와 수익이 증가할 때는 서로 차이가 있을 수 있다. 더군다나 불경기나 회사 제품에 대한 요구사항의 변화 같은 외부 요인들은 개발자들의 개선 효과를 압도할 수 있다. 또 영업사원들의 보상체계가 바뀌면 그들의 관심사가 다른 제품으로 쏠릴 수도 있다.

제품에 의해 창출된 수익 같은 지표를 보는 것도 분명히 전체 제품 개발 프로세스 상에서 특정 부분을 이야기해준다. 하지만 이는 소프트웨어 개발 팀이 잘했느냐는 질문에 대한 대답으로서는 궁극적으로 만족스럽지 못하다. 이를 해결하기 위해서는 수집에 비용이 너무 많이 들거나 너무 많은 지표들이 함께 뒤섞였다거나 수집하기에 시간이 너무 많이 걸리는 경우에 다른 지표를 대신하여 일반적으로 프록시 지표[1]를 사용할 수 있다. 팀이나 조직이 얼마나 애자일하게 되었는지는 유용한 프록시 지표이다.

왜 그런지 알아보기 위해 작년에 여러분이 참여했던 프로젝트 팀을 살펴보고 지금 다시 살펴본다고 해보자. 몇몇 평가양식을 통해 스프린트로 일할 때가 더 나았다는 것을 알 수 있다. 아마도 스프린트 동안 얼마나 작업하는 게 적합한지 계획할 수 있다면 더 나았을 것이다. 어쩌면 스프린트 동안 팀원들이 다른 팀원들과 더 밀접하게 일했을 수도 있다. 어쩌면 스프린트 동안 좀 더 일관되게 잠재적으로 출하 가능한 제품 증분을 만들었을 수도 있다. 무엇이 맞든지 간에 여러분 팀은 스프린트를 진행하면서 작년보다 더 나아졌다. 이런 사실들이 여러분 팀이 더 나은 제

> **함께 보기**
> 이 장 뒤에 나오는 '스크럼 팀을 위한 균형성과 기록표'에서 스크럼이 품질에 미치는 영향 같은 것을 측정하는 몇 가지 사례에 대해 살펴볼 것이다.

---

1 옮긴이 프록시 지표는 측정, 계산하려는 것을 대신해 이용하는 지표를 의미한다.

품을 더 빨리 그리고 더 싸게 만들었다는 것을 의미하지는 않을까? 아니다. 하지만 그런 의미일 수도 있다. 팀이 얼마나 애자일한지 알아보기 위해 측정을 한다고 해보자. 예측할 수 있는 방법으로 개선된 팀은 우리가 정말로 바라는 개선 즉 더 나은 사업 결과를 이끌어내는지 살펴봐야 한다. 하지만 우리는 '팀이 얼마나 애자일한가'에 대한 프록시 지표를 사용한다. 왜냐하면 사업 결과에 앞서 측정할 수 있고 사업 성공의 한 가지 요소인 개발 팀에만 집중할 수 있기 때문이다. 이제 팀이 얼마나 애자일한지 측정하기 위한 세 가지 일반적인 접근법을 살펴보자.

쇼단 준수 설문

최초의 평가 방법 중 하나이자 지금까지도 가치 있는 평가 방법은 빌 크렙스[Bill Crebs]의 쇼단(昇段)2 준수 설문이다. (Williams, Layman, Krebs 2004) 크렙스의 방법은 익스트림 프로그래밍을 다양하게 물어보는 15가지 질문으로 이루어진 자가 평가 설문이다. 질문의 예는 표 21.1에 나와 있다. 각 질문은 간단한 설명과 팀이 충분히 실천법을 따르고 있다는 것을 보여주는 예들을 포함한다. 질문은 0(이 실천법을 사용하는 것에 동의하지 않음)부터 10(이 실천법에 열광적임) 범위에서 응답할 수 있다.

쇼단 준수 설문은 15개 실천법을 얼마나 강하게 따르고 있는지를 나타내는 0%에서 100%까지의 숫자로 결과를 얻을 수 있다. 이 마지막 점수는 응답자들의 설문과 크렙스가 매긴 각 실천법 영역의 중요도에 따른 가중치를 결합하여 결정된다. 일일 스크럼이 마지막 점수에 가장 적게(1% 미만), 짝 프로그래밍이 가장 많이(12.5%) 반영된다.

쇼단 준수 설문 사용하기

15개 질문의 설문은 매 스프린트 마지막에 완료할 수 있을 만큼 충분히 짧다. 내가 보기에 스프린트마다 설문을 하는 것은 너무 자주 하는 것 같다. 설문은 동향을 파악하고 개선이 필요한 영역을 찾는 정도로 사용하는 게 좋다. 설문을 너무 자주 하면 이런 부분을 찾는 게 더 어렵다. 내가 봤던 다른 문제점은 회고에 꼭 들어가야 하는 더 개방적인 토론 대신 이 설문을 스프린트 회고와 결합하는 팀이었다.

---

2 쇼단(昇段)은 '승단'을 의미하는 일본어이다. 태권도나 바둑 등에서 단수가 오르는것을 나타낸다.

고객 인수 테스트

고객 인수 테스트는 고객과 개발자 둘 다 원하는 것을 알고 있는지를 보장하기 위해 존재한다. 모든 인수 테스트는 고객이 제품을 인수하기 전에 통과해야 한다. 제품 개발에 있어 고객 인수 테스트가 얼마나 중요할까?
- 인수 테스트는 시스템 기능과 고객 요구사항을 확인하기 위해 사용한다.
- 고객이 인수 기준(AC)을 제공한다.
- 고객이 이터레이션이 끝났을 때 무엇이 완료되었는지를 결정하기 위해 인수 테스트를 사용한다.
- 인수 테스트가 자동화되어 있다.
- 사용자 스토리는 인수 테스트가 통과될 때까지 완료되지 않는다. 인수 테스트는 매일 저녁 자동으로 수행된다.

표 21.1
쇼단 준수 설문의 샘플 질문

내 소견으로는 쇼단 준수 설문의 올바른 사용은 3개월보다 더 자주하는 건 확실히 아닌 것 같고 6개월마다 한 번씩 모든 팀원들이 모든 질문에 응답하도록 하는 게 좋은 것 같다. 이는 다른 시기에 얻은 결과와 의미 있는 비교가 가능하게 해준다.

쇼단 준수 설문을 주기적으로 시행함으로써 조직은 고객 인수 테스트를 얼마나 잘 수행하고 있는가와 같은 동향을 찾을 수 있다. 회사 특유의 변화는 추가적으로 중요한 애자일 실천법을 결합하거나 크렙스가 실천법에 정한 가중치를 변경함으로써 만들 수 있다.

강점과 약점

이 설문은 각 질문의 복합적인 특성 때문에 숫자에 트릭이 있지만 단지 15개 질문으로 이루어졌다는 이점이 있다. 쇼단 설문의 약점은 결과에 대한 조치를 즉시 취할 수 없다는 점이다. 실천법 점수가 낮은 것은 질문을 구성하는 어떤 항목 하나가 낮아서 그런 결과가 나올 수 있다. 코치나 컨설턴트가 실천법에 있어 팀 개선을 어떻게 도울지 알기 위해서는 더 깊은 사전 조사가 필요하다.

애자일: EF

쇼단 준수 설문의 창시자인 크렙스와 그의 IBM 동료는 팀이 얼마나 애자일한지 평가하기 위한 추가적인 방법을 내놓았다. 이들 중 가장 주목할만한 것은 애자일:EF라 불리는 애자일 평가 프레임워크다.(Krebs & Kroll 2008) 애자일:EF는 단순함을 유지할 수 있는 애자일 조언을 집중적으로 다룬다. 그래서 팀을 평가하기 위한 실질적인 프레임워크라기보다는 프로세스라고 할 수 있다. 크렙스와 공동저자인 퍼 크롤Per Kroll은 이 방법에서 팀원들이 매 스프린트가 끝났을 때 매우 짧은 설문지를 작성한다고 가정한다. 설문지는 쇼단 설문보다 더 짧다. 하지만 각 질문은 애자일 실천법 하나에 관련된 것이다. 각 질문은 1부터 10까지 점수로 답하는데 10은 실천법을 스프린트 동안 100% 사용했다는 것을, 1은 전혀 사용하지 않았다는 것을 나타낸다. 그리고 5는 스프린트 절반 동안 사용했다는 것을 의미한다. 애자일:EF는 별도의 질문 목록을 제공하지 않는다. 저자들은 권장하는 질문을 제공하는 대신에 기존에 사용했던 질문 목록을 사용하라고 말한다. 예를 들어 쇼단 준수 설문 질문을 사용할 수 있다.

그림 21.1 애자일:EF 평가 결과가 어떻게 나오는지를 보여준다. 이 그림에서 막대는 팀의 평균 결과를 의미한다. 가는 선은 의견이 얼마나 넓고 다양한지 나타낸다. 만약 적당한 크기의 그룹을 평가했다면 표준편차를 계산해서 이 막대와 같이 표시하라. 만약 단지 한 팀만 평가한다면 최소 응답과 최대 응답을 나타내는 가는 선으로 표시하라.

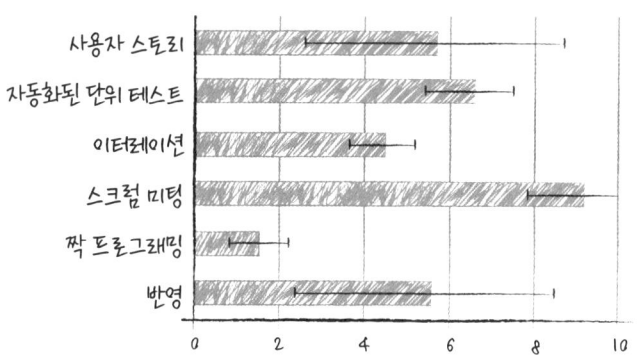

그림 21.1
애자일:EF 설문의 샘플 결과는 평균값과 표준편차를 보여준다.

강점과 약점

일반적인 방법으로 애자일:EF를 매우 추천한다. 주기적이고, 빠르고, 지나치게 야단스럽지 않은 평가가 길고 더 자세한 평가보다 더 많은 응답을 받을 수 있다. 애자일:EF가 어떤 질문 목록도 사용할 수 있다는 강점을 갖고 있음에도 프레임워크란 이름에서 오는 현실적인 제약도 약점으로 가지고 있다.

애자일:EF가 간단하고 빠른 설문에 초점을 맞춘 것은 좋아하지만, 내 경험으로 보면, 매 스프린트 마지막에 동일한 질문을 물어본다면 유용한 결과를 얻지 못할 것이다. 질문이 15개든 그 이상이든 말이다. 여러 개 질문 목록을 갖추기보다는 각 질문이 소프트웨어 개발 프로세스의 다른 측면에 초점을 맞추는 것이 더 좋다. 매 스프린트나 한 달에 한 번 다른 질문 목록을 사용함으로써 질문 목록을 순환시켜라. 질문 목록을 반복하는 시기는 설문 영역에 대해 팀이 의미 있는 개선을 이룰 만큼 충분한 시간이 경과된 후여야 한다.

상대적인 기민함의 평가

몇 년 전에 내 고객 중 몇 명이 "우리가 잘 하고 있나요?"라고 물어 봤다. 내 대답은 항상 다음과 같았다. "짝 프로그래밍은 꽤 잘하고 있어요, 그리고 팀들이 요구 정의서를 쓰는 것에서 사용자 스토리를 말하는 것으로 바뀐 것도 좋아요. 하지만 아직 자동화된 테스트는 정말로 제대로 적용하지 못했어요. 그 부분이 우리가 가장 초점을 맞출 부분이에요." 하지만 고객이 원하는 것은 이런 종류의 대답이 아니었다. 그들이 원하는 건 다른 경쟁자와 비교해서 얼마나 잘 하고 있는지, 였다.

먼저 이 질문은 나를 성가시게 했다. 경쟁자들이 얼마나 애자일한가는 중요하지 않다고 생각했기 때문이다. "만약 여러분이 아직 완벽하지 않다면 계속해서 개선하라." 시간이 걸리기는 했지만 결국에는 내 생각이 잘못됐다는 것을 깨달았다. 비즈니스는 완벽할 필요가 없다. 경쟁자보다 더 낫기만(그리고 앞서야) 하면 된다. 구글이 오늘날 지배적 검색엔진인 이유는 보여주는 결과가 완벽하기 때문이 아니라 결과가 다른 경쟁자가보다 낫기 때문이다.

이는 애자일이 CMMI와 같은 5단계 성숙도 모델이 필요 없다는 것을 의미한다. 조직들은 이상적이라고 부르는 애자일 원칙이나 실천법들을 완벽하게 달성하기 위해 노력하지 않는다. 그보다는 경쟁자들보다 더 애자일하게 되려고 노력한다. 그렇다고 애자일하게 되는 것이 목표라는 말은 아니다. 경쟁자보다 더 나은 제품을 만드는 것이 여전히 목표다. 하지만 경쟁자보다 더 애자일하게 되는 것은 더 나은 제품을 더 빨리 더 싸게 내놓을 수 있는 조직의 능력을 보여주는 것이다.

이 사실을 염두에 두고 캐니 루빈과 나는 온라인에서 무료로 사용 가능한 상대적인 기민함Comparative Agility, CA 평가를 만들었다. 쇼단 준수 설문과 애자일:EF와

함께 보기
5단계 애자일 성숙도 모델의 예, http://www.agilejournal.com/content/view/411/33/ 에 있는 시디키 애자일 성숙도 지표에 대한 설명을 참고하라

노트
CA 평가는 www.ComparativeAgility.com에서 확인할 수 있다.

같이 CA 평가는 설문 질문에 대한 개인별 응답을 기반으로 한다. 하지만 CA는 팀을 대표하는 능숙한 스크럼 마스터, 코치 혹은 인터뷰나 관찰을 진행하는 팀이나 회사를 대신하는 컨설턴트에 의해 작성하도록 고안되었다.

조직에서 진행한 설문응답을 종합하여 전체 CA 데이터베이스와 비교해 볼 수 있다. 또 응답을 데이터베이스의 일부와 비교할 수 있다. 예를 들어 여러분의 팀과 웹 개발을 하는 다른 회사들, 애자일을 도입하기 위해 노력한 지 6개월이 된 모든 회사들, 특정 업종에 있는 모든 회사 혹은 그런 요인들을 결합한 것과 비교를 위해 선택할 수 있다. 또 그 팀이 이전에 진행했던 데이터를 비교해 보면서 팀이 그 이후로 어떤 개선을 이루었는지 알 수 있다.

가장 높은 수준의 CA는 7가지 영역(프레임워크, 요구사항, 계획, 기술적인 실천법, 품질, 문화, 지식 창출)에 대한 기민함을 평가하는 것이다. 그림 21.2는 3개 영역에 대해 평가한 결과의 일부다. 이 그림은 특정 팀의 결과와 CA 데이터베이스로부터 가져온 다른 팀의 결과를 어떻게 비교하는지 보여준다(이 경우에 다른 팀은 웹 개발을 하고 있다). 0은 데이터베이스에서 매칭되는 모든 팀의 평균을 나타낸다. -2부터 2까지 적혀

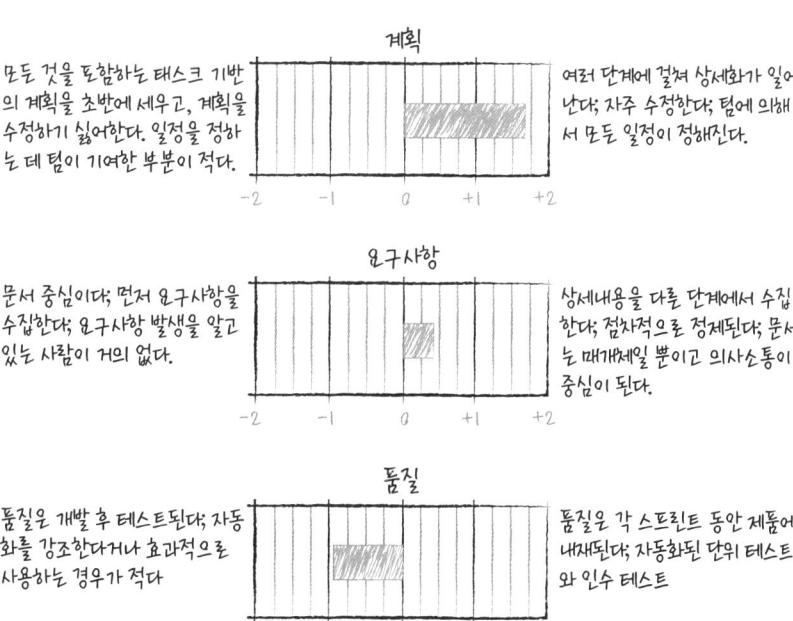

그림 21.2
상대적인 기민함 평가 결과, 이 팀의 경우 계획과 요구사항은 평균보다 잘하고 있지만 품질은 그렇지 않다는 것을 보여준다.

있는 가로선의 각 수치는 평균과의 표준편차를 나타낸다. 그림 21.2에 따르면 이 팀의 경우 계획은 평균보다 더 잘 하고 있고, 요구사항은 평균보다 약간 더 낫고 품질은 평균보다 매우 떨어지는 것을 확인 할 수 있다.

그림 21.1에 보이는 세 개 영역은 각각 3~6개 특징들로 이루어져 있다. 질문 목록은 각 특징에 대한 팀 점수를 평가하기 위해 사용한다. 예를 들어 계획 영역에 들어있는 특징들은 다음과 같다.

- 언제 계획을 세우는가
- 누가 참가하는가
- 릴리스와 스프린트 계획 둘 다 진행하는가
- 범위, 일정, 리소스 같은 중요한 변수들은 고정되었는가
- 진척은 어떻게 추적하는가

'언제 계획을 세우는가'에 대한 질문들이 표 21.2에 나와 있다. 그림에서 볼 수 있는 것처럼 질문은 매우 그렇다, 그렇다, 중간 정도다, 그렇지 않다, 매우 그렇지 않다, 해당 사항 없음으로 답할 수 있다.

	매우 그렇다	그렇다	중간 정도다	그렇지 않다	매우 그렇지 않다	해당 사항 없음
지나치지 않으면 선행 계획도 도움이 된다.						
계획 회의가 끝나면 팀원들은 무엇을 완료해야 하는지 알게 되고 약속한 바를 맞출 수 있다는 확신을 갖게 된다.						
팀은 출시 일자나 범위 변경이 필요하다는 사실을 알자마자 의사소통한다.						
계획에 드는 노력이 프로젝트 전반에 고르게 퍼져 있다.						

표 21.2
계획할 때 CA 평가에서 나타난 특성을 고려해야 한다.

강점과 약점

CA 평가의 강점은 실행 가능한 결과 도출이 좀 더 쉽게 설계되었다는 것이다. 다른 평가와 같이 결과는 7개 영역 중 한 개 영역에 있는 결점을 알려주지만 다른 평

가와는 다르게 조직이 해당 영역을 파고들어 힘써야 할 특성이 무엇인지 드러내 준다. 이런 점은 팀이나 스크럼 마스터가 취해야 할 조치가 무엇인지 쉽게 찾을 수 있도록 도와준다. 예를 들어 그림 21.2에서 품질 영역을 살펴보면 자동화된 단위 테스트, 고객 인수 테스트, 타이밍과 같은 3가지 특성이 있다는 것을 알 수 있다. CA는 각각의 특성을 따로 평가하기 때문에 이 특성들 중에 어떤 것이 조직의 전체 품질 점수를 끌어내리는지 확인하는 게 가능하다.

CA 평가의 상대성은 가장 큰 강점이라고 생각된다. 다른 조직과 비교해봄으로써 개선 노력을 가장 가능성 있는 영역에 초점을 맞출 수 있다. CA의 가장 중대한 결점은 설문의 폭이 넓다는 점이다. 설문에는 개발 프로세스에 대한 질문이 125문항 정도 들어 있다. 이를 위한 일반적인 해결책 2가지는 다음과 같다.

- 전체 평가는 일 년이나 이 년에 한 번씩만 진행하라(조직에 따라 분기별도 가능하다).
- 한 달에 7가지 영역 중 단 한 가지 영역만 평가하라.

지금 시도해볼 것들

- 애자일에 대한 어떤 조사도 해본 적이 없다면, 지금 설문조사를 진행하라. 완벽한 설문을 만들 때까지 6주를 넘기지 마라. CA 평가나 쇼단 준수 설문을 검토해 보고 유용하거나 재미있는 정보를 줄 것 같은 15개 질문을 뽑아서 시작하라.
- 첫 번째 설문 질문에서 결과를 도출하는 동안에 장기적인 전략과 규칙적으로 사용할 방법을 고르거나 만들어라.

자체 평가 만들기

어떤 조직들은 자체 평가를 만들기도 한다. 물론 자체 평가를 만드는 것은 더 많은 작업이 필요하지만 평가를 전반적으로 조정할 수 있다는 이점이 있다. 얼티메이트 소프트웨어, JDA 소프트웨어, 야후 그리고 세일즈포스닷컴과 같이 대규모 스스크럼 도입을 추진하는 조직들은 자체 평가를 선호한다. 만약 여러분이 자체 평가를 만들기로 결정했다면 어떤 일이 있어도 쇼단 준수 설문과 CA 평가에 있는 질문들을 살펴보는 것부터 시작하라. 여러분의 조직과 관련이 없거나 재미있는 결과를 제공하지 않을 것 같은 질문들은 버려라. 예를 들어 만약 자동화된 테스트가 이미 자리를 잡은 실천법이고 모든 팀이 이미 잘 하고 있다면 관련 질문을 제거함으로써 시간을 절약할 수 있다.

내가 본 기업에 특화된 평가들은 대부분 변화에 대한 직원들의 견해를 묻는 질문이 상당수 포함되어 있었다. 예를 들어 야후는 다음과 유사하게 스크럼으로 이행에 관한 질문들을 물었다.

- 스크럼을 도입한 후 여러분 팀은 얼마나 생산적이 됐다고 생각하나요?
- 스크럼을 도입한 후 마음가짐이 어떻게 변했나요?
- 스크럼을 도입한 후 프로젝트에서 책임의식과 주인의식이 변했나요?
- 스크럼을 도입한 후 팀에서 협력과 협업의 정도가 변했나요?
- 스크럼을 적용한 후 개발된 전반적인 품질에 대해 어떻게 생각하나요?

질문에 대한 대답은 스크럼이 훨씬 더 나쁘다, 스크럼이 나쁘다, 스크럼과 거의 비슷하다, 스크럼이 더 낫다 혹은 스크럼이 훨씬 더 낫다, 였다. 세일즈포스닷컴도 스크럼을 도입하는 동안 유사한 질문들을 물었다.

- 스크럼이 효과적인 접근방법이라고 생각하나요?
- 제품의 품질에 대한 스크럼 영향은 어떠한가요?
- 사내/외의 동료들에게 스크럼을 추천하겠나요?

이런 정성적인 지표를 넘어서 세일즈포스닷컴은 효과적이고 단순한 정량적 지표도 몇 가지 수집했다. 이는 여러 관점에서 스크럼 도입을 바라볼 수 있게 해주었고 여기에 대해서는 다음 절에서 다룰 것이다.

반대 의견

"나는 이런 종류의 질문들을 좋아하지 않아요. 얼마나 생산적인지 품질이 개선되었는지를 생각하는 직원이 있겠습니까?"

소프트웨어를 개발하는데 참여하는 사람들은 일하는 방식에 대한 변화를 평가하기 좋은 위치에 있다. 물론 만약 스크럼이 생산성을 두 배로 올리면 보너스를 주겠다고 누군가 이야기했다면 편견이 있을 수 있다. 하지만 나는 그런 제안을 한 적이 없다. 이 질문을 사용한 회사도 마찬가지다. 잘못 전달된 인센티브가 없다면 대부분 직원들은 솔직하게 대답할 것이다. 그리고 비슷한 주관적 질문에 대한 고객들의 응답이 유용한 것처럼 이런 질문에 대한 대답도 유용하다.

스크럼 팀을 위한 균형성과 기록표

만약 우리가 새로운 지표를 소개하고 이 지표로 팀을 평가하겠다고 이야기하면 팀은 지표를 최적화하기 위해 행동을 바꾼다는 것은 잘 알려져 있다. 팀에게 결함 추적 시스템에 있는 결함 수를 측정할 거라고 말하면 결함 수는 감소할 것이다. 물론 정직하게 개선했겠지만, 몇몇 버그들은 약식으로 보고하는 방법을 찾아 결함 추적 시스템을 피해갔을 수도 있다. 만약 장난칠 수 없는 지표를 고안했다 하더라도 하나의 숫자로는 완벽하다고 할 수 없다. 아마 팀이 생산성을 극적으로 감소시킴으로써 결함수치를 줄였을 수도 있다. 전에 비해 기능이 90% 이하로 출시됐고, 이는 모든 코드를 라인별로 철저히 검토했기 때문일 수도 있다. 따라서 어떤 숫자 하나를 제공하는 것보다 더 균형 잡힌 시각이 필요하다.

로버트 카플란Robert Kaplan과 데이비드 노턴David Norton은 조직에 균형 잡힌 시각을 제공한다는 생각으로 균형성과 기록표balanced scorecard라고 불리는 것을 만들었다. 이들의 생각은 단지 현재 사업이 어떻게 되고 있는지를 보여주는 지표인 손익계산서와 대차대조표를 넘어 비즈니스의 성과를 충분히 이해하자는 것이었다. 단지 재무제표만 살펴봐서 얻을 수 있는 관점은 버그 데이터베이스에 있는 결함 수로 얻게 되는 개발 조직의 관점보다도 완벽하지 않다. 카플란과 노턴은 비즈니스를 네 가지 관점에서 바라봐야 한다고 제안했다(재정, 고객, 업무 프로세스, 학습과 성장. 이런 서로 다른 관점들이 균형성과 기록표를 구성한다). (1992)

2000년 이래로 나는 균형성과 기록표를 소프트웨어 개발 그룹들이 다양한 관점에서 스스로 평가하는 방법으로 사용해왔다. 카플란과 노턴이 처음 제안한 네 가지 관점은 소프트웨어 개발 부서나 IT 그룹에도 그렇지만 특히 팀에 바로 적용하기에는 잘 들어맞지 않는다. 나는 몇 년 동안 다양한 다른 관점들을 실험해왔지만 내가 찾은 것들 중에서 가장 잘 들어맞는 것은 포레스터 리서치의 리즈 바넷[Liz Barnett]이 제안한 네 가지다.

- **운영효율성** _ 팀은 목표 원가와 예정 기한을 맞추면서 높은 생산성을 유지하여 고품질의 제품을 만들기 위해 노력한다.
- **사용자 지향** _ 팀은 사용자와 고객이 원하는 기능들을 납품하는 데 초점을 맞춘다.
- **사업적 가치** _ 팀은 비용 절감, 수익 증대나 다른 유사한 방법으로 사업적 가치를 창출한다.
- **미래 지향** _ 현재 제품과 새로운 기능들을 납품하면서 팀은 미래를 위한 기술과 역량을 쌓는다. (Barnett, Schwaber, Hogan 2005)

만약 스크럼 도입을 시작할 때쯤 균형성과 기록표를 만들었고 팀, 부서, 조직을 정기적으로 평가했다면 진행 상태가 보여야 한다. 스크럼을 잘 하는 팀은 이런 관점에서 동시에 개선할 수 있어야 한다. 균형성과 기록표가 오히려 조직이 절대적으로 애자일하게 되려는 것에서 벗어나 스크럼을 도입함으로써 애자일하게 되려 했던 목표를 성취할 수 있게 해준다.

균형성과 기록표 만들기

균형성과 기록표의 각 관점들은 보통 하나에서 네 개의 전략적인 목표를 갖는다. 각 목표에 대한 진척사항은 기 도출된 목표치에 대한 선행지표와 후행지표로 측정한다. 예를 들어 운영 효율성 관점을 고려한다면 생산성 향상, 품질 향상, 더 나은 예측, 총 개발비용 감소 등과 같은 목표를 찾을 것이다. 여러분이 선택한 이런 목표들은 근사하기만한 목표 목록이 되어서는 안 된다. 대신 집중할 수 있는 목표만 선택하라.

만약 목표를 이루고 있다면(혹은 이루었다면) 각 목표에 대한 지표를 찾는 것이 중요하다. 각 목적에 대해 적어도 지표 한 개는 찾아야 하지만, 그보다는 적어도 하나의 선행지표와 후행지표를 찾는 것이 보통 도움이 된다. 선행지표는 목표를 이루기 전에 미리 변화를 예상해 볼 수 있는 지표다. 예를 들어, 품질 개선이라는 목표를 위한 선행지표는 작성된 테스트케이스 수가 될 수 있다. 더 많은 테스트 케이스가 제품의 품질이 높다는 것을 보장하는 것은 아니지만 좋은 지표가 될 수 있다.

이와는 반대로 후행지표는 목표가 성취된 후의 변화나 목표가 성취된 시점에만 측정할 수 있는 지표다. 품질 개선 예를 계속 들면 후행지표는 출시된 후에 고객이 발견한 사후 결함이 될 수 있다. 후행지표는 대개 목표가 정말 이루어졌는지 확인하기 위한 지표로서 당연하게도 그때까지 측정할 수가 없다. 선행지표와 후행지표의 조합이 보통 최선인 이유가 이것이다. 표 21.3은 운영 효율성 관점에서 목표, 선행지표, 후행지표의 예를 보여준다.

단순 지표 장려하기

표 21.3을 읽어보면 몇몇 지표들은 정말 간단하다는 것을 눈치챘을 것이다. 물론 개발자당 완료한 기능 수(표 21.3의 첫 번째 선행지표)가 도움이 되기에 너무 간단하다고 생각할 것이다. 무엇이 기능을 구성하는가? 작은 기능을 큰 기능과 똑같이 취급하는 게 정말 적절한가? 측정에 오랜 기간이 걸릴 수 있고 다른 단순 지표들과 조합을 고려한다면 일반적으로 이와 같은 단순 지표가 도움이 된다.

개발자당 출시한 기능 수는 스크럼 도입의 이점을 평가하기 위해 앞서 언급했던 세일즈포스닷컴이 사용한 단순 지표 중 하나다. 도입을 시작한 지 12개월이 지났을 때 이전 연도에 비해 개발자당 완료한 기능이 38% 증가한 것으로 측정됐다. 이런 증가가 가능했던 이유 중 하나가 기능이 더 작기 때문일까? 그랬을 수도 있다. 하지만 이와 같은 단순 지표가 이전에 비해 더 생산적이 됐다는 일반적인 느낌을 정량화하는 데 도움이 된다. 불확실성 감소시키기처럼 측정 목적과 관련하여 이 장을 시작할 때 이야기했던 측정 목표를 생각해보자. 측정을 해보기 전에는 세일즈포스닷컴의 엔터프라이즈 이행 공동체도 스크럼이 팀을 더 생산적으로 만드

관점	목표	선행지표	후행지표
운영 효율성	생산성 향상	스프린트당 제거된 제품 백로그 항목의 비율 (목표 = 5-15%)	개발자 당 완료한 기능의 수 (목표 = 20% 향상)
		주말에 체크인 된 형상관리 비율 (목표 =5%이하)	
	일정 예측		프로젝트 중간 시점에 예상보다 -1에서 +2 스프린트 사이에 완료된 프로젝트 수 (목표 = 95%)
	품질 향상	지속적인 빌드에서 통과한 테스트의 비율 (목표 = 95%)	릴리스 후 30일 동안 보고된 결함 수 (목표 = 50% 감소)
사용자 지향	가동 시간 향상		서버 비가동 시간(계획 + 비계획)이 1년에 120분 이하다.
	사용자 만족도 증가	고객 포커스 그룹으로부터 응답 증가 (목표 = 이메일 응답 20% 향상)	순수 추천 고객 지수 (목표 = 25% 향상)
			분기별 고객 설문에서 더 좋은 점수 (목표 = '초과'나 '기대보다 많이 초과'를 80% 얻는 것)
사업적 가치	더 잦은 주요 릴리스	모든 프로젝트에 대해 릴리스 소멸그래프를 만들고 게시한다. (목표 = 100%)	매 분기 적어도 한번 주요 릴리스 (목표 = 릴리스 간격이 90일을 넘으면 안됨)
	더 많은 기능 릴리스		릴리스당 사용자 확인이 가능한 제품 백로그 항목의 수 (목표 = 300)
미래 지향	직원 만족도 향상	인사에 대한 불평 수 (목표 = 월 1개)	여기서 일하면서 가장 혹은 최고의 시간을 보내고 있다고 대답한 직원 수 (목표 = 80%)
	스크럼과 애자일 실천법에 대한 이해도 향상시키기	다양한 애자일 컨퍼런스에 참석 (목표 = 올해 적어도 40명을 애자일 관련 컨퍼런스에 보내기)	스크럼을 다른 회사의 친구에게 권한 직원들의 수 (목표 = 80%)

표 21.3
균형성과 기록표는 성과에 대한 다양한 관점을 제공한다.

는 데 도움이 되는지 확신이 없었을 것이다. 측정 후 그들이 답을 얻을 수 있었다.

세일즈포스닷컴이 사용한 또 다른 단순 지표는 고객에게 기능을 전달하는 게 나아졌음을 보여준다. 스티브 그린과 크리스 프라이가 만든 누적치 도표가 그림 21.3에 나와 있다. 이 도표는 1장 「왜 애자일하게 되기 힘든 걸까?」에서 보았다. 크기나 중요도에 상관하지 않고 각 기능들을 똑같이 계산함으로써 이 도표는 얼마나 많은 새로운 기능이 완료되었는지와 언제 완료되었는지를 보여준다. 기본적인 개념은 선 아래 영역이 사용자에게 전달된 기능의 전체 합을 나타낸다. (먼저 완료된 기능이 나중에 완료된 기능보다 더 가치 있다.) 2006년 스크럼을 도입하기 전 세일즈포스닷컴은 2007년 1월까지 어떤 새로운 기능도 사용자에게 제공하지 못했다. 2006년 선 아래 영역과 2007년 선 아래 영역을 비교해보면 세일즈포스닷컴이 스크럼을 도입하고 더 자주 릴리스하여 더 많은 전체 기능을 완료했다.

이와 같은 단순 지표는 흠집을 잡기가 쉽다. 모든 기능이 같은 크기가 아니다, 모든 기능이 모든 고객에게 똑같이 중요한 것도 아니다, 2006년에 비해 2007년에는 개발자가 더 많았다 등. 이런 비평들이 타당함에도 불구하고 스크럼이 세일즈포스닷컴에 준 편익을 모든 사람들이 알 수 있도록 돕는 그림 21.3과 같은 도표가 심각하게 해를 끼칠만한 것은 아무것도 없다.

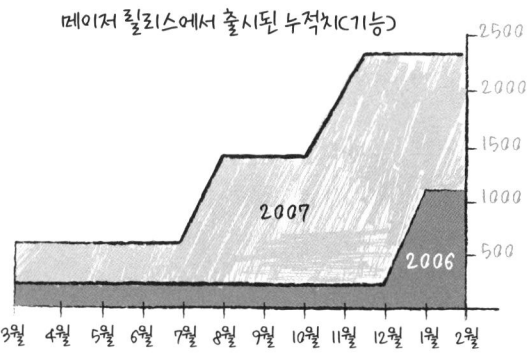

그림 21.3
스크럼 도입을 시작한 지 1년 후, 세일즈포스닷컴은 출시된 누적치라고 부르는 단순 지표를 이용해 568% 향상되었음을 이 강력한 도표를 통해 확인할 수 있다.

지금 시도해볼 것들

- 스크럼 도입에 관하여 열린 질문 몇 개를 이용해 쉽게 수집할 수 있는 단순한 지표들을 만들어봐라. 관련 데이터 수집을 시작하라.
- 균형성과 기록표를 만들어라. 프로젝트, 부서 혹은 스크럼 도입에 관한 것도 될 수 있다. 목표들을 규명하는 것부터 시작하라. 무엇을 성취하고 싶은가? 그런 다음 목표를 달성해 가고 있는지 추적할 때 사용할 수 있는 선행지표를 찾아라. 마지막으로 각각의 목표를 이루었는지 결정할 수 있는 후행지표를 각 목표마다 적어도 하나 이상 찾아라.

정말로 신경 쓸 필요가 있을까?

지표가 단순하다고 해도 지표를 모으는 일은 노력이 필요하다. 그리고 소프트웨어 산업에 종사하는 우리에게 있어 뛰어난 기록을 갖고 있다는 게 그리 대단한 일은 아니다. 많은 시간과 주의를 필요로 하는 데 굳이 애자일하게 되기 위해 우리가 얼마나 잘 하고 있는지에 관한 데이터를 모으려 애쓸 필요가 있을까? 물론, 해야 한다. 세 가지 주요한 이점을 들 수 있다.

- **지표는 조직논리와 싸우는데 도움이 된다** _ 2장 「스크럼 도입하기」에서 이야기 했듯이 스크럼 도입을 시작하기 전에 그럼 상황이 존재했던 데는 다 이유가 있다. 조직논리는 우리를 그때 상태로 되돌리려 한다. 스크럼의 이점을 보여주는 정기적인 평가와 지표가 조직논리에 맞설 수 있는 좋은 방법 중 하나이다.
- **지표는 도입 노력을 부추기는 데 도움이 된다** _ 좋은 평가 프로그램은 조직논리와 싸우는 데 도움이 될 뿐만 아니라 다른 그룹이 스크럼 도입에 관심을 갖도록 하는 데도 도움을 줄 수 있다. 2장의 ADAPT 모델에 대해 다시 한번 생각해보면 홍보promotion 단계의 중요성이 기억날 것이다. 다른 사람들도 스크럼 도입에 흥미를 갖는 일은 여러분 팀이 조기에 성공을 이루는 데 중요하다. 지표들은 이런 성공을 정량화하는 데 도움이 된다.
- **지표는 더 많은 개선 노력을 어디에 초점을 맞추어야 하는지 아는 데 도움을 준다** _ 지표는 행동을 이끌어내야 한다. 만약 데이터를 수집하고 아무런 조치도 취하지 않는다면, 데이터 수집을 멈추고 대신 약간 다른 데이터를 수집하라. 좋은 평가 프로그램은 개선(그리고 잘하는) 영역을 찾는 데 도움을 줄 것이다. 만약 팀이 사용하고 있는 것에 비해 가치가 떨어지는 실천법을 사용하고 있다면 왜 그런지 조사해 봐라.

  만약 어떤 팀이 새로운 실천법을 도입했고 다른 팀에 비해 뛰어난 성과를 얻었다면 그 실천법을 확산시키는 방법을 찾아라.

내가 아는 한, 팀이 스크럼 도입과 애자일하게 되는 것을 잘 하고 있는지에 관한 지표를 모으는 일은 유용하고 중요하다. 하지만 이를 경고하는 내용으로 이 장을 마치고 싶다. 이런 수치를 수집할 때마다 그 숫자에 너무 집착하거나 과도하게 중요성을 부여하는 사람이 조직 내에 꼭 있기 마련이다. 그리고 나서 그 지표를 팀을 휘젓는 데 사용한다. 지표를 절대 몽둥이로 사용해서는 안 된다고 이야기하지는 않으려 했다. (대학생 시절 내가 일했던 자동차 수리센터 상사가 내가 월 할당량을 다 채우지 못했을 때 고함을 지르곤 했던 게 아마 맞을 수도 있다.) 하지만 이 장에서 이야기한 지표는 매우 다르다. 예를 들어 지표는 이해를 돕고 노력에 초점을 맞추는 데 사용해야지 명령을 강요하거나 책임을 지우는 데 사용해서는 안 된다.

더 읽어볼 것들

Gilb,Tom. 2005.
『Competitive Engineering: A handbook for systems engineering, requirements engineering, and software engineering using planguage』. Butterworth-Heinemann.
Evo 프로세스의 창시자인 그립은 측정에 엄격한 방식으로 접근한다. 그의 책에는 여러분이 측정 불가능하다고 생각하는 것들을 수량화하고 측정하는 수많은 예를 보여준다. 그립의 접근법은 특히 균형성과 기록표의 선행지표와 후행지표를 정의할 때 유용하다.

Hubbard, Douglas W. 2007.
『How To Measure Anything: Finding the value of "intangibles" in business』. Wiley.
정말 그 이름에 부응하는 멋진 책이다. 측정을 위한 많은 다양한 방법을 제공하고 근간이 되는 수학을 비교적 쉽게 따라갈 수 있도록 만들었다. 만약 여러분이 어떤 것을 측정하기 위해 애쓰고 있다면 아마 이 책이 좋은 아이디어를 제공할 것이다.

Kaplan, Robert S., and David P. Norton. 1992.
「The balanced scorecard: Measures that drive performance」. Harvard Business

Review, January-February, 71~79.
균형성과 기록표 운동을 시작한 기사이다. 이 기사는 같은 저자가 쓴 책 다음에 나왔지만 짧은 기사임에도 불구하고 균형성과 기록표를 잘 요약해서 소개하고 있다.

Krebs,William, and Per Kroll, 2008.
「Using evaluation frameworks for quick reflections.」 Agile Journal, February 9. http://www.agilejournal.com/articles/columns/column-articles/750-using-evaluation-frameworks-for-quick-reflections.
팀의 진척을 평가하는 방법인 애자일: EF를 가장 잘 소개한 기사이다.

Leffingwell, Dean. 2007.
『Scaling software agility: Best practices for large enterprises』. Addison- Wesley Professional.
이 책의 22장에는 균형성과 기록표를 사용하는 것에 관한 추가 정보가 들어 있다. 이 장에는 여기서 소개한 것과 유사한 팀 기반의 애자일 평가 설문도 들어 있다.

Mair, Steven. 2002.
「A balanced scorecard for a small software group」. IEEE Software, November/December, 21~27.
이 기사는 균형성과 기록표 방식에 대한 배경 지식을 제공하고 카플란과 노턴이 처음 제시한 네 가지 관점을 이용해서 작은 부서를 위한 설문 만드는 방법을 보여준다.

Williams, Laurie, Lucas Layman, and William Krebs. 2004.
「Extreme programming evaluation framework for object-oriented languages, version 1.4」. North Carolina State University Department of Computer Science,TR-2004-18.
이 기술보고서는 프로젝트 상황과 성과지표에 대한 쇼단 준수 설문을 만든 익스트림 프로그래밍 평가 프레임워크[XP:EF]을 설명하고 있다. 수집된 추가 데이터는 별도의 엄격함을 찾는 연구원이나 PMO에게 흥미 있는 내용이 될 것이다. 하지만 단순하게 개선점을 찾고 싶은 팀은 쇼단 준수 설문을 사용할 수 있다. 부록에 XP:EF 의 핵심과 전문을 담고 있다.

22장

아직 끝난 것이
아니다

우리는 함께 먼 길을 걸어왔다. 내 바람은 이 책에서 추천하는 많은 실천법과 '시도해 볼만한 것들'을 여러분이 실천하는 것이다. 만약 그렇게 한다면 원하는 바를 충분히 이룰 수 있을 거라 믿는다. 여러분은 조직에 스크럼을 소개하는 기업 이행 공동체ETC를 만들었다. ETC는 개선 공동체가 만들어지고 커나갈 수 있는 환경을 만들었다. 이런 개선 공동체 중에는 개선하려던 것을 이미 달성한 후 해체된 부분도 있고 범위를 넓히거나 더 지속적인 개선을 위해 열심히 일하는 부분도 있다.

이제 적어도 조직 내 몇몇 팀에게는 스크럼이 기본이 되었다. 시작은 팀원들이 소프트웨어 개발 방법에 변화가 필요하다는 사실을 알게 되면서였다. 관심이 높아지면서 소프트웨어를 다르게 개발하고자 하는 소망으로 변했다. 그 결과 팀원들이 애자일한 방식으로 일하는 역량을 갖추게 되었다. 이런 역량은 초반 스크럼 성공을 가능하게 했고 다른 사람들도 인식, 갈망, 역량 개발의 사이클을 갖도록 장려했다. 마지막으로 조직 내 다른 부서에도 스크럼을 전파하면서 조직논리에 의해 모든 사람과 팀이 처음으로 되돌아 가는 일이 없도록 했다.

이렇게 함으로써 팀에서 직무 정의뿐만 아니라 각자 자신의 역할을 어떻게 바라봐야 하는지도 변화시켰다. 이제 아키텍처 레이어나 기술보다는 기능 출시에 맞춰 팀을 구성한다. 그리고 팀은 자기 조직화에 대한 기회가 주어지지만, 어떻게 자기 조직적인 팀으로 일해야 하는지 스스로 깨달을 수 있도록 리더로부터 영향을 받기도 한다. 팀원들은 더 높은 품질의 코드를 작성하는 데 도움이 되는 새로운 기술적 실천법을 도입한다. 팀은 제품 백로그의 중요성, 스크럼의 엄격한 시간관리 방법인 스프린트 내에서 어떻게 효율적으로 일할지, 불완전한 정보를 가지고 어떻게 계획을 세울지 이해한다. 개발 프로세스에 합류한 테스터뿐만 아니라 자동화된 테스트가 잘 동작하도록 돕는 프로그래머 덕분에 아마 품질도 향상될 것이다.

이제 여러분은 더 큰 프로젝트든 다른 여러 도시나 대륙에 퍼져있는 프로젝트든 대규모 스크럼을 시작할 수 있을 것이다. 여러분은 이런 프로젝트에서 생기는 더 큰 도전을 어떻게 해결해야 하는지 배웠다.

스크럼은 이제 조직에 더 깊게 동화되었고 CMMI나 ISO9001 인증처럼 다른 회사 동료들에게도 퍼져 있을 것이다. 인사 팀, 총무 팀, PMO에 있는 직원들은 이제 지속 가능한 변화를 만들어내는 여러분의 협력자다. 조직은 엄청난 진전을 이룬 것이다.

여기서 멈추지 마라.

여러분이 얼마나 애자일하게 되었는지나 스크럼을 얼마나 잘하고 있는지는 중요하지 않다. 오늘 하루 얼마나 좋았는지도 아무 상관이 없다. 하지만 만약 다음 달에 더 나아지지 않았다면 당신은 더 이상 애자일하지 않다고 볼 수 있다. 당신은 언제나, 항상, 늘 나아지려고 노력해야 한다.

"잠깐, 마지막 반대의견이 있어요. 애자일하게 되는 것은 내 목표가 아닙니다. 훌륭한 제품을 출시하는 것이 목표라고 이야기할 수 있을 거 같아요. 만약 내가 충분히 좋으면 왜 멈추면 안되나요?" 물론 나도 말했던 것처럼 애자일하게 되는 것은 여러분의 목표가 아니다. 여러분의 주 목표는 고객과 사용자들이 오싹할 정도로 놀랄만한 제품을 빠르고 싸게 개발하는 것이다. 그렇지만 그렇게 하기 위해서는 여러분이 애자일하게 되어야 한다고, 나는 믿는다. 그리고 애자일하게 되기 위해서는 지속적으로 개선해야 한다.

지속적인 개선은 생각보다 더 쉽다. 여러분은 이미 모든 씨앗을 심었다. 개선 공동체가 위험 회피, 아이디어 창출, ETC에 의해 조성된 문화를 키워나가는 주요한 역할을 할 것이다. 시행착오를 통해 이런 공동체들이 조직이 더 나아지도록 더 일을 잘하도록 이끌 것이다. 이를 넘어서 공동체들은 직원들의 열정을 사로잡을 것이다. 조직은 문제를 바라보는 것에서 가능성을 바라보는 것으로 넘어갈 것이다.

그리고 이렇게 함으로써 애자일과 함께 성공의 길로 들어설 것이다.

참고문헌

- Adler, Paul S., Avi Mandelbaum, Vien Nguyen, and Elizabeth Schwerer. 1996. 「Getting the most out of your product development process」. 「Harvard Business Review」, March-April, 13-151.
- Adzic, Gojko. 2009. 「Bridging the communication gap: Specification by example and agile acceptance testing」. Neuri Limited.
- Allen-Meyer, Glenn. 2000a. 「Nameless organizational change: No-hype, low-resistance corporate transformation」. Syracuse University Press.
- Allen-Meyer, Glenn. 2000b. 「Overview: Nameless organizational change; No-hype, low-resistance」 corporate transformation. Previously available at http://www.nameless.org.
- Allen-Meyer, Glenn. 2000c. 21st century schizoid change. 「OD Practitioner」 32 (3): 22-26.
- Ambler, Scott. 2008a. Agile adoption rate survey, February. http://www.ambysoft.com/surveys/agileFebruary2008.html.
  ———. 2008b. Scott Ambler on agile's present and future. Interview by Floyd Marinescu. InfoQ website, December 1. http://www.infoq.com/interviews/Agile-Scott-Ambler.
  ———. n.d. Agile Data Home Page. http://www.agiledata.org.
- Ambler, Scott W., and Pramod J. Sadalage. 2006. 「Refactoring databases: Evolutionary database Design」. Addison-Wesley.
- Anderson, Philip. 1999. Seven levers for guiding the evolving enterprise. In 「The biology of business: Decoding the natural laws of enterprise」, ed. John Henry Clippinger III, 113-152. Jossey-Bass.
- Appelo, Jurgen. 2008. We increment to adapt, we iterate to improve. 「Methods & Tools」, Summer, 9-22.
- Armour, Phillip G. 2006. Software: Hard data. 「Communications of the ACM」, September, 15-17.
- Avery, Christopher M. 2005. Responsible change. 「Cutter Consortium Agile Project Management Executive Report」 6 (10): 1-28.
- Avery, Christoper M., Meri Aaron Walker, and Erin O'Toole. 2001. 「Teamwork is an individual skill: Getting your work done when sharing responsibility」. Berrett-Koehler Publishers.

- Babinet, Eric, and Rajani Ramanathan. 2008. Dependency management in a large agile

environment. In 「Proceedings of the Agile 2008 Conference」, ed. Grigori Melnik, Philippe Kruchten, and Mary Poppendieck, 401-406. IEEE Computer Society.
- Bain, Scott L. 2008. 「Emergent design: The evolutionary nature of professional software development」. Addison-Wesley Professional.
- Barnett, Liz. 2005. Metrics for agile development projects: Emphasize value and customer satisfaction. With Carey Schwaber and Lindsay Hogan. Forrester. http://www.forrester.com/Research/Document/Excerpt/0,7211,37380,00.html.
  ———. 2008. Incremental agile adoption. Agile Journal, February 11. http://agilejournal.com/articles/columns/from-the-editor-mainmenu-45/755-incrementalagile-adoption.
- Beavers, Paul A. 2007. Managing a large "agile" software engineering organization. In 「Proceedings of the Agile 2007 Conference」, ed. Jutta Eckstein, Frank Maurer, Rachel Davies, Grigori Melnik, and Gary Pollice, 296-303. IEEE Computer Society.
- Beck, Kent. 2002. 「Test-driven development: By example」. Addison-Wesley Professional.
- Beck, Kent, and Cynthia Andres. 2004. 「Extreme programming explained」. 2nd ed. Addison-Wesley Professional.
  ———. 2005. Getting started with XP: Toe dipping, racing dives, and cannonballs. PDF file at Three Rivers Institute website. www.threeriversinstitute.org/Toe%20Dipping.pdf.
- Beck, Kent, Mike Beedle, Arie van Bennekum, Alistair Cockburn, Ward Cunningham, Martin Fowler, James Grenning, Jim Highsmith, Andrew Hunt, Ron Jeffries, Jon Kern, Brian Marick, Robert C. Martin, Steve Mellor, Ken Schwaber, Jeff Sutherland, and Dave Thomas. 2001. Manifesto for agile software development. http://www.agilemanifesto.org/.
- Benefield, Gabrielle. 2008. Rolling out agile in a large enterprise. In 「Proceedings of the 41st Annual Hawaii International Conference on System Sciences」, 461-470. IEEE Computer Society.
- Boehm, Barry W. 1981. 「Software engineering economics」. Prentice Hall.
- Boehm, Barry, and Richard Turner. 2005. Management challenges to implementing agile processes in traditional development organizations. 「IEEE Software」, September/October, 30-39.
- Bos, Erik, and Christ Vriens. 2004. An agile CMM. In 「Extreme Programming and Agile Methods: XP/Agile Universe 2004」, ed. C. Zannier, H. Erdogmus, and L. Lindstrom, 129-138. Springer.
- Bradner, E., G. Mark, and T.D. Hertel. 2003. Effects of team size on participation, awareness, and technology choice in geographically distributed teams. In 「Proceedings of the 36th Annual Hawaii International Conference on System Sciences」, 271a. IEEE Computer Society.
- Bridges, William. 2003. 「Managing transitions: Making the most of change」. 2nd ed. Da Capo Press.
- Brodwall, Johannes. 2008. An informative workplace. 「Thinking inside a bigger box」, November 23. http://brodwall.com/johannes/blog/2008/11/23/an-informative-workplace/.

- Brooks, Frederick P. 1995. 「The mythical man-month: Essays on software engineering」. 2nd ed. Addison-Wesley Professional. (Orig. pub. 1975.)

- Campbell, Donald T. 1965. Variation and selective retention in socio-cultural evolution. In 「Social change in developing areas: A reinterpretation of evolutionary theory」, ed. Herbert R. Barringer, George I. Blanksten, and Raymond W. Mack, 19-49. Schenkman.
- Cao, Lan, and Balasubramaniam Ramesh. 2008. Agile requirements engineering practices: An empirical study. 「IEEE Software」, January/February, 60-67.
- Carmel, Erran. 1998. 「Global software teams: Collaborating across borders and time zones」. Prentice Hall.
- Carr, David K., Kelvin J. Hard, and William J. Trahant. 1996. 「Managing the change process: A field book for change agents, team leaders, and reengineering managers」. McGraw-Hill.
- Catmull, Ed. 2008. How Pixar fosters collective creativity. 「Harvard Business Review」, September, 65-72.
- Cichelli, Sharon. 2008. Globally distributed Scrum. 「Girl Writes Code」 blog entry, May 9. http://www.invisible-city.com/sharon/2008/05/globally-distributed-scrum.html.
- Cirillo, Francesco. 2007. The pomodoro technique. PDF from website of same name. http://www.pomodorotechnique.com/resources/cirillo/ThePomodoroTechnique_v1-3.pdf.
- Clark, Kim B., and Steven C. Wheelwright. 1992. 「Managing new product and process development: Text and cases」. The Free Press.
- Cockburn, Alistair. 2000. Balancing lightness with sufficiency. 「Cutter IT Journal」, November.
    ——. 2006. 「Agile software development: The cooperative game」. 2nd ed. Addison-Wesley Professional.
    ——. 2008. Using both incremental and iterative development. 「Crosstalk」, May, 27-30.
- Cohn, Mike. 2004. 「User stories applied: For agile software development」. Addison-Wesley Professional.
    ——. 2005. 「Agile estimating and planning」. Addison-Wesley Professional.
- Conner, Daryl R. 1993. 「Managing at the speed of change: How resilient managers succeed and prosper where others fail」. Random House.
- Conway, Melvin E. 1968. How do committees invent? Originally published in Datamation, April 1968. Currently published on author's website. http://www.melconway.com/research/committees.html.
- Cooper, Robert G. 2001. 「Winning at new products: Accelerating the process from idea to launch」. 3rd ed. Basic Books.
- Coyne, Kevin P., Patricia Gorman Clifford, and Renée Dye. 2007. Breakthrough thinking from inside the box. 「Harvard Business Review」, December, 71-78.
- Creasey, Tim, and Jeff Hiatt, eds. 2007. 「Best practices in change management」. Prosci.

- Crispin, Lisa, and Janet Gregory. 2009. 「Agile testing: A practical guide for testers and agile teams」. Addison-Wesley Professional.
- Crosby, Philip. 1979. 「Quality is free: The art of making quality certain」. McGraw-Hill.
- Cunningham, Ward. 1992. The WyCash portfolio management system. In 「Addendum to the Proceedings on Object-Oriented Programming Systems, Languages, and Applications」, 29-30. ACM. Also at http://c2.com/doc/oopsla92.html.
- Davies, Rachel, and Liz Sedley. 2009. 「Agile coaching」. The Pragmatic Bookshelf.
- Deemer, Pete, Gabrielle Benefield, Craig Larman, and Bas Vodde. 2008. 「The Scrum primer」. Scrum Training Institute.
- DeGrace, Peter, and Leslie Hulet Stahl. 1990. 「Wicked problems, righteous solutions: A catalogue of modern software engineering paradigms」. Prentice Hall.
- DeMarco, Tom, Peter Hruschka, Tim Lister, Suzanne Robertson, James Roberts, and Steve McMenamin. 2008. 「Adrenaline junkies and template zombies: Understanding patterns of project behavior」. Dorset House.
- DeMarco, Tom, and Timothy Lister. 1999. 「Peopleware: Productive projects and teams」. 2nd ed. Dorset House.
- Deming, W. Edwards. 2000. 「Out of the crisis」. MIT Press.
- de Pillis, Emmeline, and Kimberly Furumo. 2007. Counting the cost of virtual teams. 「Communications of the ACM」, December, 93-95.
- Derby, Esther. 2006. A manager's guide to supporting organizational change. 「Crosstalk」, January, 17-19.
- Derby, Esther, and Diana Larsen. 2006. 「Agile retrospectives: Making good teams great」. Pragmatic Bookshelf.
- Deutschman, Alan. 2007. Inside the mind of Jeff Bezos. Fast Company, December 19. http://www.fastcompany.com/magazine/85/bezos_1.html.
- Dinwiddie, George. 2007. Common areas at the heart. In 「Proceedings of the Agile 2007 Conference」, ed. Jutta Eckstein, Frank Maurer, Rachel Davies, Grigori Melnik, and Gary Pollice, 207-211. IEEE Computer Society.
- Drummond, Brian Scott, and John Francis "JF" Unson. 2008. Yahoo! distributed agile: Notes from the world over. In 「Proceedings of the Agile 2008 Conference」, ed. Grigori Melnik, Philippe Kruchten, and Mary Poppendieck, 315-321. IEEE Computer Society.
- Duarte, Deborah L., and Nancy Tennant Snyder. 2006. 「Mastering virtual teams: Strategies, tools, and techniques that succeed」. 3rd ed. Jossey-Bass.
- Duck, Jeanie Daniel. 1993. Managing change: The art of balancing. 「Harvard Business Review」, November-December, 109-119.
- Duvall, Paul, Steve Matyas, and Andrew Glover. 2007. 「Continuous integration: Improving software quality and reducing risk」. Addison-Wesley Professional.

- Dybå, Tore, Erik Arisholm, Dag I. K. Sjøberg, Jo Erskine Hannay, and Forrest Shull. 2007. Are two heads better than one? On the effectiveness of pair programming. 『IEEE Software』, June, 12-15.

- Edmondson, Amy, Richard Bohmer, and Gary Pisano. 2001. Speeding up team learning. 『Harvard Business Review』, October, 125-132.
- Elssamadisy, Amr. 2007. 『Patterns of agile practice adoption: The technical cluster』. C4Media.
- Emery, Dale H. 2001. Resistance as a resource. 『Cutter IT Journal』, October.
- Eoyang, Glenda Holladay. 2001. Conditions for self-organizing in human systems. PhD diss., The Union Institute and University.

- Feathers, Michael. 2004. 『Working effectively with legacy code』. Prentice Hall PTR.
- Fecarotta, Joseph. 2008. MyBoeingFleet and agile software development. In 『Proceedings of the Agile 2008 Conference』, ed. Grigori Melnik, Philippe Kruchten, and Mary Poppendieck, 135-139. IEEE Computer Society.
- Feynman, Richard P. 1997. 『Surely you're joking, Mr. Feynman! Adventures of a curious character』. W. W. Norton & Co.
- Fisher, Kimball. 1999. 『Leading self-directed work teams』. McGraw-Hill.
- Florida, Richard, and James Goodnight. 2005. Managing for creativity. 『Harvard Business Review』, July, 125-131.
- Fowler, Martin. 1999. 『Refactoring: Improving the design of existing code』. With contributions by Kent Beck, John Brant, William Opdyke, and Don Roberts. Addison-Wesley Professional.
  ———. 2006. Using an agile software process with offshore development. Martin
- Fowler's personal website, July 18. http://martinfowler.com/articles/agileOffshore.html.
- Fry, Chris, and Steve Greene. 2007. Large-scale agile transformation in an on-demand world. In 『Proceedings of the Agile 2007 Conference』, ed. Jutta Eckstein, Frank Maurer, Rachel Davies, Grigori Melnik, and Gary Pollice, 136-142. IEEE Computer Society.

- Gabardini, Juan. 2008. E-mail to Scrum Development mailing list, February 23. http://groups.yahoo.com/group/scrumdevelopment/message/25071.
- Gates, Bill. 1995. E-mail to Microsoft executive staff and his direct reports, May 26. Downloaded from the U.S. Department of Justice online case files. http://www.usdoj.gov/atr/cases/exhibits/20.pdf.
- George, Boby, and Laurie Williams. 2003. An initial investigation of test-driven development in industry. In SAC '03: 『Proceedings of the 2003 ACM symposium on applied computing』, 1135-1139. ACM.
- Gilb, Tom. 1988. 『Principles of software engineering management』. Addison-Wesley Professional.

- ———. 2005. Competitive Engineering: A handbook for systems engineering, requirements engineering, and software engineering using planguage. Butterworth-Heinemann.
- Gladwell, Malcolm. 2002. 『The tipping point: How little things can make a big difference』. Back Bay Books.
- Glazer, Hillel, Jeff Dalton, David Anderson, Mike Konrad, and Sandy Shrum. 2008. 『CMMI or agile: Why not embrace both!』 Software Engineering Institute at Carnegie Mellon, November. http://www.sei.cmu.edu/pub/documents/08.reports/08tn003.pdf.
- Goldberg, Adele, and Kenneth S. Rubin. 1995. 『Succeeding with objects: Decision frameworks for project management』. Addison-Wesley Professional.
- Goldstein, Jeffrey. 1994. 『The unshackled organization: Facing the challenge of unpredictability through spontaneous reorganization』. Productivity Press.
- Gonzales, Victor M., and Gloria Mark. 2004. Constant, constant, multi-tasking craziness: Managing multiple working spheres. In 『Proceedings of the CHI 2004 Connect Conference』, 113-120. ACM.
- Gratton, Lynda. 2007. Hot spots: 『Why some teams, workplaces, and organizations buzz with energy — and others don't』. Berrett-Koehler Publishers.
- Gratton, Lynda, Andreas Voigt, and Tamara J. Erickson. 2007. Bridging faultlines in diverse teams. 『MIT Sloan Management Review』, Summer, 22-29.
- Greene, Steve. 2007. Wall posting on the Facebook page of Adaptive Development Methodology (ADM), October 27. http://www.facebook.com/wall.php?id=4791857957.
  ———. 2008. Unleashing the fossa: Scaling agile in an ambitious culture. Session presented at Agile Leadership Summit, Orlando. http://www.slideshare.net/sgreene/unleashing-the-fossa-scaling-agile-in-an-ambitious-culture-presentation.
- Greene, Steve, and Chris Fry. 2008. Year of living dangerously: How Salesforce.com delivered extraordinary results through a "big bang" enterprise agile revolution. Session presented at Scrum Gathering, Stockholm. http://www.slideshare.net/sgreene/scrum-gathering-2008-stockholm-salesforcecom-presentation.
- Griskevicius, V., R. B. Cialdini, and N. J. Goldstein. 2008. Applying (and resisting) peer influence. 『MIT Sloan Management Review』, Winter, 84-88.
- Grossman, Lev. 2005. How Apple does it. Time, October 24, 66-70.

- Hackman, J. Richard. 2002. 『Leading Teams: Setting the stage for great performances』. Harvard Business School Press.
- Hackman, J. Richard, and Diane Coutu. 2009. Why teams don't work. 『Harvard Business Review』, May, 98-105.
- Hiatt, Jeffrey. 2006. 『ADKAR: A model for change in business, government and our community』. Prosci Research.
- Highsmith, Jim. 2002. 『Agile software development ecosystems』. Addison-Wesley.
  ———. 2005. Managing change: Three readiness tests. E-Mail Advisor, July 14. Cutter Consortium.

- ———. 2009. 「Agile project management: Creating innovative products」. 2nd ed. Addison-Wesley Professional.
- Hodgetts, Paul. 2004. Refactoring the development process: Experiences with the incremental adoption of agile practices. In 「Proceedings of the Agile Development Conference」, 106-113. IEEE Computer Society.
- Hofstede, Geert, and Gert-Jan Hofstede. 2005. 「Cultures and organizations: Software of the mind」. 2nd ed. McGraw-Hill.
- Hogan, Ben. 2006. Lessons learned from an extremely distributed project. In 「Proceedings of the Agile 2006 conference, ed. Joseph Chao, Mike Cohn, Frank Maurer, Helen Sharp, and James Shore, 321-326. IEEE Computer Society.
- Honious, Jeff, and Jonathan Clark. 2006. Something to believe in. In 「Proceedings of the Agile 2006 conference」, ed. Joseph Chao, Mike Cohn, Frank Maurer, Helen Sharp, and James Shore, 203-212. IEEE Computer Society.
- Hubbard, Douglas W. 2007. 「How to measure anything: Finding the value of "intangibles" in business」. Wiley.

- Iacovou, Charalambos L., and Robbie Nakatsu. 2008. A risk profile of offshore-outsourced development projects. 「Communications of the ACM」, June, 89-94.

- James, Michael. 2007. A ScrumMaster's checklist, August 13. Michael James' blog on Danube's website. http://danube.com/blog/michaeljames/a_scrummasters_checklist.
- Jeffries, Ron. 2004a. Big visible charts. XP, October 20. http://www.xprogramming.com/xpmag/BigVisibleCharts.htm.
- ———. 2004b. 「Extreme programming adventures in C#」. Microsoft Press.
- Johnston, Andrew. 2009. The role of the agile architect, June 20. Content from Agile Architect website. http://www.agilearchitect.org/agile/role.htm.
- Jones, Do-While. 1990. The breakfast food cooker. http://www.ridgecrest.ca.us/~do_while/toaster.htm.

- Kaplan, Robert S., and David P. Norton. 1992. The balanced scorecard: Measures that drive performance. 「Harvard Business Review」, January-February, 71-79.
- Karten, Naomi. 1994. 「Managing expectations」. Dorset House.
- Katzenbach, Jon. R. 1997. Real change leaders: How you can create growth and high performance at your company」. Three Rivers Press.
- Katzenbach, Jon R., and Douglas K. Smith. 1993. 「The wisdom of teams: Creating the highperformance organization」. Collins Business.
- Keith, Clinton. 2006. Agile methodology in game development: Year 3. Session presented at Game Developers Conference, San Jose.
- Kelly, James, and Scott Nadler. 2007. Leading from below. 「MIT Sloan Management

- Review』, March 3. http://sloanreview.mit.edu/business-insight/articles/2007/1/4917/
- leading-from-below.
- Kerievsky, Joshua. 2005. Industrial XP: Making XP work in large organizations. 『Cutter Consortium Agile Project Management Executive Report』 6 (2).
- Koskela, Lasse. 2007. 『Test driven: TDD and acceptance TDD for Java developers』. Manning.
- Kotter, John P. 1995. Leading change: Why transformation efforts fail. 『Harvard Business
- Review』, March-April, 59-67.
  ―――. 1996. 『Leading change』. Harvard Business School Press.
- Krebs, William, and Per Kroll. 2008. Using evaluation frameworks for quick reflections. Agile Journal, February 9. http://www.agilejournal.com/articles/columns/column-articles/750-using-evaluation-frameworks-for-quick-reflections.
- Krug, Steve. 2005. 『Don't make me think: A common sense approach to web usability』. 2nd ed. New Riders Press.

- LaFasto, Frank M. J., and Carl E. Larson. 2001. 『When teams work best: 6,000 team members and leaders tell what it takes to succeed』. Sage Publications, Inc.
- Larman, Craig, and Victor R. Basili. 2003. Iterative and incremental development: A brief history. 『IEEE Computer』, June, 47-56.
- Larman, Craig, and Bas Vodde. 2009. 『Scaling lean & agile development: Thinking and organizational tools for large-scale Scrum』. Addison-Wesley Professional.
- Larson, Carl E., and Frank M. J. LaFasto. 1989. 『Teamwork: What must go right/what can go wrong』. SAGE Publications.
- Lawrence, Paul R. 1969. How to deal with resistance to change. 『Harvard Business Review』, January-February, 4-11.
- Leffingwell, Dean. 2007. 『Scaling software agility: Best practices for large enterprises』. Addison-Wesley Professional.
- Liker, Jeffrey K. 2003. 『The Toyota way』. McGraw-Hill.
- Little, Todd. 2005. Context-adaptive agility: Managing complexity and uncertainty. 『IEEE Software』, May-June, 28-35.
- Luecke, Richard. 2003. 『Managing change and transition』. Harvard Business School Press.

- MacDonald, John D. 1968. 『The girl in the plain brown wrapper』. Fawcett.
- Machiavelli, icollò. 2005. 『The prince. trans. Peter Bondanella』. Oxford University Press.
- Mah, Michael. 2008. How agile projects measure up, and what this means to you. Cutter Consortium Agile Product & Project Management Executive Report 9 (9). Mair, Steven. 2002. A balanced scorecard for a small software group. 『IEEE Software』, November/December, 21-27.
- Mangurian, Glenn, and Keith Lockhart. 2006. Responsibility junkie: Conductor Keith

Lockhart on tradition and leadership. 「Harvard Business Review」, October.
- Mann, Chris, and Frank Maurer. 2005. A case study on the impact of Scrum on overtime and customer satisfaction. In 「Proceedings of the Agile Development Conference」, 70-79. IEEE Computer Society.
- Manns, Mary Lynn, and Linda Rising. 2004. 「Fearless change: Patterns for introducing new ideas」. Addison-Wesley.
- Marick, Brian. 2007. 「Everyday scripting with Ruby: For teams, testers, and you」. Pragmatic Bookshelf.
- Marsh, Stephen, and Stelios Pantazopoulos. 2008. Automated functional testing on the TransCanada Alberta gas accounting replacement project. In 「Proceedings of the Agile 2008 Conference」, ed. Grigori Melnik, Philippe Kruchten, and Mary Poppendieck, 239-244. IEEE Computer Society.
- Martin, Angela, Robert Biddle, and James Noble. 2004. The XP customer role in practice: Three studies. In 「Proceedings of the Agile Development Conference」, 42-54. IEEE ComputerSociety.
- Martin, Robert C. 2008. 「Clean code: A handbook of agile software craftsmanship」. Prentice Hall.
- McCarthy, Jim. 2004. Twenty-one rules of thumb for shipping great software on time. Posted as part of a David Gristwood blog entry. http://blogs.msdn.com/David_Gristwood/archive/2004/06/24/164849.aspx.
- McCarthy, Jim, and Michele McCarthy. 2006. 「Dynamics of software development」. Microsoft Press.
- McFarland, Keith R. 2008. Should you build strategy like you build software? 「MIT Sloan Management Review」, Spring, 69-74.
- McKinsey & Company. 2008. Creating organizational transformations: McKinsey global survey results. McKinsey Quarterly, August. http://www.mckinseyquarterly.com/Creating_organizational_transformations_McKinsey_Global_Survey_results_2195.
- McMichael, Bill, and Marc Lombardi. 2007. ISO 9001 and agile development. In 「Proceedings of the Agile 2007 Conference」, ed. Jutta Eckstein, Frank Maurer, Rachel Davies, Grigori Melnik, and Gary Pollice, 262-265. IEEE Computer Society.
- Mediratta, Bharat. 2007. The Google way: Give engineers room. As told to Julie Bick. The New York Times, October 21. http://www.nytimes.com/2007/10/21/jobs/21pre.html.
- Mello, Antonio S., and Martin E. Ruckes. 2006. Team composition. 「The Journal of Business」 79 (3): 1019-1039.
- Meszaros, Gerard. 2007. 「xUnit test patterns: Refactoring test code」. Addison-Wesley.
- Miller, Ade. 2008. Distributed agile development at Microsoft patterns & practices. Microsoft. Download from the publisher's website. http://www.pnpguidance.net/Post/DistributedAgileDevelopmentMicrosoftPatternsPractices.aspx.
- Miller, Lynn. 2005. Case study of customer input for a successful product. In 「Proceedings of

- the Agile Development Conference」, 225-234. IEEE Computer Society.
- Mintzberg, Henry. 2009. Rebuilding companies as communities. 「Harvard Business Review」, July-August, 140-143.
- Molokken-ostvold, Kjetil, and Magne Jørgensen. 2005. A comparison of software project overruns: Flexible versus sequential development methods. 「IEEE Transactions on Software Engineering」, September, 754-766.
- Moore, Pete. 2005. 『E=mc2: The great ideas that shaped our world』. Friedman.
- Moore, Richard, Kelly Reff, James Graham, and Brian Hackerson. 2007. Scrum at a Fortune 500 manufacturing company. In 「Proceedings of the Agile 2007 Conference」, ed. Jutta Eckstein, Frank Maurer, Rachel Davies, Grigori Melnik, and Gary Pollice, 175-180. IEEE Computer Society.
- Mugridge, Rick, and Ward Cunningham. 2005. 『Fit for developing software: Framework for integrated tests』. Prentice Hall.

- Nicholson, Nigel. 2003. How to motivate your problem people. 「Harvard Business Review」, January, 56-65.
- Nickols, Fred. 1997. Don't redesign your company's performance appraisal system, 「scrap it! Corporate University Review」, May-June.
- Nielsen, Jakob. 2008. Agile development projects and usability. Alertbox, the author's online column, November 17. http://www.useit.com/alertbox/agile-methods.html.
- Nonaka, Ikujiro, and Hirotaka Takeuchi. 1995. 『The knowledge-creating company: How Japanese companies create the dynamics of innovation』. Oxford University Press.

- Ohno, Taiichi. 1982. 『Workplace management』. trans. Jon Miller. Gemba Press. Quoted in Poppendieck 2007.
- Olson, Edwin E., and Glenda H. Eoyang. 2001. 『Facilitating organization change: Lessons from complexity science』. Pfeiffer.

- Paulk, Mark. 2001. Extreme programming from a CMM perspective. 「IEEE Software」, November, 19-26.
- Pichler, Roman. 『Agile product management with Scrum: Creating products that customers love』. Addison-Wesley Professional.
- Poppendieck, Mary. 2007. E-mail to Lean Development mailing list, October 6. http://tech.groups.yahoo.com/group/leandevelopment/message/2111.
- Poppendieck, Mary, and Tom Poppendieck. 2006. 『Implementing lean software development: From concept to cash』. Addison-Wesley Professional.
- Porter, Joshua. 2006. The freedom of fast iterations: How Netflix designs a winning web site. User Interface Engineering, November 14. http://www.uie.com/articles/fast_iterations/.
- Putnam, Doug. Team size can be the key to a successful project. An article in QSM's Process

Improvement Series. http://www.qsm.com/process_01.html.

- Ramasubbu, Narayan, and Rajesh Krishna Balan. 2007. Globally distributed software development project performance: An empirical analysis. In 「Proceedings of the 6th Joint Meeting of the European Software Engineering Conference and the ACM SIGSOFT Symposium」 on the Foundations of Software Engineering, 125-134. ACM.
- Ramingwong, Sakgasit, and A. S. M. Sajeev. 2007. Offshore outsourcing: The risk of keeping mum. Communications of the ACM, August, 101-3.
- Rayhan, Syed H., and Nimat Haque. 2008. Incremental adoption of Scrum for successful delivery of an IT project in a remote setup. In Proceedings of the Agile 2008 Conference, ed. Grigori Melnik, Philippe Kruchten, and Mary Poppendieck, 351-355. IEEE Computer Society.
- Reale, Richard C. 2005. Making change stick: Twelve principles for transforming organizations. Positive Impact Associates, Inc.
- Rico, David F. 2008. What is the ROI of agile vs. traditional methods? An analysis of extreme programming, test-driven development, pair programming, and Scrum (using real options). A downloadable spreadsheet from David Rico's personal website. http://davidfrico.com/agile-benefits.xls.
- Robarts, Jane M. 2008. Practical considerations for distributed agile projects. In 「Proceedings of the Agile 2008 Conference」, ed. Grigori Melnik, Philippe Kruchten, and Mary Poppendieck, 327-332. IEEE Computer Society.
- Robbins, Stephen P. 2005. 「Essentials of organizational behavior」. Prentice Hall.
- Rossi, Ernest Lawrence. 2002. The 20-minute ultradian healing response: An interview with Ernest Lawrence Rossi. Posted in the Interviews section of the author's personal website, June 11. http://ernestrossi.com/interviews/ultradia.htm.

- Sanchez, Julio Cesar, Laurie Williams, and E. Michael Maximilien. 2007. On the sustained use of a test-driven development practice at IBM. 2007. In 「Proceedings of the Agile 2007 Conference」, ed. Jutta Eckstein, Frank Maurer, Rachel Davies, Grigori Melnik, and Gary Pollice, 5-14. IEEE Computer Society.
- Schatz, Bob, and Ibrahim Abdelshafi. 2005. Primavera gets agile: A successful transition to agile development. 「IEEE Software」, May/June, 36-42.
    ——. 2006. The agile marathon. In Proceedings of the Agile 2006 conference, ed. Joseph Chao, Mike Cohn, Frank Maurer, Helen Sharp, and James Shore, 139-146. IEEE Computer Society.
- Schubring, Lori. 2006. Through the looking glass: Our long day's journey into agile. Agile Development, Spring, 26-28. http://www.agilealliance.org/agile_magazine.
- Schwaber, Ken. 2004. 「Agile project management with Scrum」. Microsoft Press.
    ——. 2006. The canary in the coal mine. Recorded video of session at Agile 2006 Conference, 1 hour, 9 min., 14 sec.; embedded on InfoQ website, November 13. http://

www.infoq.com/presentations/agile-quality-canary-coalmine.

—. 2007. 『The enterprise and Scrum』. Microsoft Press.

—. 2009. 「Scrum guide」, March. Posted as a downloadable PDF resource on the Scrum Alliance website. http://www.scrumalliance.org/resources/598.

- Schwaber, Ken, and Mike Beedle. 2001. 『Agile software development with Scrum』. Prentice-Hall.
- Schwartz, Tony, and Catherine McCarthy. 2007. Manage your energy, not your time. 『Harvard Business Review』, October, 63-73.
- Seffernick, Thomas R. 2007. Enabling agile in a large organization: Our journey down the yellow brick road. In 『Proceedings of the Agile 2007 Conference』, ed. Jutta Eckstein, Frank Maurer, Rachel Davies, Grigori Melnik, and Gary Pollice, 200-206. IEEE Computer Society.
- Shaw, D. M. 1960. Size of share in task and motivation in work groups. 『Sociometry 』23: 203-208.
- Sliger, Michele. 2006. Bridging the gap: Agile projects in the waterfall enterprise. 『Better Software』, July/August, 26-31.
- Sliger, Michele, and Stacia Broderick. 2008. 『The software project manager's bridge to agility』. Addison-Wesley Professional.
- Sosa, Manuel E., Steven D. Eppinger, and Craig M. Rowles. 2007. Are your engineers talking to one another when they should? 『Harvard Business Review』, January, 133-142.
- Spann, David. 2006. Agile manager behaviors: What to look for and develop. Cutter Consortium Executive Report, September.
- Stangor, Charles. 2004. 『Social groups in action and interaction』. Psychology Press.
- Steiner, I. D. 1972. 『Group process and productivity』. Academic Press Inc.
- Striebeck, Mark. 2006. Ssh! We are adding a process···. In 『Proceedings of the Agile 2006 Conference』, ed. Joseph Chao, Mike Cohn, Frank Maurer, Helen Sharp, and James Shore, 185-193. IEEE Computer Society.

—. 2007. Agile adoption at Google: Potential and challenges of a true bottom-up organization. Session presented at Agile 2007 conference, Washington, DC.

- Subramaniam, Venkat, and Andy Hunt. 2006. 『Practices of an agile developer: Working in the real world』. Pragmatic Bookshelf.
- Summers, Mark. 2008. Insights into an agile adventure with offshore partners. In 『Proceedings of the Agile 2008 Conference』, ed. Grigori Melnik, Philippe Kruchten, and Mary Poppendieck, 333-339. IEEE Computer Society.
- Sutherland, Jeff, Carsten Ruseng Jakobsen, and Kent Johnson. 2007. Scrum and CMMI level 5: The magic potion for code warriors. In 『Proceedings of the Agile 2007 Conference』, ed. Jutta Eckstein, Frank Maurer, Rachel Davies, Grigori Melnik, and Gary Pollice, 272-278. IEEE Computer Society.
- Sutherland, Jeff, Guido Schoonheim, Eelco Rustenburg, and Mauritz Rijk. 2008. Fully distributed Scrum: The secret sauce for hyperproductive offshore development teams. In

- 「Proceedings of the Agile 2008 Conference」, ed. Grigori Melnik, Philippe Kruchten, and Mary Poppendieck, 339-344. IEEE Computer Society.
- Sutherland, Jeff, Anton Viktorov, and Jack Blount. 2006. Adaptive engineering of large software projects with distributed/outsourced teams. In 「Proceedings of the Sixth International Conference on Complex Systems」, ed. Ali Minai, Dan Braha, and Yaneer Bar-Yam. New England Complex Systems Institute.
- Sutherland, Jeff, Anton Viktorov, Jack Blount, and Nikolai Puntikov. 2007. Distributed Scrum: Agile project management with outsourced development teams. In 「Proceedings of the 40th Annual Hawaii International Conference on System Sciences」, 274a. IEEE Computer Society.
- Sy, Desirée. 2007. Adapting usability investigations for agile user-centered design. 「Journal of Usability Studies」 2 (3): 112-132.

- Tabaka, Jean. 2006. 『Collaboration explained: Facilitation skills for software project leaders』. Addison-Wesley Professional.
- ——. 2007. Twelve ways agile adoptions fail. Better Software, November, 7. Takeuchi, Hirotaka, and Ikujiro Nonaka. 1986. The new new product development game. 「Harvard Business Review」, January, 137-146.
- Tengshe, Ash, and Scott Noble. 2007. Establishing the agile PMO: Managing variability across projects and portfolios. In Proceedings of the Agile 2007 Conference, ed. Jutta Eckstein, Frank Maurer, Rachel Davies, Grigori Melnik, and Gary Pollice, 188-193. IEEE Computer Society.
- Thaler, Richard H., and Cass R. Sunstein. 2009. 『Nudge: Improving decisions about health, wealth, and happiness』. Updated ed. Penguin.
- Therrien, Elaine. 2008. Overcoming the challenges of building a distributed agile organization. In 「Proceedings of the Agile 2008 Conference」, ed. Grigori Melnik, Philippe Kruchten, and Mary Poppendieck, 368-372. IEEE Computer Society.
- Thomas, Dave. 2005. Agile programming: Design to accommodate change. 「IEEE Software」, May/June, 14-16.
- Toffler, Alvin. 1970. 「Future shock」. Random House.
- Tubbs, Stewart L. 2004. 「A systems approach to small group interaction」. 8th ed. McGraw-Hill.
- Turner, Richard, and Apurva Jain. 2002. Agile meets CMMI: Culture clash or common cause? In 「Extreme Programming and Agile Methods: XP/Agile Universe 2002」, ed. D. Wells and L. A. Williams, 153-165. Springer.

- Unson, J. F. 2008. E-mail to Scrum Development mailing list, May 26. http://groups.yahoo.com/group/scrumdevelopment/message/29481.

- Vax, Michael, and Stephen Michaud. 2008. Distributed agile: Growing a practice together.

- In 「Proceedings of the Agile 2008 Conference」, ed. Grigori Melnik, Philippe Kruchten, and Mary Poppendieck, 310-314. IEEE Computer Society.
- Venners, Bill. 2003. Tracer bullets and prototypes: A conversation with Andy Hunt and Dave Thomas, part VIII. 「Artima Developer」, April 21. http://www.artima.com/intv/ tracer.html.
- VersionOne. 2008. The state of agile development: Third annual survey. Posted as a downloadable PDF in the Library of White Papers on the VersionOne website. http://www.versionone.com/pdf/3rdAnnualStateOfAgile_FullDataReport.pdf.

- Wake, William C. 2003. 『Refactoring workbook』. Addison-Wesley Professional.
- Ward, Allen C. 2007. 「Lean product and process development」. Lean Enterprise Institute.
- Wenger, Etienne, Richard McDermott, and William M. Snyder. 2002. 『Cultivating communities of practice』. Harvard Business School Press.
- Williams, Laurie, Lucas Layman, and William Krebs. 2004. Extreme programming evaluation framework for object-oriented languages, version 1.4. North Carolina State University Department of Computer Science, TR-2004-18.
- Williams, Laurie, Anuja Shukla, and Annie I. Anton. 2004. An initial exploration of the relationship between pair programming and Brooks' law. In 「Proceedings of the Agile Development Conference」, 11-20. IEEE Computer Society.
- Williams, Wes, and Mike Stout. 2008. Colossal, scattered, and chaotic: Planning with a large distributed team. In 「Proceedings of the Agile 2008 Conference」, ed. Grigori Melnik, Philippe Kruchten, and Mary Poppendieck, 356-361. IEEE Computer Society.
- Woodward, E. V., R. Bowers, V. Thio, K. Johnson, M. Srihari, and C. J. Bracht. Forthcoming. Agile methods for software practice transformation. IBM Journal of Research and Development 54 (2).
- Wright, Graham. 2003. Achieving ISO 9001 certification for an XP company. In Extreme Programming and Agile Methods: XP/Agile Universe 2003, ed. F. Maurer and D. Wells, 43-50. Springer.

- Yegge, Steve. 2006. Good agile, bad agile. Stevey's Blog Rants, September 27. http://steve-yegge.blogspot.com/2006/09/good-agile-bad-agile_27.html.
- Young, Cynick, and Hiroki Terashima. 2008. How did we adapt agile processes to our distributed development? Overcoming the challenges of building a distributed agile organization. In 「Proceedings of the Agile 2008 Conference」, ed. Grigori Melnik, Philippe Kruchten, and Mary Poppendieck, 304-309. IEEE Computer Society.

찾아보기

ㄱ

기대, 태도 (파일럿 프로젝트) 109
가구, 설비 499-501
가브리엘 베네필드 477, 492, 498
갈망하기 30
    27
    높이기 30-35
    두려움 34
    모멘텀 32
    위급하다는 생각 32
    인센티브 33
    직원들을 참여시켜라 35
    커뮤니케이션 31-32
    팀이 스크럼을 시험해 보게 하라 32-33
개발, 스크럼과 순차적 개발 470
개발자 174-175
개선 백로그 73-74
개선 커뮤니티, IC 참고
개선하기 534-535
개선
    계획 344-345
    기술적인 실천법 206
    사용자 스토리 296-299
개인
    멀티태스킹 232-234
    저항 115-119, 122-123
        방해공작원 128-130
        보수주의자 130-133
        추종자 133-135
        회의론자 125-128
    지루한 일은 그만! 234-236
    책임 488
    한 작업에 인력투입하기 231-232
    한 프로젝트에 인력투입하기 229-230
개인별 성향 116
개인주의 IND 432

갱 프로그래밍 189
경영진의 후원, 공간(설비) 498-499
계획 수립 344
    야근 347-353
    에너지 352-353
    점진적 계획 345-347
고이코 아직 303
곧 닥치게 될 파멸 101-102
공간 (설비) 496-497
    경영진의 후원 498-499
    전략회의실 497-498
공동 소유 192-193
공유
    정보, 능력 38-39
    지식 251
    팀원 406
교류
    변경히기 273-274
    자기 조직화에 영향주기 265-266
교류방법 변경하기 273-274
교육
    역량 강화 37
    PMO 505
교차기능팀, 문서화 305
구글 grouplct 85
구글, 개선 커뮤니티 84-86
구성원, IC(개선 커뮤니티) 89-90
권력 거리 지수 PDI 432
규칙적인 사전 계획 402-403
균형성과기록표
    지표 530-531
    팀 525-526
    균형성과기록표 만들기 526-527
    단순한 지표 장려하기 527-529
균형성과기록표 만들기 526-527
그레고리 토프 164

글렌 알렌 메이 40
　개선 커뮤니티 구성원 89
글렌다 어양 79
기대, 파일럿 프로젝트 105-106
　예측 107-109
　진척 106-107
　참여 109-110
　태도 109
기술적인 부채
　갚기 389-390
　청산하기 388-390
기술적인 실천법 개선하기 206

ㄴ

내부 스크럼 마스터 144
내부 코칭을 선호하는 이유 63
낸시 스나이더 439
니멧 해큐 497

ㄷ

다릴 코너 109
다양한 대안을 선택할 수 있는 체계 278-279
다양한 대안을 선택할 수 있는 체계(System)를 마련하라 278-279
단편적 도입 68
달성
　개발속도에 관한 과거 데이터 364-365
　스크럼 마스터 자질 140
　팀 전체의 약속 241
　팀 크기가 자주 변하는 경우 366-368
　헌신적인 태도로 협력하도록 격려하라 258-259
당구공 스프린트 321
대규모
　스크럼 424
　스프린트 계획 회의 415
　　큰 방 접근법 417-418
　　하루씩 시차를 두기 416-417
　　제품 책임자 395-396
　　　책임을 공유하고, 기능을 나눈다 395-396
대규모 제품 백로그 397-401
더그 퍼트넘 216
더글라스 스미스 241
데이브 토마스 206
데이비드 리코 12

데이터
　약속을 위한 것들 361-362
　추정을 위한 것들 361-362
데지레이 시 180, 327
도리스 포드 167
도베르만 효과 501
도시 회고 465
도입
　단편적 68
　숨기기 58-59
　　사용하는 이유 58-59
　　애자일 도입 공개여부와 비교 59
도입에 따른 이점, 비용 13-15
도전하는 팀 253
돌아가며 스크럼 마스터하기 145-146
동기부여 259
동작하는 소프트웨어 311
　스프린트
　　출시가능한 수준 가이드라인 311-312
　　출시가능한 수준을 정의하는 가이드라인 만들기 313-315
두려움 34
두와일 존스 200
드보레 듀아트 439

ㄹ

라자니 라마나탄 419
로리 슈브링 23
　갈망하기 30
　장려하기, 관심을 이끌어내라 43
로만 피츨러 306
로버트 비들 153
로버트 쿠퍼 박사 474
로버트 C 마틴 191
로빈 던바 400
로저 내시어 456
론 제프리 190, 501
류 플랫 251
리더십 281-282
　특정 역할에 대한 관리자 171-172
리드 에세비아 97
리사 크리스핀 178, 241
리즈 바넷 68
리차드 터너 470

CMMI 481
리차드 파인만 334
리차드 핵맨 254
리팩토링 190-191
린 밀러 180, 330
린다 그랜튼 259, 279
린다 라이징 5

ㅁ

마이크 스타우트 224
마이클 마 12
마이클 싱글러 30-31, 469
마케팅 조직에 확산하기 46
마크 포우크 480
마틴 파울러 290, 442
　여행하는 대사 445
말콤 글래드웰 430
매리 린 맨스 5
매트 트럭스 454
　장려하기 43
맥스 링겔만 214
먹을것과 마실것 504
멀티태스킹
　개개인 232-234
　회사차원의 멀티태스킹 233
메리 포펜딕 234
메서드 추출 191
　495-496
　가구 499-501
　공간 496-497
　경영진의 후원 498-499
　전략회의실 497-498
　머을것과 마실것 504
　사적인 503
　스프린트 백로그 502-503
　제품 백로그 503
　차트 501
　창문 504
　태스크 백로그 503
　팀원의 근접도 502
　피드백 장치 502
　화이트보드 504
　확산하기 46
목표

스프린트 337-339
역량 강화 37
IC 89
목표 설정 38
문서
　교차기능팀 305
　문서, 분산 팀 448-449
문화적 차이 435
　분산 팀 432-434
　휴일 435-436
미국 농장조합 서비스 75
미국, 문화적인 차이 433-434
미래의 충격 10

ㅂ

바이오웨어 28
발전
　영향주기 274-275
　　다양한 대안을 선택할 수 있는 체계(System)를 마련
　　하라 278-279
　　성과를 정의하라 277
　　시스템에 에너지 불어넣기 279-280
　　외부 환경을 선택하라 276-277
　　의미를 관리하라 277-278
밥 스탄츠 58
　돌아가며 스크럼 마스터하기 145
방해 주도적인 조직 339
방해공작원 128-130
백로그 관리 397
백로그, 개선 백로그 73-74
버려지는 지식을 막아라 255-258
버전원 조사 14
범위 변경 357
　범위 조정 357
　일정 연장하기 356
　자원 추가 356
　품질 저하 356
　357
범위를 변경하는 대안 357
　범위 조정 357
　일정 연장하기 356
　자원 추가 356
　품질 저하 356
베리 봄 202, 470

벤 호간 446
변형 274
변화 69
  커뮤니케이션 119
    동료로부터 전해듣기 121-122
    리더에게 듣는것 120-121
변화에 대한 커뮤니케이션, 동료 121-122
변화에 대한 커뮤니케이션, 리더 120-121
보고 체계 488
    스크럼 마스터에게 보고하기 488
    제품 책임자에게 보고하기 489
보수주의자 117
보수주의자 130-133
보이스카웃 룰 191
보존 275
부채, 기술적인 부채, 기술적인 부채 참고
분산 255
분산 팀
  의도적인 분산 팀 428-431
  의사소통
    문서 448-449
    수평적 커뮤니케이션 450
    제품 백로그 449
  일관성 432
    문화적인 차이 432-434
    신뢰 439-441
  일관성 팀 구조 436-437
  하위그룹 440
  함께 모여
    씨뿌리기 방문 442-444
    여행하는 대사 445-448
    접촉 방문 445
  협업하는 인접 팀 428-431
  회의 451-453
    고통 분담 454
    스크럼의 스크럼 463-465
    스프린트 계획 회의 455-458
    스프린트 리뷰와 회고 463-465
    일일 스크럼 458-462
    잡담 453
    저성능 화상회의 455
분산 팀의 일관성 432
  문화적인 차이 432-434
  신뢰 439-441

  팀 구조 436-437
분석가 163-165
불확실성 회피 지수 UAI 432
브라이언 드루몬드 439
비애자일 통제 475-476
비정상적인 종료 338
비즈니스 스폰서 참여, 파일럿 프로젝트의 특징 프로젝트 97
비즈니스 프로세스, 스크럼과 순차적 개발 471
비치 헛 멜리 244
  야근 348-353
빌 게이츠 279
빌 크렙스 517
뽀모도로 353

ㅅ
사람
  성향 117
  스크럼과 순차적 개발 470
  PMO 505
사브레 에어라인 224
사용자 스토리 289
  정제 296-299
  제품 백로그 288-289
사용자 인터페이스 테스트 379-380
사용자경험(UX) 디자이너 180-182
  병행하기 327-328
사이닉 영 453
사적인 503
사회적 태만 214
상대적인 기민함 평가 520-523
상호작용
  스크럼 마스터 자질 140
  헌신적인 태도로 협력하도록 격려하라 258-259
상호작용 시나리오, 스크럼과 순차적 개발 469-473
새로운 기술적 실천법 소개 65
  늦추기 67
  일찍 시작하기 65-66
생산성
  도입에 따른 이점 13-15
  야근 351-353
  작은 팀 216-218
샤론 시슬리 429
선택 274

선택하기
   파일럿 팀 102-103
   파일럿 프로젝트 96-97
설계 가이드하기 200-201
   고객 요구사항 적용하기 203-204
   201-203
설계 가이드하기 203-204
성공을 언급하라 476
성과 평가, 인적 자원 489-491
성과가 진화에 미치는 영향 277
성취도 ACH 432
세일즈포스닷컴 균형성과 기록표 2
   실천법 커뮤니티 525
   역량 강화 코칭 419
   킥오프 미팅 37
   테스트 자동화의 이점 405
   PTON 근무시간을 사용하세요. 381
세일즈포스닷컴 PTON 90
속도, 개발속도 개발속도에 관한 과거 데이터 361
   평균 개발속도 계산 364-365
   368
쇼단준수 설문 517-518
수동 테스트 380
수석 제품 책임자 395
수평적 커뮤니케이션 450
숨겨서 도입하기 사용하는 이유 58-59
   애자일 도입 공개여부와 비교 58-59
   59
스캇 앰블러 170
스크럼 도입 23-25, 50
스크럼 도입 수준 24
스크럼 도입하기 변화를 인식하는게 느린 이유
   수준 26
   24
스크럼 마스터이자 기술 리더 143-144
스크럼 확산하기, 접근법 선택하기 63-64
스크럼, 순차적 개발
   공존 469-472
   상호작용 시나리오 473
   충돌의 부분 469-470
   통제 470-471
스크럼 마스터 138-139, 168
   기술 리더 143-144
   내부 스크럼 마스터 144

돌아가며 145-146
문제 극복 146-148
보고하기 488
외부 144
자질 140-143
제품책임자로서 156-157
스크럼 마스터 자질, 겸손 141
스크럼 마스터 자질, 영향력 142
스크럼의 스크럼 미팅 410-414
   분산 팀 463-465
   빈도 412
   안건 412-414
스크럼의 스크럼 미팅 빈도 412
스테이지-게이트 프로세스 474
스텐리오스 판타조플로스 194
스티브 그린 54, 528
스티브 잡스 324-325
스티븐 로빈 214
스티븐 마시 194
스티븐 휠라이트 231
스폰서, ETC 스프린트 76-78
스프린트
   당구공 스프린트 321
   동기화하기 414-415
   동작하는 소프트웨어 "잠재적으로 출시 가능한"을 정의하기 311-312
   동작하는 소프트웨어 출시가능한 수준을 정의하는 가이드라인 만들기 313-315
   목표 337-339
      팀의 방향을 변경하는 일 피하기 339-341
   무언가 가치 있는 것 전달하기 316-319
   시간관리 333-335
      기간 늘리기 335-336
   이번 스프린트에서 다음 준비하기 320-323
   자동화 380-382
   팀워크 324-325
      아키텍처와 DB설계 330-332
      전체를 생각하고 점진적으로 일하라 328-329
      특정 활동만 하는 스프린트 피하기 325-326
      UX디자인 병행하기 327-328
   피드백 341
   ETC 76-77
      스폰서와 제품 책임자 77-78
   IC(개선 커뮤니티) 86-87

스프린트 계획 회의
  대규모
    큰 방 접근법 417-418
    하루씩 시차를 두기 416-417
  분산 팀 455-458
스프린트 동기화하기 414-415
스프린트 리뷰와 회고, 분산 팀(회의) 463-464
스프린트 백로그 502-503
스프린트 시간관리 333-335
  기간 늘리기 335-336
스프린트 팀워크 324-325
  아키텍처와 DB설계 330-332
  완료해야 완료되는 관계 326-327
  전체를 생각하고 점진적으로 일하라 328-329
  특정 활동만 하는 스프린트 피하기 325-326
  UX디자인 병행하기 327-328
스프린트, 마일스톤 311
스프린트에 무언가 가치 있는 것 전달하기 316-319
시드 레이한 497
시스템에 에너지 불어넣기 279-280
시어스 172
식별하기 어려운 기능 318
신뢰, 분산 팀 439-441
신시아 안드레스 68
  초과근무 347
실반 골드만 121
실용주의자 117
실행공동체를 구축하라 419-420
    공식 또는 비공식 420-421
    참여 423-424
    환경 만들기 421-422
씨뿌리기 방문 442-444

ㅇ
아이브라함 아브델샤이 58
  돌아가며 스크럼 마스터하기 145
아키텍트 169-171
  코딩하지 않는 아키텍트 170-171
아푸르바 제인 480
안전, 스크럼의 스크럼 미팅 412-414
안젤라 마틴 153
알렌 워드 255-256
알리스터 코오번 6, 469
애란 카멜 443, 436

애비 피츠너 9
애자일 공포증, 저항 118-119
애자일 도입 6
  미래의 충격 10
  성공적인 변화는 전적으로 상향식이나 하향식으로 이루어지는 게 아니다 5-6
  스크럼 도입 9-10
  스크럼은 구석구석 스며든다 8-9
  이점 12-13
    생산성과 비용 13-15
    이해관계자의 만족도 19
    적기 출시 16-17
    직원의 참여와 업무 만족도 15-16
    품질 17-18
    현재 개발 프로세스로 더 이상 개발을 진행할 수 없다는 것 19
  최종 상태를 예측할 수 없다 6-7
애자일 도입 공개 55-57
  몰래 도입하느냐 59
  사용하는 이유 56-57
애자일 탐험대, 장려하기 43
애자일, 애자일 도입 공개 55-57
  사용하는 이유 56-57
애자일: EF, 일반적인 목적의 애자일 평가 518-520
앤더슨 컨설팅 195
앤드류 존슨 170
앨빈 토플러 10
야근 15-16
  생산성 351-353
야후
  개선 커뮤니티 86
  기대 109
  역량 강화 38
약속 정하기 363
약속하기 359
  데이터 수집 361-362
약속한 일로부터 추정 분리하기 259-260
  약속
    개발속도에 관한 과거 데이터 364-365
    데이터 수집 361-362
    팀 크기가 자주 변하는 경우 366-368
업무 능력 및 성숙도 평가기준(CMMI) 480-481
에너지 351-353
에드 캣멀 256

에드윈 올슨 79, 268
에릭 바비넷 419
에이드 밀러 443
    수평적 커뮤니케이션 450
에티엔 웽어 421
에픽 298-299
엔터프라이즈 스크럼 도입을 위한 커뮤니티(ETC) 74-75
    스프린트 76-77
        스폰서와 제품 책임자 77-78
    책임 78-80
엘레인 티어렌 437
엘리자베스 우드워드
    역량 강화 37
    ETC 76
여행하는 대사 440, 445-448
역량 강화 36
    개발하기 36-37
    교육 37
    목표 설정 38
    정보를 공유하라 38-39
    책임 38
역할, 스크럼 마스터. 스크럼 마스터 참고
연결자 430
연례 인사고과 486
연장하기
    스프린트 335-336
    일정 356
열린 공간 405
열정 높이기 352-353
영역
    자기 조직화에 영향주기 265-266
    조정하기 269-270
영역 조정하기 269-270
영향주기
    발전 274-275
        다양한 대안을 선택할 수 있는 체계(System)를 마련하라 278-279
        성과를 정의하라 277
        시스템에 에너지 불어넣기 279-280
        외부 환경을 선택하라 276-277
        의미를 관리하라 277-278
    자기조직화 265-266
        교류 267-268

영역 267-268
예측, 기대(파일럿 프로젝트) 107-109
오티콘 444
올 앤더슨 444
올인 패턴
    사용하는 이유 52-53
    작게 시작하기와 비교 52-53
외부 스크럼 마스터 144
외부 환경을 선택하라 276-277
요하네스 브로드월 318
우수성의 추구 187
    공동 소유 192-193
    리팩토링 190-191
    지속적인 통합 194-195
    짝 프로그래밍 196-198
    테스트 주도 개발 187-189
우호적인 학습 환경 253-255
워드 커닝햄 388
웨스 윌리암스 224
위급하다는 생각 32
윌리엄 브릿지 35
유지가능한 속도 348-353
의도적인 분산 팀 428-431
의미를 관리하라 277-278
의존성 관리하기 402-403
    규칙적인 사전 계획 402-403
    킥오프 미팅 405-406
    통합전담팀 407-408
    팀원 공유 406
이리저리 걸어다니며 관리 MBWA 445
이리저리 날아다니며 관리 MBFA 446
이번 스프린트에서 다음 준비하기 320-323
이전, 업무 만족도 15-16
이해관계자의 만족도, 애자일 도입에 따른 이점 19
인력 이슈 495
인사 487
    보고 체계 488
        스크럼 마스터에게 보고 488
        제품 책임자에게 보고하기 489
    성과 평가 489-491
    인력 이슈 495
    진로 493-495
    팀 내보내기 492-493
    평가 486

확산하기 45
인사에 대한 책임 173
인센티브 33
인수 기준 301
인수 테스트 주도 개발 383-384
   세부사항 385-387
인수 테스트 주도 개발, ATDD 참고
인수인계 257
인수테스트 주도 개발 세부사항 385-387
인식하기 26-27
   발전, 변해야 하는 이유에 주의를 집중시켜라 29
      새로운 사람들과 경험에 노출시켜라 29
      지표를 이용하라 28
      커뮤니케이션 28
      파일럿 프로젝트 29
일반적인 목적의 애자일 평가 515-516
   쇼단준수 설문 517-518
   애자일: EF 518-520
일일 스크럼, 분산 팀(회의) 458-462

ㅈ

자기 조직적인 팀 226-227, 264-265
   팀에 적절한 사람 배치하기 227-228
자기조직화 265-267
   교류 267-268
   영역 267-268
   차이 267-268
자신감 261
자원 추가 356
자이리 팔타넌 179
작게 시작하기 패턴 50
   사용하는 이유 52-53
   한번에 시작하기와 비교 53-54
작성된 문서 285-290
잠재적으로 출시가능한, 동작하는 소프트웨어(스프린트) 311-312
잡담 453
장기 지향성 LTO 432
장려하기 39-41
   애자일 탐험대 43
   커뮤니케이션 41-42
   흥미 끌어내기 43-44
재무, 확산하기 46-47
저성능 화상회의 455

저항
   개인 115-119, 122-123
      방해공작원 128-130
      보수주의자 130-133
      추종자 133-135
      회의론자 125-128
   애자일 공포증 118-119
   예상하기 115-116
   유익한 붉은 깃발 135
   폭포수모델의 잘못된 시각 118-119
저항 극복하기
   방해공작원 128-130
   추종자 133
   회의론자로부터 125
저항 예상하기 115-116
적기 출시 16-17
적절한 사람 배치하기, 다양성 227
전략회의실 497-498
전문가 244-246
전자 엔터테인먼트 엑스포 349
전화 500-501
전화회의, 스프린트 계획 회의 455-457
접촉 방문 445
제럴드 와인버그 495
제비아 443
제이콥 닐슨 182
제인 로바츠 438
   문서화, 분산 팀 448
   여행하는 대사 446
제임스 노블 153
제품 라인 책임자 395
제품 백로그 397-401
   분산 팀, 커뮤니케이션 448
   뷰 400
   빙산 294-295
   사용자 스토리 288-289
      정제 296-299
   상세화하지 않고 시작 302-303
      교차기능팀 305
   손질하기 295-296
   요구사항 정제 296-297
   창발적 요구사항 395
   항목 249
   DEEP 306-307

제품 백로그 뷰 400
제품 백로그 손질하기 295-296
제품 백로그, 상세화하지 않고 시작하기(사례를 통해 상세화하기) 302-303
제품 백로그를 위한 요구사항 정제 295-297
제품 책임자
   ~에게 보고하기 488-489
   대규모 395-396
      책임을 공유하고, 기능을 나눈다 395-396
   문제 극복 157-159
   스크럼 마스터로서 156-157
   자질 154-155
   책임 148-151
   팀 152-153
   ETC 스프린트 76-78
제품 책임자의 책임, 경계 150-151
제품책임자의 책임, 비전 148
제프 서더랜드 430
제프 호니우스 97
제프리 골드스타인 교수 86
제프리 라이커 172
조너선 클락 97
조슈아 케리예브스키 68
조에 패카로타 481
조지 딘위디 501
조직 논리 487
존 카첸바흐 241
존 코넬 500
존 코터 5
존 D 맥도날드 31
좋은 팀 구조를 위한 가이드라인 236-238
주안 가바디니 480
주인없는 인터페이스, 통합 팀 407
죽음의 계곡
준수 477-478
   준수하기 482-483
      CMMI(업무 능력 및 성숙도 평가기준) 480-481
      ISO 9001 478-479
준수하기 482-483
중국, 문화적인 차이 433-434
증가
   갈망 30-35
   열정 352-353
지속적인 통합 194-195

지식
   공유 251
   스크럼 마스터 자질 142
지역 회의 461-462
지트 호프스테드 432
지표
   사용하는 이점 530-531
   인식하기를 발전시키는 28
직원 계약
   갈망 34-35
   이점 15-16
직원들을 참여시켜라, 갈망 34-35
진 타바카 78
   스크럼 마스터 143
진로, 인적 자원 493-495
진보주의자 117
진척, 기대(파일럿 프로젝트) 106-107
짐 맥카시 311
짐 하이스미스 280
짝 프로그래밍 196-198

ㅊ

차이 강화하기 271-273
차이 줄이기 271-273
차이점
   강화하기 271-273
   자기 조직화에 영향주기 265-266
   줄이기 271-273
차트 501
참여, 기대(파일럿 프로젝트) 109-110
참여, 실행공동체 423-424
창문 504
창발적인 요구사항 293-294
   제품 백로그 294-295
책상 499
책임
   개인 vs 팀 487
   문서로 작성되면 286
   스크럼 마스터 자질 140
   역량 강화 37
   제품 책임자 148-151, 395-397
   팀 전체의 책임 241-243
   ETC 78-80
철의 삼각형 354

범위 변경하기. 범위 변경하기 참고
    프로젝트 상황 358
총무 그룹 486
추정하기 359
    데이터 수집 361-362
추종자 133-135
출시가능한 수준 가이드라인 313-315
충돌 영역, 스크럼과 순차적 개발 470-473
측정, 평가 측정의 목적 514-515
침묵 효과 451

ㅋ

카슨 제이콥슨 482
캐니 루빈 520
캐서린 맥카시 352
캔트 존슨 482
커뮤니케이션 285
    갈망 31-32
    변화에 대한 119
        동료로부터 전해듣기 121-122
        리더에게 듣는것 120-121
    분산 팀
        문서 448-449
        수평적 커뮤니케이션 450
        제품 백로그 449
    사용자 스토리, 제품 백로그 288-289
    인식의 발전 28
    작성된 문서 285-290
    장려 41-42
    창발적인 요구사항 293-294
    팀 237
커트 루인 264
컴포넌트 222-223
컴포넌트 팀 221-224
    사용할 때 결정하기 223-224
    필요한 컴포넌트 개발 222-223
켄 슈와버 154, 321
켄트 맥클랜드
켄트 벡 68, 348, 496
코딩하지 않는 아키텍트 170-171
코칭 37
코팩스 500
퀸 존스 75
크기
    팀의 214-215
    파일럿 프로젝트 요소 97
크리스 맨 15
크리스 프라이 54, 528
크리스토퍼 에이버리 7, 71, 261
큰 방 접근법, 스프린트 계획 회의 417-418
클린틴 키스 19, 101, 349
킥오프 미팅 405-406
킴 클락 231

ㅌ

태스크 보드 503
테스터 176-179
테스트 자동화 376-378
    사용자 인터페이스 테스트 379-380
    수동 테스트 380
    스프린트 380-382
    이점 382
테스트 자동화 피라미드 376-378
테스트 주도 개발 187-189
테스트 주도 개발 187-189
테스트, ATDD. ATDD 참고
테스팅
    수동 테스트 380
    자동화 376-378
        사용자 인터페이스 테스트 379-380
        수동 테스트 380
        스프린드 380-382
        이점 382
    테스트를 프로세스에 통합하라 372-375
    프로젝트 끝에 하는 테스트 373-374
토니 슈바르츠 352
토마스 세퍼닉 76
토미 라소다 258
톰 포펜딕 234
통제 474-476
    비애자일 통세 4/5-4/6
통합전담팀 407-408
통합하기
    프로세스에서 테스팅 376
    프로젝트에서 테스트하기 372-373
트론드 윙가드 100, 304
특정 역할에 대한 관리자 171-172
    리더십 172-173

인사에 대한 책임 173
특정 활동만 하는 스프린트 피하기 325-326
특징
　스크럼 마스터 138-139
　제품 책임자 153-154
팀
　개인
　　멀티태스킹 232-234
　　지루한 일은 그만! 234-236
　　한 작업에 인력투입하기 231-232
　　한 프로젝트에 인력투입하기 229-230
　교차기능팀 305
　균형성과기록표 525-526
　　단순한 지표 장려하기 527-529
　　만들기 526-527
　기능 팀 219-221, 225-226
　　의사 결정자 225
　도전을 장려하라 253
　미심쩍은 부분 보충하기 249
　분산 팀. 분산 팀 참조
　생산성 216-218
　수 214-215
　스크럼과 순차적 개발 471
　자기 조직적인 226-227
　　팀에 적절한 사람 배치하기 227-228
　자기 조직적인 팀 265
　작업 전달 247-248
　전문가 244-246
　제품 백로그 항목 249
　제품 책임자 152-153
　조정하기
　　스크럼의 스크럼 미팅 410-414
　　스프린트 동기화하기 414-415
　좋은 팀 구조를 위한 가이드라인 236-238
　책임 488
　커뮤니케이션 237
　컴포넌트 팀 221-224
　　사용할 때 결정하기 223-224
　　필요한 컴포넌트 개발 222-223
　팀 전체의 약속 241
　팀 전체의 책임 241-243
　파일럿 팀, 선택하기 102-103
　품질 391
　피자 두 판 팀 213-214

　학습을 고려한 팀 편성 250-251
　흩어져서 씨뿌리기 60
팀 전체의 약속 241
팀 전체의 책임 241-243
팀 하위 문화
　분산 팀 436-437
　비전 공유 437
　합의 이루기 437-439
팀 학습 249
　버려지는 지식을 막아라 255-258
　우호적인 학습 환경 253-255
　학습에 필요한 조건 달성하기 250-255
팀간 작업 조정하기 409
　스크럼의 스크럼 미팅 410-414
　스프린트 동기화하기 414-415
팀에대한 하위문화, 비전공유 436
팀워크 요인, 성과 평가 489
팀원
　개발자 174-175
　공유 406
　내보내기 492-493
　분석가 163-165
　사용자경험(UX) 디자이너 180-182
　아키텍트 169-171
　　코딩하지 않는 아키텍트 170-171
　테스터 176-179
　특정 역할에 대한 관리자 171-172
　　리더십 172-173
　　인사에 대한 책임 173
　프로젝트 관리자 165-169
　DB 관리자 175
팀원 내보내기 492-493
팀이 스크럼을 시험해 보게 하라, 갈망 32-33

ㅍ
파일럿 시작에 적당한 시기 선정 100-101
파일럿 팀, 선택하기 102-103
파일럿 프로젝트
　기대 105-106
　　기대 109-110
　　예측 107-109
　　진척 106-107
　　태도 109
　선택하기 96-97

시작에 적당한 시기 선정 100-102
실패 104-105
이상적 파일럿 프로젝트의 속성 97-98
인식하기를 발전시키는 27
파일럿 프로젝트 요소, 기간 97
파일럿 프로젝트 요소, 중요도 97
파일럿 프로젝트의 실패 104-105
패턴
  선호하는 이유 62-63
  스크럼을 확산하기 위한 자신만의 접근법 선택하기 63
  올인 패턴 51
    사용하는 이유 52-53
    작게 시작하기와 비교 52-53
  작게 시작하기 패턴 50
    사용하는 이유 52-53
    한번에 시작하기와 비교 53-54
  흩어져서 씨뿌리기 패턴 60
페트로슬루스 18
평가 487
  상대적인 기민함 평가 520-523
  인적 자원 489-491
  일반적인 목적의 애자일 평가 515-516
    쇼단준수 설문 517-518
    애자일: EF 518-520
    자체 평가 만들기 523-524
폭포수 마지막, 스크럼과 순차적 개발 470
폭포수 초반, 스크럼과 순차적 개발 469
폭포수모델의 잘못된 시각 118-119
폭포수와 동시에, 스크럼과 순차적 개발 470
폴 로렌스 114, 135
품질 355
  애자일 도입의 이점 17-18
  저하 355
  팀 391
  팀 전체의 책임 241
프란시스코 시릴로, 뽀모도로 353
프랭크 마우어 15
프레드 브룩스 190, 356
프로세스 507-508
프로젝트 505-506
프로젝트 관리 사무국 486, 505
  사람 505
  이름 바꾸기 508

프로세스 507-508
프로젝트 506
프로젝트 관리 협회 354
프로젝트 관리자 165-169
프로젝트 끝에 하는 테스트 373-374
프로젝트 상황, 철의 삼각형 358
프리마베라 시스템 478
  ETC 스프린트 76
피드백
  스프린트 341
  프로젝트 마지막에 진행하는 테스트 376
피드백 장치 502
피자 두 판 팀 213-214
피자 두 판 팀, 아마존닷컴 213
피터 디미, 파일럿 프로젝트 110
피트 무어 140
필립 아모르 218
필립 앤더슨 265, 275
  자기 조직화
필립 크로스비 176, 355
필립스 리서치 61

ㅎ

하위그룹 440
하이문 스튜디오 101
  초과근무 349
학습을 고려한 팀 편성 250-251
학습의욕을 높이는 행동을 보여라 252
함께 모여
  씨뿌리기 방문 442-444
  여행하는 대사 445-448
  접촉 방문 445
핫스팟 259
헌신적인 태도로 협력하도록 격려하기 258-260
헨리 민츠버그 78
협업하는 인접 팀 428-431
호움 미노잇
  장려하기 43
  확산하기 46
화이트보드 504
확산하기 44-45
  마케팅 46
  설비 46
  인사 조직 45

재무 46-47
회사차원의 멀티태스킹 233
회의
　　도시 회고 465
　　분산 팀 451-453
　　　　고통 분담 454
　　　　모든 사람에게 누가 이야기하고 있는지 말하기 455
　　　　스크럼의 스크럼 463-465
　　　　스프린트 계획 회의 455-458
　　　　스프린트 리뷰와 회고 463-465
　　　　일일 스크럼 458-462
　　　　잡담 453
　　　　저성능 화상회의 455
　　　　지역 회의 461-462
　　　　회의 기록 459
　　회의 기록 459
　　회의론자 125-128
　　후지 제록스 150
　　휴일, 문화적인 차이 435-436
　　흥미 끌어내기, 장려 43-44
　　흩어져서 씨뿌리기 패턴 60
　　　　선호하는 이유 63
　　히로키 테라시마 453

A-Z

ACT 75
ADAPT(인식하기, 갈망하기, 역량 강화, 장려하기, 확산하기) 23
　　갈망하기 27
　　　　높이기 30-35
　　　　두려움 34
　　　　모멘텀 32
　　　　위급하다는 생각 32
　　　　인센티브 33
　　　　직원들을 참여시켜라 35
　　　　커뮤니케이션 31-32
　　　　팀이 스크럼을 시험해 보게 하라 32-33
　　역량 강화
　　　　개발하기 36-37
　　　　목표 설정 38
　　　　역량 강화 37
　　　　정보를 공유하라 38-39
　　　　책임 38
　　인식하기. 인식하기 참고

　　장려하기 39-41
　　　　애자일 탐험대 43
　　　　커뮤니케이션 41-42
　　　　흥미 끌어내기 43-44
　　확산하기
　　　　마케팅 46
　　　　설비 46
　　　　인사 45
　　　　재무 46-47
Agile Champions Team 75
AI 개발자 273
CDE 모델(영역, 차이, 교류 모델) 267-273
CMMI(업무 능력 및 성숙도 평가기준) 480-481
DB 관리자 175
DEEP(적절한 상세화, 추정, 유연함) 306
　　제품 백로그 306-307
DHL 246, 247
ePlan 서비스 312
ETC(엔터프라이즈 스크럼 도입을 위한 커뮤니티) 74-75
　　스프린트 76-77
　　　　스폰서와 제품 책임자 77-78
　　　　책임 78-80
FedEx 247
HP 251
IBM
　　개선 커뮤니티 81
　　역량 강화 37
IC 해산 92
IC(개선 커뮤니티) 82-86
　　개선에 대한 촉매제 84-86
　　구성원 89-90
　　목표 89
　　스프린트 86-87
　　해산 92
ISO(국제표준화기구) 9001, 준수 478-479
J.F. 언슨 38, 439
　　개선 커뮤니티 86
OCR 204
PMI 354
PMO 이름 바꾸기 508
QSM 217
SAS, 진로 493-495
SW-CMM 481
　　UX디자인 병행하기 327-328